昆仑文化论文集

北京燕山出版社
BEIJING YANSHAN PRESS

图书在版编目（CIP）数据

昆仑文化论文集 / 王韬主编 . -- 北京：北京燕山出版社，2020.5
ISBN 978-7-5402-5714-9

Ⅰ．①昆… Ⅱ．①王… Ⅲ．①民间文化—青海—文集
Ⅳ．① G127.44-53

中国版本图书馆 CIP 数据核字（2020）第 017005 号

昆仑文化论文集

主　　编：王　韬
装帧设计：博阅视觉
责任编辑：朱　菁
特邀策划：唐朝晖
责任校对：岳　欣
社　　址：北京市丰台区东铁匠营苇子坑路 138 号（100079）
网　　址：http://www.bjyspress.com/
微　　博：http://weibo.com/u/2526206071
电　　话：010-65240430
传　　真：010-63587071
印　　刷：涿州军迪印刷有限公司
开　　本：787mm×1092mm　1/16
字　　数：515 千字
印　　张：24
版　　次：2022 年 7 月第 1 版
印　　次：2022 年 7 月第 1 次印刷
定　　价：98.00 元
出版发行：北京燕山出版社

目 录

一、昆仑文化与昆仑神话

二、昆仑文化与神话人物

三、昆仑文化与现代文明

一、昆仑文化与昆仑神话

三"座"昆仑山与中国"大风水"

周 星

应邀参加以"昆仑文化"为主题的国际学术论坛，根据主办方的要求，就想把自己多年来的一点思考认真地整理一下，提请各位专家批评。本文不将"昆仑山"视为一"座"可以确凿考订的现代地理学意义上实体的自然之山或山脉，而是把它视为中国文化史上一个复合型的"隐喻"或象征主义的山。以此为前提，笔者将描述三"座"昆仑山，进而讨论它们彼此之间复杂的关联性。一"座"是自然地理学意义上的"昆仑山"（亦即昆仑山脉），但它并非我们讨论的要点；一"座"是中国古代神话里讲述的"昆仑之丘"，它具有"宇宙山"的属性；一"座"是在中国传统的风水学说中被视为"万山之祖"的"昆仑山"。显然，它们均非一"座"孤山所可理喻，且在不同"学科"（自然地理学、神话学、风水学亦即古代地理学）中各有不同的文脉和逻辑，但确实在三者之间又存在着密切的互动、互渗关系。本文拟在对三者关系进行辨析的基础之上，进而探讨在覆盖了全中国之"大风水"的格局当中，"昆仑山"作为看不见的龙脉之源所占据的重要地位。

古代神话中的"昆仑之丘"

中国上古或曾有过颇为发达且成体系的神话，但由于早自秦汉时期，甚至更早，就出现了把"神话"逐步改写为"历史"的动向，持续不断的神话"历史化"进程，虽然极大地丰富了早期中国历史的描述（诸如三皇五帝），却弱化了神话本身。现在，我们能够读到的较为单纯或接近"原生态"（如果存在"原生态"的话）的神话，其实只是一些文献的片断。即便如此，学者们依然得以辨析出古代中国神话的一些轮廓及谱系线索。其中，昆仑神话被认为是相对完整、并且是和东方滨海地区的蓬莱神话系统相对应的西方山岳地区的神话系统。

在昆仑神话的讲述中，昆仑山是对应于天地的主轴。《淮南子·地形训》："昆仑之上邱，……乃维上天"；《河图括地象》："昆仑山中应于天"；《水经·河水注》："昆仑之山三级，……上曰层城，一名天庭"。《太玄经》："昆仑者，天象之大也"；《集韵》："昆仑天形"；《初学记》："昆仑山为天柱，气上通天，昆仑者地之中也"。这些文献碎片，或说昆仑"中应于天",或说"上天"、"天庭"即在昆仑山。吕微在"'昆仑'语义释源"一文中考证,昆仑,亦作混沦、混沌,其本意为圆,合乎天的形状[①]。昆仑不仅上应于天,它同时还是大地的中心。《河图括地象》:"地中央曰昆仑,昆仑东南,地方千里,名曰神州"。又云:"昆仑者,地之中也"。《周礼·地官·司徒》:地中为"天地之所合也,四时之所交也,风雨之所会也,阴阳之所和也"。由此可知,昆仑山其实就是中国古代神话中的"宇宙山",亦即以昆仑山为中心、为主轴构成了中国古代神话中的宇宙。昆仑山位于大地之中,又具有天帝之都、"天梯"、河源、众神所居、"宇宙药"的出处等诸多特征,故在中国古代神话的谱系中拥有特别崇高的地位。

米尔恰·伊利亚德[②](Mircea Eliade)曾经对"宇宙山"(the cosmic mountain)做出过如下的描述:

山的形象出现于那种表述天国和尘世联系的图式之中;因此它被认为是处在世界的中心。事实上,在许许多多的文化体系中,我们的确听到过这种意义的山:既有现实中的也有神话中的,它们坐落于世界的中央。诸如印度的须弥山,伊朗的荷拉布雷载山(Haraberezaiti),美索不达米亚的神秘的"土地之山"(Mount of the Lands),巴勒斯坦的盖里济姆山(Gerizem)——这个山还被称为"地球的肚脐"——都是此类的实例。因为这些神秘的山峰都是把尘世与天国联系起来的宇宙之轴,在某种意义上它已经触及到了天国,因此它标志着世界的最高点。那环绕其周围的领土、那构成"我们的世界"的领土就被置于比所有国家都要高的最高处。

上文提到的印度须弥山宇宙神话,大约是在东汉以后,伴随着佛教也传入到中国。晋人王嘉最早在《拾遗记》中把昆仑山与印度的妙高山,亦即须弥山联系在了一起。他说:"昆仑山者,西方曰须弥山,对七星之下,出碧海之中。"中国的昆仑山和印度的须弥山,均属于"宇宙山"类型的神话,它们分别在各自的理想化的宇宙模型里占据着中心地位;正是由于两者的高度相似,故大约是在魏晋南北朝时期,彼此慢慢地发生了融合。从汉译佛经开始,随后也有其他汉文典籍受到影响,从《拾遗记》之类志怪小说,到后世许多风水(地理)著述,均有将两者混为一谈的情形出现[③]。这不仅意味着昆仑山在中国神话中无须质疑的"宇宙山"属性,同时也对中国历史上的神话"历史化"叙述推波助澜,进一步发展出神话"地理化"的新趋势。

上古的昆仑神话,多被记录在《山海经》、《淮南子》等典籍之中;汉代时,昆仑神

---

① 吕微:《"昆仑"语义释源》,《民间文学论坛》1987年第4期。

② [罗马尼亚]米尔恰·伊利亚德(Mircea Eliade):《神圣与世俗》(王建光译),第12-13页,华夏出版社,2002年12月。

③ 沈婉婷:《昆仑山与须弥山:中印宇宙观神话的比较研究》,中国民俗学会2017年年会论文。

话还往往被描绘在墓室的壁画上。在长沙马王堆一号墓中，曾经发现了据称是"昆仑山"的图像，有一对龙神守护着它，或许那就是神话里说的"开明兽"。又据说2003年5月，在毛乌素沙漠南端发现的一座汉墓里，其墓室壁画就有对"昆仑山"的描绘：它由5座山峰组成，高入云天，但仍要通过蘑菇状的云柱，才能够与西王母接近。不久前，民俗学家在湖北神农架地区发现的汉族史诗《黑暗传》里，也提到了昆仑山："盘古生在混沌里，无父无母自长成。那时有座昆仑山，天心地胆在中心，一山长成五龙形，五个嘴唇往下伸"。似乎在民间版的中国创世神话中，盘古所开之天，就是昆仑山。更加经常地被引用来描述昆仑山的文献，出自《山海经》：

> 昆仑虚，在西北，帝之下都。昆仑之虚，方八百里，高万仞。上有木禾，长五寻，大五围。面有九井，以玉为槛。面有九门，门有开明兽守之，百神之所在。在八隅之岩，赤水之际，非仁羿莫能上冈之岩。（《山海经·海内西经》）

> 西海之南，流沙之滨，赤水之后，黑水之前，有大山，名曰昆仑之丘。有神，人面虎身，文尾，皆白，处之。其下有弱水之渊环之，其外有炎火之山，投物辄然。有人戴胜，虎齿豹尾，穴处，名曰西王母。此山万物尽有。（《山海经·大荒西经》）

除了上述文献片段中"帝之下都"、"百神之所在"、"万物尽有"之类的说法以外，还有"天柱"（《神异经》、《海内十洲记》），"天子升于昆仑之丘"（《列子·周穆王》），昆仑有"悬圃"、"增城"（《淮南子·地形训》）、"醴泉"、"瑶池"（《史记·大宛列传》）等多种对于昆仑山的描述。这"座"被说成是"天帝"在人间之都城的神山，不仅有众神聚居，还有神兽把守，犹如"天帝"的园囿，但它引人入胜之处，除了其仙境或天堂的特异之处，还在于它是不老不死之乡，后者或许是它更加令人向往的缘由①。《淮南子·地形训》："昆仑之丘，或上倍之，是谓凉风之山，登之而不死"。《太平御览·地部》二十四引："白水出昆仑之原，饮之不死"。显然，昆仑山作为神话中的"宇宙山"、神山、圣境，只不过是古人对于神异世界（他界、异域）的想象，它是在和现世人间的对应之中而被描绘或讲述的，也因此，它并不是一个可以或需要去确凿考据的具有客观性的自然地理之山。《尔雅·释丘》："丘，一成为敦丘，再成为陶丘，再成锐上为融丘，三成为昆仑丘"。毕沅注《山海经》："昆仑者，高山皆得名之"，可知即便是古人，也有人主张不需要去凿考昆仑山之所在。

屈原早在《天问》中，就曾质疑过"昆仑悬圃，其尻安在？增城九重，其高几里？"，虽然这样的疑问暗示着昆仑的无须凿考，但不曾想后世那些无法理解何谓"神话"的人们，

---

① 周星：《中国古代神话里的"宇宙药"》，《青海社会科学》2010年第4期。

仍旧是在将神话"历史化"的道路上，进一步把神话朝向现实"地理"的层面去落实，致力于寻找那不曾存在的出口。历史上相继有很多学者根据有限的文献碎片，穿凿附会地对"昆仑山"进行了大量考证，直至今日试图将"昆仑山"安置在历史地理或自然地理中的尝试，也一直没有中断，甚至还程度不等地取得了"成功"。或以为"昆仑山"只有一座，或认为"昆仑山"有多座（例如，以泰山为东昆仑、以王屋山为西昆仑）。当然，也有说"昆仑山"并非一座孤山，而是山上有山、山中有山的庞大山脉或山系，例如，把巴颜喀拉山脉说成是古代的"昆仑之丘"，[①] 等等。

《汉书·地理志》："金城临羌县西有弱水、昆仑山祠"。《括地志》注："在酒泉县西南八十里"。《晋书·张骏传》，酒泉太守马岌上书："酒泉南山，即昆仑之体也。周穆王见西王母，乐而忘归，即谓此山。此山有石室、玉堂，珠玑镂饰，焕若神宫，宜立西王母祠"。这是把祁连山说成是西王母所居、周穆王所游之昆仑山的意见，但这个说法完全不符合古籍有关"河出昆仑"的记载。张骞出使西域，带来了关于西域的地理知识，他主张"河源出于阗，潜流过南山"，汉武帝相信他，遂将"于阗南山"钦定为"昆仑山"。《史记·大宛列传》："汉使穷河源，河源出于阗，其山多玉石，采来，天子案古图书，名河所出山曰昆仑云"。对此，司马迁表示异议，太史公曰："《禹本纪》言河出昆仑，昆仑其高二千五百余里，日月所相隐避为光明也，其上有醴泉、瑶池。今自张骞使大夏之后也，穷河源，恶睹《本纪》所谓昆仑者乎？"。虽然在当今的地图上，仍标有汉武帝钦定的"昆仑山"称谓，但举凡认真的学者是很少有人去认真地对待它。

不过，基于《山海经》等文献所反复提示的西北指向，基于中国自然地理的地势走向以西北高、东南低为基本格局，基于"河出昆仑"的信念，同时也多少伴随着勘测技术与河源探险的进步，沿着河源、指向西北以凿考昆仑山所在的努力，似乎有了一些眉目。尤其是当人们把黄河的源头确认于青海省的巴颜喀拉山，这就为邓少琴的观点提供了支持，但其实，此说在清代时便已存在，清人杨守敬《〈水经注〉疏》引董佑诚曰："今中国诸山之脉，皆起自西藏阿里部落东北冈底斯山，即梵书之阿耨达山，绵亘东北数千里，自青海之玉树土司境，为巴颜哈喇山，河源出焉。河源左右之山，统名枯尔坤，即昆仑之转音。盖自冈底斯东，皆昆仑之脊，古所称昆仑墟，即在乎此"。似乎是一个千年迷局终有了"结论"，但此类探索诚如民俗学者赵宗福所言，其文化史的意义要远大于地理学的意义[②]。

若是较真，则巴颜喀拉山及周边哪里又有一丝半点《山海经》里对昆仑山之鸟语花香及世外仙境之类描述的影子呢？

吊诡的是，现在中国地图上的"昆仑山"，亦即西起帕米尔高原东部，横贯新疆、西藏、青海境内，全长约 2500 公里的巨大山系，经常在风水家的讲述中就被视为是"万山之祖"

---

① 邓少琴：《＜山海经＞昆仑之丘应即青藏高原之巴颜喀拉山》，《邓少琴西南民族史地论集》，第 494—505 页，巴蜀书社，2001 年 8 月。

② 赵宗福：《昆仑神话》，第 94 页，青海人民出版社，2005 年 12 月。

的"昆仑山"。虽然大多数民俗学家都会清醒地不把古代神话中的"昆仑山"和自然地理的"昆仑山"相等同，但仍有少数本质主义的神话学家，还是有意无意地倾向于将两者予以附会或等同。自然地理上的"昆仑山"这一名称的命名及由来，当系汉武帝钦定之后的历史延伸，但它从"于阗南山"逐渐扩及到如今一个巨大山系的过程，其历史演变还需要来自中国地理学及地图学史的阐明。

包括昆仑神话在内，将古代神话在现代社会予以持续讲述、重新建构和反复演绎，此类文化现象被杨利慧归纳为"神话主义"。在杨利慧的定义中，神话主义是指古代神话在现代社会的再生产和再编成，其中包括被不同的人，出于不同的目的、需求和志趣而不断地予以挪用、重述和重新的建构[1]。应该说，神话主义的表现形态很多，其典型之一就是将支离破碎的古代神话予以体系化，例如，赵宗福对"昆仑神话"的总结和归纳[2]。事实上，正如本次学术会议的议题及安排所显示的那样，昆仑神话正在从古代神话被持续地"翻新"为现代神话，包括在"昆仑山口"的祭祀仪式，也无非是神话主义的另一种表现。值得指出的还有，部分神话学家和民俗学家之所以对昆仑神话如此看重，还是因为深受本质主义神话学的影响而难以自拔，亦即相信在昆仑神话里深含着中华民族的伟大"精神"或华夏文化的某些本质性的、犹如 DNA 一般的要素。

风水学说中的"万山之祖"

相比较而言，更为本质主义的昆仑山演义，一直是堂而皇之地在中国传统的风水学说中大行其道。中国古代的风水学说，可以说是起源古远但又不能完全等同于"神话"的另一种"宇宙论"。虽然风水学说的形成、结构和逻辑自成一系，但它很早就与神话中的"昆仑山"发生了联系或混淆。若仔细检索文献，我们就会发现上古神话讲述中的"昆仑之丘"和汉代以后逐渐被"地理"所认同或试图要去证明的"昆仑山"是两个不同的层面。此处所谓"地理"，基本上可以和"堪舆"、"风水"的说法相置换。

虽然古代风水的起源，和"神话"不在同一个文脉之中，但它们的互渗似乎也很有某种必然性。构成风水学说之宇宙论的基本要素或关键词，主要有"阴阳"、"气"、"龙脉"等。"阴阳"一词，最早见于《诗经·公刘》："既溥既长，既景乃岗，相其阴阳，观其流泉"。这意味着"阴阳"观念起源于对自然的观察和测量，无怪乎它为后世的历代风水家所注重和引用，绝大部分传世的风水著述均突出地强调"阴阳"二气的交感，认为万物由此化生，几乎都用"阴阳"解释天地、谈论形势[3]。其实，风水亦称"阴阳"，即来源于此。管辂《管氏地理指蒙》："混沌开辟，江山延袤。融结阴阳，磅礴宇宙。冈骨既成，源脉已透。以

① 杨利慧：《"神话主义"的再阐释：前因与后果》，《长江大学学报》2015 年第 5 期。
② 赵宗福：《昆仑神话》，第 14-35 页，青海人民出版社，2005 年 12 月。
③ 刘沛林：《风水·中国人的环境观》，第 33 页，上海三联书店，1995 年 12 月。

钟形势,以通气候",这几乎是以"阴阳"解释天地的生成,其表述和创世神话稍异其趣。《老子》"万物负阴而抱阳,冲气以为和",所谓"负阴抱阳",在风水里就是以"坐南朝北"(朝阳)、"背山面水"作为基本原则的空间格局,它其实也正是所谓"风水宝地"的环境评价模式。

　　风水学说的另一个关键词为"气",风水在某种意义上,其实就是关于"气"和寻找"生气"的学问。《系辞》:"天地定位,山泽通气",灵动于万千自然之中的"生气",具备"可乘可顺性"、"可界可聚性"、"非均质性分布"、"可调控性"等特点[1]。在大概系唐宋时代的作品、但却伪托西晋郭璞所撰的《葬书》里,较为完整地提出了"生气说"、"藏风得水说"、"地形藏气说"、"遗体受荫说"等对于风水思想体系而言均非常重要的一系列观点[2]。《葬书》:"葬者,乘生气也。夫阴阳之气,噫而为风,升而为云,降而为雨,行乎地中而为生气,行乎地中发而生乎万物。人受体于父母,本骸得气,遗体受荫。……经曰:气乘风则散,界水则止,古人聚之使不散,行之使有止,故谓之风水"。"夫气行乎地中,其行也,因地之势;其聚也,因势之止"。另如清人吴鼒所撰风水典籍《阳宅撮要·总论》:"河水之弯曲乃龙气之聚会也",也都表达了类似的思想和理念,无怪乎日本的社会人类学者渡边欣雄把中国的风水称为"气的景观地理学"[3]。

　　"气"固然是宇宙之普遍和永恒的能量,但它却因为来无影、去无形,看不见、摸不着而需要通过山川地势的"龙脉"才能得以确认。《国语·周语下》:"夫山,土之聚也。……川,气之导也。……夫天地成而聚于高,归物于下。疏为川谷,以导其气"。《青乌先生葬经》:"内气萌生,外气成形,内外相乘,风水自成。……内气萌生,言穴暖而生万物也,外气成形,言山川融结而成形像也。生气萌于内,形象成于外,实相乘也";《葬书》:"地有吉气,土随而起",说的都是这个意思。于是,风水所谓的"气",就可以转换为"形",亦即地势、地形、地貌。例如,为了获得聚"气"的环境,就要求后有来龙靠山,左右有砂山护卫,前面则以水界"气",整体呈现出山水环抱之状,便是典型的风水聚气模式,亦即所谓"风水宝地"的原型。这种山水围合的模式,原本就是中国古代的理想聚落环境的反映,但也有学者认为,这种环境的特征,与神话里所描述的"昆仑山"的形态及环境颇为相似(图2)[4]。既然无形之"气"需要通过地形、地势、地貌之类的"龙脉"才能具现,那么,风水对于"气"的探寻,也就颇为自然地成为一种对于山川"地理"之"龙脉"的求索。风水家们所谓的"龙脉",其实就是指绵延盘桓的山川,他们相信凝聚着宇宙之能量的"生气"是顺着或沿着"龙脉"运行和流动的,而风水先生们则是一批自诩可以洞悉"龙脉"的走向,能够操作"生气"使之聚会于某处的专家。曾经开创了江西形法派的唐代"地理先生"杨筠松,其《撼龙经》

① 梁景之:《简论风水中气的特性》,《民俗研究》1993年第4期。
② 刘沛林:《风水·中国人的环境观》,第48-49页,上海三联书店,1995年12月。
③ [日]渡边欣雄:《风水·气的景观地理学》(索秋劲译),第3-6页,台湾地景企业股份有限公司,2000年8月。
④ 张杰:《中国古代空间文化溯源》,第94-99页,清华大学出版社,2012年1月。

就非常强调山龙落脉的形势；清人叶九升撰《地理大全·山法全书》："龙者何？山之脉也。土乃龙之肉，石乃龙之骨，草乃龙之毛"，这显然也是以山脉形势为龙体。清末的华亭姚瞻起旂手辑《阴阳二宅全书》："地脉之行止起伏曰龙"，是把地表的起伏和山岭连绵之象视为贯通其中之"生气"的具现，应该说这些表述还颇为接近自古以来的"地脉"理念。笔者认为，在某种意义上，可以说，正是从较早起源于先秦的"地脉"理念，在后来风水学说将自然山川视为"龙脉"的发展过程中，逐渐地发展出了视"昆仑山"为万山之"祖"的观念，于是，昆仑就成为"生气"之源。传为东方朔所撰《海内十洲记》："昆仑，上通璇玑……是以太上名山，鼎于五方，镇地理也"。"昆仑，相去正等，面方各五千里，上层是群龙所聚"。由此似不难窥见风水学说何以推崇"昆仑山"的缘由。宋人蔡元定《发微论·刚柔篇》："凡山皆祖昆仑，分枝分脉，愈繁愈细，此万殊而一本也"。刘基《堪舆漫兴》："昆仑山祖势高雄，三大行龙南北中。分布九州多态度，精粗美恶产穷通"。这些都是以"昆仑山"为风水之"山祖"观念的典型表述。

"昆仑山"的巨大影响，可能还与古代的山川崇拜和上古神话的合流有关。中国历史上曾有建立城邑者往往说其山源自昆仑之脉的例证。《吴越春秋·勾践归国外传》提到勾践从吴国获释回到越国之后，重振霸业，建立都城。"范蠡曰：臣之筑城也，其应天矣，昆仑之象存焉。越王曰：寡人闻昆仑之山，乃地之林（柱），上承皇天，气吐宇内，下处后土，禀受无外，滋圣生神，呕养帝会。故帝处其阳陆，三王居其正地。吾之国也，扁（偏）天地之壤，乘东南之维，斗去极北。非粪土之城，何能与王者比隆盛哉。范蠡曰：君徒见外，未见于内。臣乃承天门制城，合气于后土，岳象已设，昆仑故出。越之霸也"。但在此前，范蠡很介意吴国，故先做了一个小城，"于是范蠡乃观天文，拟法于紫宫，筑作小城，周千一百二十一步，一圆三方。西北立龙飞翼之楼，以象天门；东南伏漏石窦，以象地户。陵门四达，以象八风。外郭筑城而缺西北，示服事吴也，不敢壅塞，内以取吴，而吴不知也"。古人以西北为天门，东南为地户，西南为人门，东北为鬼门，所谓"天门"、"地户"、"鬼门"，其实都是和昆仑神话密切相关的概念[①]。后世风水学说将西北方称为"天门"，因为西北地势高近于天（门），将东南方称为"地户"，因为东南地势低近于地（户），正是由此而来。无独有偶的是，清朝时营建的圆明园，据说亦曾在西北角堆了一座假山，并命名它为"昆仑山"。

在中国古代象物天地的空间模式中，有学者将中国全土之"水归东南"的地理大势，归纳为"昆仑模式"。这类认知其实是很早就出现在《淮南子·天文训》里，和"昆仑山"相邻的"不周山"被英雄共工撞倒，遂形成天地倾斜格局的神话。"天柱折，地维绝。天倾西北，故日月星辰移焉，地不满东南，故水潦尘埃归焉"，这是对中国黄河流域地势之西北高和东南低的神话性说明。早自秦汉之前，中国便已经有了"天佑西北"的观念，此种地势认知和后世风水强调的"水归东南"模式完全吻合[②]。但大概直到清代，人们才逐渐

---

① 张杰：《中国古代空间文化溯源》，第81~83页，清华大学出版社，2012年1月。
② 张杰：《中国古代空间文化溯源》，第92~94页，清华大学出版社，2012年1月。

地意识到"天"并非源于昆仑，但昆仑山在西北方向，且"河出昆仑"则形成基本认知，于是，一直以来始终存在将昆仑山落实于大西北之现实自然地理的驱动。必须承认，这种"昆仑模式"作为一种文化地理观念，确实是一直非常深刻地影响着中国各地的民居、村落和城市的基本形态[1]。

在中国风水思想的"龙脉"言说当中，"昆仑山"就这样逐渐地占有了极其重要的地位，被风水家们推崇为中国的"万山之祖"，各地风水先生们所谓的寻山、看龙脉，其实就是想要和"昆仑山"发生实质或象征性的关联，以便让"昆仑山"来为自己确认的"风水宝地"提供担保，亦即证明它确实是"来脉悠远"。也就是说，在风水家的空间意识中，除了有形的山水地势，还有一般人无法看见的"气"，除了视线所及的山水环境，更有远处无法看得见的山水[2]。虽然风水家们想象的山水自然空间，乃是一个隐喻充斥并为象征主义所覆盖的世界，但他们还是相信那是具有"本真性"的时空，人们在其中可以享有"生气"充盈的幸福生活，并和宇宙万物的自然原理发生关系。和神话中"昆仑山"的虚无缥缈有所不同，几乎所有的风水先生均倾向于相信万山之祖——"昆仑山"的自然实体性存在。随后，更为夸张的演绎还把"昆仑山"视为天下（亦即全球）的主山，认为由"昆仑山"发端出五支龙脉，其中三支向中国，两支向欧洲；各个干脉派生出支脉，支脉又生出支脉，如是蔓延繁衍，遂使龙脉遍布中国全土，乃至于全世界。

宋明以后，风水学说受到宗法思想和宗族观念的影响，于是就出现了为穴场寻找"祖山"的实践。宋黄妙应《博山篇·论龙》："认得真龙，真龙居中，后有托的，有送的，旁有护的，有缠的"；"寻龙法，寻祖宗，寻父母祖宗所居极高之方"。通过寻祖宗之山、父母之山而接近"阴阳之穴"。所谓"祖宗之山"乃群山发脉之处，所谓"父母之山"乃穴场所在山脉的入首之处。在寻山的过程中，风水家们除了竭力通过山脉的"宗族"谱系化来突显山体龙脉气势的庞大深远之外[3]，还通过宗族血缘关系的表述来附会或提示"生气"贯通的想象。由于风水对于所谓"龙大势大"的追求，自然在"祖山"之上，也就有了遥不可及，但却被想象为真实存在之万山之祖——"昆仑山"。

风水学说认为，不仅山自西北来，水亦自西北来，大山大水均来自大西北，西北乃中国山水之源，江河东南而去乃天下大势所趋，故对此格局应予顺从而不应违抗，否则，即是有悖自然，当然也就难以成就千年"吉地"[4]。所谓"龙脉"的进行起止是有原则或规律可循的，它既关乎山，也涉及水。《周礼·考工记》："凡天下之地势，两山之间，必有川焉，大川之上，必有涂焉"。所谓夹于山脉之间有河川，夹于河川之间有山脉，水流则

① 刘沛林：《风水·中国人的环境观》，第 66—68 页，上海三联书店，1995 年 12 月。
② 叶春荣：《风水与空间——一个台湾农村的考察》，黄应贵主编：《空间、力与社会》，第 317—350 页，中央研究院民族学研究所，1995 年 12 月。
③ 刘沛林：《风水·中国人的环境观》，第 57 页，上海三联书店，1995 年 12 月。
④ 刘沛林：《风水·中国人的环境观》，第 68 页，上海三联书店，1995 年 12 月。

山行，水合则山止，水汇而龙止。根据"龙脉"的思想，蒙受沿龙脉流行于大气之中"生气"的恩惠，即可获得幸福[①]。由于山势与水势相互依存，故除了山龙，又有"水龙"。管辂《管氏地理指蒙》卷三："龙探其祖，水溯其源，探其祖固贵，其入首之兴宗，溯其源尤严。夫出口之归替，北以河汾为宗，动以江海为宗，西以川落为宗，南以闽浙为宗。谓山不独贵承其宗，水亦各有其祖宗也。河水出于昆仑，汾水出于太原山晋阳山，江水出岷山，洛水出冢岭，浙水出歙县玉山"。总之，风水的观水之法即两水之间必可观山，水会即龙尽，水交则龙止，水为龙之血脉，穴之外气。宋人黄妙应《博山篇》："凡看山到山场先问水，有大水龙来长水会江河，有小水龙来短水会溪涧。须细问何方来，何方去。水来处是发龙，水尽处龙亦尽"。可知堪舆寻龙之术重视寻找"祖山"，"祖山"即一个区域内最高之山，区内其他山脉支系多由此分派，但"祖山"一般也是水的源头，知道了水的源头，也就等于知道了龙的发脉；知道了水的尽头，也就等于知道了龙的落脉。

覆盖中国的"大风水"

关于风水的分类，主要有"阳宅风水"和"阴宅风水"，以及"村落风水"和"都城风水"等，本文则试将风水区分为"微观"风水、"中观风水"和"宏观风水"。所谓"微观风水"主要是指风水实践活动，大多围绕着具体的坟地、宅基地、居室内部的陈设、方位等而展开，"微观风水"最为密切地关系到当事人的日常生活，涉及生活中可能出现的各种神秘事件的过程和结果，以及对于相关过程和结果的解释。所谓"中观风水"主要是指对于城市或某个地域的风水环境判断以及各种相关的运作，例如，全国各地地名中的"阴阳"命名现象[②]、修筑风水塔、植树造林以改善城镇风水等，通常存在着地方性口碑文学对其城市或地域之人事兴衰的叙述。所谓"宏观风水"亦即"大风水"，主要是指超越地域之大跨度、大空间范围的风水，通常多涉及"天下"大势、"国运"昌废、帝王降生、王朝更替等超级话题，相关的口碑文学虽荒诞不经，却恒有信者。

不言而喻，本文这种分类，归根到底只是相对的，它们彼此之间并无严格的界限和分野，相反，而是有着千丝万缕的联系。比如，村镇风水可能就介于"中观"和"微观"之间，

---

① [日]堀込宪二："风水思想和中国的城市——以清代城市为论述中心"，王其亨主编：《风水理论研究》，第280-287页，天津大学出版社，1992年8月。
② 在中国各地的地名当中，有很多带有"阴""阳"二字的，例如，衡阳、岳阳、沈阳、汾阳、洛阳、安阳、信阳、南阳、邵阳、濮阳、济阳等；华阴、山阴、襄阴、淮阴、江阴、汤阴等。从文化地名学的观点出发，可知此种命名其实是和当地的"地理"位置或形势亦即风水环境密切相关的。《青囊海角经》："山水者，阴阳之气也。山有山之阴阳，水有水之阴阳"。之所以在古代汉语中，多是以山之南、水之北为阳，山之北、水之南为阴，乃是因为古人的居室、聚落、乃至于城镇，大多是"坐北朝南"、"背山面水"，这种山水环抱的空间其实就是"风水宝地"，亦即"负阴抱阳"的理想空间模式。参见何晓昕：《风水探源》，第46页，东南大学出版社，1990年6月。

而类似韶山冲等特殊地点那样的"微观"风水，也时不时会在"宏观风水"之神秘运势的讲述中突显其存在的意义；至于王朝京都的位置往往是"非于大山之下，必于广川之上"，均很重视其来龙和去脉，故既可以在"中观"上讲述，也往往寄托着"宏观"层次的意图或指向。值得指出的是，虽然"微观"、"中观"、"宏观"风水的空间规模不同，但其风水原理却是一贯的，亦即所谓山水环抱，"吉穴"的背后有主峰来龙之山，左右有次峰或岗阜，亦即左辅右弼之山（或称青龙、白虎砂山），前面有水面（例如，池塘之类）或蜿蜒弯曲的河川，隔水相望还应该有构成对景的案山，整个空间格局以自然形成的山水环保为最佳，地势平坦并有一定坡度等等。以洛阳为例，它位于邙山南麓、洛水之北，地势平坦而又宽阔，且自北向南逐渐降低。北倚高山，南临流水，"龙脉"清奇而葱郁，"水气"流贯，洛阳正好就建在"龙穴"之上。此种有山有水的地形地势，就是古人心目中的好风水。又比如，元大都建于华北平原北端，其北部和西北部以燕山山脉为屏障，西北乃"龙脉"所在，北有高山峻岭，意味着它在风水上"靠山"很好；其南为平原，视野开阔；其西、南两面有永定河流贯，既背山，又抱水；东南为渤海湾，有津门扼守，当属于风水所谓之"水口"[1]。

上述直接或间接地视西北"昆仑山"为天下万山之主，龙脉皆由"昆仑山"发生，分别向欧洲和中国蔓延其势的观点，就是本文所谓的"大风水"理念，它尤其典型地表现为大约是在唐代时得以形成的"三大干龙"之说。

想要理解所谓的中国"大风水"，首先需要了解古代中国人对于大范围地理空间的探索、认知和掌控实践的悠久历史。《史记·五帝本纪》：黄帝"东至于海，登丸山，及岱宗。西至于空桐，登鸡头。南至于江，登熊湘。北逐荤粥，合符釜山，而邑于涿鹿之阿"。说的就是大范围的巡游和战争。《尚书·尧典》：尧曾分派羲仲宅嵎夷，羲仲宅南交，又申命和叔宅朔方，和仲宅西，这些举措明显地具有了空间掌控亦即实施统治的意向。应该就是在这样的大跨度空间实践的过程之中，逐渐产生了体现在《尚书·禹贡》中的"九州"（冀州、兖州、青州、徐州、扬州、荆州、豫州、梁州、雍州）观念，"九州"就是中国、中土、神州，就是天下。神话中的大禹治水，主要是疏导水流，无非是顺应地形水势，把滔天的洪水按照疏导的方式从西北导向东南，通过平治天下水土而实现夏王朝某种程度的大一统。大约与《禹贡》属于同一时期的地理著作《山经》，曾将中国的山地划分为东南西北中五个系统，每个系统中均有起首、结尾和走向[2]。正是在《禹贡》和《山经》的延长线上，对于大跨度的地理空间认知的需求和渴望，明显地助长了"堪舆"亦即风水实测及踏勘的文化实践。"堪舆"的本意为"天地"，《淮南子·天文训》许慎注曰："堪，天道也；舆，地道也"。《汉书·杨雄传》颜师古注引张晏曰："堪舆，天地总名也"。经营大范围的地理空间，同时也就意味着对于"天下"的掌控，风水之和政治的关系，由此可窥见一斑。

前已述及，大约自秦朝的时候起，甚或更早，中国就有了"地脉"的概念。《国语·周语上》

---

① 王振复：《中国建筑的文化历程》，第158页、第186页，上海人民出版社，2000年12月。
② 程建军、孔尚朴：《风水与建筑》，第19页，江西科学技术出版社，1992年10月。

"农祥晨正，日月底于天庙，土乃脉发"；《文选·张衡》："及至农祥晨正，土膏脉起"。这些都是由于农耕文化对大地土壤的观察而产生的朴素理念。蒙恬奉秦始皇之命修筑长城，后被赵高逼迫自杀，当时民间就有说法指他罪在"绝地脉"。《史记·蒙恬列传》：长城"起临洮属之辽东，城堑万余里，此其中不能无绝地脉哉"，但司马迁与世俗看法不同，认为他罪在"阿意兴功，……何乃罪地脉哉"？《吴越春秋·越王无余外传》："行到名山大泽，召其神而问之山川脉理"。由此可知，伴随着地脉、龙脉诸理念的逐渐普及，后世历朝历代举凡好大喜功的朝廷为经营天下而大兴土木，且涉及大范围、大规模地改变山川河流或自然地形地貌之际，就总会有来自民间对于地脉、龙脉受损之类的质疑，甚至偶而也会有堪舆术士乃至官僚文人的指点与劝阻。

中国古代王朝的统治者们往往拥有对空间地理的大视野，这一点可以从秦朝超大尺度的山水构图意识得到证明。有学者曾将秦"碣石"及"碣石宫"的建设，置于整个渤海湾及其周边的山川、岛屿等空间大格局之中予以定位和解读，从而发现当时确实是有较大的空间地理方面的设计存在[①]。历史上形成的"五岳"格局，也不乏由"空间主宰者"（亦即天子）所主导的空间地理之政治统治的寓意。其中，以五岳、黄河、长江构成的以北岳、中岳、南岳为轴，以太行山脉为脊，基本对称的山水轴线图式，据说正是基于这种对于超大规模的空间地理形势的理解和把握，宋代硕儒朱熹曾将冀州亦即以太行山左右黄河围合成的区域称为一个风水大格局（图4）[②]。

在《禹贡》"九州"之说的基础之上，大约在汉代时初步形成的"三条四列"说，无疑也是大跨度空间地理经营的产物。《禹贡》中已出现对中国山脉之由西向东、成数列分布的认识，郑玄据此有"四列"山脉说，马融则糅合为三条，并为后世之"三大干龙"之说所本[③]。马融所谓"三条"是指：北条：岍－岐－荆山－壶口－雷首－太岳－砥柱－析城－王屋－太行－恒山－碣石入海。中条：西倾－朱圉－鸟鼠－太华－熊耳－外方－桐柏－陪尾；分支有蟠冢－荆山－内方－大别。南条：岷山－衡山－敷浅源（庐山）。郑玄所谓"四列"是指：第一列亦即北条；第二列为西倾－陪尾；第三列为蟠冢－大别；第四列亦即南条。如此对"九州"的山脉走势所做的描述和分类，当然未必有多么科学，但它们无非都是历史上人们对大跨度空间之地形山势的重要探索[④]。"三条四列"堪称是后世"三大干龙"学说的前身，所谓"三大干龙"，简而言之，就是以长江、黄河两大水系为界，把中国的山系大势视为均起源于西北"昆仑山"的三条龙脉，进而讨论各地的都城或地域的风水，显然，此种"三大干龙"之说是缘起于古代地理（堪舆）之学对于山川地势的总体认识，并成为

① 张杰：《中国古代空间文化溯源》，第99-100页、第217-221页，清华大学出版社，2012年1月。
② 张杰：《中国古代空间文化溯源》，第186页，清华大学出版社，2012年1月。
③ 戚珩、范为：《古城阆中风水格局：浅释风水理论与古城环境意象》，王其亨主编：《风水理论研究》，第41-69页，天津大学出版社，1992年8月。
④ 刘沛林：《风水·中国人的环境观》，第63-65页，上海三联书店，1995年12月。

后世风水学说寻觅龙脉走向的主要依据。

最早明确提出"三龙说"的，可能是唐朝的僧一行，正是他把中国的山河大势归纳为南北两戒（界）。随后所谓"三龙"或"三干"的认知，也大致是以黄河、长江为界，认为其间有三条大龙（山）脉：黄河以北诸山系为北龙（例如，天山－阴山等），包括青海、甘肃、山西、河北、东北诸省份；长江以南诸山系为南龙，江南之山，皆祖于岷江[①]（例如，岷山－南岭等），包括云南、贵州、广西、湖南、江西、广东、福建、浙江、江苏诸省份；黄河与长江之间的分水岭山系，是为中龙（例如，昆仑山－秦岭－大别山等），包括四川、陕西、河南、湖北、安徽、山东诸省份[②]。唐代另一位地理大家杨筠松曾著有《三龙经》，里面提到"南龙入中国"；其《撼龙经》亦云："须弥山是天地骨[③]，中镇天地为巨物。如人背脊与项梁，生出四肢龙突兀。四肢分出四世界，南北西东为四派。西北崆峒数万程，东入三韩为杳冥。惟有南龙入中国，胎宗孕祖来奇特，……"。到宋明时期，"三大干龙"之说遂日渐流行，以至于成为"地理界"的定说（图5）：天下所有山脉咸祖于处在天地之中、成为所有山川之本源的"昆仑山"，其中有三大西（北）东（南）走向的山系，亦即三大龙脉进入位于昆仑山东南方的中国。由"昆仑山"分出并流布于中国的三大主干山系或主干龙，是为"太祖"；五岳作为三大主干上的山脉，是为"大宗"。由主干龙分出的山脉为中干龙，是为"太宗"；由主干龙分出的山脉为小干龙，是为"少祖"，亦称"主山"。"主山"，亦即上文所述之"祖山"，通常它就是某一个地域里最高的山。"少祖山"进一步又分出不同支脉，其中能够成"穴"之脉为"龙"；同一"少祖山"可形成多条"龙脉"分支，故可成多"穴"。一般来说，"少祖山"以下的"龙脉"，再起伏三四段的山峦，是为"父母山"。以上对超大空间地理的风水学描述，显然也是受到了中国古代宗法文化的影响[④]。

以此为前提，各个具体城市和地方的风水，往往都要与"三大干龙"相附会，视其为所祖所宗的来龙。寻山觅龙时，必溯及"三龙"，称之"认宗"，或谓之"找靠山"，其实就是努力要和遥远的"昆仑山"发生关联。明人徐善继、徐善述撰《地理人子须知》："北干最长为燕京，今京师也"，"盖北干之正结，其龙发昆仑之中脉。绵亘数千里至于阗，历瀚海之玄、屈、曲，出夷入貊又万余里，始至燕然山，以入中国为燕云。复东行数百里起天寿山，乃落平洋，方广千余里"。《方舆汇编山川典·天寿山记》："皇陵形胜，起自昆仑，然而太行、华、岳连亘数千里于西山，以海达医巫闾，逶迤千里于东，与此天寿本同一脉，奠居至北正中之处，此固第一大形胜，为天下之主山也"。这些描述可被视

① 王玉德编著：《古代风水术注评》，第260页，北京师范大学出版社、广西师范大学出版社，1992年10月。

② 程建军、孔尚朴：《风水与建筑》，第19-20页，江西科学技术出版社，1992年10月。

③ 此处所谓"须弥山"乃是中古以降，伴随着印度佛教传入中国，印度神话中的"宇宙山"和中国本土的"昆仑山"神话发生混淆之后所产生的新概念，故用它替换"昆仑山"亦未尝不可。民间口碑传说里还有杨筠松曾经在"昆仑山"修炼过的说法。

④ 张杰：《中国古代空间文化溯源》，第327页，清华大学出版社，2012年1月。

为明朝时，地理家对天寿山作为北京的主山、镇山之来龙去脉的解释①。至于山势龙脉的尽头，经常被称为"龙首"，中国很多地方有"龙首山"、"龙首原"之类的地名，其位置大都是山脉或隆起的地势之与河川水流的交汇之处，故被认为是"吉穴"、"吉壤"之所在。

不过，对于"三大干龙"的描述，或详或简，彼此之间往往也存在一些差异或出入。翁文灏曾引明人王士性的说法："昆仑据地之中，四旁山麓各入大荒，入中国者东南支也。其与又于塞外分三支：左支环阴山贺兰，入山西起太行，数千里出为医巫闾，渡海而止，为北龙。中支循西蕃趋岷山，沿岷江左右，出江右者叙州而止，江左者北趋关中，脉系大散关；左渭右汉为终南太华。下泰岳起嵩山，右转荆山，抱淮水，左落平原千里，起泰山入海为中龙。右支出吐蕃之西，下丽江，趋云南，绕沾益，贵州关索，而东去沅陵。分其一由武关出湘江，西至武陵止。又分其一由桂林海阳山过九嶷衡山，出湘江，东趋匡庐止。又分其一过庚岭，渡草坪，去黄山天目三吴止。过庚岭者以分仙霞关，至闽止。分衢为大拌山，右下括苍，左去为天台四明，渡海止。总为南龙也"②。明人刘基亦曾指出："中国地脉俱从昆仑来，北龙、中龙人皆知之，唯南龙一支从峨眉并江而东，竟不知其结局处，顷从通州泛海至此，乃知海盐诸山是南龙尽处。……天目虽为浙右镇山，然势犹未止，蜿蜒而来，右束黔浙，左带苕云，直至此州长墙秦驻之间而止，于是以平松诸山为龙，左抱以长江淮泗之水，右绕以浙江曹娥之水，率皆朝拱于此州，而后乘潮东出，前后以朝鲜日本为案，此南龙一最大地也"③。于是，整个中国就都被"气"之流布如同网络一般地实现了彻底的覆盖④。

古代风水家们对于"北龙"和"中龙"的表述相对较为接近，至于"南龙"则众说纷纭，难以统一，归根到底，也是因为地形、地势较为复杂的缘故。明人徐霞客《溯江纪源》亦曾辩论三大龙势，突出地强调了南龙的重要性，他认为，"惟南龙磅礴半宇内，而其脉亦发于昆仑，与金沙江相持南下，竟石门、丽江，环滇池之南，由普定度贵竺都黎南界，以趋五岭，龙远江亦远，脉长源亦长，此江之所以大于河也"。或以为他一生旅行探险奔波，就是为了证明家乡金陵和"昆仑"是一脉相承的。

总体而论，"三大干龙"之说确实是古代地理（堪舆）之学对中国山川走向之大势和地形、地貌之大格局的简略概括，大体可以反映出古人对于中国自然地理的朴素认知，虽然它们在中国科学史上有一定的价值，但这些认知是初步、模糊、不准确和远非科学的。中国学者翁文灏曾在1930年代专门撰文《中国山脉考》，对于风水学说中的"三龙"理论予以考证，除了其中可被现代地理学有所继承的部分之外，明确地指出了它的局限性，例如，仅仅基于一

① 张杰：《中国古代空间文化溯源》，第327页，清华大学出版社，2012年1月。
② 翁文灏：《中国山脉考》，转引自刘沛林：《风水·中国人的环境观》，第65-66页，上海三联书店，1995年12月。
③ 《古今图书集成·堪舆部·乐郊私语》。
④ [日] 三浦国雄、毛纲毅旷：《风水与城市形象》，王其亨主编：《风水理论研究》，第299-310页，天津大学出版社，1992年8月。

知半解，便奢谈"龙脉"与人事的关系①。

本质主义风水信仰的遗绪

虽然构成风水理论的基本要素，诸如"阴阳"、"气"、"龙脉"等，均不能为现代自然科学所确证，但由它们的组合所建构的宇宙论空间图式，正如英国学者李约瑟所指出的那样，不仅反映在中国城乡建筑之中，而且，还每每作为方向、节令、风向与星宿的象征主义②，深度影响到文化空间的中国式建构，例如，对自然山水赋予人文色彩，以及赋予主从、尊卑、高低之类社会等级的价值等。但是，对于现代中国社会而言，风水学说及相关理念的问题，并不在于它的象征主义，毋宁说象征主义的风水足以具备成为"非物质文化遗产"中"有关自然界和宇宙的知识及实践"的资格，问题主要还是在于对风水的本质主义倾向的信仰。

中国历史上确曾有过对于堪舆、风水之类理念的本质主义信仰。犹如《管子·霸言》所谓："霸王之形，象天则地，化人易代，创制天下，等列诸侯，宾属四海，时匡天下"，似乎历代英雄豪杰若取天地之形势，即可改朝换代。因此，王朝更迭、建都迁城、帝王陵寝等，通常都是要讲究山水的不同宗或不同脉，试图以新的所谓"龙脉"替代或压住前朝的"龙脉"③；与此同时，历史上当然也不乏对那些基于其他"龙脉"而潜在崛起者的戒备和防范。例如，明朝初年，朱元璋就曾依据风水家的建议，着力建设明祖陵，并让御用文人大肆吹捧，从而强化自身作为统治者之合法性的神秘起源④。无独有偶，清朝的康熙皇帝亦曾在泰山顶上，发表过一篇题为"泰山山脉自长白山来"的祭文，大谈自己的神秘血统，试图通过"龙脉"学说，为清政权的合法性提出论证。据《明实录》记载，崇祯十四年，皇帝曾针对明孝陵附近有人开窑取石，恐伤龙脉一事，召见大臣们，其旨意不外乎就是通过保护帝王家的"万年吉壤"和"龙脉"，来维持国运的昌隆⑤。当时的礼部侍郎蒋德璟亦曾论及明朝帝都、帝陵之与"三大干龙"之间的关系，他说："中国有三大干龙。中干旺气在中都（凤阳），结为凤泗祖陵；南干旺气在南京，结为中山孝陵；北干旺气在北京，结为天寿山诸陵。这三大干本朝独会其全，真是帝王万世灵长之福"。崇祯皇帝亦曾插话："这三大干龙都从

---

① 王成祖：《中国地理学史》，第172页，商务印书馆，1982年12月。王玉德编著：《古代风水术注评》，第4页，北京师范大学出版社、广西师范大学出版社，1992年10月。

② Josheph Needham, Science and Civilisation in China,Vol Ⅳ: 3.Cambridge Unicersity Press. 转引自冯建逵、王其亨：《关于风水理论的探索与研究（代前言）》，王其亨主编：《风水理论研究》，第1-10页，天津大学出版社，1992年8月。

③ 张杰：《中国古代空间文化溯源》，第91页，清华大学出版社，2012年1月。

④ 高友谦：《中国风水》，第181-183页，中国华侨出版公司，1992年5月。

⑤ 刘沛林：《风水·中国人的环境观》，第283-284页，上海三联书店，1995年12月。高友谦：《中国风水》，第185-187页，中国华侨出版公司，1992年5月。

昆仑山发脉来？"蒋德璟答曰："诚如圣谕"。君臣经讨论一番以后，得出了"西山一带龙脉过处亦不宜开窑口"的结论。由此可知，与"大风水"亦即大跨度的时空掌控有关的"知识"，曾经也是官方所高度看重、并且亦是朝廷高官之必备知识构成的一部分。

由于风水在中国全土有着非常广泛的社会环境和农耕文化的基础，虽然相关知识的详略不尽相同，程度有所差异，但其已经普及成为一般民众之生活常识乃至于"集体无意识"的一部分[①]。从建造居室、坟墓的朝向等注意事项，到为聚落、村镇创造较好的、便于农耕发展、水源充足而又无水患的风水环境，从当地的风水掌故或传说，到"大风水"之与王朝兴衰的关系，风水不仅是风水家们以专家自居、擅长于故弄玄虚的领域，同时，也总是不妨成为草民们津津乐道的谈资。清末民初，建设近现代国家的铁道、道路、桥梁和诸多土木工程，曾经常遭遇当地民众基于风水、龙脉之类理由的抵制与反对，这意味着，当时对于风水的本质主义信仰乃是一种社会文化的常态。经过了差不多一个世纪之久的"革命"和破除迷信运动，如今国人对于风水的态度已然发生了巨大的变化。但即便如此，每当涉及大跨度、超地域的国家巨型工程之际，例如，三峡大坝、南水北调、高铁和高速公路网建设等等，偶尔也还是会有来自风水、地气和龙脉之类理念的质疑或焦虑。由此可知，曾经因为万里长城的修筑而得以突显的"地脉"观念，历经数千年，至今仍不绝如缕。

中国的现代化进程极大地压缩了风水家们的活动空间，也在相当程度上促成了风水思想和风水学说的衰落。但风水依然顽强地存活在全国各地的乡野民间，不仅依旧构成普通民众之生活文化[②]的基层和深处的部分，同时，它还因借助互联网的传播而风生水起。在官方的、主流的、科学的地理学、历史学和全球化研究的学术领域之外，中国互联网上有关"大风水"的介绍、解说和重新诠释，仍然是分别沿着"风水地理学"、"风水历史学"、"风水天下论"的诸多方向，持续不断地处于建构之中。此种"风水地理学"是把中国自然地理上的"昆仑山"（或帕米尔高原东部）视为世界的中心，进而从风水学之起祖发脉的观点出发，把全世界的龙脉说成是均起于中国、兴于中国，可谓是一种风水的"中国中心主义"。其进一步还认为，几大龙脉在中国境内的分枝劈脉，孕育出各个级别的枝龙、支脉，从而对国内各省市或地域的发展产生影响。例如，以北京为山龙聚首之地，山龙主贵贱，故北京呈现官贵之气；以上海为长江水龙吐气之地，水龙主财富，故上海呈现财富之气，如此不一而足。所谓"风水历史学"则是以"龙脉"解释王朝更替，既然中国历史上出现过24个王朝，那么，中国至少就有24条"龙脉"，比如，说周朝的龙脉在岐山，秦朝的龙脉在咸阳，汉朝的龙脉在沛县，明朝的龙脉在凤阳，清朝的龙脉在东北，诸如此类。至于那些经由"大风水"去纵论天下亦即全球形势，时不时也包括讨论一些既定国家之发展运道和趋势的尝试，亦可被视为是一种以中国风水最为优越为前提的自我中心主义，虽然很少有人较真地对待之，但爱好者们却乐此不疲，甚或陶醉其中。

① 何晓昕：《风水探源》，第150-151页，东南大学出版社，1990年6月。
② 周耀明：《传统风水文化的民俗学分析》，《广西民族学院学报》2004年第3期。

关于"昆仑神话"基本概念的探求

赵宗福

昆仑神话，一个令人肃然起敬、一个令人心驰神往、一个令人回肠荡气的远古文化话语，给中华民族带来了难以估量的深远影响，给中华儿女带来了无穷无尽的幻思遐想。

昆仑山，一座横亘于祖国西部的、文化意蕴浓厚的、横空出世而雄浑巍峨的山脉，给中华民族带来了足够自豪的伟大文明，给中华儿女带来了值得骄傲的精神力量，这是我们民族的千古不灭的灵魂，这是我们历史的巍巍高耸的象征。

然而昆仑神话的基本内涵和内容是什么？它到底有哪些神奇的故事？它的价值究竟体现在哪些方面？本文将根据作者自己的知识积累和文化理解，做一次浅显的学术诠释。

神话：民族文化源头

提到昆仑神话就不能不先从"神话"说起，因为一是"神话"一词在不同的语境当中有不同的含义，运用不当就好像由于同名而叫错了人一样，让人没办法跟那个人对话；二是在神话学中所谓的"神话"实际上也有着它特定的指向和意义，如果不明白它的所指及其意义，那就无法准确把握"昆仑神话"了。

"神话"一词在用法上有广义和狭义之分。广义的"神话"是人们日常对没有事实依据和不可能实现的一些幻想和想象的概括，包含着浓郁的贬义。如："所谓人类明天就可以登上木星，简直就是一个神话！""一亩地可以生产上万斤粮食，那只不过是一个神话而已。"而对人文学科的同行们来说，在特定的语境当中，"神话"则是专指民间文艺学和民俗学上具有原始信仰意义的神话作品，研究这种神话的特定的学问就叫作神话学。

学科意义上的"神话"术语，起源于古希腊语，意思是关于神话和英雄的传说或故事。而流变到英语中，所谓的"myth"（即神话）意思是想象的或虚构的故事。我国的"神话"一词则是在 19 世纪末，梁启超等人直接从日本人从英语转译的"神话"术语引进的。从神话的词源上就可以看出，所谓"神话"就是从远古流传下来的关于我们祖先们和神灵们的神圣故事和传奇传说。这些传说故事虽然由于原始信仰的影响，无可避免地有着大量的甚至是百分之百的虚构想象，但在先民们看来却是非常真实的，所以著名的意大利学者维柯就曾经说神话故事在起源的时候都是些真实而严肃的叙事，美国的民俗学家巴斯科姆还把神话称为"神圣叙事"。

关于神话的本质、起源与发展趋势，马克思做出过科学性的判断，他认为神话是人类童年时期由于无法正确认识自然和社会而创造出的产物，它是"用想象力和借助想象以征服自然力，支配自然力，把自然力加以形象化；因而，随着这些自然力之实际上被支配，神话也就消失了。"马克思这段话实际上说明了神话的三个主要问题，即神话产生于人类的童年时代（大约在原始社会及其奴隶社会初期）、神话是一种借助想象力征服和说明自然力的幻想性作品、神话会随着人类文明的发展而逐渐消失。

神话有着丰富的幻想色彩，而且以形象思维为主，所以在表现形式上具有文学作品的特征。但它不是普通的一般文学，而是一种综合的文化现象。它既是以神圣故事为中心的文学艺术，又是以先民信仰为中心的文化综合体。

正是由于神话是人类在童年时代借助想象来说明和征服自然力的文化综合体性质的文学作品，因此它同一个民族的文化艺术源头息息相关，文化人类学家甚至认为它是一个民族的文化源头。在神话学方面深受人类学派影响的鲁迅就曾这样说："神话不特为宗教之萌芽，美术之所由起，且实为文章之渊源。"因为神话是民族文化的源头所在，所以神话在某种程度上直接影响着一个民族的文化形态和伦理价值观。

也由于神话会随着人类文明的进步而消失，所以它往往是一个民族古老文化的"活化石"。原型批评学派的学者们还认为，一个民族的一切传统文化均可以从本民族的神话中找到原型。所以整整一个多世纪以来，西方人类学家最擅长的研究方法之一，就是深入到原始的土著民族中进行田野调查，并通过所谓的落后民族文化和西方现代文明的比较，探讨人类原始文化及其发展变异的情况。而自从加拿大学者弗莱尔的原型批评理论风靡世界以来，神话更加成为了学者们强烈关注的文化原型大本营。从这个大本营里，学者们发掘出了一个个文化原型，从而显示出了神话作为民族文化源头而对民族文化性格形成的重大影响。中国的神话学者们在这方面也是大展才思，成绩斐然。

这里不妨举一个有关"黑旋风"的文学形象为例证。众所周知，《水浒传》里有一个著名的英雄好汉叫黑旋风李逵，生得面黑形粗，憨直暴烈，但勇猛仗义，天不怕地不怕，动辄大叫"杀去东京，夺了鸟位"，直到被毒死后，他还在宋徽宗的梦中杀上金銮殿来，砍皇帝三板斧。其实这个"黑旋风"在许许多多的古今小说中出现过，《三国演义》里的莽张飞、《隋唐演义》里的程咬金、《岳飞传》里的牛皋，等等，形成了一个中国特有的文学形象类型，深得读者的喜爱。为什么会出现这样的英雄形象？学界普遍认同：这是因为我们祖先创作的神话当中就有这样的形象基因，这就是神话人物刑天。所谓"刑天"就是被砍了头的人，"天"的意思是头。所以在神话中刑天的头颅被黄帝砍掉以后，葬在西边的常羊山，但他仍然以双乳为眼睛，以肚脐眼当嘴巴，一手举着斧头，一手拿着盾牌，跟黄帝进行斗争，显示出一种感人至深的、勇猛倔强的意志精神。所以大诗人陶渊明赞赏说："刑天舞干戚，猛志固常在。"不用说，李逵、张飞、程咬金、牛皋等小说人物，无非是刑天形象的一次次翻版，是一种传承不息的文化遗传。

据学界研究，刑天还是中国早期的战神，也就是说他是关公的前任。刑天是无名的无头英雄，但据说他的名字其实就是另一个神话人物蚩尤。神话中的蚩尤与黄帝争夺最高权力的位置，进行了一场惊心动魄的战争，最后被黄帝擒杀，砍去了头。由于蚩尤的勇猛善战特性，被先秦及秦汉时的人们奉为战神，汉高祖刘邦起兵时所祭祀的"兵主"就是他。但是由于蚩尤也罢，刑天也罢，在后世的统治者看来都是反对最高统治者黄帝的"叛逆者"，所以被独尊儒家的封建统治阶级和它们的帮闲文人们所不容，于是逐渐以符合统治阶级口味、被砍去了头颅的关公来代营。在三国的传说故事里，关公喜读春秋、讲究忠义、名气很大。在《聊斋志异》中有一段似乎很荒唐的关公战蚩尤故事，实际上折射的就是关公取代蚩尤的历史进程。反过来，也就是说关公作为战神，某种意义上又继承了刑天、蚩尤的一些文化特质。

还有神话中的"原型回归"母题，在王孝廉先生看来，它直接影响了古典历史小说的结构方式。神话中天地开辟，形成乐园，但往往遭到破坏（原因可能是多种多样的，如人类的背叛主神、诸神间的争斗、宇宙洪水等），最终又由于神和人的努力，重新恢复了和平的乐园。中国神话的这一模式在后世小说中表现为天下大势"合久必分，分久必合"，《三国演义》就是一个典型的文本。即使在《红楼梦》等言情小说、《施公案》等公案小说、《三侠五义》等武侠小说中，也往往时隐时现地表现出原型回归的叙事模式。

由此看来，昆仑神话作为中华民族的文化源头之一，当然地也对我们的民族文化有过无可置疑的巨大影响。

昆仑：民族精神的象征

"昆仑"在我国早期的文献中写作崑仑、崑，从字面就可以看出，它与山是分不开的。从古籍记载和一般人的印象说，昆仑山是一座神圣的大山。这座山不仅是古老神话中的大山，而且是中华民族的象征，人们常用"巍巍昆仑"四字来形容中华民族伟岸不屈的人文性格和博大精深的文化内涵。同时它还是我们民族的发祥地，所以过去人们动不动就说"赫赫我祖，来自昆仑"，可见它在国人心目中无可替代的神圣位置。

正是因为昆仑山的神圣地位，自古以来人们一直向往和追寻着传说和现实中的昆仑山。先秦时人们就在寻找着昆仑，但由于诸侯割据，交通视野有限，昆仑只好被认知在朦胧的西部旷野中。譬如楚国屈原在被放逐后，痛苦悲烈，作赋以抒无处可诉的情怀，处处以昆仑山为寄托精神的家园："朝发轫于苍梧兮，夕余至乎玄圃；欲少留此灵琐兮，日忽忽其将暮。"！（《离骚》）"吾与重华游兮瑶之圃，登昆仑兮食玉英，与天地兮同寿，与日月兮齐光。"（《涉江》）屈子在对现实极度悲观之际从苍梧来到昆仑山，登上玄圃、瑶池等仙境，食玉英，浴仙气，在精神上与日月同光、通天地齐寿，得到了极大的满足。直到 20 世纪的 90 年代，台湾等地的一些道教徒还专门来到青海西部的昆仑玉虚峰修行，据说那里是昆仑山的正脉所在，在这里修行就能迅速提升道法功能。

汉王朝不仅代替秦始皇统一天下，而且拓疆扩土，王朝使臣远达西域，为进一步认知昆仑奠定了现实地理的基础。汉武帝就曾根据张骞通西域回来所作的汇报，钦定于阗南山为昆仑山，这似乎是中国历史上第一次官方对昆仑地理位置的规定。但钦定归钦定，学界的讨论远未停止。之后两千多年来的学术界仍然进行了大量的讨论，结论众说纷纭。如果把这些讨论昆仑山的学术史进行系统的整理，简直可以写出一本厚厚的著作来。真是昆仑悬案，千古聚讼！

但到唐朝时期，人们普遍认为昆仑就在今天青海西南地区。唐太宗时，李靖、侯君集等将领追击吐谷浑远到河源大积石山一带，观星宿海；唐穆宗时，刘元鼎出使吐蕃，途径河源地区，回长安后写下《使吐蕃经见记略 >，其中确认河源有昆仑山。之后，元明清三代考察记录河源昆仑的文字更是屡见不鲜。固然，自然地理的昆仑山绝不等同于神话的昆仑山，但也不是说二者之间毫无关系。"河出昆仑"的说法在古籍上反复出现，标明古人们的一个共识是：昆仑山所在的基本地理方位在黄河源头地域。

但是，任何现实中找到的昆仑山不可能等于神话中的昆仑。神话昆仑是我们的先民们充满了想象的综合性的艺术，因而神话中的昆仑在方位上多少有些飘忽不定，有时在大地西北，有时在宇宙中心，有时还同时在几个地方出现，总之不像现实中的昆仑那样定地不动。所以想一定要给神话昆仑具体地划定一个现实地理上的地方，可能是不符合事实的。至于有些人把《山海经》等古书上的地名和当代地图上的地名和交通路线相对照，得出某处是《山海经》中的某一地方、某处是《穆天子传》中的某一国家之类的结论，实在是不可信的。话又说回来，神话昆仑也不是无根之木、无源之水，而是先民们依据现实的地理现象创造出来的，它曲折地反映了我们的生活现实，神话昆仑和现实地理的昆仑自然地有着密切的关系，完全否定这样的关系也不是实事求是的态度。如何比较科学地解释神话与现实之间的关系，如何把握阐释的"度"，是一个严谨的研究者起码应有的治学态度。

我们暂时把复杂的昆仑山地望问题抛开，来简单地看看"昆仑"的原始含义究竟是什么？

在今天看来十分神圣的这个"昆仑"在原始意义上首先是一种圆形的混沌迷茫状态。一些古书里直接写作或者等同于"混沦"、"浑沦"、"混沌"、"浑敦"等等。所以神话里的昆仑山便呈现出一派雄伟浑圆、混混沌沌的气象。"南望昆仑，其光熊熊，其气魄魄"，是《山海经》对这座神山的整体概括。虽然上面有众多的神人、神树、神兽等神物，但除了能射十日的后羿，一般人类是上不去的。神话中昆仑山不仅是圆形的，连山上的大铜柱也足足有三千里的周长，而且"周圆如削"。有关昆仑山的一切都是圆的，西王母送给中原帝王的玉璧都往往是玉环，也是圆形的。

神话昆仑山的男主角黄帝，被历史化以后尊奉得具有无比神圣的地位，与另一位传说人物炎帝并称"炎黄"，华夏民族自称是炎黄子孙。但是在最初的神话中，他同样呈现出与昆仑一样混沌的形貌和特质。黄帝在文献中又被称作帝江、帝鸿，浑身混沌没有面目，颜色赤如丹火，长着六足四翼（又说长着四个面孔），一幅"浑敦"（即混沌）的模样。以致于庞朴先生认为黄帝的原型就是青海甘肃地区民间浮渡黄河的羊皮袋，因为是吹胀了气的完整皮囊，所以"混沌无面目"。有意思的是黄帝有一个不成器的儿子（不才子），掩义隐贼，好行凶德，丑类恶扬，玩枭不友，天下之人称他为"浑敦"。当然这个"浑敦"虽然已经跟今天的"混蛋"是同义词了，表示极端的不开通、不文明，但仍然透露出混沌的含义。

跟昆仑山相对的是不周山，为什么相对？因为一圆一不圆。神话中的共工一怒之下头撞天柱，把另一座山碰得走了形，不圆了，所以才叫作不周山。对人类来讲，如此周圆而广大的昆仑山真是太混沌了，人是去不了，也没有办法看得清说得明的，只好高山仰止，伏地而膜拜了。所以历代皇帝大多都有意无意地不仅向往昆仑，而且还寻找昆仑。实在没办法，把登上明堂祭祀天神的盘旋阁道，起名叫昆仑道。那些修行出家、白日做梦的道家神仙们，对昆仑山的心往更不在话下，编造出了多少神奇美妙的传说故事来。昆仑是圆的，登上昆仑山实际上又是在圆梦。总之，他们无非是在"圆"字上做文章，这也正说明"昆仑"的本意是圆，并由崇拜而增加了神圣的意味。

由于昆仑周圆而浑大，混混沌沌不可分解，逐渐又引申出完整的意思。并演化出了一些新词，譬如"囫囵"。"囫囵"一词不但在书面上仍然使用着，形容学知识不加内化地一股脑儿地往里装叫"囫囵吞枣"。而且在民间口头上也大量地存活着，青海河湟地区方言中把完整的、没有损伤的东西形容为"囫囵囵儿的"。不仅用作形容词，而且演化出别的名词，我们日常食品中就有叫"馄饨"的；把不明事理、冥顽不化的人骂做"浑蛋"、"混账"。

昆仑混沌不开明，所以相应地就有了黑色的意思。这方面最能说明问题的是，从唐代开始，一些黑奴被贩卖到中国的一些贵族家庭充当家奴。因为他们生得面目黝黑，加之体魄强健，身材伟岸，被称为"昆仑奴"，意思就是黑奴。对个体的昆仑奴，还加上"黑"、"墨"等字样来称谓，如"黑昆仑"、"墨昆仑"等等。正因为昆仑有黑的意思，所以昆仑山也可以叫作黑山。黄河源头雄伟高大的巴颜喀拉山，唐代刘元鼎以实地经过和考察说，此山名叫紫山，即"古所谓昆仑者也"，为什么这样说？因为"紫山"就是黑山，也就是昆仑山。

昆仑在某种意义上还有"天"的含义，所以昆仑山实际上也可以叫作天山的。"河出昆仑"

实际就是说黄河发源于天山，因而李白那"黄河之水天上来"的诗句并不是没有一点依据的艺术想象。处于青海、甘肃省交接的祁连山，早在秦汉时期就是匈奴人的天山，"祁连"在匈奴语中的意思即为天。也正因为如此，历来许多学者认为祁连山就是神话中的昆仑山。

无论是现实的昆仑还是神话的昆仑，昆仑山都是万山之宗，河岳之根，同时也是中华文明的发祥地之一。远古昆仑意象对中华文化有过巨大的影响，所以昆仑自古以来就是我们民族精神的象征。

昆仑神话：中华文明之光

上面分别介绍了"神话"和"昆仑"，现在我们把二者连缀起来，来给昆仑神话下个简单的概念：所谓昆仑神话就是在中国古典神话中以昆仑山为核心的神话系统。

但是如果从学术的角度严格地说，这样简单的定义实际上没有意义，因为一是太简单，二是由于简单而显得漏洞百出。可是要给前人几乎没有做过任何界定的问题给出一个非常准确的定义来，也是颇感为难的，但既然涉足昆仑神话，就总不能打个马虎眼晃过去。这里只好先从昆仑神话包含的基本内容说起。

从现存的古典神话资料看，所谓昆仑神话，首先是以昆仑山及其相关神话人物如黄帝、西王母为主题的神话，其次是与这些神话相关的各种稍嫌零散的神话。如有关昆仑山、昆仑丘、昆仑墟和昆仑上面和周围的神人（如西王母、黄帝、嫦娥、后羿以及群巫等）、神兽（如开明兽、陆吾、三青鸟、窫窳等）、神物（如建木、视肉、火浣布、不死树、琅玕树等）、神地（如悬圃、醴泉、瑶池、河源、弱水、赤水等）的神话，还有与此密切相关的神人如共工、伏羲、大禹、周穆王、东王公、汉武帝、牛郎织女，等等。

但是要说明的第一点，昆仑神话不是绝对孤立的神话系统，而是与中国的其他神话相互影响相互勾连，所以还要注意，不能把凡是与上面提到的神或物有牵连的都看作是昆仑神话的组成部分。比如黄帝的神话传说就与东夷神话以及其他神话往往交叉，因此就不能把凡是与黄帝有点联系的神话都硬拉到昆仑神话的圈子里来。

第二点，保存下来的上古神话资料有限，同时神话在早期也在不断的发展演化之中，还往往和传说故事甚至后来的一些道家传说、民间故事有很紧密的关系，所以有时很难把神话、传说、故事绝对地分别开来。因而在界定昆仑神话的时候，在神话、传说甚至故事之间不能不容许存在一些必要的模糊带。而且昆仑神话的确也存在着一个由简单到复杂、由朦胧到清晰、由朴野到文明的发展过程，这从记载它的文献资料就看得清清楚楚。在西周之前，人们心目中的昆仑山还是比较混沌迷茫的，既神圣又恐怖。到了战国时期，在方士的鼓动和诸侯的迷恋下，掀起了一场旷日持久的大规模的造神运动，于是昆仑山就有些仙气了，而且有世俗化的趋向，所以周穆王西巡到昆仑山与西王母会面，昆仑山不但不可怕，还有醴泉、瑶池等仙境，连西王母也能很温柔地通过吟诗来表达细腻的感情。至于到了汉代及其之后，昆仑山上的一切都进一步变得丰富多彩，而且仙气十足，简直就是一个西方极乐世界。

初步说明了昆仑神话的内容后，再来简单地看看昆仑神话在中国神话中的地位和意义。

世界上的几大文明古国如古巴比伦、希腊、印度、埃及、中国等都有着丰富的古典神话，因为神话本身就是文明古国的象征，几乎可以这样说，没有神话的文明古国是不存在的。但是相对来说，中国的古典神话能够保存到今天的很少，所以在一般人看来中国的古典神话支离破碎，不成体系。当然出现这种现象的原因是多方面的，其中最主要的原因是中国文明起源早，但当时书写的条件非常有限，大量口头的神话无法完整地转写成书面作品。而偏偏中国的历史化和哲学化程度出现得也很早，先秦时期就不但出现了《尚书》、《左传》、《战国策》等史书，而且还出现了"百家争鸣，百花齐放"的哲学繁荣局面，使得还没来得及书面化的上古神话就被史学家和思想家们的理性思考所淹没、所改造，甚至被完全否定。

这方面最典型的例子就是孔子和后来的司马迁。孔老夫子主张"不语怪力乱神"，对一些实在无法回避的神话便加以合理化的解释，使它"回归"到理性现实中来。神话里的黄帝长着四张脸，有人问为什么"黄帝四面"？孔子解释说：哪有这种事？不过是黄帝派了四个和他长得差不多的人，替他分头去治理四面罢了。神话中的夔只有一只脚，鲁哀公向孔夫子请教，他于是把文献上的"夔，一足"巧妙地篡改为"夔一，足"，．说像夔这样的贤者有一位就足够了。西汉司马迁写《史记》，凡是不符合"缙绅之言"的神话传说一概摒弃，还有一些很有影响的神话人物则被历史的谱系化，把许许多多丰富多彩的神话人物按照家族传承的模式重新进行编排，完全变成了历史。所以，很多古典神话就是这样被思想家和历史学家们善意地合理化和历史化了。至于后来的几千年历史上，孔孟儒学被尊奉为国家正统思想理论，司马迁被尊崇为史家楷模，因而残留下来的一部分上古神话同样被曲解或否定。这也就是为什么中国神话学的历史上合理化解释十分普遍的原因。

尽管这样，一部分古典神话还是通过少量的典籍保存了下来。从记载神话的古籍看，《山海经》是保存神话资料最多的一部书，其次还有《楚辞》、《诗经》、《庄子》、《淮南子》、《穆天子传》等，也或多或少地记录了一些。这些便是流传到今天的古典神话的基本资料，也是我们了解古代神话的主要资源。

根据顾颉刚先生的研究，中国古代流传下来的神话有两个重要的系统，一个是发源于西部的昆仑神话，一个是受昆仑神话影响而形成于东部沿海地区的蓬莱神话。这两大系统的神话在后来还相互融合，形成了楚辞中的神话。从他的论述可以明显地看出，在他看来，昆仑神话的产生在前，所谓的蓬莱神话形成在后。

从近几十年来神话学界对顾先生这一观点的引用和讨论看，个别方面虽然也有一些不同的意见，但整体上得到了普遍的认同。正是基于这样的学术基础，笔者曾经提出：昆仑神话是中国古典神话的主体，这一提法也被许多地方学者所采纳（可惜很多人误写为"主题"了）。这也就足以证明了昆仑神话在中国古典神话中的重要位置和文化价值。

这重要的位置和文化价值主要体现在：如果说神话是一个民族文化的源头，是文明古国的象征，那么作为中国古典神话主体的昆仑神话，至少也是中华民族文化的源头之一，也无疑是中国早期文明的曙光。中华文明的形成发展、中国文化的繁荣光大，无不与昆仑神话有直接的关联：正由于此，即使生活在现代化文明时代的我们，也很有必要去了解和理解自己文化源头之一的昆仑神话。

赵宗福青海师范大学副校长 教授 博士

昆仑文化源流考

谢佐

近年来东方文化学界对昆仑文化的研究在不断深入。2000 年 8 月在青海举办的"海峡两岸昆仑文化考察与学术研讨会",来自中国大陆和台湾,以及日本、韩国、德国的 140 余位学者参加这次活动和研讨。会后由青海人民出版社出版了王承喜同志主编的《昆仑文化论集》,曲六乙先生以"青海昆仑文化是金色文化"为题作序,他在序言中指出:"青海昆仑不但充满了浪漫主义神话的原始文化意蕴,还涵盖了科学考古发现的远古文化遗存。"曲六乙先生在"昆仑文化"之前冠以"青海"二字,意在青海古老文化遗存和科学考古两重含义,实际上,昆仑文化的研究课题早已超出了青海的地域范围,在世界东方文化圈已引起反响。从对昆仑文化研究的时间跨度看,早已进入史前文明时代,从地质学、人类学、考古学的角度在探寻着昆仑文化的缘起及其发展脉络。

作者土生土长于青藏高原,出于藏学研究和工作需要,从 1964 年大学实习在青海南部高原的河南蒙古族自治县伊始,四十年来足迹几乎踏遍了青藏高原的山山水水。今年 7 月在青海省格尔木市举办昆仑文化艺术节之前,有关部门曾组织昆仑文化研讨会,我以"昆仑文化源流考"为题,参与一篇书面发言提纲,现仅就这一提纲,将我的几点粗浅的学术观点陈述于下,不当之处请识者指正。

一、昆仑文化的研究,缘起源于昆仑神话的传说

中国的两大神话系统即昆仑神话系统和蓬莱神话系统,学界一般认为后者是前者的继承和延伸。所以这两大神话系统都可同时纳入昆仑文化研究的范围之内。有趣的是,昆仑神话发源于黄河源头,即黄河上游、湟水流域、大通河流域,古人称之为"三河间"的地方,也就是河湟文化地区(今青海东部和甘肃西部);蓬莱神话发源于黄河入海处,即齐鲁文化地区。黄河从河湟地区流向宁夏、内蒙古地区,笔者将这一地区的文化称为河套文化,这是草原文化与农耕文化结合的区域,黄河流经陕西、河南地区,产生了中原文化。所以,从黄河流域的四大传统文化即河湟文化、河套文化、中原文化和齐鲁文化看,黄河不仅是中华民族的摇篮,而且还是中华民族文化的摇篮。应该说是昆仑文化的发源地。1998 年我

曾在台湾《宗教哲学》第6期杂志著文指出，昆仑文化中的诸多神话传说与昆仑山系、黄河、青海湖的变迁密切相关。这是因为黄河发源于昆仑山脉，远古时代黄河又与青海湖共融一体，青海湖曾是外泄湖。由于青藏高原的隆起，曾是水乡泽国的地域造就了众多山脉，并使江河横溢。西于帕米尔高原，横贯新疆和西藏之间，向东延入青海境内，直至甘肃、川西北、长达5000里的"莽昆仑，阅尽人间春色"，"飞起玉龙三百万，搅得周天寒彻"（毛泽东诗词）。当代伟人曾这样赞誉昆仑山。古人凭借他们的想象力，不断通过神话传说、故事去探索，远古时代的地质变迁所带给先民们的无穷磨难，这也是情理中的事了。

我将两大神话系统的主要神话传说故事，按时间顺序排列为：①共工氏怒触不周之山；②女娲炼石补天和抟土造人；③西王母与周穆王相会于瑶池之上；④大禹治水；⑤愚公移山；⑥精卫填海；⑦夸父逐日；⑧嫦娥奔月；⑨羿射九日；⑩八仙过海。昆仑神话故事一方面寄托了我国古代先民适应自然环境，特别是与青藏高原隆起后的自然环境相适应的殷切期望；另一方面也反映了我国古代先民在求生存、求发展的艰难历程中所表现出的大无畏英雄气概。这种英雄气概发展成为中华民族"天行健，君子以自强不息"的优良传统。

值得注意的是，"共工氏怒触不周之山"的神话故事，折射出远古时代青藏高原的隆起所造成的一系列重大地质变迁，以及由此引起的生灵涂炭。我将"不周之山"看成是呈半圆的盘龙形昆仑山系。这一山系的西段为塔里木盆地和藏北高原之间的界山，呈西北——东南走向，南高北低而北坡陡峭，著名的高峰有7546米的慕士塔格山，海拔7719米的公格尔山；这一山系的东段呈东走向，山脉又分三支：北支为祁曼塔格山；中支为阿尔格山，东延为布尔汗布达山和阿尼玛卿山；南支为可可西里山，东延为巴颜喀拉山，进入四川边境与岷山、崍山等山峰相接，这些山峰多在海拔6000米左右，可谓雪峰林立，冰川密布。在这诸多的著名山峰中，笔者曾多次途经阿尼玛卿山和巴颜喀拉山。其山之大、之壮观，令人叹为观止。其中的阿尼玛卿山坐落在青海省果洛藏族自治州境内，汽车从海拔4000多米的花石峡进入玛卿雪山地区，翻越一座海拔5000米的宁召玛山，直至达到海拔3700米的州府所在地大武镇，横穿玛卿雪山地区整整200公里。据当地藏族群众告诉我，围绕玛卿雪山的主峰阿尼玛卿峰（海拔6900米）朝山一周，当有600公里之遥！黄河发源于巴颜喀拉山，流经高原姊妹湖扎凌、鄂凌二湖，到星宿海时，溶入宛如满天星斗般密布草地的小湖泊，夏日绿草地上在阳光下呈现出孔雀展展那样的自然景观，黄河的藏语名称"玛曲"即孔雀河由此而得名。黄河从星宿海流到玛卿雪山地区时，雪山地区的冰川、沼泽和山线纷纷流进黄河，黄河益显得壮大起来，所以"玛卿"一词在藏语中的意思是"黄河流经的大山"或"大黄河"。每次经过玛卿雪山地区看到宁召玛山两侧的无数条溪流纷纷汇合，匆匆忙忙奔向黄河时，都有无限的感慨。笔者在拙作"玛卿雪山昆仑行"中有"石破天惊云门开，时空连环两徘徊""一线黄河千岗绕，百座冰峰万泉来"的感叹之句，盖源于此。所以，昆仑神话传说故事的魅力也在于此。

二、昆仑神话故事人物所给予我们的启示

　　"女娲炼石补天和抟土造人"中的女娲，我认为反映了中华大地在遭受了青藏高原隆起所造成的地质变迁和灾难之后，以女娲"炼石补天"和"抟土造人"为标志，表示了又一次人类文明的开始，女娲遂成为中华民族人祖崇拜的偶像。在诸多历史神话小说中女娲氏是与人的繁衍生息相关的一位女神。传说先民遭受洪水袭击后，伏羲、女娲兄妹结合而繁衍了人类。或谓宇宙初开之时，只有女娲兄妹二人在昆仑山，而天下未有人民云，即伏羲与女娲兄妹婚配创造人类于昆仑山。前人将女娲的形象描述为人面蛇身，"应该认为：女娲抟黄土造人的神话，容或不是发生在昆仑山，那也必定发生在西北黄土高原的某一个地方。以地域文化视角透视昆仑文化，它应属于'大西北'、'大地域'文化概念。因之女娲抟黄土造人的神话，属于昆仑文化的范畴。"（1）女娲何以抟土造人？我想在远古时代人的心目中以人口繁衍旺盛为好，因那时候自然环境恶劣、生活水准低下、小儿夭折居多（河湟地区多出土古时瓮罐葬以小儿为多），古人幻想女娲神用抟土造人的方式带来人丁兴旺。

　　至于女娲炼石补天的缘由，最近中国地震局第一监测中心的王若柏、谢觉民二同志以"'女补天'源自史前一次陨石雨撞击"为题，著文指出："最早记载于《淮南子·鉴冥训》中关于女娲补天的神话这样论述：在远古时期，'四极废、九州裂、天不兼覆，地不周载；火炼炎而不灭，水浩洋产而不息'。在百姓哀号、冤魂遍野之际，一位叫女娲的女神挺身而出，'炼五色石以补苍天，断鳌足以立四极，杀黑龙以济冀州，积芦灰以止淫水。'从原文的含义分析，文中的精彩描述应当是一次规模宏大的陨石雨撞击全过程。""近年来在河北平原做历史地貌的研究时发现，从任丘、河间到保定、望都一带，沿着向西偏北的方向，一直到完县（今保定市境）、满城附近，存在大量特殊的地貌现象——碟形洼地及其群体。综合各方面的资料分析，认为它们是史前规模巨大的陨石雨撞击后，在近代冲积平原上留下的遗迹。因此，推测在全新世（距今约一万年左右的地质时代）中后期，在上述地区曾发生过一次规模巨大的彗星爆炸碎片（表现为陨石雨）的撞击事件。撞击结果是，在平原地区中西部形成了白洋淀水系及其特殊地貌的小流域区。这一撞击事件很可能是'女娲补天'的事实基础。"（2）来自自然科学工作者的研究成果值得借鉴，但笔者将"女娲炼石补天和抟土造人"的神话故事和"共工氏怒触不周之山"的神话故事联系在一起来分析的，前者怒触不周之山的结果造成"天柱折，地维绝，天倾西北，日月星辰移焉；地不满东南，水尘潦焉。"，这种自然灾害可谓天塌地陷，洪水漫天。"天倾西北"和"地不满东南"正是中华大地的地貌特征。造成这一地貌特征的根本原因是青藏高原隆起形成世界第三极的巨大后果，古人想象有炼石补天和抟土造人的伟大女神来拯救人类所遭受的这种灾难，

于是女娲之说由此而来。

笔者还认为，女娲之说又源自古人的蛙图腾崇拜，根据是青海柳湾出土的大量彩陶器纹饰中有许多蛙纹。这种蛙纹或称为"拟蛙纹"，实际上是人神纹，模拟人首四肢的纹饰，古代陶工开初多倾向于形象思维，其后以陶罐项部代表人首，四肢演化为水波形纹，渐成理性思维图像。按蛙同娲，又同娃，皆为一音之转，蕴含了生儿育女之意，谓之生殖崇拜用至人视崇拜都不为过。汉帛古月边拟蛙纹者，青海省贵德罗汗堂附近有一尊石雕蛙，都是古人从事蛙图腾崇拜的遗存。蛙图腾崇拜还含有蛙主管雨事的意思，藏族以蛙为标记，称之为"螭"，与汉文同义，螭，龙的一种，亦主管水的神灵。笔者由此联想，古人的蛙图腾崇拜，是"鱼龙变化"的中介物，中华民族对龙的图腾崇拜，实际是对水的图腾崇拜，龙可潜水，亦可腾云，中华民族自称是龙的传人。中华民族五千年文明史，不正是一部治水的历史么。

继女娲之后，昆仑神话故事的重要人物便是西王母。"西王母与周穆王相会于瑶池之上"的神话故事，又引出一位东王公。我根据古藏语称青海湖为"赤雪甲姆"（意为万帐壬母）的含义，于1990年日本国西王母考察团一行和青海文化界学者研讨西王母故事发生的地望所在地时，提出古人所谓的瑶池即今之青海湖，得到与会学者的赞同。又曾考证古人的所谓昆仑柱为年钦夏格日山上一柱形山峰，西晋张华曾著有《昆仑铜柱铭》，据此请教年钦夏格日山附近白佛寺活佛宁果（已圆寂），得知该柱形山峰处以石击之，有金属之声云，当地牧民崇拜该山峰，加上王母石室之说也在该山，认定古代西王母国和西王母生活的地域当在青海湖及其北岸的祁连山脉一带。当然，作为神话人物，先民们对她的描述也是随时代的变化而变化，并非一成不变。古籍称西王母居昆仑山中的玉山，《山海经》谓"西王母其状如人，豹尾虎齿而善啸，蓬发戴胜，是司天之历及五残"，"这是说：西王母乃是一位执掌司法与刑罚之大权的女神；这也就是说：此则神话生动地折射出它的社会历史背景，乃是母亲女权社会，应在距今万年上下的新石器时期。"（3）人类社会进入封建社会后，西王母又成为美丽而又威严，既有自身爱情经历又划银河为界阻隔牛郎织女各一方的上界王母，由西王母生发的神话故事可谓多矣。董绍宣先生写了一篇题为"娘娘山与西王母"的文章，他引证潜明滋先生的观点，他的结论是："'西王母为西方貘族所奉祀的图腾神像'。"潜先生所指的西方貘族，当指今天中国西部地区的古代氏族"貘"，实际上笔者从古藏语与古羌语为同一语系的根据出发，认为"貘"与藏语mo为一音之转，即古羌语称女性为"姆"。西王母最早为青海湖地区女性社会的一位首领，后来成为青海湖女神的称谓，藏族将青海湖称为"赤雪甲姆"也很自然。董先生又引证著有《中国文明源头新探——道家与虎宇宙观》一书的刘尧汉先生的观点，西王母"是甘青一带羌或虎氏部落的女祭司、酋长"。（4）董先生还论述了"周穆王会见的西王母"、"汉武帝时代的西王母"、"前凉王张骏曾大建西王母庙"、"北凉王沮渠蒙逊曾到金山朝拜过'金母'"、"隋炀帝大宴群臣于金山湫池之上"等等,以论证西宁附近的娘娘山是西宁地区的昆仑,娘娘山作为昆仑山北支祁连山的余脉,历称金山、金娥山、圣姥山等,董文论证西王母与娘娘山之关系密切。关于西王母生活时代的时间跨度在几千年之间,可见西王母并非一个人,而是西王母国代辈相传的女首领形象。西王母作为昆仑神话故事中的主神形象,反映了中国女权社会的历史文化现象。从西王母国的地望特征访古,青海湖与祁连山一带是首选之地。

昆仑神话故事中的其他人物,如大禹治水中的大禹代表了古代历届王朝治理黄河的英雄形象。大禹治水"导河积石",被认为积石是青海境内的积石峡,曾有禹王碑记其事。中国人民数千年治水,总结出治水由堵之塞之而导致失败到导之疏之而成功的历史经验。实际上,大禹之前,中华民族也在治水;大禹之后,中华民族也在治水,一直从黄河治到长江,水患不止,民不安生。禹后的夏商周,或许因为治水的成功而铸九鼎以记之,九鼎遂成为王权的象征。三代青铜器的发达程度,为众所周知。其余又如愚公移山中的愚公,表现了中华民族百折不挠而前仆后继的民族精神,包括精卫填海中的精卫也是如此;夸父追日中的夸父在追求光明,却渴死在半途;嫦娥奔月,却孤守桂树还有玉兔、蟾蜍之说;羿射九日,制止了天旱;八仙过海,各显神通。凡此种种,都与水有关。中华民族在不断适应自然环境的过程中,悟出"天行健,君子以自强不息"的伟大真理。遵循天地运转的自然规律以适应之,这也是中华民族的伟大发现。昆仑神话系统中的许多神话人物便是这一伟大发现的理想中的神化人物。

三、昆仑神话系统的物质载体与精神追求

由昆仑神话传说的故事及其人物发展演化为昆仑文化,而昆仑神话传说的缘由来自青藏高原远古时代发生的巨大地质变迁。这种地质变迁的时间极其漫长,空间极其广阔。中华民族自古以来沿山系和水系求生存、求发展,对于自己生存的环境,既要设法适应,又要不断认识,这种适应和认识的积淀结果,加上诸多幻象的成分,昆仑文化一方面有其原始的物质载体存在,另一方面,又有历代先民们的精神追求。从广义的角度审视文化,我们看到人类在不同的历史阶段建立在一定的物质文明基础之上的精神文明化进程,这种进程涵纳了思想观念,道德风范、知识结构和心理素养。所以昆仑文化所包含的内容也在此列之中。

昆仑山系自"横空出世"以来,在中华大地纵横 5000 里,其间山峰之多,悬崖峭壁、沟壑峡谷之壮观,自不必说。历代先民们耕牧于其间,或游牧、或耕稼、或渔猎、或经商,时有征伐,悲欢离合的故事何其之多,他们的向往与追求也尽在不言。在昆仑山系间生活的诸多民族那里,一方面将昆仑山看成是实实在在存在的山体,为世界名山而心存向往,特别是道家和藏传佛教信仰者,在那里修炼、禅定,视之为精神的依托所在。另一方面,

历代各民族先民又将昆仑文化加以神化，将其想象为虚无飘渺的可望而不可即的奇妙非凡的仙境。汤惠生先生在考述神话中的昆仑山时，将昆仑山神话与萨满教宇宙观加以比较，他认为"昆仑神话体系庞大，人物众多，而且后世附会其上的人物、事件及文化观念也很多。对昆仑神话的研究是一项艰巨的工作，需要更多的学者参加，也需要做长期的努力。"（5）藏族学者三木才认为"古代神话意义上的昆仑山是超越现实和历史时空的一座神山。笔者认为，古代神话中的昆仑山是远古民族的宇宙观。就像藏传佛教的宇宙中心须弥山一样。"（6）三木才先生在考证现实世界的真实昆仑山及昆仑神话的物质载体时，引证了藏汉文资料，将其地望锁定在今青海省海西州天峻县境内的岗格尔雪合力山，他认为这座雪山及其周边的地貌特征，与汉文古籍中记载的闷摩黎山（又名昆仑）的形胜完全吻合。三木才从"神话中有历史，历史中有神话"的概念出发，对岗格尔雪合力山的地理地貌作了大量考证，值得引起学界的重视。二十世纪七十年代，我曾游历过岗格尔雪合力山下的木里乡，我登临海拔 4000 多米的木里乡地界，在冬天早晨的阳光中观察岗格尔雪合力山，山顶冰洁玉晶，山间橘红色岩体泛出紫岚之气，山脚下湖泊密布，使人置身于一种扑朔迷离、气象万千的画图中那样令人流连忘返。所以，生活在青藏高原的藏族人民群众赋予那样多的雪山以那样多的神话故事，赋予人的性格后将其神化而加以崇拜。在青藏高原的确存在着雪山文化，应该将雪山文化视为昆仑文化的重要组成部分才是。

从昆仑山系发源的中国两大母亲河黄河长江，也存在江河水系文化。从黄河、长江流域的传统文化而言，黄河有河湟文化、河套文化、中原文化和齐鲁文化这样四大文化传统；长江有江河源文化、巴蜀文化、荆楚文化和吴越文化这样四大文化传统。笔者曾写过"昆仑山系文化和江河水系文化"的文章，对江河水系文化将另文做进一步探讨。我认为江河水系文化是古老的昆仑文化的延伸和发展，这一点在河湟文化和江河源文化中尤为明显。而这两大文化又都在青藏高原和黄土高原之间发生，更贴近昆仑文化的原始意蕴。

我们回过头来再看看昆仑文化的研究价值如何？笔者曾多次指出昆仑文化宣扬了中华民族的浩然之气，是一种在自然灾害面前不畏艰险，励精图治的大无畏英雄气概。毛泽东主席生前在他的诗词中有两次提到了共工氏怒触不周之山的神话故事，他认为共工氏并没有失败，并以革命精神颂扬为"不周山下红旗乱"，他的杰作《沁园春·雪》和《昆仑》至今脍炙人口而不衰。我们今天研究昆仑文化，应当正视中华民族五千年文明史中的正气歌，那种自强不息的民族精神。当今，中华民族在世界上以和平与竞争的方式正在崛起，除了经济上的繁荣富强之外，文化自强也很重要的。且不要小看了文化自强的历史作用和现实意义。

曾经一度西方思想界就"中国有无哲学"的问题在争论不休，难以设想一个没有哲学的民族怎能写下洋洋洒洒五千年的文明史！所谓"中国有无哲学"问题的争论，实际上是中国有无"哲学"这个西洋名词的争论。名与实也是一对哲学范畴，"所谓'中国没有哲学只有思想'说，只是西方某些学者的一孔之见，他们只是看到了树木而没有看到森林；更多的学者则认定中国有哲学，中国哲学是人类理论思维的一个有机组成部分。"（7）我认为从昆仑文化研究中得知，中华民族很早以前就在认真思索着人与自然的关系问题，昆仑神话系统中无处不闪烁着人类早期的理性思维的火花，直至《道德经》、《周易》那样的智慧之书问世。

但是，我们在继承前人文化成果的基础上，应不断创新，有所新的发现与作为。新加坡资政李光耀先生著文指出："文化不会永远一成不变。这是因为一个社会维持人民的生活、发展和运作方式会随着时间的流逝以及环境的不同和新科技的发现而改变。从游牧到农业社会，从农商业到工业社会、再从后工业社会到今天的知识型社会，社会价值观和人际关系已经起了变化。"（8）中国必须决定要建立一个有多强竞争力的社会，因为奖励的分配越平等，经济的竞争力就越薄弱。中国必须从中寻求一个平衡点。这个平衡点必须符合中国人民的精神特质，同时也能保持成功者与失败者，以及沿海与内陆省份之间的和谐关系。

我们今天研究昆仑文化，就是在寻求中国传统文化与现代化之间的一个平衡点。

谢佐 青海省地方志总编 教授

参考文献：

（1）于质彬："昆仑文化三考"《昆仑文化论集》第26页，青海人民出版社，2002年5月第1版。

（2）王若指：谢觉民"'女娲补天'源自史前一次陨石雨撞击"，2004年《新华文摘》第17期第63—64页，原载2004年6月18日《光明日报》。

（3）于质彬："昆仑文化三考"《昆仑文化论集》第26页，青海人民出版社，2002年5月第1版。

（4）董绍宣："娘娘山与西王母"，2004年《昆仑文荟》第二期，第50页。

（5）汤惠生："神话中之昆仑山考述——昆仑山神话与萨满教宇宙观"《昆仑文化论集》第38页，青海人民出版社，2002年5月第1版，原载《中国社会科学》1996年第5期。

（6）三木才："试论昆仑之后的源出地望"。

（7）苗润田："西方思想界如何看待'中国有无哲学'的问题"，《新华文摘》第23页，2004年第18期，原载《河北学刊》第3期。

（8）李光耀："全球过程中的东方文化"，《新华文摘》第102—103页，2004年第14期，原载2004年5月7日《文汇报》。

河源昆仑与土地崇拜

米海萍

　　"河出昆仑"是昆仑文化的重要内容，也是中国人的古老信仰之一。先民始终将黄河源头的臆想与认识，和神圣的昆仑仙山紧密相连：

　　　　《山海经》："昆仑之丘，是实惟帝之下都。……河水出焉。"（《海内西经》）

　　　　"昆仑之东北隅，实惟河原。"（《北山经》）

　　　　《尔雅·释水·河曲》："河出昆仑墟，色白。"

　　　　《淮南子》："河九折注于海而流不绝者，昆仑之输也。"（《览冥训》）

　　　　"河水出昆仑东北陬，贯渤海人"（《墬形训》）

　　　　《博物志》："昆仑从广万一千里，神物之所生，圣人神仙之所集，五色云气，五色之流水，其泉东南流入中国，名为河也。"

　　　　《海内十洲记》："此乃天地之根纽，万度之纲柄矣。"

　　等等种种关于河源昆仑的先验思想，不绝如缕地记载于先秦至汉晋时期的典籍中。人们执着地坚信，昆仑山处中原之西方，极高极大近于天，远远望去笼罩在熊熊之光与魂魂之气中，是汤汤黄河的发源地。也是天帝和群神常常逍遥以相游之处。在这神秘、神圣而迷离的仙乡里，生长着集天地之灵气的不死药长生草，出产有聚日月精华能使人长寿的各种美玉。这是一种在万物有灵观念基础上产生的河源信仰与昆仑仙乡信仰错综交织的文化心理和土地崇拜文化表象。

　　其一，"河源昆仑"中的土地崇拜文化表象，蕴涵了上古人们"土生万物"和"土载万物"等对土地和自然万物的亲和体验以及与自然和谐相处共生的认识。

　　对于"土地"二字含义. 在汉语言文字中所表达的意思可谓丰富。综括起来大致有两个方面，一是"土生万物"的自然性认识：

　　　　《管子·水地》："地者，万物之本原，诸生之根苑也。"《尚书大传》："土者，万物之所资生也"。《释名·释地》："土，吐也，吐生万物也"，"地，底也，言其底下载万物也"。《说文解字》："土，地之吐生物者也"，"地，元气初分，轻清阳为天，浊重阴为地，万物所陈列也。"

　　二是"土载万物"的哲理性认识：

《周易·坤·象辞》："至哉坤元，万物资生，乃顺承天。坤厚载物，德合无疆，含弘光大，品物咸亨。"《礼记·郊特牲》："地载万物，天垂象，取财于地，取法于天，是以尊天而亲地也。"

《白虎通义》释："地者，元气所生，万物之祖也。地载万物者，释地所以得神之由也。"

此类从实际社会生活和情感体验中认识到土地承载万物、万物遵循自然规律而生生不息的土地崇拜文化表象，在文献中相似相近的记载亦可谓连篇累牍，表达人与自然和谐美好的理想。人们在认识土地自然性的同时，也认识了土地与人的和谐性。土地与人一样是有生命、有情感的主体，不是被绝对征服和一味"勘天役物"、被无尽索取掠夺的客体；人类是生于天地之间道德高尚和人性光辉的智者，天地人之间彼此依存，和谐共生；人在适度把握自然之时，应持"尊天亲地"的感恩心态，以虔诚之心回报脚下赖以生存的土地，达到"天人合一"即天地人和谐的最高境界。

中国向来是一个以农立国的国家，依据气候水性土壤等环境条件，顺应自然规律进行春种秋收的重视堪称世界之最。《诗经·豳风·七月》就是一首反映"乃顺承天"依时序春种秋收悉心稼穑、进而敬天爱土报答神明的农事诗，人们为"衣之始"、"食之始"辛勤劳作不辍，把丝麻纺织成"载玄载黄"色泽鲜丽的"为裳"，将黍稷酿造成"苾苾芬芬"沁香四溢的"春酒"，在获取财富的利益驱动中，既遵循天道地法的和谐，又念念不忘"土生万物"的恩德而向土地"献羔祭韭"，以感谢昊天大地的养育之恩。这种浓郁的土地崇拜情怀，长久地影响着中国人的思想意识、行为和生计方式。迄今在青海河湟民间表演的社火中，传承和表达着远古以来农业为本和感恩土地以及爱土、护土和敬土意识："民以食为天，食以土为本，北方的大豆高粱，中原的麦黍棉花，南国的水稻甘蔗，万物土中有，有土才有粮……保护耕地，惜地如金，但留方寸土，留与子孙耕。"【1】

不仅如此，举凡军国大事、社会生活中的某些规章亦取法于"万物所资生"的自然。如度量和权衡的制定，正是来自于"释地所以得神之由"的经验认识。《吕览·仲夏纪》载："昔，黄帝令伶伦作为律。伶伦自大夏之西，乃之阮喻之阴，取竹于嶰溪之谷，以生空窍厚均者，断两节间，其长三寸九分而吹之，以为黄钟之宫，吹曰舍少。次制十二筒，以之阮喻之下，听凤凰之鸣，以别十二律。其雄鸣为六，雌鸣亦六，以比黄钟之宫，适合。黄钟之宫皆可以生之。故曰黄钟之宫，律吕志本。"此处所谓"嶰谷"，在昆仑山北，据说黄帝派乐官伶伦专门到昆仑山采撷"三寸九分"长的两节竹子，制成律管吹音，以凤凰鸣声定黄钟律，雄鸟的叫声为律，雌鸟的叫声为吕，用此一个固定长度的律管吹出高低声音，来此确定春秋时令。《国语·周语》有"先时五日，瞽告有协风至，王即斋宫，百官御事，各即其斋三日"之语，参之以《礼记·月令》中宫、商、角、徵、羽五音制定的记载，可知当时训练有素的专业瞽人倾听和煦风声来定春天节候，其采用的就是"吹律听音"方法。这也是《汉书·律历志》"天地之气合以生风，天地之风气正，十二律定"之谓。经验告诉人们，每当度过一个寒冷的冬季后，感受到大地环境和气候必然发生相应变化，能够用一只定有长度的律管来判定时令。《律历志》反复解释说："度者，分、寸、尺、丈、引也，所以度长短也，本起于黄钟之长。"黄钟律管"三寸九分"实际上是九寸，【2】为标准长度，再加上一寸，即九分之一律管长度就是一尺，是为定制。竹管吹律，除测定天时、确定长度外，还用来度量。"量者，龠、合、升、斗、斛也，所以量多少也。本起于黄钟之龠，用度审数其容。"竹管芯是空的，一尺长的竹管作容积，即为度量之量。"权者，铢、两、斤、钧、石也，所以称物平施，知轻重也。本起于黄钟之重，一龠容纳千二百黍，重十二铢，两之为两。二十四铢为两。"即"黄钟之龠"的容积，容得下脱去外壳的黍粒一千二百颗，这一千二百颗黍粒的重量是十二铢，两个十二铢加起来就是一两，以此为基点，斤、均和石的权衡单位顺利建立。后世证明，先民以律管长度作一尺定义、以一尺之长竹管容积黍谷作重量权衡是十分科学的，其本质上和今天一米定义即光在真空中 1／299792458 秒的时间间隔内行程的长度作用是相同的。

文献记载里强调定律的竹管取自昆仑山嶰谷，自有其深意。人类对于自身生存状态的共同心理是恐惧死而期盼长久生，为了追求生命的无限延长而苦苦探寻不死之术，而"昆仑的全部事物笼罩在不死观念的下面"【3】。如前所述神话中的昆仑山，是国人心目中最为神圣而伟大的圣山，不仅辽阔高大，而且神妙奇异，从山土里生长出来的一石一木全是充满灵气的长生不老之物，凡间俗人一旦服食，便可长生不老永生不死，与天地同寿。昆仑山还是天帝即黄帝在地上凡间的行宫，众神居住的乐园。黄帝是"西方上帝"。是"能成命百物"的天帝【4】，被纳入古史系统后居五帝之首，向来被描画成理想的圣王贤君，是历代帝王所尊奉的先祖。穆天子西游时，专程拜谒过昆仑山上的"黄帝之宫"，以示对先圣的怀念尊崇。由奇险神秘的昆仑山嶰谷土地生长出来的竹子作乐器材料，其管壁致密，薄厚均匀，当属秉承天地正气、垂世不衰的灵物。足以显示所制定的吹笛正统、正宗，中规中矩合乎法度，可以达到"同律，审度，嘉量，平衡，均权，正准，直绳，立于五则，备数和声，以利兆民，贞天下于一，同海内之归"自然平衡与人类社会和谐的目的。

其二，昆仑神话中"女娲抟黄土造人"，表达了土地为自然万物的化育者，蕴含有巨大生命力和顽强生殖能力的土地崇拜文化表象。

世界上很多民族都视土地为人类的生命之源。在欧洲，按照《圣经》的记载，上帝是用泥土造出人类的始祖亚当："上帝用地上的泥土造人，将生气吹在他的鼻孔里，他就成了有灵魂的活人，名叫亚当。"希伯来语的 adam，泛指"人"。这个单词是从希伯来语"地"— adamall 演化而来。日耳曼人也把大地看作人类母亲来崇拜，Teutsch（德文 Deutseh）字是从 Tud，Tit，Teut，Thiud，TFheotis 等字演变而来，其原意是"地之人"或"地生之人"之义【5】。在美洲，印第安语 Metokthenialke 是"大地所生之人"的意思，相信自己是大地怀中诞生出来的。印第安人自称 Metoktheniak 人，即"大地所生之人"，至今还把大地当作他们共同的母亲。在亚洲亦是如此。诚如史学家丁山所言："原始农业社会，认为人本乎天，万物本乎地，没有不尊祀'地母'的，有时尊称之曰'大地大祖母'"【6】。人们仰观变化无穷的天空，俯视孕育万物的土地，自然而然地想象天地为神明或配偶，为世界万物之父母——以天为父，以地为母。母系氏族时期，社会生活中妇女所承担的角色不仅是承袭氏族世系的中坚，也是经营农业生产的主要劳动力，更是繁衍子孙后代的生育母体。在原始人眼中，一切有生命的动植物从土地孕育出来，土地提供饮食哺育万物，母亲生育繁衍后代的能力和对新生儿的哺育呵护，与动植物的生长是极其类似的。蒙古语中称地为"涯都干·额赫"，意思是"万物起源之母"，又称"额赫腾格里"，即"母天"，意为广袤的大地无所不容【7】。汉语言中的农作物种子和耕种的"种"与母亲"传人种"的"种"同义同源；生命之"生"、生长之"生"，农耕生产之"生"、母亲生育的"生"皆为一字。"生"字在甲骨文中写作"🌱"，是一个象形字，字形上边是生出的草木，下边的一横表示土地，合意即幼苗从地里长出来，是"万物土中生"的象形会意解释。土地就是一巨大无形的生命母体，生生不息地孕育万物，人与自然一样，都是孕育于大地母亲。总之，人类多种语言所表达的是一种信息符号，最能体现原始思维的文化表象，并在口头传承中代代不衰。

"女娲抟黄土造人"是地母崇拜的反映。《山海经·大荒西经》曰："有神十人，名曰女娲之肠，化为神，处栗广之野。"《说文解字·女部》曰："娲，古之神圣女，化万物者也。"《太平御览》卷七十八引《风俗通》曰："俗说天地开辟，未有人民，女娲抟黄土作人。剧务，力不暇供，乃引绳于缥泥中，举以为人。"到了唐代，李冗《独异记》中仍津津乐道："昔宇宙初开之时，有女娲兄妹二人，在昆仑山……"女娲是昆仑神话中的大神之一，但她是居住在昆仑山上最有作为的女神，有炼石补天、止淫水、配婚姻、造乐器等种种功业，抟黄土造人则是对人类最伟大的功绩之一。历史化后的神话叙述中，仍将女娲、伏羲和神农列为三皇之中。伏羲氏在后世尊为主司日、月、宇宙的"天皇"，女娲则被奉为主司土地、山川、河流的"地祇"而加以崇拜。

女娲是昆仑神话最原始的女性土地神"地母"，以自然崇拜的对象"土地"的人格化形象出现。不少学者认为，女娲并非是一个特指的专有名称，而是泛指生育人类的原始祖母。女娲造人，所造之人是由泥土做成的，这是原始先民对自身来源的一种"不自觉的艺术手法"的创造性想象，其观念从一开始就将人的生命与土地结下了难分难舍的不解之缘。作为民族集体无意识产物的"女娲造人"神话，集中复述和再现了土地孕育生命、视土地为女性而崇拜的远古人类意识。类似观念意识在其他民族中仍有不同形式的表述。珞巴族《天和地》、《阿巴达尼三兄弟》讲述了地母生育自然万物和人祖阿巴达洛的故事。【8】至今广西三江侗族依旧有过生日滚泥巴田的传统习俗。无论神话故事还是民间习俗，其原初意义的表达十分明显，即人类从土地中诞生；在孩童的诞生日滚爬在泥土里，以模拟、象征"黄土造人"，并从大地母亲怀抱中吸取生长力量，期望健康强壮成长。远古以来刻印在人们灵魂深处"造人"的人种记忆，与"土生万物"的认识、"人从土中生"的生存观念和母亲"育人种"

生育意识紧紧联系在一起，崇拜土地就是崇拜母亲，崇拜养育万物的大地母亲。

其三，"息壤"能够治理洪水的土地崇拜文化表象，不仅是"鲧窃帝之息壤"而遭刑的悲壮，而且奠定了伯禹治理水患成功并"敷土定九州"的功业。

在帝尧之时，"汤汤洪水滔天，浩浩怀山襄陵，下民其忧"。洪水泛滥，黄河为害，民不聊生。当尧向四岳询问谁可以承担治水重任时，四岳等众神一致推举能力非凡的鲧。但尧不同意地说："鲧负命毁族，不可。"经过四岳等极力请求，尧才勉强地"听岳用鲧"【9】。于是鲧奉天帝之命，踏上了艰难治理洪水的不归路。《山海经–海内经》曰："洪水滔天，鲧窃帝之息壤以堙洪水，不待帝命。帝令祝融杀鲧于羽郊"。"堙"，亦作"陻"，塞、填之意。"息"长大之意。"息壤"，《淮南子》高诱注曰："息土不耗减，掘之益多，故以填洪水。"郭璞注《山海经》云："言土自长息无限，故可塞洪水"，"伯鲧乃以息石息壤以堙填洪水"。鲧耗费用了九年时间，在没有任何经验可资借鉴的境况下，采取"堙"的方法治水屡不奏效，于是采用"窃"的手段，用只有天帝手中拥有的"息壤"，来堵截或塞住桀骜不驯的洪水，但最终还是归于失败，还因此丢掉了性命。顾颉刚先生就"息壤"做过详细考证，秦国都城咸阳东郊有一处名为"息壤"的地名。渭河峡谷的黄土层间，常有地下水位增高或地下水流增大的自然现象，将上部薄层土壤施压，使土地突然隆起，所以称"息壤"。科学家研究认为，息壤除黏土的湿涨作用外，土壤中微生物的作用也是土壤本身具有弹性【10】。类似现象在文献已有记载，《古本竹书纪年》曰："梁惠成王七年地忽长十丈有余，高半尺"，"周隐王二年，齐地暴长，长丈余，高一尺。"看来是自然之属，但上古人们限于科学认识而将其视为生生不息的神圣之土，具有主宰自然万物的神力，遂产生敬畏之情，并加以崇拜。

由于"息壤"是主宰人类命运的神物，只能掌握在天帝手中，只有得到天帝的获准才能够使用，否则就是一种蔑视天帝的冲犯举动（犯上）和触犯禁忌行为（犯土），所以舜登帝位后，"殛鲧于羽山"，鲧因治水遭到屠戮，这在昆仑山诸神之中较为少见。鲧为治水而牺牲后，其子禹继承父亲遗志，继续治理洪水，平息黄河水患。《山海经》多处提到禹治理水患的情况："禹堙洪水……湮之，三仞三沮，乃以为池"（《大荒北经》）；湮，亦塞之意。"河水出东北隅，以行其北，西南又入渤海，又出海外，即西而北，入禹所导积石山"（《海内西经》）；"禹所导积石之山在其（博父国）东，河水所入"。积石山名称由来，是源于禹治水时积土成山而名的，《诗经》中所谓南山、梁山也是禹造土而成的【11】。《史记·夏本纪》详细记载了禹不计个人恩怨、殚精竭虑投入治水的种种事迹："舜举鲧之子禹，而使续鲧之业。……禹伤先人父鲧功之不成受诛，乃劳神焦思，居外十三年，过家门不敢入。薄衣食，致孝于鬼神；卑宫室，致费于沟波。陆行乘车，水行乘船，泥行乘橇，山行乘檋。左准绳，右规矩，载四时，以开九州，通九道，陂九泽，度九山。"鲧禹父子二代治水的文化表征意义在于："息壤的产生与鲧、禹的成败都是崇土意识的使然。

禹之所以成为中国历史传说中了不起的英雄，是因为他的身上凝聚着以'土'为一方的农耕民族同以'水'为另一方的自然灾害的斗争体验，体现出他们对自身力量的赞美和对命运的抗争"【12】。因此治水成功，是禹不负众望实现其父遗愿的第一件功绩。

禹的第二件功绩是敷土定九州。平水处处离不开土，所取得的功绩都与土有关，今中国称"九州"，追溯其渊源与禹治理水土有关。《山海经 – 海内经》曰："鲧复（腹）生禹。帝乃命禹卒布土以定九州"，《诗经 – 商颂·长发》："洪水茫茫，禹敷下土方"。《尚书.禹贡》篇载："禹敷土……奠高山大川……九州攸同，四陕既宅"。敷，治理之意。"敷土"就是一项禹在平息水患之后的治理土地工程。在人们意识里，承载万物的大地是方形的，称地为"大方"、"大矩"或"九州"、"九地"。《管子·心术篇》曰："体乎大方"，注云："大方，地也。"《淮南子·天文训》曰："地道日方。"《吕览·序意篇》说："大矩在下"，注云："矩，方，地也"。昆仑神话中精彩地叙述了共工与颛顼争帝失败后，大怒而碰触不周之山，致使天柱折断地维之绝，最终导致天倾西北、地不满东南的故事，这是造成中国地理地形西北高而东南低的诗意性解释。

上古人们认为大地有九州，《吕览·有始览》曰："地有九州"。《孙子兵法》云："善守者藏于九地之下"，地就是土，"九州"亦称为"九地"。《淮南子·时则训》曰："中央之极，自昆仑东绝两恒山，日月之所道，江汉之所出，众民之野，五谷之所宜，龙门河济相贯，以息壤埋洪水之州，东至于碣石，黄帝后土之所司者，万二千里。"其后注道："禹以息土湮洪水，以为中国九州。"

关于"九土"，《淮南子·堕形训》记载了九种名目：东南为农土，正南为沃土，西南为滔土，正西为并土，正中为中土，西北为肥土，正北为成土，东北为隐土，正东为申土。这是根据土质差异而立的九类土质名称，构成了彼此相邻相互交错的九州，同时也是水患后进行恢复土地原貌工程的依据【13】。这"敷土"和女娲"抟黄土造人"一样充满艰辛。但禹毕竟有神通有谋略，驱逐共工，诛杀相柳排除干扰，采用"湮"、"导"和"疏"积土积石的多种方法，堵洪填渊，治水成功，然后"人得平土而居之"【14】，终于完成了乃父的心愿而博得"禹能以德修鲧之功"的千古称赞【15】。当他治水敷土成功后，天帝锡以玄圭，成为管理水土的大神，死后仍化石而生启。

禹的第三件功绩是测量九州面积，确定九州之州界，在掌握地情的基础上制定"任土作贡"之法。人们对土地充满敬畏之情，亦试图了解脚下的这块土地究竟有多大，有多宽。屈原在《楚辞·天问》中就发问："东西南北，其修孰多？南北顺橢，其衍几何？"。《山海经》之《海外东经》记录了竖亥的测量结果："帝命竖亥步，自东极至于西极，五亿十万九千八百步。"在《中山经》记录了禹的测量结果："天地之东南二万八千里，南北二万六千里。出水之山者八千里，受水者八千里"。而在《淮南子 – 墜形训》更为详细些："阖四海之内，东西二万八千里，南北二万六千里。水道八千里，通谷，其名川六百，陆径三千里。

禹乃使太章步自东极,至于西极,二亿三万三千五百里七十五步";使竖亥步自北极,至于南极,二亿三万三千五百里七十五步"。先民相信人所居土地是大方的同时,还相信大地的边缘被大海环绕,《尚书正义》道:"天地之势,四边有水",所有大方水道名川之水"东流不溢",是因为在广袤无垠的土地边缘,有那无边际的大海,《列子·汤问》篇说:"渤海之东不知几亿万里,又大壑焉,实惟无底之谷,其下无底,名曰归墟。八纮九野之水,天汉之流,莫不注之,而无增无减焉。"由于大方四周都是海水,先民就有"海内"、"海外"之称,也就是大地"九州"和"九州"之外称呼了。《山海经》之作者故将海经分为"海内经"、"海外经",《诗经·商颂·长发》就有"相土烈烈. 海外有截"之句。

伯禹根据丈量出来的数据结果和地貌地形,划分九州区域,以土色土质区分土壤颜色,以土地肥力将田土划分上中下三类九等,贡赋亦因地力不同分上中下三级九等。《吕览·有始览》谓具体九州之名:"河汉之间为豫州,周也。两河之间为冀州,晋也。河济之间为兖州,卫也。东方为青州,齐也。泗上为徐州,鲁也。东南为扬州,越也。南方为荆州,楚也。西方为雍州,秦也。北方为幽州,燕也。"在《尚书·禹贡篇》中规定九州所贡物品近 60 种,其中植物类的有漆、枲、絺、松、桐、橘、柚、栝、柏;动物类的有各种海产品、畜牧业产品;矿物类有金、银、铅、锡,各种美玉,如西部雍州贡赋有球、琳、琅玕等各类大宗玉石产品。

其四,《穆天子传》所记周穆王西游行程中,一路上以璧玉、牛马豕羊"祭于河宗",观春山"铭迹于县圃","具蠲齐牲全以裡口昆仑之丘","乃纪丌迹于弇山之石,而树之槐"的种种祭祀活动,既是土地崇拜的文化表象,也是作为"予一人"的周天子拥有国家最高权力和全部土地的折射反映。

三代之时,国中唯有"戎"与"祀"两件大事,周穆王在位期间重要的国事活动之一就是祀。水和土地是农耕生产的命脉所在,农业的丰收在于顺应四季天时,克服各种自然灾害。尤其是农作物生长过程中需要有充足的水来浇灌。玉是不死的仙药,也是生水的法宝,故而沉璧于河,冀希河水汤汤不息滋养作物。以最高君王的身份祭祀山川河岳,表达对河水的虔诚、对土地的尊敬。

中国自上古国家诞生时,十分注重农耕产生,重农理念的贯彻和农耕社会需要相对固定的生活环境,就与所崇拜的社神(由地母崇拜发展而来)建立了一种特殊关系。

《周礼·地官·封人》中说道:"封人掌诏王之社壝。为畿封而树之。凡封国设其社稷之壝,封其四疆,都邑之封域者亦如之。"

唐代丘光庭《兼明书》卷一曰:"先儒以社祭五土之神。五土者,一曰山林,二曰川泽,三曰丘陵,四曰坟衍,五曰原隰。名曰社者,所在土地之名也。凡土之所在,人皆赖之,故祭之也。……方丘之祭,祭大地之神。社之所祭,乃邦国乡原之土神也。"

《尚书·逸篇》道:"太社唯松、东社唯柏、南社唯梓、西社唯栗、北社唯槐。"

雷次宗《五经要义》曰:"社必树之以木"。

刘向《五经通义》曰："社皆有垣无屋，树其中以木。有木者，土主生万物，万物莫善于木，故树木也。"

《孝经纬》曰："社，土地之主也，土地阔不可尽敬，故封土为社，以报功也。"

《太平御览》卷五三二引《礼记外传》曰："国以民为本，人以食为天，故建国君民，先命立社。"

古代对土地之神的祭祀一年有两次，《文献通考》引孔颖达疏曰："地神有二，岁有二祭。夏至之日祭昆仑之神于方泽，一也；夏正之日祭神州地祇于北郊，二也。"在方泽所祭祀的昆仑之神是总司天下大地的神祇是大地之神，亦如蔡邕所言"方丘"之祭；在北郊祭祀的神祇则是所在家国土地之神，即"社"所祭祀的土地之神。

选择树作为土地之神的形象，是土地崇拜的具象化，既是出于对高大树木的敬畏，也出于对土生万物的景仰。周穆王在昆仑山上手植槐树，有其很深的象征意义。槐树是根深叶茂的乔木，在唐宋以来的类书中一般排在松、柏之后的第三位。其树龄的长久，相对于人生命的短暂而言是长青之树、不死之树，自然产生崇拜心理。槐树作为土地之神的"社树"，一是含有生生不息的祈祷用意，二是寓意有政治意义。槐者，怀也，修德以怀远人。"槐有怀来远人之功能，其实包蕴一种巫术企图。一方面槐树高大翁郁，有招风集鸟之特性，于是可以借其招远人；另一方面槐树树龄长久，像三公之年长德厚，所以'三公面三槐'成为一种政治象征"【16】。可见，由于社的存在与所立，使周穆王所处时代的土地崇拜已经超出了土地作为自然属性的崇拜，是周天子借助于土地崇拜形式来宣告自己的土地所有权和政治地位的，意在突出"溥天之下，莫非王土"的权利，而不是单纯的土地崇拜、农业信仰，是变成政治权力的信仰意识，即从更高层面上把土地崇拜转为天子地位和权力的象征。随着农耕文明的进一步发展，社神又发展成为农业神，并与谷神合称"社稷"。成为国家政权的象征。统治者但凡立国，先立社稷，春秋祭祀从不误时。社稷是国家的象征，历代尊崇有加，成为中国礼仪文化中有着深远影响的制度和风俗。

总之，河源信仰与昆仑土地崇拜紧紧相连，从中体现了先民的宇宙观、重生意识、求和意识以及"溥天之下，莫非王土"的权利象征意识。

参考文献：

【1】张明星：《河湟春节民间文艺》，香港银河出版社，2003年，第36页。

【2】阴法鲁，许树安：《中国古代文化史》（3），北京大学出版社，1991年。第70—72页。

【3】顾颉刚：《山海经中的昆仑区》，《中国社会科学》，1982年第2期。

【4】《国语·鲁语下》。

【5】【德】德费尔巴哈：《宗教本质演讲录》，林伊文译，商务印书馆，1937年，第92页。

【6】丁山：《中国古代宗教与神话》，上海书店出版社，2011年。第9页。

【7】斯钦朝克图：《生殖器名称与自然崇拜——以蒙古语为例兼论北方诸民族语言与文化关系》，《民族研究》，2000 年第 2 期。

【8】中国民间故事集成之西藏卷编委会编《中国民间故事集成》（西藏卷），第 17—18 页。

【9】《史记·五帝本纪》，《尚书·尧典》。

【10】顾颉刚：《顾颉刚古史论文集》（第二册），中华书局，1988 年，第 199—202 页。

【11】《诗经·小雅·信南山》："信彼南山，维禹甸之"。《诗经·大雅·韩奕》："弈弈梁山，维禹甸之"。甸，治也。

【12】何红一：《中国上古神话与崇土意识初探》，载刘守华，黄永林《民间叙事文学研究》，华中师范大学出版社，2005 年，第 138 页。

【13】程憬：《中国古代神话研究》，北京大学出版社，2011 年，第 97 页。

【14】《孟子·滕文公下》。

【15】《国语·鲁语上》。

【16】纪永贵：《槐树意象的文学象征》，《东方文学》，2004 年第 3 期。

原载《青海社会科学）2012 年第 5 期

昆仑山
古代北方诸民族共同崇拜的圣山

南文渊

　　昆仑山神话是古代中国西北各民族宇宙观的重要体现，也是中华民族自然崇拜宗教神话模式中的重要组成部分。自古到今，关于昆仑山神话的讨论一直持续不断。表明了昆仑山神话在中华各民族文化渊源中的重要地位。在众多关于昆仑山神话的讨论论著中，我们发现有两个问题似乎越来越引起人们的关注：一是关于昆仑山的原型和位置；二是北方不同民族中的昆仑山神话的相似性。

　　首先是关于昆仑山的原型，人们对此一直不能确定：汉语最早文献中认为昆仑是西北之丘、之虚：《山海经、西山经》："昆仑之丘，实惟帝之下都。"《山海经、海内西经》："海内昆仑之虚，在西北，帝之下都。"到今天，关于汉族神话中的昆仑山原型，更是众说纷纭，如岑仲勉等学者坚持

　　认为昆仑山即和田南山。（1）邓少琴认为昆仑即巴颜喀拉山。（2）李文实等人认为昆仑山是指青海境内的巴颜喀拉山和唐古拉山。（3）而张晟则认为昆仑山即今青海境内昆仑山到唐古拉山一带的群山。（4）饶宗颐先生认为汉语文献中的"昆仑山为最高的宝山，下有池，故以附岗底斯山及阿耨达池，最为适合。"（5）何新等人则将泰山定为神话中的昆仑山。（6）尽管昆仑山的位置说法不一，但是大多数人坚持《海内西经》中关于"海内昆仑之虚，在西北"的说法，认定昆仑山是我国西北地区的圣山。同时，千年来，人们对昆仑山的位置的认识，有个从北到南的过程。如西汉时期将今新疆和田南山当作昆仑山，后来认为是祁连山，而晋代始，昆仑南移到须弥山，后来更直接将青藏高原南部的岗底斯山定为昆仑山。当然，今人中有人将昆仑山东移到泰山，或者西南地区，甚至东海方丈山，亦有其理由。但是脱离昆仑山神话所属的文化地理范围，未免离昆仑山原本神话太远。

　　其次一个问题是，不同民族中的昆仑山神话有着惊人的一致性。通过比较，我们发现无论是藏族自然崇拜宗教——苯教关于宇宙山三界说和须弥山或者岗底斯山神话，还是我国北方阿尔泰语系诸民族中萨满教的三界宇宙说和昆仑山神话，都与古代汉族中昆仑山神话有着共同的特征。同时不同民族关于昆仑山神话的宗教基础也一致。以至从古到今，学术界多人论证汉族神话中昆仑山就是岗底斯山。（7）那么，究竟如何看待藏族、阿尔泰语

族和汉族自然崇拜中的昆仑山神话之间的关系,我们有必要做一比较论证。弄清楚这一问题,不仅是昆仑山考证问题,而且从中我们可以看出,古代中华各民族通过文化交流,在宇宙观、自然观以及人与自然关系的认识上达到了高度的一致性。

汉族神话中昆仑山的特征不是地理学上的实地概念,而是一种神话描述。以神话中的描述来对照寻找实际地理中某一山脉,便可以在不同地方寻找出与神话相似的特征来。实际上,许多考证囿于汉语神话中的昆仑山特征自身,而忽略了昆仑山神话是自然崇拜宗教体系中的象征,脱离昆仑山神话所属的宗教文化系统,种种考证便毫无意义。昆仑山神话不是独立的关于特定的"一座山"的神话,而是生长于古代中华各民族深厚的传统文化体系之中,即她是中华各民族古代自然崇拜宗教系统中的一个组成部分,应该从各民族自然崇拜宗教体系中寻找昆仑山神话的地位与意义。

本文研究的方法,一、将不同民族文化中的昆仑山神话纳入各自民族的文化系统,探讨昆仑山神话在古代不同民族自然崇拜宗教文化系统中的地位与意义。二、将不同民族文化中的昆仑山神话进行比较,揭示不同民族如何通过相互之间的文化交流而共同崇拜昆仑山的文化原因。

一、昆仑神话为中古代三大文化系统和民族系统共同所有

我们从文章开头引述的关于昆仑山的原型的讨论中注意到,神话中的昆仑山所处的位置正好处于从藏北高原到新疆天山这一广大地区。而这一地区正是古代北方草原民族游牧文化、中原氏羌民族原始文化和高原古代藏文化相互交流融合的走廊。

格勒博士曾经指出:中华大地上自新石器时代就存在着三大考古文化系统和民族系统,即北方草原地区的游牧文化与胡系统的游牧民族,长江中下游和东南沿海地区的青莲岗文化系统和濮越民族系统,中原地区的原始仰韶文化与氏羌民族系统。三大系统的民族文化向西流动的部分汇集在号称"世界屋脊"的青藏高原,也就是说辽阔的青藏高原变成了中华民族三大考古文化和民族系统的西部延伸交接的区域。(8)

古代青藏高原藏民族、北方汉族和北方阿尔泰语系诸民族在文化上的相互交流明显地表现在宗教信仰文化上的相互融合。我们注意到,从青藏高原南部的岗底斯山到高原北部的昆仑山地区,也是北方草原地区的游牧文化与藏民族古代文化交流延伸的区域。北方草原游牧文化系统分布于东起大小兴安岭、西到青藏高原西北部的广大地区。这一文化的核心便是萨满教。萨满教应该说是一种世界性的宗教文化,曾为东北亚,北美,北欧等众多民族的世代信仰、全民信奉。而中国地处萨满教分布的核心地域。信奉萨满教的民族众多,历史上属于阿尔泰语系的肃慎、挹娄、女真、月氏、匈奴、鲜卑、柔然、高车、突厥及近代阿尔泰语系诸民族都信仰萨满教,而属于汉藏语系的夏族、周族、羌、狄、戎、谷浑、

吐蕃、党项、西夏所信奉的宗教与萨满教信仰都有惊人的一致，至少受过萨满教的影响。（9）

因此，古代中华西北大地上三大文化系统都有其共同的信仰体系，受其共同信仰的支配，在文化价值观上是统一的，这就是萨满教的支持。至少，受了萨满教信仰的影响。（10）因而，昆仑神话至少在中国三大文化系统和民族系统中都存在，宇宙三界说和圣山为天柱的认识为各民族所普遍接受。于是"昆仑"成为各民族共同的圣山。下面，让我们对藏族和北方阿尔泰语系诸民族自然崇拜宗教中的三界宇宙说和昆仑山神话，与古代汉族中昆仑山神话做一比较。

二、北方各民族萨满教中的宇宙观与昆仑山崇拜

（一）阿尔泰语系诸民族萨满教中的三界宇宙观

藏族苯教宇宙三界观认为：宇宙是一个立体世界，分上、中、下三界，每一界又分多层，这种宇宙观在信仰萨满教的民族中具有普遍性。北方阿尔泰语系诸民族对天界的构想是多元的，如我国境内的突厥民族有"三十三重天"和"十七层构成天穹"的不同信仰。在满族创世神话中，有天分十七层的解说，而在满族另一些姓氏的萨满教神谕中，又有"登云天，九九层，层层都住几铺神"的神赞和独特的"三界九天说"。赫哲族将天分为九层，西伯利亚各民族萨满教观念中的天界，有多至十二层、十六层、十七层等说法。朝鲜萨满神谕称颂宇宙为"三十九天"。天有三、七、九层的说法，在我国北方蒙古族、鄂伦春、鄂温克、达斡尔、赫哲、维吾尔、塔塔尔等民族中也普遍存在。反映出各民族对事物的认识和思维方式有许多一致之处。也有互相影响、互相渗透等多方面因素。这里，"三"是其他吉数的基数。"三界宇宙观"也体现着这种思想观念。"三"象征着宇宙三界。在满族萨满教"三界九天说"中，宇宙有三层，又各分三层，"三"成为这种宇宙学说的基元，而"九"是由"三"衍生出来的。（12）

宇宙山（或世界山）和宇宙树（世界树）的观念也是和天地支柱观念有着密切的关系。在中亚各民族萨满教的宇宙观念中，认为宇宙的中心是耸立于大地之心的一座大山，塔塔尔人把它称为铁山，雅库特人称之为乳白色的石山。蒙古族的萨满教观念中那种宇宙山往往由三层构成。雅库特萨满教也一样，认为宇宙山是三层。布里亚特蒙古族和卡尔梅克蒙古人把宇宙山称之为Sumbur（须弥山）山。宇宙山的顶住着至高无上的神，山顶是神的"黄金座"。宇宙树的观念也在萨满教的宇宙观中占有很重要的地位。在阿尔泰地区的传说中经常出现长在大地之中央，作为万物之中心的巨树，在树枝上住着至上神。蒙古族的萨满教传说中宇宙树长在山顶上，从树上往下看漂浮在宇宙海上的大地好像马蹄一样小，从树上往下放巨石50年后才着地，等到落地就变成羊羔那么小了。（13）

在世界树的象征中，它一直代表着宇宙，代表着永不枯竭的宇宙生命之源；从另一方

面来讲，它象征着上天或天堂……此外，在有关世界树的许多古代传说中，由于它具有世界神圣性、繁殖力和四季长青的内涵特征，故其总与创造、生殖、造物、终极、绝对真实以及生长等观念相联系：所以世界树事实上也是生命树和不老树。

（二）阿尔泰语系诸民族语中的昆仑山

在突厥、蒙古语中，"昆仑"一词即指"天""天空"。昆仑山即"天山"。《汉书匈奴传》载："匈奴谓天为'撑梨'"。"撑梨"可构拟为"tangri — ten-gri"。这是一个无可怀疑的匈奴词。在丁零后裔语言的古代突厥语中，表

示"天"的固有词为 KOK。该词最早是在突厥鲁尼文铭中。历史上随着匈奴语言的影响，"撑梨"一词曾传播到古代突厥语和古代蒙古语的先世语言蒙古书面语为 tengri，意为"天"，"天空"。

唐代译突厥语"天"为"登里"或者"腾格里"。《鞑靼译语》的"天"也译作"腾古里"。这个词源异译的语言现象，清末学者文廷式早已察觉，并作了如下论断："《汉书》匈奴称天曰撑梨，今蒙古称天曰腾格里，腾格里即撑梨之异译，此朔方语二千年来未变者。白鸟库吉云此说致确：今土耳其诸族犹称天曰撑梨。突厥匈奴之苗裔，亦谓天为登凝梨。"（14）

林梅村先生根据对吐火罗语言的研究，认为"祁连""昆仑"实际上都是吐火罗语 A 的 Klyom，其意义为"神圣的，高贵的"。实际意义是"圣天"。"祁连"在先秦时期称为"昆山"，昆山即昆仑山。"昆仑"一词古汉语不分 l 和 n。所以 ki 被读 kin。先秦时期祁连山不是汉代的敦煌郡的祁连山，而是指"析罗漫山"，即今新疆的巴里坤山。（15）

日本学者白鸟库吉说，满族人至今谓天曰"Kulun"（可音译为昆仑）大夏赫连勃勃之"赫连"，原语为"kulun"亦天之谓。（16）

《汉书·霍去病传》说："祁连山即天山也，匈奴谓天为祁连，祁音土夷反。"古音"祁连"既可读"silen"，亦可读为"Kile"。"昆"与"祁"古音均属泥母；"仑"与"连"为一声之转，故"昆仑"即为"祁连"，则是匈奴语"天"的不同音译。

（三）阿尔泰语系诸民族中的昆仑神话

阿尔泰语系中，昆仑山的基本特征与藏族古代自然宗教中的宇宙山（冈底斯山、雅拉香波山等）的特征十分相似，也是自然界（宇宙）的一种缩影，表现了人与自然界的高度和谐。昆仑山即天山，是宇宙三界之天柱。"中亚各族萨满教的宇宙观中，宇宙中心是耸立于大地之心的一座大山，塔塔尔人称它为铁山，雅库特人称之为淡白的石山，布里亚特和卡尔

梅克蒙古人把宇宙山称之为 SUMBUR 山，宇宙山的山顶上住着至高无上的神，是神的黄金座"。（17）蒙古人称之为金山（阿尔泰山）是为"天山"都是同一含义，山也是天神汇聚的地方，山神是奉天神的意旨，为整治人间秩序而从天界降到凡间。

昆仑天山一般三层、九层、三十三层、九十九层，各层处于不同方位，每位天神各司一方之事。蒙古族祭祀天和天山的祷词说："上天有九十九尊腾格里，下界有地母七十七层阶梯。"九十九腾格里，自天界到地界分为不同层次，不同身份之神，又从横的方面分为东方的和西方的不同方位神。在萨满教中，遍布天、天山、大地的神员都分门别类，分别代表不同区域和不同高度的自然界，如：土地、水源、山、植物、动物。这里神灵、自然、人间万物生灭相聚一处。在各民族萨满教之中，如满族、锡伯族、鄂伦春族的萨满神图中，"宇宙的飞禽走兽、天神、祖先神、萨满神、英雄神等万物生灵融为一体，栩栩如生，空间、神灵居所鲜明。"（18）

阿尔泰语系各民族萨满教中，宇宙树也是三界宇宙中的核心象征，宇宙树在世界中心，位于天之柱——宇宙山顶或地球脐上，上接天神，下达下界，沟通三界的联系道，宇宙树通过树、山、河流、彩虹、梯子等等表达。有时宇宙树与宇宙山是指同一体，即连接三界的天柱。萨满教认为该树的顶部为天堂，住着天帝和各种神灵，而树根为地狱，住着魔鬼。树枝上有许多鸟，这些鸟是等待转世的死者之灵魂，所以又称"生命树"。因此，对神树的崇拜在各民族中普遍存在。

四、汉语中的昆仑神话及其与藏族苯教和阿尔泰语系各民族萨满教中的圣山比较

汉族昆仑神话最早见于《山海经》，其间，"昆仑"曾两次以"帝之下都"的神话面貌出现，《海内西经》云："海内昆仑之虚，在西北，帝之下都。昆仑之虚，方八百里，高万仞。上有木禾，长五寻，大五围。面有九井，以玉为槛。面有九门，门有开明兽守之。百神之所在，在八隅之岩，赤水之际，非仁羿莫能上冈之岩。赤水出东南隅，以行其东北。河水出东北隅，以行其北，西南又入渤海，又出海外，即西而北，入禹所导积石山。洋水、黑水出西北隅，以东、东行，又东北，南入海，羽民南。弱水，青水出西南隅，以东，又北，又西南，过毕方鸟东。昆仑南渊，深三百仞。"昆仑山内有兽身大类虎而九首，皆从人面，东向，立昆仑上。有凤凰、鸾鸟，赤蛇、珠树、文玉树、不死树、又有离珠木禾、柏树、甘水、圣水曼兑等等。

昆仑山的主要特征是地之中心，天之立柱，而且是圣人云集之处，众水发源之处。《艺文类聚》引《水经》曰："昆仑墟在西北，去嵩高五万里，地之中也。"司马迁在《史记·大宛传》中引《禹本记》言："河出昆仑，昆仑其高二千五百里，日月所相避隐为光明也。其上有醴泉华池。"《博物志》卷一则引《河图·括地象》曰："地南北三亿三万五千五百里。地祇之位起形高大者有昆仑山，广万里，高万千里，神物之所生，圣人仙人之所集也。出五色云气、五色流水，其白水南流入中国，名曰河也。其山中应于天，最居中。"《山海经·西山经》亦云："西南四百里，曰昆仑之丘，是实惟帝之下都，神陆吴司之。"昆仑山既然是"日月所相避隐为光明"处，是圣人、仙人居住之处，又是天帝之下都，且与天的中心相对应，因而如同藏族自然宗教中的圣山和阿尔泰语系诸族中的天山一样，是天地间的圣山或宇宙山。

汉族昆仑山神话属于古代华夏民族自然崇拜宗教体系，天神崇拜是其主要内容。而"周人的天神崇拜的天就是山岳崇拜。他们以为天神就在山岳上，故称之为天室山。"（19）不仅如此，现在许多学者都认为我国三代时期的天神崇拜来源于西北游牧民族。天神、山岳崇拜实际上是华夏民族三界宇宙观的缩影。从有关昆仑神话文献中，可以看出古代汉语中的昆仑山与藏族宗教中的圣山冈底斯山神话都有其共同的特征：

1、昆仑山位于世界中心，连接宇宙三界之"天柱"。《河图》："昆仑山，天中柱也"。《河图括地志》曰："昆仑山为地首，上为握契，满为四渎，横为地轴，上为天镇，立为八柱"……《海内十洲记》："（昆仑山）鼎于五方，镇地理也，号天柱。"《搜神记》："昆仑之虚，地首也"。在藏族苯教中，岗底斯山、拉日江脱山、雅拉香波山也被称为"天之柱""地之钉"或者是"天梯"。阿尔泰语系诸族中，昆仑即为天山。

2、昆仑山是天帝、天神之天堂。《海内西经》："昆仑之虚……百神之所在"。宇宙山可以分为两个世界，山顶上为天堂，住着天帝和其他各种神灵；山底为地狱，住着魔鬼。在《山海经》为代表的先秦昆仑神话中，已经显示出上中下或者天地人三界神话宇宙模式，到了汉代的《淮南子》天门已经分出三层。晋代王嘉在其（拾遗记）中阐述昆仑山神话时认为天界有九层。甚至为33层、99层。"昆仑山有昆陵之地，其高出日月之上。山有九层，每层相去万里，有云色从下望之如城阙之象；四面有风，群仙常架龙乘鹤游戏其间。"这与藏族宗教中的岗底斯山、阿尔泰语系诸族中的

昆仑山分为三层、九层、三十三层、九十九层的说法一致。

3、昆仑山是富裕繁荣之山。如《西山经》中说有兽、有树、有花朵、雄黄、白玉、黄金等。蒙古族中也将昆仑山称为富裕之山；藏族中的圣山也是生物繁多、宝藏丰富之山。

4、昆仑山是众水水源之地。《博物志》："昆仑从广南一千里，神物集也。出五色云气，五色流水，其白水东南流入中国，名为河也。"《淮南子·地形训》说昆仑有"四水"，"凡四水者，帝之神泉，以和百药，以润万物。"而冈底斯山也被描述为四水之源，这四水都发源于明净的"圣湖"——玛珐木措；那便是马、狮、象、孔雀四大河流。"阿里地区的四大河，从岗仁布钦四方流下，泉口状如骏马、雄狮、巨象和美丽的孔雀四只动物，人们因此而命其名"。

5、昆仑山上有宇宙树。《淮南子》："不死树在（昆仑）西"。《大荒西经》："西海之外，大荒之中，有方山者，上有青树，……"古代汉人一般认为天地的通道是大树，或者高山。建木就是作为其通道的一种大树。《淮南子·地形训》揭示了建木的位置和作用："建木在都广，众帝所自上下。"众帝，指的就是众神。古书中记载以树为天地通道者，除建木外，尚有若木、扶桑、穷桑、寻木等。同样蒙古族的昆仑山山顶上也有"世界树"或"宇宙树"（可分3—13层不等）。树顶住着天帝（常以鹰或双头鸟等形象出现）。而在苯教宇宙山

神话中，"在神话山的峰巅，有一棵垂直大树，种植在世界的中心。"

6、无论是藏族宗教、阿尔泰语系诸民族萨满教还是在古代汉语神话中，最初的昆仑山并未明确其在地理学上的具体方位。它不是一个具体地名，而是泛指"天"、"大"、"高"、"混沌"之意。即天山。杨雄在《太玄·法言》中称："昆仑旁薄幽。"其注文说："昆仑，天也。"旁薄：古称浩大；幽：即玄远幽深。昆仑在这里与"天"同一，是因为昆仑可通作为混沦、混沌。古汉语中混沦、混沌——昆仑成为天体与云气的一种称号。《西次二经》说："南望昆仑，其光熊熊，其气魂魂"。所以昆仑的含义就是天山与大山（20）。这样，我们可以明确：古人称昆仑，实际是泛指地处西北、连绵千里的高山。《山海经·海内西经》："昆仑之虚，方八百里，高万仞"。晋张华《博物志》："昆仑山，广万里，高万千里，神物之所生，圣人仙人之所集也，出五

色云气，五色流水。"显然，八百里的山，或者广万里的山，都是一种连绵的长长山系。当然古代史籍中在指出"昆仑"山的高、远、广大之外，也指明了它位于西部高原之高山，《史记·大宛传》中说："汉使穷河源，河源出于阗，其山多玉石采来天子案右图书，名河所出山曰昆仑云。"这里的昆仑是指新疆的昆仑、天山、阿尔泰山。泛指西北阿尔泰诸高山。

同样，藏族中称为圣山或者天山的，大多也是连绵不断的巨大山系中的山峰。如昆仑山、唐古拉山、格拉丹东、岗底斯山及岗仁宝钦、喜马拉雅山、珠穆朗玛峰、雅拉香波山等等都称之为天山或者圣山。而蒙古人也将上述山以及祁连山、天山、阿尔泰山（金山）贺兰山、大青山、达板山（高山）可可西里山、巴颜喀拉山称为天山或者昆仑山。

总而言之，昆仑山神话在我国古代北方各民族中普遍存在，她是各民族自然崇拜宗教体系中的组成部分。"昆仑山"实际上是古代各民族宇宙观的象征，是古代自然崇拜宗教（萨满教中）的一个缩影。各民族对圣山的基本特征和基本功能的认识和描述都是一致的，具有高度的相似性。表明中华各民族自古以来在文化交流中达到的高度和谐和一致性。同时，昆仑山是对自然界的一种虚拟模式，但又是对自己周围世界的真实反映。昆仑山以天、地、山、水、万物、人为主题，对它们的位置、特征、区域及相互关系做了阐释，这种阐释立于北方与西方高原高山为背景，如高耸的雪山、草原上的湖泊、河流的发源地、各种野兽与野生植物，还有古代民族建立的王国与文明。因此，我们在内蒙古高原、青藏高原及天山南北都可能寻找到与这种自然宗教中的构画的象征世界——宇宙山一致的地区和高山，如天山、阴山、阿尔泰山、祁连山、贺兰山、大青山、昆仑山、唐古拉山、格拉丹东、岗底斯山及岗仁宝钦、喜马拉雅山、珠穆朗玛峰、雅拉香波山，等等。尽管各民族对圣山的称呼不同，但其意都是一致的：即"天山"、"圣山"、"宇宙山"、"天柱"等等。因此昆仑山是我国北方各民族的共同圣山。

南文渊　大连民族学院教授

参考文献：

（1）岑仲勉：《西周文史论丛》第35页，商务印书馆1958年版。

（2）邓少琴：《山海经新探》第24页，四川社会科学院出版社1985年版。

（3）李文实：《西陲古地与羌藏文化》第130页，青海人民出版社2001年版。

（4）张晟：《黑水与华夏文化》，载《中国历史地理论丛》，第16卷第1辑。

（5）《饶宗颐东方学论集》第184页，汕头大学出版社1999年版。

（6）何新：《诸神的起源》第80—105页，三联书店，1986年版。

（7）学术界许多人将汉语神话中的昆仑山作为佛教中的须弥山。如晋人王嘉《拾遗记》中认为"昆仑山者，西方须弥山"。今人丁山在《中国古代宗教神话考》（龙门联合书局1961年影印本），韩国学者方善柱在《昆仑山与太阳神舜》（载《大陆杂志》49卷第9期）都将昆仑作为须弥山。而将须弥山的位置北移到岗底斯山。清代乾隆帝以政府名义宣布昆仑山即岗底斯山，见《清圣祖实录》卷290。

（8）格勒：《略论藏族古代文化与中华民族文化的历史渊源关系》，载《中国藏学》2002年第4期。

（9）郭淑云：《原始活态文化—萨满教透视》第27页，上海人民出版社2001年版。

（10）最近，汤惠生先生也认为昆仑山神话与北方游牧民族萨满教有密切的关系。见汤惠生《神话中之昆仑山考述》载《昆仑文化论集》第40页，青海人民出版社2001年版。

（11）图齐：《西藏和蒙古的宗教》第273页，天津古籍出版社1989年版。

（12）郭淑云：《原始活态文化——萨满教透视》第27页，上海人民出版社2001年版。

（13）色音：《东北亚的萨满教》第92页，中国社会科学出版社1998年。

（14）文廷式：《纯常子枝语》卷二八。转引自蔡鸿生：《唐代九姓胡与突厥文化》第136页，中华书局1998年版。

（15）林梅村：《汉唐西域与中国文明》，文物出版社1998年版。

（16）白鸟库吉：《匈奴民族考》，转引自汤惠生：《神话中昆仑山考述》，原载《昆仑文化论集》第40页，青海人民出版社2001年版。

（17）色音：《东北亚的萨满教》第92页，中国社会科学出版社1998年。

（18）孟慧英：《中国北方民族萨满教》第191页，社会科学文献出版社2000年12月版。

（19）王晖：《论周代天神性质与山岳崇拜》，载《北京师范大学学报》1999年第1期。

（20）何新：《诸神的起源》第95页，三联出版社1986年版。

关于几则昆仑神话的文化释读

唐仲山

昆仑神话是昆仑文化中一颗璀璨绚丽的明珠。甚至可以说是昆仑文化神奇而夺目的光环。昆仑神话，是华夏神话大系中的主题神话，亦是中华传统文化的远古部分，在其产生和流传当中融入了儒家文化、道家文化、佛教文化等内容，是我国古代民间文学、道德伦理、社会秩序、生产生活、哲学思想、民族精神的结晶。而作为"昆仑山"、"帝之下都"、"百神之所在"（《山海经·海内西经》）；"神物之所生，圣人仙人之所集也"（《博物志》）；"黄帝之所休"（《庄子》）等，俨然是天庭之中心，充分体现了中国奥林匹亚之雄博与大气。

在昆仑神话中，广为流传的有：盘古开天地、女娲炼石补天、燧人钻木取火、伏羲始作八卦、共工怒触不周山、黄帝创世、西王母与东王公、后羿射日、嫦娥奔月、穆天子神游、王母蟠桃会等，其中最有影响的是黄帝与西王母。正如鲁迅先生所说："其最为世间所知．常引为故实者，有昆仑山与西王母"。

至于昆仑神话所应包括的神话人物和神话事象许英国先生认为："凡神话人物与昆仑及其辖域或直接或间接有联系的，都应该包括在昆仑神话范畴之内。但有主线人物和副线人物。其行动虽出现在昆仑及其辖域内，而主要活动在他区的则为副线人物。研究昆仑神话，必须以主线人物为轴心，兼及副线人物，关注各种神话象，分清主次，广泛探索，深层开掘，才能窥见全貌"。【1】由此副线人物主要是：伏羲、女娲、黄帝、少昊、蓐收、后羿、嫦娥、赤松子、共工、东王公等，而最早出现在昆仑山的神话人物即为伏羲和女娲，昆仑神话的核心人物是西王母。

古代汉文献中大量地保存了昆仑神话内容，其神话中的情节往往由简到繁，人物亦由寡趋众，内容及语言亦日渐丰富，加之历代文人学士的注疏，其体系庞大、人物及情节更趋纵横交织。为保存昆仑神话和多学科研究提供了一笔异常丰富的文化遗产。

下面依据昆仑神话之主题类型，从古文献中作一释读。

一、天地之初

1. 盘古开天辟地神话

"天地混沌如鸡子，盘古生其中。万八千岁，天地开辟，阳清为天，阴浊为地。盘古在其中，一日九变，神于天，圣于地。天日高一丈，地日厚一丈。如此万八千岁。天数极高，地数极深，盘古极长。后乃有三皇。数起于一，立于三，成于五。盛于七，处于九，故天地去地九万里"。

——《艺文类聚》卷一引《三五历纪》

"元气蒙鸿，萌芽兹始，遂分天地，肇立乾坤，启阴感阳，分布元气，乃孕中和，是为人也。首生盘古，垂死化身：气成风云，声为雷霆，左明为日，右眼为月，四肢五体为四极五岳，血液为江河，筋脉为地里（理），肌肉为田土，发髭为星辰，皮毛为草木，齿骨为金石，精髓为珠玉，汗流为两泽，身之诸虫，因风所感，化为黎氓甿"。

——《绎史》卷一引《五运历年纪》

"盘古之君，龙首蛇身，嘘为风雨，吹为雷电，开目为昼，闭目为夜。死后骨节为山林，体为江海，血为淮渎，毛发为草木。

——《广博物志》卷九引《五远历年纪》

2. 黄帝化生阴阳

"黄帝生阴阳"。"高诱注：黄帝，古天神也，始造人之时，化生有阳"。

——《淮南子·说林训》

以上创世神话在昆仑神话中的具体表述，讲述天地、阴阳、山河、草木之形成。此间人类尚未出现，而盘古、黄帝却是以人的形象而出现。人类在自己的童年期，凭借丰富的想象表达对生存环境的濛沌认识，同时也体现出人对自身生理特征的认识，从自身的构造演绎自然界的特征，表现出从人体到自然界的一种纯朴的宇宙观。天地万物既已形成，便开始探讨人类自身的由来，于是造人神话由此诞生。

二、人类之诞生

1. 女娲造人

"黄帝生阴阳，上骈生耳目，桑林生臂手，此女娲所以七十化也"。高诱注："黄帝，古天神也。始造人之时，化生阴阳。上骈、桑林，皆神名。女娲，王天下者也。七十变造化，此言造化治世非一个之功也"

——《淮南子·说林篇》

"俗说天地开辟，未有人民。女娲抟黄土作人，剧务，力不暇供，乃引绳于纟恒泥中，举以为人。故富贵者，黄土人也；贫贱凡庸者，绠人也"。

——《太平御览》卷七八引《风俗通》

创世的盘古、黄帝俱为男性，因为盘古能"发髭为星辰"、"黄帝者，炎帝之兄弟也"。（贾谊《新书·盖境》），他们体现出的是男性所特有的阳刚、威猛，所以是创世者。而黄帝却又能化阴阳，为女娲之造人创造条件。这里"黄帝生阴阳"实际就是一种秩序的形成。因为"黄帝中和之色，自然之理，万世不易。黄帝始作制度，得其中和，万世常存，故称黄帝"（《白虎通·号篇》）。自然界之天地阴阳既已形成，造人也就需要阴阳男女的区分。所以尽管创世者以男性化的特征来创造自然万物，而女娲并没有完全以自身为模版创造全是女性化的人类。这是因为黄帝在女娲造人之初就制定了阴阳男女的机制，从而使人类由被造进入自身阴阳平衡，相生相长，从此繁衍生息下来。

如此看来，黄帝和女娲相为配合创造了人类。这里还需注意的是黄帝即是天帝。《庄五·至乐》："昆仑之虚，黄帝之所休"。《庄子·天地篇》："黄帝游乎赤水之北，登乎昆仑之丘"。而《山海经－西次山经》说："昆仑之丘，是惟帝之下都，神陆吾司之"。说明黄帝即为昆仑之巅之天帝，所以高诱注"黄帝生阴阳"时，即谓："黄帝，古天神也"。《抱朴子·释滞》："女娲地出"。女娲由地而生又创造人类。黄帝代表天，即为阳；女娲代表地即为阴，而二者均为帝。于是人类始得以演化诞生。

2. 女娲伏羲合亲

"昔宇宙初开之时，只有女娲兄妹二人在昆仑山，而天下未有人民。议以为妻，又自羞耻。兄即与其上昆仑山，咒曰：'天若遣我二人为夫妻，而烟悉合；若不，使烟散。'于烟即合。其妹即来就兄。乃结草为扇，以障其面。今时人取执扇，象其事也。"

——《独异志》卷下

这则神话相比女娲"抟土造人"寓意更显明朗。兄妹合婚其因即为"天下未有人民"。《汉书人表考》卷二引《春秋世谱》："华胥生男子为伏羲，女子为女娲"。这在血缘婚逐渐退出人类婚姻发展史，并伴随有一定的伦理道德规范的日间形成时，发挥了大胆的想象。并在"天地初开"、"天下未有人民"的特定环境中，由主动求配转入天意认可实现人类诞生和繁衍的一大壮举，并使"今时人取妇执扇，象其事也"的民俗获得诠释。

三、补苍天以拯百姓

"往古之时，四极废，九州裂；天不兼覆，地不周载；火滥炎而不灭，水浩洋而不息；猛兽食颛民，鸷鸟攫老弱。于是女娲炼五色石以补苍天，断鳌足以立四极，杀黑龙以济冀州，积芦灰以止淫水。苍天补，四极正，摇水涸，冀州平，狡虫死，颛民生"。

——《淮南子·览冥篇》

女娲创造了人类后，为了其繁衍生息，"女娲祷祠神，祈而为女媒，因置婚姻"（《绎史》卷三引《风俗通义》）。而作为凡人的女娲子民一经诞生，便于自然界中为求生息而做斗争。然而民众面对更多的天然灾害，更趋于无奈和软弱，于是女娲承担起抗灾护民的重任。这则神话先力陈人民境遇之险恶："四极"、"九州"、"天"、"地"均已俱损，而水火鸟兽也将"颛民"推向灭绝的边缘。女娲则显现出其超常的智慧和神力"补苍天"、"立四极"、"济冀州"、"止淫水"，最终使得"颛民生"。这里女娲犹如一位慈爱的母亲，又如一位拥有超常智慧的保护神，捍卫着天下之安宁。

关于女娲"补苍天"的原因，从文献资料看有两种解释。其中一为自然而致"四极废"如上则神话所述。其二为"共工怒触不周山"之故。

"儒书言：共工与颛顼争为天子，不胜，怒而触不周之山，使天柱折，地维绝。女娲销炼五色石以补苍天，断鳌足以立四极。天不足西北，故日月移焉；地不足东南，故百川注焉，此久远之文，世间之言也。"

——《论衡·谈天篇》

此处将共工与颛顼之战解释为女娲补天的缘发。共工在昆仑神话中是水神。《淮南子·天文训》："昔者共工与颛顼争为帝。怒而触不周之山，（高诱注：'共工，官名。'）"。《淮南子·本经训》："舜之时，共工振滔洪水，以薄高桑。（高诱注：'共工，水官名也，柏有之后'。）"颛顼为黄帝之孙。实际二人为了争权夺势而发生战争，以致殃及百姓。引得女娲补天救民。

又《列子·汤问》载："天地亦物也。物有不足，故昔者女娲氏炼五色石补其阙；断鳌之足以立四极。其后共工氏与颛顼争为帝，怒而触不周之山，折天柱，绝地维，故天倾西北，日月星辰就焉；地不满东南，故百川水潦归焉。"

这则记载则又将"触不周山"之事事置于女娲补天之后，显然并非是共工"怒触周山"引发补天之举。而是为了对日月星辰之向西北移转，华夏大地西北高而东南低，百川向东之地势的现象进行合理诠释。

对此次战争尚有一种表述则是《史记》司马贞补《三皇本纪》中记载的："当其（女娲）末年也，诸侯有共工氏，任智以刑强，霸而不王，以水乘木，乃与祝融战，不胜而怒，乃头触不周山崩，天柱折，地维绝"。此处与共工发生战争的不是颛顼，而是祝融。祝融为炎帝之后代，《山海经·海内经》："炎帝之妻，赤水之子听天生炎居，炎居生节并，节并生戏器，戏器生祝融"。又一说为颛顼之孙，即黄帝之后代，《山海经·大荒西经》："颛顼生老童，老童生祝融"。《山海经·海外南经》："南方祝融，兽身人面，乘两龙。（郭璞注：水神也。）"《国语·郑语》又说："夫黎为高辛氏火正，以淳耀敦大，天明地德，光照四海，故命之同日祝融，其功大矣。"由此可见，祝融在昆仑神中是一位火神，也是后世灶神之缘起。

这里点出共工和祝融的神职身份，又可为共工和祝融之争从五行中做侧面解释，即这场战争又暗含着水火之争。

从上述补天神话一方面可透射出上古民众生息之艰辛，同时也体现出杰出人物的智勇，另一方面在反映战争及人们对天文地理的朴素认识和一定的哲学思维上，有着难能可贵的探索，也值得后人品味思索。

四、伏羲始创八卦

八卦，亦称"经卦"、"单卦"，或"八卦"，是《周易》中的八种基本符号。由最基本的构成单位"—"阳爻和"—"阴爻组成卦形，每一卦各有卦名，即乾、震、坎、艮、坤、巽、离、兑。每一卦各由三爻组成，故又称"三画卦"。《易传》认为，八卦主要象征天、地、雷、风、水、火、山、泽等自然现象，每卦可象征多种事物。关于八卦的起源，有种种传说和猜测，如："伏羲作八卦说"、"男根女阴说"、"原始文学说"、"龟卜说"、"结绳说"、"竹筹蓍草说"、"天地说"、"土圭测影说"、"日月星象说"、"宫室建筑说"、"筮数说"等等。八卦在中国古代之天文、地理、阴阳、历法数学、哲学、医学、建筑等传统文化中源远流长，影响极为广泛。在华夏文明史上占有极为重要的席位。

对于八卦的创制，"伏羲八卦说"影响更为广泛。伏羲在中国古代无论是正史还是野史中多有记载。此处仅举几例，借以简介昆仑文化之一斑。

"大迹出雷泽，华胥履之，生伏牺。"

——《太平御览》卷七八引《诗含神雾》

"春皇者，庖牺之别号。所都之国，有华胥之洲。神母游其上，有青虹绕神母，久而方灭。即觉有娠，历十二年而生庖牺；长头修目，龟齿龙唇，眉有白毫，须垂委地。"

——《拾遗记》

"太皋，庖牺氏，风姓，代燧人氏继天而王。母曰华胥，履大人迹于雷泽，而生庖牺于成纪，蛇身人首，有圣德。仰则观象于天，俯则观法于地；旁观鸟兽之文，与地之宜，近取诸身，远取诸物，始画八卦，以通神明之德，以类万物之情。造书契以代结绳之政，于是始制嫁娶，以俪皮为礼。结网罟以教佃渔，故曰宓牺氏。养牺牲以庖厨，故曰庖牺。有龙瑞，以龙纪官，号曰龙师，作三十五弦之瑟，木德王，注春令。故《易》称帝出乎震，《月令》：'孟春，其地大谧'是也。都于陈东封太山，立一十一年崩。"

——《史记·补三皇本纪》

上述三则记载从神话角度分析。透射出这样一些信息。伏羲（庖牺、宓牺）作为神话中之神人，其诞生非同寻常，是感孕而生且出生后相貌亦不凡俗。这种非凡之象在文学史料中日渐得到细描详叙，如《天中记》卷二二引《帝系谱》："伏羲人头蛇身"。《艺文

类聚》卷十七引《孝经援神契》："伏牺大目"。《天中记》卷二二引《帝王世纪》："庖
羲须垂委地"。《玄中记》云："伏羲龙身"。等。在汉梁武祠石室伏羲女娲交尾画像砖
及新疆吐鲁番出土的伏羲女娲交尾帛画更为典型。而以女娲与伏羲以人首蛇身（龙身），
且下身交互缠绕的形象为内容的石刻画像与墓葬砖画，在山东、河南、陕西、四川、湖南
等广大地区都有发现，神话传说中女娲和伏羲在昆仑山上指青烟对天祷告取证而成亲，实
现人类之繁衍，即为华夏人民之肇始。这一神话情结却在华夏大地广泛地被作为口碑或文
艺及史作之题材。在一定层面上意味着华夏民族对这一共同祖先的认可，以及对其所创始
的各种文明之秉承发展和赞颂，从而维系着群体间的认同，这在当今我国文化人类学所提
出的多元文化一体格局的形成中，也是一种文化上的基因传递。

五、后羿射日

　　人类诞生后，其繁衍与发展中与自然界进行了不懈的斗争和磨合，其历程颇显艰辛与
悲壮。在神话中人们总是在诸如洪灾、旱祸及战争中总能够得助于神或超人，最终逢凶化吉。
这既是神话作为人民幻想性作品的一个程式，也是神话所反映的人与自然磨合的一段历程。
后羿射日则反映的是为拯救十日并灼而倍受苦难的民众举弓射日的情景。

　　"羿，古之善射者也，调和其弓矢而坚守之。其操弓也，审其高下，有必中之道，故
能多发而多中。"

——《管子·形势解》

　　"古者羿作弓"。

——《墨子·非儒下》

　　上两则记载表明羿不仅是一位绝技的射手，同时也是弓箭射术的发明者。作为神，他
效力于东方天帝帝俊。

　　"帝俊赐羿弓彤素矰，以扶下国。羿是始去恤下地之百艰。"

——《山海经·海内经》

　　帝俊赐给羿弓箭，命他至下界拯救遭受荼炭之苦的百姓。相传他为民众除却了七大苦难，
其中最具影响的即为射日。

　　"尧之时，十日并出，焦禾稼，杀草木，而民无所食。猰貐、凿齿、九婴、大风、封
豨、修蛇皆为民害。尧乃使羿诛凿齿于畴华之野，杀九婴于凶水之上，缴大风于青丘之泽，
上射十日而下杀猰貐，断修蛇于洞庭，禽封豨于桑林，万民皆喜，置尧以为天子。"

——《淮南子·本经训》

　　尧派遣羿诛凿齿、杀九婴、缴大风、杀猰貐、断修蛇、擒封豨，都是因为这些鬼怪都
是人民的灾害，羿能除却它们，是有功于人民的，所以《泛论训》言："羿除天下之害，

死而为宗布"。"此虽全为神话，然实反映远古时代，草木畅茂，禽兽繁殖，东夷挟其弓矰利器，以与鸷猛兽搏斗，卒克服之，食其肉而寝其皮，且利用骨骼以作器具，毛羽以作装饰。抚今思昔，不忘直劳，于是幻想而构成神话"。【2】

在众神之中，羿的本领也是超常的。如《山海经·海内西经》："海内昆仑之虚在西北，帝之下都。昆仑之虚，方八百里，高万仞，……百神之所在，在八隅之岩，赤水之际，非仁羿莫能上冈之岩。"羿能往返于天地间，在昆仑之虚与百神共居，在凡间又能替民除害，体现出一种仁侠气概，所以能得到尧帝的赏识和民众的敬仰。

六、多情后羿，应悔嫦娥

如果说后羿射日与为民除害表现了其英雄本色，歌颂了其英雄业绩，那么嫦娥奔月与后羿宓妃之恋又以儿女私情，展现了后羿人性的张扬。

实际上后羿除七害、嫦娥奔月及羿与河伯之妻宓妃之私恋，这三组故事组合到一起，才使得神话传说中的后羿形象更加丰满，更加立体化。这三组故事又并非出现于同一文献，或同一时代。它们分别见之于《灵宪》、《淮南子·览冥篇》、《淮南子·本经篇》、《楚辞·天问》、《楚辞·离骚》、《山海经·海外南经》、《路史·后记》十注引《江源记》等等，典籍驳杂而叙述点滴零碎，后羿算得上是民间神话传说中的一个箭垛式人物。有学者认为："在中国先秦神话中，最为美丽动人，最为缠绵婉转的便数羿与嫦娥的故事了。可以说在这个故事中，蕴藏着后来所有中国古典小说中的爱情故事的所有基本因素。"（下面仅从几例文献简构后两组故事之概貌。）

"羿请不死之药于西王母，娥窃以奔月，怅然有丧，无以续之。（高诱注：姮娥，羿妻，羿请不死之药于西王母，未及服之，姮娥盗食之，得仙奔入月中，为月精也。奔月或作坌肉，药坌肉以为死，畜之，肉复可生也。）"

——《淮南子·览冥训》

正是因为后羿能够往返于昆仑之虚，所以能从居于"昆仑之虚北"的西王母处讨得不死之药。《山海经·海内北经》："西王母梯机而戴胜杖，其南有三青鸟，为西王母取食，在昆仑虚北"。西王母掌握着不死之药，《山海经·海内西经》："开明北有不死树"，郭璞《山海经图赞》："万物暂见，人生如寄，不死之树，寿蔽天地。请药西姥，乌得无羿？"而西王母本人亦与天地齐寿，《易林·讼之泰》："弱水之西有西王母，生不知老，与天相保。"后羿虽然是帝俊帐下的一员神将，但他亦受生死之限，所以才千辛万苦从西王母处得不死之药，未及享用，竟让妻子嫦娥给偷吃了，这样一来，嫦娥成仙飞上了月亮，而后羿也许是未能服上不死药的缘故以致于"羿死桃部，不给射"，（见《淮南南子·说山篇》，高诱注：桃部，地名；羿，夏之诸侯有穷君也，为弟子逢蒙所杀，不及摄己而射也。），酿成一个悲壮的结局。而嫦娥"托身于月，是为蟾蜍，而为月精"（《初学记》卷一引《淮南子》），兹后与清冷与孤寂长相伴，以丑陋无比的相貌悲凄寄身。

后羿生前又是一位多情的婚外恋者，他曾射伤河伯的右眼而霸占了河伯的妻子宓妃，这段恋情是否引出了后羿对情敌河伯的射杀，文献资料零星而模糊，但是后羿确是"第三者"。"自古英雄爱美人"。宓妃的确是一位旷古绝世的美人。她的绝美之貌被曹植的《洛神赋》描述得淋漓尽致。"河洛之神，名曰宓妃。……其形也，翩若惊鸿，婉若游龙；荣曜秋菊，华茂春松；仿佛兮若轻云之蔽月，飘飖兮若流风之回雪。远而望之，皎若太阳之升朝霞，迫而察之，灼若芙蕖出绿波。秾纤得衷。修短合度，肩若削成，腰如约素，延颈秀项，皓质呈露，芳泽无如，铅华弗御。云髻峨峨，修眉连娟，丹唇外朗，皓齿内鲜，明眸善睐，靥辅承权，环姿艳逸，仪静体闲，柔情绰态，媚于语言，奇服旷世，骨像应图"。据《洛神赋》载："宓妃，宓羲氏之女，溺死洛水，为神。"因此宓妃又称洛神。这样一位美奂绝伦的美女，引起后羿的青睐并导致后羿"第三者"身份的介入。《楚辞·天问》："帝降夷羿，革孽夏民，胡身洛夫河伯而妻彼洛嫔？"（王逸注：洛嫔，水神，谓宓妃也；羿又梦与洛水女神宓妃交接也。）语意为："帝俊下夷羿。是为夏民除害，而羿又为什么射河伯而占有他的妻子宓妃呢？"羿对宓妃是梦魂萦绕，朝思暮想，以致于做梦都与宓妃合欢，又是何等的痴情啊！这段恋情何等浪漫温馨，抑或缠绵悱恻，限于资料，我们无从得知；是否是因为后羿的移情别恋导致嫦娥奔月，我们亦无从得知。而这样一种情节对民间口碑和文艺作品，却提供了特有的一种模式，不断地丰富着民间文学和作家文学的文化内涵，并得到学术界的广泛关注。

本文仅就昆仑神话中较为著名的几则神话简要做一释读。昆仑神话烦冗庞杂，求其全貌实属难事。它所包涵出来的人民对天文地理的认识、人类之肇始、农耕文明、渔猎文明及游牧文明和战争、情感等内容，也是长期以来文人学者所探讨的，而正因为如此，其内涵也不断地得到发掘和丰富。这里没有过多提及西王母神话．因为"在浩瀚博大的昆仑文化中，最具远古文化意蕴和浪漫、神秘色彩的是关于昆仑山和西王母的神话传说"。【4】西王母神话在昆仑神话中又是影响最为广泛的，也是争议颇丰的一个焦点，限于篇幅在此不再赘言。

参考文献：

【1】许英国：《昆仑神话纵横谈》，《昆仑神话与西王圣母》，黄山书社，1998年，第93页。

【2】朱芳圃遗著，王珍整理：《中国古代神话与史实》，中州书画社，1982年，第65页。

【3】胡邦炜，冈崎由美：《古老心灵的回音——中国古典小说的文化心理学阐释》，四川文艺出版社，1990 年，第 84 页。

【4】曲六乙：《青海昆仑文化是金色文化》，《昆仑文化论集》，青海人民出版社。2002 年，第 2 页。

原载《青海师范大学民族师范学院学报》2010 年第 1 期

庄子与昆仑神话

齐昀

一

在中国文化史上，庄子算得上是特立独行的一位哲人。他生活在诸子并出，百家争鸣的时代。可以说，除了庄子而外，争鸣的诸子都是鸣给侯王听的，都希望一朝得志，能在政坛上大展宏图，一显身手，故而战国游士才纷纷奔走于诸侯之门。只有庄子才会怡然自得的在濮水独自垂钓，并断然拒绝卿相的尊位，千金的重利。【1】庄子的话自然也不是说给侯王们听的，所以他才可以随心所欲，机变百出："以谬悠之说，荒唐之言，无端崖之辞，时恣纵而不傥，不奇见之也。以天下为沈浊，不可与庄语。"【2】文风也瑰奇恢诡与诸子迥乎不同。这当然可以让我们视庄子其人为"狂人"。视其言为"狂言"。狂人发狂言的背后，我们可以看到庄子对于利禄的鄙薄，对于功名的厌倦。对现实的功利世界不屑一顾的庄子，却对想象中的方外世界情有独钟。庄子的话语是"寓言十九，重言十七，卮言日出"【3】的奇幻而又真实的话语，闻一多先生曾说："《庄子》书里实在充满了神秘思想"【4】。这种"神秘思想"当是指庄学的"巫魅性"或曰"神话思维"的特征。庄子中充盈着对于"吸风饮露，不食人间烟火的藐姑射神人"【5】的悠然神往，对于以混沌之术治国的黄帝"至德之世"的倾心期盼。所谓"庄周世界"就是"昔者庄周梦为胡蝶，栩栩然胡蝶也。……不知周之梦为胡蝶与？胡蝶之梦为周与？"【6】的现实与梦幻相互交错，物我不分的大化流转世界。

庄子这些离经叛道，迥异儒墨的异端思想渊源何在，应该纳入何种文化系统呢？在学界颇有争议，大致有楚文化说，齐文化说，商宋文化说等几种观点。主齐文化说者其论点主要为：以为庄子是蒙人，蒙在宋灭后归入齐国，所以庄子就是齐人；庄子多次提到海洋，势必熟悉海洋，所以比长居于海滨；以及庄子塑造了很多"真人"，"神人"形象得出他受沿海流行的神仙思想影响的结论。【7】这种说法显然有失偏颇，首先庄子是齐人的说法缺乏论证。其次，真人，神人之类的说法并非沿海才有。再有，庄子一书内容驳杂，并非仅仅为庄周自作，已是学界共识。不排除庄子后学之中有齐人，但包含着齐文化的文化因子同庄子源于齐文化是两回事。主其为商宋文化者，主要从庄子不认同周人的历史观，从其颠覆尧舜为圣王的正统叙事的态度。隐含着庄子对于周政权和周文化的激烈抗拒，以及庄子本身浓厚的巫魅性正和于商宋文化传统。【8】但这种说法貌似合理，但最大的问题在于没有注意到庄子书中随处可见的对于宋人的鄙视和嘲讽，其时宋人以闭塞，愚拙，刻板闻名，所以《孟子》有"揠苗助长"，韩非子有"守株待兔"来讽刺宋人，庄子虽然好"砥疵孔子之徒"，但对宋人的态度上却与孟韩无异：《逍遥游》中就说"宋人资章甫适诸越，越人断发文身，无所用之"。说明宋人在庄子看来愚笨不开窍的。又有以"宋人善为不龟手之药者"的寓言来说明愚人拙于用大，宋人空有妙术，却只用来漂洗丝绵，而一朝客以百金买其方，献给吴王，就裂土而封之，这说明庄子看来宋人视野封闭，不知变通。还有《列御寇》中宋人曹商乃是

势利小人的代表。凡此种种，都可见庄子对宋人并无好感，当然也不可能是商宋文化的传人。几种说法中影响最大者还是楚文化说。楚文化说源自朱熹，后更有梁启超，王国维，冯友兰等人从不同角度予以认定。楚文化说主要从庄子所在的地理位置入手，从生存环境，文化传统辨析南北之不同，进一步乃有中原文化和楚文化之别。并以为"《庄子》书中，思想文体，皆极超旷"，"思想实与楚人为近"。【9】近年来，杨义先生又作《庄子还原》，试图从《庄子》中的三条内证论证庄子"楚人的文化基因"，从而解决庄子的"宋人楚学之谜"。这三条内证分别是："大鹏"意象，"混沌信仰"以及庄子鼓盆而歌之事。【10】总体看来，庄子思想源出楚学之说较前二者更有说服力。其实，以地域论庄子乃是自我设限，抛开地域文化的局限，不难看出庄子文化属性问题的几种说法。但有一点是共同的，就是都承认庄子受到了神话的深刻影响。或许，这才是理解庄子的关键所在。由于庄子对于神话有着开放接纳的态度，其与神话的密切关系自不待言，甚至有学者认为："庄子哲学是神话思想的转化。神话乃是庄子思想的渊源"。【11】说到庄子与神话的关系，必然首先要讨论庄子与昆仑神话的关系。顾颉刚先生早已视《庄子》为保存中国古代神话的两大渊薮之一（另一渊薮为《楚辞》）。顾先生指出，中国古代流传下来的神话中，有两个很重要的大系统：一个是昆仑神话系统；一个是蓬莱神话系统。"昆仑的神话发源于西部高原地区，它那种神奇瑰丽的故事，流传到东方以后，又跟苍莽窈冥的大海这一自然条件结合起来，在燕、吴、齐、越沿海地区形成了蓬莱神话系统。"战国时期，二者在中原地区大量流传开来，"庄周居于宋，这两种说法都接触到了"，故其书兼涵昆仑和蓬莱两大神话系统。由于昆仑神话内涵丰富，传播广泛，连蓬莱神话系统都深受其影响。【12】由此，赵宗福先生进一步指出，"昆仑神话是中国古代神话的主体"【13】昆仑文化的广泛传播也许正是庄子文化属性有楚，宋，齐之争的根本原因。无论是商宋文化论者所说的庄子所具的"巫魅性"，楚文化论者所说的庄子"述超狂恍惚之思"【14】，都是其神话思维的反映。杨义先生所举论证庄子宋人楚学之谜之"混沌"崇拜，同样证明庄子受昆仑神话影响至深，因为昆仑的别名就是"混沌"：

"昆仑"即"混沌"。"混"字古亦作"浑","沌"字古或作"沦",故"浑沌",亦有作"浑沦"者,《列子·天瑞》:"气形质具而未相离,故曰浑沦"是也。"混沦"字又变为"昆仑",《太玄经》:"昆仑磅礴",斯其证也。"【15】

至于大鹏意象及其原型凤鸟则在神话中常见。而凤凰、鸾鸟在《山海经》【16】中都与安宁和乐密切关联。如《西山经》中:"丹穴之山……有鸟焉……名曰凤凰,……见则天下安宁。"《海内经》:"有鸾鸟自歌,凤鸟自舞,……见则天下和"。凤鸟并不独为楚人所好,庄子的鲲鹏意象只能说明他深受神话影响而已。齐文化论者引为论据的庄子所塑造的"真人","神人"形象,更是直接出于昆仑神话。《山海经》中神人形象极为丰富,这些神人也颇有神奇之处,从庄子所受神话影响来看,昆仑,蓬莱兼而有之,但从总体上看"昆仑神话的成分在《庄子》中要多于蓬莱神话的成分"。【17】由此可见,庄子受到神话的深刻影响,其最重要的部分来自于昆仑神话的影响。

<h2 style="text-align:center">二</h2>

研究庄子所受昆仑神话的影响,当然着力点也是很多的:前人或致力于搜检《庄子》留存的神话片段,或专注《庄子》中神话材料的复原,或着眼于其"隐喻的艺术"和其"诗性智慧"的发掘。这些不同纬度的诠释和解读当然有助于我们全方位的把握庄子。不过,昆仑神话对于庄子的影响,并非表浅的,外在形式的影响。最为深入的影响乃在于其内在精神的影响,可以说庄子哲学的核心部分就来源于昆仑神话基本观念。

昆仑神话的核心观念是什么呢?卡西尔曾说:"在某种意义上,整个神话可以被解释为是对死亡现象的坚定而顽强的否定。由于对生命的不中断统一性和连续性的信念,神话必须清楚这种现象。"【18】如果我们仔细辨析,昆仑神话对死亡的否定方式就是反复宣示"不死"的观念。

在想象的世界里,《山海经》里提到有许多长寿或不死之国,诸如"不寿者乃八百岁"的轩辕国(《大荒西经》)、乘文马可以"寿千岁"的犬戎国(《海内北经》)以及"不死之国"(《大荒南经》)、"不死民"(《海外南经》)和"三面之人不死"的"大荒之野"(《大荒西经》)、"不死之山"(《海内经》)等。《山海经》记载有不死之树。不死之树,在《山海经》中被称为扶桑,若木,建木,寿木。"汤谷上有扶桑,十日所浴,在黑齿北。居水中,有大木,九日居下枝,一日居上枝"【19】。扶桑或扶木即不死之木。还有"大荒之中,有衡石山、九阴山、洞野之上,上有赤树,青叶,赤华,名曰若木"【20】。《淮南子》有"若木在建木西,末有十日,其华照下地也"【21】。若木在西,是太阳落脚的地方;扶桑在东,是太阳升起的地方。它们都是不死之木。建木,指天地之中轴和天梯的生命之树。《淮南子》也曰:"建木在都广,众帝所自上下,日中无景,呼而无响,盖天地之中也。"(《淮南子·地形训》)不死木的果实食之不死，实际上也就是不死药。《文选·思玄赋》李善注引此经云："昆仑开明北有不死树，食之长寿。"《吕氏春秋·本味篇》云："菜之美者，寿木之华。"高诱注云："寿木，昆仑山上木也；华，实也；食其实者不死，故曰寿木。"顾颉刚先生曾说："昆仑是一个有特殊地位的神话中心，很多古代的神话……都来源于昆仑。……而保持长生不死，更是昆仑上最大的要求，他们采集神奇的草木，用了疏圃的池水和四大川的神泉，制成不死的药剂。凡是有不当死而死的人，就令群巫用药把他救活。"【22】所以很显然："昆仑的全部事物笼罩在不死观念的下面"。【23】这些都说明昆仑的实质在于其为不死之仙境。

如果说，昆仑神话中宣示"不死"观念乃是将生命的存在本身视为人的最高的和最根本的价值。那么，在后世的诸子中，沿着这一思路追寻人类永恒之路的思想者却并不多。这当然并不是说，生命在这些人看来不重要，只要是人，没有谁会真正漠视生命，尤其是自己的生命。人作为有限的自然存在物，必然面临生死问题。但是和其他物种不一样的是，只有人才有思想，才会思考生死存亡这一根本问题；也只有人才会给予人生种种实践以终极性的价值和意义根据，以求克服生与死的尖锐冲突。在古代中国，主流的思路并没有把生命本身看作一个重要的关怀，更不用说终极关怀了。对儒墨而言，道德和秩序才是他们思考的核心，所以儒家倡导"杀身成仁，舍生取义"，这已经不惜以生命为代价以求取仁义了，但这还是"老吾老以及人之老，幼吾幼以及人之幼"【24】式的由近及远的差等之爱。墨家更要求墨者"视人之身若视其身"【25】的无差等的爱，为实现理想不惜"裘褐为衣，以跂蹻为服，日夜不休，以自苦为极"【26】，甚至"赴火蹈刃，死不旋踵"【27】。这些都在宣示着道德对于生命而言更具有天然合理性和价值优先权。

庄子的思考与他们不同。对庄子来说，首先需要辨析的是道德、秩序是不是我们生活的全部，或者至少是我们生活的重心所在？人的本质到底是社会的还是自然的？生命是为了知识，道德抑或相反？庄子思考的结果就是他"全生"思想的提出。所谓"全生"，简单地说就是保全生命，自然地完成生命。这就要求生命不能被外物所伤。人应该"尽其天年而不中道夭"【28】，这样的说法和孟子所谓："尽其道而死者正命也"【29】的教导相反。在庄子看来，生命，只有生命才是属于我们自己的东西。而名利、权势乃至知识、道德都是外在于人的外物。庄子不悦生恶死的前提在于重生。他在《养生主》里说："吾生也有涯，而知也无涯。以有涯随无涯，殆已！已而为知者，殆而已矣！为善无近名，为恶无近刑。缘督以为经，可以保身，可以全生，可以养亲，可以尽年。"显然，在全生的主题之下，知识，道德都成了从属的和次要的东西，更不用说名利权势了。在庄子看来，沉溺于名利场中的人，是生命的沉沦，这对生命的伤害，要远远超过金木之刑，这种灵魂的扭曲庄子称之为"天刑"。如果说，名利权势对人的生命全无好处的话，那么知识对于生命的价值，则取决于能否摆正知识与生命的位置。当误以为生命是为了知识时，那就是"以有涯随无涯"，当然"殆而已矣"。但如果认识到知识是为了生命，那么知识就显露出了它的正面价值.知识也是可以帮助我们更顺利的自然完成我们的生命，帮助我们"恢恢其于游刃必有余地矣"的游走于凶险万分人世间。

这种很明显的生命优先的价值取向，从其思想渊源来说，显然来自于昆仑神话中古老的"不死"观念。最直接的证据是："《庄子》里最多说到黄帝，而黄帝不离乎昆仑"【30】。昆仑，混沌，黄帝在《庄子》中屡次出现，而这三者本来就是三位一体，乃是同一观念的产物。【31】《在宥》篇中，黄帝请教于广成子："闻吾子达于至道，敢问，治身奈何而可以长久？"可见，他所关心的依然不离乎生命本身的绵延。昆仑"不死"观念的侵染再清楚不过。除此以外，从《庄子》的寓言中也很容易就感受到庄子对于那些永恒的生命的向往之情：

藐姑射之山，有神人居焉，肌肤若冰雪，绰约若处子；不食五谷，吸风饮露，乘云气，御飞龙，而游乎四海之外。其神凝，使物不疵疠而年谷熟。……之人也，物莫之伤，大浸稽天而不溺，大旱金石流、土山焦而热。【32】

袁珂先生在《中国神话通论》一书中指出："《庄子》的寓言，常有古神话的凭依，是古神话的改装，并非纯属虚构。"【33】在庄子中屡屡出现的真人，至人，神人当然也都受到了昆仑不死观念的影响。朱越利先生认为，长生不死的观念早在我国原始社会时期即已出现，《山海经》的昆仑神话中，即包括复活和不死两种长生不死的神话。这类神话在春秋战国之际演变为神仙观念，长生不死的人称为仙人，也称为真人、神人等，《庄子》和《楚辞》中就有不少神仙信仰的记载。【34】庄子借由不死的神人反复地表达了其对生命的尊重，也就是他重生的态度，这在庄子的理念中，乃是根本性的问题。

三

人虽然是感性的生物，但人的需要并非仅仅出于感性的欲求。人之所以异于禽兽者，在于人总是希图找寻到生命的意义。人既需要形而下者的"器"，更需要寻求形而上者的"道"。而且即使是形而下的层面，他也需要从形而上的层面予以理解。麦克雷通过引述本迪克斯的理解来说明这一问题："在韦伯看来.没有理想因素的物质利益是空洞的，但没有物质利益的理想则是无力的"【35】。这两句话其实完全可以把顺序反过来说，实际上，物质利益与精神利益相比，后者更为重要，因为精神利益为实际利益插上了翅膀，赋予后者一种精神意义，并为之辩护。换言之，人即使出于对形而下的物质需求，也要将其纳入终极考虑之中。原因在于正因为每个人自身都是有限的个体，人类才不能满足于自身的有限。而要努力追寻超越，追寻永恒。其方法就是要努力在有限无限之间架设桥梁。人类总是在为自己的存在寻找意义。存在意义的获得，其实就是永恒的实现。昆仑神话的不死观念和庄子的全生思想都是对人生意义的求索，都在试图实现永恒的价值，其所异者在于其路径不同。

在昆仑神话里，获得永恒的途径就是肉身不死。必须说明，古老的神话往往没有主客之分、物我之别，体现了生命的浑然未分状态。黑格尔曾说："因为古人在创造神话的时代，就生活在诗的气氛里，所以他们不用抽象思考的方式而用凭想象创造形象的方式，把他们的最内在最深刻的内心生活变成认识的对象，他们还没有把抽象的普遍观念和具体形象分割开来。"【36】其不死观念也就仅限于期盼肉身不死。不死的总是具体的实实在在的存在物——不死之树，不死之民，不死之药，甚至昆仑这样的不死之地，虽然它们只是在初民想象中存在。但却仍然是形象而又具体地存在。对初民而育，他们也真诚地相信人能够长生不老。正如维柯所说，神话故事虽然是出自原始人的想象，但却不是一种纯粹的虚构，它是古代人真实生活的反映【37】。对于初民来说，超越死生界限，突破自然限制的愿望也就具象化为《山海经·大荒西经》中记载的神奇的存在："西海之南，流沙之滨，赤水之后，黑水之前，有大山名曰昆仑之丘。……此山万物尽有。"不死之地——昆仑神境既是虚妄的幻想的产物，又是真实的存在。原因在于，虽然"不死不是事实，但不死观念是事实，古人真信人可以不死；昆仑仙境不是事实，但昆仑仙境的信念是事实……这种精神文化确实存在。"【38】如何超越死生界限？是初民充满焦虑和惶惑的问题，他们或期盼死而复生：《大荒西经》之鱼妇为颛顼所化，鱼妇能死而复活。有了"颛顼死即复苏"的神话。《海外北经》记无臂之国，其人无嗣，郭璞注："其人穴居，食土，无男女，死即埋之，其心不朽，死百廿岁乃复生。"这种复生型的神话出现，原因大概在于：中国人创生理论的背后还隐含着另一个观念，即一种生物完全可能，或经常会转化为另一种生物。对于这个熟悉由虫到蛹、由蛹到蛾的演化过程，因而对在公元前两千年就掌握丝织技术的民族来说，这种信仰能在他们中间流行并非怪事【39】。或幻想不死之药：开明东之群巫所操的不死之药，郭璞注云："为距却死气，求更生。"似乎生命死而复生的原因在于吃了不死之药。《山海经·大荒南经》："有巫山者，西有黄鸟。帝药，八斋。"郭璞注："天地神仙药在此也。"又《大荒南经》："有云雨之山，有木名曰栾。禹攻云雨，有赤石焉生栾，黄本，赤枝，青叶，群帝焉取药。"西王母更是手操不死之药的大神，羿费尽艰难登此冈岩（昆仑山）就是为向西王母请不死药。《淮南子·览冥篇》记述"羿请不死之药于西王母，桓娥窃以奔月"，这个故事的广泛流传，使不死药与西王母如影随形。当然，如果能直接到达昆仑神境，似乎不必再吃不死之药，也能不死，《淮南子·地形篇》也有"昆仑之丘，或上倍之，是谓凉风之山，登之不死"的记载。

如果说，昆仑神话通过肉身不死的渲染来获得永恒，庄子则当然认识到了希冀于肉身不死终不过是人类天真的幻梦。生命永恒价值的获得，人对于自身有限性的突破，都在于精神而不在于肉体，甚至肉体对于人对永恒的求取是个负担和累赘。其实，老子已经发出过对于形体束缚的感慨："吾所以有大患者，为吾有身，及吾无身，吾又何患？"【40】

但庄子的思考更为深入。立足于实际，而着眼于超越。人终究要以物质的形态生活在现实的世界里，所以，不但我们的身体是我们无法放弃，充满了陷阱的危险重重的现实世界我们也无法脱离。但这并不意味着我们就别无选择，只有自甘沉沦。庄子以为，我们仍然可以成为精神上的贵族，其途径就是《人间世》中所指出的："形莫若就，心莫若和"。或者说可以称之为："形之委蛇，心之逍遥"【41】。具体来说，为了避免现实政治的伤害，不妨"支离其德"，把自己塑造成一个对统治者无用的人。无用的标准是什么呢？就是"匠者不顾"的不中规矩绳墨的散木，这种散木："以为舟则沉，以为棺椁则速腐，以为器则速毁，以为门户则液樠，以为柱则蠹。"但正因为如此，才得以"不夭斧斤，物无害者"，才"故能为之寿"。在庄子看来，这就是无用之大用。形之委蛇也要求"不谴是非以与世俗处"，也就是随顺世俗的价值观，但这并不是与混浊的世俗同流合污。表面的随顺，决不能化为内心的认同，更非行动上的积极配合。对世俗随顺，委蛇的目的还是在于"心之逍遥"。心要达到逍遥，就先要保持平和，心如何才能平和呢？"自其异者视之，肝胆楚越也；自其同者视之，万物皆一

也。夫若然者，且不知耳目之所宜，而游心乎德之和。"【42】首先所要处理的还是心与物的关系。这就要求在心灵和耳目代表的欲望之间，不是心灵随顺耳目，从而让欲望主导自己，那样带来的只能是心的陷溺，生的沉沦。而要相反，心要做耳目的主宰："徇耳目内通而外于心知"【43】。使耳目不执着于外物，心灵也就不会受制于欲望。那么，破除了人的成心，才能达到心与道的同一，这就是"心之逍遥"了。

无论是昆仑不死观念着眼于肉身不死的不懈追求，还是庄子"形之委蛇，心之逍遥"醉心于精神的超越，虽其路径不同，但同样都是不满足于生命的有限而力争突破，从而求得生命永恒的价值的探索。在人类的心灵史上都具有不朽的意义。

四

人类对于超越自身的有限，实现永恒的价值的渴望反映到现实社会当中，就体现为规矩与自由的冲突。人类文明的历史，就是在规矩与自由的矛盾中展开的。从自然的角度讲，规矩就是基于客观事实的规律。从社会的角度讲。规矩就是国家以强权维护的体制法度。不难看出，规矩和自由并不是实力相当，对等的双方。规矩是刚性的，强势的，从自然的意义上可以说就是自然的法则，是不可抗拒的。从社会体制的角度看也代表着君主的权威，法律的惩治，军队的维护，因此强硬无比，普通的个人根本无力与抗。相对而言自由是柔性的，弱势的，但却绝不是无所作为，而是见缝插针，力争以柔克刚。对自然的限制是如此，对于社会的限制也是如此。从这种意义上说，昆仑神话不死的观念和庄子全生的思想都是人类对

于自由的追求，对于自身的超越。当然这并不是说，昆仑神话不死的观念与庄子全生思想处于同一思维层面。

昆仑不死观念着眼于对于人类自然性的超越，追求突破自然法则的自由。从脱离蒙昧状态起，人类就开始了对于无限自由的争取。人类文明之初对自由的争取就表现在对于自然规律的蔑视．对于生老病死的自然现象不认同，对于不死的追求就是对于死亡现象的否定。昆仑神话不死的观念中不死之木、不死之药、不死之民以及不死之地，正是人类这种对自然的限制的不屈服的体现。那时．人们只受限于自然的规律，尚未体会到社会政治的束缚，君王权势的威压，故其所反抗者，只在于自然而已。不死的追求，从后世理性的角度看来，诚然是不科学，不理性的徒劳之举。但从突破规矩，争取自由的视角看来，谁又能说这不是人类力争自身自由的可贵开端和对自身能力的极度自信的表现呢？可以说，它开启了人类的自由之门，也开启了人对一切强权，一切异化人的生命价值的外在力量反抗的传统。

庄子全生思想则着眼于对于人的社会性的超越，突破社会政治威压的自由。有了人类社会，国家强权对个人自由的束缚也就日益深重。统治者总是努力强化体制法度，从而提升统治权力的强制性和有效性。但法度越是得到强化，人的主体性就越得不到保证，就越来越被工具化，从而身体被奴役，心灵被扭曲，自由也就无从谈起了。从庄子的视角看来，他在相当程度上认同自然律，其所反对的是来自社会的种种人为的戒律。正如庄子在《天下》中说："天下大乱，贤圣不明，道德不一，天下多得一察焉以自好。天下之人各为其所欲焉以自为方。悲夫，百家往而不反，必不合矣！后世之学者，不幸不见天地之纯，古人之大体，道术将为天下裂。"庄子全生、重生思想的提出，针对的正是这样一种社会现实。毫无疑问，庄子也幻想过那些永恒的生命，像吸风饮露的藐姑射山上的神人，像《大宗师》里说的："登高不慄、入水不濡、入火不热"的真人。但他更关心和在意的是，心灵对肉体的超越，个人对生命自然的完成。在庄子看来得到心灵的自由才是真正的自由，至于肉体的死生因此反而成为次要的事情。心灵如何才能自由？照着庄子的思路，对人最大的束缚，并非自然的生老病死寿夭，而是人间政治的威压，强权的胁迫，从而造成的人的心灵的扭曲。庄子在《人间世》中曾借孔子之口说：

仲尼曰："天下有大戒二：其一命也，其一义也。子之爱亲，命也，不可解于心；臣之事君，义也，无适而非君也，无所逃于天地之间。是之谓大戒。是以夫事其亲者，不择地而安之，孝之至也；夫事其君者，不择事而安之，忠之盛也；庄子虽然积极追求精神自由，但是他也清醒地认识到这种绝对自由只能是在纯粹的个人精神领域，社会现实中，世俗伦理是人无法躲避的，命运的压力也是人无法抗拒的。庄子最深切的感受是，个人生存的危险，主要的来自于君主。同老子仅仅对当政者失望，对"无道"的社会主要关注秩序的思路不同，庄子对当政者已经绝望，他感受到的是实实在在的生命的威胁。在他看来，当政者皆是"暴人"。《人间世》中说卫君："回闻卫君，其年壮，其行独。轻用其国而不见其过。轻用民死，死者以国量乎泽若蕉，民其无如矣！"《则阳》说楚王："楚王之为人也，形尊而严，其于罪也，无赦如虎"。当人间政治是如此黑暗，君王为政是如此残暴，在庄子意义上的存身而不是长生就成为了主题。儒家式的救世早已成为遥不可及的梦。所谓："天下有道，圣人成焉；天下无道，圣人生焉。"圣人欲成就其事业，也要考虑具体的环境，看其有没有实现理想的空间。有之，才会力争成事；无之，则亦存身而已。所谓："古之至人，先存诸己而后存诸人。"庄子感慨世人的执迷不悟。在"仅免刑焉"的"方今之时"，面对"福轻乎羽"的羽毛般微小的一线生机，面对"祸重乎地"的大地般沉重的灾祸，还"莫之知载；莫之知避"。不知道去争取，不知道去躲避。甚至将虚幻的功业富贵看作人生的根本目标，于是自甘为物所役，劳身苦形，结果当然是"终身役役而不见其成功，茶然疲役而不知其所归，可不哀邪！"身在桎梏而不自知才是人生最大的悲哀："人谓之不死，奚益！其形化，其心与之然，可不谓大哀乎？"【44】这种情况下，人的自由的意义就不再是自然意义上的不死，而是社会意义上的摆脱名利的枷锁，反抗强权的压迫。庄子所谓解其桎梏，正是宣示着人对生命意义的回归。

站在争取自由的立场上，昆仑神话通过不死的观念与庄子全生的主题在精神内涵上是相通的。无论是昆仑不死观念从自然意义上的反抗，还是庄子哲学从社会意义上的反抗，同样是对人类既定规矩的不妥协，不认同，对于无限自由的执着争取：当对自由的束缚主要来自于自然时，昆仑神话通过不死的想象来彰显自由；当对自由的戕害主要来自于社会时，庄子通过心灵的超越来反抗强权，同样凸显了生命的最终意义在于自由的获得。

人类社会的历史，很大程度上是由其观念形态决定的。特别是在文明之初，观念形态更具有决定性意义。因此，所谓传统，主要是观念形态的传统，前人对后人的影响也主要体现在精神领域。昆仑不死观念作为中华文明远古时期的神圣话语，对后世的影响之大难以估量，它为中华民族开启了一条独特的精神之路。在古代民族精神领域，中国和西方，乃至世界上主要民族的大多数在精神之路的探求上是大异其趣的：同样是以有限的生命寻求永恒的价值；同样反抗强权，争取自由；同样的拯救灵魂，寻求解脱，世界上的主要民族和大多数宗教都认同了人鬼殊途，此岸世界和彼岸世界两分，拯救灵魂获取永恒的方式在于彼岸世界：那里才有公正无私的神灵，那里才是天国乐土。而在中国，则无论是宗教的道教，还是准宗教的儒家、道家学说，拯救人心，求得永恒的方式都在此岸世界。孔子"未知生，焉知死"，以及"知其不可为而为之"等人世话语，同庄子形神两分的解脱之道，表面上看势同水火，截然对立，其实如果视孔庄为一个整体，以之同其他主要民族相比，还是具有鲜明的中国特色。他们有着同样的思路：即对生的探索是没有止境的，他们关注的目光始终聚焦于此岸世界。当然这并不意味着昆仑神话对于儒家和庄子具有同样的意义，在受影响的大小。继承方式的隐显上庄子与儒家依然判然有别。同孔子"不语怪力乱神"的话语而表现出的理性、又难免刻板的儒家传统迥然不同，庄子的世界是充盈着草根人物和自然万物的生命交流的。散发着山泽林野气息的灵气荡漾的自由世界。他以对生命的问题的深入思考，以及强烈的反叛精神颠覆了既有的价值观，唤醒了中国人的生命意识，开拓了中国人的人格世界。即从表达方式上，他的奇思玄想对中国人的审美悟性和文学趣味的启发也并世无匹。可以说，是源自昆仑文化源头的天上之水，滋养了庄子构建的魅力无限，生机益然的庄周世界，使之成为了中国人永远的精神家园。

参考文献：

【1】司马迁：《史记》，中华书局，1959 年，第 222 页。

【2】【3】【26】《庄子－天下》，引自郭庆藩《庄子集释》，中华书局，1961 年。本文所引《庄子》和《郭象注》原文均出自郭庆藩之《庄子集释》，下文只注篇名。

【4】闻一多：《闻一多全集》（第一册），北京三联书店，1982 年，第 143—1443 页。

【5】【32】《庄子·逍遥游》。

【6】【44】《庄子·齐物论》。

【7】蔡德贵：《庄子与齐文化》，《文史哲》，1996 年第 5 期。

【8】【17】邓联合：《庄子哲学精神的渊源与酿生》，光明日报出版社，2011 年。

【9】【14】冯友兰：《中国哲学史》（上），中华书局，1961 年，第 216 页。

【10】杨义：《庄子还原》，《文学评论》，2009 年第 2 期。

【11】见《庄子哲学与神话思想——道家思想溯源》，张亨《思文之际论集——儒道思想的现代诠释》，新星出版社，2006 年。

【12】【22】【30】顾颉刚：《〈庄子〉和〈楚辞〉中昆仑和蓬莱两个神话系统的融合》，《中华文史论丛》，1979 年第 2 辑。

【13】赵先生多次提到这一观点，也越来越得到学界普遍认同。赵宗福：《昆仑神话》，青海人民出版社，2005 年；以及《论昆仑神话与昆仑文化》，（青海社会科学），2010 年第 4 期。

【15】【31】萧兵、叶舒宪：《老子的文化解读》，湖北人民出版社，1994 年，第 358、360 页。

【16】袁珂：《山海经校释》，上海古籍出版社，1985 年。本文所引《山海经》原文均出自袁珂《山海经校释》，下文只注篇名。

【18】卡西尔：《人论》，甘阳译，上海译文出版社 1986 年，第 107 页。

【19】《山海经·大荒东经》。

【20】《山海经－大荒北经》。

【21】《淮南子·地形训》，何宁：《淮南子集释》，中华书局，1998 年。本文所引《淮南子》原文均出自何宁《淮南子集释》，下文只注篇。

【23】顾颉刚：《山海经中的昆仑区》，《中国社会科学》，1982 年第 2 期。

【24】《孟子·梁惠王上》，焦循《孟子正义》，中华书局，1987 年版。本文所引《孟子》原文均出自焦循《孟子正义》，下文只注篇名。

【25】《墨子·兼爱中》，孙诒让：《墨子闲诂》，中华书局，2001 年。

【27】《淮南子·泰族训》。

【28】《庄子·大宗师》。

【29】（孟子·尽心上》。

【33】袁珂：《中国神话通论》，巴蜀书社，1993 年，第 127 页。

【34】朱越利：《从山海经看道教神学的渊源》，《世界宗教研究》，1989 年第 1 期。

【35】麦克雷：《马克斯·韦伯》，中国社会科学出版社，1989 年，第 88 页。

【36】黑格尔：《美学》，朱光潜译，商务印书馆，1979 年，第 18 页。

【37】维柯：《新科学》，朱光潜译，商务印书馆，1989 年，第 73 页。

【38】杜而未：《昆仑文化与不死观念》（第六编第一章及序言），中国台湾，台湾学生书局，1977 年。

【39]迈克尔·罗维：《宇宙·神谕与人伦》，郭净，孙澄译，辽宁教育出版社，1991 年，第 88 页。

【40】《老子·十三章》，陈鼓应：《老子今注今译》，商务印书馆，2003 年。

【41】王博：《庄子哲学》，北京大学出版社，2003 年，第 185–187 页。

【42】《庄子·德充符》。

【43】《庄子·人间世》。

原载《中国民俗学集刊》2014 年第 1 期。

瑰诡而慧巧
托云龙，说迂怪，论屈原昆仑神话

苏慧霜

摘要

刘勰《辩骚》论屈原之作："《远游》、《天问》，瑰诡而慧巧。"瑰诡，见于托云龙，说迂怪的神话情节，再深入屈原昆仑神话世界的解读，人道与天道、地道会通，始明白屈原通过法天正己、知常明变，诠释天、地、人三才哲学，多了情志的寄托，艺术化的神话思维，既隐喻深厚的哲学思维，更进一步观照生命经验的存在意义，所谓"慧巧"，原在于深蕴天、地、人三才的人文精神之道。

关键词：昆仑　神话　屈赋

一、前言

战国屈原之作所代表的经典论述，标举书写典律的创作规范，刘勰《文心雕龙·辩骚》云："至于托云龙，说迂怪，丰隆求宓妃，鸩鸟媒娀女，诡异之辞也；康回倾地，夷羿彃日，木夫九首，土伯三目，谲怪之谈也；依彭咸之遗则，从子胥以自适，狷狭之志也；士女杂坐，乱而不分，指以为乐，娱酒不废，沉湎日夜，举以为欢，荒淫之意也：摘此四事，异乎经典者也。"屈原作品驷虬乘鹥，昆仑流沙，有大量的神话论述，其中托云龙，说迂怪，丰隆求宓妃，鸩鸟媒娀女，诡异之辞甚多，刘勰虽以为异乎经典，然于《远游》、《天问》二篇，仍誉以"瑰诡而慧巧"，显示屈赋神话世界的深奥。

屈赋作品的神话论述，主要见于《离骚》、《天问》、《九章》、《九歌》等篇章，以昆仑神话为系，有别于《山海经》等神话专著，屈赋神话论述实则隐含天、地、人三才的哲学意境。所谓"三才"，见于《易·系辞下》："有天道焉，有人道焉，有地道焉，兼三才而两之。"才，材也，郑玄注："材，道也。"屈原神话的载道精神巧隐于神话之中，以下分就人文、天道、宇宙论述屈原昆仑神话的载道精神：

二、战国人文精神：文化与自觉

屈原对于昆仑有深厚的远祖情结，《离骚》一开始引昆仑神话上叙祖系出身："帝高阳之苗裔兮，朕皇考曰伯庸。"王逸注："高阳，颛顼有天下之号也。"颛顼是屈原之始祖，远祖血脉相连的情感使屈原对先祖所系的昆仑神域产生了难解的情结，洪兴祖《楚辞补注》曰："舜葬九嶷，九嶷在苍梧冯乘县，故或曰舜葬苍梧也。"辅以姜亮夫先生《楚辞今译讲录》所言：

为什么屈原在作品中说要到昆仑山呢？……因为楚国的发祥地在西……高阳氏来自西方，即今之新疆、青海、甘肃一带，也就是从昆仑山来的。我们说汉族发源于西方的昆仑，也只有昆仑山才当得起高阳氏的发祥之地[1] 屈原不遇，意有所郁结，因思以寄意，对神话历史人物的观照，具有影射的意义，由是产生生命意义的追寻，如龚鹏程《幻想与神话的世界》之说："神话是许多故事混杂而成，有的本之实事、有的出自幻想，但基于种种理由，人们素以神话为宇宙与人类生命内在意义的表现。"[2] 文学作品里艺术化了的神话意象，文义间隐藏着多种臆想，文学的神话，幽思深远，是作者主观情意与客观现实的寄寓载体，有时表现一种暧昧或多义性思维，神话正是作为内在情感向外的投射隐喻。

（一）人文化成

作为古老课题的神话，是民族的记忆，文化的根，神话传说有着神秘的课题；在神话的媒介里，经过屈原具象化的素材处理，突显一种永恒对照的文学景观：

《河伯》："登昆仑兮四望，心飞扬兮浩荡。"

《涉江》："登昆仑兮食玉英，与天地兮同寿，与日月兮齐光。"

屈赋作品保留大量昆仑神话传说，集理智与浪漫为一，特别突显"人文化成"的战国精神。

战国时期王官之学逐渐瓦解，《左传》所谓："天子失官，学在四夷"[3]，原有贵族垄断的王官之学受到冲击，封建制度瓦解之时，邹鲁缙绅私人讲学与著书立说风气兴盛，各种学派形成百家争鸣的局面，人文精神的重视在社会上逐渐普及。神话，原为对宇宙万物生成本质与人类生命起源的一种解释，神话的内容和传述，因地域与民族文化的不同而有不同的形态与演变发展和传说，屈原的神话思维则表现一种纯粹的美感，班固《离骚序》称屈作"宏博丽雅"，此中之"宏博"，究其精义，在于巧用神话情节，例如《远游》：

朝发轫于太仪兮，夕始临乎于微闾。屯余车之万乘兮，纷容与而并驰。驾八龙之婉婉兮，载云旗之逶蛇。[4]

---

[1] 姜亮夫《楚辞今译讲录》，云南：云南人民出版社，1999年11月第1版。页48。
[2] 龚鹏程〈幻想与神话的世界〉，见蔡英俊编《抒情的境界》，联经出版社，1982年9月初版，页315。
[3] 《左传·昭公十七年》
[4] 王逸《楚辞章句·天问章句第三》，中国台湾：艺文印书馆，1974年。页115。

从昆仑天庭的神话传说太仪开始，朝晨趋车驾于天庭，暮夕至于东方之玉山微间，其间百神侍从，风云从焉，屈子远游的过程融合了主观的情感意识："纷容与而并驰"与客观的文化思维："云从龙"的理念。

"云从龙"源于《易经·干卦·九五》："水流湿，火就燥，云从龙，风从虎，圣人作而万物睹"。龙起生云，虎啸生风，原比喻同类事物相感应，《远游》篇："驾八龙之婉婉兮，载云旗之逶蛇。"融合东方日神的神话遨游，以太阳神话导引，与日神相感应，成就美丽的人文景观，这种神话情节的架构，深入文化内涵，"屯余车之万乘兮"，"我"的介入，使神话从虚幻落实到人文，表现对生命的贞定与敬肃。

（二）存在自觉

同样是日神羲和的神话，《离骚》云："吾令羲和弭节兮，望崦嵫而勿迫。""吾"的存在意义，显示极强烈的人文精神之觉醒，换言之，屈原是以"我"之生命实体追寻神话传说的虚无，并以此表达了他最直接的愿望，一种对现实生命的安定渴求与追寻，《离骚》云："亦余心之所善兮，虽九死其犹未悔。"正是这种对理想最真的神往，才使屈原的神话具有无比深邃的魅力，也才使《楚辞》在人文思想上更有超人文精神的卓越意义。

因为"我"的深入，神话由虚幻的太阳传说转入真实人间世里"我"的永恒追寻，因为"吾令羲和弭节"里现实的"我"与神话的"羲和"并存，因此将永生定格于人文精神世界里。

静寂广漠的神话世界，是人向往的天地，或许由于生命的孤绝寂寞激起对心灵乐土的追寻与渴慕，所以诗人兴起"朝吾将济于白水兮，登阆风而綍马[①]"的想望，自古传说昆仑之上有九府仙境，纯净美好，诗人遭逢人间世界污浊污蔑之际，兴起渡白水，登神山，屯车系马留与神仙昆仑的想望，此际忧生愤世之情油然而生，与《离骚》上文："世溷浊而不分兮，好蔽美而嫉妒"的愁情呼应，可见由神话起兴而起的抒情创作，其文意的背后正是传统士大夫失志与不得的忧愤情怀，一如司马迁于《史记·屈原列传》所指出：

屈平疾王听之不聪也，谗陷之不明也，邪曲之害公也，方正之不容也，故忧愁幽思而作离骚。[②]

神话仙境的追寻，和谐与美的存在，为诗人情志之寄托，以白水之洁净，阆风之清明，观照一己洁净的修行，其中隐含深刻的美感观照，"白"是一种纯洁的意象，观照诗人洁净清明的忠贞气节。

二、形上学的智慧：天道

如果神话是人类文化秩序的象征论述，那么神话之后，人文世界的兴起，经过文学的提点，益增其魅力，文学里的神话早已超越原始的素朴，建构起一个超越永恒时间与空间

---

① 王逸《楚辞章句·离骚经第一》，台北：艺文印书馆，1974 年版。页 50。
② 司马迁《史记·屈原贾生列传》，中国台湾：新象书店，1985 年 3 月，页 2481。

的艺术殿堂，在原始混沌的理则中建构敬天法地的思维。屈原终其一生在原始混沌与人文世界里寻求中道，对于自然与生命不断提出思考与质疑，《天问》一百七十二疑，以神话为媒介，建构从超现实到现实世界的桥梁：

日月安属？列星安陈？出自汤谷？次于蒙汜？① 屈子以疑惑寻求解答，更重要的是，用神话观照疑惑，从日出于汤谷到薄暮入西极，在日月星辰的自然神话中发现智慧的启蒙，因为屈原这一问，开启了神话里的人文思维，建制了文学中虚幻神话与理智共存的人文精神。这一问亦引发了宋代辛弃疾《木兰花慢》词："可怜今夕月，向何处、去悠悠？是别有人间，那边纔见，光景东头？"之叹。

《易经·系传》："形而上者谓之道"，形上学重视对"人"的探究，强调主客合一。人对于终极根源与存在本体的探究，不仅反映了人对自身存在的定位与关怀，也同时反映了人对其自身本质的理解与期许，进而藉由对存在本质的诠释，来建构人生的意义与存在的价值。屈原《天问》云："遂古之初，谁传道之？上下未形，何由考之？② "未有天地之前，宇宙世界茫然未知，"知天"论述其实是探究圣王谱系的政治论述，相对于荀子强调"不求知天"，强调的是"不与天争职"；反之，人应该敬其在己，以"人有其治"来参天地，这即是"君子敬其在己者，而不慕其在天者"的行动态度，强调"敬己"的态度才是真正的"敬天"之道。

与荀子"敬天"相对，屈原以问天，透视神话的本体，正如鲁迅所云："其言甚长，其思甚幻③。"作为抒发情志的载体与寄托，屈原的质疑始于"天体"之问，从太始之初的远古开始，虚廓无形的混沌天地，在无尽的时空宇宙之中，诘问，质疑，继而抒情，愤慨，不断针对生命意义进行思考。

《九歌》、《天问》等诗歌中，借昆仑神话寄托了天道轮回的想望，《天问》大量运用神话素材，探索人类与宇宙生命的意义，例如神话传说姮娥奔月偷不死之药，月中有蟾蜍捣药，屈原因此在神话里展现人文精神的疑惑与思索，《天问》云："夜光何德，死则又育？厥利维何，而顾菟在腹？"④质疑月亮有何德长居于天地之间可以死而复生，缺而复圆，相对于人生寿命的短促，处处流露出了诗人内心深处对神话永生的神往。昆仑仙界是特殊的神话传说中心，也是诗人心灵向往的地方，昆仑神话里充满了法喜，那里有神仙不老的西王母，诗人远游第一站是昆仑："朝发轫于苍梧兮，夕余至乎悬圃。"《山海经·大荒南经》记载："苍梧之野，舜与叔均之所葬也。"悬圃是神话昆仑天帝所居之处，人间舜帝亦长眠于苍梧，诗人满怀苦楚欲向天帝陈述冤苦，因此从苍梧出发来到了悬圃。这种神游看似漫不经心，却一次又一次地展现了诗人"敬天法地"的思维。

---

① 王逸《楚辞章句·天问章句第三》，中国台湾：艺文印书馆，1974 年。页 115。
② 王逸《楚辞章句·离骚经第一》，中国台湾：艺文印书馆，1974 年版。页 47。
③ 鲁迅《汉文学史纲》，见《鲁迅全集》第九卷，北京：人民文学出版社，1981 年。页 370。
④ 王逸《楚辞章句·天问章句第三》，中国台湾：艺文印书馆，1974 年版。页 115。

或许是三闾大夫的身份之故，屈原神游昆仑之际，往往挟以巫术灵氛，他曾在九嶷山降神问卜，记录一场降神祭神的仪式：

> 巫咸将夕降兮，怀椒糈而要之，百神翳其备降兮，九嶷纷其并迎。皇剡剡其扬灵兮，告余以吉故。[①]

王逸注曰："椒，香物，所以降神。糈，精米，所以享神。[②]"享神、巫用、祀神，说明了是在巫咸的召唤之下迎接百神降临，昆仑山系的九嶷山神灵纷纷迎接，整个场面充满了庄严热烈的巫术气氛。对比《涉江》中的远游：

> 驾青虬兮骖白螭。吾与重华游兮瑶之圃，登昆仑兮食玉英。与天地兮同寿，与日月兮齐光。[③]

九嶷山神、昆仑神祇的出现，总是庄严而澄净，有情乐土，在牵动诗人的心，所以《惜诵》云："昔余梦登天兮，魂中道而无杭。[④]"登天的世界是如此神秘，以致使人魂牵梦萦如斯牵挂。理想的、神圣的乐土不是偶然产生的，它们都是在神话思维下出现的神秘世界，相对于现实世界来说，此乐土是虚幻的，但对屈原而言，这种神话乐土的远游，不但是精神的寄托，更是超越现实世界与生命律动互感的终极挂念。

屈原《九歌》11首祭祀组曲：东皇太乙、东君、云中君、大司命、少司命、湘君、湘夫人、河伯、山鬼等神祇，或为人间祭祀的尊神，或是天地山川之神，充满人世间的信仰色彩，从人间到天上，《九歌》和原始神话间的关系非常密切，11首组曲透过祀神仪式表现人间祭祀的尊崇与祀祷的敬意，例如《九歌·东皇太乙》："吉日兮辰良，穆将愉兮上皇。"开端以肃穆谨敬之心进行崇神仪式开始人与神的心灵对话，终至《国殇》祭祀为国捐躯的人世英雄："身既死兮神以灵，子魂魄兮为鬼雄。"以礼拜英魂终结，最后《礼魂》终曲："成礼兮会鼓，传芭兮代舞，姱女倡兮容与，春兰兮秋菊，长无绝兮终古。"天神、地祇、人鬼的构篇，正符应人文世界和谐秩序的意念建构，这种集神幻与现实的结合，显示屈原文学里的神话，蕴含人文心灵的图像与敬天法地的思维，而此正是一种独特的人文精神。

三、宇宙图像：时空交会的秩序

屈赋里的神话传说，是一幅宇宙图像，时间与空间序列同时交错，如《离骚》："朝吾将济于白水兮，登阆风而绁马。[⑤]"朝济白水的神游里包含了"时间"与"空间"的序列，从朝到夕（时间），从白水到阆风（空间），时间的流逝与空间的游移交会，成就屈原神话解读的丰富美感，是一种宇宙图像的时空观。

---

① 王逸《楚辞章句·离骚经章句第一》，中国台湾：艺文印书馆，1974 年版。页 58。
② 王逸《楚辞章句·离骚经章句第一》，中国台湾：艺文印书馆，1974 年版。页 58。
③ 王逸《楚辞章句·离骚经章句第一》，中国台湾：艺文印书馆，1974 年版。页 67。
④ 王逸《楚辞章句·九章章句第四》，中国台湾：艺文印书馆，1974 年版。页 151。
⑤ 王逸《楚辞章句·离骚经第一》，中国台湾：艺文印书馆，1974 年版。页 46。

（一）超越的时间观：死亡与长生

儒家对"死"的本身，不做理论性探讨的态度，孔子云：

> 季路问事鬼神。子曰："未能事人，焉能事鬼？"曰："敢问死？"曰："未
> 知生，焉知死？"①

人的生命有客观的限制，所谓"死生有命"，不过，尽其道、受其正，却是主观可以抉择的，这是"知命"、"正命"。孟子说："夭寿不二，修身以俟之，所以立命也。"②又云："君子行法以俟命而已矣。"③"立命""俟命"之道就是"正命"。所以《中庸》也说："君子居易以俟命"。君子知命、正命、立命、俟命，生命的脆弱与对生命的眷恋，往往使人开始对自然不可知的神秘产生信仰，昆仑神秘的灵氛，呼风唤雨的想象，对失意的人散发无比的吸引力。因为人文意识的省思与觉醒，屈原开始以主观的眼神追寻永恒，追寻亘古长存的永生神话。《离骚》每欲登昆仑仙山：

> 朝发轫于苍梧兮，夕余至乎县圃。欲少留此灵琐兮，日忽忽其将暮。
>
> 吾令羲和弭节兮，望崦嵫而勿迫。路漫漫其修远兮，吾将上下而求索。
>
> 饮余马于咸池兮，总余辔乎扶桑。折若木以拂日兮，聊逍遥以相羊。
>
> 前望舒使先驱兮，后飞廉使奔属。鸾皇为余先戒兮，雷师告余以未具。
>
> 吾令凤鸟飞腾兮，继之以日夜。飘风屯其相离兮，帅云霓而来御。
>
> 纷总总其离合兮，斑陆离其上下。吾令帝阍开关兮，倚阊阖而望予。
>
> 时暧暧其将罢兮，结幽兰而延伫。世溷浊而不分兮，好蔽美而嫉妒。
>
> 朝吾将济于白水兮，登阆风而绁马。忽反顾以流涕兮，哀高丘之无女。
>
> 溘吾游此春宫兮，折琼枝以继佩。④

世俗尘世里的屈原得不到楚王的信宠，更无法与上官、靳尚等朝臣相亲以处，政治上的孤立，持续存在着孤独感，由此激发屈原对神话世界的渴望：他狂放的追逐，将理想与灵魂置于遐渺冥远的渺茫神话寄托，尘世三千，桀骜的灵魂踉跄狂放，于是神游天庭，走上了上天下地漫漫求索之路。对仙界乐土的理想寄托在神话的终极境域里，苍梧、县圃因此成为心灵世界的乐土。

屈原除了梦中登天之外，最妙绝的还是《离骚》中的神游，或许是因迫于现实残酷激发，因此屈原又借梦幻神游超越时间，描绘了一个超现实的超越世界。

屈原擅长以神话秩序的建构，观照从"时间—空间"的宇宙图像，时间的变化与人生命的律动相互交感影响。

---

① 《论语·先进》
② 《孟子·尽心上》
③ 《孟子·尽心下》
④ 王逸《楚辞章句·离骚经第一》，中国台湾：艺文印书馆，1974年版。页46。

《离骚》：

"朝发轫于仓梧兮，夕余至乎悬圃。①

"朝吾将济于白水兮……，夕归次于穷石兮

"朝发轫于天津兮，夕余至乎西极。"

《远游》：

"朝发轫于太仪兮，夕始临乎于微间。②

"朝濯发于汤谷兮，夕晞余身兮九阳。"

《涉江》：

"朝发枉陼兮，夕宿辰阳。③"

《湘君》：

"朝骋骛兮江皋，夕弭节兮北渚。④"

《湘夫人》：

"朝驰余马兮江皋，夕济兮西澨。"

屈原的神话世界常常进行时间与空间的转移，尤其擅长利用时间进程表现生命追寻的历程，特别是以"朝……，夕……"时间的流转突显焦虑与激情。例如《远游》："朝发轫于太仪兮，夕始临乎微间。"⑤从朝到夕，一天的光阴，从天庭太仪到玉山微间，迢迢的空间距离悄悄地走入时间的流转中，没有日期的时间混沌，不但强调了宇宙的虚无与亘古，透过时间与空间交错的美学，"历玄冥以邪径兮，乘间维以反顾"神话羁旅，反而产生"逝者如斯夫，不舍昼夜"的生命短促之感，《离骚》："朝发轫于仓梧兮，夕余至乎悬圃。"或："朝吾将济于白水兮……，夕归次于穷石兮。"，或"朝发轫于天津兮，夕余至乎西极。"均透过时间界域表现对生命的汲汲追寻，人在天地宇宙之间自存自在，这样一种时间意识的自觉，为屈原的神话注入更强烈的抒情与浪漫。

远游只是一个象征的过程与仪式，所以屈原两次登上神话昆仑展开远游，却又不断感叹："时缤纷其变易兮，又何可以淹留？"叶舒宪在《中国神话哲学》一书中将中国神话的空间观念与阴阳五行配合，以神话巫术活动来解释心灵想象的时间与空间，进而将神话学与心理学结合诠释，以"朝"、"夕"为"东"、"西"方位的代表⑥，依此，时间与空间方位的依存关系，正可以印证由朝而暮，由春而秋，甚至而生而死的生命游观。屈原原是自觉地透过神话思考时间与空间生命课题的诗人。

---

① 王逸《楚辞章句·离骚经第一》，中国台湾：艺文印书馆，1974年版。页43。
② 王逸《楚辞章句·远游章句第五》，中国台湾：艺文印书馆，1974年版。页21。
③ 王逸《楚辞章句·九章章句第四》，中国台湾：艺文印书馆，1974年版。页151。
④ 王逸《楚辞章句·九歌章句第二》，中国台湾：艺文印书馆，1974年版。页91。
⑤ 王逸《楚辞章句·九章章句第五》，中国台湾：艺文印书馆，1974年版。页213
⑥ 叶舒宪《中国神话哲学》（北京：中国社会科学，1992年），页19。

（二）空间秩序的建构

混沌的宇宙世界里，从自然蛮荒到人文世界的变化发展，神话是一个探索与觉醒的历程，因为神话本就是人类对宇宙万物生成变化秩序的一种诠释，天地山川日月星辰的形成等等神话的建构与种种传说，从扶桑到崦嵫，日出到月入，春神勾芒到秋神蓐收，地域与四季的变化里，显示了空间与时间的存在，而此时序与空间的建立，正是宇宙秩序的建构，也是屈原神话的特质之一。

《离骚》："遭吾道夫昆仑兮，路修远以周流。"昆仑山在大漠西北，洪兴祖注引《山海经》："内昆仑虚在西北，帝之下都，方八百里，高万仞，山有木禾，面有九井，以玉为槛，面有五门，门有开明兽守之，百神之所在。"[2] "西北大荒之外，高数千仞的昆仑世界，本为高山之极，众水之源，充满崇威与敬畏，《河图括地象》云："昆仑在西北，其高一千里，上有琼玉之树也。"[3] "这里是众神的国度，也是神话幻想的宝库。《离骚》中提及属于昆仑神话地域例见于下[4]：

> "朝吾将济于白水兮，登阆风而绁马"
> "朝发轫于苍梧兮，夕余至乎悬圃。"
> "欲少留此灵琐兮，日忽忽其将暮。"
> "吾令羲和弭节兮，望崦嵫而勿迫。"
> "饮余马于咸池兮，总余辔乎扶桑。"
> "折若木以拂日兮，聊逍遥以相羊。"
> "夕归次于穷石兮，朝濯发乎洧盘。"

《离骚》神游的地域跨越华夏到殷夷，从白水到阆风，在起点与终点之间流转的不只是地域，神话国度里的空间地域之移动，正代表不同地域文化间的交融，或者，不如说是诗人的宇宙生命观，浩瀚的宇宙，神话幽奇怪谲，此种乐土的追寻，飞越广默无垠的空间，从人间到仙界，从远古到现在，屈原尝试跨越时间与空间，从而形成了一种独特的人文秩序，展现独特的超越精神。

对于空间乐土的追寻，不只是地理的概念而已，更表现某种强烈自我情绪的抒发，以《离骚》为例："吾令羲和弭节兮，望崦嵫而勿迫。""崦嵫"，原是《山海经·西山经》所记载的一座神山，根据《山海经》："西南三百六十里，曰崦嵫之山，其上多丹木，其叶如楮，其实大如瓜，赤符而黑理，食之已瘅，可以御火。"王逸注："崦嵫，日入山也。""崦嵫"是神话里太阳最后的归处之所，从扶桑到崦嵫，象征一天时间的轮回分界点。这一段文字同时记载纪录屈原彷徨不忍的留恋，从"我→崦嵫"使主体的我和客体的地域连结，神话

---

① 王逸《楚辞章句·离骚经第一》，中国台湾：艺文印书馆，1974 年版。页 43。
② 洪兴祖《楚辞补注》，中国台湾：汉京文化事业有限公司，1983 年版。页 21。
③ 洪兴祖《楚辞补注》注引，页 43。
④ 以下引文见王逸《楚辞章句·离骚经第一》，中国台湾：艺文印书馆，1974 年版。页 43。

的世界与人文有了紧密的联系，在屈原之后的求索过程中所提及的咸池、扶桑、若木、望舒、鸾皇等也都是神话乐土的追寻。这些神秘的神山依次展开，形成一个空间的向度。

乐土的世界，除了昆仑山之外，还有《离骚》中屡次出现的九嶷山。诗人在灵氛占卜之后登上昆仑：

> 遭吾道夫昆仑兮，路修远以周流。扬云霓之晻蔼兮，鸣玉鸾之啾啾。
>
> 朝发轫于天津兮，夕余至乎西极。凤凰翼其承旂兮，高遨翔之翼翼。
>
> 忽吾行此流沙兮，遵赤水而容与。麾蛟龙使梁津兮，诏西皇使涉予。
>
> 路修远以多艰兮，腾众车使径待。路不周以左转兮，指西海以为期。①

屈原神游的终极之所"西海"，正是浮于昆仑之上的神秘之海，这里本是帝高阳、少昊、祝融等远古的楚人先祖的故居所在。屈赋中多次出现的神山昆仑与九嶷山原是一个传说中通往天境的路径，《离骚》两次神游都必经昆仑神山。所以"朝发轫于昆仑兮，夕余至乎县圃。""遭吾道夫昆仑兮，路修远以周流。"王逸别注曰："县圃，神山，在昆仑之上。"《淮南子》则曰："昆仑县圃，维绝乃通天。言已朝发帝舜之居，夕至县圃之上，受道圣王，而登神明之山。"由此可知神山昆仑显然是诗人心目中的乐土所在。

此外，在《天问》里昆仑再一次被屈原问及："昆仑县圃，其尻安在？增城九重，其高几里？四方之门，其谁从焉？西北辟启，何气通焉？"可见，屈赋神话里所构建的神圣空间是一个充满幻想的超现实空间，"登之不死"、"能使风雨"，崇高而神圣的空间自古以来是远古初民渴求的乐土，屈原因此不自觉地记录乐土，而乐土背后更隐藏着追寻，但追寻的过程本身，其意义又是对死亡的超越，由此显示诗人借助神话远游，超越时空的限制，试图达到生命的永恒企图。

《山海经》神话没有时间，只有定格空间的描述，从南山经、西山经、北山经、东山经、中山经、海外南经、海外西经、海外北经、海外东经、海内南经、海内西经、海内北经、海内东经、大荒东经、大荒南经、大荒西经、大荒北经、海内经，十八卷神话是八荒到九垓空间的流布，如《山海经·大荒南经》："东南海之外，甘水之间，有羲和之国，有女子名曰羲和，方日浴于甘渊。羲和者，帝俊之妻，生十日。"羲和是昆仑神话里的太阳之母，作为十日之母，羲和是人间生命光热的重要源头，《山海经》对于羲和神话的记录是依空间地理位置为序，仅止于简洁扼要的空间直述："东南海之外，甘水之间，有羲和之国，有女子名曰羲和"，如此简约，是极客观冷静的神话论述；对比之下，屈原则由神话故事抚今追昔，赋予神话强烈的人文色彩，屈原运用神话进入一个原始的宇宙时空，既内在又超越的时间流，展现的是一种自由的心灵境界。

---

① 王逸《楚辞章句·离骚经第一》，中国台湾：艺文印书馆，1974年版。页43。

四、结语

　　人文精神的极境，应是理智与浪漫的融合一体。屈原以神话为引子，超越时间与空间的坐标，留驻了神话的永恒，更展现人文的美感，屈赋里的神话，是一个集结理智与浪漫，空间与时间的世界，充满秩序、情爱与生命力。在古今时空纵横交错之下，远古神话人物与现世的"我"同时并存，展现一种人文思维的觉醒，因为此"我"的存在，在神话的虚幻世界里植入现实人间的真实，因此亦有了文学的自觉，追寻乐土的渴望，显示屈赋的神话完全是植根于现实世界的人文精神之上，由此也突显了屈原独特的生命情调。

　　《楚辞》原来深受殷商文化影响，南楚之地信鬼而好祀的浓烈巫风文化，屈原处此巫风和神话里，追寻自己心灵的乐土，用神话幻想和想象超越现实，建构心中的理想境界，较之于《山海经》的神话论述有了很大的发展，特别是在强烈个人意识的观照下，自觉的、有意识的抒情创作，神话的背后，是屈原人文精神的美感观照。

　　中国文学传统本是一个人文抒情的境界，屈赋的神话里，无论是神话昆仑、巫风远游，或是上天下地的追索，时序的游移，屈原神话无不深切地透视人文历史的生命的境界，其寻根与远游的探索正是人文精神的抒发。从屈原二次登上昆仑，却始终挂心缅怀舜帝，这种对人文历史世界的关怀，背后其实有着强烈的礼乐精神在。是屈原对生命的关怀，成就了这份肯定，神话远游既是一种生命的追寻，也为了一种逃离。人间天上，今时昨日，空间与时间，两相对照，痛苦尤甚许多。屈原在神话世界里追忆先祖圣君，这其中显示：在神话的演变与流传过程里，人文精神不断超拔，透过神话的偶像人物，继而更坚定人存在现世的意义，虽然在现实里，被消磨的理想不知还存在多少？但由神话到文学，诗人始终怀抱对神话乐土的留恋和钟情，以及那份坚持与超越的无止尽追寻，相较于几近迷信的神话崇拜，可以说是文学发展的一大突破。刘勰《辩骚》："《远游》、《天问》，瑰诡而慧巧。"瑰诡，见于托云龙，说迂怪的神话情节，再深入屈原昆仑神话世界的解读，人道与天道、地道会通，始明白屈原通过法天正己、知常明变，诠释天、地、人三才哲学，多了情志的寄托，艺术化的神话思维，正见其慧巧之妙。

参考资料（依引用次序）：

王廷相《王廷相集》，北京：中华书局，1989年。

刘熙载《艺概》，中国台湾：汉京文化事业有限公司，1985年版。

王逸《楚辞章句》，中国台湾：艺文印书馆，1974年版。

龚鹏程《幻想与神话的世界》，收录于蔡英俊编《中国文化新论·文学篇一·抒情的境界》，联经出版社，1982年9月初版，页315。

洪兴祖《楚辞补注》，中国台湾：汉京文化事业有限公司，1983 年版。

鲁迅《汉文学史纲》，《鲁迅全集》第九卷，北京：人民文学出版社，1981 年。

姜亮夫《楚辞今译讲录》，云南：云南人民出版社，1999 年 11 月第 1 版。

司马迁《史记》，中国台湾：新象书店，1985 年 3 月，页 2481。

叶舒宪《中国神话哲学》，北京：中国社会科学，1992 年版。

神话昆仑：深层记忆中的神圣家园
——屈原的精神困境与宗教情怀

李措吉

　　神话中一定有许多的密码是我们今天的人所无法准确解读的。也许，我们一直在误读着神话，由于历史的烟尘，也由于历来强势的人本主义者的话语霸权【1】。在神话接受史上，中国主流文化，尤其是儒家文化对待神话的态度一向是强硬和不屑的，认为它虚妄无稽，不值一提。从孔子到司马迁，采取的都是"不语"、改造或"摒弃"的态度。我们从神话被历史化的过程中，可见一斑。但身处中原主流文化之外的屈原们，对待神话的态度却截然不同。他们以亲近、接纳、甚至膜拜的态度成为与神话达成最深层沟通的虔敬的接受者。这两种截然相反的态度很是耐人寻味。一方面这固然反映了中原理性文明的进步与楚地文化的原始滞后，但同时也在深层次上预示着中国文化未来的发展走向。也就是说，远古的中国主流文化在实用理性方面的过度强化造成了对原始诗性智慧的极度疏离以及超越性精神价值的缺失。由此给中国文人带来精神困境与家园缺失。而以屈原为代表的楚辞文化恰是对这种缺失的一种有效补充。它在强势的中原理性文化之外拓展出一片超迈飞扬的精神天地，以神性的面貌渲染了中国古代文化的神圣殿堂，给历代失去家园的精神漂泊者提供了一片温暖的天地。可以说，在中国文学史上，没有哪一位作家如此深刻而又复杂地牵动过中国传统文化的神经。而当这样一位把楚地的个性文化演绎成了中国文化不可缺少的支脉和源头，在深层次上影响了整个中国文学史的伟大诗人，在《诗经》之后消歇了三百年的中国诗坛，带着满身的奇光异彩和神秘光环横空出世时，它所呈现出的面貌，它所传达的意义，一定非同一般。而一直以来，我们总是以"比兴"、"浪漫主义"、"想象力丰富"等批评话语来解读其神话世界，总觉得过于皮毛，未入其里。

　　在笔者看来．屈原以其天赋之才所建构的神话世界已然不是远古意义上的神话，它是以神话思维构筑的一种独特的隐喻系统和精神符号，表达的是理性文明时代的诗人情怀，是创作主体基于对现实世界的深刻感受而创造出的一个超然于现实之上的神圣世界。这样的世界也许并非是一个真实的物理存在，但它却是诗人心灵深处对深层记忆中的天地圆通、神人交和的神性世界的虔心膜拜，是诗人在现实的人生苦难中升华出的对神圣性精神家园的诗意期待。这种期待，与作者所处的神秘原始的宗教文化相关，与作者超越性的人格面貌相关，还与作者的哲学思考与价值取向相关，其中隐含着存在的神秘力量和深刻的宗教情怀，给予读者的是神秘性的精神启示。但一直以来由于中国历史文化对神圣的某种遮蔽，中国的文艺研究一直缺少一个神性视野。我们理解文艺的自明前提就是：文艺是人性的活动，而人性结构又被理解为理性与感性的对立结构，因此作为感性活动的文学艺术只处于与一切理性活动的紧张关系之中。结果，我们的艺术关注只注意其感性与理性的紧张，而看不到更为根本的紧张，即人性与神性的紧张。事实上，文学艺术的神性视野是客观而天然的存在，我们因为批评话语中神性视野的长期缺失而忽略了这样一个关注维度。尤其像屈原这样在理性文明时代迷失了"家园"，陷入精神困境后在"神性"世界进行精神探索的写作者，我们更不可忽略其对彼岸世界的超越性价值期待。从屈原一生的人生轨迹、生命活动以及文学创作中，我们不难发现他超越世俗、追求神圣的人格倾向，当这种倾向在现实层面受到阻遏后，就自然导引他在精神层面得以释放。尤其是他以神话思维、神性话语、神性意象建构起的神性世界，无不洋溢着他对神圣性精神家园的诗意期待。

一、求圣之路：屈原的精神困境

"屈原困境"是中国历代士人接续不断的精神主题和文学主题，但历来偏重关注其政治困境与生存困境，对其精神困境却疏于讨论。事实上，"屈原困境"关乎中国文化的本质缺陷，即神圣性精神价值的缺失。清人刘熙载在《艺概 - 文概》中以"路"设喻，将屈庄作比较，认为屈原是"有路可走，卒归无路可走"，而庄子则是"无路可走，卒归有路可走"。并认为"二子之书之全旨，亦可以此概之"。此论警策透辟。那么，屈原何以由"有路可走"，最终变成"无路可走"呢？

屈原的"有路可走"是当时时代预设给士人们普遍所走的路：屈原的"无路可走"是这条预设的路被现实阻塞后，他没能像庄子一样走向一条出世解脱之路，而是陷入精神困境难以自拔。前文我们阐释了屈原的人生之路被阻塞的种种困境。但很显然，屈原的"无路可走"并不只是现实之路，对于像屈原这样的高级知识分子而言，精神之路的阻塞对他们才是致命的。那么，到底是什么阻塞了屈原的精神之路？他的精神探索出路何在？

（一）超验之"天"："君子人格"所遮蔽的

屈原曾经是楚国的栋梁之材，对自己的人生有着极高的价值期待。然而，灾难就在瞬间不期而至。由于奸人作祟，他被怀王"怒而疏"，继而"放流"，才华卓绝的诗人从政治社会的中心，被一种无规则可言的力量弹射到政治社会的遥远的边缘。这时的诗人，正如王逸所言，"放逐离别，中心愁思"，但"犹依道径"（《离骚经章句序》）。诗人一方面因遭遇现实困境而想抛离忧愁，一面又在抛离忧愁的求索中遭遇到更加痛苦的精神困境。这是因为诗人沥血陈情，表达自己忠而被谤的冤屈时所依据的价值标准依然是一直以来坚信的王道神义和君子人格。然而正是这种曾经坚信的价值标准,使诗人陷入更深的精神困境。

我们知道,屈原的职事虽近乎专操神事的宗祝,但他却又是儒家学说培养起来的士子,其人生理想自然与儒学是相通的。因而当他遇到人生困境时从儒学中寻求助益似乎是自然之举。尽管儒学不是宗教,没有设立人格神,却设立了人格理想,那就是圣人君子。事实上,圣人与君子是儒家道德境界的两个层面,前者是与天道相联系的"圣"的境界,具有终极至上性,后者是与人道相联系的"凡"的现实,具有经世致用性;前者是最高的理想,后者是理想的实现,两者之间密切沟通,不可脱离。

然而儒家对所推崇的最高人格境界"圣人"境界却罕有提及,即便孔子本人在当时已被尊为"圣人",《论语》提及"圣人"处也只有寥寥几句。孔子说:"圣人,吾不得而见之矣;得见君子者,斯可矣。"(《述而》)有操守的君子是现实人,而圣人则是理想人。故孔子曰:"若圣与仁,则吾岂敢?抑为之不厌,诲人不倦,则可谓云尔已矣。"(《述而》)朱熹注曰:"圣者,大而化之。仁,则心德之全,而人道之备也。为之,谓为仁圣之道。诲之,亦谓以此教人也。然不厌不倦,非已有之则不能"。可见,圣人之称,非常崇高,往往使旁人仰之弥高、钻之弥坚,自己却不自视自觉。夫子虽不言圣,然己身却无时不在实践圣人之道。而且,从孔子称扬古圣先王的言语中也可想见"圣人"是其心目中最崇高的理想人格。

儒家何以以"圣"为最高却不言"圣"呢?在这里,我们可以用牟宗三先生的一段话来诠释:"在现实世界里是不可能有圣人的,因为某人纵使在现实世界里最受尊崇,一旦他自称为圣人,自命达到最高境界,那么他的境界便不是最高的,所以已不可算是圣人了。圣人的产生,必由于后人的推崇,便是这个道理。"【2】毕竟圣人是要经历长期生命的修身立德,不但要成己,更要感通出去安人润物。而儒家虽讲"人皆可以为尧舜"(《孟子-告子》),然而这只是指涉人人所本有的潜在可能性,却不具后天的实际必然性,所以古来圣贤几稀矣!

在儒家看来,"圣人"是最高道德典范,"君子"是儒家人格修养的基本层次,因而孔子所提倡的人格,是君子人格。君子的人格理想既是基本的,因而对大众而言具有普遍性,也是达到圣人理想的关键性的层面。值得指出的是,儒家学者虽然几乎没有以圣人自许者,但儒家修身养性的目标却是"内圣外王"。而"内圣"的基本功夫也可说是学做君子的功夫,在这个意义上,儒家的"内圣"的概念包含了对君子人格理想的追求。孔子指出,君子的人格境界、修养进路和行为准则是:"志于道,据于德,依于仁,游于艺。"(《论语·述而》)"君子义以为质,礼以行之,逊以出之,信以成之。"(《论语·卫灵公》)

考察屈原的人格,不仅具备了君子人格,而且以圣贤人格为追求。屈原在传统评价中向有所谓"中正人格"。姜亮夫认为"凡不为曲说、诡行、诈伪者,其人必中正,此正屈子之人格也"【3】，似乎屈原的"中正人格"与孔孟的人格理想是有相通之处的。孔子曰："不得中行而与之，必也狂狷乎！狂者进取，狷者有所不为也。"（《论语·子路篇》）对此，孟子议论曰："孔子不得中道而与之，必也狂狷乎？狂者进取，狷者有所不为也。孔子岂不欲中道哉，不可必得，故思其次。"（《孟子–尽心下》）在孔孟人格理想中，"中庸"为上，"狂狷"次之，"乡愿"最下。实际上，屈原乃"楚狂人"，他的人格和先秦君子人格有着更深的血缘联系。

"君子"一词最早出现于西周，原指世袭贵族，后来在《论语》中出现了106次，不再指贵族，而泛指有道德的人。同时，缺乏道德的人被称为"小人"。屈原出身贵族，以贵族自居，也因贵族身份而自恋，更因贵族的身份而焦虑，这也格外强化了他的"君子意识"。他不仅把高贵的"君子"出身作为"内美"的一部分反复强调，而且把它转换成自己强烈的社会责任感和昂扬的自信心，尤其把培养"君子人格"当作其人生理想和价值目标。"朝饮木兰之坠露，夕餐秋菊之落英"（《离骚》），坚持"内美修能"，追求精神的完满和品质，把崇高的精神价值视为立命之本。也正因为如此，他"孤高"、"高寒"。相对于先秦"时俗"中大多数的"士"，显得那么孤独凄凉。他不汲汲于功名富贵，也不高蹈出世，也不朝秦暮楚、楚材晋用，更不坐而论道、退而著述，而是切实地参与楚国的政治活动，真诚地涵养自己的"君子人格"。

然而，当屈原遭遇人生困境之时，君子人格并没有安顿他的灵魂。反而使他陷入更深的精神痛苦中。原因何在呢？

"君子人格"在儒家法典里是无所不能的，尤其君子道德的自足性是儒家学说的基本内涵。无论是政治社会问题还是自然世界问题，都可以由君子道德来解决。公正的社会秩序（美政）可以仰赖君子人格来确立，由此有"吾非斯人之徒与而谁与！天下有道，丘不与易也"（《论语·微子》）的从政担当；自然世界的秩序奥秘也靠君子人格的修养来把握，所谓"参赞化育"，"与天地参"的内圣精神；受儒学精神熏染的士都有君子意志的自足和广大感，参天立地，居天下之广居："万物皆备于我，反身而诚，乐莫大焉"（《孟子·尽心上》）；……只要君子人格注重自身的修养，不仅本心可以自足，而且可以与历史社会和自然宇宙融为一体。……君子人格之所以意志自足，乃因为君子人格内在地具有天道的价值蕴含。【4】屈原青年时就以为，君子并不是空洞抽象的个体意志和道德良心，它"重仁习义"，与天地同，所以才"定心广志"，无所不能。正因为如此，身遭放逐之后，他仍然不忘夙志，"苟余心之端直兮，虽僻远其何伤"（《涉江》）；"苟余情其信娉以练要兮，长颇颔亦何伤"（《离骚》）。而儒家之所以高度弘扬君子人格，是因为在儒家那里君子人格与"天"是同一的，也就是说，儒家的"天"是无能的'，才要求人无所不能，或者说君子人格是无所不能的，所以根本不需要天。可见，君子人格的自足意志肯定需要绝对可靠的价值本源，否则君子人格的自足意志的施展起码在逻辑上不能避免陷入恶。

可事实是：儒家学说中根本没有超验的价值根据。儒家学说以礼法秩序进而以君王和国家意志为君子人格的规范。显然不是以绝对的超验正义为依据，而是以王道法则和现世的相对价值互为依据的。那么，既然没有超验的价值根据，我们就要问：君子人格何来如此全能的权力和功能呢？仅仅修养君子人格，就可以解决一切问题吗？世界人间的秩序真是由君子人格建立起来的吗？无疑，屈原的"天问"也是基于这样的悖论之上的质疑，也是他陷入精神困境的原因。

屈原原本是儒家的信徒，坚信君子人格的意志自足和无所不能，但他撞上了"国家历史形态"的墙，铁一般现实的楚国政治生态将他的信仰活活地撕裂，屈原自杀了。屈原的自杀透露了儒家学说本身的内在缺陷：即欠缺绝对超验的"天"（或上帝）的存在。如果我们关注屈原的"天问"，会发现其中充满着寻求终极根据的"超验之问"。因为他对一直以来信奉的价值理想产生了怀疑，对自己一直确信不疑的"王道"信念的终极根据产生了怀疑。他的向天而问是对"一切历史中的价值根据的质问"，无疑，屈原的"天问"是一次精神冒险。它既是对自己信念的反叛，同时又是超越自我意识的困境、重新构建自己的确信，从而寻求一个新的意义世界的"家园"追寻。他向天而问的姿态，"问天"的思路以及所问问题的终极性质，都表明了他在现实世界意义沦丧之后向神圣世界寻求根据、寻求意义的形而上的冲动，这也是他建构神话世界的逻辑前提。

但是，屈原作为接受了儒家精神的政治家，在人格抱负遭受阻滞时，应该质疑的是自己所信奉的君子人格的充盈和权能，而不应该是"天"（上帝）。既然儒家的君子人格由于自身的自足万德的心性而回绝了一个超越的"天"，屈原有什么理由问天呢？显然，屈原对君子人格产生了怀疑，而要寻求一个更高的精神寄托——"天"。儒家学说中并非没有"天"，但儒家的"天"不同于基督教的"天"。儒家的"天"是与人同一的，所谓"天人合德"，人可以受命于"天"而自居为天命，进而像"天"一样有主宰一切的能力。个体可以与"天"同一，可以本心自足，一切明德不待外求。可见。在这里"天"的价值蕴涵仍居于人。而在基督教中，个体身位要达到"天"（上帝）的身位是难以想象的，人与上帝最终不可同一，人只能回到上帝身边，而不是取上帝而代之。儒学中对"天"的观念在价值语态上几乎等于零，无论如何人难以相信君子可以"替天行道"。屈原在遭受困境之时，不仅不能"替天行道"，甚至连自身的心灵都难以抚慰，于是对君子人格的权能开始怀疑。屈原对君子人格的质疑，对他而言是致命的，加之前文所讨论的屈原众醉独醒的精神孤独，为世间的一切存在寻求价值依据而不得的"意义"危机，"问天"而"天"不在的思无所依，问无所答，以及"理想"社会可望而不可即的沉痛与绝望，无疑都是诗人对人类终极意义及其价值信仰的追问与失落，也是最终把他逼向绝境的深层原因。

（二）"祛魅"之后：屈原的"无路可走"

我们知道，雅斯贝斯所说的"轴心时代"的哲学家及其思想为他们之后的人类确立了精神方向，并为人类历史的发展提供了精神动力。当时，分散在世界各地的几个主要文明区域普遍掀起了一场文化创建运动，这种文化创建的突出成就，就是各种成熟哲学思想的涌现，它构成了人类文明史上的一个奇迹。各主要区域的文化传统由此开始形成，而在这之后各文化区域内不断进行的各种规模的、各种名义的文化复兴运动都一次次地把目光投向这个轴心时代，并且以此来校正历史的方向。

事实上，哲学思想是理性精神的集中体现，因此，这一次的哲学突进在一定程度上可以理解为理性文明对原始文化的全面清算并从此独立。不是说前轴心时代缺乏理性文明，也许在轴心时代之前就经历了由原始文化向理性文化的种种自然或艰难的过渡，但渐变积累到轴心时代，就出现了一个明显的质变的状态。它是一种挣脱和超越，是理性文明对原始文化的全面胜利。无疑，对于文化史来说，轴心时代所建立的新文化典范有着重大意义。但在这一变革过程中的文化选择和重建，对未来中国的文化建设与发展意义重大，同时也是意味深长。

中国在夏商时期还是一种以原始宗教为主体的文化形态．直到周公制礼作乐开始揭举了文化革新的大旗。商代人的神和天命是一种神秘力量，但它可以通过祭祀、巫术手段对其加以控制或引导。而周公时代虽然也讲神和天命，但这时的神和天命已不再是神秘而随意的了，它们都遵循着"德"的铁律，神意、天命体现为德性铁律的执行者，也就是说，宇宙间的最高准则不是那不可知的神秘性，而是体现为个体克制和人际和谐关系的德性。天神和德性的结合，意味着德性被赋予了终极意义，而德作为一种价值标准，是可以理解的，也是可以被反思的。理性由此确立。而孔子出现后，进一步剥去披在德性身上的原始宗教的外衣，排除其神和天命的因素，使理性文化更加纯粹。他以"仁"取代了"德"，并且强调"仁"是社会个体的内在自觉，它无须借助神和天命的力量。而是植根于个体内心的主观意愿。孔子建立的一整套德性理性，完全抛弃了神的关怀，和原始宗教彻底割断了联系。

由周公到孔子，中国传统文化的基础被牢固地奠定了。它的核心就是儒家思想。儒家文化由于主动抛弃了宗教神性的关怀，也就是经历了一个自觉而彻底的"祛除巫魅"（马克斯·韦伯语）的过程，儒家文化在本质上就成为一种实践性的、理性化的文化，也就是李泽厚所说的"实用理性"文化。

"祛除巫魅"是理性化的一个必然过程。但这一过程在世界各地文化的发展史上所表现的程度是不一样的。西方、印度在脱离了原始文化以后，它的宗教精神仍然在一个相当长的时间内被继承并得以发展，集中体现在基督教、印度教（此后是佛教）之中。相对而言，儒家文化对宗教精神的排除是相当彻底的，这虽然有利于理性文明的顺利建立和发展，但是儒家文化本身却为此付出了相当大的代价，它使得人们失去了可以安顿心灵的精神家园。

人甫一出生就要面临永远无法解决的生存困境，如佛教所说的"八苦"，其中生老病死乃是最根本的"四苦"，任谁都无法逃脱的。此外，每个人都可能会面临贫困、孤独、变故、灾难，被种种的痛苦与绝望情绪所折磨，常常会感到人类的渺小和无助，这一切理性文明的发展是不能从根本上解决的，而是需要神话、巫术等在内的具有宗教性的活动来做出解释和聊以安抚。正如马林诺夫斯基说："一切的本能与情结，以及一切的实际活动，都会使人碰壁，以致他在知识上的缺憾以及粗始的观察力上的限制，都使知识在这一发千钧的时候叛变了他。……巫术就这样供给原始人一些现成的仪式行为与信仰，一件具体而实用的心理工具，使人渡过一切重要业务或迫急关头所有的危险缺口。"【5】也就是说理性文明的发展，不能从根本上排除人们在现实生活中的挫折感、孤独感，而儒家文化却硬是开出了这样的药方：它要人们接受"君子固穷"这一事实，但却得不到对这一事实的解释；它要人们相信"此岸即彼岸，内在即超越，中庸即高明"【6】，要乐天知命，依靠道德实践和涵养功夫来消除现世的焦虑；它让人没有外在的依托，只能反身求诸己。这种内在超越的途径要求有超出常人的极坚韧的毅力，要求以高深的涵养功夫作为前提。因此，它不光是"对依从'小传统'（宗教信仰）的人民大众来说，恐怕陈义过高，难以被接受"【7】，就是对一般的儒家知识分子，它的超越也是很困难的。换句话说，儒家文化由于彻底抛弃了原始宗教而失去了原始宗教中的超脱功能，对一般人而言，它只能是一种政治、伦理文化，使人们失去了神圣感和皈依感。正是由于对神圣、信仰的割断，使得宗教意识未能在中国主流文化中生根。

儒家文化为了要全面而尽快地实行"理性化"过程，无情而彻底地进行了"祛除巫魅"，但它在选择时忘了给社会个体留下些什么。古老的宗教传统，它在形式上似乎仍被儒家文化保留着，但它却受到了根本的改造：从一种终极的归宿、关怀，变成一种既定社会秩序的维护者、监督者，人们从天神或祖神身上所感受到的只是责任和义务。正如马克斯·韦伯所说：

中国的宗教，不管它是巫术性或祭典性的，就其意义而言是面向今世的。中国宗教的这一特点较诸其他宗教都要远为强烈和更具原则性。除了本来的崇拜伟神巨灵的国家祭典之外，各种的祭礼尤其受到推崇。……由于缺乏任何的来世论和任何的拯救学说，或者缺乏任何对超验的价值与命运的思索，国家的宗教政策依然保持着简单的形式。……在官方祭典里，几乎所有的迷狂、禁欲与冥思，都不存在，这些都被认为是无秩序与非理性的兴奋成分，这是官吏们的理性主义所无法容忍的，就像罗马官僚贵族眼里的酒神祭典那样地具有危险性。当然，官方的儒教并没有西方意义的那种个人的祈祷，而只有礼仪规范。【8】

也就是说，所谓的"儒教"根本就不是一种宗教。因为儒家消除了宗教最为根本的东西——"彼岸"世界和个人的拯救. 所以"儒教"只徒具宗教的形式，而不具备宗教的功能。这可以看作是"祛魅"的成功，但却显出了急功近利的弱点；它虽然有效地推动了文化的变革，但却不得不为此付出巨大的代价，那就是剥夺了人类应有的获得精神关怀的权利，越是一个有社会责任感的人就越容易变为一个栖栖惶惶、无家可归的"丧家之犬"（《论语》）。

儒家文化培育起来的政治家屈原也面临着这种栖栖惶惶的无家可归和"无路可走"。不是说只要有了君子人格就可能成为圣贤吗？屈原难道不具备君子人格吗？显然不是。正如刘小枫所言，如果屈原不是君子，中国历史上就没人敢称是君子了。那么，屈原为何竟至于"无路可走"呢？

雅斯贝斯有一个著名的论断：基督教取消悲剧性。雅氏的论证是：绝对的悲剧性在于人生不幸的不可消除性和价值冲突的不可调和性，即"无出路"和"失败"，而基督教以"救赎"的神圣许诺解除了不幸，以"末日审判"的神圣许诺平息了价值争吵。它将不幸和价值争吵变为一种暂时的考验，变为一种见证神圣力量的对立面。在终极的意义上不幸将被克服，争吵将被平息，出路是有的。正义的胜利就在前头，就此而言，基督教取消了悲剧性。【9】而屈原的精神困境正是来自于儒家的精神困境，即"人生不幸的不可消除性和价值冲突的不可调和性"，无论在现实层面，还是终极意义上，儒家都不能解答人的与生俱来的生的痛苦与死的恐惧，这就使得深陷人生困境和精神困境中的屈原在儒家自身的理论中无法找到出路。

或者屈原原本应该有其他出路的。曾几何时，"儒道互补"为中国传统的知识分子提供了一条充满逸情的出路——道家的逍遥。儒家是从生命意志出发引出的道德途径——现世承担。道家从生命意志出发引出审美途径——逍遥于世。儒道互补也许是君子的自救之路。虽然儒道互补的连接点依然是儒家的个体人格的自足万德：不假乎外而足乎内。但它却有现实的有效性，尽管它消弭了坚持和担当。当在历史王道的路上受阻，走向逍遥便是另一种个体人格的自我实现。一旦懂得儒道互补的秘密，屈原的困境也许就会消除了。道家的信念给困境中的君子带来新生——因此屈原以后，鲜有儒家的诗人自杀。但不知为什么屈原没有走上道家的解脱之路，他的灵魂注定要遭受信念的放逐。

由于诗人的现实困境使他突然跌入精神困境，使他开始质疑以往奉若神明的价值理想，旧的意义世界的沦丧不得不牵引诗人寻求新的意义世界，而他所成长的文化母体以及创作者本人的人格倾向等，又自然地引导他向着神性世界寻求意义。于是，诗人在天地之间神游，开始了上天入地的精神探索。

二、求神之路：屈原的宗教情怀

我们知道，所有宗教的终极目的都是对"家园"的追寻，也许屈原并非纯粹的宗教人士，楚辞也未必具有宗教意图，但屈原与楚辞却都显示出了深刻而又强烈的宗教精神。即对"家园"的追寻以及终极关怀。这种宗教精神来自于屈原个人的人格面貌，也与楚文化中体现出的独有的精神取向息息相关。

正如前文所讨论的，屈原的人格面貌中，既蕴含着理性因素，又洋溢着宗教精神，这种人格的双基构成主要是"神（内美）"与"圣（修能）"两种文化因子并存互渗、相摩相荡的结果。而屈原的"神"性人格主要体现为宗教性。现代心理学认为，宗教是人的一种深层的心理期待与精神渴望，或者说是人的一种超越性需求，人本质上就有宗教向度。马斯洛认为具有"超越性需要"的人往往是更深刻的"宗教信仰者"或"超越世俗的圣人"，其高峰体验和其他超越性体验实际上也应看成是"宗教的或神圣的"体验。【10】纯粹的宗教思维实际上是一种认真严肃的本体思考，是追本溯源的形而上学，是人面对大千世界，面对浩瀚宇宙，面对现实人生，力求从根本上把握人与世界的一种心灵远游，一种精神超越。无疑，屈原的人格中是具有一种深刻的宗教情结的。这除了沅湘地域原始神秘的巫祭文化在他心灵培植的宗教土壤外，更在于他灵魂深处的"自性原型"规定了他对神圣价值的超越性需求。

当然，作为诗人，屈原具有与生俱来的诗人本质，即对世俗的超越性。海德格尔认为诗人具有一种至高无上的神性，因此在神性逃遁的时代，人类只有倾听诗人的吟咏，才能走向诗意栖居的精神家园。他说，特别是哲学家要自觉聆听诗人的述说，并要进一步阐发、传达诗人的述说。这是因为只有诗人才能向人们传达神性的消息和神的问候，指引人们返归故乡的路径。【11】显然，在神性缺乏的中国文化里倾听屈原的吟哦与召唤，其意义颇为深远。这不仅是因为诗人屈原曾经抚慰了多少"无家可归"的中国文人，还因为屈赋的文本是中国文学史上少有的走向神圣的文本，其中所描写的大多是一个超越性的神的世界，而不像《诗经》，作者热衷表现的是一个现实的世俗世界。显而易见，屈原对神及神圣空间的形象和主

题有着浓厚的兴趣并予以强烈的关注，而其根基正在于屈原对世俗世界的超越性兴趣。它代表着这样一种趋向：寻找神圣和越超现实的存在，以建构自己异于世俗的精神家园。如屈赋中的"神游"意象，就正是这种从世俗的纷扰世界向纯精神的神圣世界升华，意图寻求一种纯粹精神性的神圣的存在方式的表征：而屈赋中的"人神之恋"，更是屈原在对神的"企慕情境"中达成的一种人格上的理想，境界上的神圣。正是这种对神圣世界的丰富性、神秘性和纯洁性的追寻，使得屈赋从超越的力量获得了自己的价值体系。

（一）神游昆仑：寻绎深层记忆中的神圣家园

求圣不能解决屈原的精神困惑，他只能寻求更高层次的精神超越——登天求神。楚辞中多次写到抒情主人公上天入地的"神游"意象，其中隐含的意义不一而足，但其核心意义是，诗人屈原在现实的生存困境和精神困境中升华出的一种超越性的价值追求。是神圣层面上的精神家园的追寻。登天求神、长天神游的意象，我们可以从《离骚》《九章》《招魂》等篇章中见其面貌。而耐人寻味的是，诗人神游的目的地常常是在一个被认为是通天绝地的神秘之地——昆仑，而且其他多次游历亦大多围绕昆仑进行。尤其是《离骚》中的三次飞行，其场面之隆重，意义之深远，非其他"飞升"场景所能比。其三次飞行的方向都是西行，

和太阳的行程相似——这位"光明诗人"似乎在有意模拟太阳的行程。而且三次飞行中两度神游昆仑，其中隐含着作者回归神圣祖先的返本情结【12】，以及寻绎和期待神圣性精神家园的宗教情怀。

正如前文所讨论的，屈原所成长的文化母体与原始宗教之间的密切关系使他天然地倾向于宗教，与宗教存有一种先在而又深度的亲和关系，但我们也不能忽视屈原毕竟是儒家思想培养起来的知识分子，实用理性思想对他的影响不可小视。从屈原的生平事迹我们似乎可以品到一种"突然跌入"的皈依味道。也就是说早期仕途顺达时并未见屈原与宗教的深度关系，直到被怀王"怒而疏"，贬官直至"放流"后，他与宗教与神性世界的关系才渐次明晰起来。令人疑惑的是，一向关注现实政治的屈原何以如此轻松地进入一个神的世界呢？有人甚至据《离骚》的"神游"情节说他只是一个"跪而向天的祈告者"，并由此推断说，这可以解释"天问"为什么只问而不答【13】。果真如此的话，它能解释的可不只这些。它最能解释的恐怕还是，理性文化培养起来的屈原之所以如此轻松自如地进入一个神的世界，是因为他的世界里本来就有一个熟悉的"神"的世界存在，一旦遭遇困境，就自然地到那里寻求寄托。以《离骚》中的三次飞升为例，诗人第一次神游昆仑是在上文所述的现实之路被堵塞之后，在下文"另辟神境"，然后在神的世界里开始了绚丽多彩的神话隐喻性的精神求索历程：

跪敷衽以陈辞兮，耿吾得此中正。驷玉虬以乘鹥兮，溘埃风余上征。朝发轫于苍梧兮，夕余至乎县圃。欲少留此灵琐兮，日忽忽其将暮。吾令羲和弭节兮，望崦嵫而勿迫。路曼曼其修远兮，吾将上下而求索。（《离骚》）

我们知道，中国历史的邃古开端，是与神话相对接、相混合的，即便帝舜、鲧、禹，也处在半是神话、半是历史的迷离状态。这就给中国诗史开端期的诗人提供了莫大方便。使之出入于历史和神话而无碍，转换在人与神之间而自如。【14】正如朱熹所言："跪而敷衽，以陈如上之词于舜，而耿然自觉，吾心已得此中正之道，上与天通，无所间隔，所以埃风忽起，而余遂乘龙跨风以上征也。"（《楚辞集注》）就在诗人在历史的隧道中向帝舜错综陈词，疏通古今之变、穷究天人之际之时，迷离恍惚间"耿然自觉"，冥冥间打通了一条"与天通"的"中正之道"，使人忽然间从揽蕙掩泣、哀伤不遇的生存境遇中超越了出来，驾龙乘风，御风而起，开始了精神上的逍遥游。如果说，诗人的自然形态的精神家园存在于兰皋椒丘、荷衣莲裳之中，那么他的神话形态的精神家园，则存在于昆仑神话系统中。诗人的心理状态究竟是什么样的情形呢？朝发苍梧，夕至悬圃，诗人走的是一条由帝舜到天帝、由历史到神话的寻根路程。而朝发夕至的所在"悬圃"即为昆仑。"昆仑，山名也，在西北，元气所出也。其巅曰悬圃，乃上通于天也。"（王逸注）很多典籍也谈昆仑与"悬圃"的关系。《淮南子·地形训》曰："昆仑之丘，或上倍之，是谓凉风之山，登之而不死。或上倍之，是谓悬圃，登之乃灵，能使风雨。或上倍之，乃维上天，登之乃神，是谓太帝之居。"《水经注》也说，昆仑山有三级：下曰樊桐，一名板松；二曰玄圃，一名同风；三曰层城，一名天庭。是为太帝之居。"可见，悬圃是昆仑之巅，是登天的必经之路，也是光明或太阳止息盘桓之地。因此，神话昆仑作为"天帝"在地上的行宫，是众神居住游乐的神地，也是先民们最为向往的理想乐园。【15】

诗人在《离骚》里数度提及昆仑，除明言"昆仑"外，尚有"县圃"、"白水""阆风"等亦在昆仑，其他相关游历，亦多围绕着此地。姜亮夫认为："从《离骚》整篇观之，曾言及县圃，阆风，西极，流沙，赤水，不周，西海等，此皆环绕昆仑之高峰，大水，灵地，奇境，则屈子之憧憬于昆仑者，极其频繁而深切。"解释此一现象是因为"楚之先，颛顼之生死嫔娶之地，亦即楚民族发祥地也。故每当万事瓦裂之际，无可奈何之时，必以昆仑为依归。"【16】昆仑既然是楚人神祖颛顼的生死嫔娶之地，楚祖的发祥地，自然也就是屈原的精神故园，是诗人失意时的慰藉所在，追寻昆仑就是"回归原生处所"。在很多神话资料里，昆仑之巅"上通于天"，是"大帝所居"之"天庭"。甚至"昆仑在某种意义上还有'天'的含义，所以昆仑山实际上也可以叫作天山。"【17】我们知道太阳神是屈原的神圣性精神祖先，所以，诗人飞行的最终目的是——上天。因为"天"正是太阳神的"神居"所在。但诗人想要登天回归并非易事，从悬圃到帝居之天庭，尚需"路曼曼其修远兮，吾将上下而求索"的精神历程：

饮余马于咸池兮，总余辔乎扶桑。折若木以拂日兮，聊逍遥以相羊。前望舒使先驱兮，后飞廉使奔属。鸾皇为余先戒兮，雷师告余以未具。吾令凤鸟飞腾兮，继之以日夜。飘风屯其相离兮，帅云霓而来御。纷总总其离合兮，斑陆离其上下。吾令帝阍开关兮，倚阊阖而望予。时暧暧其将罢兮，结幽兰而延伫。世溷浊而不分兮，好蔽美而嫉妒。（《离骚》）

在天马行空式的精神求索历程中，诗人时而令羲和挂鞭止轮，在日落之山盘桓稍息；时而命龙马在太阳沐浴的咸池饮水徜徉，把缰绳系在太阳升起的扶桑树上；在黄昏时分，又在昆仑西极处折下若木为运行一日的太阳拂去扑扑风尘。这里诗人营造了一种人与太阳的亲密温馨的关系：诗人乘着神骏与太阳结伴同行，在太阳沐浴和逗留之处，饮马、总辔、为之拂尘，逍遥自在，情同手足。《山海经》记载帝俊之妻羲和"生十日"，又记载"帝俊有子八人，是始为歌舞"，屈原在这里如此强化神话中太阳与人之间的人伦亲情原型，很自然让我们联想到诗人自认为"太阳神"之精神后裔这层关系。似乎诗人时时处处都在强调自己的神圣出处，已经有了情结的味道。

这之后，诗人调动了各路神灵为自己的登天之行做准备：命月神御者望舒在前开路导航，令风伯飞廉在后奔走相随；让鸾凤充当前卫，使雷神准备行装，多么隆重的出行啊！加之旋风相随，云霓相迎，更使出行形成"纷总总其离合兮，斑陆离其上下"之盛况。

屈原之神游是如此之浪漫而壮丽，既有驱鬼遣神、睥睨天地之气势，又有乘凤驭龙、天马行空之自如！这当然得之于诗人超常的神话思维，也得之于诗人天才的诗意想象。当然，这一切并非无意义的胡思乱想，它是有着逻辑前提的，也就是说，若非诗人不自认"日月华胄、高阳苗裔，得天地之正气，秉仙凡之内美"，就不会有如此之神圣世界。

诗人费尽心力从悬圃到天庭，目的是求见天帝，然而，帝关九重，天门难进。"光明"不见，上帝未逢。这第一次声势浩大的飞行痛苦地失败了，原因仅仅是"吾令帝阍开关兮，倚阊阖而望予"。千辛万苦又如此重要的飞行仅仅因为平庸的帝阍倚天门一望而告失败，其中的荒诞感令人沉思。诗人在前越是渲染这次飞行的宏大声势，越是衬托出结局的卑微荒谬。这何尝不是诗人现实中的切肤之痛呢？试想，屈原，一楚国的栋梁之材，"出则应对诸侯，入则发号施令"，对楚国的贡献以及在楚国的作用何其之大，却仅仅因为"夺稿"事件，顷刻间沦为楚国的罪人而远贬蛮荒之地，其背后到底是什么样的潜规则在起作用？到底这人世间有没有恒定的价值标准呢？这是诗人心底永远抹杀不掉的心结，因此，诗人在飞升天宇途中，心绪突然联想到人间，这才有了后面貌似唐突的一句："世溷浊而不分兮，好蔽美而嫉妒。"天路的蔽塞和精神探索的受挫，使诗人在神话世界中窥见到人间世界的阴影，一样蔽美嫉妒，溷浊不堪。但诗人终极目的依然故我，于是调整心绪，准备第二次飞行。

这次飞行中的重要情节就是"求女"。这个"女"到底是谁呢？历来研究者有多种说法："玉女"说；"怀王"说（因为屈原向以"美人"喻君）；或说下界之女。神话隐喻具有多义性，无须如此做实。前人多把这种精神历程比附楚国政治现实，或把昆仑悬圃之行说成是求知于楚君，而把多方求女说成是寻找可通君侧之人。其实，正如杨义先生所言，我们何不把前者说成是追求精神上的终极关怀，探索天地之道，后者是寻找理智情感上的相通相悦者呢？甚至约而言之，前者重在求真，后者重在求美。总之，正是由于神话的隐喻多义性，《离骚》才具有经得起多重解读的魅力。但无论怎样解读，三次求女的结局都以失败告终，从中我们不难发现屈原在人格上自我神圣化的倾向。楚辞中塑造出的屈原是一个高大峻洁的形象，他的一切都是美的、善的。历史上的人物，除了那些明君圣哲之外，几乎都不入他的法眼。因自认完美，也要求外在于自己的一切都完美。所以我们才会看到在"求女"的过程中，因为要求"女"的完美，他无法容忍宓妃的无礼；因为要求过程的完美，他对无媒的求合难以苟同。由于三求"下女"的环节中都有缺陷，有不完美的因素存在，因而他宁愿放弃。这是屈原在人格上自我神圣化的又一明证。

求女不得之后诗人仍想要返回昆仑，开始第三次飞行。这一次是决定命运的一次飞行，它关乎诗人生命与精神的未来走向，不可轻视，所以，一场求神问卜不可缺少。在《离骚》"另辟神境"中，诗人通过灵氛巫咸之占，在与神进行了深层沟通后开始了最后一次轰轰烈烈的飞行：

遵吾道夫昆仑兮，路修远以周流。扬云霓之晻蔼兮，鸣玉鸾之啾啾。朝发轫于天津兮，夕余至乎西极。凤皇翼其承旗兮，高翱翔之翼翼。忽吾行此流沙兮，遵赤水而容与。麾蛟龙使梁津兮，诏西皇使涉予。路修远以多艰兮，腾众车使径待。路不周以左转兮，指西海以为期。屯余车其千乘兮，齐玉轪而并驰。驾八龙之婉婉兮，载云旗之委蛇。抑志而弭节兮，神高驰之邈邈。奏《九歌》而舞《韶》兮，聊假日以偷乐。

这组诗句是诗人在求女失败后，从灵氛之占，决定"远逝以自疏"时的旅程描述。诗人在神话思维的引导下，进入了一个绚丽夺目、异彩纷呈的神圣世界。这次神游因为有至高无上的天意神旨，灵氛、巫咸的耐心劝解，百神众仙的关爱呵护，以及第一次神游中极其深刻的认识与体悟，因而流露出一种中和、愉悦、迂缓、昂扬的心态基调。

第三次飞行是从"天津"开始，去往"西海"。诗人的目的地，大概都在昆仑。除了明指昆仑之名外，"西海"也应指昆仑。朱琦《文选集释》云："据《大荒西经》，屡言西海，曰'西海之外，大荒之中，有方山。'曰'西海陼中有神，人面鸟身。'至其后文云：'西海之南，流沙之滨，赤水之后，黑水之前，有大山，名曰昆仑之邱。'正与此处上文由昆仑，行流沙，遵赤水合。"综观文义及本次寻游浓厚的神话色彩，朱琦的考释至为允当。昆仑在古传说中为仙乡神境之所在，诗人受挫于现实，欲求具有美好特质之永恒，其向着昆仑仙乡神境前进，动机不难理解。只是这个仙乡神境绝非轻易可致，诗人自称"路修远以周流"，不但遥远，而且回复，隐约透露出无力到达的感慨。底下又接着说"路修远以多艰兮"。则明确点出旅途困顿的实情。而"指西海以为期"一句，"期"字本来就是不确定的愿望与等待；"指"则亦可看作企求、希望之语，常有"指望"之说。既然"指"、"期"都带着明显的企求义，其中固然令人体会其追寻仙乡神境的急切，却也让读者强烈感受到昆仑对于诗人而言，只是一个空泛的期望，并非必然可至，甚至可能是永远无法到达的幻境。果然，正当诗人飞龙驾车，云霓扬旗，凤凰先导，过流沙，渡赤水，越不周，精神达到最大的自由、放纵和欢欣之时，"忽临睨夫旧乡"，于是局面完全改观，一切的欢欣与自由戛然而止，代之而来的是悲苦与无奈："仆夫悲余马怀兮，蜷局顾而不行。"

那回眸一望仿佛是诗人的宿命。诗人扬世俗而远游，实际上已经具备了追寻神境仙界（神圣世界）的意义。神圣世界是早已存在的，在过往的神话传说中它确实存在，所以寻绎过去的深层记忆，就会领受到神圣的光芒，不过前提是必须弃俗而远离。遗憾的是，诗人最后并没有成功，在即将远离的刹那，他瞥眼望见故宇，这一回头宛若浸灭了肩上的三昧真火，使其最后的决心化为永恒的失落。

三次"神游"都以失败告终，其中充满着"追寻"与"回归"的意涵。诗人要追寻的是神圣世界（神境仙界），但那已经是曾经失落的永恒。所以，"神游"与其说是追寻未来，不如说是回归象征永恒的过往。诗人努力想要寻绎深层记忆中的"家园"，或许是坚信着那是曾经的存在，但却正暴露出眼前困厄难耐的窘状，以及"神境"根本不再的觉醒。而就在这追寻与回归之间，便是诗人的两头都够不着的状态。这种现象颇接近于民俗学上"过渡礼仪"的第二阶段，特纳称之为"局限人"时期。由于与原状态分离后，尚未能到达人生的新状态，"局限时期"便显得模糊而彷徨，既不能回头，前程又渺茫难测，自身于是陷入边缘化的无可无不可状态。《离骚》中的诗人决意离开世俗，追寻心中的乐土，但故国一再地在回忆中召唤，乐园又飘杳无迹，他不断寻游，其实正说明内心的彷徨与挣扎。但时光悠悠，却迫使他无法停歇，若不能超越困境，其美好的特质将永远陨灭，同时也象征着永恒的乐土也许根本不在。昆仑的追寻，便具有这样的深义【18】。

尽管三次神游最终都以失败告终，但诗人曾经的精神探索与家园追寻并非毫无意义，至少为后来的中国文人留存了一方温馨的灵魂栖息之所。

（二）人神之恋：企慕情境中的"不遇"之悲

由于屈原所成长的文化母体以及与宗教职事的关系，使他与原始宗教之间存有一种先在而又深度的亲和关系，在情感上天然地趋同于宗教信仰，希冀从中获得安慰和救助；同时，也正是由于"信巫鬼，重淫祀"（《汉书·地理志》）的原始宗教氛围的熏染，使屈原们保有了人类童年的天真情怀和思维方式，使他们对神奇而又亲切的大自然抱有热情洋溢的探究欲望，对人类远古的神性世界充满着诗意的期待。尤其在"人神之恋"这样的神性意象中，我们无不感受到诗人灵魂深处的虔敬祈祷，具有人生终极意义的精神探索，以及超越世俗的浪漫情怀。

在屈原笔下，人与神的爱情故事不断地上演，甚至到了不厌其烦的程度。而这种"人神恋爱"的背后关涉的却是隐蔽的宗教仪式背景，是比理性精神更为遥远的以人祭神的文化传统。屈原借助"人神恋爱"这一文学模式创造出独特奇幻、深沉灵动的意象系统，把灵魂与笔触伸进遥远而隐秘的人类的远古记忆和"集体无意识"中，成了一个"用原始意象说话的人"（荣格语）。而且他笔下的"人神之恋"都有如出一辙的情节模式：追求——失落——拯救。因为毕竟人神道殊，其结局总是一个空相思后的无奈，因而几乎所有的"人神恋爱"，诗人都把它置于一种虽不可得而心向往之的"企慕情境"中。"企慕情境"这一诗学主张是由钱钟书先生在《管锥编·毛诗正义》提出的，它是一种文艺心理学上所说的"距离怅惘"，企慕的对象若隐若现，若即若离，如同水中月，镜里花，可望而不可求。尽管明知不可求，却又无法泯灭心之所往、情之所至，仍然一味寻求。这是一种"向"而不能"往"、"求"而不可"得"的企愿，是一种只可心仪，不可身及的悲剧情境。显然，"人神恋爱"，或者说世俗对神圣的向往，更容易表现为这种企慕的心境和状态。如《九歌》与《离骚》中的"人神恋爱"，都是以热烈的追求始，以哀婉的失落终。无论是《离骚》中对女神的追求，还是《九歌》中对天地神灵的祭祀，其悲剧的结局折射着诗人的心境，即对神圣世界的企慕以及企慕不成的失落与悲哀。

以《九歌》为例，《云中君》《湘君》《湘夫人》《大司命》《少司命》《东君》《河伯》《山鬼》八篇都包含一组追求者和被追求者，其中充满着对追求者的仰慕与企盼。而企慕追求的结果又都是徒劳而无望的，充满悲剧性。其中《湘君》《湘夫人》《山鬼》是"人神之恋"或"神神之恋"中企慕情境最典型的作品。这几首诗在内容上的共同特点是：选取了情人约会这一特定的情节场景,来展示刻骨相思却会合无缘,执着追求然终不能一见的爱情悲剧。如《湘夫人》写一位人间男子寻觅、恋慕湘夫人(女神),《湘君》写湘夫人寻觅、恋慕湘君(男神),《山鬼》写一位人间女子寻觅、恋慕山鬼(男性鬼神),此三篇中都有典型的企慕情境,诗人将其表现得痴迷、激越、幽婉而绮丽,充满着刻骨的相思迷恋,以及相聚无缘的悲哀无奈。除外,《九歌》中的其他作品,也有人与神之间的企慕爱恋的情境以及恋而不得的失落怅惘。朱熹在《楚辞集注》说,《九歌》诸篇,"皆以事神不答而不能忘其忠敬。比事君不合而不能忘其忠赤"。像这样坐实自然不很恰当。然而事神而"不见答",的确是《九歌》组诗的根本特质。由此可知,《九歌》并非单纯的祀神乐歌,而是诗人屈原的创作,否则,这样巫觋"事神而不答,临祭而神不来临"(钱穆语)的情境断不会出现在祭祀活动中,这不仅是对巫觋能力的否定,从根本上剥夺了他们赖以存在的信仰依据,对信众来说,也颇不吉祥。

那么"人神恋爱"这种结局多以"失落"告终的模式,其深层意义何在呢?显然,诗人借助着宗教神话的声音传达着一种普遍的"不遇"之悲。姜亮夫论《九歌》道:"即以十一篇论,则《东皇太一》飘然不言神貌,《云中》、《司命》,则神来而又忽去。《湘君》、《湘夫人》不使神临,空怀景行。其所以变化进退者,至缥缈无方,不单调、不重复、不直率,凡想象模拟,追思恍惚之情,热烈紧张、不可方物。"【19】可谓中肯。在屈原笔下,"人神恋爱"不表现为婚姻事实,而着重述写人与神缠绵悱恻的情意,望穿秋水、心神恍惚的相思与期盼,虽然常常"不遇",但它所营造的人神在"接"与"不接"之间的那种神秘氛围,那么天然地暗合着人类普遍的对神圣意象的企慕和向往,又那么熨帖地表达了一种超越性的终极关怀。以一种与神沟通的姿态表达着个体生命为虚弱的心灵、苦难的灵魂寻求精神家园的渴望。

卡西尔认为:"神话创作者的心灵是原型。而诗人的心灵……在本质上仍然是神话时代的心灵"【20】。作为诗人的屈原以神话思维搭建了一个充满隐喻与象征的世界,尽管由于它是来自人类深层而又遥远的记忆,必然先天地带有残破零散和不完整性,但我们依然可以从《九歌》《离骚》《天问》《九章》《远游》《招魂》等篇章中依稀辨认其神圣的面貌,以及诗人以神话思维和隐喻象征系统探寻意义世界和价值世界的一种"形而上"的冲动。当屈原被曾经当作价值理想而全情投入的政治中心忽然抛离之后,他顿悟到了自己曾经确信不疑的意义世界的荒谬与虚妄,陷入了意义缺失后的困惑与痛苦,他需要确信一个新的意义世界,以成为他活下去的理由。于是,他发出了为一切存在寻求价值根据的"超验之问",开始了上天入地的精神探索。几经周折的艰难探索后,他似乎找到了一个新的意义世界。这个"意义世界"就是诗人为其超越性的存在寻求到的一个充满光明的神圣性精神家园。在《九歌》等篇中,我们所看到的已然不是那个上下求索中的精神流浪者,而仿佛已经是一个神定气闲的精神皈依者,尽管由于诗人带有来自世俗世界的烟火色而常常造成与"神"交流的困难，但毕竟屈原曾经进入了这样一个神圣世界。无论他是作为一个神职人员进入的，还是作为一个诗人进入的，总之，这是屈原寻求的一个想要安顿灵魂的所在。无论这里是否安顿了他的灵魂，但它至少表明了诗人曾经的希冀和探索。

一个真正的文学作品，在它的最高陈义上，是和宗教相通的。雅斯贝斯就认为艺术可以代替宗教。因为宗教和艺术都是借助象征的方法，指出一个既是超凡脱俗的，又是更加真实的精神世界，一种永恒的存在。因此宗教和文学对于社会个体而言，都具有拯救的意义。屈原的神话世界就是"一个在理性世界迷失了故园的诗人自我拯救的产物"，他以其深邃的情感力量和意蕴丰厚的原始意象，为历代诗人们那一颗颗苦难而无依的心灵提供了栖息之所和精神家园，并以其温暖而宽敞的空间，收留了那些无家可归的精神浪子【21】。正是在这个意义上，屈原在中国文化史上，卓越而魅力独具。因为苦难的人类是如此渴望一个神圣性精神家园的抚慰，然而在屈原的时代这个"家园"已然远去。但屈原们通过种种的精神探索，期望寻求到一片心灵的栖息之所。尽管屈原探索的结果对他个人而言，最后也只是对神圣世界聊作期待而已，但对后世文人却给予了温暖的希望。

参考文献：

【1】"文本主义"是多义的，但其核心是指以人性、认得有限和认得利益为主题的任何哲学。本文所指是强调人的价值和尊严，把人看作万物的尺度。尤其是以强调经验自我，以人的首要性为特征的人本主义者。

【2】牟宗三：《中国哲学的特质》，上海古籍出版社，1997年，第26—27页。

【3】姜亮夫：《楚辞学论文集》，上海古籍出版社，1984年，第255—256页。

【4】参阅刘小枫：《拯救与逍遥》，上海三联书店，2001年，第87—93页。

【5】【英】马林诺夫斯基：《巫术科学宗教与神话》，中国民间文艺出版社。1987年，第77页。

【6】【7】傅伟勋：《从西方哲学到禅佛教》，上海三联书店，1989年，第468页。

【8】【德】马克斯·韦伯：《儒教与道教》，江苏人民出版社，1995年，第169—171页。

【9】参阅雅斯贝斯：《卡尔·雅斯贝斯文集》，青海人民出版社，2003年。

【10】【美】马斯洛：《自我实现的人》，北京三联书店，1987年，第69页。

【11】参阅刘小枫：《诗化哲学》，山东文艺出版社，1986年，第213—248页。

【12】李措吉：《太阳诗人的精神寻根·楚辞中的日神意象及其人类学解读》，《青海民族研究》，2010年第2期。

【13】参阅刘小枫：《拯救与逍遥》，三联书店，2001年，第95—135页。

【14】杨义：《楚辞诗学》，人民出版社，1998年，第96页。

【15】参阅赵宗福：《昆仑神话》，青海人民出版社，2005年，第14—19页。

【16】姜亮夫：《楚辞通故》（第二辑），云南人民出版社，1999年，第90—91页。

【17】赵宗福：《昆仑神话》，青海人民出版社，2005年，第9页。

【18】参阅许又方：《论〈离骚〉中的时空焦虑》，《东华人文学报》，2001年第3期。

【19】姜亮夫：《楚辞文学论文集·九歌题解》，江苏教育出版社，1999年。

【20】【德】恩斯特·卡西尔：《人论》，上海译文出版社：1985年，第94页。

【21】参阅过常宝：《楚辞与原始宗教》，北京东方出版社，1997，第164—192页。

原载《青海社会科学》2011年第1期

"神山信仰下神圣时空的转换：论《路史》的帝系建构"

陈嘉琪

一、前言

　　罗泌，南宋江西庐陵人（1131 — 1189）[1]，一生未曾仕宦，却以上古著述《路史》传世，于清朝康熙年间获颁"史学世家"金匾，旌表其族。《路史》共四十七卷，含罗泌之子罗苹的注文，全书约五十万字。从《路史》书名的由来："路史者，亦大史之云尔。"[2]便可一窥罗泌编写《路史》的雄心壮志。《路史》的特别在于它的时间观，罗泌以纬书十纪作为历史叙述的轴线，认为天地开辟至孔子获麟，共历"二百二十七万六千岁"[3]。在十纪的时间观下，三皇五帝的帝系显然不足以对应古史时间的流逝，必然存在失落的帝系环节。在这样的前提下，《路史》将上古帝王的排序分为《前纪》与《后纪》，试图在天地开辟以后增列五十八位上古帝王，名之为《前纪》；将三皇五帝以降至夏代的古史划为《后纪》。

　　古史十纪的帝系建构，虽晚至南宋罗泌始于三皇五帝之前，罗列较为完整的古皇谱系。但十纪之说的古史纪年，却早于东汉之际，已出现在纬书图谶，至六朝以降，已是一个普遍为史家所接受的古史观念[4]。诸家多致力于补录失落的帝系环节，黄复山指出：

　　魏晋时期的《遁甲开山图》、《丹壶书》、《真源赋》等文献，开始描述各帝氏的个别内容，

---

① 此生卒年乃刘宗彬据田南罗氏族谱《重修清氏堂记·文献录》考证。参见刘宗彬：〈罗泌家世述略〉，《吉安师专学报（哲学社会科学）》，1999年第4期，页62-65。朱仙林则认为：「刘文称罗泌卒于1189年的结论定当有误。然因无强有力之证据，罗泌确切卒年，仍无法断定，待有新证据时再作讨论。」朱仙林：〈罗泌家世及其《路史》考〉（《古代文明》，2011年第4期）页62。
② 〔南宋〕罗泌：《路史·余论一·路之大训》，页1B。
③ 《春秋命历序》：「自开辟至获麟二百二十七万六千岁，分为十纪，凡世七万六百年。一曰九头纪，二曰五龙纪，三曰摄提纪，四曰合雒纪，五曰连通纪，六曰序命纪，七曰修蜚纪，八曰回提纪，九曰禅通纪，十曰流讫纪。」安居香山、中村璋八辑：《纬书集成》（石家庄：河北人民出版社，1994年）页885。「自开辟至获麟」的年数，各家所引并不一致，《诗经·大雅·文王》引《易纬干凿度》为「二百七十五万九千二百八十岁」。唐·司马贞〈补史记·三皇本纪〉则引《春秋纬》为「三百二十七万六千岁」。
④ 《春秋命历序》以降，三国魏·张揖《广雅》、南朝梁·萧绎《金楼子》、唐·孔颖达《礼记正义》、唐·司马贞〈三皇本纪〉、北宋·刘恕《通鉴外纪》、〔南宋〕郑樵《通志》皆载有十纪之说。

至南朝时，这些古皇世系已普遍接受，只是未有十纪内部诸帝世次的架构。直到南宋罗泌《路史》，才建构出古皇十纪的完整图式。①

    然而如同罗泌尝言"予绎《路史》仅得其五，其五纪则遂亡之矣。"②《路史》并未真的填补每一纪的帝系空缺，实际上《路史·前纪》五十余位上古帝王，多集中于"循蜚"、"因提"与"禅通"三纪的补录，至于"五龙、摄提、合雒、连通、叙命"则缺而不录③。再者，罗泌于帝系史料的选择，显然也是斟酌再三，曾表示《庄子》的焱氏、泰氏；《鹖冠子》的成雄氏、素皇氏、内凲氏，虽未入《路史》帝系，并不表示未曾存在，可藉此一窥罗泌编纂古史态度的谨慎④。本文所要探讨的问题主要可分为两个方面：

    其一是《路史》的古史时间观。在十纪的时间架构中，一纪代表着"二十七万六千年"⑤时光的流逝。罗泌究竟如何想象与缝合，天地开辟的宇宙生成时间与人类历史时间的接轨？其中帝系的变迁是否有着由神到人的过渡？其二是《路史》"循蜚纪"帝系建构的依据。《路史·前纪》帝系的补录主要集中在"循蜚"、"因提"与"禅通"三纪。《路史》曾详细交代"因提纪"与"禅通纪"的帝系排序出自《丹壶》，罗泌仅增补帝王的历史事迹⑥。反观"循蜚纪"则是出自《路史》的全新古史框架，罗泌主要依据《山海经》辅以《楚辞》、纬书，自行排列与建构二十二氏上古帝系。罗泌在庞杂的古史材料中舍弃诸子、史籍中的古皇⑦，多以《山海经》的山名转化为上古帝王，建构"循蜚纪"的帝系，背后原因值得探究。

    值得注意的是，《路史》"循蜚纪"虽是罗泌所自行建构，此古史框架却为明清之际的史家与小说家所重视，如周游⑧《开辟衍绎通俗志传》、锺惺（1574－1624）《盘古至唐虞传》、王梓材（1792－1851）《世本集览》、陈梦雷（1650－1741）《古今图书集成·皇极典》多沿袭《路史》于"循蜚纪"所建构的古史框架。本文推测，罗泌多以《山海经》的山名转化为上古帝王，乃根植于以下两个面向文化体系的涵养：其一是道教史观的影响；

① 黄复山：〈东汉定型图谶中的古皇考〉，收录于国立政治大学中国文学系主编：《汉代文学与思想学术研讨会论文集》（台北：国立政治大学中国文学系，2005年），页257。

② 〔南宋〕罗泌：《路史·前纪七》，页1A-1B。

③ 参见【附录：《路史·前纪》帝王谱系来源一览表】

④ 《路史·前纪七》：「自生民以来，君有宇宙者多矣，十纪之辟不胜计。予绎《路史》仅得其五，其五纪则遂亡之矣。有或杂出传记，如焱氏、泰氏着于《庄子》；成雄氏、素皇氏、内凲氏之着于《鹖冠子》。虽间存一二，而政迹无灭，泅穆难稽，然又惧没厥号，因复着之，庶来者得以观焉。《易》曰：'过此以往，未之或知。'子休曰：'人之所知，不若其所不知。'信矣。」〔南宋〕罗泌：《路史·前纪七》，页1A-1B。

⑤ 《路史·余论一·太素之年》：「自开辟至获麟凡二百七十五万九千八十六岁，故《易纬干凿度》、《春秋元命苞》云'二百七十六万岁，每纪为二十七万六千年。'」〔南宋〕罗泌：《路史·余论一·太素之年》，页3B。

⑥ 参见〔南宋〕罗泌：《路史·前纪三》，页1-2A。下文亦有详细的讨论。

⑦ 罗泌曾表示：「《风俗通》之列僬氏，〈始学篇〉之卷须氏皆诞谬无靰者也。」〔南宋〕罗泌：《路史·前纪四》，页7A。

⑧ 周游为明末小说家，生卒年不详。

其二是昆仑神话下神山圣岳信仰的濡染。以下将从这两大方面切入，进一步探究《路史》的古史时间观及"循蜚纪"帝系的建构依据。

二、道教史观下的时间纪元

不论是从时间纪元抑或帝系来源的面向来看，都可以察觉《路史》的古史建构寓有浓厚的道教史观。首先，《路史》于"十纪"之前增置初、中三皇纪的古史年代，即属于道教的古史观点。谢守灏（1134－1212）《太上混元老子史略》：

> 洪荒之世，载籍叵详，今存而勿论，姑氏于天皇氏焉。天皇氏子孙相承，治天下一万八百岁。地皇氏子孙相承，治天下一万八百年。人皇氏子孙相承，治天下一万八百年。五龙纪五姓，治天下七万三千年。摄提纪七十二姓，治天下共六十九万一千五百年。合熊纪七十二姓，治天下共三千二十年。连遥纪六姓，治天下共六千四百三十五年。[1]

根据道士谢守灏的古史罗列，天、地、人三皇氏之后为"五龙纪"，而非十纪之首的"九头纪"，与《路史》将"九头纪"置于"中三皇纪"之泰（人）皇氏，有不谋而合之处。谢守灏与罗泌皆为南宋时人，身处时代相当，谢氏与罗泌古史观念的相仿或许不是互为影响，而是有着一个共同的来源——道教系统下的古史架构。相较于谢守灏《太上混元老子史略》的古史整理，罗泌《路史》的帝系与纪年，则显得更为细致与缜密。罗泌于天、地、人三皇氏之上，以浑敦氏（盘古氏）展开古史纪年，乃承袭了道教以元始天尊（盘古氏）作为宇宙生成的象征[2]。如果我们试着厘清罗泌的历史诠释，将《路史》开篇的帝系浑敦氏视为宇宙生成象征，随之而来的初三皇与中三皇二纪，究竟是否已进入人帝的历史纪年？

我们若从道教三期三皇说的观点来看，答案显然是否定的。萧登福：

> 先秦两汉的古籍所谈到的三皇，有神格的三皇（天皇、地皇、人皇），也有人格的三皇（伏羲、女娲、神农）。以历史言，神格的三皇在前，人格的三皇在后；天地开辟以来，天皇即位治民，其后递经数万年岁月，才传至伏羲等人格三皇；神格三皇和人格三皇，年代相悬隔，但汉代谶纬喜将两者牵合为一；以伏羲为天皇、女娲为地皇、神农为人皇。道经有鉴于这种舛误，为要纠正人、神两种三皇间被牵合的矛盾情形，因而另创出先三皇、中三皇及后三皇等三期三皇，或先后三皇之说。[3]

如同萧氏所指出，三期三皇是道教为了纠谬神格三皇（天皇、地皇、人皇）与人格三皇（伏羲、女娲、神农）相混淆，所建立的一种古史观念，以历史的时间轴，将神格三皇置于前，

---

① 〔宋〕谢守灏编：《太上混元老子史略》，收录于《正统道藏·洞神部·第30册》（台北：新文丰出版公司，1985年），页171。

② 萧登福：「'元始天尊'乃由东汉之东王公（玉皇）转化而来……六朝之时，民间又有盘古神话，因此有的人便把'元始天尊'与盘古混而为一。」萧登福：〈汉魏六朝道教经书开天创世说〉（《东方杂志》复刊第二十二卷第九期），页15-17。

③ 萧登福：《谶纬与道教》（台北：文津出版社，2000年），页198-199。

历经数万年的时间流转，才传至伏羲以降的人格三皇。是故道教三期三皇说，彰显出一种古史观念：开天辟地以降，历史是由神代（神格三皇）渐进到人代（人格三皇）。

《洞神八帝妙精经·九皇图》记有完整三期三皇的内容：

> 初天皇……初地皇……初人皇……中天皇；天皇君人面蛇身，十三头。平初元年十一月八日出治。姓望，名获，字闰……中地皇：地皇君人面蛇身，十一头。太始元年七月五日出治。姓岳，名铿，字紫元……中人皇：人皇君人面龙身，九头。太平元年正月三日出治。姓恺，名胡桃，字文生……后天皇：天皇君人面蛇身，姓风，名庖牺，号太昊。后地皇：地皇君人面蛇身，姓云，名女娲，号女皇。后人皇：人皇君牛面人身，姓姜，名神农，号炎帝。①

或受到谶纬的影响，三皇神祇多呈现人兽混同的形体，然而如同人类一般，神祇亦有姓氏名讳。这样的古史观念为《路史》所承袭，《路史·中三皇纪》言天皇氏"望获强尊，颀嬴三舌，骧首麟身。"②；地皇氏"铿名岳姓，马踶妆首。"③；泰皇氏"胡洮龙躯，骧首达腋。"④ 明显袭自《洞神八帝妙精经》中所记叙天、地、人三皇的外形与姓氏名讳。再者，《路史·后纪》之于女娲的记载亦云"女皇氏娲，云姓，一曰女希。"⑤ 承袭了道经认为女娲为女皇与云姓之说，进而更改历来古史系统中女娲风姓的说法⑥。我们有理由相信《路史·前纪》是在道教三期三皇说的史观架构下，于"中三皇"（神格三皇）与"后三皇"（人格三皇）之间，增补"循蜚"、"因提"与"禅通"三纪的帝王世系。我们认为《路史·前纪》以浑敦氏开篇，紧接着初、中三皇二纪，所象征的是宇宙生成后，伴随而来的是神代史。

三、上古黄金时代的帝系建构

《路史》"循蜚纪"为神代史的定位，或许是我们得以解开罗泌为何以《山海经》的山名、神名作为"循蜚纪"上古帝王的重要线索。"循蜚纪"总共胪列了二十二氏上古帝王，当中多达十位出自《山海经》的山名与神名，其中为神名的仅有句彊氏、犁灵氏、泰逢氏三位；由山名转化为上古帝王的则高达七位之多有：谯明氏、涿光氏、大騩氏、弇兹氏、盖盈氏、神民氏、弇兹氏。《路史·前纪三》：

① 《洞神八帝妙精经》见《正统道藏·洞神部·本文类》第十九册（台北：新文丰出版公司，1985年），页72~73。
② 〔南宋〕罗泌：《路史·前纪二》，页1A。
③ 〔南宋〕罗泌：《路史·前纪二》，页2A。
④ 〔南宋〕罗泌：《路史·前纪二》，页2B。
⑤ 〔南宋〕罗泌：《路史·后纪二》，页1A。
⑥ 皇甫谧《帝王世纪》、司马贞《三皇本纪》、刘恕《通鉴外纪》皆记载女娲承伏羲制度「亦风姓也」参见〔晋〕皇甫谧等撰；陆吉等校：《帝王世纪》（济南：齐鲁书社，2011年第2次印刷），页3。〔汉〕司马迁撰；泷川龟太郎考证：《史记会注考证》（台北：大安出版社，2003年三刷），页7。〔宋〕刘恕：《通鉴外纪》，收录于贾贵荣、宋志英辑：《春秋战国史研究文献丛刊》（北京：国家图书馆出版社，2009年，据《四部丛刊》影印），页292。

谯明氏　涿光氏　伯益之书有谯明之山，涿光之山，而俱载于《北经》。[①]

大騩氏注曰：《中山经·次七》敏山之东三十里大騩山。[②]

盖盈氏　若水之间，禺中之地，有盖盈之丘，盖盈氏之虚也。[③]

神民氏　天地开辟，爰有神民。民神异业，精气同行，都于神民之丘。[④]

倚帝氏注曰：《山海经》有倚帝之山。[⑤]

　　罗泌虽未针对"弇兹氏"作说明，然而其名应源于《山海经》的"崦嵫之山"[⑥]。有一个值得注意的现象：《山海经》频繁地为"循蜚纪"所征引，却未出现在因提、禅通、或疏仡其他的纪别，显然罗泌认为《山海经》与"循蜚纪"存在着一种互为对应的关系。再者，《山海经》自有一套神话体系，何以罗泌却认为山名为上古帝王名？

　　若要解释《山海经》与"循蜚纪"之间的对应关系，进而理解罗泌征引《山海经》山名的历史诠释，我们必须先厘清"循蜚纪"的帝王性质。我们可以从以下两条线索窥测"循蜚纪"应是属于神代史的记载。首先从帝王命名的角度来看，《路史·前纪》五十余位古皇，以"神"为名讳的帝王仅黄神氏、（犭巨）神氏、神民氏三位，皆集中在"循蜚纪"。根据王泉根研究归纳，上古帝王名号的来源有三，或源自神话时代的"时代名"；传说时代的"氏族名"与半信史时代的"自我名"[⑦]。我们若从中国的避讳文化来看，不论是哪一种命名方式，皆不应出现以"神"为人帝之名。是故源自纬书《春秋命历序》的黄神氏、（犭巨）神氏，于命名之初应已定位为"神帝"的角色。罗泌亦断言出于《山海经》"神民之丘"的神民氏为王符《潜夫论》的开辟之神[⑧]，更突显《路史》"循蜚纪"网罗《山海经》山名为上古帝王，应与上古帝王的神格特质有密切的关联性。

　　再者若从其他非以神命名的帝王性质观之，"循蜚纪"所胪列的巨灵氏、句彊氏、云阳氏本身皆有河神、海神与仙人的特质[⑨]，罗泌亦直言泰逢氏为吉神、冉相氏为真人、泰壹

① 〔南宋〕罗泌：《路史·前纪三》，页2A。
② 〔南宋〕罗泌：《路史·前纪三》，页3B。
③ 〔南宋〕罗泌：《路史·前纪三》，页6A。
④ 〔南宋〕罗泌：《路史·前纪三》，页10A。
⑤ 〔南宋〕罗泌：《路史·前纪三》，页10B。
⑥ 《山海经·西山经》：「西南三百六十里，曰崦嵫之山，其上多丹木，其叶如谷，其实大如瓜，赤符而黑理，食之已瘅，可以御火。其阳多龟，其阴多玉。」袁珂校注：《山海经校注》（台北：里仁书局，2004年2刷），页65。
⑦ 参见王泉根：《华夏取名艺术》（台北：知书房出版社，1992年），页35-39。
⑧ 《潜夫论·卜列》：「天地开辟有神民，民神异业精气通。」罗泌误读《潜夫论》将神民解释为开辟神「神民氏」。参见〔清〕汪继培笺；彭铎校正：《潜夫论笺校正》（北京：中华书局，1985年），页291。
⑨ 《路史前纪三注》：「《九域志》云：'巨灵祠河中府也'」、「《十道志》言云阳氏，古之仙人。」〔南宋〕罗泌：《路史·前纪三》，页1A、6A。《路史》虽未针对「句彊氏」进行说明，然而「句彊氏」应为《山海经·海外北经》的「禺彊」，庄子释文引此经云：「北海之神，名曰禺彊，灵龟为之使。」参见〔清〕郝懿行笺疏；范祥雍补校：《山海经笺疏补校》（上海：上海古籍出版社，2013

氏为皇人①，皆属非人帝性质的神人与仙人。罗泌尝言：

> 予所叙古之帝王，其世治寿考，无以稽矣。计其季皆不乏三数百岁。黄帝曰："上古之真人，寿蔽天地。"盖天真全而天一定，不滑其元者也。又曰："中古之时，有至人者，益其寿命而强者也。"亦归于真人而已。盖乘间维而基七衡，陵罔阆而临八落者也。又曰："后世有圣人者，形体不蔽，精神不越，亦可以龄逾数百。虽有修缩之不齐，亦时与数当然尔，然未有不死者。"②

《路史》引《黄帝内经·上古天真论》将历史划分为上古、中古与后世三个阶段③，认为上古与中古时期的帝王为神仙之属的真人与至人，后世帝王始为人帝圣人所居。进而又藉由真人、至人与圣人寿命的长短，影射历史由美好走向颓败。《路史·前纪三》：

> 冉相之道，兹其所以寂寥、希阔而不继之，岂不𫍲欤？圣人人伦之至者也。欲为君，尽君道；欲为臣，尽臣道。尽伦尽制，岂过不及之云乎？而彼伧者，附诚明、假权变、缴绕呫嗫，以绸其姻而济其奸，岂惟无忌惮哉？其不至于幸小人而病君子亦已矣。此予之所以赞冉相氏而为中庸讪也。④

罗泌显然将神仙之属的真人"冉相氏"视为上古至德之世的帝王，而后始走向道德风气逐渐败坏的人帝时代。《路史》的历史退化说，以及将神仙揽为帝王的观念，应有受到道教史观的影响。《太平经》：

> "凡天理九人而阴阳得何乎哉？""夫人者，迺理万物之长野。其无形委气之神人，职在理元气；大神人职在理天、真人职在理地；仙人职在理四时；大道人职在理五行、圣人职在理阴阳、贤人职在理文书，皆授语；凡民职在理草木五谷；奴婢职在理财货。"⑤

《太平经》将宇宙中各种存在划分为九等，有着人神共治的观念，认为神人、真人、仙人、道人、圣人、贤人"皆助天治也"⑥除了将神仙纳为圣人的一环，甚至排在比圣人更高的位阶。值得注意的是，《太平经》亦将宇宙的时间划分为上古、中古与下古三个阶段，认为上古之人"人人各自知真道"；中古以来"人多愚，好为浮华，不为真道，又多邪气狂精殃咎，故人多卒穷天年而死亡也。"⑦与《路史》以真人、至人、圣人寿命的长短影射历史的变迁，

年），页340。
① 参见〔南宋〕罗泌：《路史·前纪三》，页3B、5A、7A。
② 〔南宋〕罗泌：《路史·前纪三》，页8A。
③ 《黄帝内经·上古天真论》：「余闻上古有真人者，提挈天地，把握阴阳，呼吸精气，独立守神，肌肉若一，故能寿敝天地，无有终时，此其道生。中古之时，有至人者，淳德全道，和于阴阳，调于四时，去世离俗，积精全神，游行天地之间，视听八达之外，此盖益其寿命而强者也，亦归于真人。其次有圣人者，处天地之和，从八风之理，适嗜欲于世俗之间，无恚嗔之心，行不欲离于世，被服章，举不欲观于俗，外不劳形于事，内无思想之患，以恬愉为务，以自得为功，形体不敝，精神不散，亦可以百数。」《黄帝内经》，收录于上海古籍出版社编：《二十二子》（上海：上海古籍出版社，1986年），页876。
④ 〔南宋〕罗泌：《路史·前纪三》，页5B。
⑤ 王明编：《太平经合校》（北京：中华书局，1997年第5次印刷），页88。
⑥ 王明编：《太平经合校》，页289。
⑦ 王明编：《太平经合校》，页295。

多有契合之处。

《路史》"循蜚纪"所欲建构的正是道教史观下，上古时期"真人寿蔽天地"的乐园时代。如果我们理解《路史》对"循蜚纪"的定位，接着要思考的是：罗泌选择哪些史料建构神祇、神仙之属的帝王谱系？总括来看，我们可以初步将"循蜚纪"所罗列的帝王区分为以下三大来源[①]：

（一）《山海经》：其中源于《山经》的有谯明氏、涿光氏、大騩氏、羑兹氏、泰逢氏、倚帝氏；源于《海经》的有：句彊氏、盖盈氏、神民氏；源于《荒经》的则为犂灵氏。罗泌多以《山海经·山经》的山名转化为古皇，次而以《海经》、《荒经》的神名为补史的依据。

（二）纬书：巨灵氏、云阳氏出自《遁甲开山图》；黄神氏、（犭巨）神氏、次民氏则出自《春秋命历序》。

（三）其他古籍文献：钩阵氏或出自《星经》；鬼騩氏出于《和菟史》；冉相氏出自《庄子·则阳》；巫常氏出自《皇览》；泰壹氏出自《楚辞·九歌》；空桑氏出自《归藏·启筮》[②]。

道教除了以纬书十纪作为古史的纪年，对谶纬古史帝系亦多有吸收[③]。不难推测罗泌补录"循蜚纪"上古帝王，帝系来源多选自纬书。就"其他古籍文献"而言，《庄子》对神人、至人、真人与圣人的境界描述，无疑是道教建构神仙谱系的灵感来源[④]。唐代将《庄子》奉为《南华真经》；道藏亦收《归藏》佚文[⑤]，皆可寻得冉相、空桑二氏和道教的联系。至于罗泌为何将钩陈星名视为上古帝王，则可在道经《通占大象历星经》找到线索："天皇大帝一星，在钩陈中央也。"钩陈星与道教四御之一的天皇大帝息息相关，天皇大帝又称作钩陈大帝。《路史》虽未针对"钩陈氏"多做说明，然而罗泌将钩陈星名视为上古帝王，应源于钩陈大帝于道教神谱特殊地位的影响。再者，源自《楚辞》的泰壹氏也是道教重要神祇"太一"的前身，亦与道教有着密切的联系[⑥]。

《山海经》于宋代为道藏收编后，地位大幅跃升，北宋张君房《云笈七签》记叙道教神灵亦大量征引了《山海经》的内容。陈连山曾指出：

《山海经》中对于日月出入之山，十日，夸父逐日，重黎绝天地通等关于宇宙初创时代

的神话事件的叙述，无疑也符合张君房对于"混元"的认识——"混元者，记事于混沌之前，

[①] 「循蜚纪」无法得知来源的古皇共有四位，为：鬼騩氏、大敦氏、巫常氏。
[②] 空桑氏见于《山海经·北山经》与《归藏·启筮》。《归藏》虽为伪书，时代晚于《山海经》，然而罗泌考证空桑氏乃征引《归藏·启筮》，未引《山海经·北山经》，故以罗泌之说为主。
[③] 萧登福：「道书叙述开辟天地及诸帝王沿承情形，大抵沿袭秦汉及谶纬之说而来，但诸经间所说的蛮荒太古诸帝传承情形，其间名讳及传承次第之差异甚大。」萧登福：《谶纬与道教》，页199。
[④] 《庄子·逍遥游》：「至人无己，神人无功，圣人无名。」〔清〕郭庆藩集释：《庄子集释》（台北：世界书局，2011年），页11。
[⑤] 道藏本《山海经》注文保留了许多《归藏》的内容。
[⑥] 参见顾颉刚〈太一在道教中的地位〉，收录于顾颉刚：《顾颉刚古史论文集》（（第三册），北京：中华书局，1996年），页174-186。

元气之始也"。所以，在张君房眼中，《山海经》是记述神灵奇迹的书。这是道藏收录《山海经》的又一个原因。笔者认为，《山海经》是张君房首先收入道藏的。其后，另一部道藏也援例照收。笔者推测，第三部道藏应该也收录了。进入道藏，标志着《山海经》第一次正式获得神圣经典的地位。《山海经》的"经"字从此真正具有了神圣经典的含义。这是北宋时代道教高度发展的结果。①

我们在讨论罗泌为何多以《山海经》山名建构"循蜚纪"帝系，实不应忽略《山海经》同时也是道藏道经的身份，罗泌对《山海经》的征引或有宗教因素的影响。本文认为，《路史》多以《山海经》的山名转化为上古帝王，与道教名山圣岳崇拜下，认为神仙居于洞天福地，将山岳比况为神圣空间的思维应有密切关系②。《路史》虽然未就"洞天福地"有相关论述，我们却可以在古史论说中找到观念的影响。《路史·前纪三》：

> 云阳氏是为阳帝……《遁甲经》云："沙土之福，云阳氏之虚也，可以长往，可以隐处。"云阳之山，在衡山之阳，即今茶陵之云阳山也。予游衡湘，道其麓，见山川之灵秀，土膏水沉，方皇不忍去，亦意尝有异人者……云阳氏之踪，固在甘泉，甘泉之山，本曰云阳，以故黄帝以来，每大祀于甘泉。则长沙之地，其亦为始封乎？虽然丹阳曲阿，亦秦世之云阳领也。《吴地记》录："曲阿正秦代之云阳领"太史时言：东南有天子气，在云阳间……故杜佑以丹阳为古云阳，而学道传谓是茅山，若绛北之阳石者，非其正矣。载言之流，以为仙者，盖知其异也。③

《路史》引《遁甲经》之说，认为寓居于云阳山的"云阳氏"为仙人之属的阳帝④，并考证云阳山位处衡山之阳。罗泌赞许衡湘山川灵秀，有异人居之，进而反驳云阳山非杜佑所考证的丹阳或学道所传的茅山。值得留意的是，衡山与茅山皆为十大洞天之一，茶陵云阳山虽未入列洞天福地，却是伴随南岳信仰而兴起的道教名山⑤。由此我们可以清楚看到《路史》一书在记叙上古帝王事迹时所彰显的宗教色彩。我们推测罗泌之所以对衡湘山水，表现出特别的眷顾之情，强调云阳间有天子气，帝王多大祀于此，可能和象征国家疆域与帝王受命于天的五岳仅剩南岳衡山存于南宋疆域，有密切关系。

① 陈连山：《〈山海经〉学术史考论》（北京：北京大学出版社，2012 年），页 107。
② 詹石窗：「从思想渊源上看，道教洞天福地的仙境模式与古老的地理博物传闻具有相当密切的关系。所谓'地理博物传闻'指的是那些记叙山川名胜、奇物珍品的传说资料。此类资料虽然相当驳杂，但对于后来道教洞天福地理念的形成和实体化却具有重要的启迪作用，因为在这些资料中往往包含着山川洞窟、异人神物的描述。例如《山海经》所描述的通天之山就颇具吸引力。该书称'华山青水之东，有山名肇山，有人名柏高，柏高上下于此，至于天'……像'肇山'这样的处所在《山海经》中是为数不少的，此类记载表现了《山海经》作者搜奇猎异的追求，也为后来的仙境场所奠定了基础。」詹石窗：《易学与道教思想关系研究》（厦门：厦门大学出版社，2002 年），页 361-362。
③ 〔南宋〕罗泌：《路史·前纪三》，页 6A-6B。
④ 《路史注》：「《十道志》言云阳氏，古之仙人。」〔南宋〕罗泌：《路史·前纪三》，页 6A。
⑤ 传说每年农历六七月南岳大帝都会从衡山移驾到云阳山避暑，接受茶陵一带信徒的朝拜，因此云阳山又有「小南岳」、「古南岳」的美名。参见刘振祥：《茶陵民间文学集》长沙：湖南人民出版社，2007 年。

四、神山信仰下神圣时空的转换

"循蜚纪"之所以大量引述《山海经》的山名与神名，与《路史》试图建构"神代史"以对应道教末世说下退化的历史观有密切关系。值得注意的是，《山海经》昆仑神话主题的描述中，保存了一种乐园神话的记叙。高莉芬："蓬莱神山神话与昆仑神话作为一个相对于人境的异质空间，以'山岳'的地理空间蕴涵着'宇宙山'的象征，又同为丰饶不死的'乐园'"。从伊利亚德宗教现象学来考察，蓬莱神山仙岛可视之为异于凡俗世界的异次元存在，是一个与俗世相对的神圣时空。"[①]《山海经》的乐园神话与昆仑天柱的通天意象息息相关，可连接天地的乐园意象除了神山尚有神树。《山海经·海内经》：

> 有九丘，以水络之：名曰陶唐之丘、有叔得之丘、孟盈之丘、昆吾之丘、黑白之丘、赤望之丘、参卫之丘、武夫之丘、神民之丘。有木，青叶紫茎，玄华黄实，名曰建木。[②]

《淮南子·坠形训》：

> 建木在都广，众帝所自上下。日中无景，呼而无响，盖天地之中也。[③]

《山海经》认为"众神所自上下"的天梯建木位于九丘，而《路史》"循蜚纪"中的"盖盈氏"与"神民氏"袭名于"孟盈"与"神民"之丘[④]，更证成了《路史》"循蜚纪"上古帝王的命名确实与连接天地的神圣空间有密切关联。我们推测，《路史》之所以有这样的连接，将"神圣空间"转化为上古黄金时代，或与建木神树、昆仑天柱的神话主题，背后影射着一段人神杂糅、互为往来的时代象征有密切关联。

卿希泰、堂大潮即表示："仙境之说，源于古代神话。这类神州，开始以昆仑山为中心。"[⑤]道教崇拜名山圣岳，认为"洞天福地"为神仙的居所，此信仰的渊源应源自昆仑文化的影响。《云笈七签》将"崐崘"列为神仙居所"三岛十洲"之一，《太平经》亦载："神仙之录在北极，相连昆仑，昆仑之墟有真人，上下有常。"再次透露了"昆仑山"于道教的神圣性。昆仑山虽未入列"三十六洞天"与"七十二福地"，西王母于昆仑山的居所"天墉城"，却成为道经《墉城集仙录》书名的渊源。由书名的名称来看，透露了两个讯息：其一，道教将天墉城／昆仑山视为神仙的居所，为美好的仙境。其二，"昆仑山"一词在道教信仰中的地位与重要性已逐渐被"天墉城"所取代，这也解释了为什么《路史》"循蜚纪"未

---

① 高莉芬：《蓬莱神话：神山、海洋与洲岛的神圣叙事》（台北：里仁书局，2008年），页13。
② 袁珂：《山海经校注》，页448。
③ 何宁：《淮南子集释》（北京：中华书局，2006年第2次印刷），页328-329。
④ 《路史注》：「《海内朝鲜记》：'南海之内禺中之国，以去有九丘，有陶唐之丘、叔得之丘、盖盈之丘、昆吾之丘、黑白之丘、神民之丘，以水络，亦陶唐、昆吾之流也。'」此段文字明显袭自《山海经·海内经》，《路史》将「孟盈之丘」更名为「盖盈之丘」。〔南宋〕罗泌：《路史·前纪三》，页6A。
⑤ 卿希泰、唐大潮：《道教史》（南京：江苏人民出版社，2006年）页394。

以"昆仑山"为帝王名，却在"因提纪"以西王母的居所"天庸城"为名，将上古帝王"容成氏"正名为"庸成氏"。

作为"帝之下都"与"天之中柱"的昆仑山，应是《山海经》最为重要的一座圣山。罗泌显然以道教"洞天福地"的视野，审视《山海经》所记载的山名，将昆仑仙境的概念嫁接到其他的神山圣岳。《路史》一方面从道教史观的角度出发，力图建构"神代史"；另一方面又透过昆仑文化下的神山信仰，进一步将《山海经》中的山名／神圣空间，转化为上古历史的黄金时代／神圣时间。

纵观《路史·前纪》五十余氏的帝王性质，如果"循蜚纪"所指涉的是"真人寿蔽天地"神代史下的上古时期；"因提"与"禅通"二纪则象征着人神交杂下人帝时代的开端。因而有辰放氏"从日月上下天地与神合谋"①；柏皇氏"出搏日之阳，驾六龙"②。同时"因提"、"禅通"二纪也藉由帝纪的叙述，开始描绘、建构人类文明的发展历程。先有"教民揉木、茹皮，以御风霜"③的辰放氏，后有教人巢居的有巢氏；与发明火食，使人无"腥之疾"④的遂人氏……等文明的繁衍。"循蜚"、"因提"、"禅通"三纪的帝王性质，确实符合昆仑神话的背景指涉：先有神山圣岳信仰下神帝时代（神代史）的发端，后有人神交杂下人帝历史（人代史）的发展。

再者从《路史》帝王来源的角度观察，"循蜚纪"与神山圣岳神圣空间的联系在于《山海经》；"因提"、"禅通"二纪则在《丹壶》一书。罗泌尝言：

予既得《丹壶》名山之记，又得吕梁碑，获递帝王之世，乃知天未丧斯文也。《丹壶》书云："皇次四世，蜀山、〔人遂〕傀六世、浑敦七世、东户十七世，皇覃七世，启统三世，吉夷四世，九渠一世，〔彳希〕韦四世，大巢二世，遂皇四世，庸成八世：凡六十有八世，是为因提之纪。仓颉一世，柏皇二十世，中央四世，大庭五世，栗陆五世，丽连十一世，轩辕三世，赫胥一世，葛天四世，宗卢五世，祝融二世，昊英九世，有巢七世，朱襄三世，阴康二世，无怀六世，凡八十有八世，是为禅通之纪。"可谓备矣。⑤

相较于"循蜚纪"的帝系，为罗泌所自行建构；"因提纪"、"禅通纪"的帝系来源本于《丹壶》一书。《路史》以《丹壶》所录因提、禅通二纪共二十八氏古皇为古史框架，进而补录上古帝王的历史事迹。《丹壶》今已亡佚，道藏未收，《抱朴子内篇·遐览》所注录《丹壶经》道经书目，是否为《路史》所引《丹壶》已未可知。然而罗泌将《丹壶》与"名山之记"地理类书籍相类比，清代辑佚大家王谟亦将《丹壶》定名为《丹壶名山记》辑入《汉唐地理书钞》，再次显示前人多判定《丹壶》类近于地理性书籍。而"壶"亦是道教神仙

---

① 〔南宋〕罗泌：《路史·前纪四》，页1A。
② 《路史注》：「上清《三天列纪》云：上清真人姓栢名芝。乃中皇前人。是知栢乃姓也。」〔南宋〕罗泌：《路史·前纪六》，页3A。
③ 〔南宋〕罗泌：《路史·前纪四》，页1A。
④ 〔南宋〕罗泌：《路史·前纪五》，页4B。
⑤ 〔南宋〕罗泌：《路史·前纪三》，页1B。

圣境重要的象征符号①，源于古代"壶形圣山"的仙境刻画，《列子·汤问》：

> 禹之治水土也，迷而失涂，谬之一国……当国之中有山，山名壶领，状若甔甄。顶有口，状若员环，名曰滋穴。有水涌出，名曰神瀵，臭过兰椒，味过醪醴……人性婉而从物，不竞不争。柔心而弱骨，不骄不忌；长幼俦居，不君不臣；男女杂游，不媒不聘；缘水而居，不耕不稼；土气温适，不织不衣；百年而死，不夭不病。②

《列子·汤问》中"壶"不仅与神山已有明确的连接，也具备了神圣时空下人性善良、衣食无虞、不夭不病的乐园象征，至王嘉《拾遗记》亦将蓬莱三神山名为"三壶山"③。可明"壶"具有"圣山"、"仙境"、"乐园"神圣空间的象征指涉④。

《列子》与《拾遗记》和道教皆有密切的联系，王嘉为东晋道士，《列子》于唐代更名《冲虚至德真经》道教尊奉为四大经之一。本文推测罗泌所引述《丹壶》应不脱道经之属的性质，"壶"亦具备"理想乐园"的影射，《丹壶》一书所记载"因提"、"禅通"二纪二十八氏古皇的古史架构，大抵是在建构上古至德之世与理想世界的上古帝王谱系。杨儒宾曾说：

> "原始乐园"顾名思义，其景当以"园"为主。但是，山与岛屿也是常见的乐园地区。道家的宇宙山除昆仑山外，空同山与泰山也是有资格，它们同是道的象征，同具神圣与神秘的气息。姑射山则是道家有名的海角乐园，《庄子》、《列子》、《山海经》诸书都述及此地……试比较遥远时代——历史之前的"至德之世"与遥远空间——地理之外的宇宙山与仙岛，我们发现两者的内容极为接近。乐园和时空真是难以并容，它如不是历史之先，要不就是在历史之后，要不然就是在地理空间之外。⑤

杨氏认为《山海经》中昆仑山为"帝之下都"的神话主题，是道家"至德之世"（时间）与"仙山乐园"（空间）的原始雏形，两者的内涵与形成过程是相似的。本文推测道教史观下的历史建构已发现此两点的相似特质，进而互为比赋，这一点我们从"名山之记"（空间）的《丹壶》载有古皇谱系（时间）已可窥见。而罗泌将《山海经》可通天的"孟盈之丘"、"神民之丘"转化为神人盖盈氏与神民氏，除了承袭了道教对于空间与时间思维理路的转换，

---

① 如同姜生所说：「除了'洞'以外，'壶'是道教神仙境界的另一个象征符号。与'洞同天地'相似，壶中洞天，历为道教信仰者所迷恋。」姜生：〈论道教的洞穴信仰〉，《文史哲》2003年第5期（总第278期），页59。

② 杨伯峻撰：《列子集释》（北京：中华书局，1997年5月），页163-164。

③ 《拾遗记》：「三壶，则海中三山也。一曰方壶，则方丈也；二曰蓬壶，则蓬莱也；三曰瀛壶，则瀛洲也。形如壶器。此三山上广、中狭、下方，皆如工制，犹华山之似削成。」〔前秦〕王嘉撰；王根林等校点：《拾遗记（外三种）》（上海：上海古籍出版社，2012年），页13。

④ 高莉芬：「《列子·汤问》中的理想乐园——终北国的「壶领山」与《拾遗记》中的不死仙境——蓬莱三壶山皆是以「壶」为其造形，是「壶」与「圣山」、「仙境」、「乐园」之间有了有机的连结。「壶」在上古的文献记载中，被赋予了超越有限时空存在的象征思维。」高莉芬：《蓬莱神话：神山、海洋与洲岛的神圣叙事》，页137。

⑤ 杨儒宾〈道家的原始乐园思想〉，收录于李亦园、王秋桂主编：《中国神话与传说学术研讨会论文集》（台北：汉学研究中心，1996年），页131。

也是在昆仑神山信仰的基础上，赋予《山海经》神话符号新的解释，进而成为藉由旧符号（山名）创造新历史意义（神代史下的帝王名）的后神话书写。

五、结语

古史十纪的纪年上承于汉代纬书，在古史书写的脉络下形成一支重要的流派，徐整《三五历纪》、皇甫谧《帝王世纪》、萧绎《金楼子》乃至司马贞《补三皇本纪》、刘恕《通鉴外纪》等，皆力图拼凑、复原十纪纪年下的帝系与历史演变。"循蜚纪"此一历史框架由罗泌所自行建构，晚出于南宋，理应不该有太大的影响力，然而后代接受十纪纪年的史家，往往也一并承袭了"循蜚纪"的二十二氏帝王排序，箇中原由或出于《路史》的书写不仅仅是一家之言，道教史观、谶纬史观更是支撑起《路史》帝系架构的重要养分。《路史》"循蜚纪"的帝系建构虽属晚出，将《山海经》的山名视为上古帝王名，虽看似荒谬，背后却蕴藏着《太平经》在"圣人"之上增列"神人"、"真人"，将神仙揽为帝王的历史观念。而罗泌之所以认为《山海经》的山名与"循蜚纪"的帝王名有着强烈的对应性，则是透过道教"洞天福地"的视野观看《山海经》，进一步延伸阐述了昆仑神话下乐园、仙境象征的文化内涵。

《路史》作为一部上古史著述，以今日"信史"的眼光来看显然是一部不合格的著述，然而不可否认的是，《路史》帝系建构的背后，蕴藏有深厚的史学素养，罗泌藉由帝系的排序试图爬梳人类历史的发展，其所进行的工作无异于今日的历史学者。《路史》"循蜚纪"对神代史的建构，将神山信仰下的神圣空间转化为上古神圣时间，更是将昆仑神话升华为一种具有哲学思考的历史论述，对于道教史观下的古史建构有深远的贡献。

再者，若从神话叙述的角度来看，罗泌对"循蜚纪"神代史的建构亦可视为"后神话"的文本。锺宗宪曾于《东汉武氏祠堂西壁上古帝王图像的古史观》提出后神话理论[1]，认为神话研究的文本可以区分为三个层次，即"前神话"、"神话"、"后神话"。"后神话"乃以"神话"为核心而加以演绎、附会、假借的话语，虽不具备诠释性或神圣性，我们却可以藉由"后神话"文本的再造，进而观察"民间文学现象"的产生与创作意识的抬头。罗泌将《山海经》山名（神圣空间）转化为帝王名（神圣时间）的过程，与文学中神话寓言、神话小说"再创作"的构思过程，实际上有着异曲同工之妙。藉由《路史》神话历史化的研究，我们得以重新省思失去生命力的神话文本如何藉由后神话的再造，重新回归知识系统，影响神话小说的叙述与发展。

---

[1] 后神话理论是锺宗宪教授于 2013 年 3 月在中国社会科学院「第十届民间文化青年论坛」发言时提出。同年 11 月，锺宗宪教授在政治大学中文系主办的第九届汉代文学与思想学术研讨会中，发表〈东汉武氏祠堂西壁上古帝王图像的古史观〉一文，对于后神话理论有较详细的阐述。

昆仑神话与中华民族多元一体

昆仑神话是中华民族神话多元体系中的一个重要组成部分，[①]它与中原神话、楚地神话、西南地区的民族神话以及东南地区的防风神话等一起构成了中华民族的多元神话体系，正是这种体系在区域和文化源头上的多元性，导致中华民族的神话是不成单一体系和碎片化。按照有的学者所说，中国神话没"谱"，[②]就是没有完整的具有体系性的神话人物谱系。这种谱系不健全，甚至混乱的情况存在，使有的学者怀疑中国神话的完整性和真实性。不过，如果从昆仑神话存续的直觉现象，我们可以讨论，正是神话产生的多元性源头和神话传承发展的区域性现实，使碎片化加剧的同时，传达出多方面的中华民族多元一体的意义和价值。

一、神话的多元性与昆仑神话的独特性

神话的多元性主要是指中华民族的神话产生的多元性和传承发展过程的多元性。神话学者在研究中国神话时都会注意到这样一个事实：中国神话产生于不同的区域、不同民族并曾长期地传承和发展于不同的区域和不同民族。而且在这一过程中，区域内的神话与不同区域的神话在传承过程中相互影响和交融，不仅促进了某一区域神话的变异和发展，而且也影响了不同区域神话的变异和发展。

我们不得不承认，神话的产生有着区域环境和区域文化（包括区域内的民族文化）的印迹，虽然关于中国神话中的区域分类并不一定为学术界所完全承认和接受，但以所谓盘古和女娲为主的中原神话不仅产生于这一区域而且影响了其他区域的神话传承[③]。而楚地的神话存在与中原地区神话的差异性，不仅证明楚地民间的丰富的创造力，也证明此地的文化与中原或其他区域存在着鲜明的差异。至于说西南地区的民族神话，不仅丰富多样特色鲜明，而且至今还存活于民间，与他们的生活有着血肉不可离的关联。另外，象流传于江浙一带的防风氏神话，就与大禹治水等传统的中原地区，甚至波及全国许多民族和区域的大禹治水，既有着内在关联，也有着外在的差异，是大禹神话体系中一个很好的支系[④]。

事实上，昆仑神话是这些多元神话存续中的一个典型代表。一方面，它的起源历史悠久，另一方面它的区域特点鲜明，同时，它还有着非常丰富的内容或体系。赵宗福在《昆仑神话》

---

① 赵宗福：《大文化视野中的昆仑文化研究与昆仑文化建设》，《青海社会科学》2014年第6期。
② 刘宗迪：《中国神话没"谱"》，《上海艺术评论》2017年第6期。
③ 不过盘古与女娲神话不仅是中原的，甚至可以说是多民族多区域的，它在全国多个民族和多个神话体系中传存或者有着深刻的关联，这是必须承认的。
④ 参见钟伟今主编：《防风神话研究》，安徽文艺出版社1996年的有关内容。

一书及相关的研究中对于昆仑神话体系和源起的源头的讨论，包括它的神谱的建构都做了非常值得称道的工作，直观并可信地传达出，昆仑神话不仅是中华民族多元神话结构中的一员，而且是具有独特神谱、结构和文化意义的神话体系。[①]昆仑神话的独特性主要在于它的昆仑山的神山神话以及以西王母为中心的相关神人的神话。这些神话以无与伦比的神秘性和内容丰富的延展性，对中华民族的神话多元性构成自我独特性的世界。

以昆仑山的神山神话为例。首先，昆仑山是一座高而神秘且为百神所居之山。《山海经·海内西经》："海内昆仑之虚，在西北、帝下之都。昆仑之虚，方八百里，高万仞。上有木禾，长五寻，大五围。面有九井，以玉为槛。面有九门，门有开明兽守之，百神之所在。"

其次，昆仑山只要能登上就可以不死就可以成神。《淮南子》："昆仑之丘，或上倍之，是谓凉风之山，登之而不死；或上倍之，是谓悬圃，登之乃灵，能使风雨；或上倍之，乃维上天，登之乃神，是谓太帝之居。"

再次，昆仑山其实是像人间所居之城池。《拾遗记·卷十》："昆仑山有昆陵之地，其高出日月之上。山有九层，每层相去万里。有云气，从下望之，如城阙之象。"《淮南子·地形篇》高诱注就明确说，"昆仑虚中有五城十二楼。"而且有西王母者也居于其中。《古今图书集成》："西王母所居宫阙，在龟山春山西那之都，昆仑之圃，阆风之苑。有城千里，玉楼十二，琼华之阙，光碧之堂，九层元室，紫翠丹房；左带瑶池，右环翠水。其山之下，弱水九重，洪涛万丈，非飙车羽轮，不可到也。"

正是这种独特性构成中华民族神话的庞大体系，证明着神话的多元性和对于文化丰富性和多元性的意义和价值。

二、多民族文化与文化融合

当下的中国有 56 个民族，生活于中国大地的 56 个民族我们可以统称为中华民族。根据费孝通的中华民族多元一体的理论，中华民族可以视之为涵盖 56 个民族的民族实体。从这个意义上看，中华民族的多元一体，并不是毕一日之功完成的，它是长期发展和融入的结果。

首先是多民族的文化，这是当下依然还存在的现象。国家从政治层面承认 56 个民族的存在，并给予一些聚居的民族以自治的权利，目前的 5 个自治区和数百个自治市（盟）县等，就是明证，正是这些区域的民族和民族文化的保护和传承，才形成了当下的民族自治区域，并保证这些区域内的民族在传承自身传统文化方面拥有高度的自治权力，包括立法保护和传承的权力。

其次，多民族的文化不仅在源头上，尤其是在现实中表现出越来越多的涵化趋势，当然，这种涵化更多的是表现出与主流的文化，也包括与世界其他国家在价值观念、思维方式和审美趣味等方面日趋相近的趋势。

---

① 赵宗福：《论昆仑神话与昆仑文化》，《青海社会科学》2010 年第 4 期。

第三，多民族文化在现代技术的冲击下，呈现出趋同和融合，技术中的你中有我和我中有你，在国家空间表现突出，技术在现实生产和生活中的影响越来越直接也越来越大。

中华民族多元一体的形成不仅是基于上述方面的现实原因，同时也是基于自然地理环境和文化相互影响的原因。中华民族生存的自然地理环境天然地拥有独特且具有一定封闭性，东面和东南主要是海洋，西北是草原和沙漠，而西边和西南则以高原和崇山峻岭为主，这种独特且具有一定封闭性的自然地理环境，使生存于这一区域的人民在文化相互交往和影响方面拥有得天独厚的优势。也正是这一优势，在历史的长期过程，不光是国家政治的推行和治理，还是生产生活文化的相互学习和影响，居住于这一区域的人民自觉自愿或不自觉不自愿地都要受到影响。所谓率土之滨莫非王土，就是这一真实情形的写照，中国人的天下观也是这样形成的。这种地理环境格局还很大程度上屏蔽了来之于非区域内的异文化的大量进入和对本区域文化造成的根本动摇或影响，这也是中华民族文化五千年来一以贯之非常重要的天然保障。

另外，中华民族多元一体的形成还得益于历史过程中大一统国家观念和主流文化的长期和一以贯之的存在和发展。"从历史的发展过程来看，秦、汉的统一国家，开创了史无前例的大一统局面，后来的三国归晋，隋唐的统一和强大的唐朝出现，积贫积弱的两宋以及再后来的疆域极其广阔的元朝和明清，统一都是这个国家唯一的诉求和主流文化。在中央政府的统一管理和法律的约束下，民众观念的类同和文化趋同的现象也同样成为一种主流。许多情况下，中央政府不仅要求人们遵守共有的法律，也要求不同民族和不同地区的人们，遵守他们制定的共同的生活习惯。正是为了统一管理借口下的统一制度和习惯，使中华民族的文化前所未有地有效地可能也是潜移默化地进行着融合和同化，从语言、服饰，到节日习俗、宗教信仰和婚丧喜庆，都出现了越来越趋同的现象。人们不仅认同国家，也认同中华民族，并且认同它的文化"①最终的结果只能是多元一体的中华民族这一日益具有文化共同指向和价值共同指向的族群形成。

还有一个原因是战争和民族或居民的迁徙，造成了不同区域民族或人民的杂居或混居，使不同的民族、居民的不同文化得到了迅速且不可逆转的融合。中央王朝的动荡和战争，往往导致核心区域人口的大量外迁，历史上不断地因为动荡而从中原地区南迁到江浙甚至岭南的情况时有发生，所谓"衣冠南迁"就是主流的文化进入非主流的文化区域，同时，不同的文化产生相互影响和融合。当然，这种政治动荡也出现不同民族进入汉民族的核心区域或汉民族进入其他民族文化区域，民族文化交互影响，甚至建立政权长期治理，文化高度融合和同化。这一过程实际上伴随着中华民族文明历史的整个发展。南北朝时期的胡服与汉服的影响就是一例，"由于北方少数民族入居中原，北朝的服饰呈现出两大特征：一是汉族服饰吸收了胡服的很多形式，胡服逐渐被全社会所接受，并且大范围地流行；一

---

① 陈华文：《民俗文化学》（新修），浙江工商大学出版社 2014 年，第 109-110 页。

是各少数民族政权的统治者也或多或少地采用了汉族的服制礼仪。这一时期，各民族服饰都在自身传统的基础上融合改进，对中国古代服饰的发展产生了积极深远的影响。在魏晋南北朝时期，典型的胡服，其基本形制特征就是上穿窄袖短衣，下着长裤，足蹬长靴，腰束革带，随着胡人入主中原，它对汉族服饰的影响非常大，如胡服里的足靴在中原地区十分流行，不同质料和款式的靴子逐渐成为非正式场合穿着的足装，为汉族人群所接受。"[1]这一切非常明确地传达出，民族文化在政权更替时代，其融合和影响迅速地被不同民族的人们所接受，并且影响总是表现出交互而不是简单的单向。

还有一个事例也非常具有代表性。北齐时高欢的部将侯景与大臣讨论衣服应该左衽还是右衽，实际上这是关于服饰文化或核心文化谁是正宗的问题。当时的尚书敬显俊引经据典地说："孔子云：'微管仲，吾其被发左衽矣。'以此言之，右衽为是。"但是跟随于其父王基身边才十五岁的王纮却不同意这样的观点，他说："国家龙飞朔野，雄步中原，五帝异仪，三王殊制，掩衣左右，何足是非。"[2]意思是国家很强大，拥有中原，而且，历史上三王五帝并非只有一种礼仪制度，左衽还是右衽，没有对错的问题。意思是天下一家，所有的文化，哪怕是不同的文化，也是这个国家的和人民的文化。说明文化的融合已经让人民可以宽容地对待或认同不同的文化存在并纳入了统一的中华民族文化之中，其中一些开明的文化精英尤其如此，据说从此之后就不再讨论左衽还是右衽为正宗的问题。

三、昆仑神话与中华民族多元一体

在中国，神话的多样性与多元一体，就像民族的多样性和多元一体一样，是一个长期传承发展的结果。大家都知道，不同区域的神话有着自身不同的内容和不同的神话体系以及神谱，不过，在中华民族的语境下，它们是多元一体神话的不同表达，换句话说，它们是长期的历史过程中不断融合和交互影响的结果，同样是一种你中有我，我中有你的共同文化。

昆仑神话是一个庞大的体系，内容非常丰富且多样，但不管是昆仑山的神话，还是关于西王母、东王公或周穆王以及黄帝、后羿、共工与不周山神话等，都表现出多元一体和日益趋同、从自然向人文化发展的特点。以西王母神话为例，《山海经·西山经》："西王母，其状如人，豹尾虎齿而善啸，蓬发戴胜，是司天之厉及五残。"此时的西王母基本上是半人半兽形的神人，她的特点是像人，但却长着豹一样的尾巴，有着老虎一样的牙齿，而且善于啸叫。头上有着特别的装饰（"蓬发戴胜"），她本人是管辖五刑残杀的神灵。因此，在《山海经》中，西王母基本上都是一个可怕的半人半兽型神人。但到《穆天子传》中时，她已经是一个"人王"，可以与周穆王对话。到托名班固所作的《汉武内经》中则变成了"年可三十许"的丽人，所谓"修短得中，天姿掩蔼，容颜绝世，真灵人也。"[3]西王母神话的

---

① 董晔：《论魏晋南北朝时代的"胡服"风尚》，《兰台世界》2013 年 7 月 18 日，第 66 页。

② 《北齐书》卷二十五，见《二十四史》（简体字本），中华书局 2000 年，第 251 页。

③ 参见茅盾《神话研究》有关内容，百花文艺出版社 1981 年。

继续发展，有一部分则成了中华民族家喻户晓的七仙女故事，西王母也成了阻挠仙女自由恋爱与婚配的代表，是破坏儿女美好生活追求的典型，也是封建社会王权、母权对于子女婚姻支配权的典型。从一个高高在上居于昆仑山之上的半人半兽的神人到一个有权有势的王母娘娘，中间的变异融入了不同时期不同民众的价值观念和审美追求。正是这种融入，完成了西王母神话向中华民族多元一体文化价值观的蜕变和化蛹成蝶。

西王母的神话是这样，黄帝的神话也是这样。《神异志·西荒经》载："昆仑西有兽焉，其状如犬，长毛四足，似熊而无爪，有目而不见，行不开，有两耳而不闻，有人知往，有腹无五脏，有肠，直而不旋，食物径过。人有德行，而往抵触之；有凶德，则往依凭之。天使其然名曰混沌"。这完全是一个动物状的神，甚至记录者就直称为"兽"，但却有价值判断和辨别能力。《山海经·西山经》载："天山……有神焉，其状如黄囊，赤如丹火，六足四翼，浑敦无面目，是识歌舞，实为帝江也"。依然是可怕的动物状神。《庄子·内篇·应帝王》说："南海之帝为倏，北海之帝为忽，中央之帝为混沌。"据考证，帝江即是黄帝，因此，黄帝也就是混沌。同时，天地也即混沌，盘古也是混沌，因此，这些神话也可以归入黄帝神话之列。欧阳修《艺文类聚》卷一引徐整《三五历纪》载："天地混沌如鸡子，盘古生其中。万八千岁，天地开辟，阳清为天，阴浊为地。盘古生其中，一日九变，神于天，圣于地。天日高一丈，地日厚一丈，盘古日长一丈。如此万八千岁，天数极高，地数极深，盘古极长。……故天去地九万里。"后来盘古氏死去，化生为万物并为女娲伏羲神话的连结建立了通道。[①] 由此说明，一类神话的传承发展演变为多个神话，并且内容不断发展变异和吸纳不同的内容进入体系，从而融合成为共同价值指向的文化，中华民族多元一体也在这一过程中完成。

不管是昆仑山的神山神话还是西王母神话、黄帝神话、盘古神话、女娲伏羲神话或昆仑神话体系中的其他相关神话，它的长期传承和发展最终都融入了不同区域、不同时期民族或地方文化的印迹，就像有的学者所讨论的，有一支羌戎进入炎帝部落之后，昆仑神话就打上了羌戎文化的印迹。[②] 而实际上，不仅是羌戎，也包括其他生活于中国大地上的一些民族和民众的智慧，也融入了昆仑神话之中，是多部族文化融合的结晶，"它的人物神、守护神、管理神来自多个部族，某些单独的物类事象是融会多部族文化因子而成，其中包括图腾崇拜、色彩崇尚、方位崇尚、计数习惯等"，[③] 这是李炳海的观点，我觉得是蛮有道理的。

---

① 《述异记》："盘古氏，天地万物之祖也，然则生物始于盘古。昔盘古之死也：头为四岳，目为日月，脂膏为江海，毛发为草木。秦汉间俗说：盘古氏头为东岳，腹为中岳，左臂为南岳，右臂为北岳，足为西岳。先儒说，盘古泣为江河，气为风，声为雷，目瞳为电。古说：盘古氏喜为晴，怒为阴。吴楚间说：盘古氏夫妻，阴阳之始也。"

② 张得祖：《昆仑神话与羌戎文化琐谈》，《青海民族学院学报》1995 年第 2 期。

③ 李炳海：《昆仑神话：多部族文化融会的结晶》，《民族文学研究》2004 年第 1 期。

四、结语

昆仑神话由于在长期的传承过程中日益丰富并产生广泛的溢出效应，因此，在神话之外，又与仙话，尤其是与道教相关联的信仰和民间生活或习俗方面息息相关，因此，产生了比其他许多神话更深远的影响。其中以王母娘娘为代表的溢出仙话，如七仙女的故事，牛郎织女的故事等，成为家喻户晓、耳熟能详的故事，深入各地区和各民族的生活和习俗之中，七夕节因此而生并因此而深刻地影响以农耕为主的传统文化，主要是思维方式、道德伦理及其价值观念。而后者才是中华民族多元一体最本质的核心和我们共同追求的目标。

从蓬莱山到昆仑山

张从军

蓬莱山和昆仑山，是古代中国两座仙山，也是东西两大神仙体系的标志。从秦始皇到汉武帝，无不以到山东寻找神仙以及长生不死之药为乐事。这种向东方濒海地区寻找神仙的观念延续了很长时间，直到丝绸之路开辟了西方仙界的传说后，昆仑山才开始进入人间的视野，走进了神仙信仰的世界，并逐渐取代了蓬莱山，成为最主要的寻仙目的地。但东方海上神仙的认识，在古代中国依然不可动摇。个中原因就是大海，就是不可捉摸的无边无际的海。

一、秦皇汉武的蓬莱山

蓬莱山是海上仙山，是三神山的代表和简称，也是战国秦汉时期渤海湾沿岸的传说，更是秦皇汉武梦寐以求的寻仙目的地。

历史文献明确将仙山定位为海上的记载是《史记》。《秦始皇本纪》载，秦始皇二十八年（前219），在琅邪台，"齐人徐市等上书，言海中有三神山，名曰蓬莱、方丈、瀛洲，仙人居之。请得斋戒，与童男女求之。于是遣徐市发童男女数千人，入海求仙人。"

[1]《封禅书》说，秦始皇统一天下后，"东游海上，行礼祠名山大川及八神，求仙人羡门之属。"[2] 这里同样明确了仙人们居住在海上，而且还有名有姓，是"羡门之属"，是一个群体。《秦始皇本纪》"三十二年，始皇之碣石，使燕人卢生求羡门、高誓"[3]。唐人认为，这个高誓，也是个仙人。这是句读的错误，高誓不是一个人物，羡门全称是羡门高，《封禅书》所说，羡门名羡门高，是和宋毋忌、正伯侨、充尚齐名的"方仙道"人士，也就是战国时期"方仙道"学派的学者们，他们和当时的诸子百家一样，研究的是如何依托鬼神，脱胎换骨的方法[4]。秦始皇求仙人羡门之属，说明这些人到了战国末期，已经被燕人齐人传说为得道成仙了。不过，按照秦始皇臣下撰稿的琅邪、芝罘刻石所称，秦始皇所以东巡到

---

[1]　《史记》中华书局 1959 年，第 247 页
[2]　同上书，第 1367 页
[3]　同上书，第 251 页
[4]　同上书，第 1368 页

海上，是因为他完成了统一大业，能将"六合之内"，变成"皇帝之土"，东西南北，"人迹所至，无不臣者"，是"功盖五帝""经纬天下"[1]，已经超越了历代帝王的伟大皇帝。数块刻石在扬名颂德之外，只字未提求仙问道的事情，说明，秦始皇东巡的初衷还仅仅是扬威播名，而顺便祭祀名山大川，也同样是宣扬盛德的手段。所以，秦始皇东巡礼敬"八神"主要还是继承了古老的祭祀名山大川的传统，而山东半岛的"八神"似乎是地方的专利，不在古帝王祭祀之列。能够亲到现场祭祀这八个神明，说明秦始皇超过了此前任何一个帝王或君主。但是，当秦始皇一旦得知海上有仙人、仙山的时候，立刻深信不疑。其表现就是，完全听信徐市的信口开河，给予强有力的支持，组织了数千童男女随徐市出海。而对于自己第一次接触到的"八神"则仅仅是"用一牢具"[2]，还放手让巫祝们随便增减祭祀物品。对待仙人和"八神"，其不同的措施和态度，表明秦始皇所谓的祭祀，完全是形式主义，连他自己也不怎么相信这些神主的神通。而秦始皇派遣徐市入海，除了寻求仙人外，他更加关心的是蓬莱、方丈、瀛洲"三神山"。按照司马迁的记录，三神山"在渤海中"，三神山的好处是那里有仙人，仙人有不死之药。这是秦始皇三番两次东巡海上的真正目的和梦寐以求的奋斗目标。但是，直到秦始皇病死在东巡的途中，到秦二世步其后尘东巡到碣石，不死之药也始终没有寻到。燕人卢生和侯生，在无法拿出真正的不死之药后，又杜撰了一个"真人"的概念替代仙人，而且说这样的真人不怕水火，可以与天地久长[3]，同时这些真人还可以辟邪，尤其是能够将阻碍仙药到手的恶鬼降伏。这种所谓的"真人"其实也是仙人，这是燕齐方士们编造的第二类仙人。和侯、卢二位同样，在燕地还有韩终、侯公、石生，他们也曾经被秦始皇派出"求仙人不死之药"[4]。

从《秦始皇本纪》和《封禅书》记载，可以看出，在渤海湾一带存在着两大神仙方士群体：山东半岛以徐市为代表的齐地方士，宣扬的是海上有三神山，山上有仙人。而以卢生、侯生等为代表的渤海湾西部海岸的燕地方士，则更多的是宣扬不死之药。虽然两地的方士都说仙人仙药在海上，但燕地方士并没有明确的目的地，不像齐地那样，认为海上仙人的落脚点就是三神山。另外，齐地方士说寻觅不到仙人的原因是海里的大鱼阻挡了船路，而燕地方士则认为是恶鬼挡道。鱼是看得见的实物，秦始皇也亲眼见到了海里的大鱼，恶鬼则是虚幻的，这说明，齐地的方士们在演说海上仙话的时候，还是比较唯物的，还是有些客观现实依据的。这些客观的证据，按照《封禅书》的说法，和海市蜃楼差不多。因为三神山"望之如云，及到，三神山反居水下。临之，风辄引去，终莫能至"[5]。

蓬莱一带的渤海湾，正是在海市蜃楼的不可解释中，被一步步仙化、神化，并最终成

---

① 同上书，第 245—249 页
② 同上书，第 1368 页
③ 同上书，第 257 页
④ 同上书，地 252 页
⑤ 同上书，第 1370 页

为神仙的故乡，成为寻求仙人的目的地。

到了汉武帝的时代，海上仙话传说日益普及，"齐人上疏言神怪奇方者以万数，"① 特别是胶东国的栾大因说神仙事而被汉武帝封为五利将军后，"贵震天下，而海上燕齐之间，莫不扼腕而自言有禁方，能神仙矣。"②

第一个游说汉武帝的方士是李少君，他的理论是益寿，益寿就可以和"海中的仙者"见面。不过，这个时候的仙人已经换成了安期生，"安期生食巨枣，大如瓜。安期生仙者，通蓬莱中，合则见人，不合则隐"③。李少君是第一个诱引汉武帝派人入海求蓬莱安期生的方士。第二个进言神仙秘方的是齐人少翁，他的方法是营造神仙的环境，如此则可以吸引神仙降临。第三个是胶东国宫人栾大，栾大敢说大话，敢在皇帝面前大言不惭，其交通神仙的方式是权力和印信，说只有获得皇帝的信任，身兼数职，有了显赫的地位和身份才可以通神。第四个是公孙卿，公孙卿的方式和少翁的一样，也是给神仙提供良好的降临环境，要修建高楼天台。在这些神仙方士的鼓动下，虽然汉武帝对于神仙之事深信不疑，也效法秦始皇东巡到了海上，但结果和秦始皇一样，没有遇见仙人，也没有得到不死之药。不过，汉武帝却按照方士们的规划，在建章宫附近开挖了一座"泰液池"，在池中设计上了蓬莱、方丈、瀛洲和壶梁，"像海中神山龟鱼之属"，满足了亲眼所见三神山的愿望④。

从司马迁的记载看，较之秦始皇时期，汉武帝时期的海上寻仙和仙话有了不同的变化，一是不再全称三神山，而是以蓬莱取代，二是，海上仙人增加了安期生，三是仙人们也和凡人一样，也吃东西。不同的是，安期生所吃的枣大，是像瓜一样的巨枣。这种饮食长生的方式，是服食成仙的途径，也是从外在求仙转而自身调节的重大转折。这种观念影响到民间就有了西汉中期铜镜铭文中"宜酒食"的吉祥语句，有了新莽时期仙人食枣饮泉的祥瑞向往。仙人求不得，就转而求自身的养生，通过健康体魄而达到长寿的目的。而将三神山设计到庭院之中，虽然不过是水月镜花，但至少也可以慰藉心灵的欠缺和向往的不可及，调节思想精神，也可以养生。

二、两汉民间的陆上仙山与成仙之道

陆上仙山是昆仑山，仙人的代表是西王母，长生不死的方式是服食、飞升和超生。

最早提到昆仑山是神仙大本营的是《竹书记年》："（周穆王）十七年，王西征昆仑丘，见西王母。其年，西王母来朝，宾于昭宫"。《竹书记年》被公认是战国时期的作品，文字给我们的印象是，西王母居住在西方昆仑山，曾经和西周有过交往。和《竹书纪

---

① 同上书，第 1379 页
② 同上书，第 1391 页
③ 同上书，第 1385 页
④ 同上书，第 482 页

年》同时出土的《穆天子传》，则将西王母所居之山命名为"西王母之山。"①《山海经·大荒西经》说："（昆仑之丘）有人戴胜，虎齿，豹尾，穴处，名曰西王母"。这说法和《竹书纪年》一样，只是这里的西王母形象有些怪异。"昆仑之墟……百神所在。"这里十分明确地将昆仑山和神仙们联系起来了。《淮南子》则说，"昆仑山上有层城九重，上有木禾，其条五寻。珠树、玉璇树、不死树在其西，沙棠、琅玕在其东，绛树在其南，瑶树在其北。"这和《山海经》的手法一样，说得是昆仑山有奇珍异宝。此后的《列仙传》则称雨师赤松子"能入火不烧，至昆仑山上，常止西王母石室中。"②

以上是比较早的文献，所述昆仑山在西方内陆，虽然很遥远，但是可以到达。昆仑山不但遍地珍宝，物产丰富，有"百神"，还有一个主宰神西王母，神仙们也经常去那里居住或聚会。比较海上的仙山，昆仑山给求仙问道的人们指明了一条可望可及的希望之路。这是海上寻仙不遇后的权宜之策，也是仙人观念由东方向西方的重要转变。这种转变开始于战国时代，成熟于西汉中期，也就是张骞疏通了丝绸之路的时期。因为和西域乃至更远的中亚、西亚等区域的商贸交流，西方的故事和见闻遂一步步在中土流传，西方有神仙的观念也慢慢培养了起来。

和东方海上仙山不同，西方的仙山首先是云气环绕，其次是鸟兽出没，第三是地处边疆，边疆的标志是有胡人。这些认识在两汉时期的画像石中被一一表现了出来。如山东滕州官桥镇后掌大出土的一块画像石上，作为神仙的东王公端坐在一座"凸"字形的仙山之中，山体周边云气弥漫，云气之中既有凤鸟，也有带翅膀的龙、熊、牛、鹿，神异的特征活灵活现。云气是空中的物质，也是天上的象征，战国秦汉时期的人们既然相信神仙能够像鸟一样飞升，云气自然就是神仙的伴生物。但云气展示的仙山太虚无、太缥缈，人们祈求长生不老，希望做神仙，还是希望仙界能够到达，而不仅仅是望尘莫及、望梅止渴。哪怕这种仙山离人间很遥远，遥远到像祁连山一样，但也总比镜中花、水中月实际，所以，在春秋战国秦汉图像中，表现遥远的仙山时，都愿意将其逐渐改造为狩猎可以达到的地方。如河南汲县山彪镇出土的春秋晚期青铜尊上的仙山，山中有树，有鸟，有走兽，有手持弓箭的猎人，还有人头兽。这个怪异的神兽，一头两体，旁边还有一个提着一串东西的人物。这一串东西或者是扭成麻花状的白丝，或者是一串贝币，总之应该是珍贵的东西。携带着礼品进山，应该和周穆王带着礼品朝拜西王母的意图一样，是去仙界沟通和交往，希望神仙能够接受求仙者。这是仙山的人文表现。画面中人头兽虽然和山东滕州后掌大的龙及带翼的熊、鹿一样，标签着神山的性质，但手持弓箭的鸟头人，则将仙山是狩猎场做了明确的注解，拉近了仙山和人间的距离，让求仙的人们终于看到了些许的曙光。河北定县122号汉墓出土的铜伞柄上的群山之中，飞禽走兽目不暇接，这是远离人间社会的形象描述，也是仙山遥远的艺术表现。

① 郑杰文《穆天子传通解》山东文艺出版社，1992年，第52页
② 《太平御览》卷第三十八·地部·昆仑山，河北教育出版社1994年，第一册，第306页

　　昆仑山既遥远又隐秘，还连绵起伏。因为遥远，所以云气缭绕，因为遥远，所以物种丰富，可以狩猎，因为遥远，汉人无法居住，所以是胡人的家园。这种认识至少在西汉时期就已经成为中土的共识。如山东微山岛沟南村出土的一座西汉晚期石椁墓侧板上的狩猎画像，猎物就出没在起伏的群山之中。到了东汉时期，连绵起伏的群山就完全成为胡人的大本营。如济南市长清区孝堂山石祠堂西壁胡汉战争图中的胡人们，就隐藏在起伏的群山之中，胡王身后的"胡王"题记，将群山是胡人的根据地标明的一清二楚。同样将胡人的居住区域描述成起伏的群山的样子在山东沂南汉墓墓门门楣上也有表现，胡人的队伍正从群山之中杀出。春秋战国秦汉时期的人们认为，居住在北方和西北地区的少数民族都是"胡人"，而胡人的天下就是群山，也是非常偏远的地方。画像石刻画群山并把胡人纳入其中，甚至让他们和汉人作战，固然有着天下太平的祥瑞含义，但这些画像也从另一个途径表现了山的遥远。

　　四川的画像石中，仙人们活动的处所一律被安排到山中，有的就在断崖之上，如彭山3号石棺上的天台，山体如豆柄，山顶则如盘，层层叠叠，很宽敞，仙人们背后还有耸立的尖山。同样的天台在梅花村496号石棺中也有反映，不过天台上的主人不是博弈的仙人，而是一头麒麟。最险峻的是长宁2号石棺的天台，画面截取的好像是天台的一半，两位仙人就在这半个天台上得意忘形，天台的周边飞翔着瑞鸟，天台的下边伫立着一头仙鹿。总而言之，四川的仙山更看重的是山顶上的平台和地势的险要，看重的是离开地皮的能量和神通。

　　画像石中的神仙们，可以学习，可以效法，其方法也实用简单。按照当时人们的理解，要想成为神仙有三种主要的途径，一是通过快捷的交通方式改变现实的空间，到达仙境，二是通过和仙人们博弈忘却时间，让时间缓慢下来，新陈代谢也缓慢下来，以达到益寿延年。三是服食仙药。鹿、天马或神异的动物就是陆上快速行进的交通工具，所以画像中骑乘的仙人就特别多，骑乘也是最容易被人们接受的成仙方式。如山东临沂吴白庄画像石中，头戴尖顶帽的仙人扬鞭催赶着坐骑，追赶着前头的大象，坐骑像是一头麒麟，其后则是一位仙人在紧紧追赶着一匹天马。河南南阳卧龙区麒麟岗的仙人则骑在一只神兽上，飞奔在云气之中。运用交通工具到达和接近仙界是传统的认识，和秦始皇派遣徐市乘船渡海一样，异曲同工。

　　博弈是游戏，人们在玩游戏的时候往往会因为全神贯注而忘却时间，时间被忽略了，不受时间的约束正是神仙们的生活。没有时间的衡量，人们自然可以延长生活和生命，达到长寿的目的。仙人博弈在四川画像石中十分常见，其形式和所处环境也各各不同，如彭山二号石棺的仙人各自坐在独立的石台上，博弈的棋盘则放在空中。新津崖墓石函两位博弈仙人身边还栖息着一只长尾鸟，这鸟应该是凤凰。有凤凰伴随在身边，当然是一种身份，能够和凤凰在一起，自然就是神仙。

　　服食仙药，可以健身长寿，因此画像中就有很多仙草和仙药丸的表现，如四川合川汉墓前室西壁尚未完工的一幅画像中，仙人右手托着一个壶状的容器，左手高举着一株仙草。小壶应该是盛放仙药的道具，仙草则是制造仙药的原料。仙人做出这样的姿势，无疑是在昭示后人：此处有长生不老的仙药。山东地区画像石中仙药则像药丸一样，或者衔在凤鸟的嘴里，如邹城大故县的凤鸟，就从嘴里不断地吐着仙药丸，或者连缀成吉祥图样，如滕州马王画像石，或者被串成糖葫芦状，被羽人奉献在西王母的身边，如嘉祥南武山小祠堂画像石，或者被神怪捧在手里，到处炫耀，如临沂吴白庄画像石的表现。《宋书·乐志》引用曹操作词的《董桃行》说仙人们"采取神药若木端，白兔长跪捣药虾蟆丸，奉上陛下一玉盘，服此药可得即仙"[①]。这里的"虾蟆丸"在画像石中也有表现，如江苏睢宁张圩的画像中，一只蟾蜍就在背上滚动着药丸。

画像石是民间的艺术，作者们肯定没有《淮南子》编撰者那样的学问，但在成仙得道的方式方法上全国各地普遍一致，说明当时社会上有同样的共识，那就是要想成仙很容易，这是秦皇汉武们所望尘莫及的，也是神仙修炼简易化的重要表现。

三、神仙信仰东西方位的演变

从秦始皇到汉武帝，在求仙问道的时候，依靠的主要是一些男性方士们，所期求的神灵也无不是一些男性神，而这些男性神明们几乎都居住在东方，都与大海有关联，都是海的产物。但是，西王母的出现，则将东方和男性神仙说转了一百八十度的大弯：神仙不仅仅来自东方，西方也有仙国仙人。而且，比较东方而言，西方的神仙更加温柔妩媚。那里不但有美酒美食，有食之可长生不老的仙桃，还有美若天仙的女性，有动人心弦的音乐，有令人流连忘返的缱绻情意。这样一来，东方老爷们式的神仙体系不得不受到严重冲击，西方美女神的信仰很快便普及到中土社会，深入到了下层平民之中。

西王母和西方神仙世界的建立，其物质基础是汉武帝时期对边疆地区频繁的用兵以及丝绸之路的开通，精神文化层面则是外来宗教特别是佛教的影响。因为，对匈奴的用兵和丝绸贸易，中原和边疆少数民族的交流日益扩大，并由单纯的和北方交流而向西方、向中亚、欧洲地区的交流扩展。这些不同民族和文化的交流，必然带来关于异国他乡的神话和传说，带来域外的宗教信仰和崇拜对象。同时，西方女性也以其不同于中国女性的身材、面貌等等，而为皇帝贵族们所倾倒。被汉武帝念念不忘的李夫人，其实就是一位少数民族，其家族个个能歌善舞和会带兵打仗等特点，为少数民族的身份做了最好的注解。两汉时期的少数民族，一般都是指匈奴和西域的民族，中亚和欧洲地区也被等同于西域系列。李夫人的美貌，和来自西北一带深受汉武帝崇尚的"神君"一样，大概都具有西北少数民族女性的美丽特征，所以，在汉武帝因思念李夫人而染病在身的时候，一去见"神君"便立刻痊愈的记载，

---

① 简体横排本《二十五史》天津古籍出版社，2，第102页

表明了汉武帝对西北少数民族女性的崇拜和热恋。爱屋及乌，传说的西王母因此而顺理成章地被选择为西方神仙的代表和西方女性的代表，首先走进中国社会，成为来自西方的第一位女性神，并逐步建立了一个西方的神仙体系。

从东方神仙国到西方神仙世界的转变，这是中国神话传说的重大转折，也是中国神灵观念的重大突破：神仙不独东方有，仙人们也不必非得居住在海上仙山不可，东方有神仙，西方同样也有神仙。这样一来，不但神仙的世界丰富多彩起来，而且一元化的神仙观念也因此而受到了强烈冲击，人们要想成仙得道，并不一定要到东方大海去捞针，骑马乘车甚至步行着去没有大海遮挡的西方同样能够找到神仙的国度，而且，那里的神仙还是美女，其侍从们更是一些妙龄少女。这种变化，说明的另一个问题是，神仙不再是高不可攀的了，求神问道也不再是上层人物的专利了，普通平民也可以接近神明。这种普及化的情况，表明从上层倡导的"长生不老"思想越来越为社会所接受，越来越为更广大的人民群众所关注。神仙们也不得不走下神秘的祭坛，走出虚无缥缈的世界，下嫁人间，进入寻常。其结果是，一个更加迷信的时代随之到来，这就是全社会崇拜谶纬的时代，这个时代上自西汉晚期，下至东汉初年，时间跨度约七八十年。

另外一个变化是，神仙向空中的扩展。除了东方海上是神仙居住之地，西方昆仑山是西王母的石室外，九天云霄也是神仙的国度。这种向天上寻找神仙的思想来源于对天的崇拜，是传统的理念，但也很可能与佛教的天国信仰相关。在山东嘉祥武氏祠左石室画像石中，有一幅升天的画像。画像位于屋顶前坡东段，表现的是逝者的灵魂由仙人引导者升到天空，并被车马接到云气缭绕的东王公、西王母的神仙世界。从东方到西方，再到上苍，神仙居住的空间越来越大，神仙的活动场地也越来越广阔。这是神仙思想的丰富，也是中西文化交流的结果，还是民间精神文化生活丰富多彩的结果。

文献所见，早期的神仙居住在东方海上，拥有不死之药。但春秋战国两汉图像所见，仙人们多居住在深山或高山之上，这种认识，应该与偏远地区传说有关。神仙生活在遥远的地方，边疆也是遥远的地方，神仙立足之地和边疆地区等同，这应该是少数民族的贡献，也是边缘传播的原因。特别是遥远地区的神秘故事，很容易通过陆地交流的方式，逐步传播到内陆地区。比较隔着茫茫的大海，陆地神话传说可望可及，也就容易让人们相信，这应该是昆仑山神仙传说逐渐为人们接收的重要原因，也是神仙方位由东方转向西方的根本原因所在。

神话的文献记忆：
泾川西王母神话的历史与建构

吴新锋

对地方社会而言，泾川西王母文化发生、承传的过程似乎是不言自明的。他们自豪地谈论着西王母的出生地、降临处，他们虔诚地祭拜着王母的神像，他们认真地赶着一个又一个的庙会……可是，他们关于西王母的知识到底源自哪里？换句话说，一个古老的神话是如何历经几千年渗透到当代民众生活中的？从逻辑上讲，神话通过先祖各种记忆影响人类社会，这些神话记忆的形态是多样的。首先，神话的口头记忆自然最为古老，这些记忆持续或间断地流传于不同时代民众的口头里，形成了神话的口头记忆传统。其次，更为重要的一种神话记忆当然是与口头记忆并存的各种文献记忆，这些散存在文献中的神话记忆链接着口头传统以文字的形式被印刻在不同介质的载体上（金属器皿、木简、绢帛、纸、石碑等）。最后，还有一类神话记忆似乎更加稳固，它与信仰结合，呈现在不同时代的庙会习俗之中。对泾川人而言，西王母神话的口头记忆至今流传在民众中间，只是这些口头记忆能追溯到何时，我们已经无法准确考察；而神话的仪式记忆——庙会信仰仪式，则主要依靠文献记忆和口述追忆来推断和考察；我们能做出系统梳理和比较准确判断的神话记忆只有文献记忆。

本文将重点考察泾川西王母的文献记忆，梳理、分析不同时代西王母文献对西王母神话的建构和历史承继关系。

一、宋以前泾川西王母文献及其神话记忆

《全唐诗》有收录一首胡曾的咏史诗，题目《回中》，诗云：

武皇无路及昆丘，青鸟西沉陇数秋。

欲向生前躬祀日，几烦龙驾到泾川。

唐代诗人胡曾以"咏物诗"著称，且诗皆以地名为题，借各地山川风物及帝王将相之事褒贬古今，特色鲜明。一般而言，所吟咏之地多为胡曾所到之地、颇可信。"然而其诗中地名屡见无可征信者，早先，史学家张政娘先生就提出过怀疑《不周山》诗，此山在虚

无缥缈间，自共工以后未闻有至者，胡曾果何缘至此？此外如《涿鹿》、《瑶池》、《流沙》、《夹谷》、《长城》、《平城》、《回中》、《居延》、《李陵台》、《铜柱》、《玉门关》、《泸水》等等，料亦非曾所能尽至。"

① 胡曾或许没有到达回中，但据此诗，我们至少可以判断在胡曾生活的时代，人们对汉武帝"躬祀"西王母之事是有某种明确记忆的。汉武帝与西王母，昆丘与青鸟，这些事项很容易让我们将其与更早的西王母神话勾连在一起；而于躬祀日龙驾到泾川，显然更多透露出某种历史的信息，更具有"咏史诗"的历史文献价值。难怪当地学者认为："该诗指明泾川与回中是一个地方，也道出了汉武帝在泾川回山拜访西王母的历史事实。至迟在唐代，泾川回山已成为全国公认的西王母圣地。"② 是不是全国公认的西王母圣地无法确证，但至少可以证明：唐人文献（文学）记忆里，汉武帝曾到泾川祭祀西王母，泾川定有西王母神话记忆的遗存。

泾川人西王母神话记忆是否更早？由此诗，我们可以探求的线索是"回中"，唐之前有关"回中"的重要记录有以下几条：

《史记·十二本纪·秦始皇本纪》

二十七年，始皇巡陇西、北地，出鸡头山，过回中。焉作信宫渭南，已更命信宫为极庙，象天极。自极庙道通郦山，作甘泉前殿。

《史记·七十列传·匈奴列传》

汉孝文皇帝十四年，匈奴单于十四万骑入朝、萧关，杀北地都尉印，虏人民畜产甚多，遂至彭阳。使奇兵入烧回中宫，候骑至雍甘泉。于是文帝以中尉周舍、郎中令张武为将军，发车千乘，骑十万，军长安旁以备胡寇。

《汉书·纪·武帝纪》

四年冬十月，行幸雍，祠五畤。通回中道，遂北出萧关，历独鹿，鸣泽，自代而还，幸河东。

据《史记》第一条记载看，秦始皇曾过"回中"，此"回中"或指泾川，但与西王母神话并无瓜葛。第二条，匈奴曾"使骑兵烧回中宫"，判断"回中"山上有宫殿，但基本可以判断应为汉代皇帝的行宫，似乎并无西王母宫之意。因此，我们无法判断胡曾诗歌中汉武帝所谓躬祀的场所为《史记》所记"回中宫"。以此分析，我们对胡曾《回中》诗可做两种推断：一、胡曾的时代，在回中还存在汉武帝"躬祀"西王母的遗迹或宫殿、或唐代新修的西王母祠，因此胡曾才会作《回中》，据胡曾写同类诗歌的特点，这种情况是极有可能存在的；二、胡曾的时代，在回中并没有任何汉武帝"躬祀"西王母的场所，完全是胡曾根据阅读所及的西王母文献和民间传说的一种文学想象。

第一种情况，前文已述，在此补充两条侧面的文献，从侧面论证唐代泾川存在西王母祠之类遗迹或场所的可能性。

① 陈检英：《胡曾咏史诗研究》，华中师范大学 2008 年硕士论文，第 24 页。
② 张怀群的解读，非常认真地看待这首诗歌；根据笔者采访摘录。

其一，《晋书》卷八十六列传第五十六，《张轨传》

　　永和元年，以世子重华为五官中郎将、凉州刺史。酒泉太守马岌上言："酒泉南山，即昆仑之体也。周穆王见西王母，乐而忘归，即谓此山。此山有石室玉堂，珠玑镂饰，焕若神宫。宜立西王母祠，以裨朝廷无疆之福。"骏从之。

其二，《隋书》卷七十一列传第三十六，《诚节·张季珣传》

　　京兆张季珣，父祥，少为高祖所知，其后引为丞相参军事。开皇中，累迁并州司马。仁寿末，汉王谅举兵反，遣其将刘建略地燕、赵。至井陉，祥勒兵拒守，建攻之，复纵火烧其郭下。祥见百姓惊骇，其城侧有西王母庙，祥登城望之再拜，号泣而言曰："百姓何罪，致此焚烧！神其有灵，可降雨相救。"言讫，庙上云起，须臾骤雨，其火遂灭。士卒感其至诚，莫不用命。城围月余，李雄援军至，贼遂退走。

　　据上两条文献材料，我们可以明确：在晋代甘肃酒泉和隋代河北井陉县有"西王母祠"和"西王母庙"。特别东晋甘肃酒泉南山"宜离西王母祠"一条，联系泾川情况，唐代存有"西王母祠"或"西王母庙"的可能性是较大的。换句话说，胡曾《回中》所咏唱的汉武帝"躬祀"西王母之事，并非无据。

　　第二种情况，唐代泾川没有任何汉武帝"躬祀"西王母的场所，胡曾《回中》诗完全凭借文学想象。那么，想象汉武帝在泾川"躬祀"西王母的依据和逻辑或许又怎样的呢？胡曾时代能够看到的汉武帝与西王母有关联的神话材料，依时间排列文献的话，大致有：《汉武故事》、《博物志》和《汉武帝内传》。《汉武故事》又名《汉武帝故事》，其作者，前人有汉班固、晋葛洪、南齐王俭诸说。然皆无确凿证据。今人刘文忠综合前说，又据书中反映的社会现象，推论当为建安前后人，较为合理。《博物志》为西晋张华（232～300）编撰，是一部中国古代神话志怪集，分类记载异境奇物、古代琐闻杂事及神仙方术等。而《汉武帝内传》时间上应《四库全书总目》云当为魏晋间士人所为，《守山阁丛书》集辑者清钱熙祚推测是东晋后文士造作，二说大致不差。下面分别将《汉武故事》、《博物志》和《汉武帝内传》中有关汉武帝与西王母相会的内容摘录如下：

1.《汉武故事》

　　七月七日，上于承华殿斋，日正中，忽见有青鸟从西方来。……是夜漏七刻；空中无云，隐如雷声，竟天紫气。有顷，王母至，乘紫车，玉女夹驭；戴七胜；青气如云；有二青鸟，夹侍母旁。下车，上迎拜，延母坐，请不死之药。母曰："帝滞情不遣，愁心尚多，不死之药，未可致也。"因出桃七枚，母自啖二枚，与帝二枚。帝留核著前，王母问曰："用此何为？"上曰："此桃美，欲种之。"母笑曰："此桃三千年一着子，非下土所植也。"留至五更，谈语世事而不肯言鬼神，肃然便去。东方朔于朱鸟牖中窥母。母曰："此儿好作罪过，疏妄无赖，久被斥逐，不得还天，然原心无恶，寻当得还，帝善遇之！"母既去，上惆怅良久。

2.《博物志》

汉武帝好仙道，祭祀名山大泽，以求神仙之道。时西王母遣使乘白鹿，告帝当来，乃供帐九华殿以待之。七月七日夜漏七刻，西王母乘紫云车而至于殿西，南面东向，头上太华髻，青气郁郁如云。有三青鸟如乌大，立侍母旁。时设布微灯，帝东面西向，王母索七桃，大如弹丸，以五枚与帝，母食二枚。帝食桃，则以核着膝前。母曰：取此核将何为？帝曰：此桃甘美，欲种之。母笑曰：此桃三千年一生实。唯帝与母对坐，其从者皆不得进。时东方朔窃从殿南厢朱鸟牖中窥母，母顾之谓帝曰："此窥牖小儿，尝三来盗吾此桃。"帝乃大怪之。由此世人谓东方朔神仙也。

3.《汉武帝内传》

到七月七日，乃修除宫掖，设座大殿，以紫罗荐地，燔百和之香，张云锦之帐，然九光之灯，列玉门之枣，酌蒲葡之醴，宫监香果，为天宫之馔。……半食顷，王母至也；县投殿前，有似鸟集；或驾龙虎，或乘白麟，或乘白鹤，或乘轩车，或乘天马。群仙数千，光耀庭宇……

王母惟扶二侍女上殿，侍女年可十六七，服青绫之桂，容眸流盼，神姿清发，真美人也！王母上殿东向坐，着黄金褡□，文采鲜明，光仪淑穆，带灵飞大绶腰佩分景之剑，头上太华髻，戴太真晨婴之冠，履玄璚凤文之舄，视之可年三十许，修短得中，天姿掩蔼，容颜绝世，真灵人也！……

又命侍女更索桃果。须臾，以玉盘盛仙桃七颗，大如鸭卵，形圆青色，以呈王母。母以四颗与帝，三颗自食。桃味甘美，口有盈味。帝食辄收其核。王母问帝。帝曰："欲种之。"母曰："此桃三千年一生实，中夏地薄，种之不生。"帝乃止于坐上。酒觞数遍，王母乃命诸侍女，王子登弹八琅之□，又命侍女董双成吹云和之笙，石公子击昆庭之金，许飞琼鼓震灵之簧，婉灵华拊五华之石，范成君击湘阳之磬，段安香作九天之钧，于是众声激明，灵音骇空，又命法婴歌玄灵之曲。

胡曾对《汉武故事》、《博物志》和《汉武帝内传》这类神仙志怪的记载应该并不陌生。这些汉武帝与西王母相会故事广为传播，以及《史记》、《汉书》中有关"回中"和"回中宫"的史实记述，再加之当时各地多有西王母的信仰圣地；因而胡曾或才由此联想诗句。所以，这不过是胡曾文学想象神话的一种方式。

但无论是哪一种情况，这些神话的文献记忆和胡曾《回中》诗或许成为宋代陶谷时代西王母神话、信仰建构的文献记忆之一。

二、宋代泾川西王母文献及其神话记忆：以陶谷碑为中心

在泾川县王母宫石窟文管所，有"泾川珍藏三石碑室"，内藏有三块古碑，被锁在廊房里，平时并不对外开放。其中有一块宋代颂碑与泾川西王母神话、信仰、庙会关系最为密切，

可以说，此碑乃有宋以来泾川西王母神话建构的唯一关键文献，这就是宋代陶谷题撰的《重修回山王母宫颂并序》。

此碑文乃宋代翰林学士陶谷所题，亦称天圣碑、王母宫颂碑。此碑通高283厘米、宽86厘米、厚18厘米，圆形缩头龟座，碑额梯形与碑身浑体，无装饰，碑额五寸篆书"重修回山王母宫颂"，传为陶谷手笔。根据泾川王母宫石窟文管所内文物介绍牌：

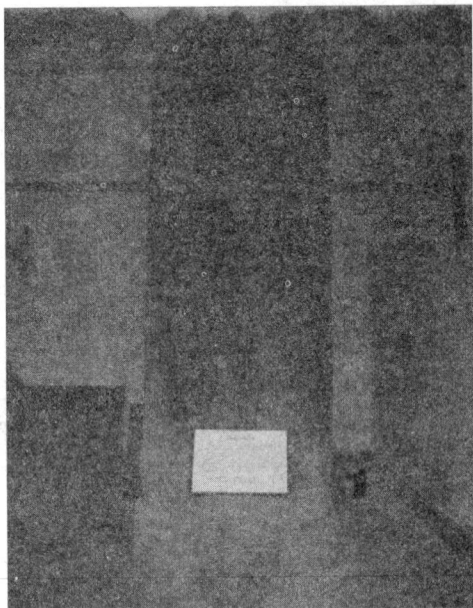

"泾川珍藏三碑室"内的宋陶谷碑·卢仕融摄

> 此碑刻于宋天圣三年（公元1025年），距今九百多年。正文接篆书，记载了有关西王母宴请周穆王和会汉武帝的传说，字迹规范秀美是篆书精品。据记载，宋开宝元年泾帅太师张铎重修回山王母宫，请翰林学士陶谷撰写"重修回山王母宫颂"一文刻于石上，二十七年以后，澶帅太傅柴万锡镇泾州，认为重修回山王母宫颂碑书法很不得体，便磨去碑文，请当时有名望的篆书家衢州僧梦英重书，刻石。此后又过了二十年，上官宓于天圣初年到泾州，又认为僧梦英篆书的碑文书迹伪谷，字多舛误，恐陶谷这篇名文传颂失真，再次削去旧字自篆籀状斯冰玉箸之体、命工刊之，留存至今。

> 注：陶谷字秀实陕西新平今邠县人，官至尚书。上官宓：官微尚书度支员外郎知军州事上柱国。

此碑文即为上官宓的篆籀玉着，共20行，满46字，现残140余字，全文如下：

重修回山王母宫颂并序

宋翰林学士承旨刑部尚书知制诰陶谷文

祭法曰："法施于人则祀之。"辨方之为法制也，不亦大哉！神有所职，足以垂训者，孰可阙焉。按《尔雅》"觚竹、北户、西王母、日下，谓之四荒"。王母事迹其来久矣，名载方册，理非语怪。西周受命之四世，有君曰王满，享国五十载，乘八马，宴瑶池，捧王母之觞，乃歌黄竹；西汉受命之四世，有君曰帝彻，享国亦五十载，期七夕，会甘泉，降王母之驾，遂荐仙桃。周穆之观西极也，濯马潼，饮鹤血，践巨搜之国，乃升弇山，故汲冢有《穆天子传》；汉武之祷灵境也，祀雍畤，幸朝那，立飞廉之馆以望玄圃，故乐章有《上之回》曲。呜呼！湘灵鼓瑟，虞舜二妃也；黄姑有星，天河织女也。或楚辞所传，或巫咸所记，犹能编祀典，配严祠。箫鼓豆笾，豫四时之享，牺牲玉帛，陪百神之祭。岂若王母为九光圣媛，统三清上真，佩分景之玉剑，纳玄琼之凤舄，八琅仙璈以节乐，九色斑鳞而在驭。啸咏则海神鼓舞，指顾则岳灵奔走，辅五帝于金阙，校三宫于绛河。位冠上宫，福流下土，则回中有王母之庙非不经也。

年纪寝远，栋宇毁坏，坛欹杏朽，蔽荆棘于荒庭，井废禽亡，噪鸟鸢于古堞，物不终否，崇之在人。太师清河公受赈建牙，三临安定，军功政事，纪在旗常。在邦也，压泾水之上游，控西戎之右坠，土宜菽麦，俗习骑射，抚之有道，则风能偃草，驭之非理，则水亦覆舟，中权失政，不可一日而处，矧三镇乎？

岁戊辰春二月，公介圭入觐，骏奔上都，天子设庭燎以延之，奏肆夏以宠之，临轩绝席以绥怀，大辂繁缨而锡命。礼成三接，诏还旧镇。公既旋所理，来谒灵庙，齐庄有感，胼蟹如答。申命主者，鸠工缮修，雍蔓草于庭除，封植嘉树，易颓檐于廊庑，缔构宏材，丹青尽饰于天姿，黼藻增严于羽帐。云生画栋，如嗟西土之遥；水阔长川，若讶东溟之浅。容卫既肃，精诚在兹。何须玉女投壶，望明星于太华；瑶姬感梦，洒暮雨于阳台。合征幼妇之词，庶尽上真之美。谷也，学非博古，才不逮时，论恩谬冠于词臣，叙事敢逾于实录。久直金銮之殿，视草无功，强窥朱雀之窗，偷桃知愧。

谨为颂曰："昆仑之墟，崦嵫之下，戴胜蓬发，虎豹为伍。是耶非耶，怪哉王母。丹台命驾，七夕为期。云軿凤辇，剑佩光辉。倩兮盼兮，穆若仙姿。宅玄都兮如彼，降汉宫兮若是。奚灵圣之多端，骇变化之神异。考山经于竹书，故两留于前事。山之巅兮水之湄，奠玉　兮荐金徽。白云零落归何处，黄竹摧残无一枝。扶舁山之旧石，纪泾水之仙祠。

天圣二年太岁乙丑三月十五日尚书度支员外郎知军州事上柱国上官佀重书

另外，此碑阴碑侧保存题刻二十条，除明万历年一条外，均为宋代题刻；计有皇　、元丰、元　、崇宁、大观、宣和等年号；有些则只写干支年代未记年号，亦有以大宋称之者，多为游览记兴祈祷平安之语。即便从题刻内容的丰富看，此碑的重要性也是不言而喻。因此，如何理解这段珍贵的碑刻文献，变得非常重要。

邢莉教授在《泾川西王母文化调查研究》第二章"泾川西王母宫的历史渊源"对此有解读[①]认为"宋代西王母祭祀已列入国家正祀之中"，此观点需要仔细考虑，遍查《宋会要辑稿》礼篇，所有国家正祀中并未见西王母宫或西王母祠。

碑文至"则回中有王母之庙，非不经也"之前这一段话如何理解非常重要。如果我们非常精确、严谨地分析，这段话只是阐明了周穆王曾瑶池会西王母、西王母于甘泉降会汉武帝、汉武帝祷灵境祀雍畤幸朝那，但并没有言明这些与西王母宫有关联，而是溯源西王母神话。但是这些并没有充分说明西王母宫到底有何来由，恰恰这句"则回中有王母之庙，非不经也"这句话透漏了张铎、陶谷等人的真实心理。按常理讲，重修王母宫庙立碑记之，应该明确庙宇的修建时间和传承情况，但此块碑却没有禀明这一点，反而先记一段西王母的神话传说，之后说："则回中有王母之庙，非不经也"，这似乎很可疑。我们还需要更

---

① 邢莉、王雪等著：《泾川西王母文化调查研究》，北京：商务印书馆国际有限公司，2016年，第90-91页。

多的证据证明陶谷碑之前的旧庙是否就是西王母宫或西王母祠。

我们可以找到两条同时代的文献佐证，如果此两条确实可信的话，陶谷碑之前或的确有西王母的旧址。

其一，《钦定四库全书·太平寰宇记》"泾州"条有：

> 西王母祠，周地图记云，王母乘五色云降于汉武，其后帝巡郡国，望彩云以祠之，而五色屡见于此，因立祠焉，每水旱百姓祷祈，时有验焉。

乐史（公元 930—公元 1007）主编《太平寰宇记》①时代至少早陶谷碑 20 年，该书是宋代珍贵的地理志书，可信度高，且采纳了当地民俗信仰入地理志。此处原文如下：

> 西王母祠，周地图记云，王母乘五色云降于汉武，其后帝巡郡国，望彩云以祠之，而五色屡见于此。《汉书》上之□□□，因立祠焉。每水旱，百姓祷祈，时有验焉。

《钦定四库全书·太平寰宇记》版本没有"《汉书》上之□□□"，但此缺处却是立西王母祠的原因，不知汉书有何记载，待考。但可以确信的是宋代《太平寰宇记》对泾州之"西王母祠"有记载，可信。

其二，《钦定四库全书·大清一统志》：

> 回山，在州西，王存九域志，保定先有回山，明统志谓之回中山，在州西五里，上有王母宫。
>
> 通志：下临泾水，俗名曰宫山。

此条"州"为泾州，因为此处引了宋·王存《元丰九域志》一句话"保定先有回山"，此条在"秦凤路"（府一州一十二……）的"泾州，安定郡，彰化军节度"一条；后文是引明统志的话。查《元丰九域志》原文："望，保定。一十乡。长武一寨。有回山、泾水、汭水。"②与《大清一统志》引其文基本一致，但未言有王母宫。王存（公元 1023—公元 1101）主编《元丰九域志》在陶谷碑之后，亦在乐史编《太平寰宇记》之后。从逻辑上讲，王存肯定会参考《太平寰宇记》，但却未记"西王母祠"；另外，从时间上推测，王存或许应该可以看到陶谷的碑刻，遗憾的是也无记载陶谷碑之事。然而，王存之《元丰九域志》体例和叙述自有其逻辑，不能苛求其必须记录泾州民间的西王母祠之事。

因此，我们大致可以判断陶谷碑之前的确已经存在"西王母祠"，陶谷题撰有据。需要特别指出的是，宋陶谷碑是后世记录泾川西王母宫的权威文献，历代重修碑刻、官方史书志书莫不受其影响。可以说，宋代重修西王母宫及其陶谷所题碑刻成为泾川最早的建构西王母神话信仰的标志性事件，西王母神话在泾川的在地化的清晰化是从这一刻开始的。

---

① 【宋】乐史撰、王文楚等点校：《太平寰宇记》，北京：中华书局，1984 年，第 694 页。
② 【宋】王存撰、王文楚、魏嵩山点校：《元丰九域志》，北京：中华书局，1984 年，第 125 页。

三、宋以后西王母文献及其神话记忆

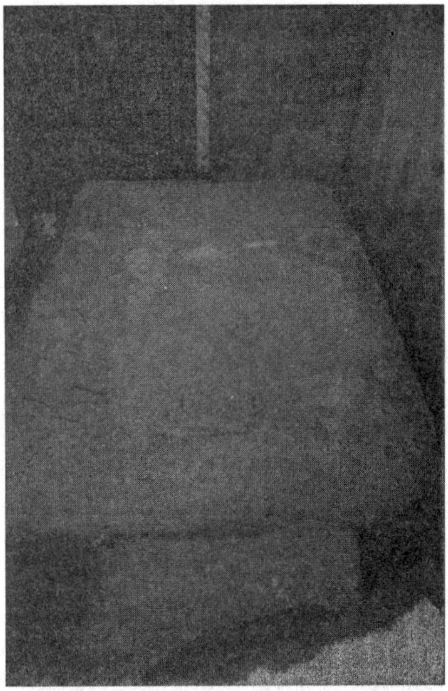
泾川博物馆院内存放的“元重修西王母宫碑”·卢仕融摄

一、元重修王母宫碑

2015 年 4 月，泾川县博物馆将一块碑刻征集入库时，馆长魏海峰根据碑石背面文字记载，发现此碑乃《元重修王母宫碑》，而碑刻的正面是明“王母宫蟠桃大会之年”题记。此处先谈《元重修王母宫碑》。根据泾川博物馆人员的辨识，现存碑刻“可辨识 124 字，但 10 个字以上的成句记载仅有两行，其他虽有‘回中’、‘汉武’‘王母宫’等字样，却断续不济，不明就里。”[①] 笔者田野考察时见到此碑，的确已经非常模糊。所幸，张维《陇右金石录》中收录此碑，笔者查阅《陇右金石录》，将 1940 年代张维辨识的碑文摘录如下：

元重修王母宫碑[②]（在泾川回山今存）

□曰国之大事在祀与戎□□□之大□□也而祀与之等而祀且先戎而言宜为圣人之所重而慎之也盖天地神祇（下阙）□□□□□百灵□德□□□□□□□□臣直士节义之显著者咸预焉虽大祀次祀小祀仪礼等衰之不同其（二行）□□□□□□□□□□□□□□□□□胜之区山河壮丽之境或冈原崇秀严洞幽阒当大麓临广渊是皆福地（三行）□□□□□□□□□□□□□□□殿楼观隆高雄敞庙貌仪卫威厉严正使人望之俨然如神在焉洁斋致祭畏敬（四行）□□□□□□□□□□□□□□□现于外屏气一志中正和气诚实之心存于中然后有以感通于神明而能获简（五行）□□□□□□川之间有山崛起山之脊有宫焉即汉武帝尝祠西王母于此陶谷有碑纪之详矣此不复云其楼阁（六行）廊庑整列齐厨静肃而正殿之旁有客厅焉下瞰州郭接屋连甍居民往来扰扰如阙蚁然西望崆峒天低云渺数峰（七行）泾水东流目迎百里逶迤屈曲如长蛇然山之两旁群木拥蔽杂花披列入锦绣然州人士女岁时祈祭奠献之余（八行）地熙熙然春登台耳迨乎金末兵戈蹂践二三十年城邑陵夷衢路荒塞庐落焚毁但丘墟而已独是宫屋宇幸存（九行）大朝有天下大元帅史公阔阔徒被（十行）名为泾邠二州都达鲁花赤是时西路新定蓁莽榆棘连云蔽日虎狼孤兔白昼纵横千里萧条而人迹几绝矣史公（十一行）议分遣属县官招致残民慰安抚谕自尔稍稍归集斸芜挽犁渐就耕业初皆食草实衣故书纸至是始有五谷缱（十二行）之闲马牛羊豕日加蕃息公私储蓄例致丰饶此史公暨州官节用爱人勤于抚养而致之耳一日史公命宣差重（十三行）□□□良同知□平节

① 参见魏海峰馆长考证文章《元天下元帅史天泽重修泾川王母宫》。

② 张维：《陇右金石录》卷五，民国三十二年甘肃省文献征集委员会校印，第 7–9 页。

制张瑀暨诸僚佐而谓之日今国家草创百度废而
未举疮痍之民幸且安集而衣食粗给（十四行）
□□□□□□□□□少得休息矣每见城南回山上
有王母宫州人日□□□□□□□□□□州之
形胜可乎诸官诉然日固所愿也遂（十五行）出
财物仍率居民美余之家约量资助以（十六行）
□□□□□□□□□人以主持之乃就事
闻秦陇教门提点洞阳真人公阐教西土德望素着
即日（十七行）□□□□□□□□□□□
敬知宫门事率徒侣以效营造盖戊戌岁正月
也郭公既领师旨食息弗遑剪棘除（十八行）
□□□□□□□□□□□□之未安者以次而崇
饰之期□□巳一切完整而神之栖止有以依矣人之
祠祀有（十九行）□□□□□□□□□□□
而悦乐之矣人神安乐之矣□□□不□乎是□既毕
征文于余以记之乃略叙（二十行）□□□□其名
日回盈栋崇崇□□□隆□□之宫金运既衰物莫不
随（二十一行）□□□□ □□□□ □□□□ □□□□ 功斯成矣 □□□□ □□铭兮 垂千龄
兮（二十二行）

此图为泾川博物馆魏海峰馆长提供、根据薛
宝春识录文字绘制

按此碑拓本高近七尺其广半之全碑二十八行行存字最多者四十六字第二行为京兆路都
总管府议事官兼提举学校事顾行撰灵台玄同逸事王道明书碑末有道正郭德敬当即碑文所谓
郭公蒙古太宗戊戌当宋嘉熙二年去金之亡方四年也。

幸亏张维将此碑文识录集于《陇右金石录》，否则我们面对今日残存的碑文无法窥其
大致全貌。据此碑文，我们可以推知以下事实：

一、史公及其当年重修西王母宫的当事者对陶谷碑自然十分熟悉，碑文第六行"陶谷
有碑纪之，详矣，此不复云"便是具体体现；碑文认为回山脊之宫即为"汉武帝尝祠西王母"处，
与胡曾《回中》诗暗合，或说明撰文者顾行对胡曾诗是认可的。这块碑坐实了回山脊之宫是"汉
武帝尝祠西王母"处，此必是对陶谷碑所记神话传说的发挥，但却是泾川西王母神话信仰
在地化的重要推进。

二、碑文中有"迨乎金末，兵戈蹂践二三十年，城邑陵夷，衢路荒塞，庐落焚毁但丘墟而已，
独是宫屋宇幸存"，可知金末元初的战乱并没有将西王母宫主体毁坏。

三、史公"节用爱人勤于抚养"，所以"疮痍之民幸且安集而衣食粗给"，当他看到"每
见城南回山上有王母宫，州人日□□□□□□□□□□□"，后面阙如11字，当是形容州

人到王母宫祭拜祈祷的情况，所以史公召集诸官僚佐商议重修王母宫之事，且官民协力重修回山王母宫并刻碑纪念。

二、明·王母宫蟠桃大会

明代《王母宫蟠桃大会》碑文乃题刻于上文所述顾行所撰《元重修王母宫碑》的碑阴。2014年秋，甘肃省泾川县王母宫景区管理局职工在王母宫南侧植树时无意中竟"铲出"一块刻有文字的巨碑。该局职工薛宝春抄录的题记识出该碑有明代"王母宫蟠桃大会之年"的题记，所以一直误以为是明代碑刻，后来经博物馆魏海峰馆长发现了碑刻正面乃是《元重修王母宫碑》。

该碑题记共有三个部分，碑文字迹清晰可辨。其中上方两个"来游"题记均为嘉靖年间题刻，重要的是石碑下方楷书阴刻"三月十七日／王母宫蟠桃大会之年修□□□／

明彭泽碑·卢仕融摄

修香亭会首姓名□□后"，中间为20位信众芳名并两位王母宫道士名讳，题刻时间为"大明嘉靖二十一年岁在壬□春三月甲辰十五日吉时"。从题记中可以得知，明嘉靖二十一年（1542），泾川王母宫修建了"□□□"和香亭，而当年为"王母宫蟠桃大会之年"。

这是泾川文献中首次出现"蟠桃大会"的记载，显示出明代回山王母宫有举行蟠桃大会的风俗，但碑刻未言明何时举办蟠桃大会、几年举办一次蟠桃大会。

三、明·彭泽碑·《重修西王母宫记》

彭泽碑，是明代彭泽撰文的《重修王母宫记》碑简称，该碑高2.09米，宽1米，现存泾川王母宫石窟寺文管所院内的碑墙上。碑石呈麻色，麻碴石，石质不细腻，经数百年风雨之后，字口基本清晰，但因麻色一片，刻字几无阴阳反差，读碑困难。碑文全文如下：

重修王母宫记

明太子太保兵部尚书彭泽

宫在泾原西五里回中山巅，祠所谓王母宫，盖古迹也。世传周穆王、汉武帝皆尝西游与王母会，故有是宫，又谓之王母宫。宋陶学士秀实记之详矣。路当孔道，古今名士登览祗谒，题咏甚富，蔚然为郡之胜迹。然自胜国初重修迄今逾二百载，渐以颓毁，郡之者旧，屡欲修之未能也。属郡太学生间君沂念父兄尝绩学卒业于斯，资其幽僻闲远，以游以息，经明行修，登高第而跻仕者后先相望。乃慨然谓诸者旧曰："仙家之荒唐无足言，周穆、汉武之游览无足取，第兹宫为吾郡千余年之胜迹。自我国朝奄有万方，陕为西北巨藩，自关西以达西南诸夷，不啻万里。延宁甘肃诸镇文武重臣，以及奉命总制、经略、抚按，册封出使外夷大儒、元老、名公、硕士，百五十年经此者不知其几，而吾泾缙绅士民得以亲炙而交游之，皆以斯宫之在兹。

而吾泾自国初抵今，藏修于兹以登仕途者，又不特寒族父兄子侄也。必欲重修，吾当为之倡。
其视倾资破产于佛老虚无寂灭之教以资冥福者，当有间矣"。于
是出私帑若干缗以先之，诸耆旧士庶欢然合谋，鸠材傭工，一时
宗藩韩王亦乐施助，期终其事。经营于正德甲戌五月上旬，落成
于嘉靖壬午五月中旬。为王母殿、玉皇阁者各五楹，周穆王、汉
武帝行祠各六楹，其余雷坛及玄帝等庙有差，则皆乡者之意，欲
为旱、潦、疫疠之祷而设也。规制整严，轮奂丽美，大非昔比。
工既讫，乃走书于兰，属泽为之记。夫圣人不师仙，盘游者圣帝
明王之深戒，吾儒之教也，第间生沂之论，盖不溺于其说而自有
说之可取，故不辞芜陋，叙述之以纪岁月。后之游览于此者，观
此其亦有取于间生也。生由此而克充之，敦天伦，重礼教，足法
于家而遗范于党里，则斯举为可称矣。不然，则昧先师务民之意、
敬鬼神而远之训，是亦。佛老之流耳，奚足为世轻重哉！是为记。

魏海峰馆长提供

　　此碑碑文亦十分丰富，但从碑文中我们可以清晰判断，彭
泽重修西王母宫并立碑纪念的原因与前所述有大不同。从碑文开头看，虽然彭泽明显沿袭
参考了宋代陶谷碑文对西王母神话传说的叙述，但彭泽对其态度非常明确，碑文中言明："仙
家之荒唐无足言，周穆、汉武之游览无足取。"这是儒生彭泽的态度，之所以重修乃是因为"属
郡太学生闻君沂念父兄尝绩学卒业于斯，资其幽僻闲远，以游以息，经明行修，登高第而
跻仕者后先相望"。虽然"圣人不师仙"，但王母宫所在之地的确"幽僻闲远"，是个"经
明修行"的好地方，彭泽希望后世游览观此碑者，能够明白其"克充之，敦天伦，重礼教，
足法于家而遗范于党里"的苦心。而对"佛老之流耳，奚足为世轻重哉"。此碑文大概反
映了当时儒生官员对西王母神话传说的心态，这与那些定期祈祷、朝拜的普通民众当然不
同啦。

四、清·重葺水会碑志·懿夫

　　此碑文内容丰富，对考察清代泾川回山庙会情况意义重大。笔者根据魏海峰馆长提供
的碑文重新句读（官方未句读），将其摘录如下：

　　　　圣世□征，阳无愆而阴无□，□年□瑞□□□□□虽本造化流行之□，亦赖鬼神辅相
　　　之□，御灾捍患赦罪赐福，此殷汤所以有桑林之祷，周宣□□有云汉之□，□□□□□之立
　　　数十年矣。远朝四□□山川近祀一邑□方社，凡值尊神圣诞，烧红烛扬青旛，钲鼓简简之声，
　　　笙箫流锵锵之韵，所以祈甘雨逆和风，冀三时之□害，庆百谷之□成，蒙神庥而报神恩也，
　　　奈星霜变易，旌旗为之减色，风雨蚀侵，伞扇于以无光，语云：莫为之前，虽美弗彰；莫为

之后，虽盛弗传。奈何以前人之创垂，而坐令后人之湮没乎。镇之人同发虔诚念，广募善缘，积撮土而为山，汇细流而成海。由是幡幢耀彩，笙管和鸣。前此之减色者为之增色，曩时之无光者于以有光，天岂不洋洋乎，盈耳而郁郁乎成文哉，共计每岁建醮者三朝山者二。上元之节，香车宝辇火树星桥，家家白粥之迎，户户青藜之照。中元之辰，天尊集福，地官校籍，欣宝盖之翩翩，睹盂兰之供养。至于孟冬之月，三五之时，索馕仿祭蜡之文，逐疫依大傩之例，莫不神听和平人心悦慰。三月十七日谒泾州王母宫，一路香烟□护，高峰之春雨盈盈，三霄瑞雾连绵，瑶池之夜月袅袅。八月初二谒长武城隍庙绛节朝来宜，山嵯峨而现瑞，白□□处秀，水演漾而呈祥。行见为农者安居乐业，福禄兴尔长之歌，为士者及第联科子孙有勿替之庆，敢告同心受兹景。

□生鲁秉鉴　薰沐撰文

庠生甘修道　沐手书丹

经理人刘含琮　王鸿福

王鸿喜　毛世荣

牛登霄　王忠义

岁道光二十六年孟冬之月谷旦立

长邑冯仓　镌石

　　此碑为清代泾川水会会社记"重葺"之事而立，反映了清代泾川庙会组织的运行情况，我们从丰富的碑文中可以得知：一、碑文直接反映了清代道光年间泾川庙会的盛况，可谓"烧红烛扬青旛，钲鼓简简之声，笙箫锵锵之韵"；二、碑文呈现了水会会众在六位经理人的组织下"镇之人同发虔诚念，广募善缘，积撮土而为山，汇细流而成海"，重葺"幡幢笙管"，使建醮仪式"增色有光"的盛况；三、碑文显示出清代泾川水会主要的庙会活动会期有四：上元之节、中元之辰、孟冬十五、三月十七，八月初二谒长武城隍庙应非常例；四、"三月十七日谒王母宫，一路香烟□护，高峰之春雨盈盈，三霄瑞雾连绵，瑶池之夜月袅袅"，此段与今日三月二十之王母宫庙会非常相近。

　　然而整体而言，碑文所记清代道光年间的庙会情况与今日泾川庙会现状似有大不同，至少在碑文中，我们看不到水会以"谒王母宫"为其核心活动，这为我们考察西王母宫庙会的变迁和西王母神话记忆的重构提供了重要参考。

五、清光绪《共成善果》册

　　此《共成善果》册为多方重视，据魏海峰馆长提供的泾川博物馆馆藏电子版文献，笔者整理如下：

《共成善果》册序

泾州近郭回中山，乃名山也，瑶池在焉，相传为周穆王汉武帝会西王母处。

山之巅，有王母宫，建自西汉元丰年间，厥后历代修葺，灵气攸钟，凡有祷祀，无感不应。每岁三月间，远近朝山进香者，不知其几千百人。怅自□氛不靖，突遭劫火，一炬而空，即阶前降真树为数千年物，亦成煨烬，惟宋元以来古钟巨镬、断碣残碑仅有存焉，良可慨已。今年春，刺史程公来牧兹土，下车后，举废修坠，民和年丰，睹此败瓦颓垣，尽然伤之，谓庙祀不应久废，亟宜修复，以妥真灵，为斯民福。遂割俸钱，以为之倡。惟是旧祀，诸神祠宇实繁，工程浩大，非赖众善难以观厥，伏顾十方贵官善士解囊输助，或施材木，或舍瓦壁，斯众擎易举，功德无量。

光绪七年二月上浣之吉

经理

五品蓝翎侯用县丞路天衢

蓝翎千总黄有德

乡饮耆宾马瑞玉

蓝翎把总王惟勤

候选训导李端

廪膳生员许颖梧

恩贡生任廉

候选县丞李天乐

仝顿首

清《共成善果》册捐银录

魏海峰馆长提供

钦命头品顶戴陕西固原提督军门达春巴图鲁雷捐钱三百串，续捐钱一百串，再捐钱一百串，八年八月初八日收清平银二百两。

钦加提督军门衔尽先即补总镇陕西提标中衡参府直勇巴图鲁成捐银一封，五月初九日收银一两。

提标左营游府乌捐银一封，五月十四日收清银一两正。

钦加提督衔记名简放总镇陕西提标右营游府荙阿巴图鲁刘捐银一封，五月十二日收银一两。

泾州直隶州正堂程捐钱二百串

管带精选前旌补用提督军门奋勇巴图鲁李捐钱五十串。

带精选中营记名总镇豪勇巴图鲁赵捐钱五十串。

管带精选右旌副将衔留陕补用恭府捷勇巴图鲁胡捐钱五十串。

管带达春左翼马队副将衔尽先参府俊勇巴图鲁雷捐钱五十串。

署理固原直隶州正堂谈捐印一封，八年五月初一付十两讫。

钦加提督军门衔记名间放总镇陕西提标前营游府绅勇巴图鲁常捐银一封，五月十五日收钱一串五百六十文。

钦加协镇衔尽先参府署提标后营游府李捐银一封，五月初七日收钱一千六百文。

钦命尽先拔补协镇都督府署固原城守营游府朱捐银一封，五月十五日收钱一千文整。

署提标中营守府袁捐银一封，五月五日收钱一千文。

署提标左营守府沙捐银一封，五月十五日收一千文。

署提标右营守府姚捐银一封，六月十一日收钱一串文收清。

署提标前营守府聂捐银一封，五月十五日收钱一串文。

署提标后营守府沙王捐银一封，五月十五日收钱一千文。

署固原城守营守府张捐银一封。

代理固原直隶州事州右堂王捐银一封。

管带达春右翼亲兵哨正百长朱印得胜捐银一两，五月十三日收取银一两。

尽先都阃府署固原城守营分府谢印凤贵捐钱三串文。

办理固原局工局兼保甲局同知衔补用知县黄捐银一封，八年五月十七日收钱二千文整。

管带达春右翼亲兵哨副百长潘捐银一两，八月十四日收钱一千六百文。

钦赐花翎即补游府红德城营守府翟捐银一两，八年五月廿五日收清一千六百文。

钦命头衔顶戴提督衔福建题奏总镇刚安巴图鲁总理制造局赖捐银五两。

特授陕西固原城守营游府陈捐银一封，八年五月二十八日收取千文清。

钦赐蓝翎即补守府神道岭部厅刘捐银三两，五月初一日收钱三千文。

钦赐蓝翎尽先即补守备署固原城守营经制王孝忠捐银一封，八年七月初八日收钱一千文。

帮办兵车总局甘肃候补前署泾州右堂张捐银一封，收银一两。

此条文献出现了几条重要信息，虽不是最早，但却可以反映光绪年代人们对西王母神话的记忆。首先，回中山、瑶池相传为周穆王汉武帝会西王母处；此观点承续了陶谷碑以来的西王母神话传说想象传统，尤其在明代文人诗歌唱歌中多有出现，且在前代志书中已有描述，只是清人继承前代文献志书的说法。其次，言"山之巅，有王母宫，建自西汉元丰年间"，此条也不新鲜；康熙年间在陈梦雷著《古今图书集成》在"平凉府部"和乾隆年间编撰的《钦定四库全书史部＜甘肃通志＞》中都有记载，此处必是直接沿袭康熙年间和乾隆年间两处文献的记载。

清·陈梦雷《古今图书集成·平凉府部》

王母西真宫，在回山，汉元封元年建，宋学士陶谷撰文，元季重修有碑。

王母宫，在州西三里，回中山下，临泾水，旧志：西王母乘五色云下降，后帝巡郡国，望五色云祀之，而五色云屡见于此，因立祠，后改为宫，宋陶谷有记，载其详。

乾隆年间编撰的《钦定四库全书史部＜甘肃通志＞》

　　卷五：回中山，在州西二里，上有王母宫，下临泾水，俗名宫山。

　　卷十：王母西真宫，在泾州回中山，汉元丰（封）元年建，宋学士陶谷撰文，元季重修。

　　在清代陈梦雷之前，官方志书不见"王母宫建于汉元丰年"的说法，明·嘉靖《陕西通志》卷十三有：

　　"王母宫，在泾州西五里，旧志：汉武帝时西王母乘五色云降，后帝巡郡国望五色云祀之，而五色云屡见于此，因立祀。唐崔立诗：'九光飞秧去何遥，千载灵踪隔降霜，汉殿杳沉青鸟信，昆丘谁听白云谣，林峦尚锁空台馆，城邑全非旧市朝，怀古望真情不尽，片新孤逐断云飘。'"

　　如果从志书沿袭承续考察，清代两条文献毫无疑问是沿袭自明嘉靖本的《陕西通志》，但观上文，明代并无"王母宫建于汉元丰年"的说法。因此，我们可以基本断定：将王母宫的建造时间追溯到汉元丰年间的是康熙年间的陈梦雷，这是非常重要的文献建构。这条文献建构将自唐宋以来碑刻中的西王母神话记忆与诗人诗作中唱和想象的西王母神话传说，非常自然地链接起来。这甚至已经成为当代泾川各界所认同的一个事实。这是这条文献给西王母神话传说带来的重要转折性建构。

　　《共成善果》册还让我们了解到西王母宫在光绪年间三月间远近朝山进香的盛况。同时，"宋元以来古钟巨镬、断碣残碑仅有存焉"，这句表述似乎隐约表达出，光绪年间能够看到、确知的断壁残垣皆是宋元以来的。笔者认为这也是符合客观实际情况的。尽管这次活动得到官民协力支持，但众擎仍未能将其修复，清末国力国势如此，地方庙宇之重修亦然。然观今日泾川西王母宫之建制盛况，实乃海峡两岸同胞同心共建、地方政府大力支持之功；今日王母宫之貌即中华盛世之体现。

二、昆仑文化与神话人物

西王母的始祖母神格考论

赵宗福

　　研究纷繁复杂的西王母信仰，可切入处甚多，前人也已做了大量尝试。但只有从"西王母"本身追根溯源，方能正本清源，明晰其源流，因此本文先从前人几乎未曾注意过的"王母"名义进入，先探索"王母"最初的神格及起源这一根本问题。

一、西王母名义与"王母"的能指

　　"王母"在古代往往是"西王母"的省称，多见于汉魏至唐宋文人诗文中。一般称作"西王母"，此外还有"西母""金母"、"阿母""西姥""仙母"等叫法。而在明清之后，在民间统称为"王母娘娘"。至于在道教和秘密宗教中，围绕着"金母"的称呼，还延伸出了种种复杂的叫法。如道教之"金母元君""西池金母""龟山金母""龟台金母""九灵太妙金母""太真金母""西华妙道金母"等等；而在秘密宗教中，除了"瑶池金母"的一般称号外，又被称为"无极瑶池金母""无极瑶池老母""瑶池金母大天尊""瑶池无极金母""无极混元瑶池金母""无极瑶池金母大天尊""无极瑶池大圣西王金母大天尊""瑶池金母无极天尊""天母至尊无极金母""至圣先天老母"以及"无极王母""西天王母""西王金母""母娘"，等等。这些让人感到繁杂的叫法本身就足以表明西王母信仰的复杂性。

　　但是，不论有多少种新奇繁杂的叫法，万变不离其宗，"王母"和"西王母"才是她最古老的名号。从目前看到的文献说，"西王母"屡见于《山海经》等古籍，而在殷墟甲骨文中就有"王母"一词。如：

　　……卜吉贞，乎戊王母来。（丙编 66，填朱）
　　贞乎王女（母）兴。（合 557）【1】

　　与此同时，甲骨文中还有"西母"的记录，并且学界一般认为"西母"即为"西王母"。尽管"西母"和"王母"并见于殷墟甲骨文，但就神话和信仰的起源看，"王母"当是其最原始的称谓。

根据文献记载和学界的理解，"王母"一词的所指并非单一，至少可以分指以下几个方面的内容：

1. 神话中的西王母，即"王母"是"西王母"的省称。这是最为明显的。也有文献资料可资证明。

2. 上古时代西部国名和女首领名，即所谓"西王母之邦"和其首领"西王母"。这也是几乎普及了的一种说法，两千多年来的学者们对此耳熟能详，故不赘言。

3. 鸟名。唐杜甫《玄都坛歌》有"子规夜啼山竹裂，王母昼下云旗翻"的诗句，而作为诗人笔下文学化的"王母"，究竟指什么？抑或是杜撰？历来注家多有争议。宋人张邦基《墨庄漫录》卷一说："（杜诗）'王母昼下云旗翻'，说者多不晓王母，或以为瑶池之金也。中官陈彦和言：顷在宣和间，……蜀中贡一种鸟，状如燕，色绀翠，尾甚多而长，飞则尾开，袅袅如两旗。名曰王母。则子美所言，乃此禽也。"【2】而明代邝露《赤雅》亦有类似的记载："王母若练雀，青色，尾最长，有钱如孔翠。"【3】其实被称为"王母"的鸟，其形态在早期是黄雀，六朝就有"王母使者"的传说。【4】唐代段成式《酉阳杂俎》也说有一种鸟叫"王母使者"："齐都函山有鸟，足青，嘴赤黄，素翼，绛头，名王母使者。"【5】尽管诸书所说或为纪实，或为传说，甚至有可能是文学虚构，因此不同文人笔下的王母鸟在形态上略有不同，但总的来看，唐代以来把"王母"作为鸟名的确是史实。

4. 官妓。元代杨显之《酷寒亭》楔子说："自家萧娥是也。自小习学谈谐歌舞，无不通晓，当了三年王母，我如今纳下宫衫帔子。改嫁良人去也。"第一折中也说："有孔目郑嵩，因萧行首当了三年王母，与他除了名字，做了良人。"【6】根据剧情，这里所说的"王母"显然是注册过的妓女。妓女为何被称为"王母"？有人认为："后世官妓之帔子状如王母飞时尾开之形，故以指官妓。"【7】这是望文生义的解释，没有文献依据。作为官妓的"王母"只在杂剧《酷寒亭》中出现，它书则未见，或许是杨显之根据历史上的文人游仙与嫖妓的特别现象杜撰的词义。即使是元代前后确有这一叫法，也是西王母信仰及女仙信仰在后世世俗化以后的现象。

5. 祖母。关于这一词义，《尔雅·释亲》明确解释："父之考为王父，父之妣为王母。"【8】

上述"王母"的五个词义中，"官妓"之义出现得最晚，大约在宋元之际；其次是鸟名，在唐代。依次倒溯，再次是国名和女首领名，约在周代；又次是神话中的"西王母"，而以"祖母"之义出现得最早。后起的几项词义的顺序是显而易见的，因为它们在文献中出现的年代本身就说明了词义出现的时间。而神话中的神名和"祖母"两项词义的先后颇需加以讨论，因为它们出现的时间都比较早，而且仅从文献上看并不是很清晰。

二、"王母"本义为祖母和始祖母

本文之所以认为"祖母"的词义要比神话中的神名出现得早，从文献记载、文化起源和后世演化三个方面来判断的。

首先，从文献看，"西王母"的神名最早出现于《山海经》及《竹书纪年》等古籍，这是众所周知的。但是，指祖母意思的"王母"的出现又要早于"西王母"。周《史▓鼎铭》就有"作皇考▓仲王母泉母尊鼎"之句，而《鬲▓▓铭》也有"用高用孝于皇祖圣叔、皇妣圣姜、皇考齐仲、皇母"等句，所谓"皇母"实际就是"王母"，因为"皇"和"王"是互通的。《周易·晋》之六二亦有"受兹介福，于其王母"的句子，丁山认为"此'王母'犹卜辞言'高妣'。"【9】《礼记·曲礼下》曾明确记载："祭王父曰皇祖考。王母曰皇祖妣。"【10】可见"王母"一词的出现是早的。

而《尔雅·释亲》不但说明了祖父祖母被称为"王父、王母"，还进一步解释说："王父之考为曾祖王父，王父之妣为曾祖王母；曾祖王父之考为高祖王父，曾祖王父之妣为高祖王母。"以此类推。还把伯父祖母称为"从祖王母"，把宗族中伯父的祖母称为"族祖王母"，把父亲的从祖祖母称为"族曾王母"，把外祖母称为"外王母"，把母亲的祖母称为"外曾王母"，【11】而把自己的祖母和别人的祖母分别称为"祖王母"和"尊王母"。【12】而为什么祖父祖母可以称"王"呢？郝懿行《尔雅义疏》认为："祖父母而曰王者，王，大也，君也，尊上之称。故王父母亦曰大父母也。"【13】后世学者因之者颇多。如于省吾也说："加王乃尊大之义。"其实进一步追询的话，更能看出本义来源。所谓"王"在最早的字义上并不一定指国王，而是指在天地之间最神圣伟大的人。《说文》："王，天下所归往也。董仲舒曰，古之造文者，三画而连其中谓之王。三者，天地人也；而参通之者，王也。"【14】当今学者也从不同角度把"王"解释为部族之长。【15】然而从原始崇拜看，这最伟大的人不一定是国王、酋长，但一定是神圣的始祖母。《荀子·礼论》有"郊者并百王于上天而祭祀之也"的句子，杨惊注："百王，百神也。"证明"王"还有神的意思，而以"王"修饰"母"，正是强调其神圣伟大。因为有了始祖母才有了本部落和人类，故此《诗经》等古籍中一再地歌颂本族的始祖母。后来"王"才演化为酋长或国王的专用品。

但从这一名词的词素构成说，"母"始终是主体成分，而"王"以及"西、西王"都是修饰的定语成分。所谓"母"，从字形上说，就是双乳特突的成年女性。虽然《说文》曾怀疑这一说法，但唐人苏鹗解释："母者，乳也。篆文'女'字加二短画谓之母。二短画象双乳之形，遂云无乳曰女，有乳曰母，皆类人之形。许慎又云：'二短画或象怀妊者，则何必象双乳乎？'乃误说也。"【16】根据对象形字"母"的分析，苏鹗之言颇为可信。"母"单独出现一般指母亲，但在前面加上不同的限定词，则又组合出新的含义。"母"前面加"王"，便特指祖母了。

其次，依如上文所言，"王母"之称是华夏祖先尊称自己部落始祖母的名词。根据人类本身的认识过程和文明的发展历程，我们的祖先总是从认识身边的事物开始，由近及远，由人及物，从自身推断自然。然后人物不分，物我互渗，把人类自己的形象和社会关系加之于自然物，创造出形象化和有情节的神话故事。因此神话故事中各种各样的神怪形象和行为在很大程度上是人类自身的折射，连神的名号都来自人类自身，而不是神自身本来就有的。正因为是人类给予了神的名号，所以这些名号又不是无意义的。同时，这些名号也不是某个人随便加上去的，而是我们的祖先群体"授予"的．蕴含了人类对自然形象和特质的认识和定位，因而神的名号是具有文化意义的，其意义就在人类本身的文化意识。这已经被中外许多神话研究的成果所证明了，而且在民族志中还可以看到大量的例证。由此推论，"王母"作为神话中的神名，源自于人类自身对祖母的称呼，是人类把他们想象中的神类比并相信为自己祖母的结果。也就是说，"王母"作为祖母的词义是她的本义，也是神话中的西王母的源头。由此看来，袁珂"王母当是外来语的译名"的观点，【17】实在是因不晓西王母本义而本末倒置了。

再次，从"王母"称号在后来的演化也可看出其原始的重要的词义。元明之后，民间把西王母称为"王母娘娘"，至今不变。"娘娘"一词大约起源于唐代民间。据笔者的翻检，"娘娘"一词在900卷的《全唐诗》中没有出现，在《全宋词》中只出现一次，【18】但在敦煌变文中确已存在，指母亲或婆婆【19】。而在宋代，"娘娘"却被作为祖母的称呼，清人钱大昕在《十驾斋养新录》卷十五有"永清县宋石幢"条记载：

> 永清县南辛淄村大佛寺有石幢，周遭遍镌智矩如来心破地狱真言。其末云："大宋燕山府永清县……王士宗奉．为亡考特建顶幢一口，亡耶耶王安、娘娘刘氏、亡父文清、母梁氏。"……称大父耶耶，则北人犹有此称，大母娘娘，则未之闻也。【20】

可见宋代时曾把祖母称为"娘娘"，而把这一称呼镌刻到石幢上，则说明这一称呼在当时的河北一带还是很普遍的。至于钱大昕对把祖母称为"娘娘"之事"未之闻也"，可能是对各地民间称谓了解有限之故。清代北方民间用"娘娘"称祖母的地方并不少．地方志中就屡有记载。【21】

宋元之后"娘娘"的称呼逐渐多元化，除了专称皇后皇妃和普遍地称女神外，不同地区的民间对长辈女性都有称"娘娘"的习惯。据《汉语方言大词典》释义，"娘娘"一词共有18项含义，基本词义还是"祖母、奶奶"，山西、内蒙古、陕西、四川、湖北、湖南、江苏、浙江等省的一些地方至今称祖母为"娘娘"。此外，不同的地区把外祖母、母亲、继母、岳母、婆婆、伯母、叔母、姑母、姨母、女主人叫"娘娘"，也有的把妻子、少女、年轻妇女甚至把乳房等也称为"娘娘"，【22】这既显示了民俗文化发展演化的多元化趋势，也表明了传统文化的源远流长。而问题是"娘娘"一词何时与"王母"开始连称？目前似乎尚未发现有早于小说《西游记》【23】的文献，但这不等于说"王母娘娘"的叫法是从《西游记》开始的，吴承恩也是根据民间普遍的传说和称谓来写小说的。如明万历年间抄本《迎神赛社礼节传簿四十曲宫调》曾记载了近百种当时常用的节目排场单，其中《二仙成道朝后土》一单中，就有"王母娘娘"的角色。【24】这说明至少在明代时民间就已流行"王母娘娘"的叫法，并不是吴承恩的杜撰。依据"王母"和"娘娘"的原始词义，"王母娘娘"实际上是词义重叠，无形中进一步强调了西王母的始祖母意义。

由以上分析似可推定，"王母"一词的本义是祖母，扩而言之即为始祖母，并由此产生出西王母神话信仰。以此而言，西王母的第一个神格便是始祖母，也就是说她是人类的始祖母之一。

三、西王母作为始祖母的民俗信仰依据

"王母"的始祖母神格还可从古今民俗信仰资料中得到印证。由于西王母信仰在上中下三层文化中的不同演化，在汉魏以后形成了体系不同却又相互关联的道教、民间秘密宗教和民俗等信仰系统.因此其不同系统的信仰资料有同有异，本文根据是否反映民俗信仰观念来选择引用这些资料的。

从远古神话信仰的起源看，西王母既是地母神又是日月之神、收获之神；从中古时代的西王母信仰看，西王母仍然具有始祖母神的特性。如汉魏以来的镜铭文中就有不少此类表述。在唐宋道教经典《墉城集仙录》、《云笈七签》里，西王母与东王公共理阴阳二气.她还有了若干女儿，而在《仙传拾遗》中，"此二元尊，乃阴阳之父母，天地之本源，化生万灵，育养群品。"【25】西王母又似乎被恢复了最初的神性，被尊为天地和人类的生养者，俨然一副始祖母的派头。到了明清之后，由于与其他如女娲、无生老母等女神神格的叠合，西王母的始祖母神格更为明显。在民间秘密宗教的一些教派中，西王母就是无生老母的化身，或者干脆就是一个神，是所有俗世人类和天界仙真的母亲。如清末民初的《蟠桃宝卷》中的

瑶池金母就完全等同于无生老母，宝卷描写瑶池金母举办蟠桃会，召集诸位仙真商议如何度回九十二亿皇胎原子的事：

> 名山诸真齐来到，带领群仙进宫门。无极宫中双膝跪，万寿无疆拜娘身。老母以（一）
> 见留神看，跪下了名山洞府众仙真。弥勒俯伏开言问："招聚孩儿为何因？"瑶母闻听回言道：
> "高叫群仙听言音。今日三月初三日，大设蟠桃会群真。天地一元对你讲.瑶池少了许多人。
> 寅会以上下了世，九十六亿落红尘。只渡四亿回家转，财色迷住儿女身。瑶池以内长春乐，

皇胎在世娘伤心。万班出在无其奈，大设蟠桃请仙真。诸仙到了公商议，酒过三巡听言音。古老上席去陪筵，玉液琼浆宴佳宾。"群仙闻听齐叩首，慈母训见费心勤。……【26】

而明代西大乘教的宝卷《护国威灵西王母宝卷》中，西王母不仅与无生老母等同，而且与观音合二为一，三位一体，降凡为吕祖一身。每逢三月三的蟠桃会，他们还要举办大型庙会以表庆祝。【27】诸如此类的例子不胜枚举，虽然这些宝卷是明清秘密宗教界为了宣传他们的教派信仰和政治思想而刻印的，其中关于瑶池金母或无生老母的新"神话"，是他们群体中的话语权威们根据西王母的神话传说、道教形象改编出来的，与历史上的西王母信仰和当时真正民间的王母娘娘信仰有着相当大的差异。但编出这类新神话和形成这种观念也不是无缘无故的"横空出世"，而应当是有其悠久的历史传承渊源，即西王母原始的始祖母信仰。

至于在民间传说中，王母娘娘也往往以人类创世神的面目出现。在甘肃泾川的原董地方，王母娘娘路过此地休息时，从鞋里倒出的黄土变成了塬，而她捏的小泥人就成了当地人的始祖；【28】在陕西渭南地区，王母娘娘又是本地人最初的老祖母；【29】在山西，王母如同女娲一样抟土造人，是人类的祖先。【30】而在羌族传说中，王母娘娘（羌语"红满西"）和老天爷（羌语"阿补曲格"）一起创造了天地，然后由王母娘娘用羊角枝枝造出了人类。【31】如此等等的传说与信仰固然是后期地方化了的产物，也还掺杂着其他信仰传说的成分，但也不排除有一定的本体传承因素在内。因此这些后期的信仰传说，在一定程度上也佐证了西王母在初期的始祖母神格。

谈到王母名义，还不能不讨论"西母"和"西王母"及其关系。从现有文献看，"西母"的出现要大大早于"西王母"，在甲骨文中就已存在。可检到三条：

壬申卜贞：中于东母、西母，若。【32】

又岁于伊，西母。【33】

贞于西母酉帝（禘）。【34】

这些片段的记录说明，"西母"作为神名，颇受殷商时代的重视，且与"东母"一起得以祭祀。那么"西母"究竟是何种神？20世纪30年代以来讨论未休。最早注意到这一问题的陈梦家说："……东母、西母，不详何义，疑是殷人之神话。《山海经》及《穆天子传》并记西王母事，其地在西土昆仑之虚，……疑皆祭日月神者。"【35】初步把"西母"和"西王母"联系到了一起，但他没有提出多少可以信赖的证据。后来的学者或支持或反对，莫衷一是，也大都寥寥数语，未尽其详。如张光直说："卜辞中的'西母'，或许就是东周载籍中所称的'西王母'，位居于西方昆仑山中的一个有力的女王。"【36】而朱天顺则认为："殷墟卜辞有'西母'之辞，它和以后《山海经》中出现的有关西王母的记载，是否有联系，很难断定，因为其间相隔上千年，找不到二者有联系的可靠资料。"【37】显然，他们都没有考虑到其他的文献记载和文化含义。

事实上，"西母"作为"西王母"的省称，不仅仅出现在甲骨文中，在后来的文献中被人们大量地使用着。如：

> 东王翳青盖而遐望，西母使三足之灵禽。（晋庾阐《杨都赋》）
>
> 哂穆王之荒诞，歌白云之西母。（唐李白《大猎赋》）
>
> 齐心谒西母，膜拜朝东君。（唐白居易《和元微之》）
>
> 西母酒将阑，东王饭已干。（唐李贺《马诗》之七）
>
> 秦皇之心未已，周穆之意难穷，宴西母而歌云，浮东海而观日。（《唐书·李密传》）
>
> 帝家来庆东皇寿，西母共长生。（《宋史·乐志十六》）

可见把西王母简称为"西母"并不是个别现象。这样大量以"西母"来代替西王母一词现象的存在，固然有便于诗文对仗的写作需要的因素，但也有着文化传承的一面。也就是说自古以来就有把西王母称为"西母"的习惯。因此我们可以认定：甲骨文中的"西母"就是西王母。

此外，诸家都把"西母"的"西"仅仅理解为方位词，这是因为甲骨文中与"东母"相对。后来还与"东君"、"东皇"、"东公"等对仗。其实一个神话信仰被刻在甲骨上时，已不知流传了多少年，更不知演化了多少次。很多原始信仰的演变事实说明，诸多二元对立的神往往是从一个神分化出来的。所谓"东母"、"西母"分别代表日月之神也恐怕不是最初的情状。另外"西"不光是简单地表方位，还象征着尊贵高大。《春秋左传正义》在注疏"文公二年经"太祖庙中祭祀时的方位时说："皆于太祖庙中以昭穆为次序。父为昭，子为穆。太祖东向，昭南向，穆北向，孙从王父以次而下。"【38】这种早期的方位排列顺序实际上也是对古老的方位观念的传承，其中透漏出"西"在原初时尊贵高大的寓意。所以后来的《汉武帝内传》中，西王母降临汉宫时便"东向坐"，居高临下地教训汉武帝。至于鸿门宴上的项羽"东向坐"而地位最低的张良"西向侍"的文献记载，是人人皆知的历史典故。因而清人福格在《听雨丛谈》中便从"西"的古义来论证满族以西为贵习俗的合理性时说：

> 八旗祭祀，位设于西，盖古人神道向右之义。胜国洪武初，司业宋濂上《孔子庙堂议》曰：'古者主人西向，几筵在西也。汉章帝幸鲁祠孔子。帝西向再拜。《开元礼》先圣东向，先师南向，三献官西向，犹古意也……'云云。按此说，八旗以西为上之礼，实合于古矣。【39】

毋庸再多举文献旧例，便看得很清楚了，古人在"母"或"王母"前面冠以"西"，正是为了表示其伟大尊贵，而把她因名归位，被安排到西方加以崇拜，也就顺理成章和名副其实了。所以到晋代时，就有把西王母称为"西王圣母"的民间习俗，如晋咸宁四年朱曼地契云："知者东王公、西王耳口母，如天帝律令。"饶宗颐认为："西王 母当读为西王圣母。"【40】

因为西王母可以称为"西母"或"金母"，所以又直接称之为"阿母"。如《洞冥记》"（东方）朔以元封中游溟鸿之泽，忽见王母采桑于白海之滨。俄有黄翁指阿母以告朔曰：……"【41】可见早在魏晋时期就已有把西王母称为"阿母"了，后来文人和民间屡有传承。李商隐《瑶池》"瑶池阿母绮窗开，黄竹歌声动地哀。"胡曾《瑶池》："阿母瑶池宴穆王，九天仙乐送琼浆。"所谓"阿母"就等于母亲，"阿"是作为称呼的词头，有表示亲昵的含义。民间则进而称为"母娘"，意思更为明显。

如此看来，所谓"西母"或"西王母"，译为现代话便是"伟大的母亲"或"伟大的祖母"的意思。而这也又正与她的始祖母的神格恰恰相吻合，从而也就从另一个角度证明了西王母最初的神格是始祖母。难怪与之相对的"东母"也罢，"东君"也罢，甚至"东王公"，只是显赫一时而不能长久地被传承和崇拜，因为在实际的历史渊源和民俗传承中，从西向的东方位置说，"东"是"西"的从属甚至是附属，所以这些位居东方的男神的地位本来就不及西方王母那样尊贵。至于后来演化为以东方为贵，那是男性话语权威社会的结果。

四、汉代"行诏筹"事件与阐释中的祖母观念

"王母"的本义是祖母或始祖母，还可从汉代统治者及之后文人对"行西王母诏筹"事件的附会诠释和西汉《焦氏易林》卦辞、祷词中的"王母"含义得到佐证。

汉哀帝建平四年（公元前3年），发生了一场历史上很有影响的"行西王母诏筹"事件。对这一事件，《汉书》等史籍中有不少记载，如《汉书·五行志》云：

> 哀帝建年四年正月，民惊走，持■或梜一枚，传相付与，曰行诏筹。道申相过逢多至千数，或披发徒践，或夜折关，或逾墙入，或乘车骑奔驰，以置驿传行。经历郡国二十六，至京师。其夏，京师郡国民聚会里巷阡陌，设张博具，歌舞祠西王母。又传书曰："母告百姓，佩此书者不死。不信我言，视门枢下，当有白发。"至秋止。【42】

同书《哀帝纪》又云：

　　四年春，大旱。关东民传行西王母筹。经历郡国，西入关至京师。民又会聚祠西王母，或夜持火上屋，击鼓号呼相惊恐。【43】

同书《天文志》云：

　　（建平）四年正月、二月、三月，民相惊动，欢哗奔走，传行诏筹，祠西王母。【44】

而《资治通鉴》卷34《汉纪二十六》则综述云：

　　哀帝建平四年，关东民无故惊走，持█或梜一枚，转相付与，曰"行西王母筹"。道中相过逢，关，或逾墙入，或乘车骑奔驰，多至千数，或披发徒跣，或夜折以置驿传行。经郡国二十六至京师，不可禁止。民又聚会里巷阡陌，设博具，歌舞祠西王母。至秋乃止。【45】

　　对这样一件大事，自然被学界早就关注并讨论过了，【46】但都没有注意到这次事件所引起的连锁反应和西王母这一神名的始祖母含义。本来这是西汉末年政局衰败不安、社会动荡的特殊时期引发的一场民间信仰运动，根本原因是老百姓在失望恐慌之时寄希望于西王母的护佑，但是统治者和上层文人却把这场大规模的民间信仰运动解释为是皇太后临朝的灵兆和朝廷更替的预报。

　　汉哀帝时，傅太后和丁太后临朝参政，朝野不满，后来哀帝去世，成帝之母王太后临朝，以王莽为大司马，诛灭丁、傅两家族。王氏遂握朝柄。所以当时有些人认为"传西王母诏筹"便是丁、傅两太后专权、外戚乱政的象征。【47】王莽篡汉后，又一次大肆渲染发生在十年前的这次事件，但他把西王母说成是他的姑母王太后的象征，于是民众大规模的西王母崇拜运动便成了国民崇拜王太后和拥护王莽篡汉的表达民意的方式。王莽改王太后的汉朝尊号"太皇太后"为"新室文母太皇太后"时，煞有介事地下诏曰：

　　……予伏念皇天命予为子，更命太皇太后为"新室文母太皇太后"，协于新故交代之际，信于汉氏。哀帝之代，世传行诏筹，为西王母共具之祥，当为历代母，昭然著明。予祗畏天命。敢不钦承！……【48】

　　为了欺骗朝野，王莽等人还编造了一大堆有关王太后的"神话"：王太后的祖父迁居魏郡元城为三老时，当地年老者就说过："昔春秋沙麓崩，晋史卜之曰：'阴为阳雄，土火相乘，故有沙麓崩。后六百四十五年，宜有圣女兴。'……（王氏迁居）正直其地，日月当之。元城郭东有五鹿之虚，即沙麓地也。后八十年，当有贵女兴天下。"【49】也就是说早在王太后出生的 645 年前的春秋时期，就有了圣女兴的预言，而在其 80 年前，当地老人们又有了准确的判断。王莽等人又编造说：王太后母亲怀孕时，梦月入其怀，于是生下王太后。这又等于说王太后是月神（西王母）下凡转世。后来此女果然成为汉元帝的妃子、汉成帝的母亲，汉哀帝去世，被尊为太皇太后。王莽篡汉，应了"贵女兴天下"的"预言"，便上尊号为新室文母太皇太后。而这些骗人谎言并非是在篡汉后突然编造出来的，当其篡政苗头刚冒出而遭到东郡太守翟义等人的举兵反抗时，王莽便依《周书》作《大诰》布告天下，其中就有这样的话：

> 太皇太后肇有元城沙鹿之右，阴精女主圣明之祥，配元生成，以兴我天下之符，遂获西王母之应，神灵之征，以祐我帝室，以安我大宗，以绍我后嗣，以继我汉功。……太皇太后临朝，有龟龙麟凤之应，五德嘉符，相因而备。……尔有惟旧人泉陵侯之言，尔不克远省，尔岂知太皇太后若此勤哉！【50】

由于文臣方士们的附会渲染，这种说法在当时颇具影响。甚至连唐代的颜师古也受其熏染，他在注《哀帝纪》"关东民传行西王母筹"一句时说："西王母，元后寿考之象。行筹，又言执国家筹策行于天下。"而贬斥王莽者也认为这次西王母崇拜运动是王太后、王莽乱政篡汉的预兆。如《汉书·王嘉传》："变乱阴阳，灾异众多，百姓讹言持筹相惊，被发徒跣而走，乘马者驰，天惑其异，不能自止。"《汉书·五行志》又云："一曰丁、傅所乱者小，此异乃王太后、王莽之应云。"

不论把西王母崇拜看作是好征兆还是坏预报，也不论是把西王母比之丁、傅二太后还是王太后，其联系的要害便是"王母"具有祖母的原始含义，而太后是皇帝皇后的上一辈，习惯上把皇后尊为国母，那么太后便无疑是国之"祖母"了。尤其是王太后被说成是月神降世，后来更是新朝（实际是王莽家族）的"始祖母"，而其姓"王"又正与西王母的"王"同字，二者又都是女性，因而便被顺理成章地以西王母对应王太后了。

其实，当时和后世有时还把"王母"一词普遍地解释为皇帝的母亲。王莽地皇四年（23年）三月，淮阳王刘玄建汉年号为"更始元年"，拜置百官，而长安又"大风发屋折木"，王莽惊恐，群臣乃用易卦巧做解释，以宽其心。其中便引《易经》"受兹介福，于其王母"和《周礼》。"承天之庆，万福无疆"两句，意思是王莽能托"王母"王太后的大福而平安无事，但颜师古注道："王母。君母。"【51】】可见凡太后（有时也可能是皇帝名义上的母亲）均可称为"王母"。

如果说颜师古是唐代人，其注且为孤证，其说不足以证明汉代"王母"有祖母含义的话，那么西汉《焦氏易林》中的大量卦辞、祷词则无可争辩地证明了这一点。焦延寿的这部《易林》中明确提到"西王母"或"王母"的卦辞、祷词就有 40 条，占全书卦辞、祝词的 1 /

20，其中指明西王母的有 15 条。【52】而其余 25 条中的"王母"则大多是指部族或家族的老祖母或年老善巫的女性，如：

> 穿鼻系株，为虎所拘。王母祝榴，祸不成灾，逐然脱来。（谦之第十五饰）
> 穿鼻系株，为虎所拘。王母祝词，祸不成灾，逐然脱来。（明夷之三十六讼）
> 穿鼻系株，为虎所拘。王母祝祷，祸不成灾，逐然脱来。（萃之四十五豫）
> 引船牵头，虽拘无忧。王母善祷，祸不成灾，逐然脱来。（讼之第六需）【53】

这里的"王母"显然不是指神仙西王母，而是指部族或家族中的老祖母或相当于祖母辈分的老年女性。汉代巫风盛行，老年女性一般都擅长祝祷等巫术。她们的地位一般很高，因为她们，"善祷"，其祝祷结果往往"祸不成灾"，所以《易林》中往往有这样的祷词和卦辞。因为尊重老祖母和年老善祷的女性，又往往有子孙为"王母"祝福的祷词或卦辞：

> 王母多福，天禄所伏。居之宠光，君子有福。（剥之二十三观）
> 王母多福，天禄所伏。居之宠光，君子有昌。（无妄之二十五需）
> 患解忧除，王母相于。与喜俱来，使我安居。（蒙之第四巽）
> 中田膏黍，以享王母。受福千亿，所求大得。（小畜之第九丰）
> 畜鸡养狗，长息有储。耕田有黍，王母喜舞。（大壮之三十四成）【54】

以上例子足以证明汉代时"王母"一词仍然有着祖母或始祖母的含义，这既说明颜师古把"王母"解释为"君母"是有其根据的，也说明汉朝人把一场群众性的西王母崇拜运动附会为太后主政也是有着容易牵强的文化传承，即西方象征着阴性和女性，而"王母"一词本来就是祖母或始祖母的称呼。反言之，汉代"行西王母诏筹"事件的附会解说和《易林》卦辞、祷词中的"王母"一词的运用，证明西王母信仰在最初的确是从部族始祖母崇拜开始兴起的。

五、王母信仰与原始母神崇拜

根据上文所论，王母是西王母的最早名称，而其本义是祖母或始祖母，如是则作为部族始祖母的王母信仰又是如何发生的？

王母始祖母信仰起源于人类认识自己的意识。其发生虽然不完全是对女性生殖及相关"生育"现象的崇拜，但女性生育后代的直观的功能固然是形成始祖母崇拜的主要原因之一，更重要的是妇女在农业的起源阶段中发挥了巨大的作用，而且在制陶和纺织等方面起过重要作用。还不仅仅于此，女性一次次的生育与土地的"生育"具有天然的相似性，而其生育过程中的肚腹由扁而圆、又由圆而扁的人体特征与月亮的圆缺变化相类似。另外女性独特的经期生理又与月亮的圆缺周期不期而合。土地"生育"万物，而且是一次次地生长出各种植物，给人类和其他物种提供了无穷无尽的物质资源，对人们来说，其恩其德实在是太大了；月亮与太阳一样给人们带来了光明和温暖，而月亮的圆缺变化对先民来说，又是那样神秘而又神圣。土地和月亮使先民们由衷地信仰和崇拜，而与土地和月亮类似并且与人类的延续直接相关的女性自然也就得到先民们的信仰崇拜。由于这样的近似性联系，那些被尊为始祖母的女性（甚至男性）祖先往往演变为无所不能的至高神甚至是创世神。当然这种信仰崇拜不是针对任何一个女性的，而是一种整体的相联系的观念，具体体现在对本部落或部族始祖母的信仰崇拜上。

因此始祖母信仰又往往与土地崇拜、日月崇拜、生殖崇拜纠缠在一起，很难绝对地分开。有的学者试图仔细地理清这些信仰形成的先后顺序，实际上是不可能分得那样清楚，因为原始的信仰不是一种科学的思想分类，虽然在生成次序上有一定的先后，但彼此间并非截然地泾渭分明；同时这种原始崇拜也并非是完全单纯的女性崇拜，而是一种混杂着男性力量的生殖崇拜。而这些信仰的形成要远远早于文字记载的历史，其间许多细节的历史真实往往无法真正复原和得到证实。因此暂且笼统地称之为"母神崇拜"。

这种始祖母信仰与生殖崇拜等相结合的母神崇拜史实，还可从书面文献和考古文物上得到佐证。道家鼻祖老子反复强调了道的本质和道的起源，都与母性崇拜分不开。《道德经》第二十五章说："有物混成，先天地生，寂兮寥兮，独立不改，周行不殆，可以为天下母。吾不知其名，字之曰道。"【55】这里他把"道"视为"天下母"，认为先天地而生，也就是说在老子看来，这种最原始的"天下母"是万物之源，天地间的一切都出自于"母"。同书第六章把这种"母"又称为"谷神"，指女性生殖器。他认为"谷神"是天地之根："谷神不死，是谓玄牝。玄牝之门，是谓天地根。"【56】早期道家的母性崇拜和生殖崇拜的意象昭然若揭。然而，道家和道教是从民间信仰发展来的，它始终没有摆脱民间性的特征。【57】老子的母性意象也不是无源之水无本之木，而是来自本土古老的母性崇拜意识。关于这一点，还可从文字学上得到验证。如土地的"地"的字义，《说文》释曰："元气初分，轻清易为天，重浊会为地。……从土，也声。"而"土，地之吐生万物者也"；而"也，女阴也"。【58】许慎说得一清二楚，无须多言便可认定，"土、也、地"的字源充分证明了母性崇拜与生殖崇拜、土地崇拜混合的远古信仰状况。

六、祖先崇拜与作为"天下母"的西王母

王母信仰实质上是一种部落女祖先崇拜的产物。斯宾塞曾认为：祖先崇拜在原始宗教

的发展中占有极重要的位置，祖先神可以发展为至上神，从"部落之父"发展为"人类之父"，甚至发展为"造物主"之类。【59】同样的道理，作为始祖母的女祖先也可以发展为部落的至上神，甚至从"部落之母"发展为"人类之母"、"天下之母"，进而演化为创世神。

王母正是由始祖母演化为神，并被先民们所崇拜的给人们带来繁衍和丰收的"天下母"。而到明清以后大量的民间风物传说中，西王母果然演化成了与各地名山胜水和各种名花奇木的生成有关的"造物主"，甚至就是开辟宇宙和创造人类的创世神。

被作为"天下母"的王母崇拜，在战国时期还很盛行，并被纳入国家的隆重祭祀仪礼中。如《管子·轻重己》就有如下记载：

> 以春日至始，数九十二日，谓之夏至，而麦熟。天子祀于太宗，其盛以麦。麦者，谷之始也；宗者，族之始也。同族者人，殊族者处，皆齐大材，出祭王母。【60】

麦熟而举族祭祀王母，显然把王母不仅视为代表土地和丰收的大神，而且看作是部族的始祖母。

正因为如此，先民们为了崇德报功，还专门对土地进行祭祀。然而大地之广阔无际如同谷类的繁多，使人无法遍祭，只好或封土或垒石或植树为社，定点予以祭祀。所以《白虎通》说："地载万物者，择地所以得神之由也。""土地广博，不可遍敬也；五谷众多，不可一一祭也。故封土立社示以土尊。……"【61】所以地母神与社神又有关联，进而言之便是王母与社神有一定的关系，也就是说王母在一定程度上又是社神。难怪有的学者通过对西王母神性的研究后得出这样的结论："西王母为社神是无可怀疑的。"【62】但是又因为先秦时部族繁多，而且一个部族中又有众多的群落。所以当时不可能只有一个社可供所有的人祭祀，而是从天子到庶民，都有大小不等的社分别祭之。如每二十五家建一社，名为书社，二百家为里社，二千五百家为州社。这就说明对土地（社）和始祖母的崇拜在古代是具有普遍性的，也是一种流行于上下层的全民性质的信仰。唐代丘光庭所谓"社者，所在土地之名也。凡土之所在，人皆赖之，故祭之也"【63】的说法颇得其要。

另外众所周知，中外都出土过不少的肥臀丰乳、夸大生殖器的裸体神像，学界一般视之为"女神像"。而就中国境内看，仅从70年代以来，在北方的许多地方都出土过这类裸体像，其中在辽宁喀左县东山嘴发现的一尊裸体陶塑像虽然已经没有了头部，但从现在的眼光来看，完全是一幅肥胖的怀孕状，腹部和臀部十分突出而丰满，有的学者认为具有"比较典型的母神崇拜的痕迹"。【64】而另外的两个红陶小型裸体像也是肥臀高腹，呈孕育生命之状。【65】青海省乐都区柳湾出土的彩陶壶中，有一个在外表上半部捏绘有裸体像，其中乳房、肚脐、性器官等均被着意突出和彩绘。被文化学学者们作为原始女性像引证。诸如此类的例子还可列举出许多，也足以说明了始祖母信仰与生殖崇拜等的紧密关系。

由此我们可以推断，"王母"或"西母"、"西王母"起源于始祖母信仰，其最初的神格就是始祖母。直译其名号意义，犹如今天所尊呼的"伟大的始祖母"或者"伟大的母亲"。还应该强调的是，"王母"并不是所有华夏族唯一的始祖母，女娲、简狄、姜嫄等都可能是不同部族的始祖母神，她们也不可能像闻一多所推测的那样统统从西王母分化而来。【66】因而王母在最初时，只不过是若干个部族中的始祖母神中的一个，但在后来的发展演化中与其他始祖母神相互复叠，或者功能上的分化，才演变成了一个独特的西王母和王母娘娘信仰系统。

参考文献：

【1】转引自饶宗颐：《谈古代神明的性别——东母西母说》，原载《中国书目季刊》1994年第27卷第4期。

【2】《墨庄漫录》（第3页），载《笔记小说大观》（第7册），影印本，江苏广陵古籍刻印社，1984年，第77页。

【3】《赤雅》（卷下），丛书集成初编本，商务印书馆，1936年，第37页。

【4】《后汉书·杨震传》注引《续齐谐记》："（杨）宝九岁时，至华阴山北，见一黄雀为鸱枭所搏，坠于树下，为蝼蚁所困，宝取之以归，置巾箱中，唯食黄花，百余日

毛羽成，乃飞去。其夜，有黄衣童子向宝再拜曰：'我王母使者。君仁爱救拯，实感成济。'"后世遂以黄雀为"王母使者"，进而简称为"王母"。

【5】《酉阳杂俎》卷十六"羽篇"，中华书局，1987年。

【6】臧晋叔编《元曲选》（第3册），中华书局，1958年。第1002、1003页。

【7】罗竹风主编《汉语大词典》（第4册），汉语大词典出版社，1991年，第456页。

【8】郝懿行：《尔雅义疏》（上四），上海古籍出版社，1983年，第1—2页。

【9】丁山：《后土后稷神农蓐收考》，《文史》，2001年第2期。但郭沫若《中国古代社会研究》认为"这王母二字并不是祖母，也不是王与母，更不是所谓西王母，应该就是女酋长。"综合《易经》考察，丁说为是。

【10】《礼记》，影印本，上海古籍出版社，1987年，第25页。

【11】（尔雅义疏）（上四），上海古籍出版社，1983年，第5—6页。

【12】叶新华：《旧体书信用语简编》，时事出版社，1993年，第17、24页。

【13】（尔雅义疏）（上四），上海古籍出版社，1983年，第2页。

【14】段玉裁：《说文解字注》，上海古籍出版社，1981年，第9页。

【15】如齐文心：《王字本义试探》认为"王"字在甲骨文中是一个体大超人的大人之形，可能源自原始社会后期父系氏族氏族部落首领"大人"。（见《历史研究）1991年第4期）事实上恐怕更有可能是来自对伟大的始祖或始祖母的想象和神化。

【16】苏鹗：《苏氏演义》（卷上），《中华野史》（第2册），泰山出版社；2000年，第988页。

【17】袁珂：《中国神话史》，上海文艺出版社，1988年，第48页。

【18】魏了翁：《醉落魄·任隆庆之母正月十一日生，隆庆十三日生日》："九十娘娘，身是五朝客。"但应该指出：这一检索并不全面，因为真正意义上的《全宋词》还没出版齐全。

【19】如《孔子问相托书》："项托入山游学去，叉手堂前启娘娘：'百尺树下儿学问，不须受记有何方？'"《汉将王陵变》："倘若一朝拜金雀，莫忘娘娘乳哺恩。"《佛说阿弥陀讲经文》："夜头早去阿郎嗔，日午斋时娘娘打。"

【20】《十驾斋养新录》，江苏古籍出版社，2000年，第332—333页。

【21】可参阅有书目文献出版社出版的《国地方志民俗资料汇编》西北、华北、东北等卷。

【22】许宝华等主编《汉语方言大词典》（4卷），中华书局，1999年，第5220—5221页。

【23】《西游记》第五回："一朝，王母娘娘设宴，大开宝阁，瑶池中做蟠桃胜会。……那七个仙女一齐跪下道：'大圣息怒，我等不是妖怪，乃王母娘娘差来的七仙女，……'"

【24】中国戏曲学会等编《中华戏曲》（第3辑），山西人民出版社，1987年。

【25】黄伯禄：《集说诠真》，上海慈母堂刻本，清光绪十年（1884）第201页。

【26】《蟠桃宝卷》，清末民初刻本，第2页。

【27】马西沙、韩秉方：《中国民间宗教史》，上海人民出版社，1992年，第670、671页。

【28】王明玺讲述，赵宗福记录，参见赵宗福：《地方文化系统中的王母娘娘信仰——甘肃泾川王母宫王母娘娘信仰调查报告》，《民间文化论坛》，2007年3期。

【29】（漠的故事），史增有讲述，聂宇整理，载王忠泰主编：《渭南地区民间故事集成》，三秦出版社。1989年，第41-46页。

【30】杨利慧《传承与变异：女娲神话的流变》，见《象征与社会》，天津人民出版社，1997年，第316页。

【31】四川省阿坝州文化局：《羌族故事集》（上册），1989年，第25页。

【32】罗振玉：《殷墟书契后编》上28、5，珂罗版影印本1916年版。

【33】郭沫若：《殷契粹编》，重印本1956年，第195页。

【34】郭若愚等《殷虚文字缀合》14345，科学出版社，1955年。

【35】陈梦家：《古文字中之商周祭祀》，《燕京学报》，1936年第19期。他还说："东母是东君的原始形态，西母是西王母的原始形态。大概属于太阳神、月亮神这样的神祇。"参见其著《殷墟卜辞综述》，科学出版社，1956年，第574页。

【36】张光直：《商周神话之分类》，载《中国青铜时代》，生活、读书、新知三联书店，1983年，第265页。

【37】朱天顺：《中国古代宗教初探》，上海人民出版社：1982年，第148页。

【38】见《春秋左传正义》（卷十八），十三经注疏本，清嘉庆二十年（1815年）阮元刻本。第5页。

【39】福格：《听雨丛谈》（卷六），《中华野史》（第13册），泰山出版社，2000年，第2997页。

【40】饶宗颐：《谈古代神明的性别——东母西母说》，《中国书目季刊》，1994年第4期。

【41】《山海经》，京华出版社，2000年，第131页。

【42】《汉书》（第5册），中华书局，1983年，第1476页。

【43】《汉书》（第1册），中华书局，1983年，第342页。

【44】《汉书》（第5册），中华书局，1983年，第1311-1312页。

【45】《资治通鉴》（第2册），中华书局，1976年，第1094—1095页。

【46】如吴晗《汉代之巫风》（《清华周刊》，1933年39卷第1期。）、陈鸿琦《西汉晚年"西王母行诏筹事件"考辨》（《国立历史博物馆馆刊》，1997年第3期等。

【47】如《汉书·五行志》中就针对这次事件说："是时，帝祖母傅太后骄，与政事，故杜邺对曰：'春秋灾异，以指象为言语。筹，所以纪数；民，阴。水类也。水以东'流为顺走，而西行反类逆上，象度数放滥，妄以相予，违忤民心之应也。西王母，妇人之称；'博奕，男子之事。于街巷阡陌，明离闺内，与疆外。临事盘乐，炕阳之意。白发，衰年之象，体尊性弱，难理易乱。门，人之所由；枢，其要也。居人之所由，制持其要也。其明甚者。今外家丁、傅并侍帷幄，布于列位，有罪恶者不坐辜罚。亡功能者毕受官爵。……指象昭昭，以觉圣朝，奈何不应？'后哀帝崩，……诛灭丁、傅。"

【48】《汉书》（第12册），中华书局，1983年，第4033页。

【49】《汉书》（第12册），中华书局，1983年，第4014页。

【50】《汉书》（第10册），中华书局，1983年，第3432页。

【51】《汉书》（第12册），中华书局，1983年，第4180页。

【52】此统计据吴晗《汉代之巫风》，见《吴晗文集》、第一卷，北京出版社。1988年，第150页。但王子今、周苏平《汉代民间的西王母崇拜》（《世界宗教研究）1999年第2期）一文则说，《易林》中"王母"）凡31见，其中"西王母"5见。不确。

【53】尚秉和：《焦氏易林注》，卷四，第21页；卷九，第26页；卷十二，第2页；卷二，第9页。中国书店。1990年。

【54】尚秉和：《焦氏易林注》，卷六，第17页；卷七，第1页；卷二，第33页；卷三，第8页；卷九，第13页。中国书店，1990年。

【55】朱谦之：《老子校释》，中华书局，1984年，第100—101页。

【56】朱谦之：《老子校释》，中华书局，1984年，第25—27页。

【57】关于道教的民间性问题，参见韩秉方：《中国道教创立过程之我见》，《宗教哲学》

第 6 卷第 1 期（2000）。

【58】段玉裁：《说文解字注》，上海古籍出版社，1981 年，第 682、627 页。

【59】参见吕大吉：《西方宗教学说史》，中国社会科学出版社，1994 年，第 680 页。

【60】《管子》，诸子集成本第 5 册，影印本，上海书店出版社，1986 年，第 418 页。

【61】（白虎通），丛书集成初编本，商务印书馆，1936 年，第 38 页。

【62】王增勇：《神话与民俗》。陕西人民出版社，1993 年，第 82 页。

【63】丘光庭：《兼明书》卷一，《中华野史》（第 2 册），泰山出版社，2000 年，第 972 页。

【64】朱狄：《信仰时代的文明》，中国青年出版社，1999 年，第 198 页。

【65】郭大顺、张克举：《辽宁省喀左县东山嘴红山文化建筑群址发掘简报》，原载《文物》1984 年第 11 期。

【66】闻一多在《高唐神女传说之分析补记》等文中曾认为：中国古代各民族的先妣如女娲、简狄、女禄、姜塬等都是从西王母这一总先妣分化而来的。显然，这是"一元化"思维的结果，并不符合中国文明多元起源的历史实际。

原载《青海社会科学）2012 年第 6 期

后神话时期的西王母信仰
——以民间宝卷为中心 [1]

刘永红

一、前言

　　中国先秦以来形成的两大神话体系——昆仑神话与蓬莱神话源远流长，西王母神话是昆仑神话最主要的内容。西王母信仰在不同时期呈现出多种形态，"西王母"一词，由地名、邦国名、氏族名转变为神、人王、女仙；其形象从早期的半人半兽，到雍容绝色的贵妇之姿；其职能由原先掌疫厉、刑杀的凶神到握有长生不死药的吉神，再到化育万物、母仪天下的天界女神，身兼创世与救世等多重神格，并且成为民间信仰中的"王母娘娘"。先秦以来，西王母在历经远古神话、历史传说、道教经籍中，一直在发展演变。自唐以后，西王母信仰逐渐固化下来，主要呈现为以道教为中心的多种信仰，如金母、瑶池老母、瑶池金母、西池金母、仙母、阿母、龟山金母、龟台金母、金母元君等，在民间主要以传说故事中塑形的王母娘娘为主。明朝初期，民间教派宗教开始兴起并逐渐分化，出现了大大小小几十种教派。明正德年间（1506–1521），河北万全卫罗梦鸿首创无为教即罗教，编创了宝卷"五部六册"，作为传播其教派宗教思想的主要文本。"五部六册"的面世，极大地影响了后期民间教派宗教，各民间教派纷纷仿照"五部六册"编创自己教派的宝卷。在这个过程中，民间教派汲取传统文化资源，融入自己的宗教思想，其中一些教派把神话与道教中的西王母信仰纳入自己的宗教思想体系，并不断创新，使西王母成为民间宗教的主要信仰资源，随着"宝卷流"民间宗教在全国的流传，使西王母信仰形成一个自后神话时期复兴的局面。明末清初，大量的民间故事、戏曲说唱故事也被编入宝卷说唱中，形成了大量的故事宝卷，民间传说中的西王母也进入多种故事宝卷中，这些与西王母有关的故事宝卷，与民间宗教中的西王母形象完全不同，体现了民众"想象中的西王母"。本文以笔者所知的民间宗教宝卷和民间故事宝卷为中心，探讨自明朝以来，西王母信仰和形象的多种形态与西王母信仰在民间复兴的原因。

二、内地与西王母相关的宗教宝卷

较早以西王母为中心编创的宝卷是《护国威灵西王母宝卷》，二卷二十四品，为明朝刘香山所编西大乘教宝卷，又名《西王母诸仙庆贺蟠桃宝卷》。今存清康熙九年（1670）重刊本，四册；清康熙十六年（1677）重刊折本，二册。傅惜华所藏首载崇祯七年直隶沧州王胤生序旧抄本四册。《护国威灵西王母宝卷》是明朝西大乘教的重要宝卷。西大乘教为隆庆五年（1571年）由京西保明寺（又称皇姑寺）尼姑归圆创立，该教创立时称大乘教，因发祥地在京西保明寺，故历史上称为西大乘教。该宝卷也被日本宝卷研究学者泽田瑞穗收藏，现藏早稻田大学风陵文库。西大乘教模仿"罗教五部六册"而自编了西大乘教"五部六册"和《护国威灵西王母宝卷》等宝卷。《护国威灵西王母宝卷》明显吸收了道教的成分，认为西王母是"金枝大仙投生邰基，名曰姜嫄，即高辛帝妃。生前为后稷之母，没后为月殿之母。"是一位集创世与救世为一身的至圣女神，三教九流之祖，万民之母，具有至高无上的权威，西王母可以"考察儒、释、道三教"圣人，一一给予封号。凌驾于诸神之上，俨然为众神之王，享有民众的最高崇拜。

如在《三教求玄品第三》中西王母给予孔子封号：

> 夫闻三元谢去，三圣人转上，启圣母得知：蒙指示三子迷失，今三人各度他回心，立了名号。
> 夫子曰：我化了三千徒众，七十二贤，以兴于世，各尊尧舜之道，习熟周公之礼，有尽程之法，一一贯之，请王母与他挂号。母曰要与他挂号，殿前栽一桂树。筑一高台，名曰折桂……

在《释请施恩品第八》中给予如来标名挂号：

> 如来启问，前圣教特领法，力度的十大弟子五百罗汉五果四向诸天菩萨。即吾眷属启请大法以标名乎？佛言若不标名即有差别。母请如来还国，吾发号牌一道，命三元奏上帝差五老仙人西天赐号，佛言善哉善哉，即还本国，母奏上帝金书敕命西天封号是实么。

> 王母前面不挂号，谁敢虚空强安名。【2】

民间教派汲取中国传统文化中儒、释、道及民间文化中的成分，试图创立"三教合一"的宗教体系。"三教合一"是民间教派的中心宗教思想。"标名挂号"是明清民间宗教教派入教之手续。"标名挂号"即书写入教者姓名，一式两份。一份焚化，表示向所奉最高神祇上表挂号；一份发给教徒本人，称纸褡或合同纸片，即日后"升天"的许可证。【3】宝卷中心内容即西王母作为众神之首，为三教教主及其他神仙标名挂号，纳入三教，并令普度九二亿原人。

西大乘教假托保明寺开山祖吕牛（吕姑、吕菩萨）为第一代教主。传说吕牛在"土木之变"中为英宗送饭，英宗脱困回朝后，吕牛又献计使英宗重登皇位。英宗在京西赐地修建观音寺。赐名"顺天保明寺"。该教历代教主多为女性，信众也多为女性，甚至当时明神宗之母李太后也成为其信徒，因而该教派受到李太后和官僚、太监的支持，并出资刊行该教派的宝卷，使最初在北京西山一带传播的西大乘教，后来流传到华北各地区外，还远及四川、安徽、甘肃等地。西大乘教在编创宝卷中，把民间影响很大的女神西王母引入教派的宗教体系中。《护国威灵西王母宝卷》首次把西王母视为民间宗教中的至上神。由于西大乘教有浓厚的女性文化背景，加之西王母是中国文化传统中可凭借的少数几个女神之一，所以当时把西王母和无生老母融为一体，塑造出一个凌驾于诸神至上的西王母。

近年在甘肃西王母圣地泾川发现《王母经》三卷，清代咸丰四年（1854）甲寅岁木刻版本。这部经和《玉皇经》三卷合为一部完整的经文，全称《玉皇王母救劫保生真经》，共8000字，其中《王母消劫救世真经》4100字。经文内容为玉皇王母代言，和泾川回山供奉的东王公、西王母偶像吻合。美国学者欧大年所藏《玉皇王母救劫经》，清光绪二十六年（1900年）一洞天聚贤堂刊本（一册），与泾川《王母消劫救世真经》为同一宝卷。值得注意的是，泾川是国内著名的西王母圣地，该地有浓厚的西王母信仰，西王母祭祀仪式与文化景观群规模也相当大，泾川《王母经》的文化背景无疑与当地西王母信仰有关。

《瑶池金母金丹忏》的功能是"瑶池老母鸾笔乃示慈航尊者以金丹要旨也，文凡三卷，上卷度仙，中卷度人，下卷度鬼。"此宝卷应是祭祀西王母和民间教派做法事时所用的仪式文本。文中构拟瑶池金母向慈航菩萨传道授法的故事。极力渲染瑶池金母的至上与神圣："瑶池金母在大罗天上，瑶池宫中，坐最上莲台，放绝大豪光，与无极众圣，太乙诸仙，宣说未来。赞扬以往，是时天花散漫，法雨缤纷，大地流香，万源俱寂。"而观自在菩萨的虔诚、惶恐和对瑶池老母的万分尊敬，衬托了王母的威严："圣母（西王母）宣说方毕，观自在菩萨不禁怵惶惊惧，再三泣叩曰，自太极返无极，几经辛酸，几遭苦趣，始觉如是境，坠如是劫，可怜可悯千乞。"

另外笔者在青海乐都、民和地区调查时发现《王母经》，1987年手抄本；《王母新诗论》和《王母降下佛坛经》，2000年抄本，三部经卷，较为短小。上述三部宝卷有可能是同善社等组织留下来的。同善社是清道光年后青莲教分化后的组织，青莲教和同善社都有以王母为尊神的信仰。新中国成立后同善社、清茶会、慈善堂、大乘会、清斋门等宗教教派组织都被取缔，而在青海东部地区以女性为主体的嘛呢会成为一种承担当地民俗宗教活动的组织，传承了这些宝卷和西王母信仰。

国内所藏《王母经》为普渡道常用宝卷。普渡道认为王母娘娘是容貌绝世，有大群仙姬随侍，掌管女仙名籍的神仙领袖。天上地下，三界十方，女子之登仙得道者，咸所隶焉。

世之升天之仙，其升天之时，先拜木公，入三清，拜太上，觐元始天尊。该经认为王母娘娘是长生不老的象征，多念此经，定会得道升天，成仙长寿。

在广西魔公教中，有一部《王母灵宝洞玄经忏全壁》，为魔宫教红坛文教所用经书。此宝卷自先天道承袭而来，宣扬心即是佛，劝人修身，备惜福田，以免受三灾八难之苦。只有勤恳修持，才能出苦还乡，了脱生死，富贵绵绵。【4】

三、民间宗教宝卷中西王母的新形象与新神格

赵宗福先生研究认为，西王母神格在不同的历史时期，先后有主刑杀之神；主生甚至主长生不老的吉神；中国的月亮神；降雨救灾的保护神；生育神；创世神等六种神格。【5】以上宝卷中西王母形象与神话传说与道教中的西王母信仰传承有密切的关系。另一方面民间教派对西王母文化资源的利用与重新阐释赋予西王母全新的形象。在宝卷中，西王母与以往不同的全新的形象与神格有以下几个方面。

一是创世大神与至上神。明清以来的教派宗教构建其宗教思想体系最大的创新在于创造了一位位居儒释道之上的女性大神，其滥觞于罗梦鸿所创无为教。后被大多数民间教派宗教所接收并传承下来。这位女性大神即无生老母。（最初无为教所创大神为无极生祖，后逐渐演变为无生老母）无生老母又被称作古母、祖母、古佛、老无生、无极老母、无极圣母、金母、瑶池金母、天地三界十方万灵真宰等等。无生老母的形象首先是人类的祖先，她住在"真空家乡"——天堂，是一位无生无灭，不增不减，不垢不净，至仁至慈的女上帝。她开始把混沌宇宙分出天地日月，创造了两仪四像，五行八卦，创造了山川河海等万物。无生老母在部分民间宗教教派被转述为西王母，先天道、青莲教、普渡道等民间教派即尊西王母为主神。在《护国威灵西王母宝卷》中，西王母即为众神之首：

夫闻天仙王母尊之又尊上极无上，掌握三界辖管万灵，执人间祸福之权，理幽冥善恶之事，运寒暑之阴阳，催星辰之变化。一年又二十四将神，一月有六应六候侍卫母前。调行日月，旋转乾坤，润其责而无高下，蚯坑滋五更而无偏，苦薄摩实如是之法，真成自然之道……

接着十字句又说：

西王母，大天仙，降落凡间。掌祸福，执生死，法力无边。
辖森罗，并万象，星辰斗拱。诸佛尊，万神敬，代管群仙。
调阴阳，运水木，滋养五谷。转天干，换地支，水火交参。
春里生，夏里长，求成结果。冬还藏，包裹了，又是一播。

　　二是救世主形象。与以往西王母形象不同的是，在民间宗教宝卷中，西王母多以救世主的面目出现。民间宗教思想中，西王母（多数宗教宝卷中的无生老母）创造了这个世界。伏羲和女娲经金公和黄婆两位神仙为媒人，匹配夫妻，从此生下来九十六亿皇胎儿女（又称原子、婴儿姹女、佛子、皇胎子、贤良子）——人类，在天堂过着无忧无虑的生活。由于人间没有人烟，世界空虚，无生老母便派婴儿姹女来到人间。婴儿姹女来到人间后，却失去了本性，

　　不仅立刻陷入生老病死之苦和酒色财气之迷，还要受到大自然与各种人为的折磨，历经了一次又一次的劫难。无生老母再也不忍儿女们遭受苦难，大发慈悲，决定派燃灯佛、释迦佛、弥勒佛三位佛祖依次降临人间，把儿女们带回自己身边，永在天堂，不再坠入轮回。但燃灯佛时期即青阳末期，只度回二亿儿女；释迦佛在红阳末期，也只度回二亿儿女，所剩下的九十二亿儿女需由弥勒佛在白阳末期即"三期末劫"度完。届时弥勒佛将在云城（民间宗教教派所说的天堂）降临凡世，召开龙华三会，九十六亿儿女将与老母团聚一堂，"认根归母"。这个形象的改变也与民间教派宗教"三期救劫"的宗教思想的创立有关。民间教派宗教认为道分三期。大多教派都有"末劫"论，即"世界末日"之说，在"末劫"来临之前，即在最后一期白阳期要普度下到凡尘的92亿原人脱离苦海，离却凡尘，来龙华会与娘相见。《王母新诗论》、《王母经》中西王母的形象与《王母消劫救世真经》中相似，以救世者的形象出现："珠泪滚滚流满面，金母非故降淫檀。红尘忧忧循环定，不辞自劳驾慈船。闻得君黎遭大难，一片婆心好痛酸。苦度众生同登岸，悲声不住下南天。鸾像造籍垂书传，木铎传真化愚顽。"

　　三是慈母的形象。在民间宗教宝卷中，西王母慈母的形象从西王母主长生不老的神格中演变而来。在中国神话体系中，众多神灵多有"理性"与"神性"，而其世俗的一面呈现不足，这与古希腊的神话体系正好相反，古希腊的神系富于"人性"，其七情六欲的表现多姿多彩。受神话影响，中国传统宗教的神灵体系也与神话神灵体系一样，如道教的元始天尊等，高高在上，面目模糊不清。与正统宗教不同的是，民间宗教中的西王母既不像佛教中的释迦牟尼那样庄严肃穆，也不像道教中的三清那样冷漠高远，而是向人间时时流露出慈母一般的关怀，这与以往道教体系中的西王母形象并不一样，是明清以来西王母形象的新特点。明清民间教派宗教的至上神，则背离了这个传统，其宝卷中的主神无生老母和无生老母的变形——西王母、骊山老母、观音菩萨、云城老母、太皇老母的形象，无不具有世俗的、令民众感到亲切的一面。民间宗教家在汲取传统文化资源时，对传统文化有所变异，能够更好地宣传教派的宗教思想，接近民众，使之能够接受其宗教与宗教思想。民间宗教家一改传统宗教中教主冷冰冰的宣道者，把西王母塑造为慈母的形象。宝卷中的西王母"思儿"、"盼儿"、为儿女以泪洗面．日夜不安，成为常见的叙事模式。

如在《王母经》中："王母圣诞三月三，桃花会上我为先。红袍玉带金凤冠，跨为登云下凡间。身骑白马手执花，来年尾上说不罢。……王母为生心费尽，我劝男女心回心。高叫一声无人应。一个一个跳火坑。……"

《王母消劫救世真经》中的西王母也是一位慈母的形象。为儿女们不修行向善而发愁流泪："言至此，泪双流，湿透衣衫为谁愁，劝大众，早回头，改恶从善莫停留，王母娘娘在瑶池，清净不惹红尘事，到于今，发慈悲，尔凡民等谨依皈，众黎民，众黎民，钦哉毋忽而奉行"。

民间教派宗教中作为至上神的女性大神，其形象多是统一的，其在不同的教派和宝卷中可以互换，其中影响最大的无生老母。如青海多地流传的《太皇老母捎书经》即是在这个宗教思想的背景中展开：老母的儿女到了人间，却被尘世所迷，不肯回来见母，老母日日思盼，以泪洗面，以至于思念成病，无可奈何，只得修书十封，并装上一些好东西，捎带给儿女，催促儿女在大难来临之前，能够醒悟，回到母亲身边。《老母捎书经》也称《十封书》，是因为在此宝卷中，老母对皇胎儿女的劝说以十封书信的方式展开。这部宝卷的格式与其他宝卷有所不同，宝卷按十封书信共分为十个部分，每一部分开头为一七言"偈子"：

金砖一页铺善地，家乡老母捎书籍。不知去向在哪里，十二时辰泪泣涕。

紧接着采用了一般故事宝卷的结构，用"话说"来叙述内容，故事宝卷中，"话说"标志着用散文叙述故事，而《老母捎书经》用五言体，这种形式在其他宗教宝卷中较为少见：

话说：

老母在家乡，思想婴儿病。何日儿回来，病轻母康泰。
双眼望儿来，母泪洒云台。九九连一串，串成满数钱。
钱有一二十，十而百千万。娘想婴儿病，空眼望江杀。

然后用大段"十字句"来描述老母对儿女的思念与担忧。

有老母，在家乡，你且听言，把灵台，宝仓府，打开观看。
有什么，好物件，拣上几件，你的娘，亲手儿，装在信片。

有丫鬟，不敢慢，走到府前，打开了，黄金锁，璎珞腾腾。
书信里，先装了，纸墨笔砚，叫我的，小婴儿，先把书念。

书信里，后装了，三个字环，有图画，八个仙，文武双全……

费孝通先生在《生育制度》一书中曾写道：在社会性的断乳中，人们留恋追慕那温暖而不须自己负责的家庭，想有个永远在身边的母亲。也正是没有人能永远躲在母亲的怀里，所以在这一时期的读者会有要求母爱的情绪。"一个人一旦发现父母不是万能的保护者的时候，不免会发生一种深切的恐慌。这恐慌多少是需要一个上帝来代替父母的根据。"【6】从社会心理的角度考察，作为创世、救世与慈母形象的西王母，被民间宗教组织从神话传说与宗教中分离出来，重新赋予新的形象与神格，纳入其宗教思想中，也反映了一种社会心理需求与社会文化需求。

四、台湾王母信仰复兴与宝卷（鸾书）

台湾西王母信仰传播很广，遍及台湾各地，西王母信仰也称为母娘信仰。台湾西王母信仰起源较晚，据学者研究产生于 1949 年农历六月，当时花莲县吉安乡田埔草屋的关落阴中，有神灵自称"王母娘娘"降乩于苏烈东身上，将驻毕人间来救世度众。西王母因感应灵验而声名远播。1950 年在原降乩地的两旁分别建立了"胜安宫"和"慈惠堂"。很快地因灵感显化而在全台散播开来，后来居上成为台湾最热络的心愿势力，近年来甚至传播到海外十多个国家。【7】目前以"慈惠堂"为名的宫庙与神坛已超过一千间，彼此之间有渊源关系，有着共同的主神瑶池金母，以及传承的共同服饰与规范外，每个堂都是独立的运作单位。实际上以母娘为主神的宫堂与神坛已超过一万间，登记为寺庙者大约仅有十分之一，大多数是以神坛的方式在扩散与发展。

台湾西王母信仰首先传承了先秦以来西王母神话体系中的西王母信仰和道教瑶池金母信仰，同时也继承了明清以来民间教派宗教思想中的西王母、无生老母的形式与内涵。在发展过程中，突出了民间宗教无生老母、西王母普度收圆，救度众生的主神神格。其宗教思想包括了民间教派宗教的"末劫说"。这与明清以来大多数民间教派并无多少差别。但是台湾西王母信仰在地域化的过程中，与当地浓厚的扶乩、灵乩等民间文化中的巫术仪式相结合，这些灵乩仪式的灵验经验迅速推进了西王母信仰在全台湾的传播。同时以西王母为主神的民间宗教组织如"慈惠堂"、"胜安宫"通过分灵或分香的方式，自行建立众多的西王母庙宇，也极大地推动了西王母信仰在台湾的传播。台湾西王母信仰的传播与宝卷再造有密切的关系。以慈惠堂为例，其宗教思想集中体现在其经典文本宝卷（鸾书）中。欧大年研究认为，慈惠堂信仰体系的基本结构，体现在创世和救世的神话中，这个神话的主要来源就是《玉露金盘》。而《玉露金盘》是一部晚清宝卷，刊行于光绪六年四川某地，作者为道号慧金散人函虚子的先天道牟姓道士。该书之刊刻，与牟姓道士的女弟子杨氏有关，杨氏年轻守寡，皈依牟姓道士，牟姓道士利用降鸾，托言杨氏已受封天界，并著成宝卷《玉露金盘》，在杨氏家人的资助下，得以刊刻行世。该书是以扶鸾来托借神明旨意，以通俗文学的形式，传达其宗教理念。稍晚的《家乡信书》、《皇母训诫》等大都继承了《玉露金盘》的形式与内容。在国内《宝卷初集》中就收有《金盘玉露》。学界不完全同意《金盘玉露》是先天道的著作，但大致上认为该书接受先天道重要思想，或对先天道影响极深，而先天道是全真道士黄德辉所创立的一个清代的民间教派。"瑶池金母"是先天道最早提出的名汇，是无生老母道教化过程的象征。创设花莲法华山慈惠堂的罗卧云根据《玉露金盘》改编为《瑶命金盘》，并号称于1961年蒙母娘命编著了《瑶池金母救世圣迹之真传史》。由《金盘玉露》改编而来的《瑶命金盘》，基本上继承了《金盘玉露》中的民间教派宗教思想。传承了宝卷中的西王母信仰。《瑶命金盘》成为台湾慈惠堂系统西王母信仰的重要宗教经典。

其实鸾书一词的渊源就与西王母信仰有关系。鸾鸟是中国古代传说的神鸟。是西王母的使者，负责带来神明的讯息。因此扶鸾有传达神谕的意思。扶鸾即扶乩，扶乩又称扶箕、挥鸾、降笔、请仙、卜紫姑、架乩等等。在扶乩中，需要有人扮演被神明附身的角色. 这种人被为鸾生或乩身。神明会附身在鸾生身上，写出一些字迹，以传达神明的想法。信徒通过这种方式，与神灵沟通，以了解神灵的意思。扶乩的方法是用乩笔在沙盘上写字，乩笔就是两根小木棒，钉成丁字形，沙盘是簸箕上放沙或米。进行扶乩活动时，烧香点烛，请神下凡，让乩笔在沙盘上抖动。巫师就根据沙盘上的图形说出是某词某句，根据这个词句预测吉凶。各地区各时期的扶乩方法大同小异。明清以来特别是清中叶后的民间教派组织常通过扶乩，借神灵之言编创宝卷，所以许多宝卷都是扶乩仪式的产物。在学界虽对宝卷是否包括鸾书还有争议，但鸾书无论从形式与内容都与宝卷有很大的相似之处，有些学者在研究时，把鸾书纳入宝卷的研究范畴中。

台湾王母信仰从花莲传播到台湾省各地，从乩坛扩散到鸾堂，常利用降鸾的经忏来宣扬王母的神圣使命，通过扶鸾来编创鸾书（宝卷），如1961年花莲法华山慈惠堂由正鸾生罗卧云扶鸾著作《瑶池金母普救坤道血盆真经》，加入佛教或道教的血盆会来超度地域的女魂，发展出以母娘为核心的宗教体系；1976年台北慈惠堂扶鸾著作的《瑶池金母普度救世六提明心经》与《瑶池金母普度救世六提明心宝忏》；1978年中台慈惠堂扶鸾著作《万法宝忏》三卷等以王母来统领率领天界佛教与道教的各种神尊仙佛，降鸾人间来普度收圆。胜安宫也有经由扶鸾而著作的经忏，如《虚空会上王母养正真经》、《虚空无极天上王母娘娘消劫行化宝忏》、《虚空无极天上王母娘娘消劫救世宝忏》等。【8】

近五十年慈惠堂就出现了三十八部鸾书。其中最重要的是"经忏类"的七部：杜尔瞻扶鸾《瑶池老母普度收圆定慧解脱真经》；罗卧云扶鸾《无极瑶池金母普救坤道血盆真经》、《瑶池金母消劫救世宝忏》；未着撰人《万法宝忏》；潘名冠扶鸾《无极瑶池老母六提明心经》、《无极瑶池老母六提明心宝忏》；陈文宪扶鸾《无极瑶池金母普度收圆瑶命皈盘真经》。其中《无极瑶池老母十六部金丹》是北部觉修宫的鸾生杜尔瞻於 1950 年在台北馀庆堂扶乩编创的，最广为人知的是该经的第七部《瑶池老母普度收圆定慧解脱真经》，这部经典由慈惠堂开堂元老简丁木等人北上至乐善坛经刘陪忠取得，并将经名改为《瑶池金母普度收圆定慧解脱真经》后流通全省慈惠堂，从此这部经文成为慈惠堂的唯一母经。【9】

台湾西王母信仰的复兴与慈惠堂、胜安宫有关西王母宝卷（鸾书）的编创有密切的关系。这些宝卷则继承了神话、道教特别是明清以来的民间教派的宗教思想，宝卷中蕴含的西王母信仰、形象与内地宝卷并无多大差别，只不过台湾西王母信仰在传播的过程中借用了扶鸾、扶乩等传统民间神秘文化的形式，在与西王母信仰的灵应交感中编创出大量的新的宝卷。这种宝卷编创的形式曾经在清中叶后被多个民间宗教教派所用，但内地自 1949 年后，这种编创宝卷的传统就已中断，而台湾则传承了这种文化传统。

五、西王母与故事宝卷

最迟在元朝时宝卷就已经产生。据车锡伦研究，元末明初出现的第一部以"宝卷"命名的宝卷是《目连救母出离地狱生天宝卷》，简名《目连宝卷》、《生天宝卷》，孤本，原为郑振铎收藏，现藏国家图书馆，仅存下册。原为蝴蝶装，后又重新装裱为方册（约 30*30cm）。封面为硬纸板裱装黄彩绢，内文裱装共 54 页。工笔小楷精抄，每页 12 行（单页 6 行），行 16 字，其中有 8 幅彩绘插图。卷前绘有龙牌。龙牌上部及左右绘金黄色三条龙盘绕，边框红黄二色。题识为金色，字迹已模糊，仍可识读：

敕旨
宣光三年谷旦造
弟子脱脱氏施舍

"宣光"系元顺帝退出北京后北走和林，其子爱猷识理达腊所用年号，史称"北元"。宣光三年即明洪武五年（1372）。【10】但目前尚未发现在元朝就有与西王母有关的宝卷产生。元朝神仙道化剧大为兴盛。自元至明朝，产生了多种与西王母有关的神仙道化剧。如元明杂剧《宴瑶池王母蟠桃会》、《铁拐李度金童玉女》、《群仙庆寿蟠桃会》、《瑶池会八仙庆寿》、《吕洞宾花月神仙会》、《洛阳风月牡丹仙》、《十美人庆赏牡丹园》、《小天香半夜朝元》、《四时花月赛娇客》、《南极星度脱海棠仙》《祝圣寿金丹献蟠桃》、《降丹犀三圣庆长生》、《众天仙庆贺长生会》、《庆千秋金母贺延年》等。实际上在更早的金代就有以西王母为主人公的神仙道化剧产生。据陶宗仪《南村辍耕录院本名目》记载，金代流行的院本戏剧甚多，其中属于道教神仙题材的有《庄周梦》、《瑶池会》、《蟠桃会》。西王母的形象进入故事宝卷，当与故事宝卷的发展兴盛期同期。明朝至清初，民间宗教各教派借用宝卷的形式编创了自己的宗教经典。清中叶后民间故事、历史传说、戏曲故事开始进入宝卷，宝卷呈现出两种形态：宗教宝卷与故事宝卷。故事宝卷成为民间一种集信仰、教化与娱乐为一体的民间说唱艺术。

元明时期与西王母有关的杂剧中，大多数与"庆寿"、"献桃"有关。这两个主题与蟠桃会的举办密切相关，西王母的形象在蟠桃会盛宴中展现开来。传承了元明神仙道化剧"庆寿"、"献桃"主题的宝卷只有一部，即《太姥宝卷》。《太姥宝卷》中讲述太姥想要吃人，心生杀心，观音告诉他的儿子们五圣，在瑶池西王母园中有九千年一成熟的仙桃，凡人吃了可长寿不老，有根之人吃了可退杀心，五圣偷桃献给太姥。王母举办蟠桃盛会，金童玉女去园中摘桃，发现蟠桃少了一个，王母闻之大怒，派天兵天将追拿五圣，观音闻知此事，告知玉帝，免去死罪，太姥及五圣被逐出中原。作为群仙之首，蟠桃园的掌管者，西王母的形象也很可能受《西游记》和《宝莲灯》等小说、民间传说中的王母娘娘形象的影响，相对于元明多种与西王母有关的杂剧来说，"庆寿"与"献桃"作为主题的故事宝卷不多。推究其原因，故事宝卷的作为一种民间讲唱艺术，需通过建构跌宕起伏的故事情节，多种人物形象塑造和多样化的矛盾冲突来实现其教化与娱乐的功能，而类似于"庆寿"、"献桃"较为平直的主题和情节无法在讲唱中吸引听众，从内容来看，这些主题则更适合于宗教性内容的展现。中国四大传说《牛郎织女》影响至为深远。牛郎织女的传说被改编为故事宝卷，如常熟《牛郎织女宝卷》、《鹊桥宝卷》。在这两部宝卷中，讲述的内容与民间传说大致相似，明显是从传说故事改变而来的。在宝卷中王母娘娘的形象是一个不折不扣的婚姻阻难者，或者是类似于民间故事中的"恶婆婆"的形象。两部宝卷中王母娘娘形象略有不同的是，在《牛郎织女宝卷》中，王母娘娘蛮横粗暴，得知第九个外甥女织女下凡，亲自带天兵天将下界捉拿，"王母敕旨将牛郎绑出天门斩首，织女打入云房。长年累月穿梭织锦。"在《鹊桥宝卷》中，王母脾气稍显温和。捉拿工作王母不是亲自动手，而是天兵天将将二人捉拿回天界，玉帝对私自下凡的织女怒骂并欲处斩，王母劝说玉帝"陛下！请休发雷霆，且待查明文薄，再处之不迟。"宝卷中的王母略显人情味。

从神话、《穆天子传》到《汉武帝内传》，再到道教典籍与明清以来民间宗教的宗教经典，西王母的各种神格不断发生变异迁衍，但不管从西王母的原初神格或迁衍而来的形象，我们无法将其和牛郎织女故事为题材的说唱和民间小戏中的王母娘娘的"恶婆婆"形象联系起来。王母原初信仰中的形象与牛郎织女传说中的形象相差甚远。牛郎织女传说中的王母为什么突然呈现了与以往传统截然相反的形象，这个问题只有在牛郎织女传说的流变史中得出答案。邱慧莹研究认为："总的来说，世俗宝卷中的王母不仅职能上仙味尽失，性格上也越来越接近凡间俗妇，可以说是一位以民间想象建构出来的王母形象"【11】而魏光霞认为"这是民间对王母想象的歧出部分"。【12】实际上，在民间文化中我们也可以看到这样一些例子，即对某些历史著名人物，宗教领袖，民间叙事也经常对其传统形象进行消解，甚至悖理，如民间传说故事中，对儒家圣人孔子、佛祖如来佛、明君李世民、武圣关羽等嘲弄、讽刺，通过这种方式实现对官方话语的对抗，也实现民间诙谐文化精神。【13】这种精神被称为民间诙谐文化。巴赫金认为神圣同粗俗，崇高同卑下、伟大与渺小都在民间狂欢中混为一体，狂欢的精神会打破一切等级社会所拥有的东西，它们之间的鸿沟被狂欢所填平。在狂欢中人们否定一切，身份、地位、财产、官衔等等，全部参与者都是平等的，不存在传统世俗中对于语言、行为的限制，对于权威的、官方的、上层的、专制的一切可以颠覆和摧毁，尽管这种颠覆和反叛是暂时的，在一个特定的时空中的，但仍然是有意义的。

在河西宝卷中，有两部为姊妹篇：《张四姐大闹东京宝卷》、《三神姑下凡宝卷》。【14】这两部宝卷的主人公都是王母娘娘女儿. 张四姐为王母娘娘的四女儿，三神姑为王母娘娘的三女儿。张四姐私自来到凡间，与落魄书生崔文瑞结为夫妻。王钦王员外定下害人计，陷害崔文瑞，想霸占张四姐。张四姐听说衙役将丈夫下在牢中，使起神通，把衙役打散。包公听说，派王朝、马汉点了兵马，带了照妖镜，来抓张四姐。包公照妖镜也不起什么作用。皇帝派杨文广、呼延庆来捉张四姐，被张四姐打得一败涂地。皇帝又派杨门女将来，同样被打败。包公无可奈何，到地狱查找，想弄清楚张四姐是何方妖怪，结果在地狱里查不到，包公来到天上。查明是四姐私自离开天宫，已经三年。玉皇大帝急忙派天兵天将来抓张四姐。张四姐打败了龙王太子，又打败了哪吒太子，就连有七十二变的齐天大圣孙悟空都不是她的对手。玉皇大帝见张四姐太厉害，硬的行不通，只好来软的——派王母娘娘带其他几个女儿说服张四姐。

> 却说王母娘娘带了六个仙女下凡. 相劝四姐不提……王母娘娘来到眼前，四姐上前见过母亲，又与众姐妹相见。礼毕，王母开言道："你是天仙女，怎与凡人婚配？为娘的替你受了多少辛酸，你若记着养育之恩，就跟我回天宫，你若不听为娘的相劝，你父王传下令来，我们父女做刀下之鬼。"

四姐听从王母之言，回了天宫。如果说前几部宝卷中的王母娘娘还有掌管蟠桃园，统领群神的威仪，在《张四姐大闹东京宝卷》中，王母娘娘的形象已经和民间世俗的、疼爱女儿的母亲形象没有多少差别。而王母娘娘和玉皇大帝的关系，则是人间封建家庭中男权至上的翻版，王母娘娘的形象已完全是"民间想象中的西王母"。

《三神姑下凡宝卷》讲的是张四姐的姐姐三神姑在张四姐大闹东京城后，又私自下凡，和阎天佑结为夫妻。"四姐大闹东京地，三姐又闹贯州城"，打败童将军，"三姐贯州多作怪，忙得包公跑烂靴"，"天兵天将下凡问，贯州城中显神通"，最后打败孙悟空，返回天界的故事。故事结构和《张四姐大闹东京宝卷》一致。

在《三神姑下凡宝卷》中，王母娘娘听太白金星上奏三神姑私自下凡，非常生气地说"鬼丫头背母下凡，不尊母令，这还了得，我自有道理。"正是：

王母听，金星奏，冲冲大怒。鬼丫头，做此事。背娘下凡。

斗牛宫，享不尽，神仙快乐。谁叫你，下凡去。婚配金童？

我有心，就把你，打到凡间。思想起，舍不得，母女分离。

下圣旨，快叫她，回到天上。又恐怕，这丫头，贪念红尘。

她若是，贪红尘，不尊母令。那时间，惹众神，耻笑我身。

口问心，心问口，注意拿定。另差个，能人去，收她回宫。

她若是，尊母命，急速回程。她不尊，母的命，打下凡间。

相比较《张四姐大闹东京宝卷》中的慈母般的王母娘娘，《三神姑下凡宝卷》中的西王母较为强硬，但她疼爱女儿，怕群神耻笑，心里矛盾重重，但又为女儿考虑周密，总体上仍是一位人间母亲的形象。

从宗教宝卷与故事宝卷相比，西王母从形象到神格相差甚远。台湾学者邱慧莹说："世俗宝卷中，唯一延续以往王母职能不变的地方大约就是天界纪律守护者的这个部分。世俗宝卷虽以"仙——凡"、"天界——人间"作二元描写，但天界显然并非等同于乐园。世俗宝卷遇到了一个吊诡的问题：是凡人俗胎可借诵经礼忏同归仙班，但天界冷清，女仙们憧憬着平凡爱情，想要幸福婚姻、生儿育女，所以敢犯天条；人世间既然如此值得留恋，又何须成仙？而王母作为女仙之首，只能主动或被动地处置女仙，以致拆散姻缘。这种处置的手法与元明戏曲中王母站在制高点上，主动让女仙下凡历练的情况，有着天壤之别。显然世俗宝卷的这种表现手法。让王母的性格更直接、更质朴、更符合民间的审美趣味。"【15】宗教文本注重神灵体系的构建与宗教思想的宣扬，因此在传统文化的基础上对西王母的神格进一步加强，形象进一步"圣化"；而故事宝卷注重故事的趣味性和生动性，则尽量使西王母的神格弱化，贴近于生活。

六、结语

明清以来的民间教派宗教，欲打破传统制度性宗教儒释道的宗教体系，建立自己"三教合一"的宗教体系，融入"三期救劫"、"末世论"等宗教思想，汲取了神话、道教和民间信仰中的西王母信仰，强化了西王母的神格，将其上升为创世大神与至上神，并赋予西王母创世者、救世者与普度众生的全新的神格与形象。与以往制度性宗教主神不同的是，宗教宝卷在塑造新的西王母神格和形象的过程中，一改正统宗教神灵高高在上的"神性"，赋予西王母慈母般"人性"的特征，使民众对其有亲切感，便于民间教派宗教传播其宗教思想，这个过程体现了民间宗教文本在构建其宗教体系中"圣化"的过程；在故事宝卷中，来自于传说、戏曲故事等民间互文性文本中的王母娘娘，则为了更好地适应作为讲唱文学的内在特质，对西王母的神格进一步弱化，使之贴近于生活，便于编创情节起伏跌宕，故事性强的叙事文本，西王母的神格和形象的改变则呈现了"俗化"的过程。

参考文献：

【1】本文为教育部人文社会科学研究规划基金项目《甘肃宝卷念卷研究》（批准号13YJAZH057）阶段性研究成果。

【2】《护国威灵西王母宝卷》，早稻田大学风陵文库，清康熙十六年（1677）重刊折本。民间教派宗教认为道分三期降世，即青阳、红阳、白阳三期。每期各派一位祖师掌道，即先天燃灯佛，中天释迦佛，后天弥勒佛。但前两期渡回的原子不过四亿，余下92亿要在白阳期度完，为此只好大开普渡。92亿原子（原人）得到度脱，可以回到真空家乡，脱轮回之苦。无生老母（西王母）届时要派弥勒佛降世临凡，召开龙华三会，把沦落尘世的儿女度回真空家乡，与无生老母团聚，永享平等幸福之快乐。

【3】参见拙文《明清宝卷中的西王母形象与信仰》，《青海社会科学》，2012第4期。

【4】濮文起主编：《中国民间秘密宗教辞典》，四川辞书出版社，1996年，第312_313页。

【5】赵宗福：《西王母的神格功能》，《寻根》，1999第5期。

【6】费孝通：《生育制度》，商务印书馆，1999年，128页。

【7】郑志明：《台湾西王母信仰的在地化发展》，《昆仑文化与西王母神话国际学术论坛暨青海湟源昆仑文化周交流材料》（内部资料），2010年，159页。

【8】郑志明：《台湾西王母信仰的在地化发展》，《昆仑文化与西王母神话国际学术论坛暨青海湟源昆仑文化周交流材料》（内部资料），2010年，第162页。

【9】郑志明：《台湾西王母信仰的在地化发展》，《昆仑文化与西王母神话国际学术论坛暨青海湟源昆仑文化周交流材料》（内部资料），2010年，第163页。

【10】车锡伦《中国宝卷的形成及其演唱形态》，《敦煌研究》，2003年第2期。

【11】邱慧莹：《民间想象的西王母——以世俗宝卷为例》，《河南教育学院学报》，2010第1期。

【12】魏光霞《西王母与神仙信仰》，载于郑志明《西王母研究》，台湾南华学院宗教文化研究中心。1997年。

【13】这样的叙事在民间传说故事里较多，如"两小儿辩日"，"孔子和如来打赌"，关羽好色的传说等等。在河西宝卷《唐王游地狱宝卷》中，李世民虽被正史认可为一代明君，但在民间还是被认为是一个与普通人一样的个体。他的光辉也不能遮掩他所犯的错误，就像"玄武门之变"为民众所诟病一样，即使贵为人君，也要因为冤死之人负责任，因为说话不算数而进地狱受审。这与历代官方史书为君者讳不一样，民间自有自己的一套评判标准，即清者自清，浊者自浊，功不抵过。民间并没有因他是帝王而为他避讳，而把他作为讽刺嘲弄的靶子。历代帝王在民间都有一些这样的传说故事，就连如来佛，孔子等诸圣都有一些有关其缺点的故事，这是民间文化中常见的现象。这些传说故事与正史所"为君者饰"不同，实际上比那些大而无当的、夸饰的、避讳的历史更加接近历史的真实。因此，民间史是一部最为真实的"心性历史"。

【14】这两部宝卷选入徐永成主编《金张掖宝卷》，甘肃文化出版社，2007年。

【15】邱慧莹：《民间想象的西王母——以世俗宝卷为例》，《河南教育学院学报》，2010第1期。

原载《中国民俗学集刊》）2014年第2期

从昆仑神话论周穆王见西王母

鲁瑞菁

提要：本文题目为《从昆仑神话论周穆王见西王母》，主要从昆仑神话的角度探讨《穆天子传》中周穆王会见西王母故事的意义。本文认为周穆王会见西王母的故事，在阴阳五行学说大系统下，被统合成木王与金母的故事，后再一变成为东王公与西王母的故事。王公为阳，西王母为阴，因此《穆天子传》中周穆王于昆仑与西王母相会的事件，在宗教神话的思维中，即具有在世界中心之地，阴阳相会、天地合德之宇宙生成论的意义。

关键字：昆仑、穆天子传、周穆王、西王母、东王公

一、聚讼纷纭的昆仑

昆仑是中国神话中最重要的一座圣山，清代以前对于昆仑问题的讨论可说是聚讼纷纭，莫衷一是，其中最主要的症结就在于对昆仑原初地望的认知上，现代学者郑坤德指出：

> 昆仑山有二，近来学者多承认的。历来不知有这个现象，所以闹得天翻地覆，昆仑位置之多，遂不下十余说。万斯同在《昆仑辨》举出十余家（见《群书疑辨》卷十），但是他的结论以《山海经》及《史记》二说为是。张星烺先生在他的《中西交通史料汇篇》说昆仑也主张两说。他说：昆仑何在？我国学者自昔既有二说。《山海经. 卷二. 西山经》昆仑，毕沅注云，在今甘肃肃州南十八里，又金城临羌县有昆仑祠，敦煌广至县有昆仑障，此其一也。司马迁《史记. 大宛传》云："汉使穷河源。河源出寘，其山多玉石。采来，天子案古图书名河所出山曰昆仑云。"……昆仑不在肃州而远在于阗，此第二说也。①

郑氏将昆仑地望坐实在肃州或于阗，但是并未说明《山海经》及《淮南子》二书对昆仑外貌曲尽翔实的神话幻想描绘究竟从何而来。《山海经》中的《西次三经》、《海外南经》、

---

① 见郑坤德：〈层化的河水流域地名及其解释〉，氏着：《中国历史地理论文集》（台北：联经出版事业公司，1981 年），页 192 — 193。

《海外北经》、《海内西经》、《海内北经》、《海内东经》、《大荒西经》、《大荒北经》等都有关于昆仑的记载，无怪乎苏雪林会认为《山海经》"实为昆仑问题的总汇"了①。这当中以《海内西经》的昆仑之虚叙说得最为翔实：

> 海内昆仑之虚，在西北，帝之下都。昆仑之虚，方八百里，高万仞。上有木禾，长五寻，大五围。面有九井，以玉为槛。面有九门，门有开明兽守之，百神之所在。在八隅之岩，赤水之际，非仁羿莫能上冈之岩。
>
> 赤水出东南隅，以行其东北。河水出东北隅，以行其北，西南又入渤海，又出海外，即西而北，入禹所导积石山。洋水、黑水出西北隅，以东，东行，又东北，南入海，羽民南。弱水、青水出西南隅，以东，又北，又西南，过毕方鸟东。
>
> 昆仑南渊深三百仞，开明兽身大类虎而九首，皆人面，东向，立昆仑上。开明西有凤凰、鸾鸟，皆戴蛇、践蛇，膺有赤蛇。开明北有视肉、珠树、文玉树、玕琪树、不死树。凤凰、鸾鸟皆戴盾。又有离朱、木禾、柏树、甘水、圣木曼兑，一曰挺木牙交。
>
> 开明东有巫彭、巫抵、巫阳、巫履、巫凡、巫相，夹窫窳之尸，皆操不死之药以距之。窫窳者，蛇身人面，贰负臣所杀也。服常树，其上有三头人，伺琅玕树。开明南有树鸟，六首；蛟、蝮、蛇、蜼、豹、鸟秩树，于表池树木，诵鸟、鸒、视肉。

另外，《淮南子·地形篇》也有关于昆仑的描写：

> 禹乃以息土填洪水，以为名山，掘昆仑虚以下地，中有增城九重，其高万一千里百一十四步二尺六寸。上有木禾，其修五寻。珠树、玉树、璇树、不死树在其西，沙棠、琅玕在其东，绛树在其南，碧树、瑶树在其北。旁有四百四十门，门间四里，里间九纯，纯丈五尺。旁有九井，玉横维其西北之隅。北门开以纳不周之风。倾宫、旋室、县圃、凉风、樊桐在昆仑阊阖之中，是其疏圃。疏圃之池，浸之黄水，黄水三周复其原，是谓丹水，饮之不死。
>
> 河水出昆仑东北陬，贯渤海，入禹所导积石山。赤水出其东南陬，西南注南海。丹泽之东，赤水之东，弱水出自穷石，至于合黎，余波入于流沙，绝流沙，南至南海。洋水出其西北陬，入于南海羽民之南。凡四水者，帝之神泉，以和百药，以润万物。
>
> 昆仑之邱，或上倍之，是谓凉风之山，登之而不死；或上倍之，是谓悬圃，登之乃灵，能使风雨；或上倍之，乃维上天，登之乃神，是谓太帝之居。

以上两处对于昆仑宏伟、壮丽、美观、繁复的幻想描绘，当有一个初始传说的蓝本原型，如苏雪林就认为昆仑的原型来自西亚庙宇及七星坛建筑，他说：

---

① 参见苏雪林：〈昆仑之谜〉，氏着：《屈赋论丛》（台北，国立编译馆，1980 年），页 582 — 583。

关于昆仑仙山之想象，不知始于何时，今日文献之约略可征者，惟有文化最早之两河流域，故吾人亦惟有姑定两河流域为昆仑之发源地。考西亚远古传说，即谓有一仙山曰 Khursag Kurkura，其义犹云"大地唯一之山"，或曰"世界之山"，为诸神聚居之处，亦即诸神之诞生地。关于此山详细之描绘，今日西亚出土之砖文，尚无可征，良堪惋惜——吾人愿望之满足，或将待之他日地底文化资料之发现而已。但西亚若干庙宇与七星坛之建筑，皆为此山之缩型。而中国之昆仑、希腊之奥林匹司、印度之苏迷卢、天方之天园，亦为此山之翻版。①

徐高阮也持相同的看法，他认为昆仑丘即是古代两河流域常见的多层庙塔，徐氏说：

中国古籍所载之昆仑丘（墟）应为古代两河流域各城通有之一种多层庙塔（Ziggurat，staged temple-tower）。惟此等古籍所着力称说形容者，乃巴比伦城之大塔 Marduk，系奉献于巴比伦大神，即巴比伦开辟神话中之主角者。虽现仅有公元前七世纪史料提及此塔，但塔之历史实甚古远。此塔亦即两河流域古宗教建筑中最伟大、最著名之一处。②

徐高阮又将《淮南·地形篇》里的描写和巴比伦的庙塔作比较说：

《地形训》中关于昆仑墟之一长段文字为极重要材料，依我解释，所写乃一九层高台，在一结构复杂之广宏院宇之中，依傍壮丽奇伟之城垣。此一高台，以及院宇之缔造由来，之种种景观，之存在意义，均与巴比伦大塔之事适相吻合。巴比伦大塔名为"天地之基"（Etemenanki）；其所属之结构复杂之宏广神庙名为"崇首之园"（Esagila, the house of the lofty heat）。此塔及庙在公元前六、七世纪达极盛时代，公元前五世纪中被毁后不能恢复，但后人犹多称述其迹。近百年中此塔及庙成为近东考古一大题目。③

凌纯声也赞成苏、徐二氏的看法，并补充徐氏的意见说：

"木禾、珠树、玉树"等等有神秘意味之树木，似相当于两河流域之神树（名 Kishkanu），此神树有种种变形，而实即棕榈之化身。"旁有四百四十门"，巴比伦城城垣广大壮丽，空前绝后，后世史家形容，更有夸张。如希罗多德所述城周长度，有四倍之多，又有百门之说。"北门开以纳不周之风"，《天问》亦有"西北辟启，何气通焉"，巴比伦大塔及

---

① 参见苏雪林〈昆仑之谜〉，氏着《屈赋论丛》，页 615。
② 参见徐高阮〈昆仑丘和洪水神话〉（草纲），《中华杂志》第 7 卷第 11 期，页 47—48，1969 年 11 月。
③ 接着徐氏将〈地形〉所描述的昆仑景观，和楔文文献、旧约传说、希罗多德的记载及近代考古所得的资料，作了详细的比对，以证成昆仑即来自巴比伦大塔，参见徐高阮〈昆仑丘和洪水神话〉（草纲），《中华杂志》第 7 卷第 11 期，页 47—48，1969 年 11 月。

神庙非正对东西南北,而系微向西北,近代学者或谓此乃福佑之方。"倾宫、旋室、悬圃、凉风、樊桐在昆仑阊阖之中,是其疏圃",此昆仑阊阖全区亦有"疏圃"之名,"疏圃"一名或有与Esagila对音之关系。"疏圃之池,浸之黄水",崇首之圃据传二池,又崇首之圃紧依幼发拉底斯河,黄水或指此河。"黄水三周复其原,是谓丹水,饮之不死",巴比伦城跨幼发拉底斯河上,左右两岸各有一壕环城,外复有渠一道环之,如谓庙塔周围河水三匝,且复其原,似无不恰。又幼发拉底斯河有生命水之誉。"昆仑之邱,或上倍之,……登之乃神,是谓太帝之居",此节语意奇妙,超出写实范围。巴比伦大塔原有级可登,最高处则为迎接最高神之殿堂,希罗多德曾描写升塔之况味,有依稀彷佛之处。[①]

以上三家的说法都认为,昆仑源于巴比伦的通天塔及空中花园等建筑物。巴比伦大塔及空中花园等古建筑,曾是世界早期最伟大、最撼动人心的建筑物之一;随着民族的迁徙和旅人行客的口耳传播,围绕着这些建筑群,必定产生出许多绘声绘影的描述。不过,如果要肯定昆仑西来说,还须要对早期联结西亚与东亚的文化传播途径,作更深入细致的探讨,才能达到更完满的结论[②]。

传统的说法一向认为昆仑是位于中国西方的大山,不过随着古代西亚各民族不断向东迁徙,以及与中国文明的交流,自然在各地创造出许多富有民族特色的昆仑山,昆仑因此成为一个含义丰富的大载体,这也就是昆仑在《山海经》中出现得如此繁复、混乱的原因。以致后代学者在追溯昆仑问题时,甚至出现以东海方丈仙山为昆仑的看法,如《山海经·海外南经》载:

> 昆仑虚在其东,虚四方。一曰在岐舌东,为虚四方。

毕沅《注》云:

> 此东海方丈山也。《尔雅·释丘》云:"三成为昆仑丘。"是昆仑者,高山皆得名之。
> 此在东南方,当即方丈山也。《水经注·河水》云:"东海方丈亦有昆仑之称。"

从昆仑与东海三仙山的方丈山合流之例,就透显出昆仑在中国流衍、传播的复杂情形,这也无怪乎毕沅要说"昆仑者,高山皆得名之"了。

毕沅的话确有启发性,吾人可以将从地理学角度考察昆仑地望的问题暂时搁置一旁,

---

① 见凌纯声〈中国的封禅与两河流域的昆仑文化〉,中央研究院《民族研究所集刊》19期,页29—30,凌纯声又曾用对音的方式指出,与昆仑有密切关系的西王母原是两河流域苏末人(Sumerians)所崇拜的月神,见凌纯声〈昆仑丘与西王母〉,中央研究院《民族研究所集刊》22期,页246—250,1966年。
② 另外,赞成昆仑源于巴比伦大塔,并不等于就认同中国文化西来说学派的论点。

转从神话民俗学的角度来探讨昆仑的意义。在神话当中，凡是神圣之山都可称作昆仑；因为远古民族常以自我为中心，而将他们居住境内的高山看成是神圣的"世界大山"，并赋予神话传说中昆仑圣山的称号。

二、世界中心与时间之始的昆仑

从神话的角度看，昆仑这个"世界大山"是位于世界的中心，也是天地的支柱及圣俗的分界，请看纬书《河图括地象》对昆仑的记载：

> 地中央曰昆仑。
> 昆仑者，地之中也，地下有八柱，柱广十万里，有三千六百轴，互相牵制，名山大川，孔穴相通。
> 有昆仑山，广万里，高万一千里，神物之所生，圣人、仙人之所集也。出五色云气，五色流水，其泉东南流入中国，名曰河也，其山中应于天，最居中，八十城布绕之，中国东南隅，居其一分，是奸城也。
> 昆仑山横为地轴。
> 昆仑山为天柱，气上通天。[①]

除了《河图括地象》的记载外，请再看以下几处说法：

> 《山海经·海内西经》："昆仑之虚方八百里，高万仞。"郭璞《注》："盖天地之中也。"
> 《酉阳杂俎·前集．卷二．玉格》："昆仑为天地之齐（按，齐即脐）。"
> 《楚辞·离骚》"昆仑"句，洪兴祖《补注》："又一说云：大五岳者，中岳昆仑，在九海中，为天地心，神仙所居，五帝所理。"

以上所引文献载有昆仑居于大地中央和作为天地支柱的观念，在神话学上具有很重要的意义。（美）艾里亚德（Mircea Eliade）就曾指出，世界的中心以山岳（宇宙山）、植物（世界树）或柱子（或梯子）为标识，它们垂直矗立，纵贯天上、地上和地下三个世界。只有在这个中心，三个世界才能互相交通；居住在地上的人们，也只有攀登处于世界中心的山或树，才能获取天上的不朽性质。万物诞生在这个中心，世界上的生命力、谐调、秩序等等，通通以此为源泉；人的各种所作所为，多是模仿这个宇宙规范进行的，世界中心以"脐"

---

① （日）中村璋八、安居香山编：《纬书集成》（石家庄：河北人民出版社，1994年），页31、33、37。

来表示，更是全世界共通的神话观念①。在《山海经》中，除了昆仑山矗立在宇宙中心、作为巫师贯通天地的天地支柱外，还有登葆山和灵山等，也有同样的巫术性质②。

昆仑之上又是天中北斗，《尚书纬》载："北斗居天之中，当昆仑之上，运转所指，随二十四气，正十二辰，建十二月。"③又东方朔《海内十洲记．昆仑》载："（昆仑）西王母之所治也，真官仙灵之所宗。上通璇玑，元气流布五常玉衡，理九天而调阴阳，品物群生，希奇特出，皆在于此。天人济济，不可具记。此乃天地之根纽，万度之纲柄矣。"④（日）小南一郎曾经指出，昆仑主神西王母头饰玉胜即象征指示北斗的璇玑，乃居于宇宙循环运转系统的枢纽中心⑤，具有天地根纽、万度纲柄的性质，这段话也可以从古代农事生活观象授时的角度，进行理解。

确立这个宇宙（世界）中心，对原始初民的生活规范来说，具有十分重要的意义。艾里亚德就曾认为，关于某一神圣空间的启示，对宗教信徒而言，具有极为重要的存在主义价值，如果没有事先的定向，什么事情都不能做。因此，中心点的发现与投射，就等于创造了世界。神圣空间的仪式性定向与构造，具有某种宇宙起源论的价值，而都城、宫殿或屋室是人类模仿诸神范例性的创造物，也就是模仿宇宙的起源，而为自己建造的宇宙。每一次新的创造都再现了那个原初的开端，即宇宙看到白昼之光的开端⑥。对于艾里亚德的这个意见，可以举出《周礼．地官．大司徒》的一段话作为说明：

> 以土圭之法测土深，正日景以求地中。日南则景短多暑，日北则景长多寒，日东则景夕多风，日西则景朝多阴。日至之景，尺有五寸，谓之地中，天地之所合也，四时之所交也，风雨之所会也，阴阳之所和也。然则百物阜安，乃建王国焉。

这种立竿测日影的原始方法，正是在一个没有任何参照点的无限苍穹中，寻求一个固定点，一个绝对的中心；有了这个中心点，一切生活就有了依循和规范，也就是"百物阜安"的意思。正因为地上的神庙和城市都仿造着天上最初的原型，因此在这个中心点建造王国，即是对创世时发生的重大事件的重演或模仿。如同艾里亚德所指出的，希伯来人每到一个

---

① 参见（美）艾里亚德：《萨满教》（《Shamanism》，Princeton Second Printing，1974 年），页259 — 269。
② 如《山海经．海外西经》：「巫咸国在女丑北，右手操青蛇，左手操赤蛇。在登葆山，群巫所从上下也。」《山海经．大荒西经》：「大荒之中，有山名曰丰沮玉门，日月所入。有灵山，巫咸、巫即、巫盼、巫彭、巫姑、巫真、巫礼、巫抵、巫谢、巫罗十巫，从此升降，百药爰在。」
③ （日）中村璋八、安居香山编：《纬书集成》，页393。
④ 刘真伦、岳珍编：《历代笔记小说精华》第一卷（成都：四川人民出版社，1999 年），页138。
⑤ （日）小南一郎着，孙昌武译：《中国的神话传说与古小说》（北京：中华书局，1993 年），页114。
⑥ 参见艾里亚德：〈世界．城市．房屋〉，引自宋立道、鲁奇译：《神秘主义、巫术与文化风尚》（北京：光明日报出版社，1990 年），页27 — 34。

新的地方，首先就要确立圣所，这实际上象征着重演或回归创世时的神圣行为。同样地，埃及人、巴比伦人也把人类尚未开垦的地区认同为混沌，也就是创世前未分化的混一状态。对荒地的开垦总是伴随在一种象征创世的仪式表演之后，新城市的建造也是如此。巴比伦城的地图把该城描绘在由一条河流为界的一个环形区域的中心点上，它的位置精确地对应着苏末人幻想中的天堂。这种使城市文化仿效原型模式的做法给城市本身带来了现实性和有效性。甚至到一个新的、未开辟的地方定居，也相当于一种创世活动。当斯堪的那维亚的殖民者占据冰岛时，他们把自己的开辟行为看成是非世俗的神圣行为，也就是创世活动的重复。使荒野得到开垦等于把混沌转化为宇宙秩序，因此现实的开辟者也就认同为创世之神了 [1]。

中国古籍中也十分重视建国在世界中心（即王者居天下之中）的意义，请看以下记载：

《荀子. 大略》："欲近四旁，莫如中央。故王者必居天地之中，礼也。"

《管子. 度地》："天子中而处。"

《吕氏春秋. 慎势》："（古之王者）择天下之中以立国，择国之中而立宫，择宫之中而立庙。"

《白虎通义. 京师》："《尚书》：王者必即中土，何？所以均教道、平往来，使善易以闻，恶易以闻。明当惧慎，捐于善恶。"

《孝经援神契》曰："八方之广，周洛为中，谓之洛邑。"

《孝经援神契》指出了周代以洛为中的观念，周王朝营建洛都的过程的确蕴含着这种古老的意义，请看下列资料：

《尚书. 召诰》："王来绍上帝，自服于土中。"伪孔《传》："言王今来居洛邑，继天为治，躬自服行教化于地势正中。"

《召诰》又云："旦曰：其作大邑，其自时配皇天。"伪孔《传》："称周公言其为大邑于土中，其用是大邑配上天而为治。"

《康诰》也说："周公初基，作新大邑于东国洛，四方民大和会。"伪孔《传》："初造基，建作王城大都邑于东国洛汭，居天下土中，四方之民大和悦而集会。"

如上所说，周人建都洛邑，不仅具有政治上便于制殷的用心，更有宗教上确立中心点的意义。一旦找到并标志出这个中心点，就如同《周礼. 地官. 大司徒》记载的，天地、四时、风雨、阴阳等，就随即得到和谐与调适，并充分实现它们的理想价值，而这也正是宇宙生命力的更新与再造。

[1] 参见艾里亚德：《永恒回归的神话》（The Myth Of The Eternal Return or Cosmos And History, Princeton University Printing, 1974 年），页 10。

不仅周人建洛具有立中的意义，较早的殷人王城大邑商，就已经具有中心的观念了，据陈梦家指出，武丁卜辞有"四方受土"的例子，四方是和大（天）邑相对的；而乙辛卜辞则有"四土受年"的例子，四土则是和商相对的；这个与四方或四土相对的大（天）邑或商，可以设想为处于四方或四土之中商族的都邑①。

以上所举的商周两族已是进入筑城建国的城邦社会，其实早在城邦社会之前的氏族聚落，就有圣地中心的设置。如唐兰认为，"中"字在卜辞中作"中"，象氏族社会中的旗帜，古时用以集众：

> 盖古者有大事，聚众于旷地，先建中焉，群众望见中而趋附。群众来自四方，则建中之地为中央矣。列众为陈，建中之酋长或贵族，恒居中央，而群众左之右之望见中之所在，即知为中央矣。然则中本徽帜，而其所立之地，恒为中央，遂引申为中央之义，因更引申为一切之中。②

最早树"中"的地方，应是氏族族人所共同认定的圣地，他们认为此处距离天神最近，而且这里也是最适宜观测天象的地方，中杆就成为他们测量日影及星辰的工具。

远古时代的人们，日出而作，日落而息，把太阳的出入当成生活作息的指标，山居的人们，自然以山作为太阳出入的坐标，如前文举《山海经·大荒西经》的丰沮玉门之山，就是日月出入的指标（这种例子在《山海经》中还有数例）；而平原地带的人们，则以树或杆来测量日影（如宇宙树建木所在的地方是"日中无景，呼而无响"）。由于太阳在大山或树干上所投下的影子方位不同，就可以从这不同的影子方位来定一年的生活行事。所以当部族迁徙到一个新的居地，首先要做的事情就是立中（或山、或树、或杆），以确立生活行事的标准；而族人每年固定时刻在"中"下聚集（或绕"中"而行），并举行仪式，也就具有恢复生命力，使部族生命形态重生的重要意义。

质言之，这个重要意义即是回归到最初创造、开辟的神圣时刻，而这个神圣的时刻往往伴随着模拟天地父母交合的仪式行为，艾里亚德已指出，婚姻礼仪的神圣模型—即天地父母神圣的结合、生育—也是创世神话常见的母题。如古印度《奥义书》中的丈夫便对新娘明言："我就是天，你乃是地。"更早的《阿达婆吠陀》第十四首也把丈夫和新娘认同为天与地。罗马诗人维吉尔的史诗《埃涅阿斯纪》第六卷写到狄多和涅阿斯在狂风暴雨之中庆祝他们的婚姻，他们的结合对应于天地元素之间的结合：天在拥抱新娘的同时降下生殖之雨。在古希腊，婚礼模拟着天神宙斯与赫拉神圣结合的模板。艾利亚德并强调说，所有这些婚配礼仪的宇宙发生论结构，不仅是模仿由天与地所代表的一夫一妻制的原始模型的问题，更主要的考虑是这种一夫一妻结合的结果，即宇宙创始。这正是为什么波利尼亚的妇女在要求受孕时，模仿原始母亲的典范姿势，即被大神伊奥放倒在地面上，也恰在这

---

① 参见陈梦家：《殷虚卜辞综述》（北京，中华书局，1988年），页319。
② 参唐兰：〈释中、冲〉，氏著：《殷虚文字记》（北京：中华书局，1981年），页53—54。

时开始朗诵创世神话①。有了上述这些民俗神话的古老例证，再来读《易经·系辞上》的这段话，应该会有更深层的体会，《系辞上》云：

> 天尊地卑，乾坤定矣。卑高以陈，贵贱位矣。动静有常，刚柔断矣。方以类聚，物以群分，吉凶生矣。在天成象，在地成形，变化见矣。是故，刚柔相摩，八卦相荡，鼓之以雷霆，润之以风雨。日月运行，一寒一暑。干道成男，坤道成女。干知大始，坤作成物。干以易知，坤以简能。……易简而天下之理得矣，天下之理得，而成位乎其中矣。

在这段记载当中，凝聚、积淀了初民的原始心理意识，那即是所谓的"君子之道，造端乎夫妇，及其至也，察乎天地"（《中庸》第十二章）的创始行为，也就是原始社会模拟创世之际，天地父母举行圣婚的仪式行为。

三、周穆王见西王母的故事

《穆天子传.卷三》载：

> 癸亥，至于西王母之邦。吉日甲子，宾于西王母，执玄圭白璧以见西王母，献锦组百纯，金玉百斤。西王母再拜受之。乙丑，天子觞西王母于瑶池之上。西王母为天子谣曰："白云在天，山陵自出。道理悠远，山川间之。将子无死，尚复能来。"天子答之曰："予还东土，和理诸夏。万民平均，吾顾见汝。比及三年，将复而野。"西王母又为天子吟曰："徂彼西土，爰居其所。虎豹为群，于鹊与处。嘉命不迁，我为帝女。彼何世民，又将去子。吹笙鼓簧，中心翔翔。世民之子，惟天之望。"天子遂驱升于弇山，乃纪名于弇山之石而树之槐，眉曰西王母之山。②

引文中"至于西王母之邦"句，《尔雅.释地》云："觚竹、北户、西王母、日下，谓之四荒。"郭璞注："觚竹在北，北户在南，西王母在西，日下在东，皆四方昏荒之国，次四级者。"③是西王母乃与觚竹、北户、日下之四极王国并立，可谓西极一氏族之首领，其地在昆仑群丘之中。

《穆天子传》极力铺陈周穆王向西游征的历程，以及面见西王母的事件。文本中记载了周穆王自国都洛邑出发，经行一万四千里，过滹水、犬戎、阳纡、西夏、珠余、河首、

---

① 参见艾里亚德：《永恒回归的神话》，页24。又见艾里亚德：〈世界.城市.房屋〉，宋立道、鲁奇译：《神秘主义、巫术与文化风尚》，页18—31。

② 逸名：《穆天子传》，《道藏.洞真部.记传类.海字号.第5册》（三家本，1988年3月），页40。

③ 朱祖延：《尔雅诂林》（武汉：湖北教育出版社，1998年8月），页2632。郭璞注，邢昺疏，李学勤主编，李传书整理：《尔雅注疏》（下），十三经注疏整理本，（台北：台湾古籍出版有限公司，2001年），页221。

昆仑之丘、春山、群玉之山、最终抵达西王母之邦。穆天子历经千山万水，始得以会见西王母，并赠以白圭玄璧、锦组素绢，二人宴饮于昆仑瑶池，吟诗酬答，深表情义。穆天子与西王母相会是上古世纪一场重要的会面，其内涵包含了历史史实与神话传说。《穆天子传》乃史官起居注与探险索奇录二种主题类型堆砌、组合而成的文本，可谓历史与神话共构出华夏文化传统中帝王征游事类的原型典范。

进而言之，《穆天子传》中西王母自称"帝女"，与穆天子名号中的"天子"正好对等、相映。换言之，神帝之女与天帝之子二者身份皆极其崇高，前者为西极一氏族之女性首领，

陕北绥德军刘家沟墓门门楣画像（东汉）

后者为东方一帝国之男性国王，身份地位得以相当、相配。西王母与周穆王之间的感情交往，在《穆天子传》中描绘成具有男女情愫的暧昧风韵，委实耐人寻味。晋人郭璞也看到这一点，其《山海经图赞》云："天帝之女，蓬发虎颜。穆王执贽，赋诗交欢。韵外之事，难以俱言。"[1] 而这样奇幻绝妙的爱情故事则口语交传，吟咏千年，至唐人李商隐《瑶池诗》还云："瑶池阿母绮窗开，黄竹歌声动地哀。八骏日行三万里，穆王何事不重来？"[2]

颇可注意的是，穆天子之穆与木同音，五行学说中东方属木，西方属金，昆仑则从边

陲变成中心。穆天子与西王母的流风韵事在汉代好事者的口头传播，及阴阳五行学说大系统下，被统合成木王与金母的神话故事，后再一变，即成为东王公与西王母二神故事。东

---

① （晋）郭璞著，张宗祥校录：《足本山海经图赞》（上海：古典文学出版社，1958年），页10。

② （清）圣祖敕编：《全唐诗》第八函第九册（台北：复兴书局，1974年），页3252–3253。

王公为阳，西王母为阴。因此《穆天子传》中，周穆王于昆仑与西王母相会的事件，在宗教神话的思维中，即具有在世界中心之地，阴阳相会、天地合德之宇宙生成论的意义。（汉）东方朔《神异经.中荒经》载：

> 昆仑之山有铜柱焉，其高入天，所谓天柱也。围三千里，周圆如削，下有回屋，方百丈，

> 仙人九府治之。上有大鸟，名曰希有，南向，张左翼覆东王公，右翼覆西王母。背上小处无毛，一万九千里。西王母岁登翼上，会东王公也。故其柱铭曰："昆仑铜柱，其高入天；员周如削，肤体美焉。"其鸟铭曰："有鸟希有，喙赤煌煌；不鸣不食，东覆东王公，西覆西王母，王母欲东，登之自通；阴阳相须，唯会益工。"

西王母与东王公每年（西王母岁登翼上，会东王公也）在昆仑神圣中心的相会，实具有天地父母圣婚行事的性质，也即是模拟天地开辟时"阴阳相须，唯会益工"的创生仪式①。而在汉代墓葬、祠堂的画像石中，常见有东王公往访西王母的画面，如陕北绥德军刘家沟画像石、山东嘉祥县纸坊镇敬老院祠堂西壁画像石、山东嘉祥嘉祥村画像石等是（参附图一—三），其深层的文化意识，乃是以东王公往访、遇合西王母，即天地父母交合的创生仪式为其底蕴，表示墓主、祠主及其子孙生生不息的深盼祈愿②。

综上所述，西王母与东王公每年在昆仑神圣中心的相会，是以两个神为代表的两个要素——如阴/阳；天/地；圆/方；规/矩；父/母；动/静；男/女等，在确定的岁时节庆里定期结合，以激活宇宙规模等级的生命力量，从而保障这个世界的长存久续。可以说，阴阳二神结合的神话故事，是以男女恋爱传说为基础，对宇宙运行、恒动、存续、更新的神话表述。

附图一

---

① 参见（日）小南一郎著，孙昌武译：《中国的神话传说与古小说》，页81—84。
② 吾人即使将这些画像的内容理解为墓（祠）主人升仙画像，也代表墓（祠）主人冀望成为东王公（周穆王），经由其拜会西王母的岁时行事礼仪，产生宇宙更新的效果，获得新生的生命能量。

本文作者摄于西安碑林（2017年07月02日），画面最左边画月中蟾蜍玉兔，右有西王母头戴胜杖，拥袖端坐，其两侧各一人执便面跪侍，再右侧另有一羽人持仙草跪奉，再右有三足乌、九尾狐、捣药兔、蟾蜍。画面最右边画日中金乌，左是周穆王，端坐于由三只仙鹤牵引的车上，车后树铭旌，车前一御手驾车。仙鹤前一仙人奔驰，一立虎弹五弦琴。①

附图二

山东嘉祥县纸坊镇敬老院祠堂西壁画像（东汉），画面以横栏分隔为五层，此处仅截取一、二层。一层刻西王母仙境图。二层刻祠主升仙图，最前方羽人乘龙导引，后方仙车二辆，前车由一长尾凤鸟拉引，一御者驾御，女祠主披发、肩生双翼坐于车上，后车由五只飞鸟拉引，一御者驾御，男祠主戴冠、肩生双翼坐于车上。②

附图三

山东嘉祥嘉祥村画像（东汉），画面以横栏分隔为五层，此处仅截取一、二层。一层刻西王母仙境图，西王母的坐榻延伸至下部第二层。二层刻祠主（墓主）升仙图，右侧前方一羽人披发骑兔举幡前导，后有三神鸟拉云车，一御者驾御，男祠主（墓主）戴冠、肩生双翼坐于车上。左侧前方是一仙人牵三足乌、九尾狐，其后一二头共身兽，背上一吹竽仙人。中间西王母的坐榻下二兔捣药③。

---

① 参中国画像石全集编辑委员会编：《中国画像石全集》第5卷（济南：山东美术出版社，郑州：河南美术出版社，2000年6月），图153。小南一郎认为其内容为东王公往访西王母，（日）小南一郎著，孙昌武译：《中国的神话传说与古小说》，页85。小南一郎认为其内容为东王公往访西王母，（日）小南一郎著，孙昌武译：《中国的神话传说与古小说》，页85。
② 参中国画像石全集编辑委员会编：《中国画像石全集》第2卷（济南：山东美术出版社，郑州：河南美术出版社，2000年6月），图119。
③ 参中国画像石全集编辑委员会编：《中国画像石全集》第2卷（济南：山东美术出版社，郑州：河南美术出版社，2000年6月），图125。小南一郎认为其内容为东王公往访西王母，（日）小南一郎著，孙昌武译：《中国的神话传说与古小说》，页86。

明清宗教宝卷中的西王母形象与信仰

刘永红

西王母又称为王母、金母、瑶池老母、瑶池金母、西池金母、仙母、阿母、龟山金母、龟台金母、金母元君、王母娘娘等。明清两代，宝卷与宝卷念卷成为民间宗教借以表达其宗教思想、参与精神生活的主要形式。与西王母有关的神话、信仰等文化资源，被民间教派融汇于宗教宝卷中，形成了多种以西王母为至上神的宝卷。与以往不同的是，这一时期的西王母形象和信仰发生了较大的分化，西王母的神格和信仰在宗教宝卷中得到空前的提升，从而形成了有关西王母的一种新的形象与信仰，民间宗教教派在传播的过程中，也把西王母信仰带到台湾甚至南洋各地。

一、与西王母为中心的宗教宝卷

宝卷是民间"念卷"或"宣卷"的宗教活动和民间信仰活动中一种集信仰、教化和娱乐为一体的民间讲唱文艺的说唱底本。明中叶正德（1506～1521）以后，各新兴民间教派均以宝卷的形式编写宣传宗教教义的经典，演唱宝卷（宣卷）成为这些民众的宗教活动。民间教派汲取中国传统文化中儒、释、道及民间文化中的成分，试图创立"三教合一"的宗教体系。较早以西王母为中心编创的宝卷是《护国威灵西王母宝卷》，二卷二十四品，为明朝刘香山

所编西大乘教宝卷，又名《西王母诸仙庆贺蟠桃宝卷》。今存清康熙九年（1670）年重刊本，四册；清康熙十六年（1677）重刊折本，二册。傅惜华所藏首载崇祯七年（1634）直隶沧州王胤生序旧抄本四册。《护国威灵西王母宝卷》是明朝西大乘教的重要宝卷。西大乘教为隆庆五年（1571年），京西保明寺（又称皇姑寺）尼姑归圆创立，该教创立时称大乘教，因发祥地在京西保明寺，故历史上称西大乘教。【1】这个教派假托保明寺开山祖师吕牛（吕姑、吕菩萨）为第一代教主。传说吕牛在英宗朝幻化疯婆阻驾，历陈出师之不利，后英宗在土木堡被瓦剌军俘获，吕牛给英宗送饭，英宗获释回朝。吕牛又献计使英宗重登皇位。英宗在京西赐地修建观音寺，赐名"顺天保明寺"。该教历代教主多为女性，信仰者也多为女性。甚至当时明神宗之母李太后也成为其信徒，因此该教派受到李太后和官僚、太监的支持，

并出资刊行该教派的宝卷，使最初在北京西山一带传播的西大乘教，后来流传到除华北各地区外，还远及四川、安徽、甘肃等地。其后有《王母消劫救世经》，清光绪二十六年（1900）一洞天聚贤堂刊本，一册，【2】《瑶池金母金丹忏》上中下三卷，民国十三年（1924年）刊本，原序为光绪年丁未岁中和节济颠佛祖序。[3]

近年在甘肃西王母圣地泾川发现《王母经》三卷，这部经和《玉皇经》三卷合为一部完整的经文，全称《玉皇王母救劫保生真经》，共8000字，其中《王母消劫救世真经》4100字。这部经为玉皇王母代言，和泾川回山供奉的东王公、西王母偶像吻合。该经文是清代咸丰四年（1854）甲寅岁木刻版本。美国学者欧大年所藏《玉皇王母救劫经》，清光绪二十六年（1900年）一洞天聚贤堂刊本（一册），与泾川《王母消劫救世真经》为同一宝卷。值得注意的是，泾川是国内著名的西王母圣地，该地有很浓厚的西王母信仰，西王母祭祀仪式与文化景观群规模也相当大，泾川《王母经》的文化背景无疑与当地西王母信仰有关。

另外笔者在青海乐都、民和地区调查时发现《王母经》（1987年抄本），《王母新诗论》、《王母降下佛坛经》（2000年抄本），三部经卷，较为短小。这些宝卷有可能是近代青海东部民间教派流传下来的宝卷。进入近代后，青海地区出现了许多佛教社团，如嘛呢会、同善社、清茶会、慈善堂、大乘会、清斋门等。……同善社、清茶会是典型的佛道混合团体。抗日战争期间，清茶会与河南省传入的'普化救世佛教会'联合更名为'西宁普化救世佛教会'．又名'一心堂'，教众多属于小商贩和手工业者。此外，抗战时期出现的慈善堂多系一些同善社、清茶会更名而来，拥有较多教众。会址在湟中西山堡普济寺的大乘会因有不少政界人士及知识分子的参加，因而稍具规模。上述社团一般规模不大，信徒有限，且介于佛道之间，多有迷信色彩，影响不大。【4】【5】实际上这些"介于佛道之间"的组织是明清以来民间教派分化而来的组织。上述三部宝卷有可能是同善社等组织留下来的．因为同善社是清道光年后青莲教分化后的组织，青莲教和同善社都有以王母为尊神的信仰。新中国成立后像同善社、清茶会、慈善堂、大乘会、清斋门等宗教教派组织都被取缔，停止了活动，而以女性为主体的嘛呢会成为一种承担当地民俗宗教活动的组织，传承了这些宝卷和西王母信仰。

二、民间教派宝卷中的西王母

西大乘教在各地的传播，是以西大乘教宝卷模仿"罗教五部六册"而自编的西大乘教"五部六册"和《护国威灵西王母宝卷》等宝卷为载体。《护国威灵西王母宝卷》明显吸收了道教的成分，认为西王母是"金枝大仙投生邰基，名曰姜嫄，即高辛帝妃。生前为后稷之母，没后为月殿之母。"是一位集创世与救世为一身的至圣女神，三教九流之祖，万民之母，具有至高无上的权威，西王母可以"考察儒、释、道三教"圣人，一一给予封号，凌驾于诸神之上，俨然众神之王，享有民众的最高崇拜。《护国威灵西王母宝卷》首次把西王母视为民间宗教中的至上神。由于西大乘教有浓厚的女性文化背景，西王母是中国文化传统中可凭借的少数几个女神之一，所以当时把西王母和无生老母融为一体，塑造出一个凌驾于诸神之上的西王母。

《瑶池金母金丹忏》的功能是"瑶池老母鸾笔乃示慈航尊者以金丹要旨也，文凡三卷，上卷度仙，中卷度人，下卷度鬼。"此宝卷应是祭祀西王母和民间教派做法事时所用的仪式文本。文中构拟瑶池金母向慈航菩萨传道授法的故事，极力渲染瑶池金母的至上与神圣："瑶池金母在大罗天上，瑶池宫中，坐最上莲台，放绝大豪光，与无极众圣，太乙诸仙，宣说未来。赞扬以往，是时天花散漫，法雨缤纷，大地流香，万源俱寂。"而观自在菩萨的虔诚、惶恐和对瑶池老母的万分尊敬，衬托了王母的威严："圣母（西王母）宣说方毕，观自在菩萨不禁怵惶惊惧，再三泣叩曰，自太极返无极，几经辛酸，几遭苦趣，始觉如是境，坠如是劫，可怜可悯千乞。"

《护国威灵西王母宝卷》和《瑶池金母金丹忏》中，西王母仍旧有明显的道教神仙色彩。但是民间宗教教派在把西王母这位在千年来民众信仰中举足轻重的神灵引入民间宗教中，把西王母的神格进一步放大，变形成为一位至上神，集创世和救世为一体，这与民间宗教试图突破其传统的民间的、分散的宗教状态，向制度性宗教靠拢的努力有关。另一方面也说明从神话、仙化到宗教的西王母蕴含的文化资质正好满足了民间宗教试图创造一位至上神的要求。

《王母消劫救世真经》中的西王母是一位慈母的形象，为儿女们不修行向善而发愁流泪"言至此，泪双流，湿透衣衫为谁愁，劝大众，早回头，改恶从善莫停留，王母娘娘在瑶池，清净不惹红尘事，到于今，发慈悲，尔凡民等谨依饭，众黎民，众黎民，钦哉毋忽而奉行"。（中卷）它反复表现的主题是"劝善"。宝卷劝人在为人子，为臣，为兄，为弟，为姑，为媳，为妯娌，为夫妇，为朋友，为父母，为民牧之际的行为标准，它提倡孝，忠，爱，敬，和，信，诚，廉耻，爱民，清廉，夫唱妇随，相爱相敬，忠贞不淫，上下级不欺，为官不骄奢淫逸的美德。"我见富贵人，骄奢淫逸性，傲慢贤与能，师表他不敬，不孝并不忠，不弟兼不信，昂首阔步行，倚势欺穷困，全不种福田，全不修德行，暴殄天生物，过恶难数尽。"宝卷再三宣扬持诵、抄录此卷的神奇功能：

"焚香高诵念，万事得成亨，若为父母诵，父母享遐龄，若为儿孙诵，儿孙发聪明，若为家宅诵，家宅福骈臻，若为求名诵，青云有路登，若为求利颂，积玉又堆金，若为求子颂，不久产麒麟，若为求雨诵，指日降甘霖，若为遣虫诵，虫蝗化为尘，若为疾病诵，疾病不缠身，……若为枯木诵，枯木复兴荣，若为禾稼诵，禾稼保丰盈。家宅供此经，福患不相侵，行人佩此经，路途免虚惊，舟船载此经，风波永不兴，生前持此经，福禄寿重增；

死后念此经，逍遥脱罪刑。抄录一本送，一家免刀兵，抄录十本送，灭罪列仙真，抄录百本送，荣华及子孙，刊刻传天下，天下享康宁。功德难数尽，群众谨奉行，诚心诵此经，天兵护其身。口诵心不遵，天雷剿其形，……持诵是经者，衣冠礼至尊。"（下卷）这与明清以来其他的宝卷结尾相似，也反映了中国传统宗教与信仰中的功利主义。

《王母新诗论》、《王母经》中西王母的形象与《王母消劫救世真经》中相似，以救世者的形象出现："珠泪滚滚流满面，金母非故降淫檀。红尘忧忧循环定，不辞自劳驾慈船。闻得君黎遭大难，一片婆心好痛酸。苦度众生同登岸，悲声不住下南天。鸾像造籍垂书传，木铎传真化愚顽。"（《王母新诗论》）"王母圣诞三月三，桃花会上我为先。红袍玉带金凤冠，跨为登云下凡间。身骑白马手执花，来年尾上说不罢。……王母为生心费尽，我劝男女心回心。高叫一声无人应，一个一个跳火坑。……"民间宗教教派经常用宝卷来宣扬自己的宗教思想、修持和仪规，《王母降下佛坛经》即是如此。宝卷中用民间歌曲五更调，王母之口来宣传宗教思想，如文中"五更里，坐蒲团，主人心安。有三花，合五气，都来朝真。有金公，合黄婆，内外招应。把两仪，合四象，各个奉陪。坐功人，坐蒲团，纹丝不动。"青海发现的这三部宝卷，从内容上来看，这三部宝卷与内地的宝卷从形制、内容上都一致，但篇幅较为短小，是明清西王母宝卷的一部分。这些宝卷属于哪一个民间宗教教派，我们尚难得出结论，因为明清以来的民间教派的宝卷经常混用、借用，同名异卷、同卷异名的情况很常见。这些宝卷现在在当地一个民间宗教组织——嘛呢会上念诵，嘛呢会上念诵的多为这样一些短小的宝卷文本，嘛呢会宝卷念诵是目前仅存的为数不多的活态宝卷念卷活动。青海东部地区有浓厚的西王母信仰语境，也是传说中西王母的故乡，这一地区西王母宝卷的传承与传播与当地西王母信仰的语境是密不可分的。

与正统宗教不同的是，民间宗教中的西王母既不像佛教中的释迦牟尼那样庄严肃穆，也不像道教中的三清那样冷漠高远，而是向人间时时流露出慈母一般的关怀，这与以往道教体系中的西王母形象并不一样，是明清以来西王母形象新出的一个特点。

三、西王母与无生老母

在明清时期的民间（秘密）宗教中，神格与地位与西王母相似，影响更大的是无生老母。无生老母又被称作古母、祖母、古佛、老无生、无极老母、无极圣母、金母、瑶池金母、天地三界十方万灵真宰等等称呼。无生老母的形象首先是人类的祖先，她住在"真空家乡"——天堂，是一位无生无灭，不增不减，不垢不净，至仁至慈的女上帝。她开始把混沌宇宙分出天地日月，创造了两仪四象，五行八卦，创造了山川河海等等万物。民间宗教中无生老母的理论相当复杂，在明中后期发展成熟的无生老母形象和宗教理论对后世民间宗教的影响非常大，可以说我们现在所看到的宝卷，如有无生老母的形象和说辞，即绝大多数为民间秘密宗教宝卷。无生老母来历，马西沙和郑志明认为，罗祖的继承人所尊奉的"无生老母"，显然就是从无极生祖（罗祖所创）_无极圣母，再参酌佛教的无生观念，以及在五部经中出现过的无生父母，自然而然的推演变化而来的。【6】至于西王母和无生老母的关系，部分学者认为金母或瑶池金母（西王母）的形象是无生老母的化身或别名，至于这二者之间如何转化，何时转化学界较少论及。台湾学者林荣泽著文《从西王母到无生老母——论道教西王母向民间宗教的转化》讨论了西王母如何由初期的神话，发展成道教的瑶池金母，再转化成民间宗教无生老母的过程，尤其着力于分析西王母到无生老母的转化。该文探讨发现，这段转化的过程，很可能与元、明时期的道教金丹道南宗，有很密切的关系。以往学界认为的罗祖五部六册，是无生老母信仰的源头，但根据史料来看，（无生老母）一词，可能是明代道教一支融入民间的金丹道南宗，根据道教西王母的（老母）称呼，再透过扶乩方式所创造出来的新神名。其后逐渐被其他新兴的民间宗教教派所接受，并融合五部六册中的无生父母概念，到了明末清初，由当时金丹派南宗的弟子罗蔚群，编写完成《龙华宝经》一书，代表完整无生老母信仰的形成。【7】至于"老母"的最初源头，有可能与先秦对全民族始祖母的崇拜。刘宗迪研究认为，西王母转换为民间信仰，来源于祖妣之尸，祖妣之尸是整个蒸尝仪式之中心，在"西王母之山——沃之野"这一场景中处于显要地位的西王母形象无疑是祖妣神尸的写照，也就是祖母之神的象征。实际上，"西王母"之名的本义就是"祖妣"的意思。如上所述，"西王母"本应作"王母"，"王"是修饰"母"的形容词。而非表示王者的名词，《尔雅·释亲》："父之考为王父，父之妣为王母。"郭璞注："加王者，尊之也。"郝懿行《尔雅义疏》："祖父母而曰王者，王，大也，君也。尊上之称。"所谓"王母"无非就是崇高之母，神圣之母；蒸尝仪式是全民性的庆典。因此，在这一仪式上敬祀供奉的"王母"必定不是一家一宗的祖妣，而是全民族的始祖母。【8】

明清西王母所具有的神格创世神与救世神的神格。人类慈母的形象从西王母远逮汉代就已经有雏形。从民间宗教教派所流传下来的宗教宝卷来看，只有西王母与无生老母互称，而民间宗教教派在创造无生老母的过程中，无疑从明朝以前的传统文化中汲取营养来完善自我的宗教体系和宗教思想，但是传统文化中似乎只有两位具有创世救世神格的女神可作为其文化资源：女娲和西王母。但女娲在所存世的宝卷中，似乎很少提到。那么只有西王母才有这个文化资质来充当民间宗教中的至上女神。比较突兀而出的无生老母的形象，必以传统文化中的某位女性大神为原型，从西王母汲取形象和信仰，创造出无生老母的形象，是符合民间造神的逻辑的，这也能解释为什么民间教派宝卷中西王母和无生老母经常交替出现。

费孝通先生在《生育制度》一书中曾写道：在社会性的断乳中，它们留恋追慕那温暖而不须自己负责的家庭，想有个永远在身边的母亲。也正是没有人能永远躲在母亲的怀里，所以在这一时期的读者会有要求母爱的情绪。"一个人一旦发现父母不是万能的保护者的时候,不免会发生一种深切的恐慌。这恐慌多少是需要一个上帝来代替父母的根据。"【9】西王母在历经远古神话、历史传说、道教经籍、小说、戏曲、说唱等多种载体描绘下,从先秦至今,一直在发展演变之中。"西王母"一词,也由地名、邦国名、氏族名转变为神、人王、女仙;其形象从早期的半人半兽,到雍容绝色的贵妇之姿;其职能由原先掌疫厉、刑杀的凶神到握有长生不死药的吉神。再到化育万物、母仪天下的天界女神,并且成为民间信仰中的"王母娘娘"。明中叶民间秘密宗教把这一丰富的文化资源纳入自己的宗教体系中.从而形成了民间宗教中的至上神。从西王母到无生老母的转化,这一过程也与千年中国文化传统中浓厚的女神崇拜有密切的关系。女神不断涌现不仅是宗教信仰的需求,也是社会生活的需要。在社会不能提供保障的场合,人们则可能会产生一种寻求社会性母亲或人类之母庇护的冲动,西王母神格的提升与无生老母的塑造不能说没有这种心理因素。

四、民间宗教与西王母信仰在南洋与台湾的传播

西王母信仰与"宝卷流民间宗教"的兴起与传播,从以华北为中心,逐渐向全国发展,有清一代,民间教派一直受到清官方的严厉打压,道光三十年(1850)后,青莲教受到清政府的镇压,以青莲教为名义的传教和宗教活动逐渐式微,但道光末年传入到福建的一支,改名为先天教,仍延续青莲教的传统,以瑶池金母为至尊,却顽强地生存下来,并随着华人的脚步逐渐传播到南洋。远在海外的马来西亚等地由于有传道、建庙和宝卷印刷的自由,以宝卷为载体的西王母信仰与民间宗教转向海外,一直流传到东南亚的北婆罗洲、马来亚半岛以至暹罗国。王琛发在马来西亚槟城大圆佛堂新发现了一批先天道罗浮山朝元洞系统经典文献,其中有《王母经》和清光绪年间刊行和抄本百多本。"这一批先天大道嫡系的文献,不仅留下了道门所尊称的'金秘祖'在19世纪中叶授意门人远下南洋开荒传道的记载,而且,也证明青莲教当时远播东南亚的北婆罗洲、马来亚半岛以至暹罗国,传道的对象不只限于华人,也包括外族。我们可以从其中一本《无极传宗志》断定,正当清廷压迫着青莲教的同时,今日被好几个民间教派公认为先天五老之一的十五祖林金秘,眼光已经不仅放在中国本土。一直到金祖归天后,教派继续分裂,可是自认是他的嫡系的一派也还是继续在南洋传播无生老母即是瑶池金母的说法,尊奉老母或王母为'无极天尊',提倡'普度收圆'教义。这些到南洋办道的弟子又曾经返流到中国。形成以罗浮山朝元洞为祖庭的一支先天道系统,分支遍布东南亚。"【10】这一时期先天大道和其核心信仰——王母信仰规模很大。如当时马来西亚槟城大生佛堂,这间客家男众修行的佛堂原本就是建在市区的别墅型建筑,它的左邻又有属于广府男众修行的大圆佛堂,也是别墅型建筑,1883年的《建造大圆佛堂石碑》密密麻麻的约600捐款名单,足于说明支持者众,即使今日斋堂的

道众早在 20 世纪人事星散，亦可想象 19 世纪当时道堂之旺盛。据目前所知，从 19 世纪到 20 世纪太平洋战争爆发前，自认属于"先天大道"，又曾经在马来亚各处建立瑶池金母庙或修道坛奉祀金母的道门，基本上是分属普度门、归根道、同善社、万全堂四个道门。四个道门之间，同善社常会以住宅区或会所性质的建筑物聚会，里边既是活动场所，又可以奉祀神明。而其他三个系统则各自建设过一些斋堂或庙宫。一直到马来亚在 1957 年宣布独立后以伊斯兰教作为国教，它们还是享受着宪法延续英殖民地所保障的宗教自由，继续活动。【11】

西王母信仰传入台湾的时间当与传入南洋的时间大致相同。青莲教在遭清政府镇压后，其传到福建改名为先天教的一支，顽强地生存下来，并于咸丰年间传入台湾，造成很大的影响。【12】目前台湾地区对西王母的崇拜，除原属于道教系统的之外，也形成了自己的独立组织，这便是遍及于全岛的慈惠堂系统。这一系统常称西王母为"母娘"，崇拜极其虔诚。其信众组织缜密，律规教义严整。最特别的是，信仰瑶池金母的信众都以师兄、师姐称呼，信仰瑶池金母的宫堂都以慈惠堂或者胜安宫、瑶池宫、王母宫等为宫名，在台湾将近有一千间的庙宇。

因此，现存几部以西王母为中心的宗教宝卷，明显地显现出明清以来的民间宗教，以传统文化作为主要资源，在中国传统女神崇拜的基础之上，创造了西王母和其影响更大的无生老母的形象。与以往神话、仙化、道教和民间信仰中的西王母不同的是，民间教派宝卷与信仰中的西王母神格和形象得到了极大的提升，西王母的这种新的信仰也随着民间宗教及其信仰载体宝卷的流传，扩布到台湾和东南亚地区。

参考文献：

【1】濮文起主编：《中国民间秘密宗教辞典》，四川辞书出版社，1996 年，第 344 页。

【2】车锡伦：《中国宝卷总目》，燕山出版社，2000 年，第 106，284 页。宝卷还有"经"、"宝传"、"科仪"等多种不同称呼。

【3】周燮潘、濮文起编《中国宗教历史文献集成·民间宝卷》（第七册），黄山书社。2005 年。

【4】《王母经》为乐都高庙新盛村嘛呢会经本，《王母新诗论》、《王母降下佛坛经》为民和马有义请人抄写。

【5】崔永红、张得祖、杜常顺主编，《青海通史》，青海人民出版社，1999 年，第 843—844 页。

【6】马西沙：《中国民间宗教史》，中国社会科学出版社，2004 年，第 168 页；郑志明：《无生老母溯源》，文史资料出版社，1974 年，第 110 页。

【7】林荣泽：《从西王母到无生老母——论道教西王母向民间宗教的转化》，台北保安

宫 2009 保生文化暨道教神祇国际学术研讨会。

【8】刘宗迪：《西王母信仰的本土文化背景和民俗渊源》，《杭州师范学院学报》（社会科学版），2005 年第 5 期。

【9】费孝通：《生育制度》，商务印书馆，1999 年，第 128 页。

【10】王琛发：《重新发现青莲教最早在南洋的流传（上）山东大学第二届中国秘密社会史国际研讨会"，2009 年 8 月 16—19 日。

【11】王琛发：《因道门而兴起，因道门而式微——西马先天大道诸派系对金母信仰的分歧》，海峡两岸东皇公西王母信仰学术研讨会，2008 年 10 月 3 日。

【12】濮文起主编：《中国民间秘密宗教辞典》，四川辞书出版社，1996 年，第 228 页。

原载《青海社会科学》2011 年第 5 期

从神话到仙话的西王母

曾永义

前言

日本松村武雄《神话学原论》,对世界神话学者作分析和批判,然后给神话作这样的定义:

神话是持有非开化心意的古代民众,以与他们有共生关系的超自然性威灵的一直活动为底基,而对周围自然界及人文界的诸现象所做的叙述或帮助,从而产生的圣性或俗性故事。

而仙话是如何产生的呢? 学者一致认为它晚出于神话, "从原始生命意识的觉醒到神仙思想的产生, 由原始巫医阶层发展演变而来的神仙方士集团的崛起, 以及中国神话的仙话化即在内在驱力, 主体力量与文学渊源三个方面为中国仙话之诞生铺平了道路。" (1)中国仙话的诞生, 可以说就是昆仑神话、蓬莱神话两大系统在战国时日益盛行的神仙思想所催发推动的结果。

因为春秋战国是列国兼并剧烈的时期,战争频繁,杀人盈野,民不聊生。在上者欲求长生,永享荣华富贵;在下者困苦颠沛,也想避世偷生。前者是对长生的幻想,后者是对死亡的抗拒(2)。于是在原始宗教灵魂不死的信仰和巫术想控制自然力的幻想之下,燕齐滨海地区的方士面对着海市蜃楼的奇景妙境,乃作种种引人入胜的诠释,于是产生了仙话。

在殷墟卜辞中已有西王母的迹象:

> 任申卜贞,界于东母西母, 若。(后 285)
> 乙酉贞,又岁于伊西。(粹 195)

《诗经·大雅》: "专此中国,以绥四方。" 西王母为四荒之一:

> 《尔雅·释地》:孤竹、北户、西王母、日下, 谓之四荒。

标签

昆仑文化论文集

郭璞注：孤竹在北、北户在南、西王母在西、日下在东。

《淮南子·地形训》：西王母在流沙之濒。

《谕衡·恢国》：西王母国在绝极之外，而汉属之，德执大，坏执广。

一、神话中的西王母

在《山海经》中所见的西王母是

1、西王母的状貌

"如人豹尾，虎齿善啸，蓬发戴胜。"《西山经》

"戴胜，虎齿有豹尾，穴处。"《大荒西经》

"梯几，而戴胜杖。"《海内北经》

2、西王母的居处

"西三百五十里曰玉山，是西王母所居也。"《西山经》

"西有王母之山，壑山海山，有沃之国，沃民是处，沃之野，凤鸟之卵是食，甘露是饮，凡其所欲，其味尽存。"《大荒西经》

"西海之南，流沙之滨，赤水之后，黑水之前，有大山，名曰昆仑之丘，　此山万物尽有。"《大荒西经》

3、西王母的陪侍

"百兽相群是处，有三青鸟，赤首黑目，大名大𪄆，一名少𪄆，一名曰青鸟。"《大荒西经》

"有三青鸟，为西王母取食。"《海内北经》

"有兽焉，其状如犬而豹文，其角如牛，其名曰狡，其音如吠犬。见，则其国大穰；有鸟焉，其状如翟而赤，名曰胜遇，是食鱼；其音如录，见，则其国大水。"《西山经》

"有神，人面虎身，有文有尾。"《大荒西经》

4、西王母的职司

"司天之厉及五残。"《西山经》

·190·

二、历史化的西王母

《尚书大传》："舜以天德嗣尧，西王母来献白玉琯。"

《战国魏史官记》："穆王十三年壬辰西征见西王母。"

《史记周本纪》、《秦本纪》、《赵世家》："周穆王使造父御西巡狩见西王母。"

北魏郦道元著《水经河水注》："周穆王使造父驭见西王母。"

三、仙神话的西王母

晋太康二年，汲县人不準盗发魏襄王陵墓，得《穆天子传》六卷，记载周穆王西征事；其中一段载有穆王见西王母事。《四库提要》将此传置于小说类，因为传中所载西征事，时、地都难详考，致使后世读《穆天子传》的人以为这是据片段史实再加以渲染杜撰的神话传说。

《穆天子传》云：

吉日甲子，天子宾于西王母。执玄圭白璧以见西王母，献锦组百纯，口组三百纯。西王母再拜受之，乙丑，天子觞西王母于瑶池之上。西王母为天子谣曰："白云在天，山自出，道里悠远，山川间之，将子无死，尚能复来。"天子答之曰："予归东土，和洽诸夏，万民平均，吾顾见汝，比及三年，将复而野。"天子遂驱升于弇山，乃纪其迹于弇山之石，而树之槐，眉曰西王母之山。（按郭璞注《西山经》引《穆天子传》，又有西王母再为天子吟曰："徂彼何世民，又将去子，吹笙鼓簧，中心翱翔，世民之子，惟天之望。"云云。

其次《汉武故事》内述西王母会见汉武帝云：

七月七日，上于承华殿斋，日正中，忽见有青鸟从西方来。……是夜漏七刻；空中无云，隐如雷声，竞天紫气。有顷，王母至，乘紫车，玉女夹驭；戴七胜；青气如云；有二青鸟，夹侍母旁。下车，上迎拜，延母坐，请不死之药。母曰："帝滞情不遣，愁心尚多，不死之药，未可致也。"因出桃七枚，母自啖二枚，与帝二枚。帝留核箸前，王母问曰："用此何为？"上曰："此桃美，欲种之。"母笑曰："此核三千年一着子，非下土所植也。"留至五更，谈语世事而不肯言鬼神，肃然便去。

《汉武内传》中有西王母见汉武帝的记载：

　　到七月七日，乃修除宫掖，设一坐大殿，以紫罗荐地，燔百和之香，张云锦之帏，然九光之灯，列玉门之枣，酌蒲葡之醴，宫监香果，为天宫之馔。帝乃盛服立于阶下，敕端门之内不得有妄窥者；内外寂谧，以候云驾。到夜二更之后，忽见西南如白云起，郁然直来，迳趋宫庭。须臾转近，闻云中箫鼓之声，人马之响。半食顷，王母至也；悬投殿前，有似鸟集：或驾龙虎，或乘白麟，或乘白鹤，或乘轩车，或乘天马。群仙数千，光耀庭宇。既至，从官不复知所在，唯见王母乘紫云之辇，驾九色斑龙，别有五十天仙侧近鸾舆，皆长丈余，同执彩旄之节，佩金刚灵玺，戴天真之冠，咸住殿下。王母惟扶二侍女上殿，侍女年可十六七，服青绫之桂，容眸流盼，神姿清发，真美人也！王母上殿东向坐，着黄金褡裤，文采鲜明，光仪淑穆，带灵飞大绶，腰佩分景之剑，头上太华髻，戴太真晨婴之冠，履元琼凤文之舄。视之可年三十许，修短得中，天姿掩蔼，容颜绝世，真灵人也！下车登床，帝跪拜问寒喧毕，立，因呼帝共坐，帝面南。王母自设天厨，真妙非常，丰珍上果，芳华百味，紫芝萎蕤，芬芳填，清香之酒，非地上所有，香气殊绝，帝不能名也。又命侍女更索桃果。须臾，以玉盘盛仙桃七颗，大如鸭卵，形圆青色，以呈王母。母以四颗与帝，三颗自食。桃味甘美，口有盈味，帝食辄收其核。王母问帝。帝曰："欲种之"。母曰："此桃三千年一生实，中夏地薄，种之不生。"帝乃止于坐上。酒觞数遍，王母乃命诸侍女，王子登弹八琅之璈，又命侍女董双成吹云和之笙，石公子击昆庭之金，许飞琼鼓震灵之簧，婉凌华拊五华之石，范成君击湘阴之磬，段安香作九天之钧，于是众声激明，灵音骇空，又命法婴歌元灵之曲。

四、配上东王公的西王母

《神异经》

　　东荒山中，有大石室，东王公居焉。长一丈，头发皓白，人形鸟面而虎尾，戴一黑熊，左右顾望，恒与一玉女投壶，每投千二百矫，设有入不出者，天为之口医嘘。（华注：叹也。）矫出而脱误不接者（言失之），天为之笑。（华注：言笑者，天口流火照灼，今天不雨，而有电光，是天笑也。）

曾永义　台湾大学教授　博士生导师

参考文献：

（1）梅新林：《仙话——神人之间的魔幼世界》第2页，上海三联书店，1992年6月第一片。

（2）见罗永麟：《中国仙话研究·仙话与神话的关系及其异同》第57—58页，上海文艺出版社，1993年5月第一版。

论獬豸冠与"西王母"

陈荣

西王母是昆仑神话中的一位大神,在《山海经》中记载的"西王母其状如人,豹尾虎齿而善啸,蓬发戴胜,是司天之厉及五残"。她的形象完全是一个凶神恶煞。有关西王母的研究已有众多的著述,如李德芳的《试论西王母的神话演变》、翁银陶的《西王母为东夷族刑神考》、赵宗福的《论虎齿豹尾的西王母》等。笔者试图从西王母的头饰及其她被赋予的职责入手,结合羌人对羊图腾的崇拜,探讨獬豸冠与西王母的关系。

一

"法"字,东汉的许慎在《说文解字》中释意为"荆也,平之如水,从水,所以触不直者去之,从廌去。法,今文省,古文仝"。"法"字是由解 廌的 廌字加水、加去组合"灋". 它是"法"的繁体字。"荆"《说文解字》释义"罚辠也",就是惩罚犯法的人。"荆"也通"型",它是古人对铸造器物时,与模、范等器具相似的一种器物名称:"以木为之曰模,以竹曰范,以土曰型",型也引申为模范的意思。"平之如水"也就是俗话说的"把一碗水端平". 不偏不倚均平公正的意思。 廌是一个传说中的圣兽,能分辨是非曲直。它头上长着一只犄角,用这只独角来"触不直者",并除去他,因此有正直的意思。"法"的字义就是像圣兽"解 廌"一样辨别、惩罚有罪的人,做到不偏不倚"均平如水",公正地规范人们的行为,作执法的典范。

解廌亦作"獬豸"、"解廌"。汉代王充在《论衡·是应》中说:"触觟者,一角之羊也,性知有罪。皋陶治狱,其罪疑者,令羊触之。有罪则触,无罪则不触。斯天生一角圣兽,助狱为验。故皋陶敬羊,起坐事之。"传说皋陶是远古时代舜的大臣,他为了执法公正,断案时常让独角的羊"獬豸"协助自己。在汉代的史籍《异物志》及《后汉书·舆服志》中记载,春秋战国时期楚国国君曾经捕获到"獬豸",仿照"獬豸"的形象制作了身穿的衣服和头戴的帽子,并把它穿戴在自己身上。战国末年,"秦灭楚,以其君冠赐御史",因此,后人称"獬豸冠"为"楚王冠"。汉代时,朝廷的使节、执法者也戴此冠。《史记·淮南王列传》中记载其谋反前,"於于王乃令官奴入宫作皇帝玺……汉使节法冠。"东汉的蔡邕明确指出:"法冠,楚王冠也。"《后汉书 - 舆服志》:"法冠,执法者服之……或谓之獬豸冠"，可见，秦、汉王朝的执法者是头戴"獬豸冠"的。

古代的君主、大臣等利用独角的神羊"獬豸冠"断案，或用"獬豸冠"、"獬豸"图案作为服饰装扮自己，笔者认为这是古人崇拜羊图腾——"獬豸"的一种图腾文化现象。据《墨子·明鬼》中记载："昔齐庄公之臣，有所谓王里国、中里徼者。此二子者，讼三年而狱不断，齐君由谦杀之恐不幸，犹谦释之恐失有罪，乃使之人共一羊，盟齐之神社，二子许诺，于是泏洫，㓶羊而漉其血，读王里国之辞，既已终矣；读中里徼之辞，未半也，羊起而触之，折其脚，㧙神之社而槁之，殪之盟所。"齐庄公判决两位臣子之间的官司，让他们两人共牵一头羊，到齐国的神祠去立誓，两个人都同意了，于是开始歃血为誓，先把羊杀了，把血洒在社土上；先读王里国的誓词，读完后，又读中里徼的誓词，还不到一半，死羊突然跳起来用头触他，折断了他的脚。守神祠的人以为是鬼神显灵了，就打中里徼，把他打死在立誓的地方。《墨子·明鬼下》记载的这个案例，与王充《论衡·是应》中记载的远古的神话传说，两者相比较，其中"皋陶治狱，其罪疑者，令羊触之。有罪则触，无罪则不触"和"羊起而触之，折其脚"，都是为了执法公正，以羊来协助执法者断案。协助"皋陶治狱"的是"一角之羊"獬豸，协助齐庄公的司法官明辨是非曲直"触有罪之人"的是一头普通的羊，虽然这头羊被认为是鬼神显灵的死羊。但案例所表达的羊"性知有罪"的神异特征，无疑反映出这件案例采用了"獬豸决讼"的神判遗风，而这种对"羊"崇拜的习俗，与齐国国君祖先来自于古羌人有着较为密切的渊源关系。

据《世本》(秦补本)载："齐氏，炎帝之后，太公望子牙封营邱为齐国，子孙氏焉"。齐国是周分封的羌姓诸侯国之一，羌姓为古羌人的一支。李玄伯在《中国古代社会新研》中指出："羌乃以羊为图腾，其义甚明"。古羌人是主要游牧于我国西部甘、青地区的古老民族，在这广阔的区域内，《山海经·西山经》记载，由崇吾山经三危山、积石山、玉山到翼望山一带. 当地居民所供奉的神"状皆羊身人面"。这种图腾形象在羌字的构形中惟妙惟肖地被古人刻画了出来。

何星亮认为，最早的象形文字即为图腾图像。【1】"羌"字应该是一个象形文字。在殷墟甲骨文中，"羌"字在不同的时期，有不同的刻形，但字形的共同特征是上为羊形、下为人形。同样，汉代的许慎在《说文解字》中释羌字为："西戎牧羊人。从人、从羊、羊亦声"他将羌字归入会意字。但是于省吾先生对羌字研究认为："追溯羌字构形的由来，因为羌人有头戴羊角的习俗，造字者遂取以为象"。【2】无论殷墟甲骨文中羌字的刻形，还是《说文解字》对羌字的释义都表明羌字的图腾图像的描绘和刻画。

古羌人的图腾为羊，羌字所表明的羌人图腾图像是"羊身人面"的半人半兽的图腾图像。依据何星亮对图腾文化的分期："在图腾早期，图腾标志或象征是全兽形的，即图腾为现实中的狩猎对象物。至图腾中期，随着图腾祖先观念的产生，图腾标志或象征也演变为半人半兽形的。到了图腾文化晚期产生了图腾神观念。其标志或象征也进一步演变为人兽分立形的"。【3】古羌人早期的图腾标志或象征无疑是自然界存在的活生生的羊的形象，半人半兽形的图腾图像是图腾文化发展演变的结果。双犄角的羊的图腾标志或象征演变为独角的羊的形象，这种奇异的图腾文化现象的发生，笔者推测大概是图腾文化中期产生图腾祖先观念时，与之相关的图腾神话也随之发生了变异。

大致在春秋战国时，楚国国君捕获"獬豸"，"因象其形，以制衣冠"这件事之前，图腾神话就已发生了变异现象，但此时变异了的图腾神话已基本成型。楚王好服"獬豸冠"，与楚人的先族高阳来自于西方有关，高阳氏即颛顼氏。姜亮夫考证认为："高阳氏来自西方，即今之新疆、青海、甘肃一带，也就是昆仑山来的。"【4】又说："楚姓芈，此以羊为图腾也，即是'西羌牧羊人也'之姜姓，是西方一大族。"【5】可能因为楚人来源于西部羌人，所以楚王好服"獬豸冠"也是情理之中。

"图腾神话具有使各种图腾文化现象神圣化、合理化的职能。"【6】双犄角的羊图腾标志或象征演变为独角的羊的形象之后，后人在讲述远古的图腾神话时，以变异了的图腾神话去描述远古的图腾图像是情理之中的事情。由此，我们不难看出，远古时期舜的大臣皋陶以及那个时代的人们崇拜的羊图腾是"全兽形的"，春秋战国时期楚国国君和那个时期的人们崇拜的羊图腾已演变为"半人半兽形的"，但是，在齐国，齐国国君和那里的人们崇拜的羊图腾已演变为"人兽分立形的"。秦、汉时的"御史"等执法者头戴"獬豸冠"，无疑是古人崇拜的图腾文化发展演变的结果，也是承袭了古人"獬豸决讼"的传统神判的做法。

汉代以前的"獬豸冠"的形状不详。但汉代的"獬豸冠"的形状，据《后汉书·舆服志》载："法冠，一曰柱后。高五寸，以纚为展筒，铁柱卷，执法者服之。"这是一种高五寸，用方格网的帛做成中空的筒状形的帽子。笔者推测这种形状的帽子，大概就是当初楚国国君捕获"獬豸"后，"因象其形，以制衣冠"的产物，而且帽子是仿照"獬豸"头部那只独角犄角制作的，只不过到汉代时"獬豸冠"的形状已经变得面目全非了。但是"獬豸冠"以及"獬豸"图案被人们赋予辨别是非曲直、执法公正的象征而保留下来。唐宋时代，法冠皆名"獬豸冠"，宋代的"獬豸冠"据《宋史·舆服志》："獬豸冠，其梁上刻木为豸角，碧粉涂之。"明代以獬豸为风宪公服。清代御史及按察使补服前后皆绣獬豸图案。正如北周庾信的《庾子山集·正旦上司宪府诗》中所提到的那样："苍鹰下狱史，獬豸饰刑官。"

二

据《山海经·西次三经》："玉山，是西王母所居也。西王母其状如人，豹尾虎齿而善啸，蓬发戴胜，是司天之厉及五残。"《山海经·大荒西经》："西海之南，流沙之滨，赤水之后，黑水之前，有大山，名曰昆仑之丘。有神，人面虎身，文尾（原作'有文有尾'，从王念孙校删），皆白处之。其下有弱水之渊环之，其外有炎火之山，投物辄然。有人戴胜，虎齿，豹尾（原作'有豹尾'，从王念孙校删'有'字）穴处，名曰西王母。"又据《尔雅·释地》："觚竹在北，北户在南，西王母在西，日下在东，皆四方昏荒之国。"《太平广记》卷二0三引《风俗通》："舜之时，西王母来献白玉瑁"。西王母作为人，她是上古时代西北某母权原始氏族或部落的首领；而被神化的西王母形象，可能是以羊、虎、豹为图腾的不同氏族或部落互相联合或合并的产物。"蓬发戴胜"大概是西王母的发型和头饰，而"戴胜"这种头饰与"獬豸冠"的形状近似一致。

　　"戴胜"鸟名，又名"戴𪇆"，"𪇆"即"头上胜也。"【7】胜本是指古代的一种首饰，其中有"华胜"、"花胜"、"玉胜"、"人胜"、"方胜"、"藩胜"、"彩胜"等，据《辞海》、《辞源》中对上述诸名词条的解释，"胜"有许多形状，有人形的、旗帜形的、蝴蝶形的、金钱或其他形状的。"戴胜"鸟，因头部有显著羽冠形似古人头戴的饰物"胜"而得名。古人称这种头部有显著羽冠的鸟为"戴胜"，是在春秋战国时期，或在这段时间之前。因为在《礼.月令季春之月》就有"鸣鸠拂其羽，戴胜降于桑"的诗句。"戴胜"是一种益鸟，它体长约30厘米，具有棕栗色的显著羽冠，常见于园地或郊野，分布几乎遍及我国各地。【8】

　　戴胜鸟奇特的是它显著的羽冠，它的羽冠合拢时呈下宽上窄，中间稍向前弯曲，似羊的犄角；展开时呈扇状，这两种形状都是戴胜鸟所"戴"的"胜"。古人对西王母的发型头饰描述为"蓬发戴胜"，由此我们可知西王母头饰"戴胜"的造型，形状与"戴胜鸟"头顶的显著的羽冠相同。

　　关于远古时西王母国，或西王母的部族部落游牧的地方，李德芳在《试论西王母神话的演变》中说："吴晗和顾颉刚先生都曾指出．中国上古地理观念极为偏隘，只以中原极有限的一小块地方为中心，把四周称之为东夷、西戎、北狄、南蛮。以西为例，现在的山西、陕西、甘肃、青海的相当部分，都是羌戎的活动天地。所以，吴晗认为，纪元前三千年到五百年，这一时期的西戎在陕甘一带，地理学家又名之曰西荒、西王母，西王母即犬戎的别名。"古地理学家的研究也提供了证据。《山海经》载西王母处于"昆仑之丘"。具体的地名有"西海"、"黑水"、"弱水"、"赤水"等。据徐旭生考证，古之所谓昆山，即今青海高原。黑水，除见于《山海经》外，《楚辞·天问》等古籍一再提到，是发源于昆仑的河水。《书·禹贡》说："黑水两河唯雍州"，其位置在甘青。过去诸家对黑水的推测说法很多，有大通河、张掖河、党河、疏勒河、陕西城固黑水等，大多都在陕甘青。再如弱水，大概是由于水浅或当地不习造船而不通舟楫或只用皮筏交通，辗转传闻，遂有力不胜芥或不胜鸿毛之说。《书·禹贡》指出弱水在雍州，即甘青。《汉书·地理志》、《唐书·西域传》都有同样的记载。与昆仑神话关系密切的积石山、不周山都在青海东境，只是以后才可能随着民族迁移转移称谓到新的地方。仅以《西山经》所指各山考之，多在今甘肃、青海境内，"虽间有神话而尚历历可指"。总之，《山海经》等古籍所记原始西王母所处的位置，在今甘肃、青海和陕西的一部分地区。【9】

《山海经·西山经》记载，由崇吾山经三危山、积石山、玉山到翼望山一带，当地居民所供奉的神"状皆羊身人面"。这里是古羌人游牧生活的区域，"羊身人面"这种半人半兽的图腾形象，我们从古人对"羌"字象形的刻画字形中看到羌人图腾图像，是一个头戴羊角帽——獬豸冠的形象。传说中的西王母头戴一顶形状被比喻为"戴胜"鸟羽冠的帽子，我们将这顶帽子与羌人头戴的羊角帽——獬豸冠的图腾图像相比照，惊奇地发现两者非常相似。说明西王母是一位生活在这个地区的羌人部族部落首领。古人所谓"豹尾虎齿"、"蓬发戴胜"的描述，准确地刻画出了西王母的形象．她那顶"戴胜"鸟羽冠状的帽子，就是一顶羌人羊图腾崇拜的产物"獬豸冠"。西王母头戴"獬豸冠"，借助獬豸"性知有罪"、"触不直者"的神力公允地惩治犯罪；神化了的西王母同样也被赋予了这样的职能。据《山海经·西次三经》云西王母"司天之厉及五残"，郭璞注："主知灾厉五刑残杀之气也"。

翁银陶在《西王母为东夷族刑神考》中从"王"字的本义入手，解释"西王母"一名的含义。他说："关于'王'字本义，目前学术界主要有二说，第一，王为古火字，象火燃烧旺盛之状。"他认为"从'火'字，从火燃烧旺盛之义，很难引申、发展为'帝王'之义"。所以"王为古'火'字说是不妥的"。第二种学术观点是"吴其昌、林法等人以为王的本义为'斧'"。翁银陶在文章中采用此说法，认为"原始时代，斧是一种工具、兵器，到夏、商、周三代，斧，以及与斧形相近的钺、戚都成了凡间元首常执的武器，表示他们掌杀伐之权"，《说文·戊部》引《司法法》曰："夏执玄钺，殷执白戚，周左杖黄钺，右秉白髦"。由于执王（斧）是最高元首的象征，故最高元首就成了'王'字的引申义。他认为："西王母神中之王，其'王'字只是表明她是执斧的天之刑神，而她之所以要执斧，乃是出于职责的需要。《礼记·王制》云：'诸侯赐弓矢，然后征；赐铁钺，然后杀'，这虽是言三代时事，但斧钺用以刑杀，则应是由来已久，因此，西王母自然离不开它。"他还对"母"字进行了论述，认为"母，甲骨文作▨，又作▨，后者少了表示乳房的两点，与甲骨、金文的'女'字同，如著名的'司母戊'鼎的'母'字即写成'女'字。故容庚说：'母，与女为一字'"。

他认为西王母之所以以"母"取名，或者说后人以"母"呼之，则是由于上古的习俗。王国维说"'男子字某父，女子曰某母，盖男子之美称莫过于父，女子之美莫过于母'，如商周铜器的铭文中，曾出现过义母、貍母、庚母、皇母等女人名，其中'母'字都是由于对美称的追求而加的，并不表示她们以跻身于母亲的行列。"【10】笔者对翁银陶从"王"字的本义入手，解释"西王母"一名的含义的做法持赞同的观点。笔者认为古人对"西王母"三个字赋予的内容是："西"代表方位，也就是西王母所处的昆仑山，她是昆仑神话的大神；"王"字只是表明她是执斧的天之刑神，执斧是出于职责的需要。"母"字只是表示她是一位女神，是对女神的美称。因此，"西王母"一词表达的词义是"西方司天之厉及五残"执斧的女刑神。

笔者认为，"西王母"头饰源出于古羌人崇拜羊图腾"獬豸"：而且在漫长的母系氏族社会中，一代一代古羌人部族部落的女首领头戴獬豸冠，借獬豸的神力惩罚犯罪。生活在中原的人们将古羌人的民风习俗扩大演变为神话，产生出了西王母这位昆仑神话的女刑神。随着进入父系社会，原始宗教神话也随之发生了变化。后人在创编另一位男性刑神"蓐收"时，参照西王母"豹尾虎齿"、"蓬发戴胜"的形象，将刑神"蓐收"的形象具体化了。《国语·晋语二》云："虢公梦在庙，有神，人面白毛虎爪，执钺，立于西阿。公惧而走。神曰：'无走，帝命曰，使晋袭于尔门'。公拜稽首。觉，召史嚚占之。对曰：'如君之言，则蓐收也，天之刑神也。'"其中"有神，人面白毛虎爪，执钺"大多脱胎于"西王母"的造型，只是内容稍有所变动，"虎齿"变成了"虎爪"，缺少了"豹尾"。"立于西阿"表示"蓐收"后，西王母"司天之厉及五残"的职责逐渐被淡化，她从凶神演变为人王，后来又仙道化。以"金母、王母娘娘、王母、西姥瑶池阿母等大号流传于世"。【11】

三

从已知的考古资料和民族民俗资料表明，"獬豸冠"为标识的羌人图腾文化也不只是存在于河湟谷地，在祖国西部其他一些地区的民族民俗中也有它的印迹。

新疆新源县巩乃斯的一座大墓中出土的一具铜人："铜武士佣，战国前后，新源县巩乃斯河南出土。通高40厘米。红铜合模铸成，空心，头戴高弯勾大圆帽，脸部丰满，两眼前视，双手环握执物（物已失）。上身裸露，腰间围系着遮身物，赤足，两腿一跪一蹲。"【12】这具铜人所表现的是生活在战国前后时期的人物形象。我们将铜人"头戴高弯勾大圆帽"与西王母头戴的"獬豸冠"相比较，不难看出两者竟然非常相似。这是因为新疆新源县巩乃斯出土的铜人所表现的古老民族与陕甘青的羌戎即所谓的西王母等部族、部落有着不可分割的渊源关系。

有学者曾对西王母及其相关的山水地名，进行过深入研究后发现，这些山水地名是沿昆仑山脉一直向西延伸，跨越新疆直到中亚乃至更远地区。而地名的沿革往往是由民族迁徙造成的，这条向西迁徙的路线在很大程度上是与羌人西迁的路线吻合的。因而，这个民族也应该是原来世居陕、甘、青地区的羌人的一部分，这是有足够的史实记载为依据的。【13】那么，西王母的部族、部落所戴的"獬豸冠"出现在游牧于新疆新源县巩乃斯草原上的古人墓中就得到了合理的解释。

已故历史学家马长寿研究认为："羌族最古的主要分布区在青海东部的河湟地区。从公元前几千年起就向外迁徙，分布在黄河流域各地。在公元前四五世纪时，又有大批的羌族从赐支河曲南下，向长江流域的上游迁徙，分为三支，就是武都地区的参狼羌，广汉地区地白马羌以及牦牛羌。"【14】而且迟至南北朝时期南凉国王秃发傉檀还将居住在西平、河湟两岸的羌人三万余户迁徙到武兴（即今陕西略阳县一带）、番禾、武威、昌松四郡。【15】由此可以肯定这样大规模地迁徙，定会使湟中羌人将河湟地区的羌人文化携带而去，并在各地传承至今。

陕西略阳县的新江神庙、旧江神庙是两座具有浓郁地方特色和民族特色的古老建筑，都重修于光绪年间（此建筑初建于何时没有记载）。在这两座古建筑中板绘彩画的人物形象，为我们再现了羌人古老的装束及其图腾崇拜的迹象，具有非常重要的研究价值。例如：有一幅神采抖擞、气势雄伟的将军画（江镇老街戏楼左侧），头戴尖顶羊角帽，帽上有数道断折纹直到顶端，帽顶上有一根金鸡翎，耳旁披长发两撮，身着披风，内著铠甲，足蹬尖卷头皮靴，手捧一盘状物，高鼻、浓眉大眼。另有一帽，侧身、扬鞭骑怪兽，似羌人牧羊人的形象，头戴弯形尖顶羊角帽，有断折纹，著右衽长衫，右手护于胸前，握拳扬鞭，下骑尖头长嘴偶蹄怪兽，竖眉、大眼、高鼻。以上两幅画中彩绘的人物头戴的羊角帽，就是古羌人头戴的羊角帽，就是古羌头戴的"獬豸冠"。在略阳县新、老江神庙的板绘彩画中与以上两幅人物形象相同的画还有许多。【16】

青海同西藏相互毗连，气候条件大致相同，广阔的草原、水草繁茂，宜于畜牧，两地之间虽然崇山峻岭阻隔，但众多的山口是相互往来的天然通道，早在新石器时期就有羌人迁徙到藏北高原繁衍。因此，后人对藏北高原称之为"羌塘"。羌即羌人，塘在藏语中谓高寒草原，故羌塘即为羌人居住的高原。【17】考古资料证明，藏北高原新石器早期的原始文化，不但同西藏的山南、阿里等地发现的一些原始文化有着相当密切的关系，而且还与青海地区的原始文化及中原地区的原始文化存在着一定的共同特点和渊源关系。【18】据《新唐书·吐蕃传》记载："其俗重鬼右巫，事羱羝为大神。"羱是大角的羊，羝是牡羊，他们把贵重的大角牡羊尊为大神，表明在佛教传入西藏之前，藏民族的宗教意识，而这种对羊崇拜的意识至今仍在藏族民俗中存在着。如：拉萨一带藏族群众过年要用酥油塑一羊头，以示一年吉祥如意。【19】茶壶、盛酒器皿上系着白羊毛；插箭祭"拉则"时在箭杆上系白羊毛等。这种图腾崇拜现象给我们显示出藏族文化同羌人文化的渊源关系。现今，医学人种学研究认为："藏族系我国甘肃南部及青海地区人群南迁而受喜马拉雅山阻隔形成的一个民族。"【20】研究成果为我们对羌人与藏族血缘关系的认识提供了强有力的佐证。

正因为藏族同河湟羌人有着直接的血缘关系和文化传承，使之河湟羌人以"獬豸冠"为特征的羌人图腾文化，在藏民族中得到了保存。在佛教传入藏区之前，藏民族的祖先崇拜山川、树木、天地、日月星辰、神鬼精灵和自然物，他们对大自然的种种现象赋予人格并神化。在长期的社会进程中形成了原始宗教——本教。佛教传入后，在与本教的相互斗争、相互融合中，佛教接受和保留了本教的部分内容，形成了藏传佛教。如：藏传佛教中喇嘛的法帽——"夏帽"。也称为"贡帽"。"贡帽"原本是本教神职人员头戴的帽子。在吐蕃赞普拉玛灭佛之后，从藏区逃到西宁的僧侣玛尔·释迦牟尼、藏饶赛、约格迥等三人（人称"三智者"），给僧人喇勤·贡布饶赛剃度受戒。喇勤出家前，曾在本教徒南嘉华处学习《诵咒》，他是本教徒的后代。五年之后，他为卫藏的"十善士"授近圆戒。第二年，他与"十善士"之一的鲁梅·楚成喜饶分别时，鲁梅对喇勤说："我要回去了，请给我一件东西作个纪念吧！"喇勤将一顶涂有黄土色的旧本教帽送给他，并且说："戴上这顶帽子，希望能经常想到我"。因为卫地闷热，鲁梅将部分帽檐叠起来。以后，卫藏"十善士"的门生们都戴这种帽子，成了藏传佛教中喇嘛的法帽。夏帽，用羊毛编织而成。其形状呈犄角形或扇形，它由麦劳、朵儿、夏劳三个部分组成。麦劳构成夏帽的基本形状，朵儿为夏帽脊上的装饰，它是在帽脊上装饰长约 5 ~ 10 厘米的羊毛线穗，帽后是用两条长布做成的夏劳，夏劳上有三个用羊毛线缝成的线结，代表过去、现在、未来三世佛。这三个线结所表示的意义可能是受佛教文化影响附会在法帽上。古羌人的后裔羌族男性成年举行冠礼仪式（成年礼）时，巫师持白羊毛线并系五色布条，此物乃代表始祖的赠品，围在冠礼人顶上，然后巫师让冠礼人都下跪祷祝，意为此人得始祖庇荫，与天地同老、日月同生。【21】喇嘛法帽上的布条和羊毛线结最初所代表的意义可能也是代表始祖的赠品的。

喇嘛的法帽——夏帽，从前文我们得知在鲁梅没有将部分帽檐叠进去之前，其形状与西王母头戴的"獬豸冠"如出一辙，表明藏族与古羌人在文化渊源方面有着密切的承袭关系，并且也向我们显示了喇嘛的法帽——夏帽，是现今还在使用的"獬豸冠"。

参考文献：

【1】【3】【6】何星亮：《图腾文化与人类诸文化的起源》，中国文联出版公司，1991 年，第 339 页。

【2】于省吾：《释羌、苟、敬、美》，《吉林大学学报》，1963 年第 1 期。

【4】《楚辞今译讲录·屈原事迹》。

【5】《三楚所传古史与齐鲁三晋异同辩》，《楚辞学论文集》。

【7】《礼记》（月令季春之月），宋代陈澔《礼记集注》："戴胜，织纴之鸟。一名戴鵀，鵀即头上胜也"。

【8】《辞海》（缩印本）。

【9】【11】【13】李德芳：《试论西王母神话的演变》，《民间文艺学文丛》，北京师范大学出版社，1982 年，第 33 页。

【10】翁银陶：《西王母为东夷族刑神考》，《民间文艺论坛》，1985 年第 1 期。

【12】《新疆出土的少数民族文物》，文物出版社，1985 年。

【14】马长寿：《氐与羌》。上海人民出版社，1984 年，第 166 页。

【15】《十六国春秋辑补卷九十》。

【16】刘长源：《试论略阳江神庙的板绘彩画及其与氐羌文化渊源》，《陕西省文博考古科研成果汇报会论文集》。

【17】包寿南：《藏族族源考略》，《西北民族学院学报》，1979 年第 1 期。

【18】陈小平：《唐蕃古道》，三秦出版社，1989 年。

【19】谢佐：《藏族地区早期的宗教活动》，《攀登》，1986 年第 4 期。

【20】《北京科研人员证明藏族是中华民族的一部分》，《人民日报】1989 年 12 月 28 日第 4 版。

【21】冉光荣、李绍明、周锡银：《羌族史》，四川人民出版社，1984 年，第 339 页。

原载《青海社会科学》2004 年第 5 期

青海地域中西王母的历史流变

赵春娥

对西王母及其所居之处昆仑山的研究早先主要成果大多出自历史学领域。吕思勉、顾颉刚、吴晗、岑仲勉、顾实、刘师培等人都涉足其间，在他们的著作及文章中，以历史地理、东西方文化交流的角度进行考察，就西王母族属和地望作了细致考证，研究大多以中国古典文献资料为主要的材料来源，这一研究理路成为早期对中国神话解读的基本的一种言说方式而影响了一代人。就此我们看到的是任何学科都必须建立在历史基础上的事实，然就神话学研究来说，过分地强调或只依赖"实证"方法，会因立足的狭促削弱研究的学术视野。这样，另一些学者以文化人类学的视角来审视西王母神话时，思维驰骋较为自由的角度使得鲁迅、茅盾、闻一多等人将西王母研究置于人类及文化起源的宏大背景场域之下展开。

以上这些学者们对西王母的解读都是他们在民族学与历史学各自领域内的话语表述，自 20 世纪 70 年代人类学兴起以后，研究以新的视野重新审视历史与神话的关系，将神话与历史并列观照，把神话同样看作是一种历史的叙事，成为历史人类学的一个新的视点。当代学者们更是尝试让西王母走出纯理论学者的书房。到人类学家广阔的田野中去，在神话的产生地了解其生命活力的奥秘，了解神话在民众用智慧把它如何变成神，供奉在永不磨灭的殿堂里，探求现代的"神话资源转化"，这种让神话支撑民众精神需求的努力，不排除其作用于生活的现实价值。

一、历史学语境下的西王母

中西文化对待历史和神话最大的不同主要在于叙述方式相异。古代希腊把神话记录在叙事文学体裁（史诗）中，中国神话记录在历史著作中，所以，我们在研究神话时依据的主要文本是历史文献。

目前所知最早关于西王母的记载出现在殷墟甲骨卜辞中：

"出匚东母、西母。若"上 28.5

"又岁于伊、西母，"粹 195 武文卜辞

这两段甲骨卜辞是关于商人举行尞祭即被攘祈福祭天仪式举行时的记载。古文字学家

陈梦家认为"西母"二字就是后来战国文献中出现的神话人物"西王母"，【1】两个名称指代相同，顾实《穆天子传西征讲疏》中考证："抑且西王母一名词，可省言曰王母，亦可省言曰西母。"对西王母中"王"字的解释，古文字学家于省吾认为："西王母是西母，加王字乃尊大之义。"西王母三字的本意，应理解为西部母（幕、膜或穆）邦的王，本该叫西母（幕、膜）王是西膜地区的君长。西膜有其地，《穆天子传》中郭璞注云："西膜，沙漠之乡，"在昆仑山，西膜族或言就是生活在昆仑山的古羌戎部落，穆天子西征到达昆仑时，西王母"是当时貘族的君长"。【2】西王母的"母"字又可以写作"幕、膜、蟆、姆、蟆母"等，字不同音同，无实际含意。西膜邦或国、部落的王称西膜王，即西王母。

这样来看，西王母并不特指一个人，首先是一个氏族的名称，其次是一个首领的称呼，是代代相传的称号，不是一个人的姓名，老首领去世，继立的新首领又可称为西王母，直到周代固定在了与周穆王相会的这个王身上，即后世演化成王母娘娘的西王母，以后文献中记载的西王母就此专指一人，有了特指。因为"处在氏族社会阶段的初民，尚无"个体"观念，在他们心目中，个体消融在群体之中；同时，他们又习惯用一种神（或图腾）作为整个氏族、部落的代称。"正如拉法格所说："野蛮的民族常常使用单数的名字来表示许多人的整个总和。"【3】前后相继的首领在后世被综合来看，到最后固定在了和周穆王相见的这个首领身上，西王母从此成了一个体名号。这就是为什么远古时期大禹见过西王母，到了上古西周时期周穆王又能和其相见的原因了，只要这个氏族存在，首领的称号不变，西王母自然会"长生不老"的跨越远古来到上古。西王母在尧舜禹时期出现，《论衡·无形篇》曰："禹已见西王母，"《大戴礼·少间篇》："昔虞舜以天德嗣尧，布功散德，制礼朔方，幽都来服，南抚交趾，出入日月，英（莫）不率俾，西王母来献其白琯，粒食之民，昭然明视。"大禹见到的西王母其实就是一个部族首领。对其虎齿豹尾、蓬发戴胜、善啸穴居的特点，根据文化

人类学和民俗学的理解，"这样的形象不过是原始社会的一些特殊人物在特定语境中的表演形式而已。""西王母的原型是古代西部某个原始部落的女酋长兼大巫师，这样的形象实际描绘的是她作为部落女酋长和大巫师在某些神圣活动中的装扮。"【4】这样的打扮，是想借助虎豹动物蛮力的特征期望人类同样具有强大的控制能力，或是能得到其护佑。李文实教授在他的《西王母考》一文中也认为"汉文记载中的西王母，乃氏羌最早的女首领的称号，汉文音译为王母，便也被理会成神话中女神传说中的女王了"。

到西周时期，西王母历史性的正式登场。记录西王母出场最重要的文献是《山海经》，此书史学内涵很早就被学者所认同，被看成是真实的叙事，【5】认为书中所记古时地理、民族、社会生活等内容属实，顾颉刚《古史辨》中认为成书时间"其在战国之初或春秋之末"，张之洞在《书目答问》中将其列入史学类。《山海经》中所记西王母住地、形象、执掌等特点长期以来被作为确认西王母身份形象的主要依据。岑仲勉《（穆天子）西征地理概测》

一文，通过对昆仑、春山、洋水、黑水、群玉之山及玄池等地名的考证，指出："西王母确有其地确有其人"。【6】

要证实这一点，确证成书于周代的《穆天子传》是主要文献之一，此书在今天被作为小说来读，但在其产生后的很长时间里被目为史书，所以，《隋书·经籍志》、《旧唐书·经籍志》、《新唐书·艺文志》，乃至《明史·艺文志》都将它归于史部"起居注"类，故其记事属实可信，只是叙述更多地使用了文学化描述。周穆王与西王母相见是西周时代一件大事，所以穆天子传做了详细记载："癸亥，至于西王母之邦。吉日甲子，天子宾于西王母。乃执白圭、玄璧以见西王母。好献锦组百纯，组三百纯。西王母再拜受之。乙丑，天子觞西王母于瑶池之上，西王母为天子谣曰：白云在天，丘陵自出；道里悠远，山川间之。将子无死，尚复能来。"天子答之曰"予归东土，和洽诸夏，万民平均，吾顾见汝。比及三年，将复而野。"西王母又为天子吟诵"徂彼西土，爰居其野，虎豹为群，于鹊与处。嘉命不迁，我惟帝女。彼何世民，又将去子。吹笙鼓簧，中心翱翔。世民之子，唯天之望。"天子遂驱升于弇山，乃纪其迹于弇山之石而树之槐，眉曰"西王母之山"。这是两国君主之间的一场正式见面，二人的会谈在亲切友好的气氛中进行，因而周穆王乐尔忘归。

到了汉代，西王母已经由人升格为神，司马迁写史时对其疑信参半，他信穆天子传中周穆王西征的记载，但对已出现在神话中的西王母人神身份的疑惑使其不敢贸然写在周本纪。而载入秦本纪及赵世家中："西巡狩，乐而忘归。""穆王使造父御，西巡狩，见西王母，乐之忘归。"《汉武帝内传》《汉武故事》、《洞冥记》、《十洲记》这样的史话书籍开始了文学性记述，西王母已从穴处住到了宫殿，从部落首领演化为天界女神，成了道教典籍中光仪淑穆，容颜绝世的真灵人。

汉代疆域民间西王母祠普遍设立。地方行政长官亲自主持祭祀。《汉书·五行志》载："京师郡国民聚会里巷仟佰，设祭，张博具，歌舞，祠西王母。"专门规定"祭西王母于石室皆在所，二千石、令、长奉祠。"【7】已出现对西王母的崇拜。

魏晋以后，西王母完全居于了女神之顶，开始在文学作品和民间传说中大量出现。唐朝赵彦昭有《侍宴桃花园咏桃花应制》诗："红萼竞燃春苑曙，粉茸新吐御筵开。长年愿奉西王母，近侍惭无东朔才。"《列朝诗集·丁集第九》中有明朝诗人王叔承《偶题》："何事西王母，东来谒圣君。仙灯悬凤髓，天马照龙文。"的诗句。西王母成为历朝才子们吟诵的题材。

明代王世贞的《列仙全传·西王母传》为西王母的演变做了明确的定型，也就定型为后世所认同的王母娘娘。

二、上古时期昆仑山为今青海境内祁连山

西王母居昆仑山之说的文献依据主要是《山海经》，对此毫无疑义，但是就昆仑山位置的争论自汉代起就聚讼纷纭，主要有新疆于阗南山说、冈底斯山说（阿耨达山），葱岭说，泰山说，或只是一宗教概念之泛称非为一山具体之名之说；古昆仑山实际是世界各国传说中的宇宙山或地柱等说法。地域上分布在今青海、甘肃、新疆、广西、登州等，甚至顾实谓在波斯，丁谦、刘师培言在迦勒底等观点，至今还有历史地理学者就此热议不息。

西王母居于昆仑山之说，史家们常以《山海经》、《竹书纪年》、《穆天子传》等文献中的记载作为主要依据。《大荒西经》载："西王母穴处昆仑之丘。"又《海内北经》曰："西王母在昆仑虚北。""昆仑山有光碧之堂，西王母所居。"【8】二者产生联系时间，日本学者小南一郎认为："到了汉代，西王母与昆仑山就已经不可分割了。"这时的文献二者同时出场，这在出土的大量汉画像中也可以得到证明，陕北榆林出土的绥德杨孟元画像石上，四川新繁出土的画像砖中，西王母头戴玉胜，端坐在象征昆仑山的云状物上，近似图像出现在各地出土的汉代此类画像中。

对昆仑山方位做细致考证工作的是清代经史学家，乾隆二十五年（1760 年）进士毕沅校并补注《山海经》，写出《山海经新校正》，基本滤清了这一问题。毕沅肯定《山海经》中昆仑山就是今天青海境内祁连山，【9】他首先依据《史记正义》从《十六国春秋》中的引文，言后魏昭成帝建国十年，凉张骏酒泉太守马岌上言："酒泉南山即昆仑之体，周穆王见西王母，乐而忘归，即谓此山。有石室，王母堂，珠玑镂饰，焕若神宫。"【10】青海地方史专家李文实看到上述文献时认为"这昆仑之丘，其地就在今青海地区"。"则因当时定酒泉南山（即今祁连山）为昆仑，便以此为神话中昆仑之丘，实际上祁连山为昆仑北走之支脉"【11】，赵宗福有关昆仑神话研究的代表性论著中皆持此观点。从酒泉南山到今青海境内一脉相连的山系，就是今之祁连山，清人洪亮吉"自贺诺木尔至叶尔羌，以及青海之枯尔坤，绵延东北千五百里至嘉峪关，以迄西宁，皆昆仑山也"，[12]酒泉南山就是祁连山，是上古时期的昆仑山。

毕沅最有力的依据是以古地名、水系佐证昆仑山方位，《汉书·地理志》中记载："临羌，西北至塞外，有西王母石室、仙海、盐池。北则湟水所出，东至允吾入河。西有须抵池，有弱水、昆仑山祠。""临羌有昆仑山。"【13】材料中提到的地名全在今青海境内：仙海即鲜海，今称青海湖，盐池即今茶卡盐池，弱水即今黑河，祁连山西南有托来南山，与祁连山脉作西北向东南并行，自汉代到唐时都当作昆仑南山，是大通河的发源地，大通河为湟水支流，但比湟水更长，古来当作湟水主流。弱水发源于托来山北麓，北流经张掖注入居延海。以水系证地望，以临羌地证昆仑山极有说服力。《史记正义》也持此说："织皮昆仑、析支、渠搜，西戎即序。《史记索隐》引王肃言曰："昆仑在临羌西，析支在河

关西，戎在西域。"昆仑和生活在此的西戎同时出现在司马迁的记述中，王肃的注解再一次肯定了临羌和昆仑山之间的相邻。

这里出现的临羌一地及其重要的证明了上述史家们考证的准确，因为西汉时的临羌故城就是今湟源县城南古城。郦道元《水经注》记载："湟水又东，而东入经戎峡口，右合羌水，又东北，经临羌城西，湟水又东，经临羌县故城北。"最后毕沅得出肯定的结论："《禹贡》昆仑在临羌之西，即此明矣。"那么，如果肯定临羌与昆仑相邻，实际也就肯定了上古昆仑山就是今祁连山。后来朱芳圃《西王母考》和萧兵《神话昆仑及其原型》及《昆仑神水考》中都以大量的资料论证上古时期昆仑山的原型是祁连山。

祁连山下东西两处均发现西王母穴处洞所。一在祁连山西，今青海省天峻县关角乡，发现文物正是十六国北凉主沮渠蒙逊率兵入青海至此时的遗物，《晋书·沮渠蒙逊载纪》中有记："循海而西，至盐池，祀西王母寺，寺中有《玄石神图》，命其中书侍郎张穆赋焉，铭之于寺前，遂如金山而归。"遗址同时出土刻有"常乐未央"、"常乐万亿"等铭文的瓦当；另一处在今湟源县即古临羌所在地。两处石室均有考古实物文献依据，就石室散处两地，依祁连山一东一西而建，气候上又相对有冷暖稍异之故，有学者言："可看作是西王母冬宫和夏宫"【14】因而分两处居住。不管怎样，两处石室发现的最大意义在于确证了祁连山下西王母石室存在于青海境内的不争事实。

此外，河源和产玉的自然地理特征也是确定昆仑山方位的证据。《史记》里"太史公曰：《禹本纪》言'河出昆仑。'"之说，在《汉书·地理志序》、《淮南子·说山训》等古籍均有，三处古籍中的"河"均为黄河，《史记正义》有"黄河首起昆仑山，"以河证地，由水系上做出的判断可为直接证据。

盛产玉石是又一特征。昆仑山又称昆仑虚、昆仑丘、玉山。昆仑虚的"虚"是指丘，《说文》："虚，大丘也。昆仑丘谓之昆仑虚。"【15】产玉的山在《山海经》里就叫玉山，《西山经》："玉山，西王母所居也。"【16】玉山为昆仑丘之别名。《尔雅·释地》云："西北之美者，有昆仑虚之璆（王字边）琳琅玕焉。"高诱注："璆琳琅玕，皆美玉也。"因为昆仑产美玉，故亦名玉山。

新疆和青海两地均产玉，但是只有同时满足既是黄河源头所在地又盛产玉石这两个条件的才能是西王母所居的昆仑山。清人张穆在《昆仑虚异同考》中考证说汉武帝听张骞报告河源多玉，于是武帝派人看玉产何处，以定河源，最后案古图书，"名河所处山曰昆仑云。"西王母居处的特产为玉，所以她才会以玉为礼物，在《大戴礼》、《帝命期》等文献中经常有西王母用玉环、玉佩、玉块等赠予中原帝王的记载。同时旁证了汉武帝时中原地区已经流通着产自青海的昆仑玉，自《尔雅》中昆仑产玉之说首见于文献，此条做了有力补充。古城地名、水系，自然地理特征全方位地证明了西王母居住地昆仑山就是今青海境内祁连山。

三、西王母形象演化背后的文化内涵

西王母在青海地域的演化反映的是人类社会由氏族社会到国家形成递进中的历史形貌。氏族社会时的西王母蓬发戴胜。"司天之属及五残",掌握着的是实际的司法职权,是人世间首领的身份;到了头戴太华髻,增加了拥有赐予生命生死祸福的大权时,已经得道上升为神了,由人到神实现了从尘世间部族首领到天界神仙真人的华丽转身。

西王母早期形象最为人熟知的就是虎齿豹尾,蓬发戴胜,实际反映的是上古羌戎部族在面对虎豹类动物带给他们生存威胁的同时希望获得它们超人力量保护的愿望,羌戎人认为通过佩戴虎豹类动物的某部分器官,或模拟它们的动作形态,就能获得虎豹类动物的能力,这是西王母豹尾的来历,也可以解释青海省大通上孙家寨出土的彩陶盆上舞蹈人腰后的尾饰。出土彩陶盆的墓葬属于马家窑类型,时段上二者相符。西王母出现的时段最早可推朔至新石器时代,青海境内马家窑文化正处在母系氏族阶段,这时的青海气候较现在温暖湿润,是游牧民族的活动场所,古羌戎人就以畜牧迁徙,射猎为业长久的生活在这样一个"虎豹为群"的自然环境中。以畜牧业为生的特征使得周穆王西巡时羌戎部族的西膜部落以牛羊畜牧产品以及当地的特产琅玕(玉石)等物作为馈赠礼品。畜牧作为他们最主要的生存方式,自然就有了对虎豹的膜拜,这种原始图腾崇拜之风直到卡约文化、诺姆洪文化时期即约从商周时代一直延续到汉代没有大的变化。青海省文物考古队在湟源县大华公社的卡约文化墓葬遗址第四十八号墓中,就曾发现随葬有动物尾,上古羌戎人可能普遍的就是用豹尾作为一种极其重要的装饰物。

到《穆天子传》中西王母以"我惟帝女"再一次出场时,《山海经》里原始人的虎齿豹尾已淡然褪去,成了一个"嘉命不迁"的女王,与周穆王酬唱往来,谈吐尽显一个女王应有的雍容华贵气派。西周时建立起天神、地示和人鬼的神灵体系,许多氏族社会的首领开始被神化,借助着这一时期区域文化大发展,昆仑神话中的神流布到了中原各地。这一过程反映的是当时社会变化的时序,是人类经历自原始社会到文明时代的递进。

汉代道教兴起之后,西王母以"真灵人"的形象出场,此时已渐进神性姿态,开始从人间的部落首领上升为了天界的女神。实现这一转变的推动力来自道教,道教借经典《庄子》中提到了西王母,最终将其提升到了尊神的位置。"夫道有情有信,无为无形,……西王母得之(道),坐乎少广,莫知其始,莫知其终。""先天地生而不为久长,长于上古而不为老。"以此将西王母与道教联系起来,并在道教经典《太平经》中,赋予了西王母神力,供为天尊。

这时的文献中和汉武帝会面的西王母头上还戴胜,却为七胜,青气郁郁如云,三青鸟夹侍母旁,乘坐紫云车。与汉武帝共食时,让侍女演奏天上音乐,对前来求仙的武帝传授《五岳真形图》,一副仙风道骨脱俗之派。汉代道教影响下,自帝王至民众以长生久视为信仰,追求"人世"，作用于生活的表现，就是在出土的大量汉代画像砖上常出现以西王母为中心的仙界动物、人物；蟾蜍、玉兔、三足鸟、仙桃、嫦娥、后羿与西王母构成一套象征永生的谱系。连果园里的桃子也因与西王母的联系呼之仙桃，李时珍在《本草纲目·果部目录》中："冬桃一名西王母桃，一名仙人桃，即昆仑桃。"到东汉后期，西王母被道教完全吸纳，尊奉为元始天尊，荣登神仙谱系首列。魏晋以后，以西王母为首的女仙系统日益完善，玉皇大帝出现后，西王母又与之相配，变成了王母娘娘。

西王母历史演化的场所主要在青海地域，也是昆仑神话描绘的中心地带，许多神的活动范围就是从这里扩展到各地，犹如黄河、长江滔滔东流滋润中原大地，昆仑神话恣意汪洋成了中国文学、艺术永远的母题。关于西王母居地、上古时期昆仑山方位的认识本不该引起如此大的争议，异文的出现不仅是学术之争，也不能排除各方有意无意地在为一方争执某种权利或地位。现今地方发展旅游经济需求下"神话资源转化"场域中经济与文化的结合，使得学术意义中更隐含了其利益追求，然而不能非议的是学术研究依然应走"独立"与"纯粹"的路线。

当代学者们通过关注西王母流变的历史文本，回到当时的语境，让西王母形象在生活的场景中重新鲜活起来的努力在民间得到了肯认。2010 年 8 月在湟源县宗家沟西王母神像奠基仪式之后，民众急切的匍匐在了神像前，采访问及民众对此事的认识时，他们的回答多为："有了这个，以后我们有个去处了。"是心灵的去处，神在这里是象征性的. 话语背后真正表达的主题是民众通过仪式在表达自己心灵的需求，其实这正是神话的本质所在。

参考文献：

【1】陈梦家：《古文字中之商周祭祀》，《燕京学报》，1936 年第 19 期。

【2】【15】朱芳圃：《西王母考》，《开封师范学院学报》，1957 年第 2 号。

【3】冯天瑜：《上古神话纵横谈》，上海文艺出版社，1983 年，第 100 页。

【4】赵宗福：《论昆仑神话与昆仑文化》，《青海社会科学》，2010 年第 4 期。

【5】就《山海经》具有史学价值一说，学者们在 30 年代及其以前就提出了几篇力作: 胡钦甫：《从＜山海经＞的神话中所得到的古史观》，发表于《中国文学季刊》，1929 年 8 月；吴晗《＜山海经＞中的古代故事及其系统》，发表在《史学年报》，1931 年 8 月第 3 期；朱希祖《＜山海经＞内大荒海内二经古代帝世系传说》，发表在《民俗》，1933 年 5 月第 116—118 期；郑慕雍《＜山海经＞古史观考》，发表于山东大学《励学》，1934 年 6 月第 2 期；都论及了《山海经》的历史内涵。尤其朱希祖一文，利用《山海经》经文的史料编出炎帝、黄帝、少晊、帝俊等世系，可与正史所列上古诸帝世系对照。对此做了系统总结的著述，参看张步天著《山海经概论》，天马图书有限公司。2003 年 10 月第 1 版。

【6】岑仲勉：《中外史地考证》（下），中华书局，1962 年，第 28 页。

【7】《太平御览》卷五二六引《汉旧仪》

【8】《太平御览》卷一百七十六，引《十洲记》。

【9】【晋】郭璞注，毕沅校《山海经》，上海古籍出版社，1989年，第26、27页。

【10】《史记·司马相如传》"西望昆仑"《正义》引，中华书局，1959年版，第3061页。

【11】李文实：《西陲古地与羌藏文化》，青海人民出版社，2001年版，第38页。

【12】【清】洪亮吉：《昆仑山释》，《清人文集地理类汇编》（第五册）。

【13】《后汉书·郡国志》。

【14】青海社会科学院崔永红教授2010年8月"昆仑文化与西王母神话国际学术论坛"会议期间会谈时言。

【15】丘（邱）、虚（墟）同源，见王力《同源字典》，商务印书馆，1982年，第85页。

【16】袁珂校注《山海经校注》，巴蜀书社，1996年，第59页。

原载《青海社会科学》）2010年第6期

西王母名称及相关元素的来源

吴晓东

摘要：古人将日月比喻为天的眼睛，以"眼"的古音来称呼日月。早期的"日""月"在语音上是不分的，称太阳为东目、称月亮为西目，后记为东母、西母。其中的西母便是西王母。古人将眼睛视为头部的窟窿，所以"眼"具有窟窿的含义，从语音上看，"窟"从穴，屈声，"屈"上古音构拟 [klud] 或 [kʰlud]，缓读便成了"窟窿"。"昆仑"当是"窟窿"的另一种记音。正因为"昆仑"是由"眼"演变而来的，所以"昆仑"具有日月的含义，同时也具有窟窿的含义。西王母作为月神，住在昆仑山便是理所当然的了。窟窿是洞穴，所以西王母又是穴居。

关键词：西王母；昆仑神话；日月神话

作　者：吴晓东，原籍湖南凤凰，中国社会科学院民族文学研究所研究员。中国少数民族文学学会秘书长。研究方向为口头传统，在神话学方面着力较多。着有专著《＜山海经＞语境重建与神话解读》《苗族图腾与神话》，论文代表作主要有《盘瓠神话源于中原考》《神话研究的认知视角》《蚕蜕皮为牛郎织女神话原型考》《涿鹿之战：一个晒盐的故事》《中原日月神话的语言基因变异》《史诗范畴与南方史诗的非典型性》等。

一、"日"月"来源于"眼"

伏羲女娲与后羿嫦娥是两对配偶神，他们的故事各不相同，似乎没有关系，但是，他们的名称在语音上是对应的，甚至与日本的国名族名也是对应的。如果我们能不局限于普通话这一语音系统，而是结合汉语的古音以及方言，我们便能发现伏羲女娲、后羿嫦娥以及日本国名族名的日与倭，都呈现出 yi-wo[①] 的读音规律。为了直观，图示如下：

后羿——嫦娥	伏羲——女娲	日——倭（和）
yi　　wo	yi　　wo	yi　　wo

---

① 本文里涉及到注音的时候，加上括号 [ ] 的表示是国际音标，不加的则是汉语拼音。

这里需要做几点说明：

一、分析伏羲、女娲名称的来源，要先意识到羲、娲才是真正的名，伏、女只是用来表尊敬、表性别的，就像羲皇、娲皇的"皇"是表示身份一样。古人经常将伏羲、女娲的真名羲、娲连起来称为羲娲，比如宋代苏轼《游三游洞之日有亭吏乞诗乃复以此诗授之》有"洪荒无传记，想象在羲娲"的句子，清代鄂尔泰《赠方望溪》也有"岂邀名誉嗣圣德，宁望荒远登羲娲"的句子。

二、"娥"目前普通话读 e，但其声旁"我"读 wo，川方言也依然读 wo。

三、《说文解字》解释"羲"字时说"从兮义声。""义"现在读 yi。"义"是"义"的异体字，它被收入《说文解字》成为正体字，而"义"虽然也很早就在民间使用，但没有被《说文解字》收入，成了俗体字。1949 年之后，实行汉字简化时，将这个俗体字拿来作为"义"的简化字用。"义"其实是"弋"的变形。

四、女娲的"娲"目前读 wa，但这个字的声旁"呙"是个多音字，可有六种读音：wo、wai、he、wa、gua、guo，其中 wo 是读音之一。从其他相关的字，比如涡、窝、蜗、渦、莴、濄，也可以看出娲原来是可以读 wo 的。

五、日，目前读 ri，但一些方言读 yi，比如山东日照地区，广西广东很多地方也读 yi。这些地方没有翘舌音 r，"绕"读成 yao，"让"读成 yang，所以"日"也读成 yi。

五、倭，现在已经演变成一个多少带有贬义的词，但以前只是一个名称而已。"倭"与"和"曾经同音，"和"以"禾"为声旁，"禾"目前在川方言中依然读 wo。正因为如此，日本也称为大和，其实也就是大倭，用不同的文字记录而已。

那么，这个 yi-wo 是什么意思呢？

伏羲女娲在汉画像里有一个特点，伏羲旁边经常有一个太阳，女娲旁边经常有一个月亮，或者他俩的上下有一日一月。这似乎表明了 yi（羲）是太阳，wo（娲）是月亮。但情况并不是那么简单，yi 与 wo 的含义有交错的现象。

通过㑊（wo）、枂（wo，yue）这两个字，可以看出 yue 与 wo 这两个音有演变关系，因为这两个字都以"月"为声旁，"㑊"读 wo，"枂"则既可以读 wo 也可以读 yue。这说明 wo 这个读音原来是"月亮"的意思。但我们知道，"娲"可读 wo，而"和"以禾为声旁，有的方言把"禾"读 wo，所以羲娲即羲和。羲和与太阳有关，在古文献中，羲和身份多样，《后汉书·崔骃传》里说是太阳，《山海经》里说是太阳之母，《楚辞》里说是给太阳驾车的车夫，《尚书》里说是历法者。历法者其实也是太阳的拟人化，古人通过观测太阳来历法，太阳自然也成了历法者。羲和与太阳有关，所以羲娲也应与太阳有关。日本是一个以太阳为标志的国家，大和的"和"（wo）、"倭"（wo）都应该是太阳的意思。也就是说，wo 不仅具有月亮的意思，也具有太阳的意思。

其实，不仅 wo 如此，yi 也存在这样的现象。比如伏羲（yi）是太阳，可是《山海经》

里的常羲^①（yi）便是月神："有女子方浴月。帝俊妻常羲，生月十有二，此始浴之。"，也就是说，无论是 yi 还是 wo，都有既是太阳又是月亮的现象。这是怎么回事呢？

从"义"这个字读音的演变我们可以得到答案。"义"目前读 yi，但其声旁是"我"，正好读 wo，可见 yi 与 wo 具有同一语源，yi 即 wo。因此，我们可以推论，原来的日、月不分，是同一个音，后来分裂出的 yi 与 wo 都分别带有日月的含义，只是用文字记录下来后，有的只继承了太阳神格，比如伏羲，有的只继承了月亮的神格，比如嫦娥。

这样的推论与宋金兰在《汉藏语"日""月"语源考》中提出的日月源于"目（眼睛）"一词的观点是吻合的，她在文章中认为："汉语和藏缅语言的'日'和'月'均来源于'眼睛'一词。"^②宋金兰首先分析"日"和"目（眼睛）"的关系，日的上古音构拟是 [njig]^③，虽然其声母是 [n-]，而"目"的声母是 [m-]，但是，以"日"为声符的形声字有读 [m-] 声母的，如汨罗江的"汨"。汉代有人名金日蝉，其中的"日"有明母异读。此外，在有的汉语方言里"日"存在 [n-] 和 [m-] 两种声母形式，例如闽南建瓯话中的"日"，文读是 [n-]，而白读是 [m-]。在古汉语音系中，明（m-）、泥（n-）二母关系相当密切，如"母"（m-）与"女"（n-）是同族词，"弥"（m-）和"你"（n-）同从"尔"声。至于"月"，无论是汉语还是藏缅语，"月"都与"目"或其同源词读音相同或相近，比如载瓦语的"月"为 [lomo]，"目"为 [mjoʔ]。由此可证，"日"、"月"是由"目"发展分化而来。

至于为什么古人会将太阳与月亮都叫作"目"，宋金兰认为可能是隐喻所致。古人将天拟人化，把太阳与月亮比喻为天的眼睛。这在神话中有所体现：汉族神话中，有盘古"左眼为日，右眼为月"的说法；拉枯族的《牡帕密帕》则说天神厄莎用自己的双眼做成了太阳和月亮；彝族创世史诗《梅葛》中说日月是老虎的眼睛变成的；哈尼族的创世史诗《奥色密色》中则说日月是由牛的双眼化生而成的。"目"的语音在不断的演变过程中，形成了"日"、"月"等不同的词汇，日、月也慢慢地被区分开来。

"目"在未分化出"日""月"之前，"目"的古音既有"日"的含义也有"月"的含义，换言之，"日""月"原来是同一个音。可能正因为这一原因，在日月派生出的诸神中，名称上有一些交错现象。

宋金兰的推论基本是正确的，但需要补充的是，"目"的上古音构拟为 [muɡ]，是 [m] 声母，这个声母不好解释"羲娲"的"娲"为什么可以是 [k] 声母。因此，我们可以将日月的古音往前追溯，追溯到与"目"有关的"眼"字。"眼"的声旁"艮"，上古音构拟 [kɯːns]，这个音可以满足以上的解释。

---

① 常羲也写作常仪，《艺文类聚》引《世本》云："娵訾氏之女曰常仪，生帝挚。"
② 宋金兰：《汉藏语"日""月"语源考》，《汉字文化》，2004 年第 4 期。
③ 此处采用郑张尚芳的古音构拟。资料来源于东方语言学网的"上古音查询"，网址为 http://www.eastling.org

二、西母即西目

日月的名称是从眼的古音演变过来的，这个古音到底是怎样的，不同的时代其古音应该是不一样的。"目"是一个象形字，它应该是汉字中表示眼睛的最早的字，但我们知道，在汉字诞生之前，表示目（眼）的语音早就存在了至少几万年，我们不仅难以构拟出眼最早的读音，而且"目"字诞生之时是否就读目前构拟的上古音 [mug] 也不好说。不过，"目"的读音曾经演变到 [mug] 这个读音，这是比较确定的。

关于西王母的"母"字，一直难以解释清楚。甲骨文龟片有关于祭祀东母、西母的记载，如下：

> 己酉卜，贞，燎于东母，九牛。（《甲骨文合集》14337）
>
> 贞，燎于东母，三牛。（《甲骨文合集》14339）
>
> 贞，燎于东母，三豕。（《甲骨文合集》14340）
>
> 贞，　于西母，酒豕。（《甲骨文合集》14345）
>
> 壬申卜，贞，侑于东母、西母若。（《甲骨文合集》14335）

东母与西母的性质，学者们已经做过许多推测。陈梦家以《礼记》中的"祭日于东，祭月于西"为依据，推测东母为太阳神，即东皇，西母为月亮神，即西皇 [陈梦家：《殷墟卜辞综述》第 574 页，科学出版社，1956 年。]。这个观点是正确的，但也存在一个问题需要进一步解释，即东皇、西皇为夫妻神，为何都统称"母"？

"日""月"皆来自"目"，由此可推测东母、西母即东目、西目。早期称为目的时候，语音没有区分，也没有性别的区分。

"目"经过长期的演变，声母 [m-] 先演变为 [n-]，目前很多民族的"日"都是 [n-] 声母，汉语"日"上古音的声母也是 [n-]。之后再演变为 [ji] 或 [ju]，目前一些地方就把"日"读为 [ji]（拼音记为 yi），这就是"玉皇"与"东皇太一"名称的来源。同时，"日""月"也保留了 [mu] 或 [mi] 的古音，这就是西王母之"母"的来源，以及月亮神女娲或太阳神伏羲被称为"高密"的原因，"密"在很多语言中是"母"的意思，比如湖南湘西苗语就把母亲叫 [mi]。其演变的轨迹大致是这样的：

```
                    [mud] 目（日／月）
            ┌───────┬──────────┬───────┐
          [ji]    [ju]       [mi]    [mu]
           一      玉          密      母
           日                         媒
```

加"皇"	玉皇	皇母（王母）
加"东、西"	东皇太一	西皇母（西王母）
		西媒
加"高"	高密	

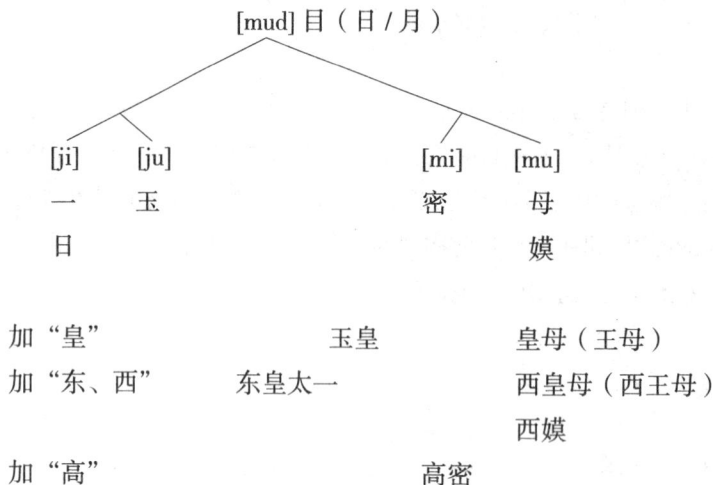

记为"目"没有性别区分，但假借为同音字"母"之后，就发展为女性了。无论是东母，还是西母，都是女性。不过，从目前各地的活态传说资料来看，太阳与月亮的性别问题很不一致，在西南地区，太阳有被说成是女子，而月亮被说成是男子的现象。很多民族都有关于太阳是女人的传说：太阳是女的，月亮是男的，太阳说，我是女的，我不敢晚上出来，月亮说，那好吧，你走白天，我走晚上。太阳又说，我是女的我怕羞，白天走别人看我怎么办？月亮说，不要怕，我给你好多绣花针，谁看你你就用绣花针刺他的眼睛。

无论是太阳还是月亮，都是东升西落，但从日月的运行规律，难以推测东母与西母的日月属性，不知东母是日还是西母是日。但《礼记》中的"祭日于东，祭月于西"则反映了古代人们将东与日联系起来，将西与月联系起来。这或许是早上从东方冉冉升起的太阳给人留下了极为深刻的印象，加上太阳西下之后，月亮才显现出来，因此人们才将东方与太阳联系起来，将西方与月亮联系起来。于是乎，太阳叫东目，月亮叫西目。

从字形来看，其实日、月这两个字也应该都来源于"目"，其形状十分接近。"目"中间两横在原始时期是眼睛瞳仁的形状，简化为一横就是"日"。目前学者们都认为甲骨文"日"是一个太阳的象形，但无人能解释清楚里面为什么有一横。"月"的形状其实也应该由"目"演变过来的，而非月亮的象形。

"日"读音与"一"相同的时候，可以记录为"一"，加上"大"，就成了"太一"。由于文献中原来太一与东皇是分开的，所以学者们以为"东皇太一"的说法是后人将两者合并在一起的，其实"东皇"与"太一"本来就是一个意思，不过是两种不同的说法而已。东皇，也是指东边的太阳，"皇"有"光"转变过来的。汉语中有 g-h 的转变语音对应规律，如下：

该 gai—亥 hai

解 gai—解 hai（前者是川方言读音，后者是山西运城地区的读音）

港 gang—巷 hang（后者为川方言读音）

光 guang—皇 huang

"皇"指太阳，从日本的"天皇"一词也能体现出来。日本是个崇拜太阳，以太阳为本民族象征的民族，不仅国名里还有"日"字，说是太阳升起的地方（日本），而且族名"大和"与"倭"也都是太阳的意思。"和"与原来"倭"同音，都可读 wo，是羲和的"和"。羲和是太阳，"羲"与"和"有共同的语源，"羲"以"义"为声旁，而"义"以"我"为声旁，"我"读 wo。所以，东皇与太一是一样的，可以合起来称为东皇太一。

Yi 与 yu 是可以互变的。从"噎"字可以看到这一规律。"噎"目前读 ye，但"噎"以"壹"为声旁，读 yi。所以，"一"也被记为"玉"，这就是太阳神也被称为"玉皇"的原因。再联系东目（母）、西目（母），就很明白为什么玉皇大帝与西王母是配偶神了。西王母的"王"是由"皇"演变过来的，目前南方方言中很多地区依然"皇""王"不分。

Mu 与 mi 可以互相转化，所以西王母也就是"密"，这个名称往往在前面加"高"成为"高密"，也记为"高媒"。这样，西王母也就成了媒人。不过，这一称呼不仅被附加到西王母身上，同时也被附加到伏羲女娲身上。

由于西王母、女娲都与月亮有关，所以媒人就与月亮关联了起来，媒人被称为月下老人，简称月老。西王母体现其高媒神格的地方，主要是在汉画像里，伏羲女娲中间经常有一个人，这个人常常是将伏羲女娲抱在一起，呈撮合伏羲女娲相结合之状。这个人大多数情况下是戴胜的，表明她是西王母。

清楚了"母"的来源，那"媒"是怎样来的呢？通过以下几个字的语音，我们可以窥视"媒"的语音来源：

母 mu　　　　　　模 mu（～样）

每 mei

没 mei mo

莫 mo

媒 mo　　　　　　模 mo（～型）

首先，"母"与"模"同音，都可以读 mu，同时"模"是个多音字，也可以 mo。这是文白异读，是一个音与另一个更古的音同时存在，这说明 mo 与 mu 的演变是相通的，既然把"母"的上古音构拟为 [mud]，那么，mo 就是从 mu 演变过来的。

其次，从母、每、没、莫、媒等几个字，也可以看出"母"与"媒"的演变关系。"母"读 mu，"每"以"母"为声旁，说明"母"可以读 mei，而"没"是个多音字，既可读 mei 又可读 mo，这是文白异读使然，说明 mei 与 mo 是相互便来的。"莫"读 mo，加"女"字成为专有名词媒，专指媒母。

由此可见，"嫫"是由"母"演化过来的。结合上文说明的黄帝原型为太阳嫘祖为月亮的观点，嫫母也就应该是由西王母演变过来的。在传说中，嫫母最显著的特点就是形象丑陋，这其实是继承了西王母的特点。《山海经·五藏山经》云："又西北三百五十里，曰玉山，是西王母所居也。西王母其状如人，豹尾虎齿而善啸，蓬发戴胜，是司天之厉及五残。"[1] 这种"豹尾虎齿"的形象，在后世被说成丑女，那是再自然不过了。其实不止嫫母继承了西王母的这种丑，在传说中嫘祖也不是美女，比如上文提及的嫘祖传说，就说黄帝"见她有大本事，便不顾她长相粗黑，和她结了婚。"这说明了西王母、嫫母、嫘祖原本都是一个人，分一化为三了。至于西王母为什么丑，恐怕与她的月亮神格有关，因为太阳出现象征着光明、生命，而月亮出现象征着黑暗、死亡。

如果说西嫫是西王母的变异，那么，西嫫的配偶黄帝怎么解释？与玉皇大帝、东皇太一又对应关系吗？黄帝是一个传说中的人物，他在历史上是否真实存在过，学者们一直争论不休。但一种很有影响力的观点，认为黄帝就是上帝，就是皇帝。皇与黄上古音是一样的，古人用字很随意，经常通假借用。而皇、黄都指光，指太阳。比如我们把太阳运行的轨道叫黄道，有黄道吉日之说。古人根据太阳运行的规律制定出历法，叫黄历。日本崇拜太阳，其最高首脑叫天皇，实指天上的太阳。太阳单字为"日"，有的方言，如山东的日照地区，把"日"称为yi，传说黄帝姓姬，姬与颐同声旁，可见"姬"也读yi，与"日"同音。河南新郑之所以盛传是黄帝故里，是因为这里有一条河叫姬水，姬水流域是黄帝故事盛传区域。有意思的是，姬水也写为沂水（在新郑博物馆的展板里就同时标注了两种写法），可见，姬水的"姬"也读yi，与"日"同音。正因为黄帝原型是太阳，可读yi，才有后来《史记》所说的"黄帝以姬水成，炎帝以姜水成。成而异德，故黄帝为姬，炎帝为姜"的传说。

三、眼即窟窿，窟窿即昆仑

西王母住在哪里？不同的文献有不同的说法，主要有以下四种[2] 说法：
第一种说法是西王母住在昆仑山且穴居：

> 西海之南，流沙之滨，赤水之后，黑水之前，有大山，名曰昆仑之丘。有神，人面虎身，有文有尾，皆白，处之。其下有弱水之渊环之，其外有炎火之山，投物辄然。有人戴胜，虎齿，有豹尾，穴处，名曰西王母。此山万物尽有。[3]（《山海经·大荒西经》）

西王母住在昆仑山上的说法是流传最广影响最大的一种说法。那么西王母为什么住在

---

[1] 袁珂：《山海经校注》，第59页，巴蜀书社，1996年。
[2] 除了昆仑山、玉山、龟山、瑶池的说法，还有住少广之野的说法。
[3] 《山海经》，第243页，哈尔滨出版社，2007年。

昆仑山上呢？这依然要从语音上来解释。

眼，除了指眼睛之外，也指洞。这或许是早期人们把眼睛视为脑袋上的两个洞。因此，"眼"与"窟窿"同义。从语音上看，"窟"从穴，屈声，"屈"上古音构拟 [klud] 或 [kʰlud]。"屈"以"出"为声旁，《说文解字》说它"从尾出声"，而"出"与"除"目前同音，"除"以"余"为声旁，属于第一人称系列，说明"窟"与"眼"具有共同的语源。

"窟"的上古音构拟为 [kʰlu:d]，是个复辅音声母，缓读便成了"窟窿"。"昆仑"当是"窟窿"的另一种记音。正因为"昆仑"是由"眼"演变而来的，所以"昆仑"具有日月的含义，同时也具有窟窿的含义。西王母作为月神，住在昆仑山便是理所当然的了。窟窿是洞穴，所以西王母又是穴居。

第二种说法是西王母住在玉山：

> 又西北三百五十里，曰玉山，是西王母所居也。西王母其状如人，豹尾虎齿而善啸，蓬发戴胜，是司天之厉及五残。[1]（《山海经·山经》）

关于西王母为什么住在玉山，叶舒宪先生认为与玉石有关，众所周知，目前青海昆仑山是一个产玉的地方，昆仑玉非常著名。不过，笔者认为《山海经》里所指的昆仑，依然停留在中原地区。西王母之所以住在玉山，也是语音演变和记录时文字的选择有关。上文已经分析了，"日""月"在语音演变过程中曾经读 yi 和 yu，致使古人将东边的太阳记录为"太一"或"玉皇"。最早的时候，日月不分，"玉"既是太阳也是月亮，那么，作为月神的西王母住在玉山，其来龙去脉也就清楚了。

第三种说法是西王母住在龟山，西王母也被叫作龟母：

> 西王母以开皇元年正月上寅之日，乘虚泛灵，逸遨九霄，静斋龟山，上登自然流精紫阙、金华琼堂，游观北窗，朝礼玄文，瞻崖思灵，心想上真。[2]

《神仙传·茅盈》也记载茅盈随西城王君往"龟山"拜谒西王母之事，《西龟山图》直接绘出龟母坐于灵龟之上，这些都说明西王母住在龟山。有学者认为龟山与西王母的关联是在六朝时期："以'龟'为山名，在道教以前已然存在，但其得名之缘起大多不可考。惟六朝上清经派其创造的龟山有明确的诠释，并将西王母与龟山相结合，形成上清经派特有的龟母说。"[3] 这只能说是根据文献记载得出的结论，从语音来分析，龟山之说与日月是有关联的，有其产生的语音依据。

---

[1] 《山海经》，第 37 页，哈尔滨出版社，2007 年。
[2] 道藏（第 34 册），第 177 页，天津古籍出版社，1988 年。
[3] 罗燚英：《六朝道教龟山龟母新说再论》，《广东第二师范学院学报》，2013 年第 6 期。

"眼"的声旁"艮"上古音构拟为[kɯ:ns]，而"龟"上古音构拟为[kʷɯ]，二者十分接近。上文已经证明，日月的语音是由"眼"演变过来的，因此可以说，"龟"的古音曾经与日月古音相同或近似。正因为如此，龟山也就成了昆仑山的另一种称呼。这从龟、圭的读音也能得到佐证，圭上古音构拟[kʷe:]，与龟的上古音构拟[kʷɯ]很接近，而且龟、圭目前同音，"圭"因为与"月"同音，才导致了古人传说月亮上有桂树、有蛙，桂、蛙都是以"圭"为声旁的字。簋，目前读 gui，其古音当与"艮"有关，即与"眼"有关。另外，"遗"目前读 yi，但其声旁读 gui，这也说明 yi 与 gui 可以互变。上文说了，yi 指日月，所以 gui 也可以是日月的意思。

龟山还叫蛇巫之山，这也证明了龟山与日月的关系。《山海经·海内北经》云："蛇巫之山，上有人操柸而东向立。一曰龟山。""蛇"可读 yi，与"巫"与"吾"同，与 wo（我）通，所以蛇巫即 yi-wo，也就是羲和、羲娲等等，是日月的意思。说龟山就是蛇巫之山，也就等于说龟山是日月山，是昆仑。

龟山就是昆仑山，只不过由于文字的不同，导致后人不明其义，认为是两座不同的山，但依然保留很多与昆仑山相同的元素。《云笈七签》卷八《三洞经教部·释九灵太妙龟山元箓》载："龟山在天西北角，周回四千万里，高与玉清连界，西王母所封也。"[1] 说的就是龟山的地理位置在西北，与昆仑山一样。

第四种说法是西王母住在瑶池：

> 乙丑，天子觞西王母于瑶池之上。西王母为天子谣，曰："白云在天，丘陵自出。道里悠远，山川间之，将子无死，尚能复来。"天子答之曰："予归东土，和治诸夏。万民平均，吾顾见汝。比及三年，将复而野。"（《穆天子传》）

这种说法也依然没有脱离日月的语音体系。yao（瑶）与 yue（月）可以互变，从"钥"字便可看到这一点。"钥"读 yao，但其声旁是"月"（yue）。另外，目前"钥"字依然是双音字，既可以读 yao，也可以读 yue。传说西边日月下山的地方有水，古人便称为月池，由于语音的演变，就记录为瑶池了。关于这一观念，还可以参考东边的汤池或旸池，以及西边的咸池。

---

① 张君房著，李永晟点校：《云笈七签》，第 150 页，中华书局，2003 年。

"昆仑彩石"到"昆仑玉"的母题文化追溯

李言统

摘要：在《中国民间故事集成·青海卷》中，收录了一则民间传说叫《昆仑彩石的传说》，文本通过男女主角婚配和变形的母题叙事，突出昆仑彩石的传说特性外，其中角色的变化和母题的转换中，隐含着昆仑玉文化从神圣到世俗的演化内涵。结合历代文献中玉文化及其相关母题的追溯，"昆仑彩石"为代表的昆仑玉文化主题，在依托西王母信仰和大量的民俗遗存，不断呈现出民间化的发展趋势。

关键词："昆仑彩石"；"昆仑玉"；西王母；母题

在《中国民间故事集成·青海卷》中，收录了一则民间传说叫《昆仑彩石的传说》[①]，内容讲述了昆仑山下住着一家兄弟七人，老大叫石头哥，忠厚老实勤快，可长得丑。父母早逝，他拉扯兄弟成人娶妻，自己却单身一人。兄弟分家时他分的东西最少，最差，住在一个破窑洞里。有一天，风雪交加的时候，他帮助一位讨饭的老奶奶，为她取暖，并去雪地为老奶奶取水，回来后发现老奶奶变成一名俊俏的大姑娘。原来她是西王母的奶干女，名叫彩云，因石头哥忠厚、老实、心眼又好，就来给他做媳妇。婚后借助彩云的仙力，二人过上了富裕的好日子。不久引来其他六个兄弟的嫉恨。有一天彩云回天宫，嘱咐石头哥千万不能让任何人到家里来，可彩云走后，石头哥受到他三弟媳和其他兄弟的合伙欺骗，说出了自己生活富裕的实情。从此，石头哥的生活回到了原来的状况，彩云因泄漏天机，受到玉帝惩罚，变成彩石。

这是一则关于青海昆仑彩石的由来做出解释的地方风物传说。昆仑彩石，当地又称为丹麻玉，因产于青海省互助县丹麻乡境内而得名。它与祁连玉一样，都属于昆仑玉的一种，其学名叫叶腊石，它质地脂润，柔而易攻，是工艺雕刻的好材料。1980年代，昆仑彩石玉石雕产品的生产有了一定的规模，并引起更多人们的关注。从传说学的角度看来，这种解释不是一种可靠的科学知识的立论，而是一种艺术的、想象的、凝聚着民族感情的阐释。所以这种叙事就成为这个地域内的一种集体记忆，被区域内的民众接受、认可。"民众头脑中的乡土观念使得他们对这种地方风物倍加推崇，这类传说也成为当地文化的明信片，

---

① 《中国民间故事集成．青海卷》编辑委员会，中国ISBN中心出版，2007年，第189页。讲述者：梁万寿，男，68岁，湟中县丹麻乡农民，略识字；采录者：罗焕兴，1984年采录于湟中县丹麻乡。

它向外来者介绍当地独特的文化知识以及历史传统，刺激外来者对它的兴趣和赞叹"①。

从婚配到变形的母题

　　母题是分析民间文学的文本构成甚至民俗群体行为模式的经典概念。不同学者在使用这一概念分析文本时有不同的理解，但针对不同文本中经常重复出现的叙事单元，母题常被理解为是民间歌手、故事家在口头叙事时所使用的程序化的素材，或故事家、歌手据以在表演中编创时能够调动的质料，这些母题就是储备在歌手、故事家的叙事武器库中随时可以取出来重复使用的那些东西。阿莫斯指出，母题不是分解个别故事的整体所得，而是通过对比各种故事，从中发现重复部分所得。只要民间故事中有重复部分，那么这个重复的部分就是一个母题。② 它是分析民间文学作品时对故事内容的一种抽象，邓迪斯进而认为民间故事的结构类型由"匮乏"和"匮乏的消除"两种母题构成，是"由一种不平衡向平衡的移动构成"③。所以，针对《昆仑彩石的传说》这样的单个故事文本，也可以通过这两种母题组合的结构性特点分出更加细微的母题，突出故事的传说特性：

　　a.缺失：兄弟分家，哥哥单身过日子，生活陷入贫困。

　　在弟兄七个中，数他长得丑，人们都说他是个忠厚老实又勤快的人，可哪个姑娘都不愿做他的媳妇。分家时，自己啥也没分，在后崖根挖了个窑洞住。

　　b.考验：哥哥经过老奶奶"上炕"、"索衣"、"要水"等三次试探，最后经受住了考验。

　　c.补偿：获得福报，娶妻，生活从此富足，缺失得以补偿。

　　老阿奶变成俊俏的大姑娘，身上多了狐皮大衣。女主人公身份也有了交代："我叫彩云，是西王母的奶干女。刚才要水喝的那位是我妈妈变的。她见你忠厚、老实、心好，就把我打发下来给你做媳妇。"住的窑洞变成大庄廓，一进三院，院里盖满高楼大房，房里有吃的、用的、穿的东西。

　　d.禁令：对主人公下了一道禁令。

　　彩云对石头哥叮嘱说："石郎啊，今天我要到天宫去一趟，我走后，千万不准任何人到家来，更不能说出我的事，要记牢。"说完，它化作一道五色彩云上天了。

　　e.违禁：男主人公遭到哄骗，吐露真情。

　　弟兄六个抽抽咽咽地说："大哥自从得了个好媳妇，就猛不拉扎的富下了，我们眼热得很，所以就病了。今天，只要大哥说个实情实话，我们的病就会好的。你要不愿说，就把我们的婆娘子女日后照看个。""哦，再别这样。"好心诚实的石头哥就把得妻变富的前前后后一五一十地说了出来。

---

① 万建中：《新编民间文学概论》，上海：上海文艺出版社，2011，第115页。

② 吕微等：《母题和功能：学科经典概念与新的理论可能性》，《民间文化论坛》2007年第1期

③ [美]阿兰邓迪斯：《民俗解析》，户晓辉编译，广西师范大学出版社，2005年，第14页。

f. 惩罚：生活复原，另一方遭到惩罚，凸显主题。

石头哥赶回家，一进三院的大庄廊不见了，还是那个破烂不堪的土窑洞。他不禁放声大哭，耳边响起妻子彩云的声音："石郎呀，只因你不听我的话，泄露天机，玉帝将我的仙体贬成彩石，我俩再也不能团圆了。"

故事的结构中，"缺失 ---- 补偿"、"禁令 ---- 违禁"、"惩罚 ---- 复原"等这些功能一一对应，保证了整个故事叙事的连贯性和平衡性。

这则传说我们用图式表示就是：

a——> b——> c ｜——> d——> e——> f

——>上升 ｜——> 下沉——>（重新陷入缺失）

不平衡——> 平衡——> 不平衡

从叙事的基调来说，a,b,c 呈现出缺失获得补偿后的上升趋势，d,e,f 属于走向惩罚结局的下沉趋势，上升和下沉的反向叙述基调，最后又重回"缺失"的这样"匮乏"母题上，凸显传说的解释性主题的意图明显。邓迪斯认为，"一个故事的结尾有一个解释性的母题，""这种解释性的母题在结构上不是强制性的，它的功能毋宁说是作为一种文体结束的标志或文学的结局。"[1]

平衡是民间故事结构中经常呈现出来的特点，也是体现和增强民间故事审美娱乐作用的关键所在。本故事中，兄弟分家、哥哥遭欺、仙女化身老奶奶考验、与仙女婚配并过上圆满日子、遭兄弟陷害、生活重陷窘境等诸多的母题中，"彩云和石头哥婚配"和"彩云变成彩石"的这两个母题，在整个功能性叙事中处于支配地位，"彩云和石头哥婚配"的母题体现了匮乏消除之后的平衡，而"彩云变彩石"又强调了本故事中匮乏无法消除的不平衡，整个故事显示出"不平衡 ----- > 平衡 ---- > 不平衡"的结构特点，体现了传说的解释性意图，从而也强化了本故事叙事当中的传说特性和理性色彩。

昆仑彩石的地方性表述

通过分析发现，本故事根据生活原型中的逻辑使用了民间叙事常见的母题而展开其情节叙述，讲述者在展示讲述技巧时巧用借用了传统和地方话语，最后完成地方风物传说的主题凸显，而且本故事接受了中国经典传说《牛郎织女》的影响，而牛郎织女的故事就是中国"天鹅处女型"故事的演变。钟敬文先生在论述这一问题的时候还说，"中国境内，尚存活着的天鹅处女型故事，因在流传上经过了改削、增益、混合等种种自然的作用，它的姿态不但和古代的显出差异，便是同时彼此之间，也有很大的悬殊。"[2]调用民间流传甚

---

① [美]阿兰邓迪斯：《民俗解析》，户晓辉编译，广西师范大学出版社，2005 年，第 14 页。

② 《中国的天鹅处女型故事》，钟敬文：《钟敬文文集民间文艺学卷》，合肥：安徽教育出版社，2002 年，第 580 页。

广的兄弟型、天鹅处女型或牛郎织女传说的传统母题，完成叙事的痕迹比较明显，其接受创编、再加工的意图非常明显。

该文本讲述中，呈现了角色的变化和地方话语的调用特点。这类叙事中，兄弟俩变成"兄弟七人"，故事在哥哥和一帮弟弟之间展开，人物性格变化上，一般是哥哥阴险狡诈狠心，弟弟忠厚善良勤快，这里哥哥和弟弟之间发生了互换。这也符合讲述者对地方文化的理解和把握。在农村兄弟居多，大哥的伦理定位都是"长兄如父"，在艰苦生活条件下要承担繁重的生活责任和抚养兄弟的义务，而故事讲述中，父母早亡、兄弟的薄情，以及大哥长相的难看，更加突出这一矛盾，为讲述者完成故事做了符合地方逻辑和话语习惯的处理。还有，讲述者自觉加入像："俗话不是说，长兄为父、长嫂为母？咱家没有长辈，今日弟弟家有难，你做大哥的不管还有谁管"等话语的调用，三段式、对比式等叙述结构的体现，都是符合民间讲述方式的叙事技巧的体现。这些都是讲述者在结合地方性知识做了适时的变通和处理，这在民间故事的讲述里，是允许，而且认为是必要的。

在这一讲述文本的具体展开中，始终围绕着两个基本的母题，这里彩云即可看作是故事中昆仑玉的象征存在，故事中彩云和石头哥婚配以及彩云变成彩石的两个母题，隐含着比较明显的"昆仑玉"发展变化的内在逻辑。

首先，彩云和石头哥婚配。

石头哥，抚养兄弟六个成人并娶妻成家，自己却单身陷入贫穷，突出他的本分、忠厚、老实、勤劳的特性。

彩云：是西王母的奶干女，打发到人家给石头哥做媳妇。在这之间插入了考验的母题：讲述者自觉运用三段式的叙述方式，推进故事情节的发展，完成对男主人公忠厚、老实、善良的考验："娃娃，你快下来，让我到炕上焐一焐。"石头哥把老阿奶搀扶上炕。"冻死了！冻死了！"石头哥把自己的破皮褂脱下来盖在老阿奶的身上。"渴死了！渴死了！"石头哥不顾天冷，提上破砂罐就到村外的泉尔湾去舀水。

这些叙述中，通过彩云三次考验，来验证男主角石头哥的优秀品质，然后通过女主角彩云的变身下嫁，来肯定了石头哥的忠厚、老实、善良的美好品质，如果先不去理会后面的母题叙事，男女主角之间的婚配，消除了男主角的"匮乏"，女主角的下凡，满足了凡间普通男人的需求。其中隐含的"玉"与人的"德行"之间的联系和象征意义之外，"玉"文化从珍稀走向普通的过程。

在彩云变彩石的母题中，包含了彩云的告诫、弟媳的哄骗、石头哥的违禁等几个小的母题，其中都跟彩云有关，陆续出现的其他几个人物，如弟媳、弟弟等，都想探知彩云的底细。最后导致彩云受到惩罚、变成彩石永远留在人间。

在一系列情节的推进中，隐含了人们对"玉"的好奇、占有以及"玉"文化从神圣到世俗、从主观认识到客观发现的叙述过程。为了突出传说的可信特点，结尾处用"青海昆仑彩石就是彩云仙女变的”这一带有结论性的话，把人们的思维从天上人间、充满奇思妙想的幻想世界拉回到现实，注意力集中到"青海昆仑彩石"这一中心点上①，显示传说的解释主题。

西王母及其"胜"

青海流传着很多西王母的神话传说，如藏族民间传说"赤修洁嫫"、汉族中王母娘娘下凡、以及大通县流行的金山娘娘的传说，都是西王母传说的演绎。还保留很多相关的民俗遗踪，像黄南州同仁县的"跳于菟"、民和县桥头村的王母娘娘上下楼、大通县娘娘山求雨仪式等。②而且，把西王母视为代表土地和丰收的大神，麦熟而举族祭祀王母的习俗至今还在流行延续。③这些丰厚的地方文化信仰和口头传统，共同哺育了这一类传说的诞生，这类传说恰好也能证明西王母信仰的延续和现代依存，其中透露出比较重要的昆仑玉崇拜的重要的文化信息，意味深远。

在《山海经》中关于西王母戴"胜"的描述有三处：

《山海经·西山经》：

> 又西五十里，曰玉山，是西王母所居也。西王母其状如人，豹尾虎齿而善啸，蓬发戴胜，是司天之厉及五残。

《海内北经》：

> 西王母梯几而戴胜杖，其南有三青鸟为西王母取食。在昆仑虚北。

《大荒西经》：

> 西海之南，流沙之滨，赤水之后，黑水之前，有大山，名曰昆仑之丘。有一神人面虎身，有文有尾，皆白处之。其下有弱水之渊环之，其外有炎火之山，投物辄然（燃）。有人，戴胜，虎齿，（有）豹尾，穴处，名曰西王母。此山万物尽有。

从《山海经》的记述中，西王母形象的叙述非常突出。西王母作为"伟大的始祖母"或者"伟大的母亲"，她并不是所有华夏族唯一的始祖母，女娲、简狄、姜嫄等都可能是不同部族的始祖母神，她们也不可能像闻一多所推测的那样统统从西王母分化而来。因而王母在最初时，只不过是若干个部族中的始祖母神中的一个，但在后来的发展演化中与其他始祖母

---

① 柳田国男认为："传说的核心，必有纪念物。无论是楼台庙宇，寺社庵观，也无论是陵丘墓冢，宅门户院，总有个灵光的圣址、信仰的靶的，也可谓之传说的花坛发源的故地，成为一个中心。……毕竟眼前的实物唤起了人们的记忆，而记忆又联系着古代的信仰。"[日] 柳田国男：《传说论》，连湘译，中国民间文艺出版社，1985 年，第 26 页。

② 相关论述见赵宗福著：《昆仑神话》，西宁：青海人民出版社，2005 年，第 105—200 页。

③ 在青海河湟地区，九月九日，各地庙宇举行祭祀活动，像民和隆治西王母庙还举行盛大的献牲仪式。《管子·轻重己》就有如下记载：以春日至始，数九十二日，谓之夏至，而麦熟。天子祀于太宗，其盛以麦。麦者，谷之始也；宗者，族之始也。同族者人，殊族者处，皆齐大材，出祭王母。

神相互复叠,或者功能上的分化,才演变成了一个独特的西王母和王母娘娘信仰系统。[①]而且,2003 年 4 月 14 日,美国科学家在华盛顿庄严宣布:美、英、日、法、德和中国,6 个国家联合,经过 13 年的努力,共同绘制完成了《人类基因序列图》。其中提出"中国可能源自一个母亲"的论断[②]。从《山海经》中关于西王母的讲述中,虽然内容不一样,但西王母形象的基本特征比较一致。因此可以推断,虽然《山海经》的成书年代目前尚无法确定,但《山海经》成书的那个时代,人类出于对自己始祖母的追忆、缅怀、崇敬和寻根问宗等情感的支配下,关于西王母的口头讲述大量存在,西王母遂成了民众的集体记忆一直在民众口头流传,以致到了书写文化成熟的时候,这些颇具影响力的口头讲述也成了文人采录和辑录的重要素材,其中也不乏史学家"不隐恶不虚美"的苛刻挑选而载入史册。尤其著名的《牛郎织女》传说的传播扩布,更使西王母的故事家喻户晓,妇孺皆知,海内外闻名。

《山海经》当中关于西王母的这三处记载,都突出西王母的"虎齿"、"豹尾"、"戴胜"的特征。西王母"司天之厉及五残",是掌管天厉五残的司命神,"主宰人类寿夭荣辱的生命之神或命运之神[③],而且还是作为经营长生药的吉神。[④]因此在民众的久远的记忆中,"虎齿"、"豹尾"、"戴胜"绝对不是形象的简单描述,而是西王母神格、地位、权力的一种表征。这些能够体现西王母主要特征和身份权利的"虎齿"、"豹尾"、"戴胜"的形象,成为西王母形象演绎的坚固的"内核",后世的演述也是在这一"传统"的基础上演化而来。尤其西王母形象中的"戴胜"这一主题,更能体现西王母形象在后世的演化规律。

尤其"胜",其意义指向的模糊性,学界莫衷一是。它的功能,大多学者从宗教功能的角度出发,认为"胜"承担着一定的宗教功能。小南一郎先生则从应该把"胜"作为"识别西王母的重要标志"和"西王母的神话机能是由'胜'来象征"的角度出发,认为"胜"有祥瑞机能,[⑤]全虎兑认为"胜"是代表一种阴阳原理的观念。[⑥]郭元兴先生将"玉胜"视为"插虎豹之尾自以为尊荣的表征",它既是"一种权威的标志",同时也"可以作为一种厌胜护身的发物"。[⑦]陆思古先生的看法与此类似,他认为西王母"戴胜"如同"秋收之神"的蓐收执钺,"此'钺'可名'刑胜'之具,即西王母的'玉胜'",二者都是"神权"的标志。[⑧]其实,从"虎齿"、"豹尾"、"玉胜"等这些装饰上看,"玉"同"虎"、"豹"一样,取其凶猛、有力、坚韧的寓意,来表征西王母至高无上的身份和神权地位,其中还

① 赵宗福:《西王母的始祖母神格考论》,《青海社会科学》,2012 年第 6 期。
② 转自微信公众号:上海科协。
③ 钟宗宪:《死生相系的司命之神—对于西王母神格的推测》,《青海社会科学》2010 年第 5 期。
④ 赵宗福:《西王母的神格功能》,《寻根》1999 年第 5 期。
⑤ [日]小南一郎:《中国神话传说与古小说》,北京:中华书局,1993 年,第 43 页。
⑥ [韩]全虎兑:《汉代画像石中的西王母》,韩国国立中央博物馆:《美术资料》,1997 第 59 号。
⑦ 郭元兴:《西王母与西域》,《活页文史丛刊》,1981 第 6 辑 125 号。
⑧ 陆思古:《神话考古》,北京:文物出版社,1998 年,第 110 页。

包含着重要的玉崇拜的文化内涵。

郭璞注《山海经》云："蓬头乱发；胜，玉胜也。"据此，清郝懿行亦认为："郭云玉胜者，盖以玉为华胜也。"[1] 东汉经学家刘熙《释名·释首饰》对"华胜"有这样的解释，"华胜，华，象草木华也；胜，言人形容正（相）等。一人着之则胜，蔽发前为饰也。"[2] 颜师古注司马相如《大人赋》中"吾乃今日见睹西王母，曤然白首，戴胜可穴处兮"一句时曰："胜，妇人之首饰也，汉代谓之花胜。"[3] 自郭璞首次提出"玉胜"之说，从古至今的学者们几乎都以此作为解释"戴胜"的权威说法。[4] 由此可见，西王母所戴之"胜"，作为一种发饰，其材质为玉应确切无疑。但郭注还是颜注，都把"胜"作为一种头发的装饰存在。这跟西王母神格及形象由"其状如人"、"司天之厉及五残"的司命神向女性形象演变有关。有汉一代，"戴胜"一直是西王母的标志性装束。"胜"是一对像天平一样挂在头部两侧的饰物，在汉代人心目中，或许有代表平衡、秩序的意思。《淮南子》说，夏某之时，主暗晦而不明，致使"西老折胜，黄神啸吟"。东汉时高诱注曰："西王母折其头上所戴胜，为时无法度。黄帝之神，伤道之衰，故啸吟而长叹也。[5]

后汉文学家们已经开始对"胜"进行美化和升级，到了西晋张华的《博物志》，汉武帝终于见着了西王母："汉武帝好仙道，祭祀名山大泽以求神仙之道。时西王母遣使乘白鹿告帝当来，乃供帐九华殿以待之。七月七日夜漏七刻，王母乘紫云车而至于殿西，南而东向，头上戴七种，青气郁郁如云。有三青鸟，如乌大，使侍母旁。[6] 到了七月七日，汉武帝一早就坐在承华殿斋事等候："日正中，忽见有青鸟从西方来集殿前。上问东方朔，朔对曰：'西王母暮必降尊像宜洒扫以待之。'"当晚夜漏七刻，西王母才姗姗来迟："乘紫车，玉女夹驭，戴七胜，履玄琼凤文之舄，青气如云，有二青鸟如乌，夹侍母旁。[7]

到汉魏时期，西王母的形象由"戴胜"转变为"戴七胜"，美玉装扮，"青气如云"，俨然超凡脱俗、远离尘世的仙风道骨的仙人形象。其头上七胜，象征身份的一位减弱，而头发装饰的作用凸显。

可见这对"胜"不仅仅是一种简单装饰，还有些神异功能。很多人都将"胜"坚定的断定为"玉胜"，这跟中国古老的玉崇拜有关。

---

① 郝懿行：《山海经笺疏》，海王古籍丛刊，据清光绪十二年刻本影印，北京：中国书店，1990。

② 王先谦：《释名疏证补》第四卷，上海：上海古籍出版社，1984。

③ 班固撰，颜师古注：《汉书·司马相如传》第二十七下，北京：中华书局，1996。

④ 张勤：《西王母原相初探—兼论"戴胜"之原义》，《苏州大学学报》(哲学社会科学版)，2005年第1期。

⑤ 张双棣：《淮南子校释·览冥训》卷6，第699页。

⑥ 张华撰，范宁校证：《博物志校证》，中华书局,1980年，第97页。

⑦ 佚名撰，土根林校点：《汉武故事》，载《汉魏六朝笔记小说大观》，第173页。

西王母所居之玉山与昆仑玉

中国对玉的崇拜有着十分悠久的历史，而且视玉为极其珍贵的稀有之物。而古人对玉的认识，常从玉的自然属性出发，对它的文化属性赋予更丰富的内涵，所以有崇尚"君子比德于玉"，"君子无故，玉不去身"的说教。

《管子》曰：夫玉之所以贵者，九德出焉：温润以泽，仁也；邻以理者，智也；坚而不蹙，义也；廉而不刿，行也；鲜而不垢，洁也；折而不挠，勇也；瑕瑜皆见，情也；茂华光泽，并通而不相陵，容也；叩之，其音清专彻远，纯而不杀，辞也。是以人主贵之，藏以为宝，剖以为符瑞。①

因此，在西王母的叙事里，很多都渗透着玉有关的文化因素。西王母所居的仙山有"玉山"之称，如：

《山海经. 西山经》：西南四百里，曰昆仑之丘，实惟帝之下都，神陆吾司之。……昆仑丘西行 370 里，是乐游山；再沿水路西行 400 里，叫流沙；"又西 350 里，曰玉山，是西王母所居也"②郭璞注："此山多玉石，因以名云。《穆天子传》谓之群玉之山。"徐朔方注："玉山，西王母住的仙山。"③

这里，昆仑丘为帝之下都，玉山为西王母居所，是两个不同的地方，但相去不远。而且，此山上流淌的水也不一般，为"玉膏"，"色味俱佳"，而且可以歆飨鬼神，被除不祥。如：

《山海经. 西山经》曰："峚（音密）山之上丹水出焉，其中多白，是有玉膏，其源沸沸汤汤。黄帝是食，玉膏所出，五色乃清，五味乃馨。黄帝乃取峚山之玉荣，而投钟山之阳，瑾、瑜之玉，坚栗精密，浊泽而有光，五色发作，以和柔刚，天地鬼神是食是飨，君子服之以御不祥。"④

《淮南子》曰：钟山之玉，灼之以炉炭，三日三夜，其色不变。

《尸子》曰：赤县州者，实是昆仑之墟，玉红之草生焉，食其一实而醉，卧三百岁而后寤。⑤

到了商周时期，还把玉器作为权力的象征和礼仪的标志。黄帝曾以玉分赐部落首领，作为享有权力的标志。祭祀先王时才启用玉器，而且人间帝王才能佩戴玉饰，还有食玉来求长生之风俗。

《周礼·天官·大宰》："享先王，亦如之，赞玉几、玉爵。大朝觐会同，赞玉币、玉献、玉几、玉爵，大丧，赞赠玉、含玉。""玉府掌共王之服玉、佩玉、珠玉、食玉、含玉。《春官·大宗伯》：以玉作六瑞六器，即设典瑞以掌之，而其所制之尺寸，皆出于冬官玉人之事。"⑥"玉

① 《太平御览》卷八百五"珍宝部四"。
② 袁珂：《山海经校注·西次三经》，巴蜀书社，1992 年，第 59 页。
③ 吴江诗词网：http://www.wjszx.com.cn/meiyushansuoyou-s.html。
④ ②③ [清]张英王士祯等纂《渊鉴类函》卷三百六十三《珍宝部三·玉》北京市中国书店出版
⑤ 《太平御览》卷三十八地部三。
⑥ 《周礼·天官冢宰第一》。

者阳精之纯，可以助精明之养者，故王齐则共食玉。"①

虽然昆仑丘和玉山为两个不同的地理位置，但西王母所居仙山"玉山"在人们心目中有独特的地位，以及西王母地位的上升，西王母及其所居之玉山逐渐占据了昆仑的文化中心，在历代文献中开始出现"昆仑"和"玉"合并的趋势。而且，玉的厌胜、权力、身份等的象征意味也逐渐变成一种财富的象征。昆仑山上也出现"琼楼玉宇"、"竹树玉林"，富丽堂皇。

《纪年》曰：周穆王十七年西征，至昆仑丘，见西王母。

《帝王世纪》曰：昆仑之北，玉山之神，人身、虎首、豹尾、蓬头。

《河图括地象》曰：昆仑之墟，有五城十二楼，河水出焉，四维多玉。

《淮南子》曰：昆仑山上有层城九重，上有木禾，其条五寻。珠树、玉璇树、不死树在其西，沙棠、琅 在其东，绛树在其南，瑶树在其北。又曰：昆仑之玉橑，而尘埃不能污也。

《穆天子传》曰：天子西征来还，乃循黑水至于群玉之山。天子于是取玉板玉器服物，载玉万俟。（双璧为珏，半璧为侯。见《左传》。）②

乃至到了西汉，玉器被说成"辟邪厌胜"之物。所以，西王母的居所及周围，都用玉来装饰，而且还显得极其富有。

自从西王母成为仙界中央领导之后，她的住所也在瑶池的基础上进行了大规模的改造和扩建，形成琼楼玉宇层叠交错的新格局："所居宫阙，在龟山之春山，西那之都，昆仑玄圃，阆风之苑。有金城千重，玉楼十二，琼华之阙，光碧之堂，九层玄台，紫翠丹房，左带瑶池，右环翠水。其山之下，弱水九重，洪涛万丈，非腾车羽轮不可到也。"③

六朝时期托名东方朔的《海内十洲记》记载，昆仑山……一角……，名曰昆仑宫。其处有积金，为天塘城，面方千里，城上安金台五所，玉楼十二。其北户山、承渊山又有墉城，金台玉楼，相似如一。渊精之阙，光碧之堂，琼华之室，紫翠丹房，景烛日晖，朱霞九光，西王母之所治，真官仙灵之所宗。上通旋机，元气流布，玉衡常理，顺九天而调阴阳，品物群生，希奇特出，皆在于此。④西王母曾经亲口告诉周穆王，她的治所就在这里。

随着西王母地位的不断抬升和历代对昆仑丘、玉山的极度渲染和美饰，至唐时期，昆仑玉已经出现并变得比较普遍，而且其文化内涵也发生变化，降格为文人雅士娱情的赏品和官宦富贵之家的一种奢侈品了。

钱起《美杨侍御清文见示》：

雾雪看满怀，兰荃坐盈掬。孤光碧潭月，一片昆仑玉。⑤

---

① 《竹书纪年》。
② 《太平御览》卷三十八地部三。
③ 杜光庭：《墉城集仙录》，张君房纂辑《云笈七签》，华夏出版社，1996年，第718页。
④ 《水经注》卷一"河水"。
⑤ 《全唐诗》卷二百三十六。

唐代冯贽撰的《仙杂记》中载:

　　宇文卓方执昆仑玉盏，听左丞檀超高谈，不觉坠地。[1]

　　显然，西王母的叙事里，从"胜"、"玉山"再到"昆仑玉"的形成，我们可以窥知玉在人们的观念中不断演变的轨迹。对于不断赋予宗教、政治、经济等方面的各种意义后，玉也经历了从自然属性的无理之玉走向文化属性的精神之玉的改变。从此，玉也从神仙、帝王、圣人、贵胄逐渐走向寻常人家，不断被更多的认识和利用，以致现代社会玉石产业的兴起，可被看成是玉文化不断普及和扩布的结果。

余论

　　在古人眼里，玉不仅是礼天地敬鬼神的祭器，还是被除不祥的食料。当自然之玉逐渐被赋予品德、尊贵、延寿、被除不祥等文化功能后，其文化内涵不断演绎放大。玉崇拜的规格礼制从高高在上的仙间圣地，向凡俗世界的下沉的民间化趋势，西王母从神话、民间传说、故事的叙事发展脉络，恰好与玉文化从人们观念世界的神圣性到后来满足人们欣赏和把玩的世俗特性的演进轨迹保持了一致。

　　考察西王母神格的变化，由始祖母演化为神，并被先民们所崇拜的给人们带来繁衍和丰收的"天下母"。而到明清以后大量的民间风物传说中，西王母果然演化成了与各地名山胜水和各种名花奇木的生成有关的"造物主"，甚至就是开辟宇宙和创造人类的创世神。[2]西王母无所不能、无处不在的形象，赋予了人们瑰丽的想象，生活的强大动力。而且青海各地大量的西王母的民间叙事和昆仑玉的发掘，不断印证了西王母传说的现实存在。《昆仑彩石的传说》就是依托西王母强大的神格功能和民众的坚定信仰，才在民间有了广泛的传播基础。依附其上的昆仑彩石的传说遂变得有声有色、有板有眼。虽然在后来的发展中，西王母的信仰和玉文化的崇拜逐渐出现了分野，但青海地区流行的这类传说，为西王母信仰和玉文化崇拜的源远流长提供了佐证。

---

① 《仙杂记》卷五。
② 赵宗福：《西王母的始祖母神格考论》，《青海社会科学》，2012年第6期。

穆天子西巡的地缘文化意义

米海萍

《穆天子传》又称《周王游行记》【1】，自西晋太康二年（公元281年）汲冢出土以来，长期称奇于学界，备受历代学者的关注。关于其作者与成书时间，一般认为非出自一人一时一地之作，成书年代被定为战国前期。该书内容简约，主要记叙了周穆王驾八骏、率六师巡游天下、专程西巡昆仑而见到西王母之事。就其文献性质而言，因历代目录学之著录而有所不同，《隋书·经籍志》、《新唐书·艺文志》、陈振孙的《直斋书录解题》、郑樵的《通志·艺文略》等皆列入起居注类；《旧唐书·经籍志》列入实录类；晁公武的《郡斋读书志》、王应麟的《玉海·艺文》列入传记类；清修《四库全书》时，四库馆臣将其由史部"退置"于子部，列入小说家类。历代著录家们对该书性质有着"由史而子"的变化认识。近代以来·

学者们又有其为地理之书或神话传说著作之说，且有陈逢衡的《穆天子传补正》、郝懿行的《穆天子传注补》、孙诒让的《穆天子传札迻》、丁谦与金蓉镜的《穆天子传集解》等连版累牍的再补注疏和考据辩证。无论是聚讼式的考证研究，还是集大成式的资料汇集，学界的研究热情始终有增无减。综合来看，趋于史书或小说者占据主要看法【2】。

从先秦的《竹书纪年》、《左传》到汉代《史记》之《秦本纪》和《赵世家》等史部文献，史家们皆持相信态度，对穆天子西巡一事专门作了记载。史学家岑仲勉言之凿凿："穆天子传即历史上之穆王，本无疑问"【3】。史学家杨宽在其著作《西周史》之第六章中，从民俗学和神话学视角，深入细致地分析了河宗氏祖先神话传说的真实性、周穆王西征史迹的真实性、《穆天子传》所述及周初历史的正确性及昆仑和县圃神话的来历等。认为该书作者采自一个世代口头流传的、从西周留存到战国的游牧部族的祖先河宗氏参与周穆王西游的神话传说，河宗梧夭氏从一个引导者变成了周穆王的随从官员，结果得封为"河宗正"的官职，从而使这个部族得以兴旺起来。其后代觉得这是他们整个部族的光荣历史，世代口头相传而不替，直到战国初期才被魏国史官采访所得，成为《穆天子传》的主要内容。杨先生确认该书既有西周史料，又反映了先秦中西交通及沿途部族分布的史迹【4】。简言之，这是根据西周历史传说、结合战国人远行见闻等基于史料、神话传说之上而写成的历史典籍。本文依据上述文献，就《穆天子传》中穆天子西巡的地缘文化意义作一探讨。

一

穆天子西巡，大体上沿着先秦传统"玉石之路"行进的，是一次远游华夏西部的"和谐万邦"之旅，也是一次在"河出昆仑"观念下追思"赫赫我祖，来自昆仑"的精神圣地之旅，具有寻根问祖的地缘文化意义。

日本学者白川静曾指出：穆天子"远游西北的故事，是在与西北有交通往来的地区，以信仰西方昆仑等为背景而产生的"。据研究，在先秦时期，华夏中原与西部（或称西域）的交通主要有三条道路：一是从关中平原沿渭河河谷向西北，经过现在的兰州，进入河西走廊，再经敦煌出玉门关或古阳关，通向西域的"阳关路"；二是经过现在的兰州，转向湟水河谷，经过今天的西宁、青海湖北岸，穿过柴达木盆地至西域的"青海—西宁路"【6】；三是从内蒙古阴山山脉西北麓向西穿过戈壁沙漠，趋向天山南北的"居延路"【7】有学者认为穆天子西巡的路线是，从宗周洛邑出发，经山西太行山一线，越河北井陉山，渡滹沱河，出燕门关，进入内蒙古阴山河套地区，西北溯黄河水经宁夏达甘肃，西出青海柴达木盆地，逾今昆仑山及其支脉，进入塔里木盆地南缘，折而向北向东达祁连山西端（群玉之山），然后再向西沿天山一线，达伊犁河谷以西之"西北大旷原"，然后东归，再取道"居延路"回返阴山，东南入于山西，复过雁门，逾太行济河水回到宗周的【8】。如此，穆天子西巡经过的地方，包括了现在的河南、山西、内蒙古、陕西、宁夏、甘肃、青海和新疆等省区。此次西游，由平坦温暖的平原游历了崇山峻岭的高原、由绿树碧草游历了荒漠戈壁、由田连阡陌的农耕游历了风吹草低见牛羊的辽阔牧场，经过了迥异的地形地貌和不同生态经济区域。

穆天子西巡的政治目的也很明确，如《尚书·周官》所言："惟周王抚万邦，巡侯、甸，四征弗庭，绥厥兆民"；"王乃时巡，考制度于四岳。"通俗地说，就是沿袭前代国君治理国家的传统，不仅治理好直接统治的中心地带，而且要安抚万邦，巡视侯、甸等远近区域的诸侯国，必要时征伐那些不臣服于周朝的诸侯及周围的"夷狄之人"，恩威并施，以加强统治、安定亿万庶众。

在《穆天子传》中，穆天子颇具人君风范，很有"自鉴"美德，能思己过，曾感慨说："於乎，予一人不盈于德，而辨于乐，后世亦追数吾过乎！"俨然为战国前期人们所期盼的理想君王的形象化身。治理国家主张采用和谐和睦之策，即要"和治诸夏"，关心民瘼，看到有人冻死，深深自责"余一人则淫，不皇万民"，并作诗三章来哀悼。重视农业生产，把异域优良作物的种子带回中原。如在昆仑之春山，见"㱯木华不畏雪，天子于是取㱯木华之实，持归种之"；在赤乌氏之口山，"是唯天下之良山也，玗琰玉之所在，嘉穀生之，草木硕美。天子于是取嘉禾，以归树于中国"【9】。穆天子走入赤乌氏境地，当地人献上了酒食牛羊和"稌麦百载"。被称为"嘉禾"的粟，俗名小米。考古资料显示，小米在黄河流域至少有 8000 年的人工栽培史，多数专家认为小米的故乡就在黄河流域的中国北方。在西藏昌都距今 5000 年的卡若文化中，出土了大量的粟。小米耐干旱，耐寒冷，卡若人生活的地方适合种植小米【10】。无独有偶，在今青海东部湟水流域广泛分布的距今 6000 年马家窑文化中，"居民以原始农业为主，兼营饲养业。种植有粟、大麻等作物，以稷最为常见"【11】。在青海民和喇家遗址中出土了距今 4000 年的一碗面条。《初学记》引《周书》曰："凡禾，麦居东方，黍居南方，稻居中央，粟居西方，菽居北方"【12】，说明农作物适宜的种植区域。《后汉书·西羌传》记载护羌校尉贯友在永元五年（公元 93 年）攻击在今青海贵德地区的烧当羌人时，专门提及收走羌人粮食"收麦数万斛"之事。此处"麦"可能包括大麦、青稞和粟等耐寒早熟粮食。粟是自古以来种植于包括青藏高原在内的广大西部的主要农作物之一，推测小米是原始先民的主要粮食作物，穆天子将其带入中原之事也在情理之中。

穆天子西巡华夏版图上的西部地区，一路之上并没有大规模陈兵黩武之举，而是以礼邦交外域诸族，以和为贵。所到之处，当地首领用"献"的方式——"献食马三百"、"献食马九百、牛羊七千、穄麦百车"表示对天子的迎接和敬畏；穆天子则以"赐"的方式——"赐黄金四十镒"、"贝带五十、朱三百裹"、"赐之黄金䐑三六、朱三百裹"予以安抚和宽慰，更以"得"的方式——"得玉策枝斯之英"、"取玉三乘"、"载玉万只"、"载羽百车"获取了大批美玉宝物。正是在这样一个既依托历史——包括编年体的叙述方式和主要事实，又有质的虚构性（人物、情节和环境）和小说手法的背景之下【13】，沿着传统的玉石之路，穆天子进行了一场"和谐万邦"之旅。"玉"、"璧"字眼多次出现于《穆天子传》中，产玉的地方有舂山、群玉之山、文山和采石之山等。在重雍氏境内"黑水之阿，爰有野麦，爰有答堇，西膜之所谓木禾。重雍氏之所食，爰有采石之山；重雍氏之所守，曰枝斯、璿瑰、玫瑶、琅玕……凡好石之器于是出"。中原使用的玉石主要来源于西部所产，也许，中原和西部的最初交流，是以"玉"这种特殊物质作媒介开始的。商周以来的统治者把玉看作是天地精气的结晶、人与神心灵沟通的中介物，常常用玉来祭祀天地四方和神灵，同时视为体现王权思想理念、实行"德被四方"达到国泰民安的物化标志。考古资料显示："西周玉文化中包含的齐家玉文化基因则是更为鲜明的"【14】。2000 年中国十大文物考古发现之一的青海民和喇家遗址（距今 4000 年，属齐家文化）。出土了一柄属"王者之器"的国内最大的玉刀，应是权力、地位和身份的象征，为最高统治者所专用之物。昆仑山盛产美玉，其向东运输的道路，被学者们称为"玉石之路"【15】。昆仑山是"亚洲脊柱"，为中国最长的山脉，西起帕米尔高原，向东一直延伸到青海中部。青海昆仑玉具有质地细润、淡雅清爽、透明度高的特点。据地矿专家介绍，昆仑玉与和田玉同处于一个成矿带上，昆仑山之东曰昆仑玉，山之北曰和田玉，因其在物质组合、产状、结构构造特征等方面基本相同，为大自然的"孪生同胞"，而统称昆仑玉。

今通行的《正统道藏》本之《穆天子传》凡六卷，前三卷讲述穆天子西巡过程；第四和第五两卷讲述穆天子的东归及以后之事；第六卷应为后人所添加，叙述盛姬死丧之事。从内容而言，前三卷当为一个叙述穆王西巡的整体故事，其主干大体围绕着关于玉和玉的礼仪而展开。

第一卷讲穆天子西巡边塞，先到达河宗氏之邦，向邦主河宗柏夭赠送玉璧，让他将此玉璧向西的方向沉入黄河，以祭献河神，同时以"祝"为首的官员们参与了这个盛大祭祀典礼，将牛马豕羊等作为祭献牺牲沉入于河。河宗氏告诉穆天子西边的昆仑山有高原四处，清泉七十处，那里盛产珍稀宝玉，并建议去昆仑之丘，看看那里的绝美宝玉。穆天子听从接受了这个建议，于是折而向西方进发。在黄之山上观看图典，了解"天子之宝器"：主要有玉果、璇珠、烛银、黄金之膏。以珍贵的玉璧献祭黄河之神，其仪式神圣而庄严，是对母亲河的虔诚膜拜。在阴阳学说盛行的古代，人们深信玉是服之不死的仙药，又是生水的神物，故而用玉祭祀河神，以求风调雨顺，国泰民安。又因黄河之水来自天之柱、地之脐的昆仑山，体现了"河出昆仑"的坚定信仰，而昆仑山就在黄河源头。天下美玉又出自昆仑山，这是指引穆天子一行向西行进的动力。

第二卷主体描述穆天子西巡的具体过程，与玉石相关的有4个典型情景。

一是吉日"观宫登山"得玉。穆天子登上昆仑山峰，参观了黄帝之宫；在癸亥日，备齐全套的牺牲，祭拜昆仑山。随后北行，驻跸于珠泽的大水畔，当地人"乃献白玉"。

二是"悬圃之叹"得玉。穆天子盘桓在昆仑山守黄帝之宫。南司赤水、北守春山之宝；还向当地人赏赐黄金之环、朱带贝饰等物。季夏丁卯日，穆天子北升于春山之上，举目四望，喟叹说："春山，是唯天下之高山也。……清水出泉，温和无风，飞鸟百兽之所饮食，是先王所谓'悬圃'。"在这座走兽出没、飞禽振翅的春山上，穆天子得到了珍稀异常的"玉策枝斯之英"。一连5天都在欣赏美景，并在这神仙居住的花园"悬圃"里勒铭题刻。以昭示后世。

三是夸赞"赤乌盛产"得玉。穆天子来到赤乌氏境内。赤乌人"献酒千斛，食马九百，羊牛三千，穄麦百载"。穆天子说赤乌人与周人同宗，于是"赌用周室之璧"。赤乌酋长向穆天子介绍说这里美人出、宝玉生、嘉谷长，草木丰美，是物华宝地，并献上当地另一土特产品——美女二人，被收为嬖人。穆天子赞叹："赤乌氏．美人之地也，宝玉之所在也！"

四是"取群山玉"。在癸巳日，穆天子来到容成氏之所守的"群玉之山"，再一次获取了"取玉三乘，玉器服物，于是载玉万只"。在这掘不尽宝物的群玉之山上，因得到大批玉石而心满意足。休息了四日后，在孟秋癸亥日，穆天子一行进入了西王母之邦。

从这4个典型和玉石有关的场景看，美玉是沟通中原与西部政治、经济及文化交流的绝佳介质。通过西部诸族诚心自愿的"献"玉，穆天子以最高君主姿态的"赐"物，达到了"协和万邦"和平巡视异域邦国的政治目的。也为在祥和宁静美好的气氛下，在美玉仙境瑶池"见西王母"、"觞西王母"作了坚实铺垫。

第三卷则是穆天子西巡的高潮：吉日甲子，天子拜见西王母。凡间之人要见到西王母是多么不容易，《太平广记》卷五十六引《集仙录》曰：西王母所居宫阙在"昆仑之圃，阆风之苑，有城千里，玉楼十二，琼华之阙，光碧之堂，九层玄室，紫翠丹房，左带瑶池，右环翠水，其山之下，弱水九重，洪涛万丈，非飚车羽轮，不可到也"。穆天子经过了"道里悠远"的艰辛跋涉，幸运地到达了常人难以到达的西王母领地。穆天子捧上四百纯精美的丝绸织品、白色玉圭和黑色玉璧，晋见西王母。西王母接受了这份来自丝绸大国的厚礼，还礼答谢。次日，天子觞西王母于瑶池之上。西王母为天子谣曰：

> 白云在天，山陵自出。
> 道里悠远，山川间之。
> 将子无死，尚能复来？

天子答曰：

> 予归东土，和治诸夏。
> 万民平均，吾顾见汝。
> 比及三年，将复而野。

在充满和谐气氛的宴饮中，二人赋诗吟唱，饱含情深意沉。昆仑山之瑶池一经穆天子巡视，会见西王母并对酒当歌，在后世越发名气大增，成为人们心灵的享受圣地、超越凡间的永恒乐园。在文学中以"周穆八骏"、"瑶池"、"王母"意象反复出现，所创作的诗文累积众多，其艺术性可观者亦很多，倾诉和寄托着人们宗教信仰般的精神追求。

载于《穆天子传》中的西王母形象，雍容华贵，温文尔雅，是仙姿袅袅的天帝之女。在穆天子西巡的路途之中，但凡遇到者皆言某某"献天子"或"觞天子"，都是主动先为穆天子献纳上当地的土特产品。唯有独见西王母时"甲子吉日，天子宾于西王母，乃执白圭玄璧以见西王母；好献锦组百纯，口组三百纯。乙丑，天子觞西王母于瑶池之上"。从作为君王的穆天子，难得有主动态度和所持的"白圭玄璧"珍贵礼物看，显出西王母地位的非同一般。西王母的居住地"瑶池"就是美玉之池，而西王母又称"瑶母"。即玉母、玉女神，已属半人半神，非凡间女子，亦非常人能够相见之人，穆天子如此恭敬，是出于神性的崇拜。瑶池相会的地缘意义在于：

首先，当初穆天子西行时，特意在燕然之山举行庄严的"大朝"礼仪，昭示天下他的君王职位是在"帝"即在上天的旨意下承袭了天命的,是上天所授予的,所以要服从天命、身体力行唯天帝所命的礼治,用德治和礼治的有效结合的办法,维护神圣的王权统治。当西王母问及何日君再来时,穆天子答曰:只有实现了"和治诸夏,万民平均"的治国目标方可再来,表达了一种追求功业的抱负。不似人间一般卿卿我我的相互承诺,体现有作为君王的"德治"理想。

其次,穆天子一行大体沿黄河西行,一路上用宝玉祭祀了黄河之神,黄河恰好是一条连接中原与西部的纽带。除了安抚万邦的政治目的、对昆仑美玉的极大追求外,重要的是表达一种文化诉求心理。成为向往昆仑即在"慎终追远"情结下寻根问祖的精神之旅。《尚书·周书》之《泰誓》篇言:"呜呼!我西土君子。天有显道,厥类惟彰。"该书的《酒诰》篇还特意提到:"穆考文王,肇国在西土。"周人兴起于中国西北地区,始祖弃为羌人之女姜嫄所生,号后稷,姓姬氏,为周人祖先。其文化血脉中就有浓郁厚重的西北人文质素。与西北游牧民族羌人一直保持着密切的关系,张光直认为周人"确实也有显著的西部特征。"【16】周人东向发展过程中得到了西部众多坚挺力量的帮助,在周革殷命的关键时刻,西北羌人作为一支主力军加入周武王的联合军队,鼎力助周灭殷。故而在周人文化中,保留积淀了久远以来对"西土之人"的感念情结与眷恋西方故土的情愫,在潜意识中都有着一种回归故土的意念,以不忘自己"从哪里来"的根本。

再次,先秦的人们笃信"河出昆仑",昆仑承载着华夏民族精神领域的神圣与崇高,中国人素有"赫赫我祖,来自昆仑"的祖先崇拜心理。先祖来自昆仑的恒久记忆积淀在人们心灵深处。在中国传统文化中,人文之祖伏羲、创造人类的始祖母女娲,是奉了上天旨意在昆仑山上完成他们的"神圣婚配"的【17】。大诗人屈原在《楚辞中》自称为"帝高阳之苗裔",神游昆仑山,在浪漫情怀中得到了精神的慰藉与心理满足。姜亮夫认为"高阳氏来自西方,即今之新疆、青海、甘肃一带,也就是从昆仑山来的。我们汉族发展源于西方的昆仑,这说法是对的,也只有昆仑山才当得起高阳氏的发祥之地"。楚人是夏人的后裔,夏兴起于西北,"屈子心中所想象的'旧乡'即老家是在昆仑"。【18】司居于黄河中下游人们所认识的

昆仑区域,处《尚书·禹贡》所言九州之一的古雍州地界。穆天子西行的目的地是西部,在西巡中体验和感性认识黄河母亲河源头的昆仑山,就是对先祖故地的再认识、再体验,进而从地缘文化观念上,认同西部、认同祖先来自西部的昆仑山。故此,穆天子西巡,是一次神游昆仑圣地的精神长旅。

二

穆天子在西游行程中,以"予一人"最高王者的身份进行了祭祀、安抚和植树活动。

用璧玉、牛马豕羊"祭于河宗"。观春山时"铭迹于县圃"，"具蠲齐牲全以禋囗昆仑之丘"进行祭祀。昆仑山东的膜昼族奉祀殷代为先王，为殷人主祭；经过赤乌氏境地，认为赤乌氏先祖出自周宗室，视之为"周室主"，赐予墨乘车、黄金、珠贝等物；居春山以北的长肱部族被穆王封为"留胥之邦"，为周人主祭；经过西膜黑水，亦视为"周室主"而待之；经过西王母邦附近的玄池，种树竹子于玄池边，并命名为"竹林"；登上昆仑弇山，"而树之槐，眉曰：西王母之山"。种种活动表明，这是穆天子西巡安抚万邦，巡视侯、甸等远近区域政治手段的具体体现，也是一种意在宣示其拥有国家最高权力和全部土地的折射反映，使其所巡视过的地域有"溥天之下，莫非王土"的政治象征意义。

这里就其在玄池"乃树之竹"、在弇山"乃纪丌迹于弇山之石，而树之槐"的种植寓意作一简要分析。

竹子具心虚有节、坚韧挺拔、不畏风霜雨淋和青翠生机的自然属性，在中国传统文化中，与松、柏一起号为"岁寒三友"，又和梅兰菊称为"四君子"，赋予人的灵性。在古代有些巫师、占验家眼中，竹子被视为是沟通天地的法器。一些部落族群把竹子作为图腾来崇拜，甚至视作祖先崇拜、图腾崇拜、生殖崇拜以及自然神灵崇拜的符号或象征物。《华阳国志·南中志》、《后汉书·西南夷传》叙述西南夜郎国的由来和源起时，引用"竹生夜郎侯"的古老神话构建夜郎国早期的发展历史。后来，汉朝使者来到夜郎国。其国君一句"汉孰与我大"的问话，使"夜郎自大"这则成语风靡于国人的日常生活中，通过这个成语人们都知道在汉代西南时有个小政权叫夜郎国。汉武帝时夜郎国主归顺，于此设置牂牁郡，纳入汉朝版图。唐代的司马贞作《史记索隐》时，仍旧沿袭这个古老的神话传说，解释夜郎国"君长本出于竹，以竹为姓也"来历，"竹崇拜"成为夜郎国的文化标志。穆天子植竹于昆仑山中玄池边，试图借助竹子旺盛的生命力和生殖力，表达治下所有部族和属民安宁昌盛、繁荣和谐的意愿，更有作为最高的、正统的"予一人"，表达其君权神授的神圣性，对所巡视地域拥有的最高宗主权。

昆仑山生竹子。《吕览·仲夏纪》载："昔，黄帝令伶伦作为律。伶伦自大夏之西，乃之阮隃之阴，取竹于嶰懈溪之谷，以生空窍厚均者，断两节间，其长三寸九分而吹之，以为黄钟之宫，吹曰舍少。次制十二筒，以之阮喻之下，听凤凰之鸣，以别十二律。其雄鸣为六，雌鸣亦六，以比黄钟之宫，适合。黄钟之宫皆可以生之。故曰黄钟之宫，律吕志本。"此处所谓"嶰谷"，在昆仑山北。黄帝派乐官伦专门到昆仑山采撷"三寸九分"长的两节竹子，制成律管吹律，以测定天时、确定长度，用来度量。"量者，龠、合、升、斗、斛也，所以量多少也。本起于黄钟之龠，用度审数其容。"竹管芯是空的，一尺长的竹管作容积，即为度量之量。"权者，铢、两、斤、钧、石也，所以称物平施，知轻重也。本起于黄钟之重，一龠容纳千二百黍，重十二铢，两之为两。二十四铢为两"【19】遂以"黄钟之龠"为基点，斤、均和石的权衡单位得以建立。

这里特意说明制定律的竹管取自昆仑山懈谷，自有其深意。人类对于自身生存状态的共同心理是恐惧死亡而期盼长生，为了追求生命的无限延长而设法探寻不死之术，而"昆仑的全部事物笼罩在不死观念的下面"【20】。昆仑山是国人心目中最为神圣而崇高的圣山，从这里生长出来的一石一木都是长生不老之物，凡间俗人一旦服食，便可永生不死，与天地同寿。昆仑山还是天帝即黄帝在地上凡间的行宫，众神居住的乐园。黄帝被后世纳入古史系统后居五帝之首，向来被描画成理想的圣王贤君，是历代帝王所尊奉的人文初祖。穆天子西游时，专程拜谒过昆仑山上的"黄帝之宫"，一方面对"能成命百物"、"西方上帝"黄帝表达怀念尊崇之情，承借先圣英灵之气，种竹子于玄池边，颇具神圣和正统意味；另一方面希望亲手种植的竹子能够汲取昆仑圣山的精气、灵气和正气。孕育生长成天地间的菁华竹林，以祈求自己长生不老，永享人间荣华富贵。

穆天子在昆仑山上手植槐树，更有深刻的政治与文化的象征意义。

槐树属根深叶茂的乔木，中国各地广泛种植。在中国传统文化中排在松、柏之后的第三位。槐者，怀也，修德以怀远人之政治意义。"槐有怀来远人之功能，其实包蕴一种巫术企图。一方面槐树高大翁郁，有招凤集鸟之特性，于是可以借其招远人；另一方面槐树树龄长久，像三公之年长德厚，所以'三公面三槐'成为一种政治象征"【21】"。穆天子是借助种植槐树形式来宣告自己统辖土地所有权的，使远方之人对周王有政治归属感和文化认同感，突出"溥天之下，莫非王土"最高统治者的权力的信仰意识。这是一种"为走向一统的文化权力话语提供神拳政治的空间证明。通过对各地山神祭祀权的局部认识和把握，达到对普天之下的远近山河实施一种法术性的全面控制"而服务于政治功利目的文化象征【22】。槐树之树龄很长，相对于人生命的短暂而言是长青之树、不死之树，自然产生崇拜心理，深深影响了中国人的文化心理。《周礼·秋官》载："面三槐，三公位焉"，周代宫廷外种有三棵槐树，三公朝见天子时，站在槐树下面。三公指太师、太傅、太保三种最高官职的合称。后来之人用槐树比喻位列高官的三公，成为三公宰辅官位的象征。槐树适宜栽植于门旁，达官显贵们植槐于门旁，名为"槐门"，象征做臣子的有怀柔百姓、奉仕帝王为官道德和能力。一些欲博得功名的人家在门前、院中栽植槐树，有祈望子孙后人位列三公之意。一旦官高位贵，自然显达富贵，民间就有了"门前一棵槐，财源滚滚来"的俗谚。

槐，还有望怀之意。今山西洪洞县大槐树，就是一棵最为著名的"望怀"之树。明初实行"移民实边"政策，朝廷有组织地把山西、陕西、江苏、安徽等地的汉人农户，大量迁居到西北地区。相传来自四面八方的人们先集中在洪洞县大槐树下等待移徙命令，然后举家去往异地他乡，大槐树成为移民的"集散地"。留恋故土的移民，多采集大槐树的种子、枝条种植到新家。久而久之，后人每当谈起自己的祖籍老家时，只有"洪洞大槐树"的模糊记忆，大槐树也就成了祖先根基、籍贯所在，是梦牵魂绕的精神故土。直到现在，和河南河北、山东、东北各地一样，青海民间仍然流传着"问我老家在何处，山西洪洞大槐树"的民谣。这是穆天子植槐即寓意怀远人来归、官吏们关怀平民百姓的政治意象直接衍生的结果，槐树成了"怀远人"、"怀柔黎庶"、"怀念故土"的著名文化树种。

三

穆天子一路西巡的区域，根据周人"五服制"，是最远的外围行政区划，即所谓"荒服"，正如《山海经》五方空间模式里的"大荒"一样，在中原人们观念中，是一个无法想象的、遥远的、生疏的茫茫荒原。杨雄在《法言·孝至》中认为"龙堆以西，大漠以北，鸟夷兽夷，郡劳王师，汉家不为也"。汉家不为的地方，就是中原王朝之王化思想难以传达到的地方，如同唐代诗人屈同仙《燕歌行》吟"河塞东西万余里，地与京华不相似"、杜甫《兵车行》吟"君不见青海头，古来白骨无人收"想象一样，是亘古以来的荒芜之地，人们想当然地看作十分僻远而艰苦的地理空间。如此，穆天子一行所走之路绝不是畅通无阻的阳关大道，而是充满了艰辛的漫漫修远之路，势必饱受风餐露宿之苦。所幸的是穆天子一行似乎早已有了心理和物质准备，天子体恤扈从者，"天子以寒之故，命王属休"，曾经两次"大飨正公诸侯王吏七萃之士"。将士亦爱戴天子，出现"天子渴于衍中，高奔戎为天子刺其左骖之颈，取其清血以饮天子。天子美之，乃赐奔戎佩玉一只。奔戎再拜稽首"的感人场景。天子还体念从行将士之苦，以佩玉表其真心，互诉真情，和睦同心。如此这般上下和睦，在行经途中君臣上下戮力齐心，顺利抵达目的地，登上了常人难以到达的昆仑之丘。穆天子一路西巡、寻梦西方，淡化杀伐战争气氛、实施以和为贵方略，致使巡视方邦自愿以"觞"、"献"方式归顺，所表现出的不畏艰难、同舟共济的精神，以礼待诚、和睦方邦所彰显的德治与礼治魅力，深深积淀于民族传统文化之中，并在时代向前发展的潮流中赋予和融入新的内容而不断焕发出新的活力。

周穆王是周朝的第五位帝王，也是中国古代历史上最富于传奇色彩的帝王之一。穆天子远行西巡，与西王母瑶池相会，是继后羿以来到达昆仑仙境见到女神西王母的第二人。尧之时，十日并出，英雄后羿射掉天上同时蹦出的九个太阳，救万民于倒悬，使万物重返生机。为了长生不老，他特地向西王母求来不死之仙药。不料被妻子嫦娥偷吃，飘飘然离开丈夫飞奔月宫而去，结果这对恩爱夫妻分离，留下永恒遗憾。是为"嫦娥奔月"的神话故事。穆天子一路向西，在从造父取八骏出发、取群山宝玉、到弁山纪其事和植槐等数十个大小情节累计叠加而成的整体性故事中，和后羿一样，一路上追寻得到了长生不老永生不死之灵物，也在瑶池拜会了西王母。但和后羿所不同的是，"予一人"穆天子，是以唯天所命的正统与神圣踏上西巡之路，获取了能够沟通天地神灵的宝石美玉和其他宝物，借昆仑山的灵气、神气种竹植槐，达到了和睦巡视西部方国的政治目的，宣示了对这些西部方邦部族拥有统治的最高权力职能。而在长途跋涉中始终没有离开"昆仑"二字。古代中国人把国家和自己居住的地称为"中国"、"中土"、"中原",但视昆仑为世界中心的观念一直不变:

《河图括地象》云:"地中央曰昆仑"。

《淮南子·天文训》曰:"昆仑者,地之中也"。

《淮南子·墜形训》中又说:"昆仑之丘……盖天地之中也"。

《十洲记》更确信昆仑"此乃天地之根纽,万度之纲柄矣。"

昆仑山是华夏民族共同向往的"龙祖之脉",在古人心目中是一个位于天下之中、天地之中,由神、巫、昆仑(帝之下都)、黄河之源以及有着长生不老永生不死仙物所组成的仙乡,是中国人集体无意识中"赫赫我祖,来自昆仑"的崇高精神圣地。神话中的"昆仑"高不可攀登,大不可丈量,"其光熊熊,其气魂魂",因其现实的超自然性和信仰的真实性特点【23】,成为历代凡间的天子、文人、方士各色人等可羡的仙乡、追慕的仙境。穆天子十分幸运地登上了一般凡间世人可望不可即的天下圣山,在他眼中,昆仑山不仅神圣,而且富饶:可看可观的,昆仑山的部分状貌得到较为清晰地展现。如昆仑丘北的春山之上,分布着悬圃,悬圃风景美而雅:清水出泉,温和无风;百兽之所聚,飞鸟之所栖,有赤豹白虎、白鷮青雕等奇鸟异兽,有不畏雪霜的"孳木华"。如此神圣之所和神奇至物,惟存在于天上人间之中心昆仑,使昆仑的神圣性与神秘性因有了穆天子的亲身经历而得以增强。而言及昆仑与昆仑山,与居住在昆仑瑶池的西王母断难分开。

西王母是中国传统文化中的"千面女神"。最早出现于《山海经》的西王母形象,形貌特征只有"蓬发"、"梯几戴胜"、"虎齿"、"豹尾"、"善啸"、"穴居"几个关键词描述,她头发蓬松,有老虎般的利齿,拖着豹子似的尾巴装饰,主管瘟疫刑杀,形象狰狞可怖。至《汉武帝内传》,西王母形象由丑而美、由老变少、由野而文,变为年龄约三十、容貌绝世的女神。其华丽转身的关键一环,则与《穆天子传》中瑶池之会密切关联。在《穆天子传》中,西王母已经褪去了凶神恶煞般的模样,变成了出身帝胄且雍容脱俗的贵妇人,与穆天子相互赋诗歌咏,似是人世间一位多愁善感、颇有情才而又情意绵绵的女王。后世的西王母神话传说和周穆王西巡事迹联系起来,把二人瑶池相会的故事加以扩充广为流传,使西王母的形象逐渐完善而丰满起来,趋于人格化、神圣化和传说故事化。再到后来,西王母被道教吸纳为最受尊奉的"女仙之首",专司天界盛宴邀请各路神仙之职,在人间掌管婚姻和生儿育女之事,转为人形化的吉神、"文采鲜明,光仪淑穆"的天界女神。这一系列故事的衍生和持续发展,不能不归结于穆天子的西巡事迹和《穆天子传》记载的功劳。

而当我们从现代地理学的视角考证,或从中华文化多元合流的文化渊源联系来解读"瑶池仙会"的地缘文化意义时,西王母与青海历史文化有着不可分割的关联性。

第一,从青海湖周围一直到柴达木盆地南沿的昆仑山中段,包括现在青海省版图的大部分地区，为昆仑神话发生和衍化的核心地带。西王母神话传说植根于古羌人母系氏族文化思维土壤中，并与母系氏族文化精神紧密相连，她身上所展现的"司天历及五残"、"手操不死之药"等，不仅讲述了女神自身的故事，也讲述着人与女神的关系，进而讲述人与自然在精神上的不可分离性。对女性的敬重崇拜、对生命力量的礼赞，是中国人最为突出的思维特点，无疑也是人类审美意识萌发的温床。先民创造的神话并不是历史的本身，但却是"是历史上突出的片段的记录"，抑或是历史的影子或者是神化的历史。许多学者根据青海大通出土的舞蹈纹彩陶盆上的舞者图案等考古资料，结合《山海经》、《汉书》、《后汉书》、《论衡》、《晋书》、《十六国春秋》等不同的典籍文献记载，考察长期流传在环青海湖地区"赤修洁媄"（藏语意思是"万户消失的女神王"）藏族神话，勘探据说是西王母居住过的"石室"一直受到当地百姓保护和崇拜信仰这"三重"证据，力证昆仑神话、历史上西王母国与青海文化的关联。神话中的西王母是一个"虎齿豹尾、蓬发戴胜、善啸穴居"形象，其文化意义和神格特征，赵宗福博士从文化人类学和民俗文化学分析认为，这样的形象只不过是原始社会时期某些特殊人物在特定语境中的表演形式而已。按此思路，神话西王母的原型是古羌人部落的女酋长兼大巫师。她的骇人外形实际上描绘的是作为部落女首领兼大巫师身份在某些神圣活动中的装扮；"穴居"指原居住于山洞，被后人美化为"西王母石室"。据文献记载，早在汉代，中原普遍闻知今青海湖附近有西王母石室。四世纪中叶前凉政权在西王母石室修建西王母祠；五世纪初北凉主沮渠蒙逊率兵入青海，亲自拜祀西王母寺，还命中书侍郎张穆写了一篇西王母文赋勒铭之于寺前。今青海湟源县日月山中有硕大的洞穴，被热心于地方文化研究者指证为"西王母石室"。

其二，昆仑神话与青海历史的相关，与青海历史上曾有"西王母国"的存在史实分不开。《尚书·禹贡》中有"织皮昆仑、析支，西戎即叙。"这些古羌部落大致分布在今以青海湖为中心的青海境内，学者们认为，此处"昆仑"谓"西王母之邦"或"西王母国"。对《穆天子传》持"史书说"学者们认为，穆天子西巡封禅昆仑、在西王母国访问西王母就是一段被神话化了的富有传奇色彩的历史。但那些年代久远的先秦许多文献流传于后世时，所载西部和青海史实阙如，又不了解西部等种种客观原因，多不载于后代史籍，造成文献澌灭、杞宋无征状况，遗留下在流传中讹误频出而难以廓清的缺憾。原本为西北古羌女王的西王母，随着商周以降古羌人的东进，将其先祖故事传入中原，并加以神话化了。环湖草原一直是古羌人部落游牧生息的家园，西汉帝国开疆拓土势力扩及青海湖草原，于汉平帝元始四年（公元4年）设立西海郡，郡治在今海晏县。满足了整个汉朝"四海一统"河清海晏的统治心理，《论衡·恢国篇》曰："汉遂得西王母石室，因为西海郡……西王母国在绝极之外，而汉属之"。王莽篡政后特意在郡治凿了一尊硕大的花岗岩质虎符石匮，石匮顶端蹲卧一只老虎，其象征意义在于，环湖地区曾经是西王母国，西王母最初形象是"虎齿"，故而西王母之虎成了镇守汉朝西疆的圣兽，以冀希西疆安宁无虞。藏族神话中"赤修洁媄"女王，许多国内外学者认为是西王母的原型【24】。进而言之，倘若说西王母国在青海远古时期曾经存在过，那么以西王母为主要神格的昆仑神话生成于青海，也是不争事实。

周穆王西巡，尽管存在着历史与想象杂糅一起的状况，但究其实质，还是有着"历史投影于神话，神话反映于历史"之感【25】。后世人们对其西行路线、地点有不同解释，见仁见智，疑信不一，但从先秦秦汉以来多部中国著名史籍都有记载来看，历史上的周穆王驾马西巡的壮举确有史实可证。穆天子沿"玉石之路"巡视侯甸方邦、寻梦"河出昆仑"获得大批宝玉、种竹植槐于神圣昆仑山，宣示了"予一人"最高统治的正统性和承接天命的合法性。穆天子与西王母的瑶池相会，使昆仑山的神圣性在世人心目中得到升华，其神秘性随之得以强化；西王母形象一再被美化，其神格功能被放大和神化，而且这位被人们无比崇拜的西方女神与青海的历史文化有着密不可分的联系。总之，穆天子西巡事迹，与西部中国尤其与青海高原的地缘关系上，有着多重文化象征意义。

参考文献：

【1】本文所引《穆天子》原文，由晋代郭璞注，上海古籍出版社. 1990 年据明代《正统道藏》6 卷本之影印本，凡不注明出处者，皆引自该书，不再一一注明。

【2】王洪涛：《<穆天子传)性质研究综述》。《社科纵横》2002 年第 4 期。

【3】岑仲勉：《（穆天子传）西征地理概测》，《中山大学学报》（社会科学版），1957 年第 2 期。

【4】杨宽：《西周史》，上海人民出版社，1999 年，第 604—619 页。

【5】（日）白川静著、袁林译：《两周史略》，三秦出版社，1992 年，第 61—67 页。

【6】夏鼐：（青海西宁出土的波斯萨珊朝银币），《考古学报》，1958 年第 1 期。

【7】王北辰：《古代居延道路》，《历史研究》。1980 年第 3 期。

【8】陈国生：《论（穆天子传）所记的先秦民族地理学文献价值》，《贵州民族研究》，1999 年第 2 期。

【9】嘉禾岑仲勉先生释为稷属，稷是粟的别称。参见所著《<穆天子传>西征地理概测》，《中山大学学报》（社会科学版），1957 年第 2 期。

【10】侯石柱：《卡若人从黄河走来》，《中国西藏》（汉文版），2001 年第 1 期。

【11】许新国：《史前史的青海》，青海人民出版社，2005 年。第 12—13 页。

【12】《初学记》卷 27（草部·粟）。

【13】王洪涛：《（穆天子传）性质研究》，《社科纵横》，2002 年第 4 期。

【14】杨伯达：《巫玉之光——中国史前玉文化论考》，上海古籍出版社，2005 年，第 198 页。

【15】杨伯达：《中国古代玉器面面观》，《故宫博物院院刊》，1989 年第 1 期。

【16】张光直：《殷周关系的再检讨》，《中国青铜时代》，三联书店，1983 年，第 105 页。

【17】赵宗福：《昆仑神话》，青海人民出版社，2005年，第83页。

【18】姜亮夫：《楚辞今译讲录》，云南人民出版社，2002年，第29、175页。

【19】《汉书·律历志》。

【20】顾颉刚：《山海经中的昆仑区》，《中国社会科学》，1982年第2期。

【21】纪永贵：《槐树意象的文学象征》，《东方文学》，2004年第3期。

【22】叶舒宪等：《山海经的文化寻踪——"想象地理学"与东西文化碰撞》（上），湖北人民出版社，2004年。第52页。

【23】陈连山：《论古代昆仑神话的真实性——古人为什么要探索昆仑的地理位置》，《广西师范大学学报》（哲学社会科学版），2011年第4期。

【24】赵宗福：《昆仑神话》，青海人民出版社，2005年，第99页

【25】王孝廉：《王权交替与神话转换》，《民间文学论坛》。1998年第3期。

原载《中国民俗学集刊》2014年第2期

创世、救赎与通约性
——"宝卷流"民间宗教中的西王母

刘永红

内容摘要：在民间宗教宝卷中，以西王母为主题的宝卷数量较多。以明代《护国威灵西王母宝卷》为中心，分析了西王母在宗教宝卷中创世、救赎、渡劫等神格和文化功能。与观音菩萨等女神不同，宝卷中西王母与无生老母等"母性"女神具有通约性，主要建立在相同或相似的神格和文化功能上。

关键词：西王母，神格，通约性，宗教宝卷，民间宗教

宝卷是元末明初产生的集信仰、教化和娱乐为一体的民间讲唱与信仰活动的底本。宝卷发展分为早期佛教宝卷、中期民间宗教宝卷和后期故事宝卷三个历史发展时期。自明代正德年间罗教创始人罗梦鸿创立无为教的"五部六册"后，明清以来流传于中国各地的民间宗教组织以此为蓝本，纷纷创制了自己教派的宝卷。这些教派的宝卷汲取了中国传统文化中的神话、儒释道以及民间宗教的文化资源，在此基础上将自己的宗教思想融入其中，形成了目前所见的千数种宝卷。本文将讨论宗教宝卷中的西王母创世、救赎、渡劫等多种神格，不同的神格与文化功能形成了宝卷中西王母形象的通约性。

一、以西王母为中心的宗教宝卷

在明清宝卷中，多见以中国传统文化中的女神为中心编创的宝卷。明清民间宗教将中国不同历史年代形成的多种女神信仰纳入宝卷中，这些女神包括西王母、观音菩萨、泰山娘娘以及在不同地域所崇拜的女神，如西北的金花娘娘、不同地域的十二老姆等。这些女神信仰有些出自于中国古代神话，有些出自于民间信仰和传说。西王母作为中国古代神话中的主要女神，在明清宝卷中民间宗教家作为重要的文化资源，加以利用和重新书写，使之成为宝卷中重要的神灵之一。在明清宝卷中，以西王母为主题，并以西王母为题目编创的宝卷有以下几部：一是目前所见最早的《护国威灵西王母宝卷》，二卷二十四品，为明朝刘香山所编西大乘教宝卷，又名《西王母诸仙庆贺蟠桃宝卷》。这部宝卷在本文第二部

分将进一步讨论。二是近年在甘肃西王母圣地泾川发现《王母经》三卷，清代咸丰四年（1854）甲寅岁木刻版本。这部经和《玉皇经》三卷合为一部完整的经文，全称《玉皇王母救劫保生真经》，共8000字，其中《王母消劫救世真经》4100字。经文内容为玉皇王母代言，和泾川回山供奉的东王公、西王母偶像吻合。美国学者欧大年所藏《玉皇王母救劫经》，清光绪二十六年（1900年）一洞天聚贤堂刊本（一册），与泾川《王母消劫救世真经》为同一宝卷。值得注意的是，甘肃泾川是国内著名的西王母圣地，该地有浓厚的西王母信仰，西王母祭祀仪式与文化景观群规模相当大，泾川《王母经》的文化背景无疑与当地西王母信仰有关。

　　[1]第三部是在广西魔公教中，有一部《王母灵宝洞玄经忏全壁》，为魔宫教红坛文教所用经书。此宝卷自先天道承袭而来，宣扬心即是佛，劝人修身，广惜福田，以免受三灾八难之苦。只有勤恳修持，才能出苦还乡，了脱生死，富贵绵绵。[2]第四部是笔者在洮岷地区调查宝卷时新发现的手抄本宝卷《西王母度吴越消灾解厄真经》，宝卷为20世纪80年代所抄写。宝卷抄写所凭的蓝本不明。这部宝卷的功能主要为民间宗教仪式中消灾、解结、施食等仪式中使用的科仪文本。《西王母度吴越消灾解厄真经》的开卷前有开经偈七言38句，首句"王母宝卷才展开，诸真仙圣降临来。王母差下白鹤仙，声声号令催钱件……"这部宝卷简称为《王母宝卷》。这部宝卷相对较短，但符合宝卷的形制，是一部完整的宝卷。宝卷中没有对西王母神格、形象的描述，文本主要的功能是以西王母的神性来渡劫、解厄。

　　除此之外，在青海东部河湟地区、甘肃临夏、洮岷地区还存在着《王母经》《王母新诗论》和《王母降下佛坛经》等宝卷，这些宝卷为当地民间宗教组织"嘛呢会"所用，形制较为短小，可能是西王母有关的长篇宝卷中脱落下来的片段。青海的上述三部宝卷有可能是同善社等组织留下来的，同善社是清道光年后青莲教分化后的组织，青莲教和同善社都有以王母为尊神的信仰。新中国成立后同善社、清茶会、慈善堂、大乘会、清斋门等宗教教派组织都被取缔，而在青海东部地区以女性为主体的嘛呢会成为一种承担当地民俗宗教活动的组织，传承了这些宝卷和西王母信仰。[3]

　　台湾有关西王母的宝卷起源较迟。台湾王母信仰从花莲传播到台湾省各地，从乩坛扩散到鸾堂，常利用降鸾的经忏来宣扬王母的神圣使命，通过扶鸾来编创鸾书（宝卷）。鸾书是在扶鸾的过程中产生的宗教文本，学界一般把这种文本也归入宝卷中。如1961年花莲法华山慈惠堂由正鸾生罗卧云扶鸾著作《瑶池金母普救坤道血盆真经》，加入佛教或道教的血盆会内容来超度地域的女魂，发展出以母娘为核心的宗教体系；1976年台北慈惠堂扶鸾著作的《瑶池金母普度救世六提明心经》与《瑶池金母普度救世六提明心宝忏》；1978

①　刘永红：《后神话时期的西王母信仰——以民间宝卷为中心》，《民俗学集刊》，第二集，中国社会科学出版社，2014年。

②　濮文起主编：《中国民间秘密宗教辞典》，四川辞书出版社，1996年版，第312—313页。

③　参见拙文《明清宝卷中的西王母形象与信仰》，《青海社会科学》，2012第5期。

年中台慈惠堂扶鸾著作《万法宝忏》三卷等以王母来统领率领天界佛教与道教的各种神尊仙佛，降鸾人间来普度收圆。胜安宫也有经由扶鸾而著作的经忏，如《虚空会上王母养正真经》、《虚空无极天上王母娘娘消劫行化宝忏》、《虚空无极天上王母娘娘消劫救世宝忏》等。①

近五十年慈惠堂就出现了三十八部鸾书。其中最重要的是"经忏类"的七部：杜尔瞻扶鸾《瑶池老母普度收圆定慧解脱真经》；罗卧云扶鸾《无极瑶池金母普救坤道血盆真经》、《瑶池金母消劫救世宝忏》；未着撰写者的《万法宝忏》；潘名冠扶鸾《无极瑶池老母六提明心经》、《无极瑶池老母六提明心宝忏》；陈文宪扶鸾《无极瑶池金母普度收圆瑶命皈盘真经》。其中《无极瑶池老母十六部金丹》是北部觉修宫的鸾生杜尔瞻于1950年在台北余庆堂扶乩编创的，最广为人知的是该经的第七部《瑶池老母普度收圆定慧解脱真经》，这部经典由慈惠堂开堂元老简丁木等人北上至乐善坛经刘陪忠取得，并将经名改为《瑶池金母普度收圆定慧解脱真经》，后流通全省慈惠堂，从此这部经文成为慈惠堂的唯一一母经。②

在明清"宝卷流"民间宗教中，许多女神作为文化资源，被民间各教派作为重要神灵，围绕这些神灵编创了许多宝卷。在这些女神为主题的宝卷中，目前所见最多的是观音菩萨。以观音菩萨为中心编创的宝卷，车锡伦《宝卷总目》中检录有《香山宝卷》《观音送子宝卷》《观音大士游十殿阴阳善恶报应人心宝卷》《观音得道宝卷》《观音开卷偈文宝卷》《观音济度本愿真经》(《香山宝卷》的异文本)《观音家堂化身宝卷》《观音经》《观音十叹宝卷》《观音释宗日北斗南经》《观音十二圆觉》《观音游殿宝卷》等。③实际上观音宝卷并不限于此。在笔者对甘肃洮岷地区的调查中，就发现以观音菩萨为主题的宝卷有《灵感观音菩萨宝卷》《观世音菩萨劝善宝卷》《观世音菩萨宝卷》《观音济度本愿真经》《佛说观音菩萨妙法莲花》《南无观音菩萨莲花宝卷》《灵应观世音菩萨妙法莲华经》《妙法莲花菩萨真经》《观音菩萨嘛呢真经》《佛说观音大士救劫仙方》名称各异的宝卷。观音菩萨信仰是佛教传入中国后，在中国本土化形成的最为广泛的民间信仰。无论在历史上还是当下，在中国大地上可谓"处处观世音，句句弥托佛"。这一信仰对中国民间社会形成了深远的影响。在"宝卷流民间宗教"中也不例外。在女神为中心书写的宝卷中，粗略统计西王母宝卷的数量占第二位。如果我们把20世纪60年代西王母复兴时期，在扶鸾中产生的较晚的有关西王母的几十种鸾书不算在内，从最早的明代刘香山编撰的《护国佑民西王母宝卷》算起，共计目前笔者所见的有关西王母的宝卷数量也有七部。在宝卷中影响较大的还有泰山娘娘，这一神灵是宝卷的发源地——华北地区重要的女神，在目前所见的宝卷中有三部与泰山娘娘有关。这三部宝

---

① 郑志明《台湾西王母信仰的在地化发展》，《昆仑文化与西王母神话国际学术论坛暨青海湟源昆仑文化周交流材料》，内部资料2010，8，第162页。

② 郑志明《台湾西王母信仰的在地化发展》，《昆仑文化与西王母神话国际学术论坛暨青海湟源昆仑文化周交流材料》，内部资料2010，8，第163页。

③ 参见车锡伦：《中国宝卷总目》，北京燕山出版社，2000年版，第67——71页。

卷是《灵应泰山娘娘宝卷》《泰山圣母源流宝卷》（俗称《五部源流》）《泰山圣母苦海宝卷》，其他女神的宝卷多为一部，如《太姆宝卷》《骊山老母宝卷》等。这说明除了在中国大地上非常盛行的观音信仰外，明清以来的"宝卷流"民间宗教，把西王母作为重要的文化资源，融入了各自教派的宗教思想中，成为明清时期民间宗教和民间信仰的重要内容。观音信仰从源头上讲，还是来自于印度佛教，属于外来文化。西王母作为中国原生文化，从早期的神话，到明清的宗教与信仰中占有重要的地位。

二、《护国佑民西王母宝卷》

（一）《护国佑民西王母宝卷》的历史

以上所述的以西王母为中心编创的宝卷中，我们选取明代《护国威灵西王母宝卷》作为具体个案来分析"宝卷流"民间宗教如何在宝卷中体现西王母的神格的。《护国威灵西王母宝卷》共二卷二十四品，为明朝刘香山所编西大乘教宝卷，又名《西王母诸仙庆贺蟠桃宝卷》。今存清康熙九年（1670）重刊本，四册；清康熙十六年（1677）重刊折本，二册。傅惜华所藏首载崇祯七年（1634）直隶沧州王胤生序旧抄本四册。

《护国威灵西王母宝卷》是明朝西大乘教的重要宝卷。西大乘教是明代一个以北京西郊香山保明寺为活动中心的民间宗教组织。这个宗教组织在明代的民间宗教组织中独树一帜，因受到明代皇室的优渥和后宫皇后公主的资助，其声名显赫。西大乘教的创始祖师是一位尼姑——吕菩萨。（也有学者认为是归圆）这位女僧传说在明代正统十四年（1449年）明英宗御驾亲征瓦刺时，曾"阻驾亲征"。后来英宗遭遇"土木堡之变"，英宗被瓦刺所俘虏，政治上也受到沉重打击。明景泰七年（公元1456年）明英宗乘代宗病重之时，复辟成功，史称"南宫复辟"，重新登上皇位。吕菩萨"阻驾亲征"这件事，就被赋予神圣的意义，所谓天命攸归，包括英宗大难不死、复辟成功，都被视为神灵的特意安排。吕菩萨被明英宗皇帝封为御妹，敕建保明寺，后宫嫔妃和王公大臣都来攀附，西大乘教就完成了华丽的转身。这件事在明代史学家谈迁的《枣林杂俎》中和其他笔记中都有记载，如明代蒋一葵所写的《长安客话》的"皇姑寺"条记载："自平坡东转，望都城平沙数十里。中经黄村，有保明寺，是女道尼焚修处。寺建自吕姑。吕，陕人，云游于此。正统间，驾出御房，姑逆驾谏诅不听。及蒙尘房营，上常恍惚见姑阴相呵护，皆有词说。后复辟念之，封为御妹，建寺赐额，故又称皇姑寺云。自后，凡贵家女缁髡，皆居其中，有寺人司户，人不易入。"[1]因保明寺相当于皇家寺院，吕菩萨被英宗封为御妹，所以也称为"皇姑寺"。西大乘教特别重视从妇女中吸收教徒。明代嘉靖、万历间流传于京畿地区和华北的西大乘教编写了《灵应泰山娘娘宝卷》《十王宝卷》。车锡伦曾专门撰文介绍了《明代西大乘教

---

① 明·蒋一葵：《长安客话》，第三卷。

的＜灵应泰山娘娘宝卷＞》。在《灵应泰山娘娘宝卷》第十一品中，借泰山娘娘之口说：她"缺少行觉宝卷，径送悟空入宅，施法留经，着老长者、董氏夫人施财刊板，留于北京"。这句话才是这部宝卷来源的主要信息。据车锡伦研究，"这个悟空，即《十下宝卷》中的"呐子悟空"。因此可知，这部宝卷同《十王宝卷》《伏魔宝卷》均系这位以僧人（和尚）面目出现、法名悟空的人所作。从宝卷中文本粗疏、地理知识混乱来看，这位作者文化水平不高，应是西大乘教的一般布道人员。"①

《护国佑民西王母宝卷》的刊印时间比上面两部西大乘教的宝卷要晚。在现存的日本早稻田大学泽田瑞穗收藏的版本中，题有"康熙十六年岁次丁巳钟秋八月吉旦"，说明此卷是康熙十六年刊行的。但这只是这部宝卷的重刊本。康熙十六年本是由"原任浙江左布政使诰封贞节夫人汪妙香发心施财重刊"，宝卷刊本刊行后赐给"顺天府保明皇姑寺永顺房二杆领弟子杨妙秀"所用。在康熙十六年西大乘教的顺天保明皇姑寺还存在。顺天保明皇姑寺是明天顺年间所建，"顺天保明"翻转过来就是"明保顺天"，这在明代《东京景物略》中有记载：复辟后，诏封皇姑，建寺赐额曰：顺天保明寺。或曰隐也，如云"顺天保明"焉。②直到康熙十八年寺庙重建，康熙皇帝为该寺题写匾额时，意识到这座寺庙与明朝的关系，避讳"保明"之嫌，将此寺改为"显应寺"。

《护国佑民西王母宝卷》前有一序言，该序言为"大明崇祯甲午岁上浣春吉旦沧庠生振华王胤芳沐手撰"。这说明在明代崇祯年间这部宝卷就已经流行，一位庠生为此部宝卷做了序言。

《护国佑民西王母宝卷》的编创时间不详，应该在明代崇祯以前。值得注意的是，西

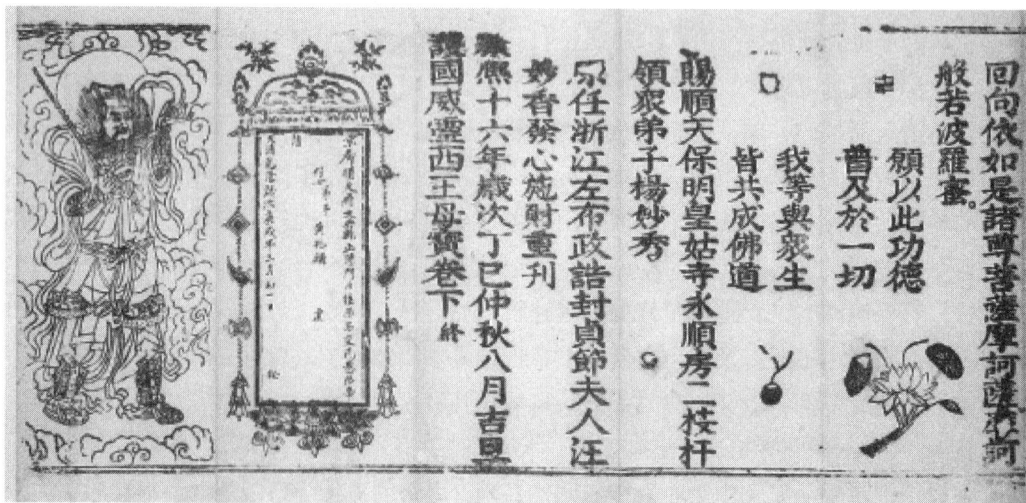

---

① 车锡伦：《明代西大乘教的＜灵应泰山娘娘宝卷＞》，《扬州师范学院学报》，1993年第4期。
② 见《帝京景物略》《皇姑寺》条。

大乘教宝卷中有一部在明清流行的宝卷《护国佑民伏魔宝卷》，简称《伏魔宝卷》。据车锡伦研究认为卷中称"二月三日受关帝启示作此宝卷，丁己年癸卯月（即二月）完成，张、曹、李、卞、张、孙六位善人舍资刊板。此可与《灵应泰山娘娘宝卷》中所述'《伏魔宝卷》老长者（即卷中所述张员外）独自发心，及感合会善人，共舍资财，结果完成'互相印证。他对宝卷中的"丁巳年"考证后认为这本《伏魔宝卷》于万历四十五年二月三日开始写作，当月就完成了。《灵应泰山娘娘宝卷》编创刊印于《伏魔宝卷》之后，按卷中叙述，时间也就在此一、二年间。① 这两部宝卷的名称都冠以"护国佑民"。这是不是巧合呢。车锡伦研究认为"自嘉靖后期，国外倭寇不断侵入沿海一带，烧杀抢掠，国内北方的挞靼、俺答部及东北地区开始崛起的后金，也不断内扰。宝卷中一再宣称的'一统天下，国属大明'，泰山娘娘'护国安民'，也包含了平民朴素的爱国主义思想，这在宝卷中也有直接的反映。"这一爱国思想在《护国佑民伏魔宝卷》中也有所体现。那么同为西大乘教的宝卷《护国佑民西王母宝卷》也可能带这种思想。不过当时的西大乘教"护国佑民"的愿望寄托在泰山娘娘、关羽和西王母这些民众熟知的神灵身上。虽然在历史文献中没有《护国佑民西王母宝卷》的编撰年代，但有一种可能，即有着皇室优沃的西大乘教，在明万历年间左右，处于对当时倭寇入侵，国家危难之时，编创了《护国佑民西王母宝卷》和其他两部宝卷，把拯救国家危难的希望寄托于为民众熟知的神灵身上。

（二）《护国佑民西王母宝卷》的形制和内容

《护国佑民西王母宝卷》宝卷严格遵循明代宗教宝卷的形制，为大经折装，蓝色封面绢装，扉页刻有龙牌和线描神仙图绘。由于《护国佑民西王母宝卷》与《灵应泰山娘娘宝卷》《护国佑民伏魔宝卷》相似，为明清少有的有皇室背景的宝卷，所以刻本装帧精美、大气。这可以从宝卷扉页的刻绘中看得出来。

① 车锡伦：《明代西大乘教的＜灵应泰山娘娘宝卷＞》，《扬州师范学院学报》，1993年第4期。

　　《护国佑民西王母宝卷》的扉页中心刻绘有西王母神像，位居诸神中央，雍容华贵。周边诸多神灵围绕西王母，图像较小，或演奏乐器，或翩翩起舞，或进贡美酒。图绘刻画了西王母救赎地狱中的众生后，各路神仙在蟠桃宴上祝贺西王母的情形。宝卷扉页中的三幅龙牌，是明清宝卷中固定的形制。明清宝卷的龙牌多书写有"皇帝万岁万万岁""皇图永固，帝道遐昌。佛日曾辉，法轮常转"等字样，这个传统在笔者近年来研究的洮岷宝卷的手抄本中还有完整的传承。

　　《护国佑民西王母宝卷》的序言认为西王母是"金枝大仙投生邰基，名曰姜嫄，即高辛帝妃。生前为后稷之母，没后为月殿之母。"这种解释可能是编创者认为西王母的神话不够儒雅，将西王母的形象转换为后稷之母姜嫄，这种将古代神话传说"雅化"的情况在古代比较常见。宝卷严格遵循明代的宗教宝卷形制，在宝卷开卷前有《讽经咒》和《举香赞》。开经偈为七言四句"佛面犹如净满月，亦如千日放光明。圆光普照于四方，喜舍慈悲皆具足。"宝卷从第一品"开坛启教品第一"到"三教收源品第二十四"共二十四品，卷末有回向和题记。在二十四品中每一品都有明代曲牌驻云飞、桂枝香、金字经、浪淘沙等多种曲牌。这些形制都是明代宝卷的基本形制，在明代中期已经固化下来，《护国佑民西王母宝卷》遵循了传统的形制。

　　在《护国佑民西王母宝卷》二十四品中，包括了以下内容：

　　1.诸神之祖。

　　在宝卷开经偈前说："夫闻天仙王母，尊之又尊，上极无上。掌握三界，辖管万灵。执人间祸福之权理，幽冥善恶之事。运寒暑之阴阳，催星辰之变化……"宝卷认为西王母是一位集创世与救世为一身的至圣女神，三教之祖，万民之母，具有至高无上的权威，西王母可以"考察儒、释、道三教"圣人，一一给予封号，凌驾于诸神之上，俨然为众神之王，享有民众的最高崇拜。如在《三教求玄品第三》中西王母给予孔子封号：

> 夫闻三元谢去，三圣人转上，启圣母得知：蒙指示三子迷失，今三人各度他回心，立了名号。
>
> 夫子曰：我化了三千徒众，七十二贤，以兴于世，各尊尧舜之道，习熟周公之礼，有尽程之法，一一贯之，请王母与他挂号。母曰要与他挂号，殿前栽一桂树，筑一高台，名曰折桂……

在《释请施恩品第八》中给予如来标名挂号：

> 如来启问，前圣教特领法，力度的十大弟子五百罗汉五果四向诸天菩萨。即吾眷属启请大法以标名乎？佛言若不标名即有差别。母请如来还国，吾发号牌一道，命三元奏上帝差五老仙人西天赐号，佛言善哉善哉，即还本国，母奏上帝金书敕命西天封号是实么。

王母前面不挂号，谁敢虚空强安名。[①]

在"宝卷流"民间宗教中，创造了一位凌驾于诸神之上的女性大神，这位女神在其他宝卷中多称为"无生老母"。"宝卷流"民间宗教的创始人，特别是著名的无为教教主罗梦鸿，是一位明代有宏大目标的宗教家，他试图将儒、释、道三教融合在一起，创造出一个空前规模的宗教。在儒、释、道的基础上，他创造了一位至高神——无生父母，后来的民间宗教又进一步将这一神灵改造为一位女性大神——无生老母。"宝卷流"民间宗教的几十个分支的宗教思想，可以简单地用一句话来概括"无生老母，真空家乡。""真空家乡"是民间宗教思想中的"天堂"，是神仙和信仰者理想中的聚居之地。《护国佑民西王母宝卷》中西王母的这一神格，完全等同于无生老母的神格。

2. 创世者

在"开坛启教第一品"中说西王母是"万物之祖母也"。同时也赞叹西王母"春夏秋冬四季五应有神通，冷是何人动，热是何人送，水火大交攻。阳借阴行，生出性和命。都是王母一气生。"

在宝卷开经偈后，第一品前的十字句中说：

> 西王母，大天仙，降落凡间。掌祸福，执生死，法力无边。
>
> 辖森罗，并万象，星辰斗拱。诸佛尊，万神敬，代管群仙。
>
> 调阴阳，运水木，滋养五谷。转天干，换地支，水火交参。
>
> 春里生，夏里长，求成结果。冬还藏，包裹了，又是一播。

明清宗教宝卷中的创世者一般为无生老母。在明清一些著名的宝卷如《皇极经》《九莲经》和《龙华经》等宝卷中，无生老母是世界的创造者，是儒、释、道三教祖师的母亲，宇宙和世界的一切都为无生老母所创造。明清民间宗教的目的在于融合儒、释、道三教，将三教融合为一种宏伟的宗教体系。在《护国佑民西王母宝卷》中，创世者为西王母。这是民间宗教汲取了早期神话中的西王母的神格，给西王母重新赋予世界万物的创造者。这一神格，与明清宗教宝卷中无生老母的创世神格保持一致。

---

① 《护国威灵西王母宝卷》，早稻田大学风陵文库，清康熙十六年（1677）重刊折本。

3. 救赎者与渡劫者

明清"宝卷流"民间宗教把宇宙开辟到现世的时间，划分为三个时期，即青阳时期、白阳时期，红阳时期。第一个时期是青阳时期，由燃灯古佛掌教，代表着过去；第二个时期是白阳时期，由释迦佛掌教，代表着现世；第三个时期是红阳时期，由弥勒佛掌教，代表着未来。在这三个时期召开三次龙华会，即龙华初会，龙华二回和龙华三会。民间宗教思想中，西王母（多数宗教宝卷中的无生老母）创造了这个世界。伏羲和女娲经金公和黄婆两位神仙为媒人，匹配夫妻，从此生下来九十六亿皇胎儿女（又称原子、婴儿姹女、佛子、皇胎子、贤良子）——人类，在天堂过着无忧无虑的生活。由于人间没有人烟，世界空虚，无生老母便派婴儿姹女来到人间。婴儿姹女来到人间后，却失去了本性，不仅立刻陷入生老病死之苦和酒色财气之迷，还要受到大自然与各种人为的折磨，历经了一次又一次的劫难。无生老母再也不忍儿女们遭受苦难，大发慈悲，决定派燃灯佛、释迦佛、弥勒佛三位佛祖依次降临人间，把儿女们带回自己身边，永在天堂，不再坠入轮回。但燃灯佛时期即青阳末期，只度回二亿儿女；释迦佛在红阳末期，也只度回二亿儿女，所剩下的九十二亿儿女需由弥勒佛在白阳末期即"三期末劫"度完。届时弥勒佛将在云城（民间宗教教派所说的天堂）降临凡世，召开龙华三会，九十六亿儿女将与老母团聚一堂，"认根归母"。民间教派宗教"三期救劫"的宗教思想还包括"末劫"论，即"世界末日"之说，在"末劫"来临之前，即在最后一期白阳期要普度下到凡尘的 92 亿原人脱离苦海，离却凡尘，来龙华会与娘相见。所以救赎与渡劫是明清"宝卷流"民间宗教的核心思想。在大多数宗教宝卷中，都有连篇累牍的救赎与渡劫的说辞。在西王母相关的宝卷中，亦是如此。在《护国佑民西王母宝卷》中，几乎每一品中，都可见到西王母苦口婆心劝说婴儿姹女回归她的身边：如在"速现二报品第十三"中说：

王母听说不由心酸痛，大地男女与我缘发重。但凡吃斋与他标名姓，谁想众生坐下冤衍病。

我不归凡谁救残零命。欲下幽冥须请玉皇命，普救四生欲把金身证。

在很多段落中，塑造了西王母为红尘儿女"涕泪淋淋"，担惊受怕，坐卧不安的"老母"形象。宝卷中通篇叙事借鉴了产生于元末明初的中国第一部宝卷《目连救母出离地狱生天宝卷》中目连舍身入地狱救母的情节结构，即民间宝卷常见的"游地狱"情节。在十大阎罗掌管的地狱中，王母突破了重重阻拦，救赎了数不清的犯有罪孽、打入地狱的众生："金灯救孤品第二十二"中说：

西王母恩情，皆为诸众生。舍了身和命，无昼夜不停。超度众生灵，离苦归根命。

超度了冤孽众生后，天下诸路神仙都来庆贺，玉皇命摆下蟠桃盛宴，宴请群仙，祝贺王母。这是宝卷另一名称《西王母诸仙庆贺蟠桃宝卷》的来源。以上所论述的西王母创世、救赎、渡劫等形象与神格，都建立在西王母"母神"或始祖母的神格上。赵宗福先生在梳理了历史上不同时期西王母的信仰后，研究认为："由此我们可以推断，'王母'或'西母'起源于始祖母信仰，其最初的神格就是始祖母……因而西王母在最初时，只不过是若干部族中的始祖母神中的一个，但在后来的发展演化中与其他始祖母神互相重叠，或者功能上分化，才演变成一个独特的西王母和王母娘娘信仰系统。"①在宝卷中集中体现出来的是西王母这种"母神"的神格或"始祖母"的形象。

三、西王母与其他女神的通约性

在西王母相关的宝卷中，有一个明显的特点，是西王母与无生老母和其他"母神"的通约性。通约性是指在科学哲学中，可以互相替代的、相似或相同的要素，是描述事物、文化之间的互通性和共同之处。在文化研究中，如果研究的不同对象之间有共同的属性及共性，说明两种文化现象之间就有通约性。在西王母相关的宝卷中，首先我们发现西王母和无生老母之间就有通约性。这在《护国佑民西王母宝卷》"三花聚顶品二十三"中就有表述："夫闻西王母原是无生菩萨（无生老母）化身，常有悲悯之心。多于众生方便，至今昼夜往来时时看望……"说明在此部宝卷的编创者心目中，此卷的西王母便是无生老母。无生老母是明清"宝卷流"民间宗教最高神灵。那么这两位女神是怎样产生了转换的呢？西王母和无生老母的转换，在于二者共有的神格。"无生老母首先是创世主和人类祖先。""每期之末，都要道劫并降，降道度回儿女，降劫收杀恶魔。"②关于无生老母的研究，已经有许多研究成果，在此我们不再赘言。无生老母的神格，有创世神、人类始祖、三教诸祖、救赎者、渡劫者等。在民间宝卷中描述最为细致生动的是对流落尘世的婴儿姹女的救赎。如果我们将无生老母和西王母比较一下，就会发现二者在神格和形象方面相似度非常高。③这一点濮文起在论述无生老母时讲到"无生老母是一位集创世与救世为一身的至圣女神，具有至高无上的权威，它可以'考察儒、释、道三教圣人'（《护国威灵西王母宝卷》）……"这表明研究者在此将无生老母和西王母等同对待。笔者认为："明清西王母具有的创世神与救世神的神格，而人类慈母的形象从西王母远逮汉代就已经有雏形。从民间宗教教派所流传下来的宗教宝卷来看，只有西王母与无生老母互称，而民间宗教教派在创造无生老母的过程中，无疑从明朝以前的传统文化中汲取营养来完善自我的宗教体系和宗教思想，但是传统文化中似乎只有两位具有创世救世神格的女神可作为其文化资源：女娲和西王母。但女娲在所存世的宝卷中，似乎很少提到。那么只有西王母才有这个文化资质来充当民间宗教中的至上女神。比较突兀而出的无生老母的形象，必以传统文化中的某位女性大神为

① 赵宗福：《西王母的始祖神神格考》，《青海神话科学》，2012年第6期。
② 参见濮文起：《中国民间秘密宗教辞典》，四川辞书出版社，328页。
③ 关于明清以来宝卷中西王母的神格和形象的论述，参见拙著《明清宗教宝卷中的西王母形象与信仰》，《青海社会科学》2014年第5期，《后神话时期的西王母——以民间宝卷为中心》，《中国民俗学辑刊》第二集，中国社会科学出版社，2014年。

原型，从西王母汲取形象和信仰，创造出无生老母的形象，是符合民间造神的逻辑的，这也能解释为什么民间教派宝卷中西王母和无生老母经常交替出现。"①正是两位女神具有相似的或者说相同的神格，二者就产生了通约性，在明清"宝卷流"民间宗教中，无生老母和西王母就经常转换，出现在各种宝卷中。

实际上，在明清宗教宝卷中，西王母不仅和西王母有通约性，而且和瑶池老母、瑶池金母、地母、骊山老母、姜嫄等产生了通约性。其中瑶池老母和瑶池金母本是西王母在道教化以后产生的称呼，这是西王母在历史中传承和转化的结果。西王母和其他的具有"母神"神格的女神产生通约性，也在于如地母、骊山老母（如《地母经》《骊山老母宝卷》等）等宝卷中的神格和形象与无生老母以及西王母相似，都产生通约性的条件，即她们和上面所述的神格和文化功能是相似的或相同的。

在明清宝卷中，还有一类女神，如观音菩萨、泰山娘娘、金花仙姑等，与这些女神相关的宝卷有多部，但这些女神与前面一类具有"母神"神格的女神无生老母、西王母等没有任何转化的情况。在明清宗教宝卷中，这些女神与其他宝卷中的一类女神并没有产生通约性。如果分析以观音菩萨、泰山娘娘等神灵为中心的宝卷，我们就会发现，这些宝卷中多有生活化的叙事，如观音菩萨的妙善公主传说，泰山娘娘的千花公主传说，这些传说的共同点是，以人的生活向神的向度逐渐变化。这些女神身上没有前面所述那些"母神"的创世等神格。这是无法与这些"母神"产生通约性的原因之一。另外在多种《观音宝卷》和《泰山娘娘宝卷》中，这些女神确有救赎和渡劫的神格，但这些神格中体现出来的女神形象是"卡里马斯"式的形象，这种形象在叙事中只是在故事主人公出现危难时，女神作为救赎者或救渡者参与主人公修行成道或生活危机的解决，而不是像无生老母、西王母等女神那样具有普遍意义的救渡。从这一点来说，二者的救赎或渡劫的文化功能指涉也不一致，因此，这一类女神与西王母等没有通约性。

无生老母和西王母以及其他具有"母神"神格的女神，由于在神格和文化功能上有相似或相同的特点，因此在明清宗教宝卷中产生了通约性，这一点应该是清晰的。那么作为明清"宝卷流"民间宗教创造出来的无生老母，和西王母这样一位在古代神话、道教、民间宗教中具有很大影响力的女神有怎样的关系，互相产生了怎样的影响，尚需进一步深入研究。

---

① 参见拙著《明清宗教宝卷中的西王母形象与信仰》，《青海社会科学》2014年第5期。

昆仑神话与西王母考论

陈虎　任长义

有关昆仑神话，在战国时期我国的文献典籍中就屡有记载，秦汉以后记载渐多，尤其是在笔记小说和地志野史中更是蔚为大观，逐渐形成了颇为系统的神话学体系，流风所及并影响到东亚和东南亚各地，成为对世界文化发展产生重大影响的一个重要的神话体系。

一、关于西王母的神话传说

昆仑神话的主题有二：一是来自远古的山岳崇拜；二是有关西王母的神话与传说。而关于对西王母的崇拜，我们又可以将之归纳为古老的女神崇拜。女性崇拜起源于原始社会的母系氏族社会时期，这种状况与当时社会生产力十分低下，人类在攫取式生活方式条件下，妇女在社会生活中占据主要地位的社会状况密切相关的。通过民俗学调查的材料，

我们可以找到许多有关母系氏族社会的素材，考古学的成果也同样证明了这一点。有关原始女性崇拜的考古发掘也不断出现，考古工作者曾经在我国辽宁省位于辽西平原的喀左县属于红山文化的遗址中，发现有一尊女神塑像，这说明在我国有关女性——女神崇拜的历史是相当久远的。当然，这很难与有关西王母的崇拜直接挂起钩来。因为，虽然据有的学者研究，有关西王母的神话传说起源很早，但从红山文化到西王母之间，很难找到中间环节。同时，十几年前我在做硕士毕业论文时曾注意到在殷商时期的甲骨文中有这样几则材料："乙丑卜，亘贞，翌贞，燎于东母三豕。"（1）"壬申卜，贞，侑于东母西母，若。"（2）"……贞，燎于东母九牛。"（3）"贞，于西母酒豕。"（4）但一方面目前学术界对东西母的解释存在着很大的分歧：有人认为是指日月之神（5）；有人认为可能是司职太阳出入的女性神（6）；有人认为是商朝人心目中的职司生命之神，殆由他们的先妣演化而来并分别职司四方的神（7）；还有人认为就是《山海经》中所记载神话传说中殷人高祖帝喾的两个妃子——羲与常羲（8）。总起来说是属于殷商时期女性祖先崇拜的一部分；另一方面一直到春秋以前再也不见于文字记载和考古文物之中。总之，很难与有关西王母的神话传说密切联系起来。有关西王母传说最早的记载当是在《山海经》中，据学者考证，《山海经》的成书年代大体上在春秋末期到汉初，且《山经》的成书又早于《海经》及其他部分：

据统计,在《山海经》中有关西王母神话传说的记载一共出现了三次,其大致情形是这样的:"又西北三百五十里,曰玉山,是西王母所居也。西王母其状如人,豹尾虎齿而善啸,蓬发戴胜,是司天之厉及五残。"(9)王母梯几而戴胜杖,其南有三青鸟,为西王母取食。在昆仑虚北。"(10)海之南,流沙之滨,赤水之后,黑水之前,有大山,名曰昆仑之丘。有神——人面虎神,有文有尾,皆白——处之。其下有弱水之渊环之,其外有炎火之山,投物辄然。有人,戴胜,虎齿,有豹尾,穴处,名曰西王母。此山万物尽有。"(11)这里的西王母是一位司职瘟疫和刑惩的大神。其原型又是什么呢?

  据许多学者考证,她很可能是生活在古代我国西部地区、尚处于母系氏族社会阶段的一位著名的女性氏族首领,这一女性氏族首领所在的部落或部落联盟很可能是以"虎"或"豿"或"熊"作为图腾的,她在日常生活中很可能是经常戴着作为其部落或部落联盟标志的图腾的。由于年代历经久远,时空的间隔,古人在辗转传述他们祖先的历史的过程中,已经不能了解这些图腾所代表的象征意义了,于是被越传越玄,并最终被神话化了。这种情况也可以在其他的历史文献记载中找到佐证,如《史记》中就这样记载:"轩辕之时,神农氏世衰。诸侯相侵伐,暴虐百姓,而神农氏弗能征。于是轩辕乃习用干戈,以征不享,诸侯咸来宾从。而蚩尤最为暴,莫能伐。炎帝欲侵陵诸侯,诸侯咸归轩辕。轩辕乃修德振兵,治五气,艺五种,抚万民,度四方,教熊罴貔貅貙虎,以与炎帝战于阪泉之野。三战,然后得其志。"(12)其中提到的这些野兽如"熊"、"虎"等是不可能作为战争的主力的,唯一合理的解释是他们是以"熊"、"罴"、"貔"、"貅"、"貙"、"虎"等为图腾的部落或氏族。传说中的黄帝是远古时期我国中原西部地区的一位著名的部落联盟首领,而炎帝则是当时位于东部地区东夷人的部落联盟的著名首领。这也从一个侧面证明,早在传说中的黄帝时期,在我国的西部地区就有可能确实存在着一只以"虎"或"豹"为其氏族图腾物的部落或部落联盟,只是他们的文明开化程度与当时的中原地区相比相对较为低下,仍然还处在母系氏族社会时期。而且这一母系氏族部落,很可能一直存在到春秋时期,甚至更晚。(13)

  由原来的氏族部落首领到在不断地传述过程中被逐步神话化,并进而被推广而成为一种文化象征和文化符号,其间的演化过程在后代的笔记、小说、志怪等文献资料中有比较详细的反映。对此,青海师范大学著名的民俗学专家赵宗福先生曾经有专文进行了翔实的论述,在此无需饶舌。

二、关于昆仑山的崇拜

  关于昆仑山的崇拜,当与人类远古时期古老的山岳崇拜有着密切的关系。当原始的人类从大山森林中走出来,在丘陵和平原地带从事自然采集和劳作后,人们对曾经赖以生存的大山的感激之情、对山岳的崇拜，仍然深藏于人们的思想意识或潜意识之中。这种文化现象，在文献典籍和考古发掘的材料中都可以找到许多佐证。如司马迁在《史记》中就记
载：黄帝"东至于海，登丸山，及岱宗。西至于空桐，登鸡头。南至于江，登熊、湘。北逐荤粥，合符釜山，而邑于涿鹿之阿。迁徙往来无常处，以师兵为营卫。官名皆以云命，为云师。置左右大监，监于万国。万国和，而鬼神山川封禅与为多焉"（14）。又记载：《尚书》曰，舜在璇玑玉衡，以齐七政。遂类于上帝，禋于六宗，望山川，遍群神。辑五瑞，择吉月日，见四岳诸牧，还瑞。岁二月，东巡狩，至于岱宗。岱宗，泰山也。柴，望秩于山川。遂觐东后。东后者，诸侯也。合时月正日，同律度量衡，修五礼，五玉三帛二生一死贽。五月，巡狩至南岳。南岳，衡山也。八月，巡狩至西岳。西岳，华山也。十一月，巡狩至北岳。北岳，恒山也。皆如岱宗之礼。中岳，嵩高也。五载一巡狩。"（15）文献中，自传说中的黄帝、尧、舜、禹一直到后代的历代帝王，望祭山川的记载屡见不鲜。甲骨文等考古文物中也有很多祭祀山川的资料，如："燎岳、矢、山。"（16）再如："取二山，又大雨。"（17）又如："禾雨于山。"（18）还有如："舞岳，有[从雨]，勿舞岳。"（19）当然"山"和"岳"作为祭祀对象，在殷商人的眼中，既可能是自然神，也有可能是先祖神。但二者还是有区别的，祭祀"山"神只与求雨有关，而祭祀"岳"神却既与求雨有关，也有其他的目的。

同时，古人往往又把高山称作"天"，认为在山上封土祭祀是"增天之高，归功于天"（20）。大山的极高之处便是上帝百神们休憩、居住的地方，即"山川，所以傧鬼神也"（21），是"天位"，所以往往又把高山当作"天"来祭祀，"自古以雍州积高，神明之隩，故立畤郊上帝，诸神祠皆聚云"（22）。这种记载在先秦典籍和《山海经》中很普遍，如："海内昆仑之虚，在西北，帝之下都。昆仑之虚，方八百里，高万仞。上有木禾，长五寻，大五围。面有九井，以玉为槛。面有九门，门有开明兽守之，百神之所在。在八隅之岩，赤水之际，非仁羿莫能上冈之岩。"（23）在殷周之际的甲骨刻辞和文献中就已经经常出现"天位"这一名词了，如："若翌日辛亥，祀于[天]位，用龠于天位"（24）等，故春秋时期便就有了所谓的"山岳配天"的说法（25）。每当改朝换代之时，成功者认为他们的胜利，是秉承了天命，所以每每以礼拜高山来答谢对天神的崇拜敬仰之意。自春秋战国以后，其他山岳的崇高地位已经下降，对山岳——天神崇拜的对象只剩下了东方的泰山和西方的昆仑山，但高山作为上帝和众神聚居之处的思想观念并没有发生多大的变化，如"大荒之中，有山名日月山，天枢也。吴炬（姬）天门，日月所入"（26）。从普遍的山岳崇拜，逐步地发展为东方泰山、西方昆仑山两大天神系统的崇拜，这是时代发展的必然结果，是符合古史辩派所谓"曾累地造成古史传说"这一科学理论的。

三、黄帝与昆仑神话的关系

为什么黄帝和昆仑山的关系又如此密切呢？先说一说有关黄帝的传说。黄帝作为中华民族的始祖，没有争议、且有确切年代的记载，其最早应是出现在金文之中，如《陈侯因咨敦》铭文中云："佳（惟）正六月癸未，陈侯因咨曰：'皇考孝武桓公，恭哉！大慕（谟）克成。其唯因咨扬皇考绍练高祖黄帝，枚嗣桓文，朝问诸侯，答扬厥德，诸侯寅荐吉金。'"（27）此器为齐威王未称王之时所作之器，陈侯因咨，即齐威王因齐。齐威王即位是在公元前的356年，故器物制作无疑应在此之前。齐国的陈氏为陈国之后，陈国又为传说中的虞舜之后，而虞帝即为黄帝，故黄帝为有虞氏后之陈氏之远祖当是毫无疑问的。史载："舜出颛顼。"（28）又载："陈，颛顼之族也。"（29）据《史记·五帝本纪》记载："帝颛顼高阳者，黄帝之孙昌意之子也。"明确地说颛顼为黄帝之后。所以在铭文中称"高祖黄帝"。事实上在此前的秦灵公就已祭祀皇帝了，《逸周书》中也记载："昔天之初诞作二后，乃设建典，命赤帝分正二卿，命蚩尤于宇少昊，以临四方，司……蚩尤乃逐帝，争于涿鹿之阿，九隅无遗。赤帝大慑，乃说于黄帝，执蚩尤，杀之中冀……乃命少昊清司马鸟师，以正五帝之官，故名曰质。天用大成，至于今不乱。"（30）由此可见，黄帝的传说在当时人们心目中的地位是相当高的。再如《坛氏鼎》铭文云："佳（惟）乍（作）微白（伯）妘氏鼎，永宝用之，册册。"（31）按《说文》妘，祝融之后姓也。富辰有曰叔妘。而韦昭以妘为妘姓之女。今微伯虽于经传之中无所见，盖亦祝融后姓而叔妘之族欤？根据《史记》和其他相关的历史文献记载来看，黄帝是远古时期中原地区的一位著名的部落联盟首领，其活动范围大致在河南、山西、陕西、河北、山东的部分地区，其西至最远不会超过今陕西的西境，那么他又是如何与有关昆仑山的神话联系在一起的呢？比较合理的答案有二：一是古代活动于今青海境内和陕西西部地区的古羌族原有的有关昆仑山的神话与中原地区有关黄帝的传说逐步融合，并形成了新的有关昆仑山的神话体系。有关黄帝的远古传说是周氏族的，先周历史上，周人在殷商王朝的不断打击下，一部分氏族成员或支族就不断地向西迁徙，这种情况在甲骨文中有所反映。历史上，殷与周的关系，虽然周曾是殷商王朝的一个属国，但从甲骨文的记载来看，自商朝中期起，彼此之间的关系并不是十分和睦的，时长也有激烈的战争发生。如："癸亥贞，王令多尹取田于周"（32）；"令旅从仓侯寇周"（33）。一说掠夺土地，一说进攻周族。这也与《古本竹书纪年》中的有关记载对应起来了。"（武乙）三十四年，周王季历来朝。王赐地三十里、玉十珏、马八匹"。"（大丁）二年，周人伐燕京之戎，周师大败"。"四年，周人伐余无之戎，克之。周王季命为殷牧师"。"文丁杀季历"。因甲骨文记事太简，人们不可能从中完全了解这些文献记载中的传说信息了，但可以肯定的是，一部分西迁的周氏族，与当地的土族——古羌族逐渐融合起来，他们也把自己原来有关黄帝的传说带到了迁徙地，与当地原生态的有关昆仑山的神话融合了起来，并形成了新的有关昆仑山的神话体系。二是古代关于山岳崇拜的神话传说，在其自身的不断重组过程中，逐渐地形成了两大最具代表性的神话体系——泰山神话和昆仑山神话。一些与这两座大山所在地域有某些联系（34）的神话与传说就被分门别类了。

四、结语

　　总之，经过了数千年不断的优化、重组和融合，中国原生态的有关山岳的崇拜，逐渐地被系统为两大著名的神话体系——泰山神话和昆仑山神话，变成了只是一种象征性文化意蕴的典型符号体系。当然，在民俗文化研究中，我们很有必要对文化意向进行大胆地开发，研究其所蕴涵着的丰富的文化意蕴，但也应该避免在研究和开发过程中简单地对号入座的不良倾向。因为，在学术研究中我们虽然提倡大胆假设，但同时又主张必须进行小心地求证。"假设能不能成立，完全依靠求证。求证要小心，要客观……要从多层次、多角度上来求证，从而考验自己的假设是否正确，或者正确到什么程度，哪一部分正确，哪一部分又不正确。所有这一切都必须实事求是，容不得丝毫私心杂念，一切以证据为准。"（35）所以在类似于昆仑文化的研究过程中我们还是要以客观、谨慎的态度小心从事，以免在当代的文化遗产的开发和保护工作中好心办坏事，误入歧途。

陈　虎　中华书局编审　博士

任长义　北京师范大学博士研究生

参考文献：

（1）《卡辞通纂）12。

（2）《甲骨文合集》14335。

（3）《甲骨文合集》14337。

（4）《甲骨文》14345。

（5）陈梦家《殷墟卜辞综述》第574页。

（6）[日]赤冢忠：《中国古代的宗教和文化——殷王朝的祭祀》第188、444页，日本角川书店1977年版。

（7）宋镇豪：《夏商社会生活史》第476页，中国社会科学出版社1996年版。

（8）王晖：《商周文化比较研究》第30——34页，人民出版社2000年版。

（9）《山海经·西山经》。

（10）《山海经·海南北经》。

（11）《山海经·大荒西经》。

（12）《史记·五帝本纪》。

（13）因为自大致成书于春秋战国之交的《穆天子传》中首次形象地记载了周穆王和西王母会面以后，一直到西汉中期的许多文献中不时有西王母的记载。由此可见，西王母并非专指一人，不同的历史时期，就有不同的西王母，她只是不同历史时期我国西部地区女性部落首领的代称。

（14）《史记·五帝本纪》。

（15）《史记·封禅书》。

（16）《续》一·四九·四。

（17）《后下》二三·一0。

（18）《邺》三·三八·四。

（19）《丙编》157。

（20）《史记·秦始皇本纪》，《集解》引服虔语。

（21）《礼记·礼运》。

（22）《史记·封禅书》。

（23）《山海经·海内西经》。

（24）《逸周书·世俘解》。

（25）《左传·庄公二十二年》。

（26）《山海经·大荒西经》。

（27）《两周金文辞大系图录》14·41。

（28）《大戴礼记·帝系》。

（29）《左传·昭公八年》。

（30）《逸周书·尝麦解》。

（31）薛尚功：《历代钟鼎彝器款识》165—166页，辽沈书社1985年版。

（32）《人》2363。

（33）《前》7·31·4。

（34）指活动于该地域的部族所传诵的有关神话与传说和与该地域有关的神话与传说。

（35）季羡林《清华园日记》第306页，辽宁美术出版社2002年版。

三、昆仑文化与现代文明

关于昆仑文化作为青海省
标志性文化的思考

赵宗福　鄂崇荣　解占录　霍福

特色文化是在漫长的历史演进中积淀下来的文化传统，具有传承性、独特性和可识别性，反映了特定区域的人文历史，具有与其他地区文化相区别的人文特色。青海特色文化是中国文化精神和青海本土文化相结合的产物，既内含中国传统的文化因子，又富有地域性、民族性和宗教性特征，既包含古代和近代的内容，又包括改革开放以来孕育的现当代文化。

本着占位高、立意远，升华青海特色文化品位，且能涵盖青海多元一体文化，提升青海在国内国际的地位，有力促进文化产业发展的原则，结合多年来学术界对青海文化定位的讨论，经过反复研讨，我们认为青海特色文化应该定位为"以昆仑文化为源头的青海多民族文化"。

一、以"昆仑文化为源头的青海多民族文化"定位青海特色文化的理由及意义

昆仑文化作为青海最具有代表性的文化，博大精深，内涵丰富。从青海各种文化在中华民族文化史上的地位与影响看，昆仑文化的神圣性是无可替代的。昆仑文化既是青海地方的，更是中华民族的，也是世界性的。昆仑文化在中国乃至于世界文化全境中有着自己的崇高地位和话语份额。

（一）昆仑文化在青海多民族多元文化中最为古老，最具源头性

昆仑文化从文化源头就是昆仑神话。根据学界的普遍提法，昆仑神话与蓬莱神话、楚辞神话是中国的三大神话系统，昆仑神话是中国古典神话中影响最大、叙事形态最古朴、资料保存最系统的神话系统，堪称是中国古典神话的主体。昆仑神话作为中国远古文化的神圣话语，给中华民族带来了难以估量的深远影响，给中华儿女带来了无穷无尽的幻思遐想。她与青海高原的历史文化有着密不可分的关系。神话传说、考古发掘和历史文献都显示出，青海曾是中华民族和中华文明重要的发祥地之一。

青海是多民族地区，文化多元但在本土的历史都不是很久远，而昆仑文化的历史十分久远，而且博大精深。用昆仑文化来冠名青海的文化，既反映了悠久的文化历史，又体现

了青海的文化神圣。既包含着地理特征和自然景观因素，又富含历史和文化意蕴。既有历史继承性和久远性，还凸显了青海特色文化的地域特色和历史凝重感。

（二）昆仑文化为源头还可以统领青海多民族文化和古今各种文化

青海的历史是一部民族文化交融史，即使从现实说，青海境内居住着 53 个民族，其中汉族、藏族、回族、土族、撒拉族、蒙古族等 6 个民族是世居民族，民族文化不仅丰富多彩，绚丽多姿。加之古老的昆仑神话、神秘的宗教文化、壮丽的山川胜景，特别是当代青藏高原精神、柴达木精神、玉树抗震救灾精神等感人的人文精神，使之具有了神圣、神奇、神秘，令人神往的"大美青海"特征。但是丰富的多元文化反而不易以一个民族或一个时期的文化来涵盖。如"西羌文化"、"吐谷浑文化"、"青唐（吐蕃地方政权）文化"都是某一时期或某一民族的文化，根本概括不了青海所有的文化。只有"以昆仑文化为源头的多民族文化"才能真正代表青海整体文化。昆仑文化应该是涵盖了青海所有文化的一个区域文化整体，既包括历史文化，也包括现当代文化；既包括各类精英文化，也包括各民族民间文化。以"昆仑文化为源头的青海多民族文化"作为青海特色文化的"灵魂"和标志性文化，具有彰显主题，突出主线，立意高远，占位准确等特点，可进一步凸显"大美青海"特征。

（三）昆仑文化在世界文化史上影响深远，最具国际性

"昆仑"不仅是一个地理概念，更重要的是一个文化概念，不同于"青海"、"三江源"、"江河源"等纯地理概念。在中国传统文化中，"昆仑"是一种千万年来传承不息的文化意象，"巍巍昆仑"成了伟大文化的代名词。昆仑山不仅仅是一种自然高度，而且更是东方精神文化的坐标，世界文化的制高点。昆仑山文化底蕴深厚，可以与"百神聚居"的希腊奥林匹斯山相媲美。昆仑神话与希腊神话并驾齐驱，闻名于世，分别被称为具有创世纪录意义的东西方文明的源头主体文化。昆仑文化在世界文化史上具有重大影响，尤其对亚洲多民族民间信仰产生了深远的影响，如西王母不仅是中国人心目中最受尊敬的东方女神，而且也受到日本、东南亚以及中亚等许多地区人民的崇拜，成为一个世界性的文化现象。

（四）昆仑文化在中华文化发展史上影响巨大，最具神圣性

昆仑山在中华民族的文化史上具有"万山之祖"的显赫地位，国人称昆仑山为中华"龙祖之脉"。"赫赫我祖，来自昆仑"，昆仑山是中华民族的发祥地和精神家园。昆仑文化年代久远，自成体系，博大精深，是构成中华民族文化的基干文化。昆仑神话是初民的哲学与综合的文化，是人类处于童年时期的观念和愿望。她是华夏文明之源，是中华民族的创世纪录。其中昆仑山与西王母的神话传说最具远古文化意蕴和浪漫神秘色彩。古代文献《禹贡》、《山海经》、《穆天子传》、《楚辞》、《淮南子》等中均有记载。人们仰望昆仑，神往昆仑，诠释昆仑，至今昆仑文化还仍以强大的磁力，吸引着许多海内外华夏子孙不舍万里，远渡重洋前来寻根觅祖，顶礼膜拜，以瞻仰昆仑神山为荣。

（五）昆仑文化在不断影响和吸收各种文化，最具包容性

"昆仑"既可象征为青海地域性概念，也可象征为一种文化符号。昆仑文化还是发展中的文化，其发展过程具有流动性，发散性和摄融性特点。昆仑文化虽最早发源于青海，但其作为一种中华民族根母文化的象征符号辐射地域宽广。不断延伸到新疆、甘肃乃至东亚、西亚，以致出现"昆仑文化域为别有"、"海外亦有昆仑"、"昆仑到处皆有"这种独特现象。在中国目前的民族构成中，至少有包括汉族在内的三分之一以上的民族，与曾经生息在青海地区的古羌族群有着直接的渊源关系，他们的原始神话传说和文化传承脱离不了昆仑文化这一母题。青海"河湟文化"、"青海回族文化"、"西羌文化"、"青藏高原安多文化"等多种文化如同在"昆仑文化"这一树根之上生长或嫁接而成的枝叶和果实。

（六）昆仑精神与当代青海"五个特别"、"人一之，我十之"等诸多精神一脉相承，最具传承性

文化传承与延续性特点决定文化具有生命力，只有将历史与当代有效对接，文化定位才有意义。昆仑文化不仅仅是传统文化的积淀，还是古代文明和现代文明交织的结晶。其不断渗透包容，不断扩大内涵与外延，与时代潮流相结合，始终紧随时代的步伐，不断提升着中华民族的文化境界和精神品位。比如共工怒触不周山、女娲炼石补天，夸父追日、羿射九日、嫦娥奔月、大禹治水等一系列神话故事，表现出与困难、与自然灾害进行顽强斗争的伟大精神和磅礴气势，为了替广大民众清除灾害，自觉担负责任、永不停息、奉献自身的高尚品质。而当代包含的"五个特别"的青藏高原精神、"人一之，我十之"的实干精神、"大爱同心、坚忍不拔、挑战极限、感恩奋进"的玉树抗震救灾精神和"自信开放创新"的青海意识不但与昆仑精神实质一脉相承，而且被赋予了时代精神。为社会主义精神文明建设提供了积极向上的精神财富，为加强公民道德建设提供了生动鲜活的地方性教材。

因此，以"以昆仑文化为源头的青海多民族文化"来定位青海特色文化，具有以下鲜明的功能和意义：一是可以成为反映青海地域地貌特征的象征性标志，承载的大气魄与"大美青海"相辅相成。二是能够提升青海在国内国际上的文化地位，提高青海在世界文化特别是国内各区域文化竞争中的文化软实力。三是能够进而增强青海人民的文化自豪，真正树立起"自信开放创新"的青海意识。四是能够从而实现青海人民的文化自觉，能使全社会自觉地和政府一起来维护和发展青海的文化。五是能够增进青海各民族对中华文化和国家认同，各民族之间的文化认同，增强建设中华民族共有精神家园的动力。五是能够进一步促进文化和谐和社会和谐，推动社会文化的发展，促进青海的长治久安。

二、对相关定位青海特色文化观点的梳理与评介

上世纪 90 年代以来，政府和学界都在不约而同地探寻一个能够完全至少基本涵盖青海

特色文化的标志性文化。先后提出了诸如"西羌文化"、"吐谷浑文化"、"青唐文化"、"三江源文化""青海文化"、"青藏文化",等等,但迄今并未取得共识。甚至有些观点囿于学科、地域和视野,存在一些偏颇。

（一）以地理特征或自然景观命名

江河源文化该说法认为：第一,青海是江河之源、"中华水塔",知名度高;第二,生态地位突出;第三,可以给"三江源"赋予文化内涵。

三江源文化该说法认为三江源影响的不仅是青海,而且影响了全国乃至世界。三江源是我国最大的生态功能区。也是影响最大、作用最大的生态功能区。作为一个文化品牌,三江源推出去后,既兼顾了历史,又着眼于现实,还把握了未来,对青海未来的发展意义重大。

青藏文化该说法认为：这种提法中,青海在前面,而青海文化以藏文化为主体。青藏文化为国内外所认同,作为一种概括性的区域文化标志,效果明显。如果青藏两省联手打造统一的文化品牌,也有可操作性。

青海高原文化该说法认为：青海文化包括以儒家思想为根脉的汉族传统文化;以宗教文化为重心的民族文化;以时代主流价值观为核心的现代文化。三者呈互动关系。其中现代文化是最具活力和影响力的主流文化。

青海文化该说法认为：青海得名于我国最大的湖泊青海湖;青海之名具有悠久的历史;青海湖滨设立过西海郡;青海文化简明易记,一目了然。

（二）以某一历史时期的地名或地方政权命名

西羌文化该说法认为：西羌文化源远流长,可以跟炎帝、黄帝联系起来,历经周、秦、汉、唐,羌人才基本消失。青海文化中,羌人文化积淀深厚。西羌文化可涵盖昆仑文化,也可涵盖青海考古文化。

高原丝绸之路该说法认为：丝路青海道是丝路的重要干道。丝路青海道平均海拔在3000米以上。丝路青海道约占全丝路的七分之一,途经几十个国家。高原丝绸之路文化涵盖性广,涉及民族众多;涉猎的学科多;具有重要的现实意义。涵盖丝绸之路学研究的跨文化研究学,重点在亚洲,在当今世界具有重要学术地位。高原丝绸之路文化可使我们占领了世界学术研究中的制高点。

青唐文化该说法认为。"青唐文化"的"青"是青海的简称,青唐是西宁原来的称谓,西宁历来是青海政治、经济、文化的中心;唃厮啰政权的建立是青海历史上的一个亮点,青唐政权是以吐蕃族为主,包括其他民族在内的一个地方政权,政治上包容性强;地域上,青唐政权当时基本上涵盖了今青海大部分地区;青唐文化作为历史文化品牌,益于旅游业的发展。

（三）复合型命名

中华昆仑江河文化该说法认为，青海是昆仑文化的发源地。昆仑文化反映了远古时期青藏高原地质变迁的状况。也反映了先民求生存、求发展的历史。马家窑文化、齐家文化、卡约文化均可涵盖在河湟文化中。

昆仑江源文化该说法认为，昆仑山被称为龙祖之脉，长江、黄河被喻为两条龙。中华民族将自己誉为龙的传人。从昆仑山系和江河水系与中华民族母子般亲密关系看，这是将人与自然关系的一种高度升华。这种升华是民族精神。

青藏高原安多文化该说法认为，自古以来，欧亚大陆在文化和技术上是一个整体。青藏高原是欧亚腹地文化区的核心部分之一，是藏缅民族的故乡。青海是青藏高原安多文化的核心区。安多文化历史悠久、内涵丰富、底蕴独特，与汉文化、阿尔泰文化及伊斯兰文化联系紧密。

综上观点，以地理特征或自然景观命名青海特色文化虽有简明易记，一目了然等优点，但总体而言或平实直白，或缺少文化内涵，或仅代表地理特征、自然景观而缺少历史积淀。远不如"昆仑文化"极富文化内涵，为中华民族和世界文化界所认知、所景仰。有些观点还有可能使遥远的青海更为"遥远"，区位更为边缘化。如一提青藏高原，很多人自然想到了西藏，而青海却在其次。以某一历史时期的地名或地方政权命名青海特色文化，虽充满文化感，但不能代表青海省丰富多彩的民族文化，如以"西羌文化"、"青唐文化"、"吐谷浑文化"等古民族或其建立的地方政权来命名青海文化既缺乏时间上的传承性和文化上的包容性，不能涵盖青海多元的民族文化和多样的文化空间。复合型命名方式或将青海地理特征和自然景观复合性命名，不能突出青海多元民族文化，容易使人产生地理概念的误解。有些如"青藏高原安多文化"则给人只强调一种民族文化的错觉，容易导致民族文化本位纷争。同时这些提法都有叠床架屋，不够凝练之嫌。

青海是一个多民族多元文化地区。如果以先后在青海活动的主体民族为文化分类，可分为羌文化、鲜卑文化、吐谷浑文化、吐蕃文化、口角厮啰文化、南凉文化、蒙古族文化、回族文化及汉文化等。如果从空间上分类，青海文化可分成多种文化相交融的柴达木盆地绿洲文化区、青南高原草原文化和河湟多元文化。因此，如借用某一历史时期或民族文化命名特色文化，则无法完整代表历史上青海的文化。若采用自然景观和地理特征的命名方式，则缺乏历史意蕴和文化内涵。因此，不论从历史事实和现实状况看，还是从学界认同和社会反响看，唯有"以昆仑文化为源头的青海多民族文化"作为青海特色文化品牌，既可兼顾与中华文化的同源性，还可考虑到青海地域文化多样性，既具有世界眼光，还能关照现实。既能凸显中华文化发源地和青海地理特征，又能涵盖和代表青海多元文化。

三、"以昆仑文化为源头的青海多民族文化"的内容分类及特色项目

以昆仑文化为源头的青海多民族文化代表着青海神圣、神奇、神秘而博大精深的多元文化。其活跃的发散性构建了不同的版本，在多元的经济区域中，造就了风格异殊的人文景观，造就了绚丽多彩的诸多亚文化。只有从历史、民族、信仰、地域等多种视角加以梳理分类，突出重点文化项目，才能全面而准确地把握以昆仑文化为源头的青海多民族文化。

（一）分类

1. 按历史时期划分

史前文化：青海早在3万年前就有人类活动遗迹。青海史前文化遗址有宗日文化、马家窑文化、齐家文化、辛店文化、卡约文化、诺木洪文化等多个文化类型，其中宗日文化、卡约文化、诺木洪文化是青海特有文化。

两汉历史文化：两汉时在河湟地区推行罢兵屯田和移民实边。汉文化被引入到青海，农业文明和游牧文化在青海同时存在，现遗留有虎符石匮、三老赵宽碑和大量的汉墓，史书记载也较详细。

魏晋南北朝历史文化：这时期青海东部地区受到前凉、前秦、后凉、南凉、西秦、北凉等政权相继统治。青海湖西部、南部广大地区受制于吐谷浑。南北朝时期，丝绸之路青海道为东西方经济文化交流做出了巨大的贡献。这一时期，佛教在青海开始传播，产生了绘画、雕塑等佛教艺术。

隋唐五代历史文化：隋唐时在青海地区兴屯田、设互市，促进了当地经济社会的发展。唐代青海地区佛教盛行，青海还成了藏传佛教"后弘期"下路弘传的祖庭。唐诗中出现了很多描写青海的作品。

宋元历史文化：唃厮啰于北宋时期在宗喀地区建立了青唐地方政权。元朝首次将包括青海藏区在内的广大藏区统一于中央王朝管辖之下，元代佛教发展迅速，建立了青海最早的萨迦派寺院。

明清历史文化：明清时期青海地区文化较为繁荣。出现了儒学、社学，地方官员开始编撰方志。藏传佛教格鲁派崛起。

民国历史文化：民国时期，青康公路、青新公路粗通。藏传佛教、伊斯兰教有新的发展。这一时期，来青海的文化艺术界人士增多，音乐家王洛宾创作了《在那遥远的地方》等脍炙人口的歌曲。

新中国文化：新中国成立以来，青海的各项事业进入新的发展阶段，特别是改革开放以来，青海经济社会文化的面貌发生了巨大变化。"两弹一星"精神、青藏高原精神、柴达木精神及玉树抗震救灾精神都是在青海产生的，已经成为中华民族的宝贵财富。

2. 按民族划分

汉族文化：青海汉族主要从事农业，兼营畜牧业和手工业。汉族除尊崇儒家伦理、祖宗信仰外，部分群众还信仰佛教、道教、基督教和天主教等。民俗中既保留了汉文化的主干内容，又吸收了其他民族的文化元素。

藏族文化：青海藏族是吐蕃人与羌人、鲜卑人、汉人等长期融合后形成的。他们以畜牧业为主，兼营农业和手工业。绝大多数人信仰藏传佛教，少数人信奉本教。藏族的社会生活和风俗颇具本民族的特征。

回族文化：回族呈现为大分散、小聚居的特点。他们主要经营农业和商业。少数从事手工业。宗教上全民信奉伊斯兰教，文化上受儒家思想的影响较深，但其风俗保持本民族特色，忌食猪肉，禁烟忌酒。节日有开斋节、古尔邦节、圣纪。

土族文化：土族主要从事农业。兼务畜牧、园艺业和手工业。土族多信奉藏传佛教格鲁派，同时民间也存在多重宗教信仰。土语属阿尔泰语系蒙古语族，无文字。土族受汉藏文化的影响较深，其节日、婚俗、服饰等具有自己的特点。

撒拉族文化：撒拉族主要从事农业，兼营畜牧业、园艺业。撒拉族全民信仰伊斯兰教。撒拉语属阿尔泰语系突厥语族西匈语支乌古斯语组，无文字。撒拉族的风俗具有明显的伊斯兰文化特征。

蒙古族文化：青海蒙古族主要从事畜牧业生产，兼营农业。多数人信奉藏传佛教格鲁派，少数信奉萨满教。语言为阿尔泰语系蒙古语族卫拉特方言，文字为"胡都木"蒙古文，也有使用藏、汉文的。口头文学繁荣，尤其以口头史诗、谚语、故事等颇为丰富。那达慕、祭俄博、转山、转湖等大型民俗活动具有浓郁的民族特色。部分群众的语言、服饰与藏族相同。

3. 按宗教信仰划分

藏传佛教文化：青海是后弘佛法的发祥地之一。藏传佛教在长期的发展中形成了独特的文化，形成了黄教、红教、白教、花教等诸多派系，产生了很多高僧大德，留下了诸多富有影响的寺院。

汉传佛教文化：青海的汉传佛教寺院数量和规模均大大小于藏传佛教，且多建于河湟农业区。但这些寺院的历史比较久远，文化积淀深厚，尤其是民和麻地沟能仁寺主持的《目连戏》，在我国黄河以北唯青海独有。

道教文化：青海的道教有正一派和全真派。正一派道士俗称"老师傅"、"阴阳"。全真派道士住道观，有派系传乘。青海现存较大的道观有西宁北山土楼观、湟中南朔山道观、大通元朔山道观等。

伊斯兰教文化：清真寺是传播伊斯兰教思想的讲坛。也是穆斯林群众进行宗教活动和聚会、实践和规范礼仪礼俗的地方。青海的伊斯兰教清真寺和拱北的建筑艺术各具特色，西宁东关清真大寺是西北地区四大清真寺之一。

此外，还有基督教等宗教文化，但影响范围有限。

4. 按地域划分

河湟文化：主要指青海东部黄河、湟水谷地农业区的地域文化。该区是青海主要的农业区之一，也是全省人口最为稠密的地区，遗留下来的历史文化资源丰富多彩。河湟地区是以汉族为主体。兼有回、藏、土、撒拉等近 30 多个民族，呈现出多元文化交汇的特征。

环湖文化：主要指环青海湖、祁连山地和阿尼玛卿山地之间广阔地域内的文化，该区是青海主要的牧业区。有丰富的古文化遗址、古城、古道、岩画、寺院以及神话传说等资源。藏族文化是环湖地区的主体性文化。

柴达木文化：主要指阿尔金山、祁连山地、东昆仑山地之间广大地域内的文化。柴达木地区先后有羌人、吐谷浑、吐蕃、蒙古族、汉族居住，有多种文化遗存。柴达木盆地南缘为雄伟的昆仑山，昆仑山被誉为"万山之宗"，是昆仑神话的发祥地。该地区有汉、蒙古、藏、回、土、撒拉等 29 个少数民族。

三江源文化：三江源是长江、黄河、澜沧江的发源地，这里先后有羌人、吐蕃活动，现居民以藏族为主。三江源地区的藏族文化主要有藏传佛教文化、长篇史诗《格萨尔》及民族歌舞。

5. 按物质形态划分

物质形态文化：主要是看得见、摸得着、直接的、显性的文化资源。包括各种历史文化实物、古遗址遗迹遗物等。我省这类文化资源颇为丰富而且特色鲜明，目前有国家级文保单位 18 个，省级文保单位 383 个。

非物质形态文化：主要是一种活态的文化，至今仍被广大民众享有和传承的各种社会实践、观念表达、表现形式、知识、技能及相关的工具、实物、手工艺品和文化场所等，内容与项目十分繁多。目前我省有国家级非物质文化遗产项目 57 个，传承人 41 人；省级非物质文化遗产项目 139 个，传承人 144 人。

（二）特色项目

1. 昆仑神话：昆仑神话是中国古典神话中最有影响的神话系统。昆仑神话是以昆仑山及其相关的神话人物为主题的神话。是中华民族文化的源头之一，是中华民族精神的象征，是民族凝聚力的重要源泉。青海是昆仑神话的重要发源地和传承地。

2. 彩陶文化：青海的彩陶文化类型丰富，文化延续没有中断，还出现了宗日文化、卡约文化等本土文化，其中柳湾遗址出土的彩陶数量巨大，被誉为"彩陶王国"。青海出土的舞蹈纹盆和人像彩壶等彩陶享誉国内外。

3. 唐蕃古道：唐蕃古道形成于唐代，东起长安，西至拉萨，青海段占到整个古道的近 2 / 3。唐蕃古道是汉藏文化交流的主要渠道。也是民族团结的历史见证，被称为汉藏友谊的金桥。青海境内的古道上留下了许多反映历史的古城遗址、古战场遗址、寺庙及传说故事。

4. 宗喀巴故乡：塔尔寺是藏传佛教格鲁派的创始人宗喀巴的诞生地，也是一座以藏文化为主的多民族文化艺术宝库。其中酥油花、堆绣、壁画被称为"艺术三绝"。设有显宗、密宗、时轮、医明及法舞五大学院，每年农历正月、四月、六月、九月分别举行四次大型法会。塔尔寺是享誉海内外的佛教名胜。

5. 神秘原子城：海晏原子城是全国重点文物保护单位和全国爱国主义教育示范基地。在这里研制成功了我国第一颗原子弹和第一颗氢弹，产生了艰苦创业、团结拼搏，扬国威、壮军威的"两弹精神"，是我国当代史上留下的一笔巨大的民族财富。

6. 青海花儿：花儿是青海多民族共同歌唱的民间艺术，是最能体现青海文化多元一体的代表作。花儿最典型的民俗活动空间是花儿会，我省4个花儿会人选为全国首批非物质文化遗产代表作录，占西北4省所有花儿类项目的一半。

7. 土族纳顿：民和县土族的纳顿是世界上时间最长的"狂欢节"，按照收获时间各村落逐次进行，先后持续2个多月时间。仪式古朴独特，文化内涵深邃，深得国内外广泛关注。

8. 玉树歌舞：玉树民歌是融歌乐舞为一体的综合性艺术，称得上是反映玉树藏族人民生活的百科全书。玉树卓舞被认为是最能代表雪域高原特征的藏族民间舞蹈，有较高知名度。

9. 热贡艺术：主要内容有唐卡（卷轴画）、雕塑、堆绣、版画、建筑彩绘图案等多种艺术形式，其艺术表现内容涉及各个方面，涵盖了藏族的历史文化、民俗、艺术、宗教等诸多内容，是藏传佛教艺术的重要组成部分。

10. 格萨尔：藏族英雄史诗《格萨尔》是世界上迄今发现的史诗中演唱篇幅最长的，也是藏族历史的一部百科全书，它历史悠久，结构宏伟，卷帙浩繁，气势磅礴，是中国三大英雄史诗之一。其艺人也以神秘神奇闻名于世。

此外，撒拉族、土族是青海特有的少数民族，其各类文化都具有鲜明的文化个性。海西蒙古族文化也极富地域特色，回族文化则以独特而丰富的宗教民俗文化而著称。

四、近年来对昆仑文化的开发和对未来发展的思考

（一）近年来我省对昆仑文化的研究开发

1. 政府主导下，以举办高层次的文化活动为载体，不断打造昆仑文化品牌，品牌形象逐渐明晰

近年来，省委省政府举办了一系列有国际影响力的大型文化活动，这些活动以昆仑文化为内涵，以艺术节和体育赛事为载体，凸现了青海文化特色，打造了青海文化品牌。如青海湖国际诗歌节、世界山地纪录片节、青海国际水与生命音乐之旅、三江源国际摄影节、青海国际唐卡艺术与文化遗产博览会暨青海民族文化旅游节、青海民族民间工艺美术品展、青海湖国际自行车赛等等，都已经成为国内外的知名品牌，形成了极强的文化辐射作用。

其中"青海湖诗歌节"是国际性的重大诗歌节。环湖自行车赛是国际性的重大赛事活动，产生了深远的国际影响。

各地也相继举办旅游文化活动，形成了自己的文化品牌，如西宁市的郁金香节、湟源县的"丹噶尔民俗文化旅游节"、格尔木市的"盐湖城文化旅游节"、都兰县的"吐谷浑文化旅游节."、柴达木"可鲁克湖蟹文化旅游节"、海南州的"青海湖民族文化旅游节"等。其中格尔木市与湟源县在打造昆仑文化方面成效显著，格尔木市政府提出，要依托格尔木所拥有的昆仑雪峰、盐湖风光等高原特色旅游资源，把格尔木市建设成为高原特色旅游中心。准备利用雅丹地貌、胡杨林、察尔汗盐湖等特有的旅游资源，开发旅游产品，尽快建成昆仑山地震公园、察尔汗国家矿山公园，争取使旅游业成为格尔木市第三产业新的经济增长点的发展目标。2009年起，湟源县连续举办"昆仑文化周"和"西王母祭拜大典"活动。打造丹噶尔古城，宣传了昆仑文化，形成了一定的品牌效应。

随着高层次文化活动的成功举办，昆仑文化的品牌效应逐渐明晰，并且在省内外和国内外产生了积极的影响。

2. 通过学术研讨，对昆仑文化的本质、内涵与外延的认识在不断深化

2000年，青海省文化厅、台湾省有关文化机构等召开了海峡两岸昆仑文化研讨会，出版了《昆仑文化论集》，对昆仑文化进行了有价值的学术探讨。此后，格尔木市与省艺术研究所等单位合作，连续举办了四次昆仑文化研讨会，进行学术探讨。特别是在2010年8月，由中共青海省委宣传部、中国民俗学会、青海省社会科学院等主办的"昆仑文化与西王母神话国际学术论坛暨青海湟源第二届中华昆仑文化周"在西宁举办，有100多位国内外专家学者参加了这次国际性的学术会议，其中《论古代昆仑神话的真实性》、《论昆仑神话与昆仑文化》等报告赢得了与会者的广泛赞同。青海省委常委、宣传部长吉狄马加在开幕式上发表了《在神话的思维中感悟未来》的演讲，将昆仑文化研究推向了一个新的高度。今年，省委宣传部、中国民俗学会、省社科院还将举办"昆仑神话与世界创世神话国际学术论坛"，届时将有15个国家的著名学者集聚青海，研讨昆仑神话与昆仑文化。2011年4月，格尔木市旅游局组织召开了昆仑文化旅游座谈会，与会者就"如何利用昆仑文化打造旅游品牌，拓展旅游思路，提升旅游理念"进行了座谈，集思广益，在昆仑文化品牌打造方面提出了有价值的意见建议。目前，学术界对昆仑文化的本质、内涵与外延等问题上取得了广泛共识，认为昆仑文化就是以昆仑神话为核心，神秘、神圣、神奇的青海多民族文化的标志性文化。

随着昆仑文化的研究日趋深入，从事昆仑文化研究的专家学者也在不断增多，并推出了一批较有影响的成果，出版发表了一批著作论文。如《昆仑文化与西王母神话论文集》、《昆仑文化论集》、《昆仑神话》等。2010年6月13日，"青海省昆仑文化研究会"成立，研究会团结、聚集了一大批昆仑文化研究者和爱好者，开展广泛的学术研讨。在昆仑文化

品牌的认知、宣传、打造等各个环节上，专家学者也发挥了重要的学术支撑作用。

3. 加强文艺创作，推出了一批艺术精品，有力地推介了昆仑文化

近年来，昆仑文化被搬上舞台，推出了一批精品力作，2009 年 2 月 19 日至 25 日，由著名音乐人赵季平领衔打造的大型音画歌舞史诗《秘境青海》在北京保利剧院首演，获得北京市和青海省委省政府主要领导、广大观众的高度评价。该剧于 2010 年 6 月参加"秘境青海现身世博·大美青海走进上海"文化旅游推介活动，获得了业内人士和观众的一致好评。2009 年 4 月 16 日，省政府重点打造的又一力作——青海花儿音乐诗剧《雪白的鸽子》在北京保利剧院正式演出，首都观众在如诗如梦的光影与音乐舞蹈的交响诗画中，尽情领略了青海花儿的独特魅力。2010 年 8 月 16 日，《圣殿般的雪山——献给东方最伟大的山脉昆仑山交响音乐会》在海拔 4300 米的昆仑山口玉珠峰脚下演奏，创造了"最高海拔交响乐"的吉尼斯世界纪录。这些艺术精品的演出活动提高了昆仑文化的软实力，在打造昆仑文化品牌过程中发挥着独特的作用。

4. 借用高端宣传手段，提高了昆仑文化在国内外的知名度

通过有国际影响力的大型体育赛事和高端宣传媒介积极推介昆仑文化，提高了昆仑文化和昆仑玉等品牌的国内外知名度。2008 年，经省委书记强卫等领导的策划和努力，昆仑玉成为北京第 29 届国际奥林匹克运动会奖牌用玉，并且借助奥运会这个国际上最大的体育赛事，昆仑玉很快扬名中外，成为昆仑文化的一张名片。有关部门还与中央电视台等媒体合作，推出了一批优秀节目，如中央台四频道《走遍中国》播出的《昆仑神话断想》等节目，宣传了昆仑文化，提高了昆仑文化在国内外的知名度。

与此同时，民间组织也积极推进昆仑文化的宣传推介。如最近由青海省对外交流协会、昆仑文化研究会主办的"玉出昆仑"系列活动，把一块重达 23 吨、价值千万元的昆仑玉从湟源县启运进京，安放在北京奥运村洛克时代中心广场，为建党 90 周年献礼，并供海内外游客鉴赏。分别在青海和北京举行了隆重的启运和安放仪式，各大媒体做了报道。

5. 昆仑文化旅游成为特色文化旅游线路

昆仑文化旅游开发得到大发展，其中昆仑山、青海湖、日月山、民和喇家遗址、湟源丹噶尔古城、湟中扎麻隆凤凰山等新旧旅游景点形成了有特色的昆仑文化旅游线路，带动了地方发展。昆仑文化旅游产品借助于旅游业得到了大发展，成为有青海特色的旅游产品，一大批工艺美术企业迅速做大做强，成为近年来青海特色文化产业发展的一个亮点。

（二）进一步打造"昆仑文化为源头的青海多民族文化"青海特色品牌的思考

近些年我省在昆仑文化品牌的打造上，不仅精心尽力，而且举措得力。许多活动层次之高，投入之大，影响之巨，可谓前所未有。已经在国际范围内初步打响了昆仑文化的品牌。现在正可以乘势而上，把昆仑文化这个特色文化品牌打造好，而不宜半途而废，另起炉灶，否则将功亏一篑，事倍功半。鉴于此，我们建议要精心谋划和打造"昆仑文化为源头的青

海多民族文化"这一青海特色文化品牌，并将其作为文化产业发展的内涵所在，在富裕文明和谐新青海的建设中发挥出巨大的文化功能。

1. 加强组织领导。"昆仑文化为源头的青海多民族文化"是个宏大的文化建设系统，应坚持"政府主导，社会参与，上下结合，形成合力"的工作思路，加强学术研究和宏观指导，加大文化整合力度。必须加强政府的主导作用，形成部门合力，建立省委宣传部、省文化新闻出版厅、省旅游局、省广播电视局、省民宗委、省社科院、省文联等多部门联席会议制度，协调合作，共谋发展，形成合力。并且建议成立青海特色文化发展指导办公室，设在省委宣传部，每年定期召开会议，讨论部署工作，总结推广经验。

2. 制定发展规划。对全省的文化资源进行一次全面的调查摸底，掌握家底，梳理提炼。在此基础上，根据全省经济社会发展和城市建设规划，制定"昆仑文化为源头的青海多民族文化"品牌发展规划。规定长期目标和短期任务，明确各部门责任，真抓实干。把散布在全省各地的昆仑文化遗迹、传说故事及研究队伍整合起来。组织力量对昆仑神话进行系统挖掘和整理，改善昆仑山周围的自然与人文环境，争取昆仑神话为世界级非物质文化遗产、昆仑山为世界自然和文化双遗产。同时以相关政策和学术研究规范为基础，避免生编硬造，贻笑大方；防止胡乱开发，破坏资源。

3. 加强学术研究。一是"昆仑文化为源头的青海多民族文化"品牌的打造、文化内涵的挖掘、宣传推广等方面，要充分发挥学者的力量。二是继续举办高规格的学术研讨会，特别是加大对昆仑文化国际学术论坛的支持，使之成为具有国际影响的品牌学术活动；是成立昆仑文化专家指导小组，对全省的昆仑文化发展提供学术指导。各州县也成立相应的研究机构，并与省专家指导小组加强业务沟通；三是将昆仑文化列为省社科重点研究课题，加大经费扶持力度，对昆仑文化进行更加深入系统的挖掘整理和研究，理清昆仑文化与各亚文化的关系，强调应用性研究；四是发挥"昆仑文化研究会"等群众团体的作用，团结研究力量，生产科研精品；四是编辑《昆仑文化研究》刊物，做好学术成果的转化工作。

4. 狠抓品牌建设。昆仑文化品牌既包括硬件建设，也包括软件建设，着重应做好六个方面的工作：一是在城市建设中创建昆仑神话主题公园、新建大型雕塑群。昆仑文化还应当与青海湖等旅游区建设结合起来，丰富旅游景点的文化内涵。二是出版昆仑文化系列丛书，包括学术著作、普及读物等。三是发展创意产业，制作动漫产品，引进或联合技术力量，推出昆仑文化动漫系列产品。四是借助广播电视等宣传媒介，做好昆仑文化的宣传普及和经验推广工作。五是着力建设以昆仑玉产业基地、藏毯和民族服饰产业基地、唐卡产业基地、现代工艺礼品生产基地、河湟民间艺术品生产基地和黄河奇石文化产业基地。

同时我们也需注意，以"昆仑文化为源头的青海多民族文化"来定位青海特色文化，尊重差异，包容多样，并用适当的方法和形式进行学术普及和宣传，避免造成部分民众的误解和曲解，防止将学术性与文化性探讨政治化。

参考文献：

【1】吉狄马加：《在神话的思维中感悟未来——昆仑文化与西王母神话国际学术论坛开幕式上的致辞》。

【2】赵宗福：《论昆仑文化与昆仑神话》，《青海社会科学》，2010 年第 4 期。

【3】王昱：《青海历史文化与旅游开发》，青海人民出版社，2008 年。

原载《青海社会科学》2011 年 第 3 期

昆仑文化与中华文明的关系审视

何毅　秦梦豪

摘要：昆仑文化是起源于中国青海昆仑山主脉的文化，是对人类生息繁衍和社会进步而创造的物质和精神的总汇。昆仑文化伴随着中华文明的发展而发展，与中华文明有着密不可分的内在联系。昆仑文化作为中华文明的源、魂、形，对增强中华民族的认同感和凝聚力、提升我国文化软实力和民族自信力、促进"丝绸之路经济带"的发展具有重要现实意义。

关键词：昆仑文化；昆仑神话；中华文明；关系

任何一种文化都有一个特定的载体，而承载昆仑文化的载体，主要就是昆仑山。昆仑山在中华民族的文化史上具有"万山之祖"的显赫地位，古人称昆仑山为中华"龙脉之祖"。昆仑山在神话中有着崇高的地位，中国上古流传下来的神话传说很多都与昆仑山有关，被认为是炎黄子孙的发源地。虽昆仑山不等于昆仑神话或昆仑文化，但正是由于昆仑山其特殊的地理位置，形成了最富原始特色、最能代表中国根基的文化。诗人吉狄马加指出："昆仑山不仅仅是一个自然高度，更重要的它是中华民族的一个文化象征，一个文化高度。作为东方精神文化的坐标，它是不可超越的。"

② "昆仑文化"一词由台湾学者杜而未在 1960 年左右首次提出，在 1977 年出版的《昆仑文化与不死观念》一书中阐释了昆仑文化的概念，昆仑文化就是昆仑神话连带出来的人生哲学。③ 那什么是昆仑神话呢？昆仑神话与希腊神话齐名，是世界两大主体神话。"昆仑神话"是以宇宙中心崇拜为信仰意念，以昆仑山为文化地理标志和昆仑山及其相关神话人物传说为主要内容，反映华夏民族早期想象中的文明世界和秩序伦理的一种神话。它的内容首先是以昆仑山及其相关神话人物"西王母""黄帝"为主题的神话，其次是与这些神话相关的神话，如："昆仑山"、"昆仑墟"、"昆仑丘"以及昆仑上涉及的神人，如："嫦娥"、"神兽"、"后羿"等。

何毅，男，四川师范大学教师，研究方向：中国近现代发展道路。

秦梦豪，女，四川师范大学 2017 级研究生，研究方向：马克思主义基本原理。

② 吉狄马加. 在神话的思维中感悟未来——昆仑文化与西王母神话国际学术论坛开幕式上的演讲 [J]. 青海社会科学 ,2010,(04).

③ 杜而未. 昆仑文化与不死观念 [M]. 中国台湾：台湾学生书局 ,1977.

而中华文明，又称华夏文明，是世界上最古老的文明之一，也是世界上持续时间最长的文明。昆仑文化的产生、流传过程与中华民族的生存与发展是同步的，距今已有360万年的历史。中华文明的繁荣与昆仑神话有直接的关系。昆仑文化是中华文明的源、魂、形，影响着整个中华文明发展史。

一、昆仑文化是中华文明的源

"神话"是一个民族最早的文化源头。在马克思看来，神话产生于人类的"童年时代"。在人类早期的这个童年时代，是人类文化开创时期。从产生的时间上来看，昆仑神话是远古文明和原始的自然宗教，是中华文明的母题和龙头，比道教、佛教产生的时间都要早。以昆仑神话为核心的昆仑文化，无论是从所位于的地理位置还是具有传奇色彩的文化本身出发，都可以得出这样一个结论：神话昆仑山是中华民族的发祥地和祖居地，中华文明的重要源头之一。

（一）从昆仑山地理位置追溯中华文明源头

谈及昆仑文化，当然离不开昆仑山的地理位置。固然，地理的昆仑山不等同于神话的昆仑山，但也不能说两者间毫无关联。"河出昆仑"的传说在古籍上反复出现，表明古代人们的一个共识是：昆仑山所在的基本地理方位在黄河源头地域。近代爱国主义诗人易顺鼎也在诗中写到"黄河九曲出昆仑，千百川流次地吞"。黄河是中华民族的母亲河，而黄河的源头就在昆仑山。从这首诗中也可以看出，昆仑是中华文明的源。在神话中，黄河发源于昆仑山的东北角，经过积石山浩浩荡荡东去，最终流入渤海。而水被认为是人类文明发源的象征。华夏文明最早在黄河流域形成。黄河流域最早出现了文字、青铜器，较早出现了城堡。而华夏民族的领袖也多活动在黄河流域，如黄帝、尧、舜、禹。在中华文明的进程中，黄河流域走在最前面。总而言之，无论是现实的昆仑还是神话的昆仑，昆仑山都是万山之宗，河岳之根。昆仑山不仅仅是拥有古老神话传说的山，同时也是中华文明的发祥地之一。

（二）从昆仑文化本身述说中华文明起源

昆仑神话是中国古典神话的主体部分，对中华文化有着巨大的影响，所以自古以来昆仑就是我们民族精神的象征。昆仑神话是由若干个基本的神话体系组成的文化大系。其中最核心、最重要的有作为开天辟地、用自己的生命演化出生机勃勃的大千世界的盘古神话；生命起源，人类形成的女娲、西王母神话；作为开拓创新为特征的伏羲神话；作为为统一而战和治理、发展社会为特征的炎黄神话。这些神话人物与中华文明的产生发展密切相关。

在清代历史学家马骕《绎史》卷一引《五运历年记》中记载："首生盘古，垂死化身，气成风云，声为雷霆，左眼为日，右眼为月，四肢五体为四极五岳，血液为江河，筋脉为地理，肌肉为田土，发髭为星辰，皮毛为草木，齿骨为金石，精髓为珠玉，汗流为雨泽，身之诸虫，因风所感，化为黎田亡。"这足以说明人们把昆仑神话中原初神盘古视为开天地、生乾坤、造人类、产万物的民族始祖加以祭祀。

《山海经》中昆仑之虚被称为"帝之下都"，而黄帝是昆仑山主要的神之一。中国现代著名历史学家、民俗学家顾颉刚在《从古籍中探索我国的西部民族———羌族》一文中提出："中华民族的人文的始祖炎黄首先是羌人的祖先，然后才是华夏族的祖先"，"不仅以炎帝为宗神的古代羌人生活在今青海祁连山南北河湟之地，而且青、甘、陕、川一带，主要是炎黄部落联盟活动，成为华夏民族的发祥地"。[1]

黄帝是古华夏部落联盟首领，中国远古时代华夏民族的共主、五帝之首。被尊为中华"人文始祖"。正如毛泽东在《祭黄帝陵文》中写道"赫赫始祖，吾华肇造；胄衍祀绵，岳峨河浩。聪明睿智，光披遐荒；建此伟业，雄立东方。"黄帝最先建立了华夏民族，让中华民族屹立于东方。在黄帝时期，养蚕、舟车、文字、音律、医学、算术等都先行发明，并得到发展，充分表明黄帝时代是承前启后、继往开来的伟大时代，是中华文明的源头与开端。

闻一多《伏羲考》立足于人类文化发展史的高度以文化人类学理论为指导，运用传统的音韵学、考据学方法，又借鉴民族考古知识、学习国外人类学理论，并把系统联想与严实的考证结合起来，论证了昆仑神话中女娲、伏羲的起源发展以及演变，对相关文化做了广泛深刻的研究。实际上通过这两位创世大神和龙蛇的渊源关系，探讨了昆仑神话对于早期中华文明形成和发展的关键作用。

二、昆仑文化是中华文明的魂

正如马克思所说"在野蛮期的低级阶段人类的高级属性开始发展起来。个人的尊严、雄辩、宗教的感情、真正、刚毅、勇敢，此时已成为品格的一般特质，但是残酷、艰险和狂热也随之俱来。"[2]昆仑神话体现了中华民族在人类社会童年时期所形成的哲学观、世界观、价值观。昆仑文化对中华文明的发展产生了深远的影响。可以说昆仑神话在一定意义上就是中华文明之精华、之魂魄。

（一）"天人合一"的哲学思想

中华文明崇尚的是天下万物运行都应该遵循的"天道"。昆仑文化中所蕴含的深刻的哲学思想，正注重人与自然的和谐相处。"天人合一"便是昆仑文化哲学思想的核心，更是中华五千年哲学思想的根基，是中华文化哲学思想的核心。"天人合一"的哲学思想最早出现于黄帝的《阴符经》："观天之道，执天之行"。对于黄帝的"天人合一"的哲学思想，儒家和道家对其都有所发展。孔子在《易经·系辞》中写道："仰以观于天文，俯

---

[1] 顾颉刚. 从古籍中探索我国的西部民族———羌族 [J]. 社会科学战线 ,1980,(01).

[2] 马克思摩尔根. 古代社会 一书摘要 [M] 北京：北京人民出版社 ,1965.

以察于地理，是以知幽明之故。"老子在《道德经》中称："天之道，利而不害；圣人之道，为而不争"。这便是儒道两家对"天人合一"哲学思想的诠释和阐释。

（二）"和而不同"的文化精神

中华文明历来注重涵盖"天下"所有人群，而不是其他文明所强调的宗教信仰、语言、体质差异等族群特征。昆仑文化极强的包容性很好地诠释了中华文明"和而不同"的文化精神。昆仑文化作为一个区域文化整体，既包括历史文化，也包括现当代文化；既包括各类精英文化，也包括各民族民间文化。①昆仑文化统领青海多民族文化和古今各种文化，最具涵盖性，青海作为多民族多元文化地区，是民族文化交融地之一。在很早以前，昆仑文化就与西方进行了大规模的交流，在史书和古诗中有大量与昆仑文化有关的丝绸之路和和亲的内容。"天含青海道，城头月千里。"唐代著名诗人李贺的诗句，生动再现了古丝绸之路青海道。"自从贵主和亲后，一半胡风似汉家。"唐朝诗人陈淘的诗句中也体现了民族融合。

（三）顽强抗争的斗争精神

马克思在《〈政治经济学批判〉导言》中有一段精辟地论述："任何神话都是用想象和借助想象以征服自然力，支配自然力，把自然力加以形象化"，是"通过人民的幻想用一种不自觉的艺术的方式加工过的自然和社会形式本身。"②正如马克思所言，神话并不是消极被动地对现实生活的关照和记录，而是积极地参与对世界的认知和改造，原始初民除了创造和解释自然现象的神话以外，还创造了许多关于改造自然的神话。这是因为原始初民并没有仅仅停留于解释和说明外部事物，他们还强烈渴望地去改造恶劣的生存环境，去支配自然力以及改造自然力，因此又创造了征服自然的神话，使神话表现出原始初民支配天地万物的意愿。女娲补天、精卫填海、夸父逐日这些昆仑神话也正是如此。昆仑神话蕴含着的顽强抗争、积极进取，无私无畏，勇于奉献的精神，正是中华民族"天行健，君子以自强不息"的体现。

三、昆仑文化是中华文明的形

昆仑文化作为中华文明的重要源头之一，对中华文明的发展产生了深远的影响，渗透到了中华文明的方方面面，如宗教信仰、民俗习惯、文学艺术等。可以说，昆仑文化是中华文明的一种表现形式。

（一）宗教信仰

道家思想是从中华文明和中华民族的本源中产生的，是中华文明的核心思想。对中华文明的发展产生了广泛而深刻的影响。道教的核心则是它贯穿于道教文化发展过程之中的

① 赵宗福. 论昆仑神话与昆仑文化 [J]. 青海社会科学 ,2010,(04).
② 马克思恩格斯全集 第二卷 [M]. 北京 : 人民出版社 ,1995.

神仙信仰。西王母的原相是昆仑山神，到东汉后期的早期道教已将西王母列为尊奉的神仙。东晋葛洪《枕中书》称："昔二代未分，溟滓鸿蒙，未有成形，天地日月未具，状如鸡子，混沌玄黄，已有盘古真人，天地之精，自号元始天王，游乎其中。"① 东晋道教学者葛洪将开天辟地的盘古，视作道教的最高尊神元始天王。由此可见，昆仑文化以自己独特的方式存在于道教文化中，是中华文明的一种表现形式。

（二）民俗习惯

昆仑神话是中国社会发展和人文历史的原始记录。中华文明中所包含的民间节日和风俗习惯都与昆仑文化密不可分。如正月初一是接天神的节日、初二是祭财神节日、初三是祭祖的节日、元宵节是盘古天帝的万寿节等，都与昆仑文化有着密切的关系。这些历史踪迹和文化根源，是传承中华文明的命脉。

（三）文学艺术

昆仑神话是中国古典文化的主体之一，鲁迅曾说过："中国昆仑神话是中国文学艺术之渊薮"。昆仑神话不仅促进了中国各种文学体裁的发展，也为后世作家提供了大量的创作素材。战国时的《庄子》一书中不少寓言故事就是根据昆山神话改编，如《逍遥》中的鹏、鲲就是《山海经》里北海神和风神的化身。在明代长篇小说《封神演义》和《西游记》中，"昆仑"既作为一个与世俗红尘相对比的理想世界，又是德高望重之神的修炼处。

四、昆仑文化的现实意义

（一）有利于增强中华民族的认同感和凝聚力

在认同领域中，文化认同是深植在历史与文明根基之中的基础性认同。② 昆仑文化以血缘为纽带的关系，对维系中华文明增强中华民族的认同感和凝聚力有着巨大的作用。如中华民族对共同始祖炎、黄二帝的崇拜，可以让民族齐心，万方合力，生发和气。昆仑文化的深远影响，使得中华文明在多元发展的同时保持了其完整性和延续性。昆仑文化虽然是一个区域性的文化，但辐射地域广阔、内涵丰富。在民族融合过程中，昆仑文化也不断地对各种文化进行吸收和接纳。有人研究，我国至少有三分之二的民族与昆仑文化有密切的关系。因此，昆仑文化是我国多民族共同传承享用的精神财富，是连接东部与西部各少数民族地区最牢固的精神纽带。这些都足以证明昆仑文化有利于促进各民族对中华民族的认同感，有利于增强民族凝聚力，有利于维护国家稳定，实现长治久安。

（二）有利于提升我国文化软实力和民族自信力

昆仑文化至今仍富有强大的生命力和深厚的文化基础。在当代还发挥着重要的文化功能，尤其是和谐大爱、敢于拼搏、无私奉献、勇于担当、不断创新、锐意探索的精神，不

① 元始上真众仙记 [A]. 道藏：第 3 册 [M].
② 蒋述卓. 文化认同 - 国家认同与人的发展 [J]. 暨南学报 (哲学社会科学版),2016(07).

仅激励着各族人民为实现中华民族伟大复兴而努力，而且与当代主流精神相吻合。昆仑文化是增强文化软实力、辐射力、影响力的重要途径，也是实现中华文化复兴中不可或缺的传统资源。就国家和民族文化的层面而言，昆仑文化是中华民族自立于世界民族之林的重要文化基础，是中华民族先祖智慧的结晶，对提高我国文化软实力和民族自信心有着不可替代的作用。

（三）有利于"丝绸之路经济带"的发展

索维尔指出，一个正在崛起的"世界文化，或一套信仰和智力规则已经在无数民族和集团文化上打上深深的烙印"，其结果至少是"每个社会的一部分文化正成为世界文化的一部分"。[①] 正如赵宗福指出：昆仑文化不仅影响了中华民族，而且进一步辐射到了周边国家民族，深深影响了日本、韩国、越南、马来西亚、新加坡等东南亚国家的文化，同时随着华人向世界的流移，昆仑文化因此走向世界，成为具有世界影响力的文化。[②] 昆仑文化源远流长、博大精深，体现了包容性、创造性和开放性，是中华民族自古以来共有的精神家园，更是世界传统文化中的奇丽瑰宝，在今天的对外交往中仍然发挥着极为重要的作用。丝绸之路是中华民族与亚欧各民族间政治、经济、文化交往的友谊桥梁，不仅推动了东西方的文化交流、文明传递、技术传播、商贸流通，而且促进了中华民族开放与发展。[③] 对外交流除了经贸往来，更重要的是各国文化交流。昆仑文化对唤醒丝绸之路经济带沿线各地各国人民共同的历史与文化记忆，打造民心相通前提下的亚欧命运共同体有重要的意义。

参考文献：

[1] 马克思恩格斯全集 第二卷 [M]. 北京：人民出版社,1995.

[2] 马克思摩尔根. 古代社会 一书摘要 [M] 北京：北京人民出版社,1965.

[3] 闻一多. 伏羲考 [M] 上海：上海古籍出版社,2009.

[4] 杜而未. 昆仑文化与不死观念 [M]. 中国台湾：台湾学生书局,1977.

[5] 元始上真众仙记 [A]. 道藏：第 3 册 [M].

[6] 蒋述卓. 文化认同 - 国家认同与人的发展 [J]. 暨南学报（哲学社会科学版）,2016（07）.

[7] 赵宗福. 论昆仑神话与昆仑文化 [J]. 青海社会科学,2010,（04）.

[8] 吉狄马加. 在神话的思维中感悟未来——昆仑文化与西王母神话国际学术论坛开幕式上的演讲 [J]. 青海社会科学,2010,（04）.

[9] 吉狄马加在"2014昆仑文化与丝绸之路经济带建设 国际学术论坛"上的讲话.

---

① 麦哲. 文化与国际关系：基本理论述评（上）[J]. 现代外国哲学社会科学文摘,1997(04).
② 2013 年 1 月 20 日至 21 日，在青海举行的首届大昆仑文化高峰论坛，近百位学者专家参会共同探讨大昆仑文化而提出此观点.
③ 吉狄马加在"2014昆仑文化与丝绸之路经济带建设 国际学术论坛"上的讲话.

[10] 麦哲.文化与国际关系:基本理论述评(上)[J].现代外国哲学社会科学文摘,1997(04).

[11] 2013 年 1 月 20 日至 21 日,在青海举行的首届大昆仑文化高峰论坛,近百位学者专家参会共同探讨大昆仑文化而提出此观点.

[12] 张泽洪 熊永翔.道教西王母信仰与昆仑山文化[J].青海社会科学,2010,(06).

[13] 顾颉刚.从古籍中探索我国的西部民族———羌族[J].社会科学战线,1980,(01).

论昆仑文化与新时代精神的耦合关系

梁家胜

摘 要： 确证昆仑文化与新时代精神之间的耦合关系即二者之间相互作用、相互影响、互动交融的关系，强调二者在文化精神层面的一脉相承、一以贯之和无缝对接，既有利于拓宽昆仑文化研究的整体视域，又可以开辟把握昆仑文化及其精神的新维度。昆仑文化精神耦合着新时代中华民族的伟大创造精神、伟大奋斗精神、伟大团结精神和伟大梦想精神这四个"伟大"民族精神；精神耦合正是神话通往现实的"昆仑道"。昆仑文化是具有典型的中国气派和中国风格的元文化与母文化，是新时代中华民族精神之根柢，是中华文明得以绵延不绝的文化血脉。现代性转化与融合使得昆仑文化具有了新时代先进文化的内蕴与形构；其在接受现代性检验的同时，新时代中国精神也在回归传统，进行文化意义上的认祖归宗。

关键词：昆仑文化；新时代；精神；耦合

耦合，原本是在通信工程、软件工程、机械工程等工程领域中经常使用的名词术语，指两个或两个以上的电路元件或电网络等的输入与输出之间存在紧密配合与相互影响，并通过相互作用从一侧向另一侧传输能量的现象。某两个事物之间如果存在一种相互作用、相互影响的关系，那么这种关系就称之为"耦合关系"（Coupling relation）。此处借以用来形容昆仑文化与新时代精神之间相互作用、相互影响、互动交融的关系。确证昆仑文化与新时代精神之间的耦合关系，既有利于我们在新时代拓宽昆仑文化研究的整体视域，又可以开辟把握昆仑文化及其精神的新维度。

诚如赵宗福先生所言："传统是建设中华民族共有精神家园的基石与内核。昆仑神话对于中华民族文化精神的影响久远而深刻，当前涌现的时代精神赋予昆仑神话精神新的音符，她们之间呈现互动交融态势。"[1] 耦合更多是指文化精神上的耦合，即昆仑文化精神与新时代精神之间的耦合关系。张岱年指出："文化的基本精神就是文化发展过程中精微的内在动力，也就是指导民族文化不断前进的基本思想。"[2] 文化精神是一种理性自觉，它蕴涵于文化的本质层和最深处，又往往与影响某一特定文化发展的时代呼唤、价值诉求、指

---

① 赵宗福：《论昆仑神话的精神内涵与现实价值》[J]，《青藏高原论坛》2013 年第 1 期。

② 张岱年，程谊山：《中国文化精神》[M]，北京：北京大学出版社，2015，第 14 页。

引方向以及践行路径等密切关联，其最能够呈展并彰显某一种文化的建构逻辑、独特气质和恒久魅力。

"经过长期努力，中国特色社会主义进入了新时代，这是我国发展新的历史方位。"[①]在由若干具体精神形态组构而成的中国精神集合里，其中的每一种具体精神形态往往又自成一体，因其生发传承的历史条件和时空背景等因素的差异，而呈展出各自独特的精神内蕴和鲜明的时代烙印。伟大创造精神、伟大奋斗精神、伟大团结精神、伟大梦想精神——这是习近平在 2018 年第十三届全国人大一次会议上对中华民族的民族精神做出的最新概括和深刻诠释。四个"伟大"，无疑是对凝结着全中华民族血泪、汗水和智慧的民族精神的高度凝练。如果我们从历史和现实相贯通的整体视角去深刻理解并自觉响应这一新时代奋斗的号角的话，那么，昆仑文化精神与新时代精神所具有的渊源关系和一脉相承，恰恰是二者间耦合关系的坚实依据和最好注脚。以四个"伟大"为核心内容的伟大民族精神起源并植根于包括昆仑文化在内的中华优秀传统文化。昆仑文化所蕴涵和彰显的民族精神深深影响着中华民族大多数成员所认同的思维方式、价值取向、精神气质、伦理规范等，成为中华民族赖以存续和发展的重要精神支撑。

昆仑文化中所蕴含的无所畏惧、敢于抗争、自我牺牲等文化精神不仅对中华民族精神内核的凝练产生了重大影响，而且与我们在新时代要敢于斗争、弘扬伟大的斗争精神这一时代呼唤与要求相耦合。中国共产党的十九大报告指出："中华民族伟大复兴，绝不是轻轻松松、敲锣打鼓就能实现的。全党必须准备付出更为艰巨、更为艰苦的努力。"[②]实现中华民族伟大复兴的中国梦，没有捷径可走，惟有在新时代以大无畏的抗争与奋斗精神，站在新的历史方位进行具有新的时代特点的伟大斗争。

一、绕不开的"昆仑"

赫赫我祖，来自昆仑。用德国哲学家费希特的话说，"中国民族是最具有原初性的民族。唯其是一个原初的民族，所以它才能独特地运用其心灵"[③]。由于昆仑神话和昆仑文化属于母根文化、民族文化、民俗文化、民间文化、精神文化、信仰文化，所以我们在探讨昆仑文化与新时代精神的耦合关系时，无论是从纵向的历史、时间维度的发生学角度还是从横向的地理、空间维度的结构性角度，无论是神话还是现实，无论是文化传统还是时代精神，都绕不开一个关键词——昆仑。也就是说，按照中国人的始源性思维，当我们索寻和追溯

① 习近平：《决胜全面建成小康社会 夺取新时代中国特色社会主义伟大胜利——在中国共产党第十九次全国代表大会上的报告》[M]，北京：人民出版社，2017，第 10 页。

② 中共中央文献研究室：《中国共产党第十九次全国代表大会文件汇编》［M］，北京：人民出版社，2017，第 13 页。

③ 转引自郑家栋：《道德理想主义的重建》［M］，北京：中国广播电视出版社，1992，第 35 页。

中华民族精神源流的时候，具有"宇宙卵"功能和意义的"其光熊熊，其气魄魄"的昆仑①必然是无法回避的、理所应当的根柢与始源之一；当我们从民族精神现代性的角度去探讨并寻求中华民族现代化进程中不可或缺的精神要素和模塑当代中国人人格典范的精神力量时，也会自然而然地归结到"巍巍昆仑"；当我们在学理上观照并梳理神话的昆仑抑或现实的昆仑时，"昆仑之丘"作为九州华夏的山岳之宗、江河之源和中华民族的生命之母、文明之根，其地位和作用是毋庸置疑、无可替代的。如下图所示：

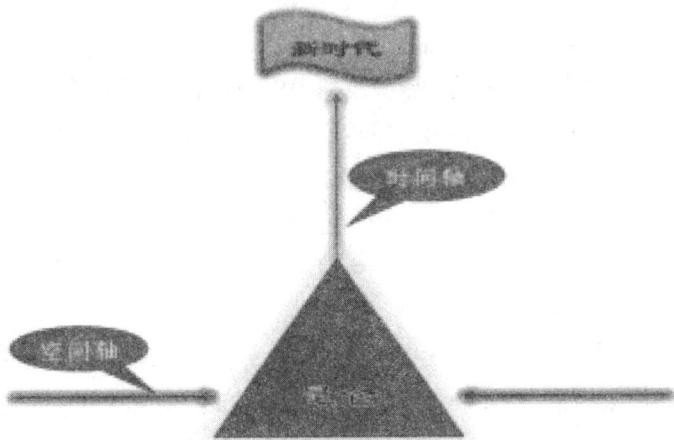

昆仑文化是一个自足而开放的有机体系。昆仑文化体系是由昆仑神话系统和蓬莱神（仙）话系统这二者为主体、同时吸纳中华文明中与之相关联的有益成果和传统精髓共同组构而成的。形成于江河流归处的东部沿海地区的蓬莱神（仙）话系统，实质上是对发端于江河源始处的西部高原地区的昆仑神话系统的承继、伸延与展拓。昆仑文化包蕴、涵养并彰显了中华儿女在求生存、谋发展的艰辛历程中所表现出来的大无畏英雄气概，这种气场、气概、气质早已固化为中华民族"天行健，君子以自强不息；地势坤，君子以厚德载物"的民族精神和优良传统。

所谓"赫赫我祖，来自昆仑"，其所昭示的恐怕正是天地乃人类之母，中华民族深深地扎根于这片世代繁衍生息的沃土，她们不是神选的民族，而是天地所生。因此，这个民族既知其源，又源远流长；既知其子，又复守其母；既知其恩，又感恩相报；既有直面苦难时无所畏惧的斗争与奋斗精神，又怀揣对列祖先宗的慎终追远和敬畏之心。在这里敬畏天地与景仰昆仑、追慕先祖与孝悌修身交互融合，犹如中药配伍，君臣佐使，相得益彰，

---

① 昆仑，在一些古书里直接写作或者等同于"混沦"、"浑沦"、"混沌"、"浑敦"等等，其在原始意义上首先是一种浑圆的混沌迷茫状态。这一点正可与"天地混沌如鸡子，盘古生其中"（《艺文类聚》卷一引《三五历纪》）相互印证创世神话中常见的"宇宙卵"母题。所以，神话里的昆仑山不仅呈现出一派雄伟浑圆、混混沌沌的气象，而且具有了创世神话中"宇宙卵"的功能和意义。参考赵宗福：《论昆仑神话与昆仑文化》[J]，载《青海社会科学》2010年第4期。

共同浇筑一体中华的民族精神之魂。杨桂森在论及中华民族精神的特质时指出："在中国人的精神世界，没有崇拜神的传统，也不侍奉鬼神。但中国人有三畏：一畏天命（宗教意义上敬畏）；二畏大人（世俗的政治权力和等级制度）；三畏圣人之言（学者和圣人的伦理训条）。"无所畏惧但又有所敬畏，从而让中华民族伟大的斗争与奋斗精神具有了理性的辩证色彩。

历史已然昭示并确证：一个民族的现代化必须建基在本民族的优秀文化传统和文明成果之上。否定或舍弃自己的根母文化、始源文化、传统文化或者说"元文化"，只能说明民族想象力和创造力的萎缩枯竭，更谈不上坚守中华文化立场、以独立的民族精神和充分的文化自信矗立于世界民族之林。毋庸置疑，昆仑文化属于中华民族的元文化、母文化。在推动中华民族的民族精神实现现代化转化与融合和构建新时代精神的过程中，昆仑文化是任谁也绕不开的。唯有植根于以昆仑文化为代表的中华文明沃土，才能有机地涵养并培育出顺应历史潮流、契合时代要求的与时俱进的新时代精神。

二、精神耦合：神话通往现实的"昆仑道"

前已提及，我们在探讨昆仑文化与新时代精神之间的耦合关系时，更关注和强调它们在文化精神层面的一脉相承、一以贯之和无缝对接。昆仑文化中所蕴含的具体精神形态主要有："舍我其谁"的担当精神；"自强不息"的进取精神；"厚德载物"的宽容精神；"民贵君轻"的民本精神；"仁民爱物"的博爱精神；"经世致用"的务实精神；"协和万邦"的和平精神；等等。昆仑文化精神耦合着新时代中华民族的伟大创造精神、伟大奋斗精神、伟大团结精神和伟大梦想精神这四个"伟大"民族精神。由此我们可以说，精神耦合正是神话通往现实的"昆仑道"。兹引例如下：

（一）昆仑文化蕴涵着伟大创造精神

1. 盘古开天辟地

　　天地混沌如鸡子，盘古生其中。万八千岁，天地开辟，阳清为天，阴浊为地。盘古在其中，一日九变，神于天，圣于地。天日高一丈，地日厚一丈。如此万八千岁。天数极高，地数极深，盘古极长，后乃有三皇。数起于一，立于三，成于五。盛于七，处于九，故天去地九万里。

——《艺文类聚》卷一引《三五历纪》

2. 盘古化生万物

　　元气蒙鸿，萌芽兹始，遂分天地，肇立乾坤，启阴感阳，分布元气，乃孕中和，是为人也。首生盘古，垂死化身：气成风云，声为雷霆，左眼为日，右眼为月，四肢五体为四极五岳，血液为江河，筋脉为地里（理），肌肉为田土，发髭为星辰，皮毛为草木，齿骨为金石，精髓为珠玉，汗流为雨泽，身之诸虫，因风所感，化为黎甿也。

——《绎史》卷一引《五运历年纪》

盘古之君，龙首蛇身，嘘为风雨，吹为雷电，开目为昼，闭目为夜。死后骨节为山林，体为江海，血为淮渎，毛发为草木。

——《广博物志》卷九引《五运历年纪》

3. 女娲抟土造人

俗说天地开辟，未有人民。女娲抟黄土作人，剧务，力不暇供，乃引绳于絙泥中，举以为人。故富贵者，黄土人也；贫贱凡庸者，絙人也。

——《太平御览》卷七八引《风俗通》

黄帝生阴阳，上骈生耳目，桑林生臂手，此女娲所以七十化也"。高诱注："黄帝，古天神也。始造人之时，化生阴阳。上骈、桑林，皆神名。女娲，王天下者也。七十变造化，此言造化治世非一人之功也"。

——《淮南子·说林篇》

4. 伏羲始创八卦

太皋，庖牺氏，风姓，代燧人氏继天而王。母曰华胥，履大人迹于雷泽，而生庖牺于成纪，蛇身人首，有圣德。仰则观象于天，俯则观法于地；旁观鸟兽之文，与地之宜，近取诸身，远取诸物，始画八卦，以通神明之德，以类万物之情。造书契以代结绳之政，于是始制嫁娶，以俪皮为礼。结网罟以教佃渔，故曰宓牺氏。养牺牲以庖厨，故曰庖牺。有龙瑞，以龙纪官，号曰龙师。作三十五弦之瑟，木德王，注春令。

——《史记·补三皇本纪》)

无论是盘古开天辟地、化生万物的创世、创生壮举，还是女娲抟土造人、创造生命的神奇，抑或是伏羲始作八卦、开创人文的求索，都彰显并养习着中华民族伟大的创造精神。昆仑神话和昆仑文化亦经由"昆仑道"连接起新时代精神并实现着文化精神上的耦合。

（二）昆仑文化蕴涵着伟大奋斗精神

1. 女娲炼石补天

往古之时，四极废，九州裂；天不兼覆，地不周载；火烂炎而不灭，水浩洋而不息；猛兽食颛民，鸷鸟攫老弱。于是女娲炼五色石以补苍天，断鳌足以立四极，杀黑龙以济冀州，积芦灰以止淫水。苍天补，四极正，淫水涸，冀州平，狡虫死，颛民生。

——《淮南子·览冥篇》

2. 后羿上射九日

尧之时，十日并出，焦禾稼，杀草木，而民无所食。猰貐、凿齿、九婴、大风、封豨、修蛇皆为民害。尧乃使羿诛凿齿于畴华之野，杀九婴于凶水之上，缴大风于青丘之泽，上射十日而下杀猰貐，断修蛇于洞庭，禽封豨于桑林，万民皆喜，置尧以为天子。

——《淮南子·本经训》

3.刑天操舞干戚

刑天与帝至此争神，帝断其首，葬之常羊之山，乃以乳为目，以脐为口，操干戚以舞。

——《山海经·海外西经》

4.共工怒触不周山

共工氏与颛顼争为帝。[①]怒而触不周之山，折天柱，绝地维；故天倾西北，日月辰星就焉；地不满东南，故百川水潦归焉。

——《列子·汤问》

共工与颛顼争为天子不胜，怒而触不周之山，使天柱折，地维绝。女娲炼五色石以补苍天，断鳌足以立四极。天不足西北，故日月星辰移焉，地不足东南故百川注焉。

——《论衡·谈天篇》

奋斗的本义为奋力格斗，即奋力与对方作斗争[②]，现在一般指人们为达到一定目的而奋起努力干到最好。奋斗是为了实现目标而不断地去克服各种阻力、战胜各种困难的过程，这个过程会充满压力、痛苦、挫折，所以奋斗总是与拼搏、抗争、坚持、无畏、不屈、顽强、坚韧等进取品质和精神品格连接在一起。在由昆仑神话系统和蓬莱神（仙）话系统共同组构的昆仑文化体系里，炼石补天的女娲、射落九日的后羿、操舞干戚的刑天、怒触天柱的共工，还有与日竞逐的夸父、矢志填海的精卫、治理水患的鲧禹、恒道移山的愚公，甚至逍遥过海的八仙等等，在他们身上无不闪耀着不畏艰难、不屈不挠、锲而不舍、勇于牺牲、甘于奉献的伟大奋斗精神。这种精神亘古长青、经久不衰，一直以来涵养、砥砺着中华民族积极进取、奋发向上的优秀精神品质和传统美德。

（三）昆仑文化蕴涵着伟大团结精神

1.鲧禹治理水患

洪水滔天。鲧窃帝之息壤以埋洪水，不待帝命。帝令祝融杀鲧于羽郊。鲧复生禹。帝乃命禹卒布土以定九州。

——《山海经·海内经》

鸱龟曳衔，鲧何听焉？顺欲成功，帝何刑焉？永遏在羽山，夫何三年不施？伯禹愎鲧，夫何以变化？纂就前绪，遂成考功。何续初继业，而厥谋不同？洪泉极深，何以寘之？地方九则，何以坟之？河海应龙？何尽何历？鲧何所营？禹何所成？

——《楚辞·天问》

---

① 颛顼，黄帝之裔，故此战实为黄炎战争之继续。
② 奋斗，语出《宋史·吴挺传》："金人舍骑操短兵奋斗，挺遣别将尽夺其马"，又如清人黄轩祖《游梁琐记·剑术》："约食顷，翁又来，女奋斗益厉，至夜终无胜负"。

2. 愚公恒道移山

　　太行、王屋二山，方七百里，高万仞，本在冀州之南，河阳之北。北山愚公者，年且九十，面山而居。惩山北之塞，出入之迂也，聚室而谋曰："吾与汝毕力平险，指通豫南，达于汉阴，可乎？"杂然相许。其妻献疑曰："以君之力，曾不能损魁父之丘，如太行、王屋何？且焉置土石？"杂曰："投诸渤海之尾，隐土之北。"遂率子孙荷担者三夫，叩石垦壤，箕畚运于渤海之尾。邻人京城氏之孀妻有遗男，始龀，跳往助之。寒暑易节，始一返焉。

　　河曲智叟笑而止之曰："甚矣，汝之不惠！以残年余力，曾不能毁山之一毛，其如土石何？"北山愚公长息曰："汝心之固，固不可彻，曾不若孀妻弱子。虽我之死，有子存焉；子又生孙，孙又生子；子又有子，子又有孙；子子孙孙无穷匮也，而山不加增，何苦而不平？"河曲智叟亡以应。

　　操蛇之神闻之，惧其不已也，告之于帝。帝感其诚，命夸娥氏二子负二山，一厝朔东，一厝雍南。自此，冀之南、汉之阴无陇断焉。

——《列子·汤问》

　　鲧禹治水，子承父业，勠力同心，可谓齐心合力，团结一致，体现伟大团结精神。愚公移山，贵在恒道。始龀之遗孤，尚且跳往助之；子子孙孙，无穷匮也。这是何等的向心力与凝聚力，才能达成如此空前的团结！所谓"抱一为天下式"，大道永恒而生生不息，这也正是愚公移山神话故事所彰显的伟大团结与奋斗精神。

3. 八仙逍遥过海

　　则俺这八仙啊过海神通大，方显这众圣归山道法强，端的万古名扬。

——（明）无名氏《八仙过海》第二折

　　正是八仙同过海，独自显神通！

——（明）吴承恩《西游记》第八十一回

　　王母在瑶池作蟠桃大会，八洞神仙来贺，送呈一云轴以致礼，甚可王母之意，以盛筵款待之，歌舞助兴。席散后八仙飘飘东游而去来至东海，停云观望。只见潮头汹涌，巨浪惊人。洞宾言曰："今日乘云而过，不见各家本事。试以一物投之水面，各显神通而过如何？"众曰："可。"

　　话罢，铁拐李先把拐投进了水里，站在拐上乘风破浪；紧接着钟离权、张果老、吕洞宾、韩湘子、何仙姑、蓝采和曹国舅相继以拂尘、纸驴、箫管、花篮、竹罩、拍板和玉版投水而渡。此时龙王正在龙宫议事，忽见水面一派白光，把整个水晶宫照了个透亮，赶忙让太子去察看一番。这东海太子带兵绕海巡视正撞见蓝采和刚好脚踏玉版，划水驰过。太子顿时大开眼界，心中觊觎起玉版来，想到我在宫里什么宝贝没见过，都没有这玉版可爱！不如抢过来……于是蓝采和掉进了水里，太子顺手把采和囚禁在了龙宫，揣起宝贝仔细赏玩。

　　其余七仙登岸后等了许久也不见采和，铁拐便说道，"定是龙王作怪。"七仙便前往东海与龙王理论。没成想东海太子霸物凌人，出言不逊；老龙王包庇纵容，惹怒八仙。之后八仙大开杀戒，火烧东海，而东海龙王与太子奋力抵抗，调兵遣将，一时之间东海惊涛骇浪，硝烟四起。四海龙王、天兵天将，连齐天大圣都被请出了山，眼看着就快收不住了，正在危急时刻，太上老君和如来突然来到，大喊收手。经各方调解规劝，双方才停战言和。

——据（明）吴元泰《东游记》

八仙过海，各显神通。表面看来，八仙们是各凭各的本事、发挥各自特长漂洋过海的，但是这里有一个最基本的前提，那就是在中国民间、在广大民众的文化观念里，"八仙"首先是一个不可分割的整体性的群体称谓。用现在的话说，八仙是一个"团队"。而且八仙团队在逍遥邀海时是相约"共赏海景"，在与东海龙王等恶霸势力进行斗争之时，更是空前团结、众志成城、并肩协同作战，恰恰充分体现了伟大团结精神这一昆仑文化和新时代精神蕴涵。

4.上元三鼓夺昆仑①：昆仑文化的现代赋新

> 一树桃花惨淡红，雄关阻塞驿楼空。
>
> 倭师几处留残垒，汉帜依然卷大风。
>
> 仙女山头奇石笋，牡丹岭上阵云浓。
>
> 莫云南向输形势，枢相当年立战功。

——田汉《咏昆仑关之战》

历史总是有太多的巧合，昆仑文化所昭示的中华民族伟大团结与斗争精神于抗日战争时期在广西一个叫"昆仑关"②的战略要点再次得到彰显。昆仑关大捷③极大地增强了中华

---

① "上元三鼓夺昆仑"，是北宋名将狄青南征、平叛侬智高部的决胜之捷，维护了国家的统一。宋皇祐四年（1052年），广源州首领侬智高攻占邕州，继而攻占宾、横、桂等州，踞昆仑关以自雄。时广西兵马铃辖陈曙领兵八千与之于关作战，陈曙损兵二千大败。皇祐五年（1053年），枢密副使狄青领兵三万于宾州，佯令休整十日，筹备粮草，以示军未即进。并于佯令之次夜（正月元宵）张灯结彩，置酒席大宴宾客。"漏下二鼓，青入内令孙元规代主席，将校候青出未敢退。"三鼓，即整军骑突袭，"迟明忽报青度昆仑关矣"。

② 昆仑关位于宾阳县城十九公里处，与邕宁县交界的昆仑山峡，相传于秦代尉屠睢征服岭南后，为运粮交通方便所建。有文字记载的，昆仑关是"唐元和十一年（816年）垒石为关"。时曰"南雄关"，至宋时改名"昆仑关"，明崇祯十二年（1640年），关门上始刻上"昆仑关"三个大字。此关周围五十多里，层峦叠嶂，苍峰似海，群山环抱，绵亘相偎，中通隘道，雄关横锁，素称天险，有"一夫当关，万夫莫开"之势，向来是兵家必争之地。

③ 昆仑关战役为抗日战争的大型战役之一，也是桂南会战国民革命军投入战力最强规模部队的一场战役。主要地点位于中国广西战略要点昆仑关，起止时间为1939年12月18日—1940年1月11日。第三十八集团军中央军第五军奉命主攻昆仑关，12月18日凌晨战斗打响。12月30日第五军第三次攻克昆仑关，歼灭第21旅团5000余人，21旅团班长以上的军士官死亡达85%以上，击毙敌少将旅团长中村正雄。最后以国民革命军伤亡3倍于日军的惨重代价固守昆仑关告捷。昆仑关战役是抗战相持期间中国军队首次取得攻坚战的胜利，"开了抗战以来强攻夺取敌阵地、消灭敌军一个旅团的胜利的记录"，是与日军硬碰硬地当面较量，它达成了初步的军事目标并给日军心理上造成了一定影响。中村正雄临死前在日记本上写道："帝国皇军第五师团第十二旅团，之所以在日俄战争中获得了'钢军'的称号，那是因为我的顽强战胜了俄国人的顽强。但是，在昆仑关，我应该承认，我遇到了一支比俄国更强的军队"。日军自承"于中国参战以来，所未遭遇之坚强战斗力，致此次伤亡惨重"。

· 287 ·

民族的血气和志气，极大地鼓舞了中国军民的士气和勇气，是抗日战争期间继平型关、台儿庄大捷后的又一重大胜利。昆仑关战役为中国抗日战争的胜利作出了重要的贡献，铸就了中国抗日战争史和世界反法西斯战争史上的不朽丰碑。昆仑关见证了无数中华英雄儿女为了民族独立，抵御外辱，英勇报国，不惜抛洒热血，奉献牺牲，前仆后继，正是他们构筑了中华民族真正意义上的昆仑砥柱，铸就了中华民族可歌可泣的"精神昆仑"。田汉先生的《咏昆仑关之战》一诗道出了昆仑关战役的惨烈程度和昆仑关魂，彰显了中华儿女的凛然气节和昂扬斗志。昆仑——巍巍的雄关，负载着历史的沧桑和民族的记忆；昆仑关魂——承续昆仑文化精神，是中华民族伟大团结精神、伟大斗争精神的现代注释与表达。

（四）昆仑文化蕴涵着伟大梦想精神

1. 夸父与日竞逐

夸父与日逐走，入日；渴，欲得饮，饮于河、渭；河、渭不足，北饮大泽。未至，道渴而死。弃其杖，化为邓林。

——《山海经·海外北经》

夸父不量力，欲追日影，逐之于隅谷之际。渴欲得饮，赴饮河渭。河渭不足，将走北饮大泽。未至，道渴而死。弃其杖，尸膏肉所浸，生邓林。邓林弥广数千里焉。

——《列子·汤问》

2. 嫦娥飞天奔月

羿请不死之药于西王母，娥窃以奔月，怅然有丧，无以续之。（高诱注：姮娥，羿妻；羿请不死之药于西王母，未及服之，姮娥盗食之，得仙奔入月中，为月精也。奔月或作奔肉，药奔肉以为死，畜之，肉复可生也。）

——《淮南子·览冥训》

昔者恒我（姮娥）窃毋死之药于西王母，服之以（奔）月。将往，而枚占于有黄。有黄占之曰："吉。翩翩归妹，独将西行。逢天晦芒，毋惊毋恐，后且大昌"。恒我遂托身于月，是为蟾蜍。

——《归妹》卦辞

3. 精卫矢志填海

又北二百里，曰发鸠之山，其上多柘木。有鸟焉，其状如乌，文首、白喙、赤足，名曰精卫，其鸣自詨。是炎帝之少女名曰女娃，女娃游于东海，溺而不返，故为精卫。常衔西山之木石，以堙于东海。漳水出焉，东流注于河。（郭璞注《山海经》写《山海经图赞》有"精卫"条："炎帝之女，化为精卫。沉形东海，灵爽西迈。乃衔木石，以填攸害。"）

——《山海经·北山经》

4. 穆天子神游

化人复谒王同游，所及之处，仰不见日月，俯不见河海。光影所照，王目眩不能得视；音响所来，王耳乱不能得听。百骸六藏，悸而不凝。意迷精丧，请化人求还。化人移之，王若殒虚焉。既寤，所坐犹向者之处，侍御犹向者之人。视其前，则酒未清，肴未晞。王问所从来。左右曰："王默存耳。"由此穆王自失者三月而复。更问化人。化人曰："吾与王神游也，形奚动哉？且曩之所居，奚异王之宫？曩之所游，奚异王之圃？王闲恒有，疑暂亡。变化之极，徐疾之间，可尽模哉？"王大悦。不恤国事，不乐臣妾，肆意远游。……已饮而行，遂宿于昆仑之阿，赤水之阳。别日升昆仑之丘，以观黄帝之宫；而封之以诒后世。遂宾于

西王母，觞于瑶池之上。西王母为王谣，王和之，其辞哀焉。西观日之所入。一日行万里。

——《列子·周穆王》

所谓"神遇为梦，形接为事；故昼想夜梦，神形所遇；故神凝者梦想自消"（《列子·周穆王》）。列子把梦与想等同起来，"想"是日间的神行，而"梦"则是眠时的神游。因此，"想"与"梦"只是"神"在梦与觉这两种不同状态下的分身；亦即，梦与想这二者本就是辩证的、不可分的一体两面，是统一于"神"（精神）的。穆天子怀揣着梦想，由想入梦，又由梦及想，最后由神游到远游的历程，正是彼时伟大梦想精神的体现。夸父是有梦想的，他梦想着能够追上太阳；嫦娥是有梦想的，她梦想着能够永驻青春；精卫是有梦想的，她梦想着能够填平大海……中国人民更是有梦想的，那就是实现中华民族伟大复兴的中国梦！

三、昆仑文化：新时代民族精神的根脉

沈壮海教授强调指出，"民族精神是绵延不绝的文化血脉，时代精神是发展创新的时代反映，相互联系、相互作用，共同构成了中国精神的核心内容"[①]。昆仑文化与新时代精神之所以能够耦合，是因为它滥觞并成形于中华文明发展进步的历史实践过程中，是具有典型的中国气派和中国风格的精神文化体系，是中华民族赖以生存与发展的始元文化。昆仑文化是新时代中华民族精神之根柢，是中华文明得以绵延不绝的文化血脉。新时代民族精神又是负载着中华民族深沉久远历史的昆仑文化及其精神的时代呈现与表达。文化是伴随着历史的进程不断向前发展的，昆仑文化及其精神历久弥新，在不同的时代也会呈展出别样的特色与风采。

所谓"黄帝四面"，在昆仑神话中，中华民族的人文始祖黄帝有四个不同的面孔。新时代民族精神同样是一个充分体现了本体、认知、功能和价值等维度的"多面体"。而新时代精神的多面呈现又与昆仑文化所长期养习的中华民族共同体的群体特质、社会心理、思维逻辑、情感意愿等密切相关。赵宗福先生指出："昆仑神话以其博大恢宏、原始纯朴的意象与思维，经过岁月的积淀，为当代民族精神与时代精神的宣扬，存储了不竭的精神财富和文化基因。"[②]盘古开天辟地、女娲抟土造人、共工怒触不周山、刑天操舞干戚、女

---

① 沈壮海：《中国精神的"根"和"脉"》[N]，《光明日报》2015-01-06（10）。
② 赵宗福：《论昆仑神话的精神内涵与现实价值》[J]，《青藏高原论坛》2013年第1期。

娲炼石补天、夸父与日竞逐、精卫矢志填海、燧人氏钻木取火、伏羲始作八卦、黄帝创世人文、昆仑女

神西王母、西王母与东王公、后羿上射九日、嫦娥飞天奔月、鲧禹治理水患、愚公恒道移山、穆天子神游、王母蟠桃会、八仙逍遥过海……这一系列耳熟能详的昆仑神话传说故事不仅生动地表现了中华民族同各种艰难险阻进行伟大斗争的豪迈精神和宏伟气概，而且铸就了心系黎民、自觉担当，生命不止、奋斗不息，勇于牺牲、甘于奉献的高尚品格和博大情怀。

中国共产党的十九大报告首次提出发展中国特色社会主义文化要"坚守中华文化立场，坚持创造性转化、创新性发展，不断铸就中华文化新辉煌"①。坚守中华文化立场旨在坚持中华文化主体性、捍卫民族精神独立性的前提下，以中华文化为根本，传承中华文化优秀基因，通过中华传统文化的创造性转化和创新性发展，实现文化的全面现代化，从而创造中华文化的新辉煌。②从这个意义上来观照，昆仑文化充分彰显了中华民族文化在新时代的独特价值。这就使得我们在依托昆仑文化去模塑、凝练并激扬新时代精神时，有了方向坐标和基本定位。

习近平指出："世界上没有两片完全相同的树叶。一个民族、一个国家，必须知道自己是谁，是从哪里来的，要到哪里去，想明白了、想对了，就要坚定不移朝着目标前进"③。中华文明悠久厚重，中华文化更是源远流长，它"积淀着中华民族最深层的精神追求，代表着中华民族独特的精神标识，为中华民族生生不息、发展壮大提供了丰厚滋养"④。在上下五千年的文明发展和历史流变中，博大精深的昆仑文化寻绎着中华民族坚韧的精神归指，负载着中华民族深沉的精神寄托，饱含着中华民族圣洁的精神基因，成为中华儿女在文化激荡的世界民族之林站稳脚跟的坚强基石。昆仑文化以自己独特的气质和方式阐释了"我是谁"

"我从哪里来""要到哪里去"等关涉世界观、人生观和价值观的基本问题。在模塑新时代民族精神和通往现代精神文明的道路上，昆仑文化应该而且一定能够以自己特有的文化蕴涵和精神气质为根基，融入并耦合新时代精神，从而展开既坚守中华文化立场、又凸显民族精神独立性、同时助益人类命运共同体的特色鲜明、别具一格的现代化建构。

① 中共中央文献研究室：《中国共产党第十九次全国代表大会文件汇编》［M］，北京：人民出版社，2017，第34页。
② 袁久红：《构筑新时代中国文化精神的思想指引》［J］，《江西社会科学》2018年第6期。
③ 中共中央文献研究室：《习近平关于社会主义文化建设论述摘编》［M］，北京：中央文献出版社，2017，第117页。
④ 习近平：《习近平谈治国理政》［M］，北京：外文出版社，2014，第164页。

四、新时代精神：昆仑文化的现代转化与融合

一种文化的生命力或价值恰恰体现在"百姓日用而不知"。虽然昆仑文化及其精神对广大民众而言已经内化于心、外化于行，完全浸润于百姓日常生活之中。但是昆仑文化对新时代精神的模塑与涵养，可谓路漫修远，仍需合力求索。

（一）昆仑文化的模塑与涵养作用必须接受现代性的检验

任何文化的模塑与涵养作用都无法脱离"现代性"这个话题，必须接受现代性的检验，昆仑文化也不例外。中华民族跟随世界文明的脚步一同迈进现代世界体系。尽管现代化并非由中华文明所开启，但中国文化凭借自身的博大精深与强大的学习能力，顺应时代大潮，不断地融会贯通，实现了现代性转化与融合。昆仑文化对新时代精神的模塑与涵养，不仅体现了昆仑文化的现代活力，而且对新时代中华民族精神的养成与维系提供了强有力的文化支撑。因此，昆仑文化在接受现代性检验的同时，新时代民族精神也在回归传统，进行文化意义上的认祖归宗。

现代性转化与融合就是要推动昆仑文化与新时代民族精神的深度结合，使以昆仑文化为代表的中华优秀传统文化具有现代先进文化的内蕴与形构。现代性转化与融合就是要在昆仑文化中融入现代科技文化、市场经济文化与民主政治文化等现代性内涵，使其更具时代性，更加耦合新时代精神，更加符合中国梦愿景，更加契合现代化文明，更加协合人类命运共同体。唯其如此，昆仑文化及其精神的生命力才能得到激活，从而在新时代呈展出簇新的现代性内涵和民族性样态。这不仅能满足人民大众日益增长的精神文化需求，也可以使昆仑文化以崭新的姿态和活力，秉持中华文化立场，守望中华民族的"文化昆仑"。正如习近平所言："要把中华民族最基本的文化基因，与人们喜闻乐见、具有广泛参与性的方式推广开来，把跨越时空、超越国度、富有永恒魅力、具有当代价值的文化精神弘扬起来，把继承优秀传统文化又弘扬时代精神、立足本国又面向世界的当代中国文化创新成果传播出去。"[①]

立足当下，放眼未来，中国正在以习近平新时代中国特色社会主义思想为指导，大力推进实施中华优秀传统文化传承发展工程。既坚守中华文化立场又面向人类命运共同体的文化传承与创新，正在中华大地上以前所未有的良好态势扎实地向前推进。包括昆仑文化在内的中华文明亦正在顺承续传民族文化血脉与精神中昂首迈进新时代、走向现代化。质言之，传承与弘扬昆仑文化及其精神，实现其与新时代精神的耦合，其实就是在坚守中华文化立场。昆仑文化与新时代精神的耦合，恰恰昭示着昆仑文化与中华文明之间所固有的一以贯之、相辅相成、交融互动与谐和共生关系。

---

① 中共中央宣传部：《习近平总书记系列重要讲话读本》［M］，北京：学习出版社／人民出版社，2016，第 208-209 页。

（二）新时代精神需要文化意义上的认祖归宗

任何时代，国家精神的产生都不能是无所依托的，它必定脱胎于前一时代人在实践中所积累的生存智慧，这些智慧也以文化形态留存下来，供后人"享用"。[①]昆仑文化无疑就是这样一种充满智慧、泽被后代、供人享用的元文化和母文化。昆仑文化表达的立足点始终是中华民族悠久的发展历史和文明成果，而新时代中国精神表达的立足点则是时代境遇和时代发展状况。整体观照二者的内在联系，昆仑文化及其精神是涵养新时代精神的重要基础和依托之一，其为新时代精神的养成与维系提供生发母根和成长动力；新时代精神又是昆仑文化精神的顺承、融合与升华，其指引并规约着昆仑文化发展的向度与限度。昆仑文化与新时代精神共同发展、融合于中华民族奋力实现中国梦的伟大实践中，是激励全体中华儿女努力奋发图强、勇于担当作为的强大精神动力，二者交互耦合、有机融合，共同为构筑中国精神大厦添砖加瓦。

新时代精神要想找到自身生发的本源和存在的根基，就需要文化意义上的认祖归宗。参鉴域外文明，主动适应世界变化固然重要，但若要索寻中华民族崛起之内部动因，唯有回归本土的文化基因与传统。中华民族沉重的历史记忆和深厚的文化积淀，在现代化发展伊始或许是沉甸甸的包袱，但当传统文化一旦顺应了时代潮流，出现现代性转化与融合的时候，就会转化成巨大的精神发展潜能。这也是中华崛起、中国复兴势不可挡的重要原因之一。新时代精神对昆仑文化精神的顺承与耦合，正体现了其对中华优秀传统文化的认祖归宗。

（三）顺承之花 耦合之果

一元复始，万象更新。作为元文化的昆仑文化与呈现新气象的新时代精神之耦合，以及新时代精神对昆仑文化精神的坚持与顺承，正是本土民间文化绽放出的现代性花朵。新时代精神是现代文明的产物。这些文明成果是整个中华民族智慧的结晶，也是全体中华儿女孜孜以求的宝贵精神财富，更是民族精神现代化建设和实现中国梦进程中不可缺失的要素。诚如习近平所言："实现我们的发展目标，不仅要在物质上强大起来，而且要在精神上强大起来。"[②]昆仑文化与新时代精神相互影响、相互作用，开顺承之花，结耦合之果，以卓越的中国智慧为世界文明的发展进步贡献可行的不俗的中国方案。

在更为宏阔的视域中审视昆仑文化与新时代精神及其与中华文明的关系时，"融合"、"耦合"、"契合"、"谐和"等关键词无疑是最能贴切表述中华主体文化交互性及文化间性的核心话语。顺承、创新、转化、融合昆仑文化的终极归指还是为了能够秉持中华文化立场、坚守文化自觉，努力构建以马克思主义为指引，以中华优秀传统文化为母根，以社会主义先进文化为主体，吸纳并融贯古今中外文化优长，兼容现代性与后现代性文化成果，体现新时代精神的新型中华文明。这种簇新的文明形态在终结近三百年来西方文明统治霸

---

① 黄蓉生，赵成林：《新时代构筑中国精神的价值论析》[J]，《长白学刊》2018年第1期。
② 习近平：《习近平谈治国理政》[M]，北京：外文出版社，2014，第46页。

权的同时，也意味着中华文明的伟大复兴。由此，现代性将不再是西方文明的"代名词"，其必将在传统现代的交融耦合中得到别样的呈现与升华，从而确证一个真正属于中华民族的全新时代。

小 结

确证昆仑文化与新时代精神之间的耦合关系，即二者之间相互作用、相互影响、互动交融的关系，同时强调二者在文化精神层面的一脉相承、一以贯之和无缝对接，既有利于我们拓宽昆仑文化研究的整体视域，又可以开辟把握昆仑文化及其精神的新维度。昆仑文化精神耦合着新时代中华民族的伟大创造精神、伟大奋斗精神、伟大团结精神和伟大梦想精神这四个"伟大"民族精神。由此我们可以说，精神耦合正是神话通往现实的"昆仑道"。昆仑文化是具有典型的中国气派和中国风格的元文化与母文化，是新时代中华民族精神之根柢，是中华文明得以绵延不绝的文化血脉。现代性转化与融合使得昆仑文化具有了新时代先进文化的内蕴与形构；其在接受现代性检验的同时，新时代中国精神也在回归传统，进行文化意义上的认祖归宗。昆仑文化与新时代精神交互融贯，开顺承之花，结耦合之果，以中华文化之立场和独立之民族精神，共同守望着中华民族的"文化昆仑"。

多元信仰视阈下的青海道教名山

蒲生华

内容摘要：以昆仑山玉虚峰和湟水两岸南佛山、五峰山、老爷山、娘娘山、土楼山、武当山、北极山等为代表的青海道教名山，以其道教历史悠久、道教文化厚重而闻名遐迩。然而，这些道教名山中的大多数并非是单纯信仰道教，而是形成了以道教信仰为主体的多元信仰。佛教信仰和以"上巳踏青""登高辟邪""摸鞋求子""神药祛病""同心相锁"等为主的民间信仰亦在这些青海道教名山上蔓延兴盛。究其原因，主要与这些道教名山大多处于藏传佛教文化圈及不同信仰文化的融合性有关。

关键词：多元信仰；道教信仰；佛教信仰；民间信仰；青海道教名山

道教作为中国的本土宗教，对中华文化有着深远的影响，与道教有关的山岳宫观数量庞大而且分布广泛。道教名山的宗教文化底蕴深厚，不仅涵盖宫观、古遗址、古建筑等物质文化资源，也承载着道教音乐、科仪、法式、民俗等一系列非物质文化资源。道教名山自古以来是道士修炼的重要场所，自然风景秀丽，人文环境优美，是极佳的养生、修行之地。青海道缘深远、道教文化深厚，道教名山星罗棋布，在中国道教史上具有重要的地位。纵目青海，除了一些名山雪峰与藏传佛教文化渊源极深外，还有不少风光无限的山峰与道教有着千丝万缕的联系。玉虚峰、西玄山（亦称南佛山）、土楼山、元朔山（亦称老爷山）、五峰山、娘娘山（亦称金娥山）、武当山、北极山等点缀在青海莽原幽谷间的道教名山。一直以来成了广大民众眼前的圣迹、心中的寄托。

然而这些被人们视为道教圣山的峰峦，实际上也不单纯完全由道教来统领。仅从信仰层面来看，青海道教名山既弥漫着道风仙气，又回荡着梵音呗声；既有亘古遗留的原始信仰，又有约定俗成的民间俗信。可以说，人们对青海道教名山的信仰是多元而丰富的。

一、道教信仰

既然是道教名山，当然是以道教信仰为主。道教在青海这些名山具有历史悠久、传播兴盛等特点。自隋唐时期始，道教逐渐进入青海河湟地区。宋元两代，已有不少道士进入西玄山（亦称南佛山）、土楼山、元朔山（亦称老爷山）、五峰山、娘娘山（亦称金娥山）、武当山、北极山等地处幽静，且风景优美的峰峦中修行、传法。明清两代，山上已是道观林立、庙宇巍然，比较著名的有湟中南佛山的公元观、三清殿、三官殿、玉皇宫等，互助五峰山的玉皇殿、三教洞、药王庙、魁星阁等，乐都武当山的磨针宫、无量殿、灵官殿、雷祖殿等，西宁土楼山的八仙洞、吕祖洞、七真洞、无量洞等，大通老爷山太元宫、斗姆宫、雷祖殿、百子宫、文昌殿等，湟源北极山的金阙观、土地祠、雹神祠、魁星阁等，这些宫观庙宇散布在各山的山巅幽谷，在漫长的历史长河中，每逢三元节、天贶节等道教节日和诸神圣诞之日，这些道教名山的一些道观举行斋醮道场。届时，经声朗朗、鼓乐阵阵、旗幡猎猎，满山遍野弥漫在一片道风仙气之中。

作为道教的核心主题，神仙信仰在青海道教名山的道教文化中占有很大的比重，不少道教神仙被人们供奉在这里静飨香火。三官大帝、真武大帝、玉皇大帝、关圣帝君、斗姆元君、九天雷神、百子娘娘、文昌帝君、送子娘娘等各路尊神各在其宫、各司其职，他们享受人间香火、俯察凡世祸福。

有如此众多的道教神仙济济一堂，同时平等地被民众所祀奉，这在每一处道教名山上颇为常见。然而，道教神仙何其多，将所有的神灵、仙真全部汇于一山，显然是不可能，也没有必要。如果我们再做进一步的考察分析，就会发现青海道教名山中所供奉的道教神仙是最符合当地民众的信仰心理，也最能体现民众的利益价值诉求。每座山上的道教神仙可分两种类型：一类是以玉皇大帝、真武大帝、关圣帝君等为主的受上层统治阶级关注和册封之神，对他们的祀奉是出于当时社会大背景的需要；一类是以三官大帝、斗姆元君、文昌帝君、九天雷公、百子娘娘、送子娘娘等为主的下层民众寄托愿景的神仙。这些神仙往往与普通民众的物质和精神生活紧密相连，赐福解厄的三官大帝、接引众生的斗姆元君、掌管功名的文昌帝君、司雷布雨的九天雷神、送人子嗣的百子娘娘和送子娘娘、悬壶济世的药王……他们的主司职权，哪一个不与民众的日常生活息息相关？因而人们虔诚地祀奉他们，一遇困难便去祈求他们。

神仙信仰是青海道教名山中信仰文化的一个主要层面，除此而外的不少文化仪式活动中亦不乏道教信仰的因子。如北极山、娘娘山、老爷山等每逢天贶节就举行朝山会，其朝山拜神的主要对象就是真武大帝，其间有道士诵经祝祷，有专为无量、财神、灵官、老君、关帝、雷祖、龙王、文昌、斗姆、娘娘等道教诸神念唱的"佛号"。这些都是这些名山道教信仰的有机组成部分。

二、佛教信仰

就在道教风靡这些名山的过程中，佛教也在不同时期悄然进入，以致形成青海不少道教名山形成佛道二教和谐并存的局面。

早期的公元山是单纯的道教圣山，"传说元明时期山中有道士修炼成仙，既被道教定为全国道教十大洞天之四，命名为'太玄极真洞天'。"

①由于此山林壑优美、风景如画，且与佛教圣地塔尔寺遥遥相望。清顺治年间，塔尔寺阿嘉活佛偶然来此，当他登上山巅时，被这儿秀若天成的风光所深深陶醉，认为此处是静修悟法的好地方，于是在平坦的山顶上修建了佛殿，并将原来修炼成仙的张、苏二真人的神像改塑成佛像，这里便成为道佛合一的地方。且在每年的农历四月初八这一天（现在改为农历五月十三、十四、十五三天），塔尔寺的僧人会届时来到南佛山朝山诵经。自明清以来，南佛山一直是一座以道教文化为主体的道教圣地。自从塔尔寺介入以后，这里道教"一枝独秀"的局面被打破，宗教文化中的佛教文化气息已逐渐在这座山上弥漫开来，佛道合一现象可谓是这座道教名山的一大特点，从中也可窥探出这两大宗教的相互包容性。

提到老爷山的佛教信仰，还得从"虎穴僧占"的口碑资料谈起。民国八年，由大通县知事刘运新主持，廖徯苏等编纂的《大通县志》共两次提到这则口碑传说，一则在介绍中干诸山中的"元朔山"时曰："……又北一洞，原为虎穴。昔有僧人来居于此，虎遂徙去。洞名慈藏。俞安期所题也。"②另一则在介绍东区名胜"虎穴"时云："一名慈藏。新城以东，元朔之麓，岩然一穴，高至丈许，深亦二丈有奇。前代相传，穴中原为虎居，后有老僧入定，虎遂徙去。"③两处记述，实指一洞——老虎洞。值得一提的是两处都涉及了"僧来虎走"的前朝口碑，还从明人俞安期题写"慈藏"洞名中映射出至迟在明代就有这种传说。暂不纠缠于其他细节，仅就"僧来虎走"这一点，就可感受出虔信佛教的深意。试想兽中之王盘踞之穴，被一颤巍巍老僧"入定"，凶猛老虎竟然拱手相让、乖乖离去，它的"让穴于僧"的举动不禁让人浮想联翩。老虎是怜悯老僧无去处，还是富有灵性的它为佛法让路？答案似乎已经很明确，人们在一片啧啧惊叹声中都会肯定这是佛的意志和力量使然。如是，老爷山对佛教的信仰由此而渐露端绪。

顺治年间，人们在老爷山前山山腰处建一佛寺，吸引着四面八方的信众前来礼佛朝拜，使得老爷山的佛教信仰盛况空前，后因罗卜藏丹津事件这座佛教寺院遭毁，老爷山的佛教信仰也随之萧条式微，直到1997年感应寺的落成，佛教在老爷山沉寂没落的局面才得以改观。

湟源北极山初为道人静修之所，后来逐步建修道教宫观，且香火鼎盛，成为周边负有盛名的道教活动场所。一直到民国二十三年（1934年）9月，汉传佛教著名高僧心道法师来西宁传道，佛教信徒王维岱、觉山等人去西宁邀请心道法师来湟源，旋即召集佛教信徒

① 青海省地方志编纂委员会：《青海省志·宗教志》，西安出版社2000年版，第333页。
② 刘运新等编纂，大通回族土族自治县民族古籍办公室标注：《大通县志》，见青海省民委少数民族古籍整理规划办公室：《青海地方旧志五种·大通县志》，青海人民出版社1989年版，第448页。
③ 刘运新等编纂，大通回族土族自治县民族古籍办公室标注：《大通县志》，见青海省民委少数民族古籍整理规划办公室：《青海地方旧志五种·大通县志》，青海人民出版社1989年版，第471页。

请心道法师讲《金刚经》。在心道法师的影响下，12月，成立湟源居士林，地点设在北极山山麓。民国三十一年（1942年），居士林在此破土动工，大兴土木，修建佛殿，塑造佛像，翌年即告竣工。民国三十二年（1943年），心道法师再次来湟源，在他的主持下将居士林改为法幢寺，并进行讲经等佛事活动，颇得信徒敬仰。至此，佛教信仰在延续数百年的道教名山上站稳了脚跟。1958年宗教改革中，法幢寺僧众被遣散回家，佛殿也被拆除。直到2006年经省、市、县宗教局批准，法幢寺又予恢复。现在学成于厦门闽南佛学院的风平法师为主持，讲经传教，行佛事活动，且大部分佛殿已建成，只剩主体建筑大雄宝殿正在积极修建之中。

与其他道教名山略有不同的是，西宁土楼山是由佛教名山更变为道教名山。魏晋时期，随着汉传佛教传入河湟地区后，土楼山就有了佛教活动，人们在山上开山凿洞，绘佛塑佛，且规模宏大，影响深远。最为有名的是唐代所凿刻的"闪佛"（亦称"露天金刚"），这座佛像是"利用自然岩壁修凿而成，原有两尊，西部一尊已毁，东部一尊轮廓清晰可辨。为站佛，高40-50米，古朴雄伟，应为唐代遗物。"[1] 明永乐十四年（1416年），高僧施理华藏布应诏入京，奉请明成祖敕寺名"永兴寺"，由此土楼山神祠华丽转身为永兴寺。尔后，又在土楼山脚修建一座藏传佛教寺院，因殿内祀奉一尊铁铸大佛，故名铁佛寺。其间，一些道士陆续到达土楼山修行诵经，并相继修建斗母宫、吕祖殿等道教宫观。加之受"罗布藏丹津"事件的牵连，土楼山佛寺被付之一炬，佛教势力在土楼山元气大伤。而以静修为主的道教逐步发展壮大，慢慢占据优势地位，土楼山便成为道教重要活动场所，成为名副其实的道教名山。1983年11月16日，西宁市人民政府根据道教界的要求，将土楼神祠更名为"土楼观"，正式划归道教界使用。然而，佛教也并非在土楼山一蹶不振，除了"九窟十八洞"中的佛教元素而外，土楼山宁寿塔东面不远处的一座藏传佛教白塔，好像讲述着佛教在这里曾经的辉煌，也似乎预示着佛教在这儿再度复兴。

其实，青海道教名山中的佛教信仰，不只表现于那些在岁月的长河里消长沉浮的佛教寺院层面，还有那些淳朴的仪式里、具体的物象中都能透射出佛教信仰的厚重光芒。如在大通老爷山、娘娘山"朝山会"中，人们虔诚念唱的"佛号"中，除了大量道教色彩浓厚的"佛号"外，还有称颂佛陀、菩萨的"释迦号"、"观音号"等；在乐都武当山的玉皇殿周围，具有佛教符号性质的"禄马"层层、"经幡"猎猎，更为奇异的是殿前一汉式铸铁香炉、一藏式砖石塔炉，二炉内煨桑焚香，烟香扑鼻，道教信仰和藏传佛教信仰在这里各美其美，和谐共处。还有那娘娘山上的藏式佛塔、南佛山上的"佛陀遗偈"碑等等，无不散发着佛教信仰的浓浓气息。

---

[1] 国家文物局主编：《中国文物地图集·青海分册》，中国地图出版社1996年版，第119页。

三、民间信仰

由于民间信仰是一种自觉情感寄托行为，不受制度和组织的限制，因而深得广大民众的青睐，于是民间信仰无处不在，无时不存。青海道教名山也是一样，这里除了宗教信仰而外，属于民间信仰的"上巳踏青""登高辟邪""摸鞋求子""神药祛病""同心相锁"等俗信如同生长在这些名山上的花草树木一样，不仅满眼皆是，而且葳蕤繁茂。

其一，"上巳踏青"。青海道教名山的"上巳踏青"是古代传统节日——上巳节的现代遗存，古时以三月的第一个巳日（即农历初三）为"上巳"，汉朝这天官民皆于水流边"洗濯祓除"，意谓洁身、祛疾、除祟，后又增添了临水宴宾、郊野踏青等节俗内容，故男女相悦之风大炽。宋代以后礼教渐严，男女私会不被容许，上巳节随之趋于没落。然而青海不少道教名山一直沿传此节之俗，如老爷山"每年三月三日，士民上山进香，称大会焉"①，这里士民上山除了拜神进香而外，更多的是为了踏青祛邪。如今每逢三月三日，老爷山上总是人影憧憧，他们中的许多人主要是为着踏青驱邪的心愿而来。与此信仰心理一脉相承的还有四月八、六月六的一系列上山踏青、采青活动。"踏青能祛疾，上山会除祟"的俗信影响着一代又一代这些名山周边的民众，人们踏着前人求吉的脚步，年年岁岁重复着这一带给人们美好愿望的古老信仰。

其二，"登高辟邪"。每逢农历九月九日，土楼山、老爷山、北极山、武当山、五峰山等道教名山上通常人影幢幢、人声鼎沸。古人此日登山，寓有祓去不祥、辟除祟气之意，显然今人登高，亦有师古之意。是日傍晚时分，人们往往在山顶燃一垄篝火，一边绕圈祷念，一边向天空抛撒"禄马"，以此寓意将自己的灾邪、晦运随同焰焰火光、飘飘"禄马"带向远方。

其三，"摸鞋求子"。在诸多关于青海道教名山的民间信仰中，被人们颇为看重的还是"摸鞋求子"俗信。乐都武当山百子宫内有主司人间子嗣的送子娘娘和催生娘娘，凡求子嗣者多来朝拜。殿内墙壁挂满小儿布鞋，多为求得子嗣者还愿之物。旧时，老爷山百子宫外山石之上有许多小泥人，求神后回家的妇女都不会忘记带一个泥人，这意味着回去定会添丁增口，于是这儿的香火颇为鼎盛。最为有名的是老爷山"老虎洞里揣儿女"的俗信，民众在此处祈求儿女的方式也很特别，洞内深处有一窄隙，里面漆黑一团，求子者伸手去摸，若得小鞋一双，算是求子有望。倘若应验，当事人来年做一双新鞋前来还愿。老爷山"摸鞋求子"俗信实质上是生育女神信仰基础之上的一种女阴崇拜，"在女神信仰的同时，也崇拜女阴，民间的'感花池'、'陶壶'、'打儿窝'、'摸儿洞'、'阿央白'、石坑等都与女阴有关。"② 老虎洞就是一个典型的"摸儿洞"，洞内藏有小鞋的窄隙与女阴神似，窄隙内取出小鞋与人出生时必经生命之门的意蕴契合无间，于是在人们的浮想联翩中

---

① ［清］升允等修，安维峻等纂：《甘肃新通志·第七卷》，清宣统元年刻本，第26页。
② 钟敬文主编：《民俗学概论》，上海文艺出版社1998年版，第192页。

孕生出这一俗信。另外，"摸鞋求子"俗信与谐音习俗不无关系，河湟地区普遍将"鞋"读若"hái"，与"孩"音相谐，"摸鞋"就是"摸孩"。如今，送人子嗣的老虎洞又被人们赋予了新的内容，这儿不仅汇聚了求儿女的人，就连婚龄男女也纷纷赶来祈求终生伴侣，使得原本只主管生育的老虎洞又扮演了一回司掌婚姻的"月老"角色。

其四，"神药祛病"。青海道教名山大多山势险峻、林壑幽美，其间山溪潺潺、泉水叮咚，其中不少山泉被当地民众视为治病除祟的良药。五峰山的澄华泉被当作是龙宫泉水，每到六月初六，附近人们纷纷前来，或掬水啜饮、或提瓶灌水，不亦乐乎，大家认为此水能消病祛邪、延年益寿。南佛山的滴水崖，粒粒如同珍珠般的水珠从峭壁纷纷坠落，人们纷纷上前仰首接饮，并且深信此水能疗病祛疾、消弭灾祸。尤为离奇的是南佛山的药石洞，据传，取其洞碎石，研磨吞服，可治胃病云……不可否认，这些山泉、山石由于富含人体需要的微量元素，具有一定的药用价值，但人们将之夸大为包治百病的"灵丹妙药"，实为一种虔诚的信仰表现。

其五，"同心相锁"。每个登攀过老爷山的人大概都不会忘记那些锁挂于石阶两边铁链上的铁锁，本来供人攀缘的两条铁链负荷着不计其数的铁锁，这就是民间俗信认为的"同心相锁"。数不清的同心锁上不仅刻着两个相爱之人的名字，还刻有"心心相印"、"永结同心"、"相伴终生"、"厮守到老"、"执子之手，与子偕老"等祷语祝词，这些让多少人怦然心动的爱情誓言中蕴含着青年男女们对纯洁爱情的忠贞不渝和诚挚信仰。其实，"同心锁"本身就含有浓郁的民间信仰意味，这个缘起于月老赐予恋人们永结同心的那件宝物——同心锁的美丽传说，因其寓意美好而让无数情侣恋人痴迷不已。无论是初涉爱河的男女，还是新婚宴尔的夫妇，不少人都会在一个充满灵气的地方结一把刻有双方名字的同心锁，寓意二人今后心灵相通、相爱白头。老爷山是不少人首选的神圣而纯净之地，于是他们把寄托自己幸福爱情的同心锁存寄于此，相信老爷山定不会辜负他们的一片良苦用心。"久与名山有夙缘，仙灵见我亦欣然"[1]，与红尘众生久结夙缘的老爷山，以及居住期间的仙灵们，对于人们美好爱情愿望的诉求定会欣然接受、付诸实践。

另外，通过同心锁在老爷山上的锁挂地点的选择中我们也可嗅出其浓浓的信仰味道。老爷山的同心锁主要集中在关公庙到南天门石阶两边的铁链上，而走出文化长廊后一直到山顶的漫漫石阶两旁，虽然仍有铁索顺阶而设，但其上所挂之锁寥寥可数。就在同心锁最为密集的路段，其疏密程度也有差别。作别关公庙拾级而上处，同心锁稀稀疏疏；升至观音洞旁，同心锁已密密麻麻；到达南天门口，同心锁层层累累、数不胜数……如此的锁挂方式，是人们的无意而为，还是有深意存焉？其实，这里有着人们的特殊信仰在里面，关公庙到南天门之上的感应寺是老爷山坡度最大、寺庙最密、人员流动最密集的区域之一，此处的同心锁能够得到诸神、众生的见证。俗信认为见证者越多，结锁地点越高，预示着他们的

① [清]张明遽：《癸亥夏随同师校同人旅行元朔山》，见[清]邓承伟修《西宁府续志·志余》（第十卷），青海人民出版社1985年版，第671页。

爱情也越牢固。同心锁，锁同心，心心相印永不离。这是一个美好的愿景，是一个永恒的承诺，更是一种虔诚的信仰。

四、多元信仰的生成语境

任何一种文化现象的生产，都有其深刻的社会和文化背景，青海道教名山信仰多元，尤其是佛道并存交融，也是离不开特定的社会文化语境。归纳起来，主要有以下几点：

首先，青海道教名山地区成了佛教重要传播区。青海道教名山——老爷山、娘娘山、五峰山、南佛山、北极山、武当山、土楼山等地区是藏传佛教格鲁派的重要传播区，"明永乐年间，宗喀巴创立格鲁派，青海为格鲁派之源。明万历年间，第三世达赖喇嘛两次来青海活动。使该派迅速在青海传播，著名的塔尔寺形成，并经青海东科尔等活佛的传教活动，格鲁派从青海起步，次第传入漠南、漠北和漠西蒙古，形成后来蒙古族普遍信奉格鲁派的格局。明末和硕特蒙古首领固始汗从新疆率部入居青海，以青海为基地，击败噶丹颇章政权，格鲁派进一步在青海传播，佑宁、东科、广惠、德千寺等格鲁派大寺先后新建，并有不少他派寺院改宗格鲁派。"[1] 由此可见，格鲁派在青海的勃兴地带就在河湟地区，而河湟地区又是青海道教名山的集中地，于是，它们也不例外地受到格鲁派的影响。其中，南佛山熏陶在塔尔寺悠扬佛音之中，老爷山、五峰山徜徉在广惠寺的佛光之下，北极山接触到东科寺的别样韵味，武当山感受着佑宁寺的独特禅意……如此，这些峰峦之上道教"一教独尊"的局面势必被打破，佛教元素在其广泛传播中逐渐被融入。

其次，信仰佛教的族群转徙定居。就在道教占据这些秀峰翠峦的同时，不同时代具有不同信仰的族群在这里转徙涌入，尤其是以信仰藏传佛教为主的藏族、蒙古族、土族等民众陆续在这些地方流转生活。藏、蒙古、土等信仰藏传佛教民族的纷至沓来，促进了青海道教名山佛教信仰的兴起。历史上的青海道教名山地区各民族"你来我往"、更迭不休，各个时期居住过不同的部落和民族。"降至周秦以及有汉，猃狁匈奴实居于此。两晋六朝，诸羌出没……隋开皇初，吐谷浑居焉……五代之乱，此地失陷，遂为吐蕃所有。宋时属于唃厮罗。元亦仍之。明为海夷麦干所居。清初为青海蒙古部落地。"[2] 族群的流转之频繁，令人目不暇接。不过从明清开始，这里由于"屯田"方略的进一步实施，民众开始耕作定居，居民逐渐稳定下来，也就是这一时期，藏传佛教格鲁派勃兴，信众不断涌至，进一步巩固了青海河湟一带道教名山佛教信仰圈。

再次，各种信仰的融合性。在青海道教名山的信仰文化空间里，道教信仰、佛教信仰和民间俗信虽然是"各美其美"，但道、佛二教中局部信仰的交融性特征和宗教信仰与民间信仰的重合性特征，又使其多元信仰显示出"美美与共"的一体性。

---

① 蒲文成：《青海佛教史》，青海人民出版社 2001 年版，第 12 页。

② 大通回族土族自治县概况编写组：《大通回族土族自治县概况》，民族出版社 2009 年版，第 52 页。

①道、佛二教的局部交融一体。道教和佛教本来在教义、信仰等方面是泾渭分明的，尤其在各自所祀奉的神佛方面，道教的神祇、仙真、人鬼等和佛教的佛陀、菩萨、金刚等各有谱系，然而由于青海地区特殊的宗教语境使得道教和佛教的许多元素交织融合，由二元合为一体的文化复合现象在青海道教名山的信仰体系中比比皆是。

其一，一些道教名山本身被道、佛二教各自视为本教圣地。如大通老爷山、湟中南佛山，道教进驻二山的历史较为悠久，道观、洞府众多，历来被人们视作是道教静修之地。佛教虽然较晚入驻这两座山，但它们在佛教中的位置还是很高的，二山被佛教徒当作是塔尔寺的四大宝山之中的两座。塔尔寺坐落于酷似一朵八瓣莲花的山中，再往四周延伸，有四大宝山环绕着：西面南佛山，山岩上天然生成弥勒佛身像；南有天女山，山岩上自然形成莲花生大师身像；北有老爷山，山上不时闪现无量光佛身像；东有一块金刚大圣石，上面自然显现宝贝佛的"九赛佛身"像。①南佛山、老爷山分别是格鲁派圣地——塔尔寺的西面和北面宝山，且有佛影不时闪动，无疑也是佛家圣山一座。一山存二教，二教皆崇信它，这是这两座道教名山在空间层面将道、佛二教统摄为一体。

其二，一些神佛被道、佛二教共同信仰。青海道教名山被道、佛二教一并信奉的神佛主要有"三大菩萨"、文昌帝君、无量祖师和关圣帝君。被佛教尊为三大菩萨的观音、文殊、普贤，亦多祀奉于这些道教名山的菩萨殿内，三大菩萨其实也是道教所信奉的神祇，即慈航真人、文殊广法天尊、普贤真人。文昌帝君是道教尊奉的掌管士人功名禄位之神，亦被藏族民众尊为"阿米尤拉"。青海道教名山中的无量祖师在不同的口头文本中有着不同的身份，倾向于佛教的文本认为他是由观音菩萨引渡，被佛祖封为无量佛。据塔尔寺僧人索南嘉措解释酥油花里的故事时强调：永乐太子放弃荣华富贵，经历坚韧、女色等种种考验，最终被观音菩萨引渡成佛，佛祖封其为"北天教主无量佛"②。倾向于道教信仰的文本中永乐太子则在这儿修炼成仙。③礼佛者认同他入的是佛门，信道者认为他进的是道门。永乐太子到底是佛门中人，还是道家神仙？我们似乎没有必要厘清其佛道身份，我们只要认识到永乐太子都被佛、道两家所认同就行了。"道教在青海民族文化的交流中，吸收了藏传佛教的元素，同时藏传佛教也吸收了道教神祇。道教与藏传佛教之间相互融合，你中有我，我中有你成为河湟多元宗教共存的典型代表之一。"④关羽本为三国名将，因其忠勇刚正，死后被民间奉之为神，尊称为"关公"。北宋时被道教吸收为神祇而加以膜拜，称之为"关圣帝君"。后随着佛教的普及及民间化，关帝又成为佛教中与大护法神韦陀菩萨齐名的右护法"伽蓝菩萨"。关公也被藏传佛教所接受，曾被格鲁派章嘉活佛认定为智慧护法等。

---

① 韩生魁，马光星编：《塔尔寺的传说》，青海人民出版社1990年版，第75页。

② 湟源县文化馆：《湟源民间故事》，内部资料，1990年，第17—19页。

③ 伊家政口述，伊正气记录：《老爷山无量庙》，见大通县文化馆编：《大通民间故事》，内部资料，1986年，第34页。

④ 马婧杰，马明忠：《青海河湟地区藏传佛教与道教互动》，《青海民族研究》2013年第3期。

关公被儒释道三教共奉为大神，就是这一文化背景的缘故。两种宗教文化在"三大菩萨"、文昌、无量和关公等神佛身上产生了交集，而这种交集就是文化一体的表现。

其三，道、佛神祇供于一堂，同享奉祀。一个非常有趣的现象存在于青海道教名山的宗教信仰中：那就是道教的神祇和佛教的神佛供于一堂，同享奉祀。在老爷山的百子宫中，正中是释迦牟尼佛像，两边分别是送子娘娘和梨山老母，佛道神灵汇聚一堂，共享祀奉。在关公庙上方、菩萨洞旁边有一处小佛堂，里面正中供奉着王母娘娘，两边分别是斗母观音和千手观音。娘娘山九天玄女殿内祀奉着九天玄女和佛陀。虽然他们分属不同宗教谱系中的神，可在这里他们却能共处斗室，安然享受共同信徒们的膜拜，他们也用这种别样的方式诠释了青海道教名山"多元一体"的信仰特征。

②民间俗信与宗教信仰复合一体。道、佛二教在青海道教名山这一文化空间中是互动、互融的，而民间俗信与宗教信仰在这里交叠、重合也是不争的事实，这在朝山会的信仰体系中有集中的反映。朝山会起初所朝拜的神灵还是较为明确清晰的，通过当地的一些口头文本我们发现朝山会肇初所"朝"神灵主要是无量祖师，《老爷山朝山会的传说》中讲述永乐太子出家修行时向父皇提出以"半副銮驾"相送的要求，后来太子在老爷山苦修成仙，人们"每年便以半副銮驾来仙山祭奠永乐太子，叫作'朝山'"，[①] 如今朝山会的旗幡仪仗基本沿承"半副銮驾"之规格。后来随着山上佛道神灵的增多，原本所朝拜的专一神灵也开始泛化了。

在朝山会的四十余首"佛号"中，礼赞和祷告各路神灵的"佛号"就达二十多首。这里既有三清、老君等道教神仙，也有佛教中的观音菩萨，还有药王、牛王等民间俗神。朝山会原本是一种民间信仰活动，后来道教、佛教在老爷山逐渐兴盛，这一民间俗信也就深深烙上了道、佛二教的印记。当然，民间俗信中的佛、道元素是一种文化叠合现象，也是老爷山多元文化复合一体的实证。

---

① 大通县文化馆编：《大通民间故事》，内部资料，1986 年，第 8 页。

台湾西王母圣殿——
花莲胜安宫神圣空间之探讨

简东源

西王母信仰原属昆仑高原文化，但于 1949 年间，台湾发生一场 "观落阴" 问亡魂的事件，"王母娘娘"（金母娘娘）藉由当时大陆来台青年苏烈东的乩身，下降在花莲县吉安乡的郊区，揭开台湾西王母信仰的序幕，王母信仰从此由台湾开枝散叶至东南亚及各地。本文以台湾西王母下降的地点 "胜安宫" 为考察中心，自 1949 年～2018 年，长达七十年的兴建，建构出西王母的圣殿，笔者将以 "动态的神圣空间—仙境游历"、"静态的神圣空间—阴阳调和" 及 "理想的神圣空间—天人合一" 探讨台湾西王母圣殿—胜安宫的圣殿意涵。

一、西王母的下降救世

台湾西王母信仰始于 1949 年首次下降的传说，根据胜安宫《天上王母娘娘显灵下降救世追记》碑文，[1] 内容大意为，王母娘娘系 1949 年农历六月十三日下降在前花莲县议会议长叶佑庚的 "疏开厝"（躲避空袭疏散逃难的茅草屋）（见图 1）。当时卖菜妇人林金枝（见图 2），在丈夫张烟过世后，请来添丁兄到田埔村内 "观落阴"。从大陆逃难来台的青年苏烈东路过该地，好奇观看，王母降灵于乩童苏烈东（见图 3）之身并透过苏烈东之口说："因与诸凤妹云游经过，嗅茅屋清香直上九霄，特下凡巡探，感觉福地有缘，决意在此驻跸一段时日，救世度众"，随后将五十多位信众收为义妹、契子。[2] 下降处立有高立着石碑，书写着 "虚空无极消劫救世天上王母娘娘下降圣迹纪念碑"，碑上有 "双龙扶八卦" 为志。

---

① 碑文详述王母娘娘的降临、起建庙宇经历，由前堂主石得生撰写。石氏曾任胜安宫堂主，兼任第五、六任主任委员，规画胜安宫殿式的建筑。
② 参阅胜安宫印制："虚空无极天上王母娘娘本宫"《花莲胜安宫简介》，《天上王母娘娘显灵下降救世追记》。"追记" 是因该资料于 1981 年左右整理，因此称为 "追记"。
 ＊本文为会议初稿。

二、诸佛菩萨神仙共聚一堂

胜安宫属中国宫殿式的建筑，整体建筑群是坐北朝南的"天"字形（见图26），背后又兴建1座坐南朝北的后殿，意为南北双向均能"接引"众生。[①] 胜安宫占地面积21545平方公尺，约6500多坪，建筑群以5层楼高的八卦塔（第5层只有外观的楼而无隔层）为中心向四方扩展。八卦塔是塔、殿的结合，一楼胜化堂，二楼奉祀虚空无极天上王母娘娘的"无极天上王母娘娘大宝殿"（见图4），左右奉祀七仙圣贤及杨南仙姑、太阳星君、太阴娘娘。三楼玉皇殿，奉祀"玉皇大天尊"，左右设有"金星府"及"纯阳洞"。顶楼为三宝殿造型如玲珑八卦宝塔，殿内奉祀开基之天上王母娘娘6寸金身（见图5），以及道教之三宝——剑、令、印。

八卦塔左右扩建并以回廊连接，左为龙厅、右为凤阁。龙厅一楼为文昌祠，右侧供奉"文昌帝君"，左为"至圣先师"，屋顶青龙雕塑，前方雕塑一只鳌鱼，取独占鳌头之意。二楼左侧奉祀"三界公"。三楼供奉"玉清紫虚高上元皇太上大道君"，即俗称的"玄玄上人"（元始天尊）。凤阁一楼为图书馆，二楼左边供奉有无极三老母之"无上虚空地母至尊"、"九天玄女娘娘"。三楼供奉"玄天皇帝太上老君"，即俗称的李老君、道德天尊。

八卦塔左前方、右前方各为南天门（奉祀孙悟空）、北天门（奉祀二郎神杨戬）。八卦塔后方连接大悲宝殿（主祀观音菩萨、十八罗汉）及坐南朝北的三宝佛殿。对于有功的神职人员及前贤在八卦塔的左侧设立开山堂、崇恩堂内永久奉祀。右侧则立有王母娘娘下降纪念碑。一楼左右各奉祀土地公、虎爷。

图4：天上王母娘娘大殿，法相庄严。（笔者摄）

图5：八卦塔顶王母娘娘。娘6寸金身。（笔者摄）

① 前胜安宫主委杨尧说明"三宝殿的大门与正殿大门（坐北朝南）相反方向，主要是接引北面的众生。

　　胜安宫建筑群采中国宫殿式建筑，有别于传统寺院之处是八卦塔的顶楼设立平台。信众站在顶楼的平台拜亭，群山环抱，焚香面对着道教三宝"剑、令、印"，让人登高之后，生起道我一如之感。这片拜亭无疑是开启一个"突破点"（breaks），信众登高后，更接近"天"，让人感受到宇宙、天地的神圣意识。

图6：1953年胜安宫外观。
（笔者翻摄，胜安宫提供）

图7：1961年间，胜安宫的信徒女性居多。（笔者翻摄，石得生家属提供）

　　胜安宫整体的设计石得生（1910-1990）一手擘画，道号"化智"的石得生是胜安宫建造的灵魂人物。石氏（自1970年至1990年担任起胜安宫堂主及第5、6届的主任委员）兴建起五层的八卦殿（见图8、图9）、无极大宝殿、大悲宝殿、开山堂、崇恩堂、南北天门等，1984年兴建龙厅、凤阁的文化馆，2002年完成大悲楼增建的三宝佛殿。①石得生将八角型的八卦塔与阶梯状的大殿嵌成一体，塔、殿巧妙连结，八卦塔为整个庙核的"中心柱"，再向四方扩散。

图8　1961年间胜安宫主委林连全（左1）1968年胜安宫完成八卦塔主体石得生（右2）李来好（右3）

图9：工程，五楼的宫与塔结合。

---

① 《虚空无极天上王母娘娘—本宫花莲胜安宫简介》，页7。有关神前掷筊选堂主，在简介中印有一首藏头诗："石山一人口四方，化吉清云实理遍，知天日下神母要，堂主仍然得生当。"诗中的"石、化、知、堂主"，"化智"是母娘敕赐给石得生的法号。

一楼"胜化堂",拾级而上二楼,由左右两侧的扶梯上下,八卦塔与虚空无极宝殿的通路顺畅(见图10、图11),完成整建工程后,接续在八卦塔后方兴建奉祀观音菩萨的大悲宝殿,两侧兴建厢房,地下室为餐厅。广纳各地香客进香投宿。由于石得生在1990年往生,接任主委杨尧也赓续石得生未完成的三宝佛殿兴建,至庚辰年2000年完工。胜安宫的兴建,从年起逐步规划,直至2000年才完成,整个建筑历经40年。

图10:胜安宫八卦塔的正面塔殿结合。

图11:胜安宫八卦塔侧面。

寺庙建筑是人神共居的场所,体现着人与神双重的趣味。[1] 八卦塔是整个胜安宫的中心点,也是主殿所在,采取后天八卦,将八卦立体化,在四、五楼窗户标示着八卦的卦相,将平面的八卦图转化为立体而相互对应,象征着"阴阳"之道(图12)。

在整个扩建过程中,仙佛神明会透过乩童传达"神的旨意",但是石氏对此还要掷筊后才动工。负责规划的石得生经常在半夜两三点被神明托梦,清晨五六点,石得生就在大

图12:八卦塔的窗户八卦立体化。

图13:大悲宝殿济公降鸾的巧联"胜地凉求有得,安民利众修无生。"

---

[1] 段玉明:《中国寺庙文化论》,(吉林:吉林教育出版社,1999),页181。

殿前掷筊请示，若是圣筊，才有认可，或有乩童在神灵附身时转达神明的指示，石得生还是再到大殿掷筊请示，或在梦境中等待神明旨意，唯有神梦、掷筊、乩童都一致时，石氏才动工。整个宫殿式的建筑及四通八达的回廊走道，在大悲宝殿前，也有一帧对联"胜地清凉求有得，安民利众修无生。""胜安"宫与设计者石"得生"之名嵌在对联头尾，是济公降鸾之作，也是肯定石氏一生的贡献（见图 13）。

三、胜安宫神圣空间意涵

"圣殿不仅是个宇宙图像，而且被认为是超越模式在世间的复制品。"[1]对于神圣空间的探讨，张昆振诠释斋堂神圣空间包含三个空间观念，亦即：一、庙寺的建筑坐向及建筑群等属"静态神圣空间"。二、法师操演仪式时空间的面向、牌位、神佛坐向属"动态神圣空间"。三、由教义、经典结构出来抽象的"理想神圣空间"。此三种神圣间共同架构了庙宇空间的神圣属性，彼此互有关系，亦互有节制。动态神圣空间的存在，直接指向了寺庙最原始的神圣空间形态。藉由"静态化"转变为形构力量，仪式行为、神圣意识等抽象、想象层次的神圣空间观念，顺利地落实到构筑空间观念所属的静态神圣空间之中，而所谓的"寺庙神圣空间原型"，也得以出现。[2]

图 14：胜安宫建筑群呈现"天"字形，寓有天人合一之意涵。（笔者摄）

[1] 伊利亚德（Mircea Eliade）著、杨素娥译：《圣与俗—宗教的本质》（THE SACRED& THE PROFANE: The Nature of Religion），（台北，桂冠图书公司，2000），页 107。伊利亚德认为，神圣的显现，可以从平凡生活、物件、事情与工作中出现，也就是透过一个平凡的「中介物」（包括一块石头、一棵树、甚至一场仪式、活动）都能转化提升成为神圣性的物件和情事。
[2] 参阅：张昆振：《台湾传统斋堂神圣空间之研究》，（台南：成功大学建筑研究所博士论文，1999），页 29、124。

胜安宫建构出的神圣空间中,由整体建筑群的图形来看,有如一个"天"字形,人居其中,蕴涵"天人合一",表现出"理想的神圣空间"。(图14)左右偏殿为龙厅、凤阁意为阴阳调和,象征"生生不息",代表着"静态的神圣空间"。从整个建筑群及奉祀神明来看,即是"仙境"的模拟,信众穿梭于廊道,行走于殿、宫、楼、阁之中即是"仙境游历",意即"动态的神圣空间"。下文依序说明——

(一)动态的神圣空间—仙境游历

对人类而言,面对有限的生命及无垠的空间,总是抱憾与无奈。自古以来,上至皇室贵族、下至升斗小民总是幻想着追求长寿永生与建构神秘的乐土,仙境、净土、乐园、"他界"(other world)等观念盛行。对于世人而言,寺庙也是世间的净土、仙境,踏入神圣殿堂,游历其中亦符合人类追求乐园、净土的需求。寺庙就其功能而言,蕴涵着教育、宗教、娱乐三方面,对宗教人或信众提供安顿身、心、灵的场所。中国传统的寺庙建筑在外观上采取殿宇式为主,殿即"殿堂",意为高大的房舍;宇为"屋宇",泛指一般民众居住。对于宫观的设计与理念在《洞玄灵宝三洞奉道科戒营始》卷六《置观品》:

> 所以法彼上天,置兹灵观。既为福地,即是仙居,布设方所,各有轨制,凡有六种:一者山门,二者城郭,三者官掖,四者村落,五者孤回,六者依人,皆须帝王营护,宰臣修创,度道士、女冠,住持供养,最进善之先,首不可思议者也。造天尊殿、天尊讲经堂、说法院、经楼、钟阁、师房、步廊、轩廊、门楼、门屋、玄坛、斋堂、斋厨、写经坊、校经堂、演经堂、熏经堂、浴堂、烧香院、升遐院、受道院、精思院、净人坊、骡马坊、车牛坊、俗客坊、十方客坊、碾硙坊、寻真台、炼气台、祈真台、吸景台、散华台、望仙台、承露台、九清台、游仙阁、凝灵阁、乘云阁、飞鸾阁、延灵阁、迎风阁、九仙楼、延真楼、舞凤楼、逍遥楼、静念楼、迎风楼、九真楼、焚香楼、合药堂等,皆在时修建,大小宽窄,壮丽质朴,各任力所营。药圃果园、名木奇草、清池芳花,种种营葺,以用供养,称为福地,亦曰净居,永劫住持,勿使废替。[1]

宫观的"法彼上天"的"福地"、"仙居",即模仿仙界,天界,设置的神仙居所,《置观品》的殿、台、楼阁在功能上有:一、属神仙的奉祀场所,如天尊殿、玄坛等设于中轴线上。二、属道人修炼场所,如炼气台、承露台、静念台等,取其僻静。三、属迎延仙人场所,延真楼、寻真台、望仙台等,属于位置较高处。四、属道人居住场所,如净人房、十方客坊、师房。《置观品》所言:"圣人所居称殿;凡世所处,通名为堂。"[2]整个道观是透过世俗的建筑,模拟出仙界净地,人居其中,转化气质,修炼得道,正是人、神、仙共居的修炼场所(见图15、图16)。

"仙境游历"的双重意义,一者神游其中,表现出名士之颇有仙缘;再者,透过诗文

---

① 《道藏》第四十一册《洞玄灵宝三洞奉道科戒营始》卷六《置观品》四,页1—13、1—14。
② 同上注,页1—14。

图15：胜安宫金星府奉祀太白金仙。　　图16：胜安宫纯阳洞奉祀吕纯阳。（笔者摄）

内容畅述己意，或述说其人生经历。胜安宫把仙境营造于庙宇之内，宗教人于绕巡宫观，仿如游历仙境。诚如李丰楙所言，"游仙文学的谱系，贯串其中的即为'游'的特质：游历仙境、与仙人游的升仙思想，具体表现仙说中的乐园情境。"①（见图17）

图17：胜安宫的楼、殿结合，营造出天上人间气氛。（笔者摄）

从精神上而言，"仙居"、"乐园"、"净域"、"净土"，实际上是人类对"理想世界"

① 李丰楙：《忧与游六朝隋唐游仙诗论集》，（台北：台湾学生书局，1996），页25。

的一种幻想。"有没有'理想世界'是关系到宗教存亡的大关节，也是关系到人类精神状态的大问题。"[①] "把理想世界从虚幻的'仙境'、'净土'挪移到实存的山水田园，又将实存的山水田园转化为纯粹的心灵的适意自然，这是宗教和中国文学中'理想世界'主题演变的轨迹，……人可以在空寂与宁静的山水田园中找到融洽、淡泊、恬静与温馨，……。"[②]《孟子．尽心》："居移气，养移体，大哉居乎。"从游动中培养气质、改变心境。环境变化气质，怡情养性。宗教的游历是仪式化的旅行，霍克思（David Hawkes）说：

> 游历，即宗教仪式化的旅行，—通常是宗教文化的环游——目的是为了加强或获得法力，或既是为了巩固，又是为了获得法力。这种"游历"观念在中国传统中是司空见惯的。其本质总是具有巫术性质。既可以是真实的，又可以是幻想的。游历者可以是一个术士，一个神秘之士，或者是一个帝王。这种游历往往是宇宙呈对称形，统治着宇宙各部分的是各种的法力。这些法力对于凭借恰当的仪式接近它们的游历者，可能出于感动而表示臣服，或给予支持。这样，在对整个宇宙做了一次完整而顺利的巡游之后，巡游者就会成为宇宙的主人。假如他是一个术士，他就可以左右任何的法力；假如他是一个神秘之士，他就可以逍遥于天地之间，自在自得；假如他是一个帝王，他就可以凭借神圣的法力和名义，使一切世俗与神灵的势力屈服于他。[③]

胜安宫内的宫、殿、楼、门、厅、堂错落有致，共有十九处。信仰者走在回廊、楼阁向诸神上香、祈福，呈现动态的神圣空间，虽是"模拟"仙界，却有"实境"宫阁，仿如游历仙宫神山。对于心灵深处正是"无家可归"（homeless）的信仰者而言，寺庙也成为人类心灵的故乡。这正符合道家重视物各得其"所"的"空间"的表现。

图18：胜安宫过净火。

动态的神圣空间里，信仰者能从神圣空间与神、天、地及自己的身体得到一个对称的关系，回归本位、本性。正如同人能在那么人可以"回家"，而这时的病痛也可以治疗，这是为什么海德格重视建筑的原因。[④] 人的"空间性"是"自我中心"

---

① 葛兆光：《中国宗教与文学论集》，（北京：清华大学出版社，1998），页174

② 同前注，页175。

③ David Hawkes, "The Quest of the Goddess ," Asia Major , new series, 13,1967,pp71-94. 此据丁正则中译文《求宓妃之所在》载尹锡康、周发祥主编《楚辞资料海外编》，（武汉：湖北人出版社，1986），页 159 — 188。参见小南一郎《远游——时间和空间的旅行》载李丰楙、刘苑如主编《空间、地域与文化——中国文化空间的书写与阐释》，（台北：中央研究院中国文哲研究所，2002），页 285 — 293。

④ 陈荣灼：〈建筑现象学研讨会摘记〉，79 年 5 月 5 日，（空间杂志，1991 年 7、8 月，第 24 期）。海德格尔（Martin Heidegger）提出，天空、大地、诸神与人四方相互信赖、相互依存。孙兴编：《海德格尔选集》，（上海：上海三联书店，1996），页 1173。

的。整个世界，透过人的"自我中心"的作用，自古以来就已被"中心化"。场所（或所在）就是人依价值体系扩展其"自我中心"的空间范围，恒觉亲切、熟悉、温馨、安全之处。在这个场所（或所在）之外，则是陌生、冷漠、不安。[1] 寺庙神圣空间让信仰者得以感受到庄严性、安全性及归宿感，正是回家、收圆的精义。胜安宫"母娘信仰"即是"如母唤子"般等待信众"回归心灵的故乡"—瑶池，契子、契女的宗教人返回胜安宫参拜，模拟回到天上神仙之家；上香参拜宫寺等于是"游历"十九处的"福地洞天"，学习典范精神，熏陶品格（见图18、图19）。"游历"的过程中，行走在宫殿楼阁堂厅的空间里，让"我们存在中经验到有意义事情的焦点"[2]。在胜安宫建筑的"特性"上，可以说，一方面暗示着一般的综合性气氛（comprehensive atmosphere），另一方面是具体的造型，及空间界定元素的本质。[3] 神

图19：氤氲之中过净火，亦是游历。（笔者摄）

圣空间就是让宗教人感受神圣意识，也就是"神圣空间"（sacred or holy space）是指"存在空间"以"神圣存在物"而给予界围贞定所形成者。也就是依"在"之"神圣向度"的作用，而使居有群获其"存在空间"之内面的"洁净性"；"神圣空间"即是此"存在空间"的"洁净向度"。[4]

（二）静态的神圣空间—阴阳调和

胜安宫的神圣空间，阴阳是最重要的元素。阴阳，最初是指阳光的向背，一般向阳面称为阳，习惯叫"南面"，背阳面称为阴，叫作北面。《说文》曰："阴，闇也；闇者，闭门也，闭门则为幽暗。""阳，高明也。闇之反也"[5] 阴阳是对立、互根、消长、转化、相交感、交合、摩荡相推，化生万物，并引生万物变化。"阴阳"既是事物之间，两个对立的元素；相合却又能达成和谐、生成的结果。也就是老子所谓"反者道之动"。中国人对阴阳观念根深蒂固，许地山《道教史》提出，阴阳说流行于公元前三世纪之初，盛行于

---

① 季铁男编：《建筑现象学导论》，（台北：桂冠图书公司，1992），页340。

② Norberg-Schulz C,1971 Existence, Space and Architecture (New York: Praeger)p19 诺伯．舒兹是20世纪60年代挪威建筑历史和理论学家，以现象学为基础追求建筑的意义。他认为建筑赋予人一个「存在的立足点」的方式。着重在探究建筑精神上的涵意而非实用上的层面。

③ 保诺（O. F. Bollnow），Das Wesen der Stimmungen（Frnakfurt a.m, 1956）转引自季铁男编：《建筑现象学导论》，页129。

④ 季铁男编：《建筑现象学导论》，（台北：桂冠图书公司，1992），页353。

⑤ 《说文解字》，（高雄：丽文图书公司，1998），页731。

汉代，儒家在宇宙论上也采阴阳说。[①]气有阴阳，阴阳是属于气的。在宇宙里，有明暗、昼夜、男女等相对的差别，从经验说，分别为阴阳，本无何标准，但到后来一切生与无生都有了阴阳的差别。许地山认为："道教的著作中阴阳越多的，年代越后。《庄子》的《德充符》《在宥》、《天地》、《天道》、《天运》等，多半受到阴阳说的影响。"[②]阴阳的观念对中国人的影响是全面性的，举凡人生的生、老、病、死，礼俗的婚丧喜庆，食衣住行等无不涉及阴阳。民间住宅阳宅、死后墓穴，均受制于阴阳二分法。从汉朝以来，中国人受到天人合一、阴阳思想的影响，也都接受这样的观念。

太极的主要概念是《易·系辞》："易有太极，是生两仪。两仪生四象，四象生八卦。"[③]《易经》的形成过程，融合古人观察宇宙、社会、人生，归纳出的象征系统。在八卦的图式，由最根本元素"阴"与"阳"组合而成。《系辞传》又言"干，阳物也。坤，阴物也。阴阳合德，而刚柔有体。以体天地之撰，以通神明之德。"阴阳对立又结合，形成一种整体有序的和谐。从事物的阴阳属性图来看：

阳性	天	日	明	热	硬	动	尊	刚	父	用	南	上	左	圆	男	奇	生	理性
阴性	地	月	暗	冷	软	静	卑	柔	母	体	北	下	右	方	女	偶	亡	感性

表1：阴阳对立表。[④]

从表1的阴阳对立表可以看出，中国古代哲学家们观察并体悟到自然界中的一切现象都存在着相互对立而又相互作用的关系，阴阳引申为气候的寒暖，方位的上下、左右、内外，运动状态的躁动和宁静等，继而用阴阳这个观念来解释自然界两种对立和相互消长的物质力量，并认为阴阳的对立和消长是事物本身所固有的，进而认为阴阳对立和消长是宇宙的基本规律，同时阴阳之间有着互相牵动的关系，在显性中又带着隐性的因子，隐性中又含有阳性的发展。阴阳观念是《周易》的基础。《黄帝内经素问. 阴阳应象大论》："阴阳者，天地之道也，万物之纲纪，变化之父母，生杀之本始。"[⑤]阴阳的本体、本质表现在人类为男女，男女交合生育万物，与天地生育万物的原理是一样的，天下得到和平的机制就是"合"。

胜安宫主体八卦塔以先天八卦为象，并在2楼、3楼至顶楼均以"八卦"的卦象作为窗户，将原本置于平面的八卦竖立起来，八卦被"立体化"。[⑥]就整体建筑群而论，主殿1楼象征人间，

① 许地山：《道教史》，（北京：团结出版社，2007），页135。许氏引《史记. 孟子荀卿传》：「邹衍说阴阳」，邹衍为公元前三世纪人物。
② 同上注，页136。
③ 《易. 系辞》上。
④ 本表参考王玉德、姚伟钧：《神秘的八卦：《周易》研究纵横观》，（南宁：广西人民出版社，2003），页67。
⑤ 《黄帝内经素问》〈阴阳应象大论〉第五。
⑥ 先天八卦又叫伏羲八卦，以各卦卦象组成的爻恰好相反，《说卦传》：「天地定位，山泽通气，雷风相薄，水火不相射，八卦相错，数往者顺，知来者逆，是故，易逆数也。」天地、雷风、水火、

主殿 2 楼奉祀均是女仙，宛如《墉城集仙录》的描述，以西王母为宗，带领女仙、女神的家族成员，象征女性、"阴"的力量。① 主殿 3 楼是玉皇大帝，整个楼层均是男仙、男神，象征"阳"的力量。上、下和左、右均代表内在"阴阳"两种力量的平衡。再就各楼层而言，神仙奉祀位置属实，信众上香拜亭属虚，也是阴阳相配。八卦塔本身以"立体"八卦向四方上下的空间延伸，代表天地四方曰"宇"；神仙、贤圣象征古往今来的时间，曰"宙"。再扩而向龙厅、凤阁也是代表着外在阴阳的调和。（图 21、图 22）再扩而至外，由前殿主体建筑八卦塔主殿朝南，与后殿主体建物三宝佛殿朝北，暗喻着阴阳的调和。整个建筑群，共有三处水塘，分别在八卦塔前方、左、右，则是象征着"瑶池"之水。

图 20：胜安宫凤阁代表着阴性的力量。　　图 21：胜安宫龙厅，象征阳性的力量。

寺庙场所是"四位一体提供空间和场地，通过天、地、神、人同属的浑然合一，……保护四位一体、拯救大地、接纳苍天、恭候神灵、陪伴人们—这种四位一体的保护是定居的原始的性质和显现。"② 郑志明分析"农业社会神庙信仰文化到现代社会神庙信仰文化"的变迁与差异中，"传统农业社会里神庙不单是提供了净化个体与宇宙的终极关怀观念，也提供了人与宇宙之间各种交际与沟通的行为方式。"③

（三）理想的神圣空间—天人合一

关华山提出"人的空间观念可分为两类：一个来自大尺度的宇宙观，其中尤其着重人对自然的诠释，…另一类来自尺度较小的空间。无限世界里有限的部分是人的生活舞台，人常常将这些身外的空间赋予相当的'社会、文化意义'。人们生活其中，接触到不同层

山泽，符合「一阴一阳之谓道」的辩证思想。阴阳的对立统一是天地万物运动变化的规律。

① 唐．杜光庭：《墉城集仙录》。记载古今女子成仙事迹，取材于《汉武内传》等道书仙传。道教女仙首推西王母，相传西王母于金墉城，该书以「墉城」为名。原有十卷，称女子成仙者一百九人，今《道藏》本仅六卷，所载女仙不过卅七人。参阅任继愈主编：《道藏提要》，（北京：中国社会科学出版社，2005），页 341。

② 季铁男编：《建筑现象学导论》，（台北：桂冠图书公司，1992），页 59。海德格，陈伯冲译：〈建．居．思〉。

③ 郑志明：〈台湾神庙信仰文化初论—神庙发展的危机与转机〉，《寺庙与民间文化研讨会论文集》上册，（台北：文建会，1995），页 26。

次的空间，便引发某些特定的感觉、认知行为。"① 宗教人经常将宇宙与人之间的关系有着巧妙的联系，寓宇宙于人间，透过某种神圣物象征宇宙。代表神圣空间的庙宇，提供宗教人一个体现宇宙观的空间。

图22：王母娘娘宝殿以"双龙扶八卦"为标志。

人类学家基辛（R.Kessing）对宇宙观（Cosmology）解释是："一群人对世界的看法及假设——什么实体及力量在控制它，宇宙如何组合，人在世界之中有怎样的角色及地位。"② 中国人最早对宇宙的理解是时间与空间的结合，《尸子》最早出现宇宙二字，意为"天地四方曰宇，往古来今曰宙。"③ 空间为宇，时间是宙。《庄子·齐物》："旁日月、挟宇宙，为其吻合。"④ 老子以"道"为宇宙的始基，"气"是建构宇宙基本范畴，也是中国最早宇宙论。吕理政将先秦时期中国人对宇宙的认知方式以神话与巫术、古代天文学、儒家思想、道家思想四个方向来了解。⑤ 宇宙观模型的演变，从阴阳是宇宙生成与消长，再将阴阳与五

① 关华山：〈谈台湾传统民宅表现的空间观念〉，（《中研院民族学研究所集刊》，第49期，1980），页177。
② 基辛（R.Kessing）着，陈其南校订、张恭启、于嘉云译：《文化人类学》（当代文化人类学分编：2），（台北：巨流图书公司，1989），页442。
③ 李守奎：《尸子译注》，（哈尔滨：黑龙江人民出版社，2002），页52。
④ 《庄子集解》，（台北：河洛图书出版社，1974），页100。
⑤ 参阅：吕理政：《天、人、社会——试论中国传统的宇宙认知模型》，（台北：中央研究院民族学研究所，1990），页9。先秦中国文化中对宇宙认知的四种主要思考方式。由神话与巫术的思考方式，显现一个有意志、具神灵的「天」。古代天学文学的科学探索，显现「天」为万物运作的实体，没有

行融合，天人类比、感应及天人合一。①《老子》谓："道生一，一生二，二生三，三生万物。万物负阴而抱阳，冲气以为和。"②"气"作为宇宙演化过程的重要环节。混沌的"元气"是最初的气，"元气"化出太阳、太阴、中和三气。太阳清轻上升为天，太阴浊重下降为地，中和之气则生人，天地人交通相感而有万物。从太极引入五行、八卦，阴阳五行配合相反、相成。天、地、人三者，人与宇宙之间的关系是，"人是宇宙中的人，宇宙是人的宇宙"。衍生出一个有意志及人格天的"天人合一"思想。③李亦园认为，中国或传统汉族的宇宙观，是自然、个人与社会的和谐。他说：

> 汉族的宇宙观，分成三个不同的层次：第一个叫它自然的层次，人跟自然的关系，（这就是"天"的意思）；第二个是人的个体、有机体，人对他自己内部生物体的一种看法，对"人"存在的看法；第三个为人际关系系统，是人跟人关系之间的系统，也就是"社会"。用这三个不同的系统来解释中国传统社会的或者说传统汉族的宇宙观。④

"旧有的民间文化或神庙信仰文化的主要特征，就是建立在天人合一的人文精神上。"⑤"天、地、人"三界的概念是民间宗教的特色，关华山从民间宗教的角度分析台湾传统民宅和其实质环境所反映的宗教概念而建构的一个宗教宇宙观。三界的概念包括了天庭、地府、人界。"天庭是神的居处，是天上仙境。地府是一切亡魂居处—鬼的居处，在暗无天日，幽冥昏晦的地下。人界就是人间阳世，是人居住的环境，是中性的境地，可好也可坏，是神鬼交征之处。"⑥

神灵，只有秩序，而人可以运用智慧去这了解这个秩序（知天）。儒家思想基本上视「天」为自然的、自动运行的力量，但并不求探索具体的自然现象，而集中心力研究人的「社会」，结果将「天」视为一种道德力量。道教对「天」方哲学思辨，将天解释为本然自有的自然之道，人以顺应自然之道为处世原则。

① 同前注，页 31。
② 《老子今注今译》，（台北：台湾商务印书馆，1981），页 158。
③ 韦政通：《中国思想史》，（台北：大林出版社，1979），页 610-613。韦氏提出先秦有三种不同意义的天人合一论：1、儒家的天人合德论。2、道家的天人不相胜论。3、汉儒的天人感应论。三者都不指涉一个有意志及人格天的存在。有关「天」的意义，冯有兰认为有五种不同的意义：分别是与地相对应的「物质之天」，指自然界及其规律的「自然之天」，宗教所说的上帝，「主宰之天」，宇宙精神的「意志之天」，及宇宙的道德原则的「道德之天」。参阅冯友兰：《中国哲学史新编》第四册，（台北：蓝灯文化事业有银公司，1991）页 327，
④ 李亦园：《宇宙观、信仰与民间文化》，（台北：稻乡出版社，1999），页 4。
⑤ 陈秉璋：《道德规范与伦理价值》，（台北：强业出版社，2000），页 23。
⑥ 关华山：〈谈台湾传统民宅表现的空间观念〉，（《中研院民族学研究所集刊》，第 49 期，1980），页 180-181。关华山认为，「人造就现实环境的理想，便是'创造人间天上的仙境'。」

图 23：八卦塔的顶楼拜亭，让信众感受到顶着天的"天人合一"。

世俗空间里，含有神圣空间和神鬼空间交征的混沌空间。郑志明则认为，民间神庙从实际活动的宗教仪式中与精神层面中，自我体现一套宇宙观。即：

> （民间神庙）在现象实存之中，有着精神性的文化传承。这种精神性的内在文化，实际上就是一套形而上学，虽然民众缺乏知识性的整体认知，却经由各项具体的行为模式与宗教活动，体现了个体与宇宙一体化的存在原理，……。神庙的这种形而上学却是长时间现实生活的复合体现，是集体性文化意识的多元组合。[①] 民间缺乏知识性建构整体的认知，

但又从宗教活动、行为中体现宇宙与人之间的存在。庙宇的空间里，从道观奉祀的神明、太极、八卦等都是建立民间认知的宇宙观。相较于东方神庙与西方教堂，西方教堂在上方开了一道"天国之门"直通天界，是通往天的入口。圆顶式的阁楼的宇宙，是象征着权力的无所不在，"圆顶之下，是世界的中心，万物之始，……每一个圆顶都着相同的象征意义，而每一个圆顶教堂则构成一个宇宙。"[②] 伊利亚德说：

> 宗教人希望将自己的住所定居在"世界的中心"上；而这个定点—中心—的发现与投射，就相当于世界的创造。所有礼仪性的定向与神圣空间的建构，都具有宇宙创生论的（cosmogonic）意义。[③]

中国寺庙则是人神沟通、神鬼交征之处。寺庙、神殿之所以成为人们心目中的神圣空间，因为它象征着连接人间的"此岸世界"与神的"彼岸世界"的连接，也代表着世界的中心、宇宙轴等，寺庙、神殿，是宇宙山的复制品。[④] 在传统的图式中，八卦一向是中国人解读宇

---

① 郑志明：〈台湾神庙信仰文化初论—神庙发展的危机与转机〉，《寺庙与民间文化研讨会论文集》上册，（台北：文建会，1995），页 22。

② 汉宝德等着：《虚拟圣境：世界宗教建筑缩影》，（台北：田园城市文化公司，2003），页 15。

③ 同注 6，页 29。

④ 伊利亚德提出，「中心」的象征体系：1、圣山：天地交会处—位于世界中心。2、所有寺庙与宫殿—扩而充之，所有的圣城与王居—皆是圣山，因此也都是中心。3、圣城、寺庙等仍是宇宙之轴，为天、地、地下三界的交会之点。参阅耶律亚德（一译伊利亚德 MirceaEliade）着、杨儒宾译：《宇宙与历史：永恒回归的神话》，（台北：联经出版公司，2000），页 9。

宙的重要图式，就宇宙论、方法论而言，《易·系辞传》："是故，易有太极，是生两仪，两仪生四象，四象生八卦。"①及《老子》所谓："道生一，一生二，二生三，三生万物。万物负阴而抱阳，冲气以为和。"②则代表着阴阳的观念。若将老子的道与易来"类比"，道是无形，易也是无形；"太极"即"一"，两仪为"二"即是天地、阴阳。而胜安宫八卦塔为主体的中心，正代表着阴阳相辅、相生的概念。

胜安宫的布局以"八卦塔"为整个庙宇的"中心柱"，代表着"宇宙轴"、"世界的中心"，象征连接天地。5层高的八卦塔结合宫殿，再向四方扩展。八卦塔的1楼是"胜化堂"奉祀九天玄女，主管人间世事。2楼是虚空无极宝殿。3楼是玉皇大殿，顶楼是"三宝殿"奉祀母娘的三宝—剑、令旗、印。1楼、2楼、3楼都在殿内参拜，顶楼则是露天式的平台。象征着信众登高之后，焚香上奏，

图 24 八卦塔成为宇宙的轴心，也是中心柱的概念。

可直达上天。杨尧认为，就自然地形而言，从三宝殿上远眺四周群山环绕有如莲花瓣，胜安宫位于莲蓬之上，三宝殿正是莲蓬正中央。从庙宇布局而言，道教三宝"剑、令旗、印"置于最高，是"道"的象征。宗教人在"步行上升的过程中，它使人注视着四周高悬的环境——这环境上的感觉有如将人投入宇宙苍穹的浩浩当中。……更重要的是，这样的建筑物根本上就是一种宇宙观，它所指引出的是人与天之中一道相连接的特殊管道。"③笔者认为，胜安宫的八卦塔平台无疑建立一个"中央柱"、"世界轴"，让信众从各个不同的楼层中，感受上界与下界，亲近各方神灵，在顶楼象征"道"的三宝前，趋近于"道"，接近于"天"。

四、小结

场所精神代表空间的灵魂，也就是置身于此处的"方向感"（orientation）和"认同感"（identification）。④"场所精神"（genius loci or spirit of place）是罗马的想法。根据

① 《易．系辞》上。
② 《老子今注今译》，（台北：台湾商务印书馆，1981），页 158。
③ 褚瑞基：《人与自然》，（中国台湾：田园城市文化公司，1999），页 145。
④ 诺伯．舒兹（Christian Norberg—Schulz）著，施植明译：《场所精神（GENIUS LOCI）—迈向建筑现象学》，（中国台湾：田园城市文化公司，1995），页 19。因为人定居下来，一方面置于"空间"中，同时也暴露于某种环境的"特性"中。"空间"和"特性"即是方向感和认同感。人要有辨

古罗马人的信仰，每一个"独立的"本体都有自己的灵魂（genius）、守护神灵（guaraian spirit），这种灵魂赋予人和场所生命，自生至死伴随着人和场所，同时决定他们的特性和本质。[①] 也就是说场所与空间看似固定不变的建物，但是场所与空间随着不同的"诠释"具有不同的内容，也包含不同的特性。胜安宫的场所精神是强调"天人合一"。其场所精神的形成是利用建筑物给场所的特质，并使这些特质和人产生亲密的关系。建筑基本的行为是了解场所的"使命"（vocation）。[②]

综言之，就时间而言，西王母信仰自汉代以降，迄今逾千年递嬗；就空间而论，西王母原属昆仑文化的高原女神信仰，如今在太平洋左岸的台湾，也建立消灾救劫的圣殿。探讨西王母信仰在台湾七十年，从胜安宫的宫殿建筑中，建构出"游历仙境"、"阴阳调和"、及"天人合一"中的纵深与高度。

别方向能力，才知道自己身处何处，与场域之间的关系。

① 同前注，页18。Genius 表示"物之为何？"（What a thing is？）用康德的说法则是什么是场所"意欲为何？"（Wants to be？）。

② 同上注，页32。

论昆仑祭典的文化定位

陈泳超

2017 年 6 月 23 日，我有幸被邀请参加格尔木市来京进行的昆仑祭典宣传座谈活动，看了一些影像资料、听了许多介绍，对格尔木市主持的这一活动有了一些认知，当时写下一点心得感想，最近又查找资料，作了更细致的思考，爰有下文。

一、祭祀传统的历史问题

昆仑祭典到底该如何定位？这是关系到该活动存在与发展的根本性问题。目前似乎没有一个明确的说法，而一般来说，祭典大多具有古老传统，比如祭祀黄帝陵、祭祀泰山等等，它们具有不容置疑的中央政府官祭性质；而像洪洞县祭祀移民大槐树等，则具有较长的民间祭典的历史。而祭祀昆仑山，该属于官祭还是民祭呢？从该活动主办方的宣传口径来看，似乎非常想提高昆仑文化的阶位，甚至欲将之抬升到全体中华民族文化象征的高度，于是对昆仑祭典的定位，也跟着带有这样的色彩。但此中有两个问题非常关键，必须清醒认识：

1、作为文化象征的昆仑山与后世被命名的昆仑山脉远非一事。

昆仑山早在先秦就有不少记载，《左传》等史书、《庄子》等子书、《楚辞》等文学书尤其是《山海经》、《禹本纪》等地理神话类书籍，都屡有出现，从其内容风格上综合来看，昆仑山显然被视为在中国西方的一座神山，它是沟通天地的具体通道，也是各方神灵荟萃之处，并有不死药以及其他许多神异性能。但这座山到底在哪里，留下的文献众说纷纭，无法形成共识。后世地理上实际称为昆仑山的，乃是汉武帝时候的命名，《史记·大宛列传》中就说："而汉使穷河源，河源出于寘，其山多玉石，采来。天子案古图书，名河所出山曰昆仑。"但这一命名并无实据，连跟汉武帝同时代的司马迁也不肯接受，他在该卷末尾说："太史公曰：《禹本纪》言河出昆仑，昆仑其高二千五百余里，日月所相避隐为光明也，其上有醴泉、瑶池。今自张骞使大夏之后也，穷河源，恶睹《本纪》所谓昆仑者乎？"他显然发现了神话之山与现实之山的巨大差异。其他学者的观点更是多样，我们单从"太史公曰"这段话的注解中罗列《集解》和《索引》的两种代表性意见：

《集解》"邓展曰：汉以穷河源，于何见昆仑乎？《尚书》曰：导河积石。是为河源出于积石。积石在金城河关，不言出于昆仑也。"《索隐》："恶，音乌，于何也。睹，见也。言张骞穷河源至于大夏于真，于何见河出昆仑乎？谓《禹本纪》及《山海经》为虚妄也。然案《山海经》：河出昆仑东北隅。《西域传》云：南出积石山，为中国河。积石本非河之发源，犹《尚书》导洛自熊耳，然其实出于冢岭山，乃东经熊耳。今推此义，河亦然矣。则河源本昆仑而潜流至于真，又东流至积石，始入中国。则《山海经》并《禹贡》各互举耳。"

而在另外一些文化传播论者看来，昆仑山以及西王母又很可能是从巴比伦等西亚文明传递而来。所以，作为富有文化象征意味的昆仑山，其实是无法指认到任何一座现实中的物质之山的，它或许是一种神话的虚拟。我们现在祭祀地上的这座昆仑山，重点不在对号入座，而是一种文化情怀。这是必须始终牢记的。

2、历来有关于昆仑祭典的官方或民间记载吗？

笔者试着检阅《大清会典》，查找是否有关于昆仑山的祭典，结果全然没有，可见昆仑山并未列入国家祀典。这里摘录顺治和康熙两朝的山岳祀典，以供参考：

（清世祖）钦命往祭北镇医巫闾山、北海，遣官一人。东岳泰山、东镇沂山、东海，遣官一人。西岳华山、西镇吴山、江渎，遣官一人。中岳嵩山、淮渎、济渎，遣官一人。南岳衡山，遣官一人。北岳恒山、中镇霍山、西海、河渎，遣官一人。南镇会稽山、南海，遣官一人。祭文由内三院撰拟。香帛由太常寺移取。祭品用牛一、羊一、豕一、登二、簠簋各二、笾豆各十。均行文各该地方官敬谨豫备，钦天监诹吉先期致斋一日，届期由兵部给付勘合，礼部陈祭文香帛于中和殿，恭请亲阅遣行。

岳镇海渎，所在地方有司岁以春秋仲月诹日致祭。顺治初年定，祭东岳泰山于山东泰安州。祭西岳华山于陕西华阴县。祭中岳嵩山于河南登封县。祭南岳衡山于湖广衡山县。祭北岳恒山于直隶曲阳县。祭东镇沂山于山东青州府。祭西镇吴山于陕西陇州。祭中镇霍山于山西霍州。祭南镇会稽山于浙江会稽县。祭北镇医巫闾山于辽东广宁卫。祭东海于山东莱州府。望祭西海于山西蒲州。祭南海于广东广州府。望祭北海于河南济源县。祭河渎于山西蒲州。祭江渎于四川成都府。祭淮渎于河南唐县。祭济渎于河南济源县。每祭用帛一、羊一、豕一、簠簋各二、笾豆各十、尊一、爵三。

清政府对山岳的一般祭典仪式如上所言，昆仑山并无踪迹。可见，昆仑山在政府官祭系统中并没有特别的位置。

以上是从官祭而言，既然史无明文，那么当地民众——包括不同民族——到底有没有或者有怎样的祭祀传统呢？这就需要学者和本地文化工作者携起手来进行深入细致的调查了。

二、以传统为取向的文化创意

既然书面传统不尽人意，民间传统还有待发掘。那么我们只能将目前举办的昆仑祭典定位于文化创意的行列了。或许有人会感觉这样的定位过于轻飘了，但要注意区分昆仑祭典和昆仑文化之间的差别。昆仑祭典是当今的文化创意，而昆仑文化本身却是有悠久历史和丰厚内涵的。因此，只有透彻理解昆仑文化，并采取合适的方式将之表达出来，才能将昆仑祭典打造为真正有历史、有文化的创意。为此，笔者联想到史诗学中"以传统为取向的文本（Tradition-oriented text）"这一概念，它指的是那些文本"往往由编辑者根据某一传统中的口传文本或与口传有关的文本进行汇集后创编出来的。通常情形是，将若干组成部分或主题内容汇集在一起，经过编辑、加工和修改，以呈现该传统的某些方面"（见朝戈金、尹虎彬、巴莫曲布嫫：《中国史诗传统：文化多样性与民族精神的"博物馆"Living Epic Traditions in China: Celebrating Cultural Diversity and Ethos》，《国际博物馆（中文版）》2010年第1期，"中国口头史诗传统"专号代序）。而我们打造的昆仑祭典，也应该是"以传统为取向的（Tradition-oriented text）文化创意"。

为了达到这一目的，首先要挖掘其各种可能的文化意涵，然后准确定位其核心价值。笔者以为可资考虑的文化面向至少有三个：

1、人与自然的和谐共处。这是昆仑山天赋异禀的自然优势，也是全世界大势所趋的核心理念，以此贯穿始终，既名副其实又引领潮流，其可持续性自不待言。

2、作为中国最早最著名的神仙区域，它显示了汉民族超越现实的种种追求。神灵世界固然是全球各文明所共具，但仙人世界却系汉民族的独特文化，顾颉刚先生曾经写过一篇题为《<庄子>和<楚辞>中昆仑和蓬莱两个神话系统的融合》学术论文，将中国的神话分为昆仑和蓬莱两个系统，如果我们将神话再细分为"神话"与"仙话"的话，这两个系统更适合"仙话"。而昆仑作为仙话系统中最古老的源头，其文化底蕴是无比深厚的。

3、多民族共同景仰的神山。这是我从上次座谈会上听到的一些说法，如果属实，那么这一特性就值得大力挖掘弘扬。无论各民族的具体文化指向有多大差别，只要昆仑山在其中是正面价值的象征，就值得倾力研究，以便展示出民族文化的多元姿态。

在此过程中，有一些可能的误区需要警惕。首先，笔者不主张将昆仑山拔高为国家象征符号。历来对于昆仑山的崇敬，大多是出于沟通天地、消泯生死的超越性诉求，在地理上主要认可其为黄河源头，它更多是精神领域的投影，而非家国情怀，所以它向来没有被当作稳定的国家符号。现在许多地方都有争取国家符号的强烈冲动，昆仑山要有自己的文化定位和自信，不必去赶这个热潮，否则中央政府未必承认，文化界却先已反感了。从此延伸开去，以昆仑祭典为中心的文化创意，决不能去追求56个民族大团结的过高目标。理由同上之外，特别需要考虑当地实际崇敬昆仑山之民族的感受和习俗，这才是真正的民族尊重。此外，要坚决反对将昆仑崇拜偶像化！中国山岳祭祀向来不立偶像，只立神主牌位或实地祭祀，除了后代民间制造过一个东岳大帝黄飞虎之外，那么多名山，均无对位的神人崇拜。有些人主张将西王母塑造成昆仑山神，那是汉族沙文主义的表现，其他民族的崇敬之意将被野蛮剥夺！揽入西王母崇拜可以，但不可命名为山神，昆仑山本身要比西王母伟大得多，西王母只是借住在昆仑山上或附近罢了。这两者是相得益彰的关系，却不可李代桃僵、喧宾夺主。

最后，笔者对于昆仑山"以传统为取向的文化创意"，还有一个不成熟的操作性建议。现在这个高山祭祀典礼可以显出实地的崇高感，固然要坚持下去；但大规模多样性的活动，还是要在山下交通发达的地方进行，甚至就在格尔木市区。这本身是符合山岳祭祀传统的，大多数祭山活动都是"望祀"，即在平地上遥望某圣山而祭祀，比如《史记·秦始皇本纪》中就说秦始皇"至云梦，望祀虞舜于九疑山。"云梦泽距离九嶷山还很远，照样可以表达对山岳和圣人的崇敬之意。以笔者看来，如果今天的昆仑山祭典需要借鉴古代官祀的话，或许清政府对天山博格达峰的祭典规格和仪程具有针对性的参考价值，《钦定大清会典事例》卷三百六十礼部记载：

> （乾隆）二十四年谕。据努三奏称：博克达山，在乌噜木齐附近东南，系名胜之山。前岁将军兆惠在察罕果尔地方，曾致祭在案，连年将军等未尝经行此路，是以未曾致祭。乌噜木齐之巴尔哈达地方，即属祭祀形势之处，请将祭文并香费交乌噜木齐大臣，令其每岁春日致祭等语。此奏甚是，即着照所请行，交该处即将祭文并香费与驻扎乌噜木齐大臣，令其接到时，每年春日致祭。其祭祀所需牛羊，即在彼处办用外，仍照例奏销，着为例。钦此！经礼部奏准，添用制帛。

《三州辑略·礼仪门》中记载其祭祀礼仪如下：

> 每年正月初一日，都统率文武官员朝服红山嘴望祭博克达山，行三跪九叩首礼。

也就是说，清朝地方官员并非要到天山上或天山脚下去祭祀，只是在乌鲁木齐市内一个叫作"红山嘴"的地方遥望博格达峰就可以完成祭典活动。所以，无论山上山下，都可以打造成昆仑文化的创意空间。况且，昆仑山本身被描述为是有层级性的。《淮南子·地形训》中说："昆仑之丘，或上倍之，是谓凉风之山，登之而不死；或上倍之，是谓悬圃，登之乃灵能，使风雨；或上倍之，乃维上天，登之乃神，是谓太帝之居。"我们也可以在不同的高度上设置不同的文化意涵和展示设施，这将为文化创意者大显身手提供更广阔的舞台。

民间史料收集与新时代昆仑文化研究

凌 焰

著名民俗学家赵宗福教授指出：昆仑文化既包括历史文化，也包括现当代文化；既包括各类精英文化，也包括各民族民间文化，昆仑文化可以作为涵盖青海文化的标志性文化。也就是说昆仑文化具有很强的包容性且涵盖范围很广。昆仑文化底蕴深厚，资源储量丰富，还需要大力挖掘。我这篇文章主要讲大力挖掘昆仑文化的民间史料，以拓展和深化新时代昆仑文化的研究。

一、昆仑文化民间史料何以重要？

为什么要强调在昆仑文化研究中注重收集、利用民间史料？这体现在学术史、史料现状等多个方面。

首先，这是源于对昆仑研究与史料现状的反思。以往无论是具体的研究，还是史料整理工作，几乎全部聚焦于传统文献、神话传说等文献资料，而忽略了大量遗存在民间的史料。撰写历史，不应只描述一连串的历史事件，而是应该刻画出形成这些历史事件的潜在因素；而其中最重要的，应该是活动在那些历史事件中的人。以往更为关注昆仑文化传说、神话等口述资料的搜集，相对忽视基层民众对昆仑文化感受，从人的具体动机及其现实情境出发去理解他们的实际行为，他们为什么这样做，以及他们面临的生存问题，最后形成了怎样的社会制度。这些资料在传统文献中很难找到，急需通过民间史料弥补，从而为构建真实、全面、丰富的昆仑文化提供更丰富的资料。过去我们在资料整理方面，主要集中于《山海经》、《禹贡》、《穆天子传》、《楚辞》、《淮南子》等传统的文献和《英雄史诗》，而对于产生于民间、关乎乡村、城镇社会变革的民间史料并不在其视野之内。

其次，这是昆仑文化本身具有的民间特色所决定的。众所周知，昆仑文化既包括历史文化，也包括现当代文化；既包括各类精英文化，也包括各民族民间文化。而民族民间文化具有很鲜明的乡村与民间特征。民族民间文化主要是在广袤的县乡基层和村落区域，史料的生产者和基层乡村密不可分。这意味着举凡节庆活动、农民的日常生活、经济发展、文化举措、宗教信仰等，皆有相应的民间史料。

再次，这也与昆仑文化史料的现实库存及其现状有关。从目前的现实来看，自改革开放尤其是进入 21 世纪以来，民间史料"身价"渐涨。一些颇具特色的有关民族民间文化的文书、实物，其价钱就很高，你得出高价才能得到。与此同时，一些留有民族民间文化的碑刻、建筑、遗址等没有得到有效保护，甚至遭到了破坏。

二、昆仑文化民间史料的初步界定与类型

从昆仑文化的内涵与实际出发，昆仑文化民间史料大体是指在昆仑山地域范围内日常生活中形成、与昆仑文化有关，并主要为民间所生产、收藏的史料。本文将昆仑文化民间史料分为如下几大类：

一是家族文献与民间契约文书。在昆仑山地域中，每一个家庭、家族都不同程度地受到了昆仑文化的影响，人、财、物、社会结构、社会心理、社会组织与地方文化等都与昆仑文化遭遇并发生了相应的变化。这些变化直接反应在家谱、契约文书等民间史料中，即家谱、租佃契约、账簿、分家文书、婚书等文书。

二是昆仑山地域中宗教科仪师、民间艺人的口述资料。从构成来说，主要有二：一部分藏于文化馆以及个体收藏的史料，其中有的已经出版，有的还未出版甚至没有来得及整理；另一部分需要研究者自己去访谈、完成的口述资料。由于社会变迁，目前健在的老民间艺人、老道士、禅师等人数量不多。无论是基于"存文存史"，还是为了弥补文字史料之不足，这些口述资料意义不言而喻。

三是昆仑文化实物遗存史料。昆仑文化实物遗存丰富，是昆仑文化民间史料极为重要的组成部分，主要有古文化遗址、古城、古道、岩画、寺院、藏传佛教以及道教法器等实物。

四是昆仑文化民间文艺史料。民间文艺是昆仑精神生活的表达，指在历史时期与当代昆仑山地域范围内的史诗、歌谣、戏剧、散文、小说、诗歌等作品。昆仑山地域有着丰富的民间文艺史料，散落在乡村社区，亟待收集和整理。

三、昆仑文化民间史料收集与整理的方法

昆仑文化民间史料是一座有待开发的"富矿"，为了更好地抢救和挖掘这一批珍贵史料，我们应该注重综合运用历史学、人类学的研究方法来收集与整理昆仑文化民间史料。

（一）民间历史文献学的方法

文献资料收集是资料收集的主要方法。需要收集、整理的民间文献包括以下三大类：第一，村落家族文献。昆仑的基层社区就是广大的乡村社会，村落家族保留了诸多家谱、族谱、分家文书等民间文献，这些文献中蕴含了丰富的史料；第二，民间契约文书。像村

规民约、土地和房屋交易契约、地契、婚书、分田簿等民间契约，是民间生产并为民间长期使用的史料；第三，其他成文的民间史料，如教科书、日志、信函书札、回忆录、地方戏剧唱本、账簿等，从不同的角度记载了昆仑文化的信息。

（二）深度访谈的方法

深度访谈是社会学、人类学擅长的资料收集方法，随着历史社会学的兴起和口述史的发展，深度访谈也成为历史研究的重要资料收集方法之一。昆仑文化民间史料收集过程中，需要对民众进行深度访谈，他们可能是宗教科仪师的后代或徒弟，是民间技艺的家族传承者，我们将从受众的视角出发，通过访谈了解昆仑民族民间文化的历史过程。

（三）实物搜寻

研究者到昆仑山地域的乡村进行实地考察，获取实物等史料与信息。通过对昆仑山地域中一些村落、关键原址、墓碑等进行考察，收集碑刻、票据、字画、钱币、收条凭据、债券、公照片、像章、器具、法器等实物史料。其中有一些宗教仪式，也属于实物史料。依托于特定的载体，它们不少至今仍然保存完好。另外，与民间收藏学会合作，从民间藏家手中寻找昆仑文化实物。

昆仑文化意义的递变

钟宗宪

摘要：对于"昆仑"一词的来源，历来学者有不同的理解角度和方法，但是大抵都是以训诂的方式从字词原义去推估，似乎难有定见。"昆仑"与"崑崙"二词，所指涉的意义有别，"崑崙"为后起之词，属于具体的地理山名或山系名，基本上没有超越性的概念。

目前所见文献，较早的"昆仑"说法出自《山海经》。《山海经》作为昆仑记事的最早载体，其内所载之昆仑却非一元。以"昆仑"一词于《山海经》进行检索，散见于《西次三经》、《北山首经》、《海外南经》、《海外北经》、《海内西经》、《海内北经》、《海内东经》、《大荒西经》、《大荒北经》等，而有东南和西北二种"昆仑"。其中，《海内东经》以昆仑虚为地标，既有流沙，又有大夏、月支等标准的西域国名，正如郝懿行、袁珂所指出，此段文字应是由《海内西经》内错简而来，该移入"流沙出钟山"节后。《海外南经》："岐舌国在其东。一曰在不死民东。昆仑虚在其东，虚四方。"的情况应该类似，至多只是单纯的地理名词，与《墬形》所言正符："崑崙、华丘在其东南方，爰有遗玉、青马、视肉、杨桃、甘楂、甘华，百果所生。"其余各经的昆仑皆处西北，才是具有文化意义的昆仑。

从神话体系的角度来看《山海经》书中的"昆仑"，有三个范围：

（一）帝与百神所在之处，即西北的昆仑之丘、昆仑之虚，是为小昆仑。

（二）环昆仑之诸山间，为各职司神分居之处，即如《西次三经》所载，是为大昆仑。

（三）与帝的各种活动相关之处，是为泛昆仑。

①

在《山海经·西山经》的《西次三经》中，以昆仑之丘为核心的昆仑群山，是建构昆仑神话体系最主要的大昆仑范围。《西次三经》的"帝"，应该是原指帝俊，而非黄帝。从《山海经》来看，黄帝只是群帝之一，峚山只是黄帝活动区域之一，黄帝不必然是昆仑之丘的"帝"。但是《穆天子传》卷二："天子升于崑崙之丘，以观黄帝之宫"，《庄子·天地》：

---

① 〈海外南经〉有在岐舌国东的昆仑虚，毕沅认为「昆仑者，高山皆得名之」，则《山海经》各高山都可以称为「昆仑」，于此暂不取。语见毕沅校注：《山海经图说》（又名《绘图山海经新校正》，台北：新兴书局，1958 年影印）页 105。但是如〈中山经·中次三经〉："青要之山，实惟帝之密都。……（鬼申）武罗司之，其状人面而豹文，小要而白齿，而穿耳以镰，其鸣如鸣玉。""和山，其上无草木而多瑶碧，实惟河之九都。是山也五曲，九水出焉，合而北流注于河，其中多苍玉。吉神泰逢司之，其状如人而虎尾，是好居于萯山之阳，出入有光。泰逢神动天地气也。"此二则仍属于昆仑体系。

"黄帝游于赤水之北，登乎崑仑之丘"①，以及《西次三经》西王母所居处的玉山西方"轩辕之丘"的郭璞注："黄帝居此丘娶西陵女，因号轩辕丘"，郝懿行案语："《大戴礼·帝系篇》云：'黄帝居轩辕之丘，娶于西陵氏之子，谓之嫘祖氏。'《史记·五帝纪》同《淮南·墬形训》云：'轩辕丘在西方。'高诱注云：'轩辕，黄帝有天下之号即此也。'"②综合上述部分列举资料来看，或者应当如袁珂所说的一样，"帝"指的就是"黄帝"，反映的是黄帝地位在后世的不断提升。③

那么昆仑之丘就是黄帝，也就是上帝，在人间的都城。其情景如《海内西经》所说的："海内昆仑之虚，在西北，帝之下都。昆仑之虚，方八百里，高万仞。上有木禾，长五寻，大五围。面有九井，以玉为槛。面有九门，门有开明兽守之，百神之所在。在八隅之岩，赤水之际，非仁羿莫能上冈之岩。"而《大荒西经》说昆仑之丘是"此山万物尽有"。

西方确实是《山海经》的乐园所在。除前引昆仑乐土外，还有《海外西经》的"诸夭之野"④。昆仑之丘在这里成为西王母穴居之处，但是西王母不是昆仑之丘的主神，其地位应该与英招、陆吾、长乘等相类似，"其状如人，豹尾虎齿而善啸，蓬发戴胜"的形象，略同于赢母之山的长乘："其神状如人而豹尾"。西王母为"帝"之佐臣，"司天之厉及五残"。

王孝廉《绝地天通——昆仑神话主题解说》一文认为"昆仑"之所以为"仙乡"的原因，大概可归纳成以下四点：

（一）能成为"仙乡"，乃因此地具有神明聚居之处的性质——"帝之下都"（《山海经．西山经》）、"门有开明兽守之，百神之所在"（《海内西经》）。而所谓的"仙乡"，实即涉及"仙"的概念，或者在此地者能因修炼而得长生、不老不死，或者此地即有满足各种世俗欲望的条件，因此"仙乡"又与"他界"相连，而与"我界"相对。又或者凡人若进入此地，也有可能因服食或身处位置的变化——形同修炼之过程，而臻至神仙境界。

---

① 王先谦：《庄子集解》（台北：台湾商务印书馆，1984年台6版）页66。
② 郝懿行：《山海经笺疏》（台北：艺文印书馆，1974）页78-79。
③ 袁珂在《山海经校注》书中解释《山海经》里面的「帝」，除了少数别有专指之外，大多以黄帝来解释。
④ 〈海内经〉：「西南黑水之闲，有都广之野，后稷葬焉。爰有膏菽、膏稻、膏黍、膏稷，百谷自生，冬夏播琴。鸾鸟自歌，凤鸟自儛，灵寿实华，草木所聚。爰有百兽，相群爰处。此草也，冬夏不死。」与此相类。〈海内西经〉：「后稷之葬，山水环之。在氐国西。流黄酆氏之国，中方三百里。有涂四方，中有山。在后稷葬西。」毕沅本在本句后有「其城方三百里，盖天下之中，素女所出也」之文，文下有郭璞注：「离骚曰：'绝都广野而直指号。'」郝懿行：「楚词九叹云：'绝都广以直指兮。'郭引此句，于都广下衍野字，又作直指号，号即兮字之讹也。王逸注引此经有'其城方三百里，盖天地之中'十一字，是知古本在经文，今脱去之，而误入郭注也。因知'素女所出也'五字王逸注虽未引，亦必以经文无疑矣。素女者，徐锴说文系传云：'黄帝使素女鼓五十弦琴，黄帝悲，乃分之为二十五弦。'今案黄帝史记封禅书作太帝，风俗通亦云：'黄帝书：泰帝使素女鼓瑟而悲，帝禁不止'云云，然则素女盖古之神女，出此野中也。又郭注天下之中当为天地之中。」若都广之野在天地之中，依〈海内西经〉所示又近「海内昆仑之虚，在西北，帝之下都。」是「百神之所在」，则都广之野为圣地。在《山海经》全书中，神境乐园不只一个。

（二）孕有各种奇异之动植物。所谓奇异，或乃自然界物种某特征（包含外表与习性）之扩大、重复，或乃不同物种特征之合成。而这些奇异之物，实多具有描述此奇异的人类的心理寄托。

（三）人类踏进"昆仑地界"，上"凉风之山"，则能不死；上"悬圃"，则得呼风唤雨的神通；在上至天，也就到了"太帝之居"，人类乃能化为神（《淮南鸿烈·坠形训》）。于是，昆仑乃：1. 能自地面通天，2. 凡人入昆仑则可得异能，甚至化神。《淮南鸿烈》的记载中，藉由登升以转换身处之地，能不死、得异能、甚至化神，实已呈现出一种由人而神，进阶、修炼的概念。这也是昆仑神话世界与仙乡产生联系的原因之一。

（四）引申而论，昆仑同时有永生与死亡的特性。盖昆仑地界多灵药（如：丹水、沙棠、𧄍草），有奇域（如：凉风之山、县圃、太帝之居），而灵药奇域可使人不死、得异能、甚至化神，但昆仑亦多恶兽、凶神（如：土蝼、钦原）足以害人。灵药、奇域寄托了人类的梦想，而恶兽、凶神则为人类追寻梦想时的限制；死亡固为人类之所大惧，而异能、永生不死、化神，则为人类意志之大欲。因此，昆仑地界之所以成为仙乡，最重要的原因当在于各种神话文本对昆仑的记录、叙述，纷然不一地提供了人类对另一个世界的想象，而在这想象之中，始终是贯穿以人类意志的欲求以及原始思维。

该文综合运用了先秦至唐代之间的神话文本，包括《山海经》、《楚辞·天问》、《穆天子传》、《淮南鸿烈》、《河图括地象》、《神异经》、《博物志》、《补三皇本纪》等，其思路是：由昆仑为"帝之下都"、"百神之所在"，以及人可以借昆仑而上天（"太帝之居"），知昆仑为沟通神界与人界的天柱；由天柱的观念而联想昆仑为天地宇宙之中心；又由天柱联想到被共工触断的不周之山（"天柱折，地维缺"），遂使女娲补天的神话（重建乐园神话）与昆仑神话结合，而带出"绝地天通"神话（失乐园神话，因为重建的乐园毕竟不同于本初的乐园）与昆仑神话的关系。这种综合运用历代文本的操作方法，虽然舍弃了文本之间的历时性关系，但神话研究本来亦不以时代排序为第一义。与其将神话意识、神话思维的研究停留在考察各种文本的历时性关系，不如提取各种文本中的神话主题、单元，或加以组织，或加以比较，方更有可能呈现出一种意义较普遍的神话意识、神话思维。即如该文所提取的：昆仑与天地宇宙之中心、昆仑与不周之山、昆仑与女娲补天的关系，从神话意识来看才有意义，而对于神话故事的历时发展或变迁加以考究，恐怕更近似文学上的接受意义研究。①

地理崑仑与文化昆仑的真正结合，关键时代可能是东汉。《汉书·地理志》提到："金城郡临姜县西北至塞外，有西王母石室……崑仑山祠。"这样的说法，不仅有别于《史记》，也形成一条崭新的理解依据。即一方面继承《史记·大宛列传》："汉使穷河源，河源出于寘，其山多玉石，采来，天子案古图书，名河所出山曰崑仑云。"一方面将战国时期齐

---

① 以上归纳由张守甫协助整理。

国威宣以来，海中蓬莱仙说异军突起，不死仙药的风潮促使帝之下都的昆仑，渐渐转为含藏不死药的高大神山，甚至变成登升乃灵的空中之城。后来武帝对求仙的执迷，让以蓬莱为核心发展出来的仙说，亦不断呼应需求而进化，除了可横向东海寻山的平行求仙之外，亦发展出立居己所的垂直降神，并且认为求仙亦非唯不死，也可修得异能。值得注意的是，此时仙说以黄帝为代言人，并明确指出"能仙登天"的成仙方向，以"天"为升仙终极场域。正如大渊忍尔所指出，此时仙说已有仙人能飞翔的概念，故栾大身着羽衣立白茅上受天道将军玉印，而公孙卿则说"仙人好楼居"。①据此观之，不唯遥远海中仙山令人向往，"高"亦成为求仙的关键词。而高大神山，是为黄河所出又以接天，正是昆仑在面对蓬莱仙说的市场竞争之时，更早就发展出来的重要特质。这可能就是为何武帝在着迷于蓬莱仙说之际，仍不忘交代前往西域的汉使寻访河源之故。但是《汉书·地理志》的说法已然确定昆仑与西王母在西北的定论，一直影响后世。

所以包括：北魏崔鸿《十六国春秋》卷七十五《前凉录》载："酒泉太守岌上言：酒泉南山及昆仑之体也，周穆王见西王母乐而忘归，即谓此山。上有石室、王母堂，珠玑镂饰，焕弱神宫。"南朝宋范晔《后汉书·郡国志》："临羌有昆仑山。"《后汉书·明帝纪》："冬十一月，遣奉车都尉窦固，……出敦煌昆仑塞。"唐李贤注："昆仑，山名，因以为塞，在今肃州酒泉县西南。山有昆仑之体，故名之。周穆王见西王母于此山，有石室、王母台。"晋王嘉《拾遗记》卷十："昆仑山者，西方曰须弥山，对七星之下，出碧海之中。"都是将文化昆仑、地理昆仑定位于今日的青海省。

唐宋之间，"昆仑"或"崑仑"的意义又似乎另有发展。宋代《太平广记》收录唐代裴铏《传奇》中的名篇《崑仑奴》，多数学者认为"崑仑"是唐朝人对印度半岛与南洋群岛的泛称。唐人认为西南有地理昆仑，可以说是一种特殊的理解，可能与《拾遗记》卷十："昆仑山者，西方曰须弥山"的观念有关，以至于宋人将唐代位于西南的"南雄关"易名为"崑仑关"，而有狄青"上元三鼓夺昆仑"的故事。直至1939年，发生抗日著名战役的桂南会战"昆仑关战役"。然而若以唐代以后的道教习用语来看，应该是受到昆仑为天地宇宙中心观念的影响，另有"昆仑九土"之说，即：

昆仑九土：东信土阳州、南浞土迎州、西垆土拾州、北成土玄州、中面土冀州、东北咸土咸州、东南农土神州、西南陷土成州、西北肥土柱州。②

综观而论，"昆仑"一词自始自终都有与我界隔绝的"他界"意义。在我界与他界之间，由文化昆仑逐渐递转为地理昆仑，既有西北之说，后来也有西南之说，而呈现出多彩多姿的昆仑面貌。

---

① （日）大渊忍尔：《初期の道教：道教史の研究 其の一》，〈第一章 初期の僊说〉，页455。
② 《正统道藏》（上海涵芬楼影印本），第41册，太平部，〈道门经法相承次序·卷下·诸三〉，页761-2。

昆仑文化与天文化的新时代意义

任志宏

摘要：天文化是昆仑文化的主体部分，而昆仑文化则是中国天文化的重要源头。由昆仑文化滥觞的中国天文化，发展为五位一体的天文化体系，并通过五位一体的德文化体系，构成了"天人合一"的"天佑德"五位一体中华文明价值体系。"天佑德"五位一体中华文明价值体系，是中国特色社会主义新时代"五位一体"总体布局的重要内容，对社会主义新时代有着重要的支撑作用。

在我们的思维定式中，一说到"天"，就是唯心的，而不是唯物的。正是这样的思维定式，导致了我们对"天文化"这样一个重要文化现象的忽略和漠视。

自中国有文字以来，"天"就是一个核心的文化符号。历代帝王、文人士大夫、平民百姓都在"天"与"人"之间彷徨、思索，积累了巨大、丰富、繁杂的文化资源。不仅在中国如此，在世界上也是如此。西方各族人民有史以来也在琢磨、研究"天"。因此，天文化成为人类文明史上一个重要的文化现象。研究天文化，不仅对于研究世界各族人民的宗教、哲学、民俗都有着重要的意义，对于建设中国特色社会主义新时代也有着重要的支撑作用。

一、昆仑文化是中国天文化的重要源头

中国神话大体可分为四大系统，即西方昆仑神话，东方蓬莱神话，南方楚神话及中原神话。其中，昆仑神话是中国神话的主体部分，也是保存最完整、结构最宏伟的一个体系。鲁迅先生说："中国之神话与传说，……其最为世间所知，常引为故实者有昆仑山与西王母。"

昆仑的语源为古汉语，意为"穹隆"（天体球状）。其本意就与"天"息息相关。

首先，昆仑是天帝在下界的都城。

《山海经·西山经》："西南四百里，曰昆仑之丘，是实惟帝之下都。"郭璞注："天帝都邑之在下者。"

其次，昆仑是连接天地的天柱、天梯。

《吴越春秋·勾践归国外传第八》："昆仑之山，乃地之柱，上承皇天，气吐宇内，下处后土。"

《河图括地象》：“昆仑山为天柱，气上通天。”《楚辞·天问》：“昆仑县圃，其尻安在？增城九重，其高几里？四方之门，其谁从焉？”王逸注：“昆仑，山名也，在西北，天气所出。其巅曰县圃，乃上通于天也。”

其三，昆仑本身就是天庭所在地。既然昆仑是天柱，那么昆仑的最上层理应就是天庭。

昆仑山传说中有一至九重天，能上至九重天者，是大佛、大神、大圣。西王母、九天玄女均是九重天的大神。而西王母是昆仑的主神，那么昆仑本身就是属于天庭。

《昆仑说》载：“昆仑之山三级：下曰樊桐，一名板桐；二曰玄圃，一名阆风；上曰层城，一名天庭，是为太帝之居。”《易林·比之八》云：“登昆仑，入天门。”

由此可见，天文化是昆仑文化的主体部分，昆仑文化是中国天文化的重要源头。这个文化现象，直到今天依然有着旺盛的生命力。比如热播剧《三生三世十里桃花》剧中的昆仑墟，是天帝的儿子居住修行的地方，是属于天庭的一部分。

二、什么是“天”？

天有两个特点：大和高。《说文解字》说“天”是“至高无上”。孔子说：“巍巍乎！唯天为大。”王充说“天无上”。天大，内容极为丰富；天高，人类难以接触。这就是天有无穷奥秘而又难以探索的基本原因。

天的含义，发展到今天至少在20种以上。择其要简述如下：

1、最早的“天”字，就是“天人合一”。王国维《观堂集林》：“古文天字本象人形”。甲骨文的“天”，最上面的一横是一个空心的小四边方形；“天”字最早的钟鼎文，上面的一横是一个实心的圆形。这个方形、圆形及后来的一横，都指人的头顶。这是“天”字最初的含义。

2、天就是天空。《尔雅》：“穹苍，苍天也”。天的形状是圆的，颜色苍苍。唐宋八大家之一韩愈《原道》中说：“坐井而观天，曰天小者，非天小也”。说的就是天空。

3、天文、天体、天象。《易经》载：“仰之观于天文，俯以察于地理，是故知幽明之故。”这里的“仰观”和“俯察”，就是“观察”这个词的来源。天文工作的主要任务是观察。中国古代从尧舜时期就有专门负责观察天文的官员。《史记》中说，颛顼（五帝之一）名一个叫“重”的人司天，叫“黎”的人司地。《明史》中记载，负责天文的部门叫“钦天监”。钦天监的官员专职负责天文，观察天象，没有皇帝的特旨，不能提拔，不能调离。

认识天，就是了解“天时”，即时节的变化，告诉人民准确的时节。准确的时节，对于以农业生产为基础的民族有着特殊重要的意义。

4、自然的、天生的人或物。凡是自然形成、非人力所为的，都叫“天”。如天然、天趣、天真、天年、天堑。青海的天、可可西里、青稞，都是自然的、天生的。

5、天道。泛指不以人意志为转移的客观必然性。《易经》中已经提出"天道"。"天道"的字面含义是天的运动变化规律。世界必有其规则，是为天道。所谓天道，即万物的规则、万物的道理，是万物的绝对真理，属于唯物论的范畴。

6、天是万物的主宰者，是神格化、人格化的最高之神，称为皇天、昊天、天皇大帝、皇天上帝、昊天上帝等，即道教和民间信仰中的玉皇上帝（玉皇大帝）；又称苍天、上天、上苍、老天、老天爷等，如"天意"、"苍天在上"、"老天有眼"、"奉天承运"、"天谴"、"天生我材必有用"、"我的天啊！"、"天啦！"中的"天"。

7、神仙居住的世界。天兵天将、天女散花、王母娘娘的瑶池、天庭、天宫、天堂。人去世以后，归天是最好的归宿。

8、依存或依靠的保障。《史记》："王者以民人为天，而民人以食为天。"《韩诗外传》："王者以百姓为天，百姓与之则安，辅之则强，非之则危，背之则亡。"从企业的角度讲，也可以理解为"顾客为天"、"消费者为天"。

9、君王，并引申到一家之主。《尔雅》："天，君也。"《仪礼》："夫者，妻之天也。"

10、气候、季节。三伏天、数九天、冬天、晴天。

11、一昼夜。今天、昨天、三天打鱼两天晒网。

三、"五位一体"的"天文化体系"

综合"天"的各种含义，可以概括为"自然之天、天时之天、百姓之天、天道之天、信仰之天"的五位一体天文化。

1、自然之天

三百年的工业文明以人类征服自然、人定胜天为主要特征，世界工业化的发展使征服自然的文化达到极致，一系列全球性的生态危机说明地球再也没有能力支持工业文明的继续发展，需要开创一个新的文明形态来延续人类的生存，这就是"生态文明"，或者叫"绿色文明"。

2、天时之天

民以食为天，食以农为本。对于农业文明来说，农时是天时的主要组成部分。

二十四节气是中国先秦时期开始订立、汉代完全确立的用来指导农事的补充历法，是通过观察太阳周年运动，认知一年中时令、气候、物候等方面变化规律所形成的知识体系。它把太阳周年运动轨迹划分为24等份，每一等份为一个节气，始于立春，终于大寒，周而复始。2016年11月30日，二十四节气被正式列入联合国教科文组织人类非物质文化遗产代表作名录。在国际气象界，二十四节气被誉为"中国的第五大发明"。

3、百姓之天

"王者以民人为天"，是中国传承几千年的治国理念。"水可载舟亦可覆舟"的名言，正是从百姓之天的理念中发展而来。·

4、天道之天

天道是规则、是规律，是不以人的意志为转移的基本规则、基本常识、基本规律。我们首先要顺应天道，同时，我们对这些规则、规律、规范的认识也在不断地发展之中、完善之中。

5、信仰之天

每一个民族都有自己的传统观念，这种观念深刻地影响着人们的思想，并且形成各民族独特的思维方式。事实上，科学无法穷尽真理，。以为科学可以解决一切问题的人，是迷信科学的偏见。科学解释不了的东西，人们寄希望于哲学；哲学也解释不了，最终就会皈依宗教。

我们可以是"无神论者"，但我们对于一切文化、一切信仰都予以充分的尊重。而"天文化"，则是所有文化、所有信仰都接纳和认可的，没有任何一种文化、一种信仰会跟"天"过不去。以"上天崇拜"为主体的多元一体信仰，是信仰之天的基本内涵。

五位一体之天，是天文化的主要内容。

四、"敬天崇德"，是中华民族的核心价值观

中国的天文化，是治国文化。皇权天授，君为天子。但天只把皇权授予有德之人。有德者得之，无德者失之。何为有德？老百姓拥护的方为有德。何为无德？老百姓抛弃的就是无德。

《尚书》中说："天视自我民视，天听自我民听。"《尚书·咸有一德》中记载了商朝著名丞相伊尹与商王太甲的对话："非天私我有商，惟天佑于一德；非商求于下民，惟民归于一德。"就是说："不是上天偏爱我们商族，而是上天佑助贤德的人；不是我们商族求老百姓拥护我们，而是人民支持贤德的人。"

因此，有五位一体之天，必有五位一体之德。

1、敬自然之天，崇和谐之德

自然之天，佑护和谐之德。人与自然和谐共生，是人类生存的基本法则。爱护环境、保护自然，是人类最基本的责任和使命。

2、敬天时之天，崇敬业之德

在中国几千年的治国理念中，"不夺民时"是一个基本的要求。在"不夺民时"的前提下，只要老百姓辛勤劳动，就可以五谷丰登，国泰民安。中国历史上的盛世，都是在这样的条件下产生的。改革开放40年的成就，也是全民敬业之功。

3、敬百姓之天，崇诚信之德

以百姓为天，核心是诚信。《左传》云："信，国之宝也。"指出诚信是治国的根本法宝。孔子在足食、足兵、民信三者中，宁肯去兵、去食，也要坚持保留民信。因为孔子认为"民无信不立"，如果人民不信任统治者，国家朝政根本立不住脚。因此，统治者必须"取信于民"，正如王安石所言："自古驱民在信诚，一言为重百金轻"。

4、敬天道之天，崇公正之德

老子说，天道无亲，常与善人。既然天道是公正的、无私的、不论亲疏的，为什么会眷顾善良之人呢？

因为天道，就是规则。善人敬畏规则，所有会得到天道的护佑。

《菜根谭》里说："自天子以至于庶人，未有无所畏惧而不亡者也。上畏天，下畏民，畏言官于一时，畏史官于后世。"曾国藩说："心存敬畏之心，方能行有所止。""敬"就是尊重，"畏"就是害怕。规则，有无形的规则，比如公平、正直、忠诚、仁义；有有形的规则，比如契约、制度、承诺，甚至口头约定。

5、敬信仰之天，崇友善之德

信仰之天，佑护友善之德。任何一种文化，都是以友善为基础的；任何一种宗教信仰，都是引导人们友善的。天道酬勤、天道酬诚、天道酬善、天道酬仁、天道酬德。

和谐之德、敬业之德、诚信之德、公正之德、友善之德五位一体，是谓"德文化"。

五、"天佑德"中华文明价值体系的新时代意义

经济建设、政治建设、文化建设、社会建设、生态文明建设"五位一体"总布局，是中国特色社会主义新时代的根本标志之一，是新时代对"实现什么样的发展"、"怎么发展"的科学回答。由昆仑文化、天文化构成的"天佑德"中华文化价值体系，则是"五位一体"总体布局的重要支撑力量。

1、敬自然之天，崇和谐之德，是我国生态文明建设的重要内容。人与大自然的和谐，是人类文明最重要的和谐。从全球来说，生态文明建设刻不容缓；从我国来说，新时代生态文明建设成果卓著，日新月异；从青海来讲，大美青海、生态青海、绿色青海是青海省的核心要务。

2、敬天时之天，崇敬业之德，是我国经济建设的重要内容。"大众创业、万众创新"，是新时代经济建设的重要举措。而"大众创业、万众创新"的基础是"全民敬业"。勤劳吃苦的中国人民敬天时之天，把握时代机遇，勤业敬业，开创了改革开放40年的成果，也必将创造新时代的辉煌。

3、敬百姓之天，崇诚信之德，是我国社会建设的重要内容。新时代的社会发展，就是

要坚持在发展中保障和改善民生，在发展中补齐民生短板、促进社会公平正义，在幼有所育、学有所教、劳有所得、病有所医、老有所养、住有所居、弱有所扶上不断取得新进展，敬百姓之天。同时，建设"诚信中国"则是新时代社会建设的重中之重。

4、敬天道之天，崇公正之德，是我国政治建设的重要内容。天网恢恢，疏而不漏，公平正义，清正廉明，是新时代政治文明的新面貌、新气象。

5、敬信仰之天，崇友善之德，是我国文化建设的重要内容。我国是一个多民族、多信仰的国家，我们尊重各民族信仰，推动各民族友善共处。同时，和谐之德、敬业之德、诚信之德、公正之德、友善之德，本身就是"富强、民主、文明、和谐、自由、平等、公正、法治、爱国、敬业、诚信、友善"24字社会主义核心价值观的主体内容。

综上所述，天文化是昆仑文化的主体部分，而昆仑文化则是中国天文化的重要源头。由昆仑文化滥觞的中国天文化，发展为五位一体的天文化体系，并通过五位一体的德文化体系，构成了"天人合一"的"天佑德"五位一体中华文明价值体系。"天佑德"五位一体中华文明价值体系，是中国特色社会主义新时代"五位一体"总体布局的重要内容，对社会主义新时代有着重要的支撑作用。

参考书目：

《易经》、《尚书》、《仪礼》、《尔雅》、《楚辞》、《山海经》、《吴越春秋》

《河图括地象》、《昆仑说》、《说文解字》许慎着、《史记》司马迁着

《韩诗外传》 韩婴着、《新书》贾谊着、《明史》、《汉语大字典》、

《观堂集林》 王国维着、《辞源》、《中国古人论天》周桂钿

游戏昆仑：网游手游语境"昆仑"叙事的产生机制及其文化意涵研究

谢秀卉

【论文摘要】

本文指出古今所传述的"昆仑"叙事围绕着"高山"、"方位"、"神物"、"仙圣"、"建筑"等叙事元素展开，它们共同构成具备稳定性与可增生性的叙事结构，是创造"想象"的"昆仑"的成套构件。即使未曾亲历"昆仑"，传述者也可以运用这些成套构件在各自的传述脉络展开"昆仑"叙事的继承与创造，而就在长时期流播中，它们成为创造"想象"的"昆仑"叙事的"套组式联想"。这种"套组式联想"既有稳定性，亦因联想被限制，而形成一批具有封闭性的叙事群。因之，在将此类"昆仑"叙事视为民族的集体记忆之前，还要注意到它存在一段产生流播于小众群体彼此共享的知识与技能语境的历程。另一方面，当自古传述的"昆仑"叙事进入在线游戏语境，又可见，网络复制文化已使得在线游戏"昆仑"叙事呈现重复使用类似句子、随意拼贴不同时空脉络的叙事以及"昆仑"语义增衍的情况。在此情况下，后起传述的"昆仑"叙事亦可能取代更早的叙事，成为年轻一代的网民及游戏玩家认识"昆仑"神话的初始记忆或说主要记忆。值得注意的是，复制剪贴，成为神话叙事另一种型态的口耳相传，传统上关于神话叙事传播所衍生的相关概念如"集体"、"匿名"、"变异"、"重复"等特性也出现在网络世界中。这种"套组式联想"所产生的"想象"的"昆仑"叙事，虽无法在现实找到对应，但却可在心理经验实存，这一点，仍然是现代游戏"昆仑"叙事所追求者，强调网游画面要让玩家"身历其境"。有时，这种在"虚拟"中"游戏"的行为会延伸到现实，玩家同步游戏于"征实"与"想象"中，使自我在日常生活中同时存在于既非"神圣"亦非"世俗"的虚拟境域，而在那些个人或群体耽溺、醉心于"游戏"的暂时性时间区段中体验到瞬刻的自我价值感，并且，又能在游戏结束后自然而平常地回复现实。这就象是古典神话时代的重现，人们"生活"在"神话"中，依凭神话叙事定义自我、他者、社群及宇宙。不同的是，现代人，特别是青年与孩童，乃是在"游戏"中体证感受着"神话"为生命带来的丰盛与力量。

关键词：昆仑、神话、套组式联想、在线游戏

一、前言

今日所见视听娱乐,中国神话元素,可谓无所不在。它们被广泛运用在电影、电视、动画、漫画等领域。其中,网络游戏、手机游戏更是频繁运用古代神话、《山海经》以设计故事场景,而"昆仑"即是常见运用于游戏中的神话元素。搜寻网络,以"昆仑"命名的在线游戏,多不胜数,如"梦幻昆仑"、"昆仑世界"、"昆仑墟"、"昆仑序"、"昆仑 online"、"九转昆仑"、"剑舞昆仑"等等,这些以"昆仑"为名或设计有"昆仑"场景的在线游戏,多在仙侠、玄幻的故事脉络下,取材中国神话而构设出游戏的世界观、人物角色、竞斗对象、技能锻炼以及可供升级之宝物。在玩家竞技的游戏语境中,"昆仑",不仅并非陌生词汇,还频繁出现于同好社群的网络对话框中,代表着今日部分网络社群对于"昆仑"的传述与记忆。对于玩家而言,这样的"昆仑",是"想象"的,但至少就感知经验而言,他正在进行的"游"与"戏"却充满"真实"。自古以来,这处"想象"的"昆仑"与"征实"的"昆仑"就共同并存于民族的心灵与记忆中。苏雪林在《昆仑之谜》指出有"实际昆仑"与"神话昆仑"两者,而"神话昆仑"通常设想在先,其后,往往于现实指定某山,因此,在古代被称为"昆仑山"者所在多有

①此一可供"征实"的"昆仑"虽实有,然而,确切所在,言人人殊,莫衷一是,亲历实察,毕竟少数,而"想象"的"昆仑"虽传述多为荒诞虚妄,但,见于古代文献,对于如何描述它却有着稳定的叙事元素,并且,引起无数浪漫心灵向往升登其上,在古代诗赋中即可见为数众多"游"、"戏"于"昆仑"的文学书写。跨越千年后,人们仍然梦想着"游戏昆仑",与古代不同之处在于,由于科技传媒的进展,"游戏昆仑",不再限于少数仙家道人、诗人赋家,同时,亦不再有时空、性别、年龄、身份的限制,一旦进入在线游戏语境,玩家甚至可以任选时间,自由进出一段"游戏昆仑"的虚拟旅程。可以说,"昆仑",作为一古老的文化语汇,借着网络的便利与在线游戏的盛行,走入日常生活,并且拥有在线游戏语境中的使用方式与意义指涉。就此而言,这群玩家,正是现代意义下"生活"在"神话"中的人群。其间,有叙事,有讲述,有观听,有行动,关于神话的文本、交流语境、传述者与受众,实践与表演,口头与书面,图像、声音、文字,集聚汇合成一处五光十色、缤纷华丽的虚拟世界。在此之中,神话依赖着传播者持续保有活力,而传播者在某种程度上也依凭神话而赋予自我与群体以生命存在之价值与意义。"游戏昆仑",作为一叙事主题,贯通古典与现代,在不同的传播语境中,传承与新变,层层负载着各代不同传述者历久弥新的"昆仑"梦。在网游手游语境中,"昆仑"位在何处?又以何种地景出现?如何被人们谈论与说起?其中的"昆仑"叙事与图像又是如何呈现?在今日,玩家搜集资料而描述

---

① 苏雪林:《昆仑之谜》(台北:中央文物供应社,1956 年),页 48。

的"昆仑",仍然与古代传述"昆仑"有共通的叙事元素,而这种"昆仑"叙事的产生机制究竟为何?它又是如何在古今不同的"昆仑"叙事传述脉络发生作用?本文即是以在线游戏语境中的"昆仑"叙事为讨论中心,分析阐释网游手游语境"昆仑"叙事的产生机制及其所具有的文化意涵。

二、高山、方位、神物、仙圣、建筑:"想象"的"昆仑"叙事元素

对于"昆仑"的认识,自古代起,就朝着"征实"与"想象"两路向发展,一方面为时人传述为仙圣所集、神物所生的神圣地理空间,一方面又试图落实其地理坐标,指明为现实某处之高山。千百年来,"神话昆仑"就与"实际昆仑"彼此相互证成,前者乃是后者的折射表述,而后者亦是前者的神圣延续①,而在"征实"与"想象"所构成的光谱中显出它的地理实相与神秘光影。然而,无论是当时或现代,像张骞等有"穷河源"的地理实察经验者,毕竟属于少数。或可以说,描述一处"想象"的"昆仑",可能比亲历实察"昆仑"更为容易。这样一处"想象"的"昆仑",虽然因无法证实而充满着语怪虚设之性质,然而,叙事元素却相对稳定。见于古代文献,这些分别保存于不同传述脉络的"昆仑"叙事,归纳其中反复出现的叙事元素,有"高山"、"方位"、"神物"、"仙圣"、"建筑"等项目。例子甚多,略举如下表所列:

叙事元素	内容	文献来源
高山	昆仑之虚,方八百里,高万仞。	《山海经·海内西经》①
	有大山,名曰昆仑之丘。	《山海经·大荒西经》②
	昆仑其高二千五百余里,日月所相隐避为光明也。	《史记·大宛列传》引《禹本纪》③
	昆仑县圃,其尻安在?增城九重,其高几里?四方之门,其谁从焉?西北辟启,何气通焉?	《楚辞·天问》④
	昆仑之丘,或上倍之,是谓凉风之山,登之而不死。或上倍之,是谓悬圃,登之乃灵,能使风雨。或上倍之,乃维上天,登之乃神,是谓太帝之居。	《淮南子·坠形》⑤

---

① 赵宗福:〈论昆仑神话与昆仑文化〉,《青海社会科学》2010 年第 4 期(2010 年 7 月),页 8。
① 袁珂校注:《山海经校注》(台北:里仁书局,1995 年),页 294。
② 袁珂校注:《山海经校注》,页 407。
③ 〔汉〕司马迁撰,〔日〕泷川龟太郎考证:《史记会注考证》(台北:大安出版社,1998 年),卷 123,页 1283。
④ 〔宋〕洪兴祖补注:《楚辞补注》(台北:大安出版社,1995 年),页 133。
⑤ 刘文典撰:《淮南子》(北京:中华书局,1989 年),页 136。

高山	昆仑，号曰昆崚，在西海之戌地，北海之亥地，去岸十三万里。又有弱水周回绕匝。山东南接积石圃，西北接北户之室。东北临大活之井，西南至承渊之谷。此四角大山，实昆仑之支辅也。	《海内十洲记》⑥
	昆仑山有昆陵之地，其高出日月之上。山有九层，每层相去万里。有云色，从下望之，如城阙之象。四面有风，群仙常驾龙乘鹤，游戏其间。	《拾遗记》⑦
	地部之位，起形高大者，有昆仑山，广万里，高万一千里…	《博物志》⑧
方位	海内昆仑之虚在西北，帝之下都。	《山海经·海内西经》⑨
	地中央曰昆仑。	《河图括地象》⑩
	昆仑者，地之中也。	
	昆仑山，天中柱也。	《龙鱼河图》⑪
	昆仑墟在西北，去嵩高五万里，地之中也。其高万一千里，河水出其东北陬。	《水经》⑫
神物	有兽焉，其状如羊，而四角，名曰土蝼，是食人。有鸟焉，其状如蜂，大如鸳鸯，名曰钦原，蠚鸟兽则死，蠚虫木则枯。有鸟焉，其名曰鹑鸟，是司帝之百服。有木焉，其状如棠，黄华赤实，其味如李而无核，名曰沙棠，可以御水，食之使人不溺。有草焉，名曰薲草，其状如葵，其味如葱，食之已痨。	《山海经·西山经》⑬
	开明西有凤鸟、鸾鸟，皆戴蛇践蛇，膺有赤蛇。开明北有视肉、珠树、文玉树、玗琪树、不死树。凤凰鸾鸟皆戴瞂。又有离朱、木禾、柏树、甘水、圣木、曼兑，一曰挺木牙交。	《山海经·海内西经》《山海经·海内西经》⑭

⑥　上海古籍出版社编，王根林等校点：《海内十洲记》，收入《汉魏六朝笔记小说大观》（上海：上海古籍出版社，1999年），页70。

⑦　上海古籍出版社编，王根林等校点：《拾遗记》，收入《汉魏六朝笔记小说大观》（上海：上海古籍出版社，1999年），页558。

⑧　〔晋〕张华撰，范宁校证：《博物志》（中国台湾：明文书局，1981年），页7。

⑨　袁珂校注：《山海经校注》，页294。

⑩　〔日〕安居香山，中村璋八编：《河图括地象》，《重修纬书集成》（卷六）（东京：明德出版社，1981年），页31、33。

⑪　〔日〕安居香山，中村璋八编：《龙鱼河图》，《重修纬书集成》（卷六），页94。

⑫　陈桥驿注释：《水经注校释》（杭州：杭州大学出版社，1999年），页1-2。

⑬　袁珂校注：《山海经校注》，页47。

⑭　袁珂校注：《山海经校注》，页299、303。

神物	上有木禾，长五寻，大五围。	《山海经·海内西经》⑮
	（昆仑之丘）此山万物尽有	《山海经·大荒西经》⑯
	上有木禾，其修五寻，珠树、玉树、璇树、不死树在其西，沙棠、琅玕在其东，绛树在其南，碧树、瑶树在其北。	《淮南子·墬形》⑰
	昆仑及蓬莱，其上鸟兽饮玉井，皆长生不死也。	《抱朴子·内篇》⑱
	（昆仑）……品物群生，希奇特出，皆在于此。	《海内十洲记》⑲
	昆仑西有兽焉，其状如犬，长毛四足，似罴而无爪，有目而不见，行不开。有两耳而不闻，有人知往。有腹无五脏，有肠直而不旋，食物径过。人有德行而往牴触之。有凶德则往依凭之。天使其然，名为混沌。	《神异经·西荒经》⑳
仙圣	开明东有巫彭、巫抵、巫阳、巫履、巫凡、巫相，夹窫窳之尸，皆操不死之药以距之。	《山海经·海内西经》㉑
	（昆仑之丘）…实惟帝之下都，神陆吾司之。其神虎身而九尾，人面而虎爪；是神也，司天之九部及帝之囿时。	《山海经·西山经》㉒
	海内昆仑之虚，在西北，帝之下都……百神之所在	《山海经·海内西经》㉓
	（昆仑之丘）有人戴胜，虎齿，有豹尾，穴处，名曰西王母。	《山海经·大荒西经》㉔
仙圣	（昆仑）又有墉城,金台、玉楼，……西王母之所治也，真官仙灵之所宗。	《海内十洲记》㉕
	有昆仑山…圣人仙人之所集也。	《拾遗记》㉖

---

⑮ 袁珂校注：《山海经校注》，页294。

⑯ 袁珂校注：《山海经校注》，页407。

⑰ 刘文典撰：《淮南子》，页133。

⑱ 王明著：《抱朴子内篇校释》（台北：里仁书局，1981年），页331。

⑲ 上海古籍出版社编，王根林等校点：《海内十洲记》，收入《汉魏六朝笔记小说大观》（上海：上海古籍出版社，1999年），页70。

⑳ 上海古籍出版社编，王根林等校点：《神异经》，收入《汉魏六朝笔记小说大观》，页54。

㉑ 袁珂校注：《山海经校注》，页301。

㉒ 袁珂校注：《山海经校注》，页47。

㉓ 袁珂校注：《山海经校注》，页294。

㉔ 袁珂校注：《山海经校注》，页407。

㉕ 上海古籍出版社编，王根林等校点：《海内十洲记》，收入《汉魏六朝笔记小说大观》，页70。

㉖ 上海古籍出版社编，王根林等校点：《拾遗记》，收入《汉魏六朝笔记小说大观》，页184。

建筑	面有九井，以玉为槛。面有九门……	《山海经·海内西经》㉗
	帝尧台、帝喾台、帝丹朱台、帝舜台，各二台，台四方，在昆仑东北	《山海经·海内北经》㉘
	旁有四百四十门，门间四里，里间九纯，纯丈五尺。旁有九井，玉横维其西北之隅，北门开以内不周之风。	《淮南子·坠形》㉙
	（昆仑）（天墉城）城上安金台五所，玉楼十二所。（昆仑）（墉城）金台玉楼，相鲜如流金之阙光，碧玉之堂，琼华之室，紫翠丹房，锦云烛日，朱霞九光…	《海内十洲记》㉚
	昆仑之墟，五城十二楼，河水出焉。	《河图》㉛
建筑	（昆仑山）傍有瑶台十二，各广千步，皆五色玉为台基。最下层有流精霄阙，直上四十丈。	《拾遗记》㉜
	昆仑之山有铜柱焉，其高入天，所谓天柱也。围三千里，周圆如削。下有回屋，方百丈，仙人九府治之。	《神异经·中荒经》㉝

　　上举诸例，细节虽不相同，排列组合亦有异，项目也并非同时俱足，但可以看见，对此"想象"的"昆仑"，人们的联想并非漫无边际，而是围绕着上述几项叙事元素展开。推测其原因，一是书籍的撰写者或记录者对此类书籍有所涉猎接触，因此，仿照所阅读书籍中类似的书写或记录原则，再创造出一则他所相信或认识的"昆仑"叙事。另一种可能是，人们乃从对山所怀有的普遍思考来描述"昆仑"。山能生藏万物，汉人释"山"之义，即由此着眼。许慎《说文解字》云：

　　　　山，宣也。谓能宣气，生万物也。①

　　《释名》亦曰：

　　　　山，产也，产生物也。②

　　"生万物"、"产生物"，在这种素朴直接的联想中，山所能生藏者，包含范围甚广，

① 〔东汉〕许慎撰，〔清〕段玉裁注：《说文解字注》（中国台湾：黎明文化事业公司，1994年），页442。
② 〔汉〕刘熙撰，〔清〕毕沅疏证：《释名疏证》（台北：广文书局，1971年），页6。
㉗ 袁珂校注：《山海经校注》，页294。
㉘ 袁珂校注：《山海经校注》，页313。
㉙ 刘文典撰：《淮南子》，页133。
㉚ 上海古籍出版社编，王根林等校点：《海内十洲记》，收入《汉魏六朝笔记小说大观》，页70。
㉛ 〔日〕安居香山，中村璋八编：《河图》，《重修纬书集成》（卷六）（东京：明德出版社，1978年），页133。
㉜ 上海古籍出版社编，王根林等校点：《拾遗记》，收入《汉魏六朝笔记小说大观》，页558。
㉝ 上海古籍出版社编，王根林等校点：《神异经》，收入《汉魏六朝笔记小说大观》，页57。

常物与异物皆包含其间，"草木生焉，万物植焉，飞鸟集焉，走兽休焉"，由是而"宝藏兴焉"[①]，对于当时的人而言，山之所"藏"，有利用价值。取之，用之，居之，乃为人所"宝"之。因之，《山海经.五藏山经》之"藏"，即同"藏"，可做"储藏"义解[②]，也即"宝藏"之"藏"，学者就指出，"五藏"即是"山海天地之藏"[③]。其次，居山之人，禀赋非凡，生命力量强盛，不受死亡所限。许慎《说文解字》释"仚"云：

> 人在山上皃。从人从山。[④]

又释"僊"云：

> 长生僊去。从人从𠨍，𠨍亦声。[⑤]

段玉裁注云：

> 长生者䙴去。故从人䙴会意。[⑥]

又《释名》曰：

> 老而不死曰仙。仙，僊也。迁入山也。[⑦]

可见，山，又与长生、不死紧密联系，而能入山、居山，亦非凡人，而是仙圣。在这种认识脉络下，"昆仑"也就被视为"神物之所生"、"圣人仙人之所集"的神圣地理空间。既有仙圣，亦应有居所。因之，这种宜于修仙炼道的山岳地景，多非原始自然林相，其中还有雄伟瑰丽的城池楼台，由是，与建筑相关词汇亦相应而生，如上表中即有文献记载"昆仑"有"城"，人间所具之"井"、"门"、"楼"、"堂"亦置乎其间，又有"九井"、"九门"，有"阆阆"、"玉楼"、"金台"、"瑶台"等。《穆天子传》云："天子升于昆仑之丘，以观黄帝之宫"[⑧]，在郭璞的理解中，此黄帝之宫，即是"黄帝巡游四海，登昆仑山，起宫室于其上"。这种关于"昆仑"中有城阙宫室的联想，可能来自"增城九重"之传闻，如《拾遗记》即云："昆仑山有昆崚之地，其高出日月之上。上有九层，每层相去万里。有云色，从下望之，如城阙之象"，此一"从下望之，如城阙之象"的描述可能即是衍生"昆仑"上有宫城的联想因素。

另一方面，汉魏六朝涉及游仙之诗赋，诗人"游"、"戏"于"昆仑"书写多见：

> 逝昆仑，天马来，游阊阖，观玉台。（汉郊祀歌《天马》）

---

① 〔汉〕韩婴撰：《韩诗外传》卷 3，页 15a，收入《景印文渊阁四库全书》第 89 册（台北：台湾商务印书馆，1983 年），页 799。

② 台湾中华书局《辞海》编辑委员会：《辞海》（中册）（台北：台湾中华书局，1980 年），页 3642。

③ 参李丰楙：《山海经：神话的故乡》（台北：时报文化出版事业公司，1982 年），页 21。

④ 〔东汉〕许慎撰，〔清〕段玉裁注：《说文解字注》，页 387。

⑤ 同上注。

⑥ 同上注。

⑦ 〔汉〕刘熙撰，〔清〕毕沅疏证：《释名疏证》，页 21。

⑧ 上海古籍出版社编，王根林等校点：《穆天子传》，收入《汉魏六朝笔记小说大观》，页 10。

西望昆仑之轧沕荒忽兮。直径驰乎三危。排阊阖而入帝宫兮。载玉女而与之归。登阆风
而遥集兮。亢鸟腾而一止。低回阴山翔以纡曲兮。吾乃今日睹西王母暠然白首。戴胜而穴处兮。
亦幸有三足乌为之使。（司马相如《大人赋》）

至昆仑，见西王母，谒东君。交赤松，及羡门，受要秘道。爱精神，食芝英，饮醴泉，
拄杖桂枝佩秋兰。（曹操《陌上桑》）

遨游八极，乃到崑仑之山西王母侧，神仙金止玉亭。来者为谁？赤松王乔乃德旋之门。（曹
操《气出倡》）

乃至王母台，金阶玉为堂，芝草生殿傍。东西厢，客满堂，主人当行觞。

登崑仑，上层城。（成公绥《正旦大会行礼歌》）

西至崑仑戏曾城。（白纻舞歌诗）

安得崑仑山，偃蹇三珠树。三珠始结荄，绛叶凌朱台。（吴均《采药大布山诗》）

崐崘山上或西东，上天入地登虚空。仙人侍从数万重。（老君十六变词）

俯视崑仑宫，五城十二楼。王母何窈眇，玉质清且柔。（刘缓《游仙》）

昆仑九层台，台上宫城峻。（鲍溶《怀仙》）

此处的描述，不仅将"昆仑"传述为仙圣神物所集之处所，还有宫城楼台，金阶、玉楼，
高堂、华池，堂堂皇皇，这些诗人赋家多半未如张骞有亲历实察的经验，然而，其诗赋书
写就彷佛亲历其间，攀采奇珍，携手神仙，徜徉于仙境幻域。那些描述"想象"的"昆仑"
的"高山"、"方位"、"神物"、"仙圣"、"建筑"等叙事元素在此也成为诗人赋家"游"、
"观"、"视"、"望"、"谒"、"交"、"戏"于"昆仑"的对象。这说明了历来游
仙诗赋所描写的神游与升登之"昆仑"主要也与此"想象"的"昆仑"有关。而这种稳定
的叙事结构也在后来在线游戏的"昆仑"叙事中继续保持着。以下，进一步分析阐释之。

三、套组式联想："想象"的"昆仑"叙事的产生机制

（一）稳定性与增生性：古代文献与在线游戏中的"昆仑"叙事结构

昆仑，经常被想象为具有"山"的地理景观，而在现今游戏语境中，传述"昆仑"则有"山"
与"岛"两种类型。以"仙境传说"为例，玩家将"昆仑"描述为"传说中位于东方海上
的幻之岛屿，据说上面居住着仙人，以台湾作为雏形建造"[①]，此"昆仑"中有"昆仑密穴"、
"西王母神殿"、"神仙的围棋台"，同时还有"酒馆"、"村长的家"，甚至其上还有"街
道"，其场景设计如下所示：

---

① 网址：https://wiki2.gamer.com.tw/wiki.php?n=4708:%E5%B4%91%E5%B4%99

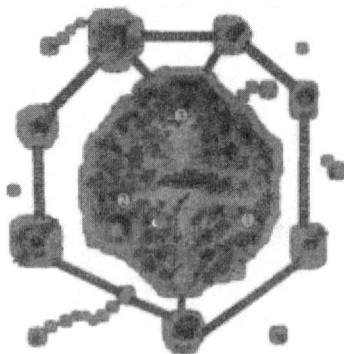

全景　昆仑岛

局部　飘浮于天空的昆仑仙岛

局部　昆仑的中心街道

局部　昆仑密穴

局部　西王母神殿

局部　神仙的围棋台

　　玩家将此"昆仑"描述为"飘浮在空中的昆仑岛",而"昆仑"亦有"中心街道",玩家描述此处,可以"购买各式各样的道具",附近还有一"气功师",能通过他的考验,会引导玩家至"神秘的试炼场"。而"昆仑密穴"乃是"墨蛇君"的居所,它会对闯入的人们发动攻击。又有西王母神殿,未见西王母,已是一处"荒废的神殿",取而代之的是"投掷坚硬的桃子来攻击的魔物",而再往西王母神殿深处前进,则来到"仙人的围棋台",这是"神仙们用来下围棋的棋盘",通过此处,就会到达昆仑密穴最深处,遭遇"墨蛇君"。在此例中,关于"昆仑"的基本叙事元素,除以"浮岛"取代"高山"外,"方位"、"仙圣"、

"神物"、"建筑"等皆出现在场景中。而在"斗战神"中有一则"凤血昆仑山"的故事，"昆仑山"被描述为"终年积雪"与"终年积血"之处，乃"处于大陆的中心，苍莽辽阔连绵达数千里"，常有"恶兽昆狻在活动"，"昆狻"是"大雪山上的野兽，吸取长久日月灵蕴化为的魔灵，它们速度迅猛，满身钢钉般的毛发，不敬神灵，头脑简单，没有语言和文化，四处游荡，会无端攻击遇到的生灵"，而在雪线之上，还有"巡山的神兽天兵驻守"，又有古老残败的"祭神台"，它们是"通向天界的通道"，"传说人类成神就是从此飞升"，而"自西王母在这里登仙成神之后，昆仑山顶就成为了禁地"，而陆吾是"巨大可怖的怪物，它终年沉睡在能够通往天界的飞升平台上，要想一步登仙，就必须要先通过陆吾这道难关"。此故事是为玩家解释通关所需经历之场景与击败对象，其在描述"昆仑"时，同样包含"高山"、"方位"、"仙圣"、"神物"、"建筑"等叙事元素。

有时，则有新的叙事元素加入，与旧有"昆仑"叙事元素合并，成为在线游戏传述"昆仑"的稳定叙事结构。举例如下：

> 西域昆仑山脉，绵延数千里，山顶终年积雪。相传明教总坛光明顶就在昆仑山上，关于昆仑仙山也一直流传着不少的传说。不知何时，昆仑山不仅时有雪崩，还有许多魍魉四处游荡，仿佛被结界笼罩，大雪封山，只进不出……（梦间集）

> 昆仑山常年被冰雪覆盖的独特地理环境，造就了它神秘圣域的高洁气质。也为无数文人墨客造就它成为神仙居所，修真之宝地提供了得天独厚的非凡魅力。（诛仙）

> 我们看到的是整张西海地图的最高点"昆仑绝顶"，入眼只见大面积的冰封悬崖峭壁像是悬浮于高空之中，中部用玄铁雕刻的几只神兽姿态各异，惟妙惟肖，立于建筑顶端的羽凤双翅展开，仿佛下一秒就要朝画面外的我们翱翔而来，羽翅挥展，便携来整个昆仑的风雪冰清。（天下3）

> 昆仑山，长年冰封，有人说这里曾经拥有过一位公主。也有人说在这位公主大婚之时，被下诅咒，从那以后，昆仑山的雪就更大了。传闻在昆仑山的天池中有一条黑龙，它守护的宝物价值连城，引得各路侠士纷纷前往争夺……（绝世高手 笑傲江湖）

> 昆仑位于龙纹大陆东北面的山脉，毗邻于落日城，常年覆雪，犹如不染纤尘的纯白缎带卧在黑黄的平原上，山顶风雪飘零，数座宏伟的道观屹立其中，巍峨庄严，山间植有大片竹林，夜风一起，飒飒有声，偶有几株寒梅，冷香四溢。昆仑山底碧草茵茵，芳华遍地，溪水粼粼，是山顶上的白雪所化，甘甜清澈，数十户精致的小木屋，零星点缀在山脚下，屋前繁花环绕，芳香袭人，一派人间美景。（斗仙）

这些例子所描述的"昆仑"，除了旧有叙事结构外，又加入"雪域"此一叙事元素。网络游戏与手机游戏对于神话的援用，经常是对传统文本中的神话元素、情节加以沿袭、整编或新创 [杨利慧即将电子媒介对神话的引用，依其采纳和改动的程度，可以分为援引传统文本、融汇传统文本与重铸传统文本三种。详见氏着：〈当代中国电子媒介中的神话主义〉，《云南师范大学学报（哲学社会科学版）》第46卷第4期（2014年7月），页73。]，在这种情况下，神话表层叙事常因穿戴上现代的词汇语句而有所变化，但其固有的叙事元素则会继续保持下来。值得注意的是，新增的叙事元素汇入旧有的叙事结构后，也成为部分在线游戏传述"昆仑"的固定叙事元素，如上举的"雪域"叙事因素。

（二）类似的构图：游戏世界的"昆仑"构图设计

在线游戏所传述的"昆仑"，除了有其共通的叙事元素，亦存在着类似的构图设计。根据笔者所搜集的例子，将"昆仑"图绘为"山"者，实多于"岛"，"山"仍然是形构"昆仑"的重要地景原型。在场景构成上，"侠客无双"、"蛮荒战神"、"斗战神"，皆呈现为局部远景，主要以雪域、山林、建筑为构图元素，而在"九龙争霸 昆仑之巅"、"倚天屠龙记"、"神兵传奇"则以群峰并立来表显"昆仑"。而"剑舞奇缘"、"斗仙"、"大话仙剑"则在空间配置上，将昆仑山与宫室画于整体画面对角线上，由此，山岳与建筑，在画面分布上，皆呈现斜十字形构图。虽然，在游戏语境中，"昆仑"多以"山"名，但其实际构图并非画为自地面隆起之山岳，有许多张图就呈现为飘浮在空中的锥形平顶昆仑山，构图虽不尽相同，但在平顶之上设置宫城、城门、园林等却具有一致性。（见下文附图）

场景构成：雪域、山林、建筑		
侠客无双	蛮荒战神	斗战神
场景构成：群峰并立		
九龙争霸 昆仑之巅	倚天屠龙记	神兵传奇
空间配置：山脉与建筑呈现斜十字形分布		
剑舞奇缘	斗仙	大话仙剑

昆仑山型：锥型平顶昆仑山		
诛仙	天下3	新倩女幽魂
仙境传说	大唐仙妖劫	昆仑序

（三）复制文化与神话传播："昆仑"叙事在网络知识生产线上的生成方式

在过去，神话叙事乃透过口头、书面及图像等媒介而传播。在特定的传播途径中，人们认识一则神话，乃因他人讲述而"听"到一则神话，或是在某本书中"读"到一则神话，或是在某张图像或影像中，"看"到一则神话。在网络世界中，口头讲听、书面阅读，动态与静态图像，却可能同置并出。网络已成为各类知识的传播媒介，成为现代人特别是年轻人与孩童接触与认识神话的重要管道之一。[1]在此之中，值得关注的是，网络传播语境中，神话叙事究竟如何生成？在网络世界中，传播者身份、传播媒介、传播方式、传播内容愈来愈趋多元，知识就在此中生成与运用，而这也促使网络成为一处趋向无限的信息数据库。在上文中，笔者已指出在线游戏描绘"昆仑"场景的类似构图，这种类似性可能来自图绘设计者参考或模仿相关游戏的昆仑场景设计所致，而在线游戏的"昆仑"叙事亦出现类似的情况。在网络知识生产线上，无数的知识，透过复制、拼组、重诠而产生。网络复制文化使知识的创生与传播更为快捷、便利，而这也正是形成网络世界知识爆量与爆速的重要原因。笔者接续要探讨的即是，在线游戏语境"昆仑"叙事如何在网络知识生产线上生成与衍变。

1. 重复使用：复制的"昆仑"叙事

复制，是网络世界知识生成的重要途径，这一点亦反映于在线游戏的"昆仑"叙事中。笔者搜寻相关在线游戏的"昆仑"叙事时，发现，描述"昆仑"为"万山之祖"、"龙脉"的句子频繁出现在不同游戏中：

---

[1] 杨利慧在〈当代中国电子媒介中的神话主义〉即指出，今日大学生认识神话的方式，以来自书面阅读、面对面口头交流（如来自教师、长辈、朋友、导游的讲述）以及电影、电视、网络等为主。见氏著：〈当代中国电子媒介中的神话主义〉，页70的讨论。

昆仑山被誉为万山之祖，也是万神之乡，它傲然屹立在世界东方，雄视神州大地，令世人景仰。（天乩）

昆仑山是中国西部山系主干，享有"万山之祖"的尊贵称号，古人更将其视为"龙脉"的源头。（横扫天下）

昆仑山在中华民族文化史上有"万山之祖"的显赫地位。昆仑山峰峦起伏，林深古幽，景色秀丽，每逢春夏之交，满山碧树吐翠，鲜花争奇斗艳，使昆仑山更具风韵。（神兵传奇）

在中国的西南部，有一条横贯新疆与西藏，向东伸入青海省，直抵四川盆地，总长 2500 千米的古老山脉——昆仑山，人称"万山之祖"、"龙脉之首"。（侠客无双）

昆仑山，传说中的"龙脉之祖"，有着"万山之祖"的显赫地位。（权御天下）

昆仑山，乃"万山之宗"、"龙脉之祖"，出产不少仙家宝贝，例如太上老君的紫金葫芦，著名的芭蕉扇等，真是个神奇的地方！（神武）

我们知道昆仑山在东方历史中具有"万山之祖"的显赫地位，不论是《山海经》或是《天龙八部》，自上古流传下来的神话传说许多都与昆仑山有关，也被世人誉为"万神之乡"。（昆仑墟）

昆仑山又叫昆仑虚，素有"万山之祖"的美名，自古以来就有非常多的传说……（剑舞奇缘）

这些描述，一方面可能代表现代人对"昆仑"所怀有的普遍性文化常识，一方面应也是玩家或同好透过网络搜寻，直接复制现成的网络资料所产生。对于在线游戏"昆仑"叙事的传述者而言，当他必须重新再创造一则"昆仑"叙事时，网络搜寻应是资料取得的管道之一，而在此语境的"昆仑"叙事经常不需要严谨的审辨与拣择，在大多数的情况中，只是作为解说游戏的知识背景，是一种带有浓厚的娱乐性、随意性的知识类型。因此，最易寻得或出现频率高的资料，获得选用的机会也会相对提升[①]更不用说，有些传述者是将搜寻的资料直接复制贴上使用。这种复制文化直接影响着神话叙事在网络语境的生成与传播。以下，先就伴随复制文化而来的拼组与重诠提出讨论。

2. 随意拼贴：重组的"昆仑"叙事

伴随复制而来的，即是拼凑组合的"昆仑"叙事。它可能是拼组古今的文献资料。如在"梦仙灵"如此描述"昆仑"：

巍巍昆仑，万山之祖！

西海之南，流沙之滨，赤水之后，黑水之前，有大山，名曰昆仑之丘。有神，人面虎身，有文有尾，皆白，处之。其下有弱水之渊环之，其外有炎火之山，投物辄然。有人戴胜，虎齿，有豹尾，穴处，名曰西王母。此山万物尽有。

---

① 祝鹏程研究"神话段子"亦注意到，网民因"受限于知识结构与快餐化的阅读方式"，面对神话资源时，多选择为众人所熟知的神话，而使编创的策略具有"雷同化的题材传承"现象。见氏着：〈神话段子：互联网中的传统重构〉，《云南师范大学学报（哲学社会科学版）》第 46 卷第 4 期（2014 年 7 月），页 84。

从《山海经》开始，各个朝代都有许多对昆仑山的演绎。昆仑山的主人西王母，最初的记载是人头豹身，后来逐渐演变成道教中的正神，和东王公一起掌管天庭。根据《封神演义》，阐教教主元始天尊的道场玉虚宫就坐落于昆仑山，姜太公曾在此修炼。

此例分为三段，其所描述"昆仑"，不仅有常见的"万山之祖"，又引《山海经》所记"昆仑之丘"及"西王母"，与《封神演义》中的"玉虚宫"及"姜太公"。若以文献典籍流播先后视之，它代表着不同历史时空下"想象"的"昆仑"叙事。在网络时代，传述者却可以复制这些不同时代的资料，将它们组合汇整在一起，成为一则"昆仑"叙事，并且，又有文言、白话的混搭组合。在"权御天下"中，女娲也被置于昆仑，变成昆仑女神，其描述如下：

> 昆仑秘境群山缭绕之处，一个展开双手似乎要拥抱上苍的女人，屹立在云海的深处，她是谁？没错，她就是炼石补天、抟土造人的女娲娘娘。而就是这样一位原本泽被苍生的神祇，最终却走向黑化之路。

女娲不再神圣，从福泽天下的伟大女神走向"黑化"之路，因为女娲助纣为虐，武王功亏一篑，诸侯割据一方，天下自此五分。

此外，在线游戏所设置之世界，多半不限于中国境内，有时，还混合中国以外的地区，或是将真实与虚构的国度并置。以"新倩女幽魂"为例，故事设定之世界，坐落于"南赡部洲"。其中，与"昆仑"相关的场景，计有"昆仑荒漠"、"瑶池"及"昆仑山"等，在整幅地图中，被置于西部，这些仍与古代传述"昆仑"位置在西方类似。在此世界中，既有金陵、杭州、台州海岸、丝路古道等现实地名，又有黄泉、地狱、酆都、枉死城、忘川、天姥仙山、兜率宫、蟠桃园等具有佛道宗教背景之地名，亦有设置泰姬陵的阿格拉，或是武侠小说中出现的黑风林、白骨洞、恶人谷等地名。"昆仑"就被安置在结合中国境内与境外以及真实与虚构交织的世界图景。见下图圆圈标示处所示：

新倩女幽魂

3.语义增衍：重诠"昆仑"为虚拟世界中的武林

复制与重组，可以说，是手机游戏与网络游戏对于"昆仑"叙事的铺垫。在线游戏中，玩家会扮演特定角色，而与其他在线玩家进行格斗、寻宝、通关、升级。因之，有时，在游戏设计上，"昆仑"不仅是一处神山，还成为一武林门派，部分游戏就是借用或化用仙侠小说来作为故事背景。在此情况下，"昆仑"就被设定语境意义，代表虚拟世界的武林，由此，"昆仑"就因神话脉络、仙玄脉络、武侠脉络的汇入而发生语义的增衍。如在"新倩女幽魂"中，"昆仑山"与"万妖宫"、"神机营"、"逍遥观"为游戏世界内部之门派，而在"梦幻昆仑"中，"昆仑"既代表山岳，也代表"昆仑派"。有着古老灵魂与青春面孔的"昆仑"图像与叙事，就于现代游戏语境诞生。对于玩家而言，在游戏的世界中，他所认识的昆仑，既是仙圣所栖、神物所聚的圣山，同时，也是战场，是他化身武林中各路门派，与其他玩家格斗、修炼的虚拟竞武场域。于是，"与你相邀昆仑山巅"[①]，不为寻仙采药，而为论剑竞斗。在这种情况下，"高山"、"方位"、"仙圣"、"神物"、"建筑"等传统叙事元素，遂被收拢在虚拟的武林语境中，作为玩家在其中格斗、竞技、升级的故事背景。在网络知识生产线上，对于"昆仑"叙事的复制、拼组、重诠所造成的叙事、主题、意义、结构的增生与衍变，也在影响着人们对于此一叙事的认识与记忆，后起新增者会层叠在旧有之上，对于未曾了解"昆仑"叙事往昔流播历程的接受者而言，后起传述内容往往更易更快进入他的认知中，主导着他对"昆仑"的认识与看法。对于那些未曾接触《山海经》或古典小说的玩家而言，特别是年轻人与孩童们，这处混合古代与现代，中国与世界，神仙与武侠语境脉络的"昆仑"，经常有将零碎、片段的不同传述脉络或来源的"昆仑"叙事拼组合一的现象，而这种混合神话、仙玄、武林的"昆仑"叙事，也许就可能取代更早期的"昆仑"叙事，成为广大网民及游戏玩家对"昆仑"最普遍的印象与记忆。

4.复制剪贴：网络语境的口耳相传

复制文化使网游手游语境的神话叙事间产生更多相似的句子、段落与主题，网络世界本身就是现代神话叙事最大型储识库与重要生成场域。复制剪贴一则神话叙事，本身就是一种神话叙事的无声转述，这不是传统意义上人与人直接面对面的口耳相传，却是网络语境中的人与人间接面对面的口耳相传。信息的复制与剪贴，即是网络世界的口耳相传。有时，一则消息可以在短时间内迅速传播到各地，就是透过网络转相复制传播所致。网游手游语境的玩家，可以虚拟网络身份，而在网络世界游走行动，乃至无意识地进行着神话叙事的传播，这群玩家并不具备民俗学者、神话学者的知识背景，他所转相复制剪贴的"昆仑"叙事，对他们来说，只是作为了解游戏的信息，就如同其他可以轻易在网络上寻得的知识一般，玩家没有运用学术眼光来看待它，而在运用这类知识时，还可能就把描述"昆仑"为"万山之祖"、"龙脉之祖"的句子，当成是古老的、常民的普遍性文化知识而接受下来，

---

① 「剑侠世界贰」宣传文案

在这种意义上，这样被传述的内容本身也具有集体共同创造的属性，当游戏玩家转相传播他自己所认为属于"集体"共有的神话叙事时，同时也使自己消融入那"集体"当中。另外，就笔者所搜集的例子，亦可见网络世界的"昆仑"叙事所呈现的相似表层叙事以及稳定的叙事结构，而那些新增加或融汇进入的现代语汇、词句或创意，也使神话的表层叙事有了更活泼的"变异"。并且，那些无法确指其身份、数量的广大网民，同样也在呼应着"集体"、"匿名"这些传统上关于神话叙事传播所衍生的相关概念语汇。在网络世界同样显现出传统神话叙事所显现的集体性、匿名性、变异性与重复性等特征。传播语境虽已变更，然而，神话叙事以口耳相传的传播形态仍然以复制剪贴的网络知识生产方式继续发生着。

（四）"想象"的"昆仑"如何诞生：利用成套的叙事元素展开联想

根据上文的讨论，可见，在线游戏语境的"昆仑"叙事受到网络知识生产文化的影响，在复制、拼组、重诠中，已赋予"昆仑"神话以现代之精神与面貌。然而，我们仍然可以发现，"想象"的"昆仑"叙事持续保有稳定的叙事结构。"想象"，代表着非理性、虚妄、非常，原是与理性、真实、平常的"征实"相对而言。但，"想象"的产生却有规则可循。以本文所探究的"昆仑"为例，不管是在古代或现代，都可以发现，传述"昆仑"，反复运用的几项叙事元素是："高山"、"方位"、"神物"、"仙圣"、"建筑"。笔者认为，这来自对既有知识来源如书籍文献或口头传闻的模仿复制，同时也是人们对山的神秘与神圣的思考面向，而在长时期的流播中逐渐成为传述"想象"的"昆仑"叙事所运用的"套组式联想"。

透过文献资料，可知，自汉代起，对于"昆仑"已有"想象"与"征实"两种认识面向。《史记·大宛列传》引《禹本纪》云："河出昆仑，昆仑其高二千五百余里，日月所相避隐为光明也。其上有醴泉、瑶池"①，这是汉人"想象"中的"昆仑"，相对于此，张骞穷河源，"多玉石采来"的"于阗"高山，因汉武帝"案古图书"而名为"昆仑"②，虽后人对此有异议，但这却可以视为汉人亲历实察的一处"征实"的"昆仑"。对当时人而言，有两种升登昆仑的方法：其一，透过地理实察，亲行实见；其二，透过传述想象，幻想临至。当司马迁以张骞"穷河源"为证，而说："恶睹《禹本纪》所谓昆仑哉？"这一方面是指《禹本纪》对"昆仑"记载不实，另一方面，也透露，如果根据《禹本纪》，那么，张骞"穷河源"至少应看见"高山"、"神物"、"仙圣"、"建筑"之类的景物。可见，至少在当时，"想象"与"征实"的"昆仑"是并存于传述者的思考与概念中的。"想象"的"昆仑"，对于相信者而言，它的超自然性与信仰的真实性是一致的③，真实性与神圣性，自然不容置疑，然而，对于像司马迁一类不语怪力乱神的理性学者而言，对其"不敢言之"的"昆仑"，

① 〔汉〕司马迁撰，〔日〕泷川龟太郎考证：《史记会注考证》，卷123，页1283。
② 同上注，页1280。
③ 陈连山：〈论古代昆仑神话的真实性——古人为什么要探索昆仑的地理位置〉，《广西师范学院学报（哲学社会科学版）》第32卷第4期（2011年10月），页2。

也仍然围绕着"想象"的"昆仑"的基本叙事元素来设想之。"高山"、"方位"、"神物"、"仙圣"、"建筑"等叙事元素就像是产生"想象"的"昆仑"叙事时使用的成套构件。当传述者必须转相传播"昆仑"叙事时,这些叙事元素就像是传述"昆仑"的联想关键词,它们在不同传述脉络中被重复地复制、参照而成为传述"想象"的"昆仑"的稳定叙事结构后,即使未曾亲历"昆仑",后来的传述者也可以运用这些成套的组件展开思考与联想,藉此"套组式联想",传述者得以营构各自心中"想象"的"昆仑"约略雏型与样貌。另一方面,当这些叙事元素集合出现时在某一传播脉络时,作为对"昆仑"或"昆仑山"有所认识的观听者与阅读者,在其思考或概念中,也很容易运用"套组式联想"来指认它。"高山"、"方位"、"神物"、"仙圣"、"建筑"象是"昆仑"叙事所以形成的骨干,而描述山之高广的词汇与句子,或是开明兽、三珠树、不死树,以及西王母、东王公、赤松、羡门和昆仑宫、金楼、玉台、瑶池等等,就是围绕骨干而长出的血肉,这些骨干血肉共同构成各代传述者可以加以运用的资料。在线游戏新增的"雪域"叙事元素,所以也能稳定下来,应与现今网络资料所提供的文字或图像多会呈现昆仑山积雪或雪景有关。当此一叙事元素被不断反复运用后,逐渐也就成为今日在线游戏传述"昆仑"的"套组式联想"的一部分。"套组式联想",具备稳定性与可增生性,既存在于书面文字的叙事规律,同时也是各代传述者创生"想象"的"昆仑"叙事的思维方式。

(五)小众的集体记忆:特定传播范围内部的"套组式联想"

"套组式联想",一方面帮助联想,一方面也使联想被限制。如果以上述相关传述"昆仑"的例子来看,至少,有部分"想象"的"昆仑"叙事就在构成元素反复出现的情况下,形成一带有封闭色彩的叙事群。自古代视之,这类"想象"的"昆仑"叙事,因事涉怪力乱神,原本就不受到知识分子普遍关注与重视,小众群体内部应是其转相流传的重要语境,如在《禹本纪》、《山海经》、《神异经》、《博物志》等关涉搜奇志异的爱好者之间流传、阅读、书写与记录。而根据目前出土可见的汉代画像石,"昆仑山"之图像亦以纵向垂直层级直上的神山造型为主[1],这种图像也和当时书面文献传述"昆仑"有"增城九重"[2],或层级而上依次有"凉风之山"、"悬圃"、"太帝之居"[3]等描述相符合。把眼光转换至现代,在线游戏的"昆仑"叙事之产生,拥有庞大的网络资料可供利用,以"昆仑"或"昆仑山"为关键字展开搜寻,就能够找到与此主题相关的词语、句子、段落,经过复制、剪贴、重诠,就可以再创造出一则则的"昆仑"叙事。按理说,在网络游戏语境,传述"昆仑",应当更为自由,并且,拥有更多元化描述的可能性。但是,可以看到的情况是,在网络知识生产线上,在这批带有随意性、拼贴性、零碎性的"昆仑"神话叙事群中,"高山"、"方

---

① 参高莉芬:〈垂直与水平:汉代画像石中的神山图像〉,《兴大中文学报:文学与神话特刊》第23期增刊(2008年11月),页137-144的讨论。

② 〔宋〕洪兴祖:《楚辞补注》,页133。

③ 刘文典撰:《淮南子》,页136。

位"、"神物"、"仙圣"、"建筑"等仍是其中稳定的叙事元素。

这一点,提醒我们,对于一处"想象"的"昆仑"的信息掌握与诠释,首先可能是来自特定传播圈中的传述者所共有共享的知识来源。以本文所探究的"昆仑"叙事来说,它的传播者可能是奇书异书知识的同好,或是熟谙谶纬仙说的方术士等知识阶层。在今日,则是网络知识生产线上的广大网民、游戏玩家,他们也会参照模仿其他游戏相关"昆仑"叙事资料而创造自己所传述的"昆仑"。就"昆仑"图像而言,传播者可能来自掌握与认识此类图像的知识阶层,或是能够运用汉画格套的工匠、作坊[①],或是今日会参考相关游戏"昆仑"场景的绘图设计者。对于未曾知悉此一"昆仑"叙事主题或是初进入特定传播语境的人来说,当他初步认识"昆仑"时,必然得从原有的传播圈内部共享的知识库获取信息,然后,再经由吸收融汇而继续产生一则新的"昆仑"叙事。这也就是说,"套组式联想",首先,应形成于小众传播群体内部,是因应双方的传送与接收身份以及随之而来的传播内容、传播主题、传播方式等因素共同协作而逐渐稳定与固定下来的叙事规律与联想思维。因之,在将此类"想象"的"昆仑"叙事直接视为民族的集体记忆之前,可能还必须考虑到它首先可能产生与流播于小众群体彼此共享的知识与技能语境的历程。

四、瞬刻的自我价值感:"游戏"于"征实"与"想象"之间

可以看见,自古迄今,"想象"的"昆仑"乃与"征实"的"昆仑"并行存在人们的"昆仑"认知中。"登昆仑兮四望,心飞扬兮浩荡"[②]、"愿螭龙之驾,思想昆仑居"[③]、"昆仑本吾宅,中州非我家"[④],对于诗人赋家而言,"游"、"戏"于"想象"的"昆仑",可使之抒泄郁闷、解忧脱俗。此一透过"套组式联想"而来的"想象"的"昆仑",虽无法在物理时空获得指实,但在幻想登临的当下,已然在心理经验中实存。这种心理经验的实存,在今日在线游戏"昆仑"叙事依然如此,当设计者构设一处"想象"的"昆仑"时,仍然强调网游画面要让玩家"彷佛身临其境"(梦间集),或说以"华丽的连招技能和超高清 4K 画质"提升"网游战斗模式,给玩家带来前所未有的游戏击打享受"(斗仙),或是使玩家"每天的乐趣不仅只有升级和聊天,游历并观光各处美景也成为每天必做的日常"(大唐仙妖劫)等。对于玩家或设计者而言,他们认为:"网游的画面的好坏一直是其一个重要的硬性指标",网游画面遂从早期的 720P 持续进化到现今 4K 超高清画质。而"侠客无双"正是运用高端网游画面特效技术下的产物,强调"最新门派昆仑,建在昆仑山绝顶,模拟昆仑山地势筑起一片恢宏的建筑群。玩家即使不能亲身涉足昆仑山,也能在游戏里感受一番"。这种模

---

① 汉代画像存在可供重复使用的画稿、图谱,有既定的图像格套规格以供画师、工匠、作坊加以仿照或调整变化。相关讨论可参邢义田〈汉代壁画的发展和壁画墓〉、〈格套、榜题、文献与画像解释〉二文。对此的讨论,可见氏著:《画为心声:画像石、画像砖与壁画》(北京:中华书局,2011 年),页 35-40 以及页 113-114。

② 〔宋〕洪兴祖:《楚辞补注》,页 111。

③ 逯钦立辑校:《先秦汉魏晋南北朝诗》(北京:中华书局,1983 年),页 346。

④ 同上注,页 434。

拟身历其境以及声色俱足的感官刺激，乃是今日在线游戏招徕玩家的重点。此一虚拟世界，不必在现实找到对应，而在于，玩家直接进入其中感受科技传媒所带来的新形态视听体验。

"游戏昆仑"，在古代游仙诗赋，仅仅徘徊飘荡于诗人赋家的灵心神思中，而在今日，在科技传媒的协力中，已是声音、文字、影像并置同存，以强烈的声光刺激着在线游戏者的感官。

原本，体验虚拟，仅仅停留于在线游戏中，然而，在某些情况下，玩家还会把游戏的场域延伸至现实，将在虚拟世界扮演的游戏角色带入现实世界，这经常见于动漫爱好者汇集举行"Cosplay"的场合。动漫迷装扮成喜爱的动漫角色人物，集会讨论，交流展示，并因此衍生外围商品经济，如服饰、道具、化妆、场布等等。这种角色扮演当然也会出现在线游戏的玩家同好中。然而，笔者于网络搜寻资料时，却发现一则例子，在线游戏"莽荒天下"的六位玩家体验虚拟的方式，就非一般人可以轻易完成。在此游戏中，"昆仑"为此游戏等级最高的地方，其中，一支由名为"顺心堂"组成的玩家群，因不满游戏对手，遂有六名玩家组队登顶昆仑山，在玉珠峰下插旗，而向对手玩家宣战。请看以下图片：

准备登顶昆仑山的游戏玩家

登顶途中

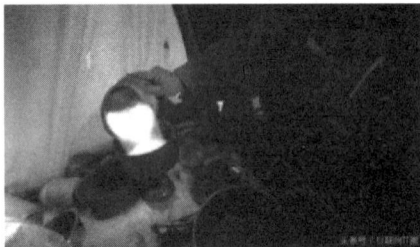
利用雪水煮方便面

玩家兴奋在玉珠峰碑前留影

昆仑山留影

昆仑山留影

| "巍巍昆仑"碑下，玩家运气练功 | 登顶证明书 |

对于玩家而言，实际登顶，自然不可能在此遭遇怪物及对手，然而，登顶"征实"的"昆仑"，也象征着登顶"莽荒天下"中的"昆仑"。从上引图片中可见，玩家一方面获得青海省体育局所颁发的登顶证明书，一方面又与伙伴模拟游戏角色而在"巍巍昆仑"碑前运气练功，此情此景，可以说，已将"征实"的"昆仑"与"想象"的"昆仑"融合为一。对玩家来说，他们还得要相信"想象"的"昆仑"在心理经验实存，才得以进一步拥有"游"、"戏"于其间的"真实"体验。

这一点，提供我们重新思考神话"征实"与"想象"之间的辩证关系。在此例中，玩家既把"莽荒天下"的"昆仑"视为虚构，同时又在故事与游戏中，体证"想象"的"昆仑"的种种"真实"，一种进入"虚拟"的"游戏"中，但以"真实"的意念与情感在其中运作的人类文化行为。在游戏中，玩家扮演某一角色，每一次上线，都像是经历一次在线游戏世界的通过仪式，在虚拟时空中经历召唤、启程、历险、回归的英雄试炼旅程，并且，随着游戏的次数，战斗与破关的等级与经验，在技能与力量上持续有所成长与加强。在游戏中，人人有机会成为"英雄"、"大侠"，而这也正是游戏用以召睐玩家经常出现的广告词："历史的关键时刻，已经来临，您能成为浩瀚宇宙的真正英雄吗？"（机动战士敢达在线），"有了他，让你迈向绝世大侠之路！"（黄易群侠传）、"释放你心中的侠"（大唐群侠传）、"一个世界等你改变！"（AION）等等。玩家自然也会意识到，自己正在"想象"中"游戏"，但，伴随游戏出现的感觉与认知却很"真实"，他可能在其中经历挫败、死亡、欺诈，伴随着欢愉、沮丧、愤怒等种种因输赢而产生的直接强烈的情绪。在线游戏"神魔之塔"，找来女星扮演正准备进入公司的上班族，在进电梯前，她滑了手机，手机荧幕上显现的正是"神魔之塔"的游戏画面，突然间，画面跳出"紧急任务"的讯息，随即，电梯门亦同步开启，然而，展现在她眼前的景象却是"神魔之塔"的游戏画面，进入电梯后，女星瞬间幻化成着白衣裙的女子，走在一条长长的大桥上，迎面而来，一团浓密的黑色烟雾升起在她面前，烟消雾散，此时，女星又已幻化游戏中着黑色风衣的角色出现。她在虚拟世界点了浮现在画面中央的按键，随即，又化为一张印画着她所扮演游戏角色的卡片，画面突然间回到现实场景，女星拿着手机，而卡片也立即漩入手机荧幕里。广告最后，在女星说着："港台 No.1 手机游戏！三百万玩家，跟我一起在神魔之塔里冒险"的台词中结束。这不禁又让人想起，前一阵子，令许多人为之疯狂的"宝可梦"抓宝游戏，人群徘徊在路口或特定地点，目光专注地紧盯手机，手指不停点击，身旁的人可能都是这场虚拟游戏中的同伴，但在物理时空中，人们彼此却鲜少交谈，甚至连眼神也未有接触，抓宝完成，群众便一哄而散，顿时，游戏者又回到现实当中，像没事般从容离开现场，从虚拟回到现实，转换之快，非但不令人感到惊讶与怪异，反而就在日常生活中平静而平常地存在着。于是，醉心或说耽溺于游戏世界的人，或借此放松摆脱世俗生活压力者，或借此证明自己的能力，也许，就是你我身旁的家人、同学、朋友。

　　当"莽荒天下"的玩家将一系列登顶昆仑的图片放置于网络时，引起不少关注，笔者在搜寻时，就发现，这则信息被反复转贴在许多游戏相关网站与网页中，他们也被称为"头号疯狂游戏迷"。玩家们把在游戏中所面对的挑战与同盟关系带到现实场域中，合力完成一场登顶任务，就此而言，此举对于提高同属"顺心堂"的玩家群的认同与归属感是有助益的。进入"游戏"的"当下"，玩家也似体证着神话叙事在往昔传统讲述语境下所发挥的团结群体以及赋予生命存在意义的社会功能。"想象"与"征实"的"昆仑"，玩家皆已登顶，可以说，他们是在"征实"的"昆仑"上同步体验着"想象"的"昆仑"。对古人来说，这是一种不可能存在的体验，但在二十一世纪，玩家的热血举动使他们梦想成真。上线游戏与亲身登顶，就是游戏玩家以思考、讲述与行动的实际践履，使自我参与加入一则活着的"昆仑"神话中，成为在"神话"中"生活"的人群。这很像是古典神话时代的重现，人们依凭着神话叙事而定义自我、他人、社群，并且，从中获取存在依据与存在意义。不同的是，在今日，人们主要是在"游戏"中体证感受着"神话"为生命带来的丰盛与力量。研究在线游戏的商业与文化的学者爱德华·卡斯特罗诺瓦（Edward Castronova, 1962-）认为，游戏世界与现实世界彼此具有相互区隔又相互浸渗的关系，他说：

　　　　游戏世界是个被藩篱包围的有机体。在藩篱内，由幻想的规则主导，而在藩篱外，则依循日常生活的规则。不同规则所成的魔法圆圈成为保护游戏幻想世界的硬壳，玩家依循幻想规则在其中进行活动；魔法圆圈外的社会价值体系，会渗透到圆圈之内，人们带着既有的行为预设与态度，穿梭于世界的两方。网络空间的价值体系也因此会受到外在世界的羁牵。[1]

　　　　虚拟的游戏世界，使神话在科技传媒再次显现其魔幻的力量与光芒，此一"魔法圆圈"（the magic circle）像是为玩家举行通过仪式的界限，输入密码，进入游戏世界，坐在计算机荧幕前的玩家，转眼就以在线游戏中的角色，创造出另一个自己。这是一处与现实世界平行存在的虚拟时空，在现实世界，玩家可能只是个平凡不起眼的路人甲，然而，一旦，进入游戏中，路人也可变神人，成为自己定义的英雄。

---

① Edward Castronova. Synthetic Worlds: The Business and Culture of Online Games. Chicago: University of Chicago Press, 2005, p.147.

在线游戏，可以说，是现代人暂时地"生活"在"神话"中的特殊语境，一处徘徊在既非"神圣"也非"世俗"的虚拟境域。在游戏时刻里获得满足感与归属感，就像是将双手伸向虚空，捕捉着似光影般的存在价值与生命意义，虽然可能只在个人内心小宇宙的暂时性时间区段内证成，短时生成，转瞬即逝。然而，在今日的社会，这对某些人或某些族群而言，甚至比现实更令人深刻体验到自我的存在感。这些沉迷耽溺于虚拟世界的游戏玩家，经常带给游戏圈外人以刻板印象，指其逃避现实、活在虚拟世界、镇日挂网足不出户等负面评价，然而，逆向思考，为何在线游戏能有如此大的吸引力？让游戏玩家废寝忘食、专注投入？笔者认为，其中关键原因在于，在线游戏，也是一处玩家证明与实践自我能力，建构人际关系，学习团队合作的特殊语境。玩家参与游戏，不仅有相互依赖的社群组成，还可以在各种竞合关系中思考与行动，虽然是虚拟的世界，但游戏玩家群体，仍然运用着现实世界中的运作法则去思考策略、决定行动方式并且承担结果。在游戏中，现实世界中的平凡人也可以成为虚拟世界的强者，分享知识、技能、装备，提供教战手则，供其他玩家学习，成为其他玩家请益的对象。从摸索到熟谙游戏规则，在高度专注而密集的挂网时间上，使自己迅速在级数、技能、等级上成长加强，这些都能为玩家带来自信与成就感，让他感觉到在网络世界是一"赢家"、"胜利者"与"强者"，而在破关、升级、寻宝、获胜及分享等种种在线游戏活动中，体验到瞬刻与实时的自我价值感，并且，深度参与游戏内部社群存在的各种社会关系：结盟、竞斗、交友、恋爱、结婚，种种挑战试炼，或各阶段的胜利与挫败，其背后运作着的，仍然是与现实世界相似的价值体系及游戏规则，而，这一点，正是它令游戏玩家疯狂入迷之处。

五、结语

透过本文的讨论，可以看见，古今"想象"的"昆仑"叙事，如何在"套组式联想"的产生机制下，适应古典与现代传播语境，而在叙事、主题、意义、结构上与时俱进调整变化，并且，因应今日在线游戏语境而产生新的传播形态与时代精神。"游戏昆仑"，自古以来便是由"想象"的"昆仑"延伸出来的抒情与叙事主题，比之千年前，今日所见所感，更为生动，游戏玩家在科技传媒的协助下，以更具真实感与临场感的方式"生活"在"神话"中。"莽荒天下"的六位玩家亲身登顶"征实"的"昆仑"，就是在"游戏"中进行一场解释与证明自我价值感的象征性仪式活动。类似这样的"昆仑"梦，正扩散弥漫在当今的人类文明中，人们在"想象"与"征实"融合为一的各类"游戏"场域中，界定自我，感受自我，成就自我，宣示自我，这种生成于网络科技文化氛围下的"群体"与"私我"神话，在二十一世纪人类心灵土壤上苗壮勃发的生命周期才正要开始。

昆仑文化"四大意象系统"简论

秦华生

一、昆仑山脉绵延逶迤，雄伟壮丽，气势磅礴，气象万千，孕育江河，造就了瑰丽伟岸、博大精深、丰富多彩的昆仑文化。

苍莽昆仑，平均海拔高，延伸面积广，孕育了黄河长江，既是华夏大地的脊梁，也是中华文明的哺育者。

有雄浑壮阔的昆仑，才有壮美瑰丽的昆仑文化。

蕴含丰厚的昆仑文化，是中华文化早期源头之一。随着时空的推移，衍变发展为四大意象系统，深刻而广泛地影响着中华文化的发展流变。

二、"四大意象系统"粗分简说

把昆仑文化初略分为神话、文学、宗教、政治"四大意象系统"，是笔者在查阅大量有关昆仑文化的史料，归纳总结之后的一个小小的发现。

这个"小小的发现"仅仅是个人臆断，不一定科学。为求教于方家学者，先做如下简说：

（一）神话意象系统

昆仑文化体系中的神话意象系统产生最早，影响最大。这里，既有盘古开天辟地，女娲炼石补天，黄帝创世，女娲造人等创世神话，又有共工怒触不周山，羿射九日，夸父追日，造父驭车等英雄神话，也有周穆王西巡，西王母蟠桃会，嫦娥奔月等美丽传说。

这些神话传说，立意诡谲，想象瑰丽，荒诞奇异，光怪陆离，构成神话意象系统，反映了中华古代先民的主观愿望和丰富想象，折射出人类童年时期历史与现实，具有永久的价值和永恒的魅力。

这些神话传说，内涵丰厚，构成了昆仑文化的神话意象系统，成为其余三个意象系统引审演绎的母题，影响深远。如其中的西王母神话，在文学、宗教、政治意象系统中，都各取所需，进一步演绎发展，独具特色，精彩纷呈。由于许多先贤时贤，已对神话意象系统研究较多，此不赘述。

（二）文学意象系统

这里的"文学"，指窄义的以文学家个人为创作主体所创造的文学，不包括群体创造流传的神话传说与民间歌谣等。

从先秦开始，文学家在创作中已引入昆仑意象。如屈原，在《九歌》、《九章》中想象，"登昆仑兮四望，心飞扬兮浩荡。""登昆仑兮食玉英，与天地兮同寿，与日月兮齐光。"这位爱国大诗人力图登高望远，沐浴天风，舒展胸臆，激扬斗志，与浊世恶流抗衡："世溷浊而莫余知兮，吾方高驰而不顾。驾青虬兮骖白螭，吾与重华游兮瑶之圃。"尤其在《离骚》中，他遐思自己"望瑶台之偃蹇兮，见有娀之佚女。吾令鸩为媒兮，鸩告余以不好。世污浊而嫉贤兮，好蔽美而称恶。"通过昆仑瑶台之美与世俗污浊之恶对比，他试图让灵魂去昆仑寻找栖息之地，去昆仑下之西海奏乐舞韶，宽娱疲惫的身心："吾道夫昆仑兮，路修远以周流。路不周以左转兮，指西海以为期。奏九歌而舞韶兮，聊假日以娱乐。"

诗人兼政治家、军事家的曹操，在诗中多次运用"昆仑"意象："济天汉，至昆仑，见西王母谒东君。""圣贤不能免，何以怀此忧？愿螭龙之驾思想昆仑居。"在脍炙人口的李、杜诗篇中，"昆仑"这一文学意象屡屡出现。李白以豪放之势，描绘天马："腾昆仑，历西极，四足无一蹶。"（《天马歌》）展示军威："扬旗拂昆仑，伐鼓震蒲昌。"（《杂言》）夸张黄河奔腾："西来决昆仑，咆哮万里触龙门。"（《公无渡河》）而杜甫以形象之喻，表现寒冷无比："蛮夷长老怨苦寒，昆仑天关冻应折。"（《后苦寒行》）表述音乐："律比昆仑竹，音知燥湿弦。"（《奉赠太常张卿》）描述英武："披坚执锐略西极，昆仑月窟东崒岩。"（《魏将军歌》）夸张如"世传闾丘笔，峻极逾昆仑。"（《赠蜀僧闾丘师兄》）"日车隐昆仑，鸟雀噪户牖。"（《戏题画山水图歌》），借喻如"势俗焚昆仑，光弥九洲渚。"（同前）"草堂乱悬圃，不隔昆仑岑"（《阻雨不得归》）。这些，都丰富了昆仑文学意象。

在明代长篇小说《西游记》和《封神演义》中，"昆仑"作为文学意象，陆离斑斓。既作为一个与红尘世俗居所相对比的理想世界，又成为德高望重之神的修炼处。这里展现的"昆仑"、"瑶池"等地，是文学家们向往之处，精神升华净化之处，也是他们理想的精神归宿。

（三）宗教意象系统

昆仑文化意象，广泛地被华夏本土产生的道教所运用。从黄帝到玉皇大帝，从西王母到王母娘娘，各路众多神仙，都与"昆仑"结下不解之缘，仅在道教典籍《云笈七签》中，就有百余处与昆仑文化有关。例如，"西元龟山九灵真仙母青金丹皇君曰：'昆仑山有九灵之馆，又有金丹流云之宫，上接璇玑之轮，下在太空之中。乃王母之所治也。西元龟山在昆仑之西，太帝玉妃之所在。'"（《卷八》）又如，"王母告周穆王云：'（昆仑）山去咸阳三十六万里，山高平地三万六千里，上有三角山，方广万里，形如偃盘，下狭上广，故曰昆仑山三角。其一角干辰之辉，名曰阆风巅；其一角正西，名玄圃堂；其一角正东，名昆仑宫。其一角有积金，为天墉城，面方千里。"（《卷二十六》）如此这般捏造演义，形成了与昆仑文化有关的道教意象系统。

而稍后传入的佛教，也吸收了昆仑文化意象，以此与中华文化发生关联，迅速本土化，以便接受与传播。如《五灯会元》中。其一，僧问："如何是佛？"池州鲁祖山教禅师答："水出高原。"问："如何是南源境？"答："黄河九曲，水出昆仑。"其二，僧问："达摩未来如何？"吉州青原禅师曰："生铁铸昆仑。"又如《古尊宿语录》里，僧问："如何是一路涅槃门？"师云："龙蟠凤舞子时前，日出昆仑照大干。"问："金乌出海耀天地，与此光阴事若何？"师云："昆仑渡海夸珍宝，波斯门下骋须多。"再如《佛般泥洹经》中有"一切所河，为无过昆仑河"。"一切所名河，无过昆仑河"。这些，都是高僧们以极高的智慧，化用昆仑文化意象，在开坛讲经时解答僧众提问和为阐释佛教经典服务。另据《佛说兴起行径》记载，"所谓昆仑山者，则阎浮利地之中心也。山皆宝石，周匝有五百窟。窟皆黄金。常五百罗汉居之。"完全是禅师们在主观意象中，杜撰出一个佛教圣地的"昆仑山"。

（四）政治文化意象

中国的帝王，为了证明自己坐上宝座的合理性，自称"天子"，鼓吹君权神授，因而昆仑文化意象，也被利用。专供皇帝阅读的《太平御览》中，转引"昆仑"意象二百六十余处。如转引《吕氏春秋》中："菜之美者，昆仑之萍焉。"又如转引《南夷志》里："西方芝，于生昆仑之上金石间。"并云："昆仑墟旁有九井，玉横维其西北之隅，四水者，帝之神泉，以和百药，以润万民。"言之凿凿，实乃无稽之谈。

根据《穆天子传》所描述，周穆王西征，至于西王母之邦。吉日甲子，天子宾于西王母，乃执白圭玄璧以见西王母，献锦组百纯，白组三百纯。西王母再拜受之。乙丑，天子觞西王母于瑶池之上。西王母为天子谣曰："白云在天，山陵自出，道里悠远，山川间之，将子无死，尚能复来。"天子答之曰："予归东土，和洽诸夏，万民平均，吾顾见汝。比及三年，将复而野。"天子遂驱升于弇山，乃纪其迹于弇山之石，而树之槐眉曰："西王母之山"。书中另记有昆仑之西有群玉之山，为帝王藏书之府。

又有《汉武帝外传》，其中描述："西王母至也，群仙数千，光耀庭宇。王母唯扶二侍女上殿，侍女年可十六、七，服青绫之挂，容眸流盼，神姿清发，真美人也。王母上殿东向坐，着黄金褡襦，文采鲜明，光仪淑穆，带灵飞大绶，腰佩分景之剑，头上太华髻，戴太真晨婴之冠，履玄璃凤文之。视之可年三十许，修短得中，天姿掩蔼，容颜绝世，真灵人也。下车登床，帝跪拜问寒暄毕，立，母呼帝共坐。"

这两种书中，都描绘了上界仙主西王母，与人间帝王周穆王、汉武帝跨越时空的交往，既生动形象，又虚幻缥缈。

汉代杨雄在《太玄经》中云："昆仑者，天象之大也。""昆仑天形"，是对政治文化意象很好的诠释，与《汉武帝外传》所描述的实质性内容，有异曲同工之妙。

三、"四大意象系统"相互关联，互容互存于昆仑文化之中

诸多时节，"四大意象系统"之间互容共存，不能截然分开。例如，在《乾隆二十五年，平定西陲，凯歌四十章》里有："山川竞说方舆记，风土争传王会图。此日西维逾二万，昆仑犹自在东隅。"（《三十一章》）此处的"昆仑"，既属神话中的地理意象，也含有政治意象成份。又如，众所周知，政治家兼诗人的毛泽东在长征路上，远望昆仑，写下了《念奴娇·昆仑》一词：

横空出世，莽昆仑，阅尽人间春色。飞起玉龙三百万，搅得周天寒切。夏日消融，江河横溢，人或为鱼鳖。千秋功罪，谁人曾与评说？ 而今我谓昆仑，不要这高，不要这多雪。安得倚天抽宝剑，把汝裁为三截：一截遗欧，一截赠美，一截还东国。太平世界，环球同此凉热。这首词里，既有文学意象，又有政治意象。二者交织在一起，相映成趣，意境更加高远飘逸。

四、从"四大意象系统"入手，加强对昆仑文化的研究、保护、传承和创新

"四大意象系统"经过数千年的发展流变，使昆仑文化更加丰厚博大，绚丽多姿，为现在及未来中华文化的创新发展，提供了丰富的资源。加强研究、保护、传承，有益于建设先进文化和中华文化在 21 世纪的伟大复兴。

昆仑文化博大精深，蕴含丰富，有些可供借鉴。仅其中所表现出的和平交流原则，如穆天子与西王母互相欣赏的对话，表现了当时中原农业文明与西域游牧文明的友好相待，相互尊重，显示了中华文化海纳百川的博大胸怀，为当前各国各民族文化之间的交流，树起了一面大旗。

全球化时代，因各国文化之间的差异，相互碰撞，有所冲突是不可避免的。如何减少摩擦，避免对抗，不发生大的冲突，迫切需要发扬昆仑文化中的互相欣赏，和平交流的精神。因此，重视和传承昆仑文化，已成为当前一项极为紧迫的重要任务。

秦华生北京市艺术研究所所长

图腾时代

李晓伟

当信息时代、知识经济时代、生物技术时代、全球一体化的滚滚大潮接踵而至的时候，欲望的大潮更加迅猛的吞噬着日见褪色的地球，价值观、生命观一夜之间全盘西化。虽然我们的舆论工具时不时地嚷嚷着要保持中国特色，但深入人心的仍然是物欲化的时尚。似乎是上帝在故意跟地球人类开着玩笑，当中国人一股脑儿地吸收着西方时尚文化的时候，竟有许多西方人却在向着中国的古老文化顶礼膜拜，希望从中寻找到能够医治现代文明病的良方。

这应了一句俗话：缺什么的就找什么。

说起中国的古文化，那实在是包罗万象、博大精深，并非几句话就能概括得了。若分门别类地检索一下，大致包含以下几个主要方面，即中国的方块字、中医中药学、中国古代哲学、中国古典戏曲、中国功夫等。那么，再往前推呢，当然应该包括昆仑神话和史前文明。近几十年来，西方许多著名学者从《山海经》里发现了中国远古时代的大量信息，甚至有人

断言，完全弄懂了《山海经》，几乎可以改变整个地球文明史。因为美洲的玛雅文明，两河流域的苏美尔文明，甚至欧洲的古希腊文明，极有可能都与中国远古时代的伏羲、黄帝、共工、大禹、西王母所代表的文明散射有关。这并非耸人听闻，而是有许多史前文明的研究专著作根据。在美国出版的《几近褪色的记录》一书的作者近于疯狂的推崇《山海经》，他说："对于4000年前就为白雪皑皑的峻峭山峰绘制地图的刚毅无畏的中国人，我们只有低头顶礼。"他认为《山海经》是4000年以前中国人描述的世界地理，而并非过去人们认为的只表述了华夏地域的部分。

说到中国的方块字，被称为象形、会意、指事等六书。应该说，在上古文明的起源当中，象形字是各文明古国都发明的一种符号系统。奇怪的是，历经五六千载，唯有中国的方块字成系统地保留了下来，至今仍作为信息与交流的主要载体，支撑着十三亿中国人的生活与文化方式，这实在是一个奇迹。20世纪初，清末民初之际，由于国运衰微，列强侵凌，视中国人为"劣等民族"，为"东亚病夫"。一些文化人便在中国传统文化的痼疾里寻找病根，于是便以为方块字是祸根之基，理由是方块字难写难记难传播，字数又多，阻碍了多数人对它的学习与运用。一些外国自大狂者们也讥笑汉字仍停留在文字形式的原始阶段。

当时在中国，胡适发起了"白话文运动"，鲁迅也坦言中文将最终要"拉丁化"。应该说，当时的这些举动有它的必然性和必要性，但最主要的占上风观点却是把方块字等同于落后、保守、僵化以及与现代社会格格不入的代名词。可是，改革开放以后的社会实践显然已推翻了这些论断。20个世纪90年代，中国的当代毕昇们完成了中国汉字输入电脑及其运作程序，激光照排的现代印刷业便一夜间取代了传统的铅字排印，报刊书籍的印刷现代化让汉字与现代文明同步接轨，这不但让中国人振奋也让外国人吃惊。同时，人们发现汉字从古到今的演变过程包含着巨大的社会化信息，许多疑难的历史问题常常可以通过文字训诂与文字解义得到解释与回答，这在其他专以表音的文字符号里是做不到的。况且，在与外文对译的实践中人们还发现，同样一段意思，用中文比用外文更简捷更干净利索。随着中国与世界交流的日益广泛与普及，许多外国人也逐渐迷上了中文，以至于中国文化。在电视节目上频频露面并被誉为"中国通"的加拿大人大山的相声表演就是最好的例子。其实，就中国的方块字是否会最终消失这一点而言，许多有识之士早就明言：消灭了方块字，也就意味着要消灭《史记》、唐诗宋词和《红楼梦》，这怎么可能呢？时间证明了文字只是一种符号方式，它与几千年来的相应民族文化积累血肉相连，并不存在孰优孰劣的问题。况且，中国的方块字还大有走向世界，再创汉文化圈新辉煌的巨大潜力与优势。一句话，中国人大可以为汉字的无穷魅力而骄傲。

说到中医中药学的价值，其来自自然，师从自然，以天人合一思想注重修性养本的优点已逐步为世界所认识。特别是当西医西药的抗生素副作用，电疗化疗治疗癌症副作用以及对许多疑难杂症束手无策的时候，他们便把目光转向了中医中药。西医已意识到了他们把具体分析，头疼医头，脚疼医脚推向了极端的弊害。而中医的整体治疗思想，标本兼治，预防为主的医学原则，以及天人合一的药物运用，都让他们大受启发。在对传统医学的认同上，毛泽东可以说是最富洞见保持清醒的现代中华第一人，他说过："中医中药学是一个伟大的宝库。"毛泽东的睿智判断来源于他对中国传统文化的全方位把握，这位集哲学家、书法家、诗人、军事理论家，以及中国古代史的研究家为一身的伟人，表面上是在他的革命实践中运用了外来文化，但在具体操作中却把它们中国化了，这一切都印证在他的皇皇四卷雄文之中。相比之下，鲁迅本来也是一位深刻的思想家、文学家，大约由于他在少年时目睹了他老病的父亲被庸医所误，便连带地对中医中药表示了怀疑。鲁迅的怀疑与中国当时的国势颓败，中医中药处于低潮时的窘况有关，是可以理解的。新中国成立以后中国曾派出了大量医务人员赴亚非拉，甚至西方国家进行诊疗活动，其针灸术、推拿术，以及中草药的显著疗效均为外国人称奇，他们似乎逐渐地看清楚了一个神奇得不可思议的东方古国。而在当下，中医中药的绿色、环保、天人合一等价值正与世界潮流完全合拍。开发中医药宝库，并使之产业现代化已是必然的选择。时间将表明，中医中药学将会为全人类造福。

说到中国的哲学，有代表性的当属《易经》、《道德经》、《论语》。在"五四"运动前后，当许多人哀叹中国国运末路的时候，一些学者也连带怀疑起了其真价值。现在，当东方古国以强大的综合国力屹立于世界民族之林的时候，人们突然发现，过去一直瞧不起中国的西方人却在大谈中国哲学，大谈伏羲、老子、孔子、庄子等。仔细推敲起来，原来是西方人的物欲困惑、暴力困惑、生态困惑以及伦理道德困惑在中国找到了理论导引。再细考之，爱因斯坦的相对论似乎与老子的相对思想有渊源关系；外国人发明的计算机的二进制也的确是在中国的周易里获得了方法；而医治西方的暴力、家庭解体等弊端，也似乎可以从孔子那里得到启示。这一切突然使中国人觉得，诅咒孔子实在是太过了。而妄言老子的哲学是颓废的唯心主义更是可笑可悲。

至于说到中国的戏曲，特别是京剧，其唱腔、其脸谱、其表演程式，以及象征性的舞台道具等，均让西方人叫绝，堪称中国国粹。其他地方戏曲呢，均有其深厚的地域历史文化以及文学艺术的积淀，是一笔文化财富，自有其不可替代的价值。

地球人类已全面进入了网络时代，各种新技术的角逐你追我赶，异彩纷呈。伴随着人类生活的舒适化程度，日进一日的是环境恶化、生态失衡、资源锐减、污染加剧、怪病流行、跨国犯罪，更有热核威胁、恐怖主义、人口爆炸、贪欲横行，人与自然的矛盾找不到合理的谐调，世界末日的忧虑并非耸人听闻。一句话，现代人类最解决不好的就是自身的价值观、宇宙观，人类面临精神危机，何去何从，其实答案就在中国的远古文化当中。

中国古人的畏天命，天人合一以及由此派生出来的自然崇拜、山水崇拜、图腾崇拜、动物崇拜、植物崇拜等等思想，过去总是被狭隘地理解为迷信自然，迷信天命，迷信命运；其实它显然具备尊重自然、顺应自然，与自然合为一体的积极层面。也许是现代高科技已严重地扭曲了自然，割裂了自然，甚至毁坏了自然的缘故，这一点我们现在就看得格外明白。

人本来就是大自然长期演进的产物，虽然人类由于自身的智力渐次成了自然界的精灵，但说到底人类决不能脱离自然界而独立存在。所以说，人类首先得善待自然，才能最终善待自身——这已成了全球明智人类的共识。由此检索以下中国的远古文化，便会得到彻底的启迪。

首先，中国古代崇拜的燧人氏，有巢氏、神农氏都是人的需求与自然相守的对象。燧人氏解决的是用火的问题；有巢氏解决的是居住安身的问题；神农氏解决的是农业即吃穿的问题。应该说，古人的这三种崇拜在强调人的创造性与自然的整体一致性方面都保持了合理的尺度，获取而不是掠夺，利用而不是毁坏。

紧随其后的便是畏天命，即不与自然为敌；天人合一，即与自然相恒相守，命运与共；自然崇拜，即爱护、敬畏自然界的恩赐，也就是尊崇人类赖以生存的基础；动物崇拜，即视其他生命为朋友、为邻居、为人类应相望相辅的一部分。

中国古代，即西王母与轩辕黄帝时代遍布华夏大地的虎崇拜、蛇崇拜、马崇拜、牛崇拜，以及渐后发生的龙崇拜、水崇拜、五谷崇拜等等，莫不是在演绎着一种合情合理的人文精神。特别是到了今天，当我们只能在公园铁笼子看到猛虎这一色彩斑斓，威威生风的兽中之王的时候，我们便不能不怀念起那个"虎豹为群，鸟鹊与处"的西王母时代。

中国在远古就产生了"帝"的观念，如三皇五帝，其本意即人王，即领袖人物，同时也是当时人文精神的代表。这与西方人心目中的上帝不同，西方人心目中的上帝，第一指神，第二指外星人。这也就是中国人只崇拜祖宗而西方人崇拜上帝的文化区别。当然，中国人所崇拜的祖先是像伏羲、神农、黄帝、西王母这样的造福于天下的人文代表。而那些在进入到阶级社会以后的奴隶主头子、封建暴君、独夫民贼等，则在被诅咒之列。

中国古人不乏聪明，中国古文化中潜藏着巨大的智慧，中国文明有生生不息的再生能力。纵观五千年，中国的真正病根存在于封建的官僚文化或官场文化；一切的自私贪婪，鱼肉百姓，行贿黑幕，买官丑闻，人身依附，小人得志，以及极权铁幕，独裁统治，指鹿为马，嫉贤妒能等等，都与封建天下的政治制度，用人机制有着必然的联系。而王朝更迭，官逼民反，草莽起义，胜者为王败者为寇等等，说到底反映了官僚政治的反民主、反人权、反自由、反平等的腐朽本质。权力的非正常交接导致了中国从古到今的恶性战争游戏，导致了农民起义——王朝更迭——专制集团再生——再次陷入动乱的恶性大循环。就这一点而言，中国的传统文化中亦有该诅咒该彻底消灭的部分。所以应大声呼唤真正的民主、自由、人权以及终极的人文精神。

作为现代人，我们理所当然地应该弘扬中国传统文化中优秀的部分，而摒弃她糟粕的部分，趋利避害，与时俱进。从而创造出无愧于新时代的更加理性的新文化、新精神，创造出与我们这个古老而伟大的民族相称的新的人文景观。

李晓伟　青海电视台研究员

在历史与现实交汇点的昆仑文化

吴乾浩

在弘扬中华民族优秀民族文化的热潮中，西部文化开发正努力与有序地进行。

西部文化是中国古老而灿烂的民族文化的重要组成部分，历史悠久，地域广阔，内涵丰富，特点显著，深为国际国内关注。其中的昆仑文化植根于青海，以亚洲脊梁昆仑山为标志，作为大江大河的源头，孕育与滋养了中华大地，东流入海，深藏着无限的资源。世代勤劳勇敢的青海各族人民是昆仑文化的创造者与继承者，作出了巨大的历史贡献与现实付出。

昆仑文化需要得到应有的重视与保护，需要得到合理的传承与科学发展。以必要的挖掘整理，出版为现实的出发点，经过充分的研讨和论证，制订出昆仑文化的弘扬发展规划，集各方之力，完成近期与远境开发。目前，我们正面临昆仑文化的历史与现实的交汇点，如何承前启后完成历史使命，出色地作出满意的答卷，是今人不容推诿的职责。

一、在意境深远，博大雄浑的昆仑文化中，历史积淀特别深厚

关于昆仑山与西王母的历史记载与文献钩沉十分众多。粗粗翻一下，诸如《尚书·尔雅》、《庄子》、《山海经》、《博物志》、《淮南子》、《搜神记》、《楚辞》、《史记》、《山海经》、《穆天子传》、《吕氏春秋》、《论衡》、《太平经》、《洛阳伽蓝记》、《初学记》、《抱朴子》……都有所记载。其中所述，有相通之处，也有差异。有的偏于神话传说，有的仍立足于想象中的真实历史，有的把神话与历史在想象中加以交融与汇合。而西部昆仑山的主神西王母与西周穆天子可以产生神奇的瑶池邂逅。古代文献中的昆仑山地处华夏发祥地的中华西北，巍巍乎高哉，其光熊熊，其气魂魂，其泉为五色水，十分甘美，五泉、华池、怪兽、美玉、古树、赤鲑、铜柱、名木、七宝宫殿、十二玉楼，昼夜光明。五色云气，上蒸为霞，五色流水，下流为河，上承皇天，下处后土，是想象中的天堂图景。从古人的描绘中可以看到理想的生活环境，令人神往。还很少有某一神话，某一传说，某一历史，某一地域，先后有这么多人加以关注，倾入大量精力。对这些宝贵的历史文献，需要我们用新的观点，新发现的材料去加以科学的爬梳、整理、评论、研究，在浩如烟海

的材料中去伪存真，去粗存菁。首先可以把罕见的、不易读到的材料加以整理出版，让死材料变成人类共同的财富。

在对故纸堆进行科学的整理研究的同时，还要费相当的人力、物力，对西部各民族中间的民间文学、民间传说故事、民间艺术加以新的发掘。民间的昆仑文化由于自身的特性，往往以口口相承，口传心授的方式加以传承，有的自生自灭，有的逐渐丰富发展，源远流长。如无适当的办法、方式、工具加以纪录、整理、提高，很可能会产生传承链接中的断裂、消亡，这将是我们最不愿意产生的重大损失。以历史文献与活的传说故事、文学艺术的发掘为双翅有可能奠定昆仑文化的基础，根深才能叶茂、枝繁。有关部门应该在人力、物力、财力上加以倾斜，保证基础工程的顺利实施。

当基础工程取得突破性的进展的同时，我们还可以拓展昆仑文化学的范围，在昆仑神话学、昆仑历史学、昆仑文献学、昆仑宗教学、昆仑地域学、昆仑环境学、昆仑旅游学等诸多领域加以建构、充实。尔后才有可能对昆仑文化的内涵外延下科学的定义。

二、昆仑文化可以允许有广义、狭义的理解，特别在思想、精神上可以有超地域的理解，这同样是社会与时代的需要

昆仑文化在长期的流传中，根据巍巍昆仑的地域、外形，出于比兴的要求与可能，逐渐演化出中华民族的脊梁与天柱的含义。它上承皇天，下处后土，巍巍高耸，顶天立地，是不可战胜逾越的对象。其形神结合的结果，正包含着中华民族优秀的精神品质。

毛泽东在著名的《念奴娇·昆仑》中既歌颂了"横空出世、莽昆仑，阅尽人间春色，飞起玉龙三百万"的高耸、多雪，又发挥为"把汝裁为三截"，让"太平世界，环球同此凉热"。他以一种博大的胸怀，让高尚的精神品德为更多的人去具有。

在实现四个现代化的进程中，我们正可以发挥昆仑精神的优秀传统，克服一切面临的困难与挫折，重塑中国人民的精神形象。毕竟，昆仑文化也是属于中华民族各族儿女的。

三、昆仑文化应该包含有环境意识，实现可持续发展的理想境界

古人对昆仑的描绘，发挥了浪漫主义的想象，当然有理想的成分，但不管是神话或者传说，总还有现实的根据与根基。在古文献中的昆仑，不管是山川地理，鱼虫鸟兽，河流泉水，名木建筑，都是十分美好的，其环境是适合于人类居住生息的。这中间蕴含着一种可贵的环境意识。这些描绘也曲折地传达出一种信息，生态环境严峻的西北地方，当年也并不是人烟稀少，物产贫乏，交通不便，建筑简陋之地。后来由于自然的变迁，也由于战争的后果，以及不符合自然规律的开发与利用，才出现了灾难性的后果。前车之鉴应该成

为今人的警示。在昆仑文化的弘扬与继承中，我们要把保护、改善生态环境提到日程上。在最近修建的青藏铁路，把保护生态环境放到相当位置，交通的便捷，不以破坏环境作为代价，修成一段要环境改善一段，虽然增加了投资，但付出是值得的。

在青海环绕于巍峨峥嵘的大通山、日月山、南山之间的青海湖，是作为宝镜而歌颂的，也是青海省省名之由来与象征。两千多年前，青海湖周长一千公里，唐代有八百公里，而近年才三百六十公里，缩小是明显的。湖水水位如今每年减少半米，造成特产湟鱼的大量死亡，威胁鸟岛的存在，环湖地区风沙灾害不断，草场退化。大自然的不良变化，已对青海湖地区产生灾害性的后果。作为昆仑文化的研究与对现实状况的关注，应该从地域生态警告中，早做提醒，全民动员作出应有的策应。我们需要积若干代人的努力，让古人理想中的昆仑地域有可能成为人间天堂，成为一片净土。至少不是不利于人们居住的不毛之地，少毛之地。

四、属于昆仑文化组成部分之一的昆仑地区旅游文化需要积极的审慎，切忌急功近利

昆仑文化的旅游资源是十分丰富的，塔尔寺、湟源峡谷、日月山、倒淌河、青海湖、鸟岛、金银滩草原、互助民族风情、丹霞地貌、茶卡盐湖……等等，可以举出一大堆有特色的景点，有别的地域所不具备的风格状态。这些景点发展迅速，引起了海内外人群关注，旅游组团与个人散客都有相当的数量。旅游文化增加了当地的经济收入、旅游经济在当地国民经济收入中所占份额亦在逐渐提高。这对于经济状况相对东中部地区偏于落后的青海地区来说，自然是个好消息，应当重视与抓紧。但我们同时要看到旅游文化中的商业化运作是把双刃剑，可以促进文化的健康发展，也会对文化发展产生负面影响。盲目开发商业经营区、乱盖宾馆饭店、环境污染、乱盖生造所谓人文景观，在全国有的地区所引发的破坏是很严重的应引起我们的警惕。我感觉昆仑文化现在应着重对神州大地主脉、长江源头、万丈盐桥、冰川雪景、沙漠绿洲等进行保护性的措施，首先不要继续恶化环境，然后使之有相应的改善。让到青海来的旅游者看到真实的自然景观。对为数相对还不特别丰富的人文景观，先立足于继承原貌，不要轻易改变，塔尔寺、西宁清真大寺等的修理要修旧如故。不要轻易上马人文景观的建设。格尔木市附近的昆仑山，有说是道教道场仙境，有一种重新建筑神话、宗教景观的趋向，这需要严格把关、论证，严持宁缺毋滥。如果轻易上马，粗盖乱建，可能产生煞风景的不良后果，外地有的胡乱上马的这个宫、那个观、浪费了无数资金、物力。后来门庭冷落，拆又不好拆、陷入两难境界，应引以为训。目前的社会，生产力已达到相当程度、几年就可以使生态、环境、面貌有较大的变化、在促进昆仑文化发展上可以计日程功；如果发生所谓"建设性"的破坏，也将是计日程过。

五、昆仑文化包含有先民的神话意味，是人类童年时期的心灵写照；后来由于宗教的介入，也某种程度折射出古人对理想生活的追求。此方面的神话、传说是中华民族的文化财富，应当得到继承和发扬

在昆仑文化的旅游开发中，我们可以充分利用文学、艺术中各种文艺样式的优长，调动多方面的力量，运用浪漫主义的艺术形象思维、从无到有，由少到多，开创一个新天地。广播、电影、电视、小说、戏剧、歌舞、美术、曲艺……都有可能承载古人、今人塑造人间仙境上的艺术展现。这方面创造思维有无穷的天地，可以打造出天庭的下界之都，众神的地上楼地昆仑的绝妙境界。这中间可以包含创世神话，也可以有创造神话，把共工、周穆王、西王母等有新的阐发。天神合一的境地可以得到完美的体现，昆仑文化为无数的文学家、艺术家提供了驰骋天地，是写之不尽，演之不竭的源泉。

文学艺术作品的开发与创作，可以变为昆仑旅游文化的助力，搞得好的话同样可以带来可观的经济效应。旅游者在名山大川的陶冶中，非常需要文艺的滋养，把现实与幻想结合起来，得到真与美的融合。昆仑文化旅游区可以组建艺术团体，让旅游者在夜晚集中观赏，艺术美缓解了日间奔波的疲劳，在想象的世界里得到了心灵的净化与升华。旅游业有一定的票房收入、而旅游者在物有所值的艺术享受中得到新的满足。昆仑文化旅游应当做足自己的文化品牌。

昆仑文化的发展，任重而道远，需要竭多方之力，若干代人的奋斗才能开创一个新的理想的局面。希望这样的境界早日展现，在不远之日再次重访故地，有更大的改观。

吴乾浩 《中国京剧》杂志主编

建立昆仑人文资源保护区的设想

傲东白力格

一、保护地方性人文资源的原因

最近几年，人文资源的保护开发和利用逐渐成为一种热门话题，并在全国各地兴起展示和保护地方性人文资源的新浪潮。那么，为什么会出现这种各种各样的地方性文化节日庆典，民俗文化展示和申报世界文化遗产的活动呢？实际上，它有深刻的社会历史发展的原因。随着中国经济的迅速发展，中国人逐渐摆脱了原来的贫穷落后的状态，走向比较富足的小康社会。在这个过程中，中国人的生活质量和享受生活的兴趣也正在发生变化。他们开始追求高雅文明的生活方式和艺术境界。

这样，大家对周围的或更远的地方的自然风光、名胜古迹，少数民族文化及古代文物产生了浓厚的兴趣，对这些地方性人文资源的消费和共享成为一个新的生活需求和经济增长点。

但是另一个方面，中国经济的迅速发展正在威胁几千年来创造和积累下的人文资源，而这种威胁在西部大开发的过程中更为突出。在中国西部地区蕴藏着很丰富的人文资源。有西安、敦煌和丝绸之路上的各种各样的古代文物和艺术珍品，有繁衍生息几千年的西部少数民族及其传统文化。这些人文资源，由于气候干燥和交通不发达的原因，保存得相对完整。但是西部大开发有可能对它产生破坏性的影响。费孝通先生在 2000 年提出了西部开发中人文资源的保护开发和利用问题。这在当时引起了很大的反响，并在各地政府学术界和民众当中引起人文资源保护开发热。那么，我们格尔木有哪些人文资源呢？西部大开发中，我们如何保护自己的地方性人文资源呢？

二、格尔木地区的三大人文资源

首先，我们必须认清和了解我们格尔木地区有哪些可以利用的人文资源。

格尔木是青海省的第二大城市，海西地区经济中心。有很强的经济和信息辐射力。从整体上看，格尔木地区有三个较大的文化遗产。第一是以昆仑西王母神话为核心的昆仑文化遗产，它是古代民族的创造和继承下来的一种神话文化遗产。第二个是以蒙古族文化为核心的游牧文化遗产。蒙古族居住格尔木地区已有700多年的历史。这样漫长的历史过程中，他们开拓草场、名命山川、适应自然、创造了灿烂的游牧文化。第三个是古代考古文化遗产。格尔木地区有着较丰富的古代考古文物。但近几年，对格尔木地区的考古文物资源的破坏有所增加。所以，与其他两个文化遗产相比较，保护开发方面比较滞后。考古文物也是我们格尔木地区很重要的，并且历史悠久的一种文化遗产。

这三大文化遗产构成了格尔木地区的地方性人文资源的重要内容，它也是我们需要保护开发的重要对象。

三、如何更好地保护这些人文资源？它的意义是什么？

那么我们如何更好地保护开发这种人文资源呢？以前，大家都从各自的学科角度去搜集整理和调查研究这些文化遗产。有的从民俗学的角度关心该地区的民俗习惯的调查研究；有的从民间文学的角度去搜集整理和抢救该地区的口头传承；有的从历史学的角度去考查和挖掘口头的和文献的资料；有的从考古学的角度对古代文物和艺术进行研究。

虽然他们对格尔木地区的三大文化遗产的保护和继承做了不少的工作但也有很多局限性。台湾同胞发现格尔木的西王母神话遗迹之后，大家对昆仑西王母神话多次研究和识别之后，开发了几条人文旅游线和自然风光旅游线。他们把昆仑西王母神话故事提升到昆仑文化遗产的高度，正在更系统地开发保护这里的昆仑神话文化遗产，而蒙古族文化也在不断地被开发和保护。20世纪50年代做少数民族社会历史调查时，对格尔木地区的蒙古族做了详细的社会历史调查。后来20世纪90年代完成的《台吉乃旗志》是第一次比较完整地描述当地蒙古族的生活状况，历史发展和文化习俗的地方志。最近几年，在格尔木举办的各种蒙古族诗歌朗诵比赛、传统服饰表演、民族用品展示等活动中，都在一定的程度上反映了群众性的保护开发工作。

如果我们把昆仑西王母神话文化遗产，当地蒙古族游牧文化遗产和本地考古文化遗产联系起来看就会发现一个地方性的人文资源的整体区域。这个整体区域中，三种文化遗产不仅保持各自的特色，也相互影响、相互依存。这种地方性人文资源整体区域靠近昆仑山脉东段，并且它与昆仑雪山有着密切的文化联系。所以，我们可以把它称为昆仑人文资源保护区。

保护区的周围还有敦煌人文资源区，河西走廊人文资源区和西藏人文资源区、新疆人文资源区等较大的几块人文资源区。若与这些人文资源区域相比较，昆仑人文资源保护区有自己独特的风格。与敦煌文献比较，与西藏比较蒙古族文化占着比较突出的地位。

那么，建立这样的地方性人文资源保护区，有以下几个方面的积极意义。

（一）可以引导和协调各方面的力量统一规划；

（二）可减少重复性的资金投入，进行科学管理；

（三）促进旅游业，开发新的旅游线；

（四）可以更好地保护地方性人文资源的原生态和整体面貌；

（五）提高格尔木的知名度，促进经济文化的交流；

（六）增进各民族之间的相互了解，加强民族团结；

（七）可以与联合国教科文组织的文化遗产保护工作结合起来。

总之，这种三大块文化遗产分布为基础的昆仑人文资源保护区与可可西里自然保护区和昆仑经济开发区一起成为格尔木市社会经济发展的一个重要的内涵和组成部分。

傲东白力格　西北民族大学社会学学院　博士研究生

西王母的戏曲形象

牛川海

西王母故事最早见于戏曲舞台者，有周密《武林旧事》卷十宋代官本杂剧段数《宴瑶池串》；陶宗仪《辍耕录》卷二十五金院本名目《瑶池会》、《蟠桃会》，惜皆仅存段数名目。

元杂剧以西王母为主角的戏有钟嗣成的《宴瑶池王母蟠桃会》，和无名氏的《蟠桃会》，但原作已佚。今存明杂剧有贾仲明的《铁拐李度金童玉女》，朱有炖的《群仙庆寿蟠桃会》、《瑶池会八仙庆寿》、《吕洞宾花月神仙会》、《洛阳风月牡丹仙》、《十美人庆赏牡丹园》、《小天香半夜朝元》、《四时花月赛娇客》、《南极星度脱海棠仙》；无名氏的《众群仙庆赏蟠桃会》、《祝圣寿金丹献蟠桃》、《降丹犀三圣庆长生》、《众天仙庆贺长生会》、《庆千秋金母贺延年》等剧。又有明顾觉宇的传奇《织锦记》零出，及同一题材剧目的地方戏《天仙配》，还有《牛郎织女》又名《天河配》等地方剧。

上述明杂剧俱属道释剧（1）"作度脱与[庆寿]事者最多，除《铁拐李度金童玉女》、《吕洞宾花月神仙会》、《小天香半夜朝元》、《南极星度脱海棠仙》四剧外，皆为庆寿吉庆之作，《天仙配》及《天河配》则为神话故事戏，戏中西王母居剧情主导地位，其形象十分鲜明，试分论之：

一、度脱剧

（一）铁拐李度金童玉女（2）

该剧搬演金母蟠桃盛会中，金童、玉女一念思凡，罚往下界投胎，结成夫妇。铁拐李以四时变易、人世倏忽，点化之，同赴瑶池，参谒金母，重归仙班。

（二）吕洞宾花月神仙会（3）

该剧搬演蟠桃仙子因土木形骸，未得金丹难成神仙之体，瑶池西金母令去下方人世中，经历酒色财气，吕洞宾奉令邀八仙前往度化，经修炼成仙，逢西母生辰，群仙引蟠桃仙子祝寿，诸仙唱歌舞蹈，碧落逍遥。

（三）小天香半夜朝元（4）

该剧搬演西池王母之女玉卮思凡，托生下界乐户名小天香，天香不操贱业，后嫁安生，三年后夫遽死，遗一子。天香萌修道之志，为道士陈搏点化，经十年修行，终而得道，陈搏相偕复登仙界。

（四）南极星度脱海棠仙（5）

该剧搬演金母见海棠岭有紫气冲霄，知海棠妖有仙份，差南极星翁往度。海棠妖既得道，移之瑶池仙苑，金母排宴赐福延寿，共庆长生。

明初朱权在所著《太和正音谱》中，曾把杂剧分为十二科，第一科就是"神仙道化"，把充满道家出世思想的作品归为一类，宣扬人生无常，世事如梦，只有得道成仙才有出路。西王母是古代的神话人物，时间早于道教的产生，由于传说深入的影响，承认并崇奉就意味着获得群众的信仰，于是西王母与道教就产生了必然的关系。

道教推崇王母，编造出王母是道教第一尊神元始元尊之女的神话（6）又把王母奉为女仙之宗，而男仙之宗即玉皇大帝，玉皇一说又叫东王公此二尊神乃阴阳之父母，天地之本源。又说王母本为九灵太妙龟山金母，号太虚九光龟台金母元君，乃西华至妙之气所化成，与东华至真之气化生的东王公结合。据说王母居昆仑之间，有城千里，玉楼十二，左侍仙女，右侍羽童，三界十方女子登仙得道者，都是她的属下。

"度脱"是道教教义一个重要部门，"度脱剧"便是以道教经典中编造出来的这类故事为题材，其中表现的思想明显的表现了道家的观点，而西王母也成就为群仙领神的形象。

二、庆寿剧

（一）群仙庆寿蟠桃会（7）

该剧搬演九灵太妙龟山金母，因瑶池蟠桃成熟，令金童玉女请东华木公及南极星君庆赏蟠桃会。一时盛会宏开，各路神仙莅临，福禄寿考。

（二）瑶池会八仙庆寿（8）

该剧搬演西池金母因蟠桃成熟，令金童请天上天下三界真仙，并上八洞神仙，一则庆赏蟠桃会，二则与圣母祝寿，三则贺人间太平盛世。

（三）洛阳风月牡丹仙（9）

该剧搬演欧阳修文章满腹，做洛阳牡丹记，传诵于时，天上金母见下方牡丹仙会，欣然赴会。牡丹仙子请金母启东华术公赐福欧阳修，金母召见为之赐福延寿，将为玉堂学士，位至卿相。

（四）十美人庆赏牡丹园（10）

该剧搬演西池金母降中州赏玩名花，增福延寿，园中有十牡丹仙聚会，金母赐酒，容颜永驻，荣华春景。

（五）四时花月赛娇客（11）

该剧搬演王母闻下界音乐知四时花仙赛娇，深冬水仙做东时降临诸仙置酒张华筵奉母，诸仙舞罢，王母赠蟠桃数枚，诸仙分享，并赐芳名，从今长生不老，颜容永驻，与松竹同春。

（六）众群仙庆赏蟠桃（12）

该剧与朱有炖所作《群仙庆寿蟠桃会》同。

（七）祝圣寿金母献蟠桃（13）

该剧搬演汉武帝好长生之道，登高山之岳，筑寻真之台，斋戒精切。九灵太妙龟山金母元君使玉女与帝说知，斋戒百日，至圣节之日，下降于承华殿，进献蟠桃七颗，届时各路神仙均莅临金殿祝暇。

（八）降母犀三圣庆长生（14）

该剧搬演因圣丹建庙宇于延福宫，功德圆满，值圣母诞辰，西池王母偕各路神仙一齐入庙庆贺。

（九）众天仙庆贺长生会（15）

该剧搬演当今圣人在位，德过尧舜，行迈禹汤，欣逢皇上万寿之辰，文武群臣，共祝圣寿。东华仙亦奉西池金母法旨，命金童玉女邀请众仙前往祝寿，各献长生之物。

（十）庆千秋金母贺延年（16）

该剧搬演汉孝文帝在位之时，国泰民安，今逢圣母千秋，寿辰之期，汉众大臣齐集皇宫内苑，须臾金母同南极星君，领金童玉女携蟠桃仙酒至，一时天上人间，行礼祝寿，愿圣母延年千秋。

上述十剧中西王母是一位赐寿降福的福神，早在汉时民间已把西王母看成是赐福、赐寿、赐紫、化险消灾的女仙（17）西王母的法宝除长生不死之药外，传说还有仙桃，即所谓蟠桃、王母桃（18）。梨园借用西王母传奇事为寿，增益吉庆喜气，以为庆寿佐樽之说，亦古人祝寿之意耳。

三、神话故事戏

（一）天仙配（槐荫树）（19）

该剧搬演董家世代行善，传至董永，孝名尤着，永因家贫，卖身葬父，感动天地，玉帝王母命其七女下凡，配董百日。于槐荫树下经土地撮合成全夫妻，七仙女请来众姊妹，夜织黄绫，留与董永，百日期满，七仙女与董永分别，董将仙女所织黄绫，奉献汉王，被封为进宝状元，后天仙送子，即为董仲舒。

该剧为极受群众欢迎的传统剧目，各剧种均有此剧，而尤以黄梅戏最脍炙人口。

（二）天河配（牛郎织女）（20）

　　该剧搬演牵牛、织女二星在天上相爱，被王母发觉。牵牛星被贬到人间，织女星被罚回宫织锦，不许擅出。金牛星因同情二星亦贬落凡尘，牵牛星托生张姓家，自幼父母双亡，与兄嫂度日，因终日与老牛为伴，人称牛郎。织女终日思念牵牛，一日趁王母打坐，金牛星趁机引牛郎与之相会，结成夫妻，生活美满，孪生儿女一对，事为王母发觉，立逼织女返回瑶池，牛郎得金星帮助，挑儿女追至天上，二人难分难舍。王母用金簪划银河为界，牛郎织女夜夜隔河对哭，感动鹊王。百鸟在银河上搭桥助二人相会，王母乃许二人每年七夕相见。该剧亦为广为人知的传统剧目，各路梆子及京剧均有此剧。

　　在上述广为流传的二剧中，将神话故事赋予人情化的描写，歌颂青年男女的真诚爱情故事，获得极大的同情，西王母一反福神形象成为维护封建礼教，具有无上权威的家长形象了。

牛川海　台北文化大学教授

参考文献：

（1）见青木正儿著《中国近世戏曲史》第六章第二节。

（2）见继志斋元明杂剧本。

（3）见脉望馆藏古名家杂剧本。

（4）见奢摩他室曲丛本。

（5）见脉望馆钞校于小谷本。

（6）见东晋葛洪《枕中书》。

（7）见脉望馆藏古名家杂剧本。

（8）见脉望馆藏万历间钞校本。

（9）同（5）。

（10）见脉望馆藏万历间钞校本。

（11）同（10）。

（12）见脉望馆钞校内府附穿关本。

（13）同（12）。

（14）见脉望馆钞校内府本。

（15）同（12）。

（16）同（12）。

（17）见汉焦延著《易林》卷一。

（18）见《洛阳伽蓝记》卷一。

（19）见山西人民出版社编《中国梆子戏剧目大辞典》。

（20）见中国戏剧出版社编《京剧剧目辞典》。